스펄전 설교전집 05

열왕기상하

KB192610

● 독자 여러분들께 알립니다!

'CH북스'는 기존 '크리스천다이제스트'의 영문명 앞 2글자와
도서를 의미하는 '북스'를 결합한 출판사의 새로운 이름입니다.

스펄전 설교전집 05

열왕기상하

1판 1쇄 발행 2023년 8월 25일

발행인 박명곤 **CEO** 박지성 **CFO** 김영은
기획편집 채대광, 김준원, 박일귀, 이승미, 이은빈, 강민형, 이지은
디자인 구경표, 구혜민, 임지선
마케팅 임우열, 김은지, 이호, 최고은
펴낸곳 CH북스
출판등록 제406-1999-000038호
전화 070-4917-2074 **팩스** 0303-3444-2136
주소 서울시 강서구 마곡중앙6로 40, 장흥빌딩 10층
홈페이지 www.hdjisung.com **이메일** support@hdjisung.com
제작처 영신사

© CH북스 2023

'그리스도와 그의 나라를 위하여'
CH북스는 여러분의 의견 하나하나를 소중히 받고 있습니다.
원고 투고, 오탈자 제보, 제휴 제안은 support@hdjisung.com으로 보내 주세요.

스펄전 설교전집 05

The Treasury of the Bible

스펄전 설교전집
열왕기상하

김원주 옮김

CH북스
크리스천
다이제스트

차례

■   열 왕 기 상

■ 열 왕 기 하

열
왕
기
상

제
1
장
—

기초 작업

—

"이에 왕이 명령을 내려 크고 귀한 돌을 떠다가 다듬어서 성전
의 기초석으로 놓게 하매." ― 왕상 5:17

"왕이 명령을 내려." 이것이 모든 일의 시작입니다. 거룩한 열심이 왕의 명령을 기다립니다. 명령이 떨어지면 잠시도 멈추거나 주저하는 것이 없었습니다. "왕이 명령을 내리자 사람들이 가져왔습니다"(개역개정은 "왕이 명령을 내려……떠다가" - 역주). 하나님의 교회에서도 언제나 일이 이렇게 되었으면 좋겠습니다. 그리스도의 명령에 그의 백성들이 즉각적으로 순종했으면 좋겠습니다! 명령의 세세한 부분까지 다 순종하였습니다. "왕이 명령을 내려 크고 귀한 돌을 떠다가." 사람들은 지시 사항을 하나라도 빠트리거나 지시에서 조금이라도 벗어나지 않았습니다. 혼인 잔치에서 마리아가 종들에게 이른 지시는 모든 일꾼들에게 해당되는 권고입니다. "예수께서 너희에게 무슨 말씀을 하시든지 그대로 하라"(요 2:5). 하나님의 명령 없이 행하는 일은 하나님께서 받아들이시지 않는 자의적 숭배에 불과할 수가 있습니다. 왕의 명령이 있는 곳에는 권세가 있습니다. 그래서 여러분이 하나님의 명령의 지시와 권위를 받아 나갈 때는 그 권세가 여러분과 함께 갈 것으로 기대할 수 있습니다.

솔로몬이 기초 위에 성전을 짓기 시작했습니다. 이 말을 듣고 여러분은 미소를 지으며, 그러면 솔로몬이 기초 말고 다른 어디에서 시작할 수 있었겠느냐고 생각할 것입니다. 사랑하는 친구 여러분, 나는 건축하는 일에서와 마찬가지

로 신앙의 문제에서도 상식이 사람을 지배했으면 좋겠습니다. 왜냐하면 우리 형제들 가운데 꼭대기에서부터 건축을 시작하는 사람들이 많기 때문입니다. 아직 있지도 않은 믿음에 기초해서 불신자에게 세례를 주는 것은 기초를 닦기 전에 머릿돌을 놓고 있는 것입니다. 그리스도께 오지 않은 사람을 교회의 사귐에 불러들이는 것은 벽을 하나도 세우기 전에 지붕을 올리려고 하는 것입니다. 여러분 가운데 누구든지 거듭나지도 않았는데 신앙을 고백하는 것은 기초를 놓기 전에 3층을 짓는 것과 다름없습니다. 그런데 세상에는 공중에 집을 매달려고 하는 일이 참으로 많습니다! 내 말뜻은 아무 기초가 없는데 신앙을 고백하는 것이 그와 같다는 것입니다. 기초부터 놓으십시오.

솔로몬의 경우에는 기초를 아주 높은 곳으로 옮겨야 했습니다. 성전을 세울 지역이 골짜기 위의 높은 곳에 있었기 때문입니다. 산 위에는 충분한 공간이 없어서, 성전과 부속 건물들을 위한 충분한 공간을 확보할 토대를 형성하기 위해서는 수직으로 수십 미터 되는 골짜기 바닥으로부터 쌓아올릴 필요가 있었습니다. 확대된 구역의 기초를 이룬 거대한 돌쌓기 공사 부분들이 남아 지금도 있는데, 보는 사람들마다 놀라움을 금치 못합니다. 솔로몬은 그 기초를 닦는데 특별히 주의를 기울였습니다.

기초 작업의 많은 부분은 눈에 보이지 않습니다. 그래서 사람들에게는 기초 작업을 마무리하는데 별로 주의를 기울이지 않으려는 유혹이 따릅니다. 솔로몬은 그렇게 하지 않았습니다. 그 기초가 대부분 눈에 보이지 않았을지라도, 왕은 성전의 지하 부분이 건물의 나머지 부분과 어울리게 하려고 조심하였습니다. 그래서 그 기초를 "크고 귀한 돌을 다듬어서" 만들었습니다. 이 시대의 건축자들은 눈에 보이지 않는 돌을 다듬는데 시간과 노동을 많이 들이는 것을 불합리한 일로 생각하였을 것입니다. 기초를 놓는데 단단하고 튼튼한 것이 필요할 수 있지만, 값비싸고 잘 다듬은 돌은 전혀 필요치 않은 것은 확실합니다. 눈에 보이지 않으면 거기에 신경을 쓰지 않는 법입니다. 그러므로 아무도 거기에 시간과 수고를 들이려고 하지 않습니다. 하나님의 일에 종사하고 있는 이 지혜로운 왕은 그렇게 하지 않았습니다. 그는 기초 작업에 대단히 주의를 기울였습니다. 그래서 왕의 명령에 따라 "크고 귀한 돌을 가져와 다듬어서" 성전의 기초석을 삼은 것입니다. 그는 이 모든 것을 하나의 작품으로 만들려고 계획하였습니다. 성전을 지붕과 마찬가지로 기초도 정말로 "장엄하게" 지으려고 하였던 것입니다. 재료가 전혀 부족하지 않았고, 일의 어떤 부분도 날림으로 하는 법이 없었습니다. 성전은 하나님을 위한 것이었고, 이스라엘 왕이 짓게 되어 있었습니다. 따라서 기초를 허술하게 놓는 것은 하나님께도, 왕에게도 명예롭지 못한 일이었을 것입니다.

사랑하는 친구 여러분, 우리가 하나님을 위하여 행하는 모든 일은 철저하게 해야 하고, 특별히 그 일 가운데 가장 밑에 있기 때문에 사람들 눈에 가장 잘 띄지 않는 부분을 더 철저히 해야 한다는 것을 강조하고 싶습니다. 첫째로, 나는 이것이 하나님의 방법이라고 말하겠습니다. 하나님께서는 모든 일을 하실 때 튼튼한 기초 위에서 하십니다. 둘째로, 하나님을 위한 모든 일에서 이것이 우리의 방법이 되어야 합니다. 그리고 셋째로, 이것이 지혜로운 방법이라는 것입니다. 성령께서 도움을 주시는 대로 이 세 가지 각각을 간단하게 설명하도록 하겠습니다.

1. 첫째로, 이것이 하나님의 방법입니다.

여러분이 하나님의 작품을 보면, 모두가 완벽합니다. 하나님의 작품은 아무리 예리한 검사도 견뎌낼 것입니다. 여러분은 그 작품을 멀리서 망원경으로 보든지 혹은 현미경으로 자세히 파헤쳐 볼 수도 있습니다. 그럴지라도 아무 결점도 찾지 못할 것입니다. 하나님의 작품은 완전한데, 단지 표면만이 아니라 그 속 중심까지도 완전합니다. 여러분이 그 작품을 깊게 자르거나 티끌이 되기까지 분해해 본다면, 가장 미세한 조각에서도 하나님의 지혜를 보게 될 것입니다.

창조물이라는 작품을 보십시오. 하나님은 물질적인 우주에서도 하나님의 고귀한 건축물을 위해 웅대한 기초를 놓으려고 주의하셨습니다. 하나님께서 사람이 거처할 수 있도록 하기 위해 이레 동안 세상을 준비하신 이야기를 우리는 알고 있습니다. 사람이 거처할 수 있도록 이레 동안 빠르게 땅에 필요한 것들을 준비하는데, 수백만 년이 경과했을 수도 있습니다. 그 기초를 아주 세심하게 놓으신 것입니다. 여러분이 창세기에서 하나님 말씀을 따라 생각하면, 사람을 지으시기 전의 기간에 대해서는 아무 제한을 둘 수 없습니다. "태초에." 이것은 아주 오래, 오래 전이었습니다. "태초에 하나님이 천지를 창조하시니라." 창조는 그 과정에서 아주 많은 단계를 거쳐 이루어졌습니다. 이는 하나님께서 사람이 거할 집을 사람에게 맞게 완전히 구비하려고 마음먹으셨기 때문입니다. 나는 여러분을 땅의 기초 부분까지 데려갈 수 없습니다. 그러나 나와 함께 땅의 지하실에 내려가 봅시다. 우리의 위안과 건강에 소용이 되는, 엄청난 양의 매장된 소금을 생각해 보십시오. 그리고 무역과 상업의 초석이 되는 철과 다른 금속들의 광상(鑛床)을 생각해 보십시오. 우리를 위해 땅속 깊은 곳에 저장되어 있는 석탄을 보십시오. 하나님께서는 자기 자녀를 겨울철에 이 세상에 보내면서 그를 위해 지하실에 석탄도 주지 않은 채 보내려고 하시지 않았습니다. 그러나 하나님께서는 수천 가지 용도에 필요한 이 연료를 세상에 마련해 주시는데 오랜 세월이 걸렸습니다. 땅의 최상의 보화들인 금속은 하나님께서 대체로 가장 낮은 곳에 놓아두셨습니다. "땅의 깊은 곳이 그의 손 안에 있으며 산들의 높은 곳도 그의 것이로다"(시 95:4). 과학이 이 지구의 지각(地殼) 밑에 있는 불타는 솥까지 조사할 수 있다면, 하나님의 능력과 지혜를 보여주는 기이한 사실들을 새로 발견할 것입니다. 세상의 가장 깊은 곳에서 맹렬하게 타오르는 그 은밀한 불마저 우리에게 어떤 유익을 줄 수 있는지, 혹은 우리가 바다 깊은 곳에 모여 있는 이 물의 근원들로부터 어떤 복을 이끌어낼 수 있는지 판단할 수 없습니다. 하나님의 창조물은 그 가장 고귀한 정점에서 영광으로 가득할 뿐만 아니라 그 가장 깊은 곳에서도 영광으로 가득하다는 것을 아는 것으로 우리는 만족해야 할 것입니다. 하나님은 뛰어난 건축가이시므로 기초를 잘 놓으십니다.

이 사실은 섭리라 불리는 하나님의 활동에도 그대로 적용됩니다. 어떤 사건도 하나님께서 그것을 계획하시고, 다른 무수한 사건들이 그에 앞서거나 뒤따라 일어나도록 정하시지 않는 한 발생하지 않습니다. 섭리의 일들은 줄에 꿴 진주처럼 함께 연결되어 있습니다. 그래서 이 일과 저 일이 관계가 있고, 저 일과 다른 일이 연결되어 있습니다. 하나님께서는 여러 사건들이 가을에 흩날리는 낙엽처럼 아무렇게나 일어나도록 하시지 않습니다. 사건들은 하나님께서 하나님의 목적이 실패하지 않도록 새로운 방편을 찾지 않으면 안 되는 어려운 시기에 궁리해내는 일이 아닙니다. 사건들은 이것과 저것이 꼭 들어맞습니다. 모든 사건은 위대한 건축가의 설계에서 제 자리를 차지하도록 다듬어집니다. 모든 역사의 밑에는 어떤 위대한 원칙들이 있습니다. 영적인 지식이 조금밖에 없지만, 그래도 "널리 의를 이루는 권세가 존재한다"고 고백하는 사람, 그는 그 사실을 보지 않을 수 없습니다. 그가 눈을 크게 떴더라면 더 많은 것을 보았을지도 모릅니다. 사람의 일들에서 하나님의 손길을 느낄 수 있는 것이 많습니다. 역사는 엉킨 실타래처럼 보입니다. 그러나 여러분과 내가 역사의 실타래가 풀리는 것을 볼 때, 하나님의 무한한 지혜와 인자와 선하심에 놀라게 될 것입니다. 자, 만사에 모든 것이 하나님께 속하였고, 하나님으로 말미암고, 하나님을 통하여 이루어져 하나님의 영광을 찬송하게 합니다. 하나님의 우주 통치에서 하나님은 기초를 튼튼하게 세우십니다.

그러나 주님의 가장 위대한 구속 사역을 볼 때, 우리는 더욱 분명히 알게 됩니다. 여러분과 나는 우연히 구원받은 것이 아닙니다. 우리의 구원은 마치 하나님께서 처음에는 의도하지 않았다가 뒤늦게 생각하고서 갑작스럽게 시행하신 것이 아닙니다. 그렇지 않습니다. 구속은 주님의 목적에서 가장 핵심적인 역할을 합니다. 나는 창세전에 주님께서 품으신 구속의 생각들을 돌아보며 "이것은 옛적의 일이라"고 말하는 것이 즐겁습니다. 별들이 전능자의 모루에서 튀는 불꽃처럼 날아가기 오래 전에 하나님께서는 자기 백성을 구속하는 길을 고안하셨습니다. 언약의 회의실에서 거룩한 성삼위 하나님께서 지극히 영광스러운 은혜의 절차를 정하셨습니다. 오늘날 모든 일은 하나님께서 영원히 정하신 목적에 따라 이루어지는 것입니다. 이 구속의 기초는 주 예수님께서 그 토대가 되는 은혜 언약 안에서 확고하게 놓였습니다. 무한한 사랑, 결코 틀림이 없는 지혜, 결코 변치 않는 신실함, 이런 것들이 결합되어 결코 움직일 수 없는 기초가 놓인 것입니다.

사랑하는 친구 여러분, 조금만 더 가 봅시다. 그러면 주님께서 우리를 위해 속죄를 이루시고, 그렇게 해서 결코 흔들리지 않은 기초를 놓으신 날에 이르게 됩니다. 주님께서는 원하시면 율법과 공의를 한쪽으로 치우고 희생 없이 우리를 구원하실 수도 있었다는 말을 하는 사람도 있습니다. 이것은 하루를 사는 사람들의 방식을 따른 생각입니다. 몇 시간 만에 날림으로 건물을 짓는 사람은 기초 작업 같은 것을 하찮은 일로 비웃습니다. 그러나 하나님께서는 이렇게 비천한 방식으로 건물을 짓지 않으십니다. 하나님께서는 자기 백성을 구원하시는 일에 조금이라도 하자가 있게 하려고 하시지 않습니다. 자기 백성의 죄악을 용서하는 하나님의 행동의 정의에 대해 의문이 일어나지 않도록 하기 위해 하나님께서는 그 백성의 보증인의 손에서 벌금을 거두셨습니다. 그래서 하나님께서는 자기 백성들의 죄를 정당하게 용서하시는 것입니다. 영광스러운 희생제사에 의해 변호를 받은 공의는 "크고 귀한 다듬은 돌"을 기초석으로 가져옵니다. 하나님의 모든 천사들이 온 하늘을 뒤질지라도 은혜의 성전에 합당한 기초석을 찾지 못할 것입니다. 성부 하나님의 독생자께서 자신을 하나님께 흠 없이 드렸을 때, 그 독생자께서 모든 면에서 사람의 구속의 기초로 적합한 것을 알 수 있었습니다. 하나님의 독생자 그리스도는 선택받은 귀한 초석(礎石)으로 그에게 지워지는 모든 것을 질 수 있는 분이십니다. 하나님께서 그 아들을 죽는데 내어주고 우리 소망의 기초로 삼으신다는 것은 참으로 놀라운 일이었습니다! 솔로몬 성전의 크고 귀한 돌들에 대해서 이야기하지만, 그 돌들은 하나님의 택하신 자들의 모든 소망이 놓여 있는 이 귀한 초석과 함께 언급될 가치가 전혀 없습니다. 왜냐하면 이 초석이야말로 죄를 위한 희생 제사이고, 악을 멸하시는 자이시며, 잃어버린 자들을 하나님과 화목시키시는 자이기 때문입니다! 예수님을 의지할 때 우리는 모래 위에 집을 짓지 않고 반석 위에 집을 짓습니다. 예수님은 견고히 서 있는 하나님의 기초이십니다. 교회라는 전체 성전이 바로 이 예수님에 의해 유지되는 것입니다.

여러분이 하나님의 자녀됨과 그리스도에게 연합됨, 여러분의 고귀한 특전들, 그리고 영원한 영광을 기뻐할 때, 그보다는 눈에 잘 보이지 않지만 마찬가지로 지극히 중요한 기초적인 복들, 곧 여러분에 대한 영원한 선택, 영원한 언약, 변치 않는 하나님의 뜻, 하나님의 틀림없는 맹세를 잊지 않도록 하십시오. 영원부터 여러분에게 정해진 사랑과 여러분에 관해 결정된 그 뜻을 항상 찬송하도록 하십시오. 이런 것들이 여러분이 누리는 모든 은총의 기초에 놓여 있기 때문입니다. 솔로몬 성전의 기초는 땅에서 보는 자들을 놀라게 합니다. 그러나 하나님의 기초는 영원토록 천사들을 깜짝 놀라게 만들 것입니다.

말씀드릴 것이 한 가지 더 있습니다. 튼튼한 기초를 놓는 것이 하나님의 방법이라는 이 진리를 설명하는 동안, 여러분에게 이 점을 생각해 보라고 말씀드리지 않을 수 없습니다. 즉, 구속이 구속받은 각 사람의 마음에 적용되는 것이 개인의 구원에서 이루어진다는 것입니다. 사랑하는 여러분, 하나님께서 우리를 구원하셨을 때, 그것은 얄팍한 일이 아니었습니다. 말하자면, 하나님께서 우리 영혼 속에 지으시는 은혜의 건물은 나무로 만든 판잣집이 아니라 기초가 있는 건물이라는 것입니다. 여러분이 하나님을 알기 전에 일찍이 하나님이 여러분을 대하신 일을 생각해 보십시오. "너는 나를 알지 못하였을지라도 나는 네 띠를 동였느니라"(사 45:5, 개역개정은 "나는 네 띠를 동일 것이요" - 역주). 여러분이 믿음이 없이 지내던 상태의 경험들이 여러분 마음속에서 더 고귀한 활동이 이루어지도록 하기 위한 기초가 되었습니다. 이 점은 은혜가 작용할 때, 곧 하나님께서 효과적으로 여러분을 대하기 시작하셨을 때 좀 더 충분히 볼 수 있었습니다. 하나님께서 여러분 속에 죄의식을 일으키셨을 때, 그것이 여러분의 마음을 얼마나 깊이 파헤쳤습니까! 우리 가운데 어떤 이들에게 그것은 오랫동안 지속되었던 기초를 내던지는 일이었습니다. 나에 대해서 말하자면, 나는 내 마음속에 조금이라도 무엇을 세운 흔적을 전혀 찾을 수 없을 것이라고 생각하기 시작하였습니다. 내 영혼에 얼마나 깊은 고랑이 패였는지 모릅니다! 내가 공로라고 생각했던 것들이 사라져버렸습니다! 쓰레기만 산더미처럼 쌓였습니다! 내 지식, 내 선한 결심, 내 자부심이 다 사라져버렸습니다! 머지않아 내 힘도 다 사라졌습니다. 깊이 파는 이 일이 마쳐졌을 때, 그 도랑은 너무 깊어서 그 밑으로 내려가 보았을 때 그것은 마치 내 무덤 같았습니다. 내가 죄 많은 존재임을 아는 것이 내게는 너무도 슬픈 일이었습니다. 그래서 이 일이 나를 위로와 구원 가운데 세우는 데 도무지 도움이 될 수 없을 것으로 보였습니다. 그러나 그렇지 않습니다. 주님께서 건물을 높이 지으려 하신다면 언제나 기초를 깊이 파십니다. 주님께서 큰 은혜를 주실 뜻이 있다면, 은혜가 필요하다는 깊은 의식을 주십니다. 죄에 대한 우리의 자각이 비록 고통스럽고 우리 마음을 낮추는 것이지만, 우리를 의로 세우는 일에 반드시 필요한 부분입니다. 그때 이래로 우리는 지하에서 이루어지므로 보이지 않는 이 은밀한 작업의 대상이었습니다. 주님께서는 우리에게 엄청난 관심을 쏟으셨습니다.

　　형제 여러분, 여러분은 그동안 조사당한 마음의 수색을 밝히고 싶지 않을 것입니다. 여러분은 그동안 공적으로 존경받는 사람이었습니다. 그렇다면 여러분은 자기 육체를 자랑하지 않도록 하기 위해 문 뒤에서 많은 채찍질을 당했을 것입니다. 하나님께서 여러분의 배에 고기를 잔뜩 채워주셨을 때마다, 여러분이 보통 이상으로 성공을 거두었을 때마다 여러분의 배는 가라앉기 시작하였습니다. 큰 자비는 진실한 영혼을 크게 겸손케 하는 은혜입니다. 여러분은 하나님께서 여러분을 데리고 올라가신 만큼 밑으로 내려갔습니다. 징계와 겸손케 하신 일, 마음을 조사하신 일, 이 모든 것들은 그동안 더 고귀한 일을 위해 은밀하게 기초를 놓는 일이었습니다. 그렇습니다. 주님께서는 눈에 보이지는 않지만 효과적인 당신의 방법으로 이보다 훨씬 더 많은 일을 행하셨습니다. 주님은 교훈과 계시, 거룩한 사귐을 주셨습니다. 이런 것들은 다른 사람의 것이 아니라 그동안 여러분이 친히 받은 것입니다. 다른 사람은 아무도 주님께서 여러분 속에 이루신 것을 보지 못했습니다. 이런 것이 없었더라면 여러분은 거룩하고 유용하게 세워지지 못했을 것입니다. 감사하게도 하나님께서는 눈에 보이지 않지만 어둠 가운데서 그의 사랑을 보여주는 더 크고 기이한 일들을 행하십니다. 그렇습니다. 기초가 건물의 가장 중요한 부분이듯이, 은밀한 가운데 이루어지는 겸손케 하는 이 은혜의 과정만큼 가치 있는 것은 없습니다. 그렇습니다. 형제 여러분, 하나님의 거하실 전을 짓기 위해 주님께서 "크고 귀한 돌을 떠다가 다듬어서 성전의 기초석으로 놓게 하십니다."

2. 이제 이것이 우리의 방법이 되어야 한다는 점을 살펴보겠습니다.

우리는 이 방식으로 건물을 지어 기초를 튼튼히 해야 합니다.

첫째로, 우리의 인생을 건설하는 일에서 이와 같이 합시다. 여기 계시는 남녀 모든 분, 특히 젊은이 여러분, 여러분에게는 건설할 인생이 있습니다. 아주 견실한 교리를 믿고서 시작하는 것은 중요한 일입니다. 어떤 사람들은 오랜 세월 동안 온갖 복음들을 믿었습니다. 그 사람들이 인생 여정을 끝내기 전에 또 얼마나 많은 복음들을 더 믿게 될지 알 수 없습니다. 감사하게도 나는 오직 한 가지 복음밖에 알지 못하였습니다. 나는 그동안 이 복음에 너무도 만족해왔기 때문에 또 다른 복음을 알고 싶지 않습니다. 믿는 신조를 끊임없이 바꾼다는 것은 손실임에 틀림없습니다. 나무를 일 년에 두 세 차례 옮겨 심어야 한다면, 여러분은 사과를 저장할 만큼 높은 다락을 지을 필요가 없을 것입니다. 사람이 자신의 교리적 원칙들을 항상 바꾸고 있을 때, 그는 하나님께 영광을 돌릴 열매를 많이 맺을 수 없을 것입니다. 하나님께서 그의 말씀에서 가르쳐 주신 기초가 되는 중요한 교리들을 굳게 붙잡고 시작하는 것이 좋습니다. 믿음의 전(殿)의 교리적 기초가 되는, 확실하게 계시된 "크고 귀하며 다듬은 돌들을"을 여러분의 믿음과 생활에 끌어넣도록 하십시오.

견고하고 깊은 내적 경험을 갖는 것은 복된 일입니다. 사랑하는 여러분, 진리가 여러분을 붙잡을 때까지는 여러분이 진리를 붙잡았다고 생각하지 마십시오. 우리는 신앙에서 얄팍한 일들을 아주 많이 하는데, 그것은 결국 우리에게 손실과 상처가 됩니다. 우리가 경험했다고 여기는 많은 것들이 우리 확신의 담 밑에 있다면, 실제 돌이 처음 그 위에 놓이게 되면 그 모든 것이 찌부러지고 말 것입니다. 우리는 견고하고 정말로 중요한 진짜 돌이 필요합니다. "크고 귀한 돌을 떠다가 다듬어서 성전의 기초석으로 놓게 하매."

　　사랑하는 여러분, 죄를 이기는 문제에서 정말로 거룩하게 된 그리스도인이라면 그가 누구든지 보이지 않는 가운데 참으로 많은 일을 행한 것입니다. 내적 갈등의 문제가 있을 때, 문이나 창문을 열어놓고 사람마다 와서 보라고 하는 것은 적합하지 않은 일입니다. 여러분에게 맞서 싸워야 하는 죄라는 짐승이 있다면, 할 수 있는 대로 문을 닫고 죄만 밖에 있도록 하십시오. 보이지 않는 가운데 죄와 싸우는 일이 없는 한 여러분은 거룩한 생활에 이르지 못할 것입니다. 하나님과의 은밀한 교제 또한 있어야 합니다. 깊이 파내려 간 데서 만난 은혜야말로 참된 은혜입니다. 여러분이 아래에 있는 심연까지 파고 들어갔을 때, 물줄기가 바로 진리의 내부로부터 억누를 수 없는 힘으로 새롭게 솟아납니다. 나는 하나님께 우리를 현재의 얄팍한 믿음에서 구원해 주시기를 기도합니다. 우리는 사비에르(Xavier)가 인도에서 작은 물주전자와 붓을 들고 다니면서 가는 길마다 물을 뿌려줌으로써 헤아릴 수 없이 많은 개종자를 얻었다는 말을 듣습니다. 요즘은 그런 방식으로 사람들을 회심시키지 않지만, 그 일이 그만큼 깊지도, 효과적이지도 않지 않나 생각합니다. 사람들이 새 마음과 새 영을 갖지 않는 한, 그들이 새로이 신앙을 고백한다는 것은 아주 헛된 일입니다. 우리 옛 본성의 모든 부분이 그리스도와 함께 장사되고, 우리의 새 본성 전체가 전능하신 사랑의 색깔로 물들 때까지 우리는 하나님의 은혜로 세례를 받아야 합니다. 하나님께서 우리에게 그 같은 은혜를 베풀어 주시기를 바랍니다! 철저히 믿으십시오. 진짜로 믿으십시오. 뜨겁게 믿으십시오. 여러분의 성품을 건설할 때, 기초를 잘 닦으십시오.

　　다음으로, 교회를 세우는 일에서 그와 같이 해야 합니다. 영원한 진리 위에 세워지지 않은 것이 하나님의 교회입니까? 나무와 건초, 그루터기로 성급하게 건축하는 사람들이 아주 많습니다. 이들은 기초에 신경을 쓰지 않고 거기에 놓이는 재료에도 주의하지 않습니다. 아주 잘 묶은 건초 다발이 건물을 빠르게 짓는 데에는 환상적인 재료입니다! 한꺼번에 건초 다발을 가져 오세요. 우리는 하루 만에 건초 다발로 집을 세워서 보여줄 것입니다! 여러분이 집을 원했는데, 우리는 순식간에 뚝딱 집을 만들어 주었습니다. 벽은 두께가 거의 1미터에 달하고 놀라울 정도로 따뜻합니다. 우리는 하루 만에 집을 지었습니다. 이런 식으로 새로운 종파와 파당들이 생겨나서 교회라고 불려왔습니다. 그런데 이것이 가치 있

는 것입니까? "여호와의 말씀에 그 나무가 능히 번성하겠느냐"(겔 17:9). 내 생각
을 말하자면, 하나님을 섬기는 일에는 열심을 내겠지만, 나는 믿음과 생명이 없
이 아주 큰 회중을 모으기보다는 하나님의 은혜로 바위같이 견고한 오래된 복음
의 교리들 위에 "크고 귀하고 다듬은 돌을" 놓고 싶습니다. 성전에 놓인 돌들은
아주 네모 반듯하고 잘 연마되어서 돌들을 나란히 놓았을 때는 그 사이로 칼을
집어넣을 수 없을 정도였습니다. 이렇게 꼭 맞춘 돌들은 하나로 결합된 견고한
덩어리 같았습니다. 우리도 이렇게 집을 지읍시다. 여러분은 "천천히 일하라"고
말합니다. 그렇습니다. 그렇게 지은 집은 무너지는 일도 천천히 이루어질 것입
니다. 바로 그 점이 우리가 마음 써야 하는 문제입니다. 즉, 우리가 영원히 서 있
는 집을 지어야 한다는 것입니다.

　견고한 진리를 지키려면 견실한 사람들이 필요합니다. 생기 넘치는 경건을
소유하기를 목표로 삼아야 합니다. 2만 명의 사람들이 모두 신앙을 고백한다고
는 하지만 원기 왕성한 생활을 하고 있지 않다면, 그들 가운데서 견실한 신자는
20명도 채 안 될 수가 있습니다. 병약하고 불쌍한 신자들은 교회를 군대의 진영
으로 만들기보다는 병원으로 바꾸고 맙니다. 약한 신자들은 교회를 세우는데 쓰
기에 보잘것없는 재료들입니다. 슬프게도 최근에 왜소한 그리스도인들이 생기
도록 조장하는 일이 많이 행해졌습니다. 깊이를 희생하고 폭을 더 넓히려는 시
도가 있어 왔습니다. 여러분은 물을 땅에 두루 공급하기 위해 저수지의 댐을 허
물어야 한다고 주장하는 사람들을 어떻게 생각합니까? 미국에서 그와 같은 사
고로 말미암아 광대한 지역 전체가 두루 황폐해지고 말았습니다. 나는 보편적
부성을 이야기하고 그래서 사실상 하나님의 교회를 보호하기 위해 세워진 분리
하는 담을 허무는 오늘날의 자유주의적 정권에서는 해악밖에 나올 수 없다고 생
각합니다. 우리가 바다를 넓게 펼치기 위해 바다의 깊이를 매우 얕게 하고, 그래
서 바다가 평지에 독기와 죽음을 토해낸다면, 그것은 영원한 생명에 유감스러
운 변화가 될 것입니다. 주님을 진정 마음으로 알고 주께서 어디로 가시든지 그
어린양을 따르려고 하는 사람들의 깊은 경건으로 교회를 세웠으면 좋겠습니다!
나는 콩고에 있는 우리 선교 협회의 예배당을 보면 비록 거기에 많은 슬픔이 있
긴 하지만 매우 기쁩니다. 거기에서 죽은 많은 사람들을 생각할 때, 그동안 정말
로 "크고 귀하고 다듬은 돌들이" 기초로 놓였다는 것이 사실이었습니다. 하나님
께서 그의 교회가 그러한 희생을 할 수 있도록 힘을 주시려고 한다면, 하나님은

하나님의 영광을 나타내는 아름다운 궁전을 지으시려는 것입니다. 큰 일을 위해 특별한 헌신이 요구되고, 그래서 무명의 신자들이 교회에 거액을 헌금할 때, 큰 사업을 일으킬 수 있는 희망도 생깁니다. 그리스도인들이 진리를 위해서 친구들과 헤어지고 인기를 잃으며 손해를 감수할 수 있을 때, 그때 "크고 귀하고 다듬은 돌들이" 여호와의 전을 건축하는데 기초석으로 사용되고 있는 것입니다.

　그동안 주일학교에서 봉사해 온 분들이 오늘 아침 이 자리에 많이 참석하였습니다. 나는 진심으로 그들을 환영하고, 내 주제를 그들에 대한 것으로 바꾸어서 이렇게 이야기하고 싶습니다. 즉, 사랑하는 친구 여러분, 다른 사람들의 성품을 길러주는 일에서 우리는 기초 작업을 잘하는 일에 마음을 써야 한다고 말입니다. 왜냐하면 그들은 처음에 어린 마음을 가지고, 다시 말해, 마음이 여리고 민감할 때 집을 세우는 일을 시작하기 때문입니다. 우리가 우리 자녀들과 젊은 사람들을 하나님의 진리로 잘 교육하고 그래서 건전하게 회심하도록 하는 것은 지극히 중요한 일입니다. 우리가 가르치는 복음을 아이들이 좀 더 쉽게 받아들일 수 있도록 하겠다는 생각에서 표현을 누그러트린다면, 크게 잘못하는 일이 될 것입니다. 그렇게 하면 우리가 복음을 좀 더 유치하게 만들 수는 있지만 아이들에게 더 적합하게 만들지 못할 것이고 아이들의 구원에 좀 더 효과적인 수단으로 만들지도 못할 것입니다. 이 큰 태버너클 예배당에서 많은 회중에게 전하는 그 복음을 아래 층 주일학교에서 어린 사람들에게도 전하는 것입니다. 사실 그 복음이 전해지고 있지 않다면, 나는 누군가가 회심하는 것을 볼 생각을 단념해야 옳을 것입니다. 어린 남녀 아이들도 어른들과 똑같이 같은 진리를 듣기를 바랍니다. 다만 그 진리를 우화나 예를 더 많이 들고 좀 더 단순한 말로 전하는 것이 필요할 뿐입니다. 기초적인 진리는 다 자란 성인의 구원에 필요한 만큼 어린아이의 구원에도 꼭 필요한 것입니다. 그리스도께서는 성인들을 받아들이시지만 또한 어린아이들도 오게 하십니다. 우리는 주일학교에서 가르치는 것이 교회에서 성인들에게 가르치는 것과 마찬가지로 항상 진리를 견실하게 가르치도록 아주 조심합시다.

　그러나 가르치는 일의 중요한 부분은 모범을 보이는데 있다는 것을 절대로 잊지 말기를 바랍니다. 그러므로 교사의 생활은 가장 모범적이 되어야 합니다. 좋은 모범이든 나쁜 모범이든, 그것이 젊은이의 모방적인 기능에 미치는 힘은 대단히 큽니다. 그들의 마음이 부드러울 때, 그들은 우리에게서 듣는 것만큼 우리의 인물됨에서 보는 것대로 하나님과 선한 일을 위한 그들의 인격이 형성됩니다. 여러분들 대부분이 대영박물관에서 개의 발자국이 찍혀 있는 이집트 벽돌을 보았을 것입니다. 그 벽돌이 아직 부드러운 진흙 상태에 있을 때, 벽돌 공장을 어슬렁거리고 있던 개 한 마리가 벽돌에 서명을 하였고, 그 흔적이 그대로 남아 있는데, 그것이 바로 닐루스의 개(Dog of Nilus: Nilus는 그리스 신화에 나오는 나일 강의 신 - 역주)입니다. 무심코 내뱉은 말 한 마디나 어리석은 한 행동이 아이의 성품에 그 개의 서명만큼이나 지워지지 않는 흔적을 남길 수 있습니다. 우리가 전혀 의도하고 있지 않는데도 이런 일이 있을 수 있습니다. 그렇다면 우리가 정말로 마음먹고 사랑하는 아이의 마음에 무엇인가를 쓴다면 그 영향력은 얼마나 더하겠습니까! 거룩하지 못한 말이나 분별없는 행동이 어린 영혼으로 하여금 파멸을 향하여 출발하게 만들 수가 있습니다. 저 유명한 일본 제품 모방자가 접시에 난 금과 무늬의 흠마저도 그대로 흉내 내려고 아주 세심하게 주의를 기울였듯이, 어린아이들이 우리의 결함과 약점들을 아주 그대로 따라 하는 경향이 있다는 것을 알게 될 것입니다. 거룩한 교사들과 설교자들이 나왔으면 좋겠습니다! 우리가 제자들에게 감히 우리의 흔적을 남기라고, 우리를 모범으로 삼으라고 말할 수 있는 그런 사람이 됩시다. 우리가 자라서 배운 것은 잊어버려도 어린 시절의 인상은 얼마나 뚜렷하게 남아있는지 모릅니다! 어린 마음이라는 귀한 재료를 다루는 여러분은 거기에 결코 사라지지 않는 기록을 아주 쉽게 남길 수가 있습니다!

나는 하나님의 사람 한 분이 기억나는데, 그분은 이제 하나님의 부름을 받아 천국으로 갔습니다. 하나님의 은혜 아래서 유용한 삶이라는 도서를 만들어 내는 일을 한 분이었습니다. 내 말은 종이로 만든 책이 아니라 구두닦이 일로 만든 책을 뜻합니다. 많은 젊은이들이 그분 때문에 주님을 위하여 일할 결심을 하여 설교자가 되고 교사가 되며 집사가 되고, 그 밖의 이런저런 일꾼들이 되었습니다. 그가 젊은이들을 훈련시킨 바로 그 사람이었다는 것을 안다면 아무도 일이 그렇게 된 것을 이상하게 생각하지 않을 것입니다. 그분은 언제든지 젊은이들에게 선한 말을 해주고 선한 행동을 보여줄 준비가 되어 있었습니다. 그러나 그분은 자신이 인도하는 성경공부반에 특별한 관심을 보였습니다. 그 성경공부반에서 그분은 복음을 열의를 가지고 분명하게 가르쳤습니다. 그에게 배운 젊은이들 가운데 누가 되었든지 고향 마을을 떠날 때마다 그는 반드시 송별회를 갖곤 하였습니다. 들판에 가지가 넓게 퍼진 떡갈나무가 있었고, 그는 이른 아침 에 존이나 토머스 혹은 윌리엄을 만나기로 약속하고 그 떡갈나무 밑에 가곤 하 였습니다. 그때 모여서 한 일은 주로 그 젊은이가 대도시에 가서도 죄를 짓지 않 도록 지켜주시고 유용한 사람이 되게 하여 달라고 주님께 탄원하는 것이었습니 다. 그 나무 밑에서 여러 명이 주님을 위해 살기로 결심하였습니다. 그것은 감동 을 주는 행동이었고 젊은이들에게 깊은 영향을 남겼습니다. 왜냐하면 수년 후에 많은 젊은이들이 바로 그 자리에 왔을 때 그들 선생님의 기도로 거룩한 사람들 이 되어 있었기 때문이었습니다. 우리는 방법들을 고안해내는데 창의력을 발휘 해야 하고, 어린이들에게 선한 영향력을 발휘하는데 수고를 아끼지 않아야 합니 다. "크고 귀하고 다듬은 돌들이" 이와 같이 사람의 성품을 세우는 일에 적절하 게 사용될 수 있습니다. 주님께서 우리의 수단들을 쓰셔서 단 한 영혼이라도 영 원한 복을 받도록 하신다면, 우리는 인생을 헛되게 살지 않은 것이 될 것입니다.

　그러나 사랑하는 친구 여러분, 자녀들을 대하는 일에서 가장 중요한 일들 가운데 한 가지는 우리가 잘 준비한 것으로써 가르치는 것입니다. 그들에게 먹 일 지적인 음식은 주의해서 요리해야 합니다. 선생님이 가르칠 과목에 대한 준 비 없이 교실에 들어간다면, 그 수업은 틀림없이 아주 형편없을 것입니다. 여러 분이 수업을 준비하고 있을 때 보는 사람이 아무도 없습니다. 여러분에게 부지 런히 연구하라고 명령하는 사람도 없습니다. 사람들이 주목하는 것은 공개적으 로 가르치는 일입니다. 그러나 정말로 칭찬을 받을 일은 보이지 않는 데서 연구 하는 것입니다. 이렇게 개인적으로 준비하는 일을 소홀히 한다면, 그것은 매우 심각한 부작위의 죄입니다. 사실, 사람들이 보지 않는 곳에서 불량하게 일하는 것은 일을 엉망으로 하는 것입니다. 얼마 전에, 매우 세련되게 꾸며진 집의 물건 과 동산을 판매하는 일이 지정 유언집행자인 내게 떨어졌습니다. 훌륭한 그림들 은 크리스티 경매회사(Christy and Manson's)로 가게 되어 있었습니다. 응접실은 비싼 물건들로 꾸며져 있었고, 벽은 정교한 무늬로 장식되어 있었습니다. 그림 들을 떼어냈을 때, 나는 그림들 이면의 벽이 전혀 장식되어 있지 않아 휑뎅그렁 한 것을 보고 적지 않게 놀랐습니다. 사실 그 그림들을 한 번도 치운 적이 없어 서 그 벽이 전혀 장식되지 않았다는 것이 그동안 나타나지 않았던 것입니다. 그 집 주인은 부자였습니다. 그러나 그 집의 점원들은 그런 식으로 겉을 꾸며서 돈 을 아끼는 일을 하지 않으면 안 되었습니다. 나는 주일학교 선생과 목사들인 우리에게서 그림을 떼어냈을 때, 의무를 태만히 한 보기 흉한 부분들이 드러나지 않을까 두렵습니다. 형제 여러분, 주님을 섬기는 일에 그렇게 해서는 안 됩니다. 그렇게 해서는 안 됩니다! 하나님 아래서 우리의 능력은 사람들이 보지 않는 데서 우리의 일을 진심으로 행하는데 주로 있을 것입니다.

몇 년 전에, 내가 통풍(痛風)으로 인한 류머티즘으로 고생하고 있을 때, 한 신사가 나를 만나고자 하였습니다. 그 사람은 나를 거의 그 자리에서 치료할 수 있을 것으로 확신하였습니다. 그는 놀라울 정도로 적극적인 돌팔이 의사였습니다. 오래 전에 그는 나에게 아주 깜짝 놀랄 만한 의약을 자기 혼자만 갖고 있다고 얘기했습니다. 나는 그 약의 냄새가 모든 인류의 병을 고쳤을 것인지는 모릅니다. 아니, 사실 그는 그 약이 어떤 것인지 암시조차 해주지 못했습니다. 나는 그 문제로 그에게 따지지 않았습니다. 그 귀중한 비밀로 무슨 혜택을 받을 것으로 기대하지 않았기 때문입니다. 그러나 나는 기적적인 약을 준비하는 일에 대한 통찰력을 얻게 되어 기쁘게 생각하였습니다. 교수라고 하는 그 사람은 말했습니다. "이 알약은 그 효과가 절대적으로 확실합니다. 그 약효가 굉장히 강력하기 때문입니다. 그 약효는 약의 원료에 있지 않습니다. 그 원료는 지극히 단순합니다. 그 효능은 내가 그 재료를 세심하게 준비한 결과에서 나오는 것입니다." 매우 건강하고 생의 약동이 충만한 이 교수는 자신이 이 약들에 자기 인격의 전기적 에너지 혹은 생물학적 에너지를 주입시키는 방식으로 약을 만들었다고 주장하였습니다. 이렇게 해서 병자들에게 건강의 능력을 불어넣는다는 것입니다.

나는 이 약들을 먹지 않았습니다. 하지만 그 약을 만든 사람의 주장은 교훈으로 사용하였습니다. 설교자들과 교사들이 자기 교훈에 영혼의 생명과 마음의 모든 능력을 집어넣는다면, 그들의 가르침은 그들이 단지 선한 일들을 반복하면서 마음은 전혀 따라가지 않는 것보다 선한 열매를 맺는데 훨씬 더 효과적일 것입니다. 가르치는 일에 여러분의 마음과 영혼이 들어가도록 하십시오. 다음번에 성경의 교훈들을 공부할 때, 속으로 이렇게 말하십시오. "이것은 기초 작업이다. 내가 기초 작업을 어떻게 했는지 아무도 모를 것이다. 하지만 내가 섬기는 주님은 내가 하는 일을 다 눈여겨보실 것이다. 그리고 내가 양심적으로 기초 작업을 하면 기뻐하실 것이다." 형제 여러분, 우리는 우리 건물의 보이지 않는 부분에 "크고 귀하고 다듬은 돌들을" 놓읍시다. 그래서 거룩하신 삼위 하나님께서 우리의 일 전체를 만족히 여기시도록 합시다.

시간이 부족해서 이 점을 충분히 다룰 수 없겠습니다.

3. 셋째로, 나는 이렇게 해야 하는 이유들을 간단하지만 주의 깊게 설명해야 하겠습니다. 이것은 현명한 방법입니다.

첫째로, 이렇게 하는 것이 하나님께 합당하기 때문입니다. 여러분은 사람을 위해서가 아니라 하나님을 위해서 여러분의 전(殿)을 지어야 합니다. 그러므로 여러분은 건물 가운데 하나님께서 보실 그 부분을 잘 지어야 합니다. 하나님은 모든 것을 보시므로, 그 부분을 충분히 최고로 지어야 합니다. 주님께서는 머릿돌을 보시는 것만큼 기초도 보십니다. 우리가 상대해야 하는 하나님의 눈에는 모든 것이 벌거벗은 듯이 훤히 보입니다. 이교도들도 이 사실을 알았습니다. 한 그리스 조각가가 신전에 세울 신의 형상을 준비해야 했습니다. 그는 신의 머리 뒷부분과 그 형상이 입은 의상 뒷부분을 온 힘을 다해 정성스럽게 조각하고 있었습니다. 그러자 어떤 사람이 말했습니다. "당신은 지금 쓸데없는 일을 하고 있어요. 형상의 그 부분은 벽 안쪽으로 들어가게 되어 있단 말이요." 조각가가 대답했습니다. "하지만 신들은 벽 속에서도 볼 수 있어요. 이 조각은 신들을 위한 것이지 사람들을 위한 것이 아니란 말이오." 우리도 이 이교도 예술가의 정신을 본받아 전지하신 분에게 합당한 방식으로 일합시다. 보이지 않는 하나님께서 우리의 건물을 받아주시기를 기대한다면, 보이지 않는 기초를 완벽하게 놓아야 합당한 일입니다. 그렇지 않고 우리가 사람들이 보는 것에 힘을 쏟는다면, 결국 하나님의 영광을 위해서가 아니라 사람들의 칭찬을 듣기 위해 일하고 있다는 것이 분명해질 것이기 때문입니다.

다음으로, 여러분 자신을 위해서 눈에 보이지 않는 기초를 잘 놓도록 주의하십시오. 어떤 건축업자도 건물 가운데 눈에 보이지 않는 부분이라고 해서 소홀히 할 수는 없을 것입니다. 그렇게 하는 것은 그의 인격에 큰 모욕이 될 것이기 때문입니다. 날림으로 공사하는 행위 자체가 천하고 불명예스러우며 사람의 품격을 떨어트리는 일입니다. 눈에 보이지 않는 일에 대해서는 습관적으로 가볍게 다루는 사람이 있다면, 나는 그를 별로 좋게 생각하지 않습니다. 그 습관은 다른 면들에서 그의 진실함을 훼손할 것이고, 결국 신앙적인 일에서 사실상 위선을 행하도록 만들고 말 것입니다. 보는 사람이 없다면 최선을 다할 필요가 없다는 이 부족한 생각은 영혼을 타락시키는 태도입니다. 오늘날 많은 사람들이 일을 값싸게 하고, 할 수 있는 대로 빨리 끝내려고 하며, 돈을 위해서 자신을 멋지게 포장하려고 합니다. 우리는 대중적인 형태의 이 거짓말을 피하도록 합시다! 우리는 하나님의 택하심을 받고, 그리스도의 보혈로 구속함을 받았으며 성령으로 말미암아 그리스도와 교제하도록 부름을 받은 사람에게 걸맞게 모든 일을 행하도록 합시다. 속이는 일이 사람들 가운데 널리 유행할 수 있는데, 그럴 때는 어떻게 하겠습니까? 그럴지라도 하늘로부터 태어났고, 가슴에 살아있는 양심을 가진 사람들은 그런 태도를 취해서는 안 됩니다. 어떤 사람은 말합니다. "여러분이 일을 대충 할지라도 아무도 그것 때문에 여러분을 덜 존중하지 않을 것입니다. 모든 사람이 다 그렇게 하기 때문입니다." 내 말을 들으십시오. 나는 일을 되는 대로 한다면 그만큼 내 자신을 덜 존중할 것입니다. 나는 자신을 존중하는 것을 대단히 중요한 일로 여깁니다. 다른 사람은 나를 존중한다면 어떻게 하겠습니까? 그럴지라도 내가 잘못했다는 것을 알고, 내 양심의 인정을 받지 못한다면, 여전히 나는 비열한 사람입니다. 하나님에 대해서나 사람에 대해서나 양심에 거슬리는 일이 없는 것은 열방의 갈채를 받는 것보다 가치가 있습니다.

기초를 잘 놓으십시오. 보이지 않는 부분에 유의하십시오. 그렇게 하면 여러분이 건물을 튼튼히 세울 것입니다. 기초에 작은 하자가 있었지만 아무도 그것을 보지 못했습니다. 건축업자가 하자 부분을 아주 빨리 덮어버리고, 전체 공사를 최대한 서둘러서 마쳤기 때문입니다. 벽을 세웠는데 잘 세웠습니다. 아래 기초 부분에 있던 하자가 어쨌든 아무런 문제를 일으키지 않은 것처럼 보였습니다. 건물의 기초가 허술하게 지어진 부분이 적기 때문에 그래도 건물이 그만큼은 나은 것이 아니었습니까? 그 상태가 얼마나 지속되었습니까? 글쎄, 다음 해에 아무 일이 일어나지 않았습니다. 오랜 시간이 지나갔습니다. 그러고 나서 벽에 보기 흉한 금이 생겼습니다. 그동안 지진이 일어난 적이 있습니까? 아니요, 한 번도 없었습니다. 어쩌면 큰 회오리바람이 건물을 강타한 적이 있지 않았나요? 아니요, 한 번도 없었습니다. 날씨는 늘상 똑같았습니다. 건물에 틈이 생겨서 건물의 아름다움을 훼손하고 붕괴를 염려하게 만드는 원인은 무엇이었습니까? 그것은 오래 전에 있었던 하자였습니다. 기초 작업의 부주의가 건물 윗부분에 심각한 손상을 일으켰고, 이 해악은 큰 비용 손실을 가져올 것이고, 어쩌면 건물 전체를 헐어버리는 일이 필요할지도 모르는 일입니다. 눈에 보이지 않는 것이 언제까지나 신경 쓰지 않아도 되는 것은 아니었습니다. 결국 위험한 상태가 드러나는데 시간이 필요했을 뿐입니다. 우리가 아는 사람들이 처음에 회심할 때 확실하게 회심하였다면, 다시 타락하거나 배교하는 일이 일어나 우리를 부끄럽게 하고 슬프게 하는 일이 발생하지 않았을 것입니다. 설교자들이 지난 수년 동안 하나님의 교회에서 일을 더 잘하였다면, 오늘날 성도들을 애타게 만드는, 진리를 떠나가는 슬픈 일들이 일어나지 않았을 것입니다. 오늘 여러분이 자녀들에게 복음을 충분히 그리고 분명히 가르치지 않는다면, 그 해악을 현재 여러분의 반에서 보지 못할 수 있고, 어쩌면 이 세대에서도 보지 못할 수가 있습니다. 그러나 자녀들의 자녀들이 이 시간에 날림으로 한 일의 흔적을 지닐 것입니다. 세월이 조금만 지나가면 거짓된 교리의 충분한 결과가 나타날 것입니다.

사랑하는 친구 여러분, 솔로몬의 입장에서 튼튼한 기초를 놓는 것은 장래의 두려움을 피하는 방법이었습니다. 많은 사람들을 수용하는 건물들은 시험과 시련의 시간들을 견뎌야 합니다. 수년 전에 나는 사람들이 아주 빽빽하게 모인 건물에서 설교를 하고 있었습니다. 걱정스럽게 건물이 계속 떨렸습니다. 나는 몹시 걱정이 되어서 그런 문제에 대해서 잘 아는 한 친구에게 말했습니다. "아래층으로 내려가서 이 건물이 정말로 안전한지 봐주게. 건물이 이 만한 사람들의 무게를 거의 견딜 수 없을 것처럼 보여서 말일세." 그가 돌아왔을 때 염려하는 표정이었지만 내게 아무 말도 하지 않았습니다. 예배가 조용히 끝난 다음에 그가 내게 말했습니다. "모든 것이 아무 일 없이 안전하게 지나가서 정말 기쁩니다. 목사님이 거기서 다시 또 설교해서는 안 될 것 같습니다. 건물이 너무 약해요. 하지만 내가 목사님을 놀라게 만들었다면, 그냥 집회를 계속 진행하도록 하는 것보다 겁을 집어먹게 되어 더 위험이 커질 것으로 생각했습니다." 솔로몬은 "크고 귀하고 다듬은 돌"로 전을 건축했습니다. 그러므로 성전에 엄청난 사람들이 한꺼번에 왔을 때에도 솔로몬은 사람들의 무게 때문에 기초가 붕괴될 것이라는 두려움이 전혀 들지 않았습니다. 그렇습니다! 솔로몬은 성전에 서서 재난이 일어날지도 모른다는 불안감 때문에 마음이 산란해지는 일이 전혀 없이 차분한 마음으로 하나님께 기도드렸습니다. 건물이 영원히 서 있도록 잘 짓는 사람은 수만 가지 두려움을 면할 것입니다. 의심과 두려움은, 그리스도 위에 건설하는 과정에서 어떤 일을 제대로 하지 않고 방치했거나 가볍게 일을 처리했다는 것을 알 때 종종 생깁니다. 사랑하는 성도들 여러분, 종종 의심과 두려움에 시달리는 여러분, 여러분은 이런 것을 더 생생한 믿음과 더 진실하게 하나님을 대하는 태도로 치료할 수 있다고 생각하지 않습니까? 여러분은 개인적으로 하나님 말씀을 연구하는 일에 느슨하거나 은밀히 기도하는 일을 소홀히 합니까? 그렇다면 여러분이 의심하는 것은 당연한 일입니다. 그런 의심을 치료하고 예방하는 방법에 대해 한 가지 제안을 드리겠습니다. 여러분의 믿음을 견고히 하시기 바랍니다. 믿음의 외면적인 모습을 보고 여러분의 믿음을 실제보다 더 큰 것으로 생각하지 마십시오. 매번 기초 부분을 차분히 살피십시오. 어떤 일이든지 생각 없이 얄팍하게 하지 마십시오. 기도한다면 온 마음을 다해 구하십시오. 하나님의 말씀을 듣는다면 거기에 영혼을 집중하십시오. "영원까지 이르도록 일을 확실하게!" 이것을 여러분의 표어로 삼으십시오. 특별히 지하 부분과 경건의 보이지 않는 부분을 주의해서 보십시오. 그래서 여러분이 항상 즐거운 위로를 누리도록 하십시오.

끝으로, 사랑하는 여러분, 기초 부분에 유의하시고, 여러분이 하나님을 대하는 일에서 보이지 않는 부분들에 매우 주의하십시오. 거기에서 모든 것을 시험할 불이 나오기 때문입니다. "각 사람의 공적이 나타날 터인데 그 날이 공적을 밝히리니 이는 불로 나타내고 그 불이 각 사람의 공적이 어떠한 것을 시험할 것임이라"(고전 3:13). 우리가 어디에 세우든, 어떻게 세우든 간에 불이 사람의 모든 작품을 시험할 것입니다. 나무나 건초, 혹은 그루터기로 집을 짓는 건축업자들은 이렇게 소리칩니다. "이리로 불은 일체 가져오지 말라! 그것은 생각만 해도 끔찍한 일이다!" 그러나 그들은 헛되이 항의하는 것입니다. 하나님께서는 불을 가져오기로 결심하셨기 때문입니다. 자, 여러분이 인생의 보이는 윗부분을 돌로 쌓는다 할지라도 아래쪽을 건초더미로 쌓는다면 그것은 쓸데없을 것입니다. 불이 모든 것을 무너트리고 말 것입니다. 그것은 참으로 무서운 불길입니다! 참으로 무서운 불길입니다! 멀리 서서 여러분의 작품에서 소돔과 고모라의 연기 같은 연기가 올라가는 것을 보십시오. 무엇이 남았습니까? 한 줌의 검은 재밖에 남지 않았습니다! 이것이 전 인생에서 남은 결과입니까? 이것이 평판과 명성과 명예를 누린 인생의 실질입니까? 참으로 무서운 일입니다! 그렇지만 여러분 인생의 기초 부분이 불에 탈 수 있는 재료로 이루어져 있다면, 여러분 인생은 틀림없이 쓰디쓴 결말을 맞을 것입니다. 하나님께 감사하십시오. 그리스도 예수라는 반석 위에 짓는 사람, 그 위에 금과 은과 귀한 돌들을 쌓는 사람은 마지막 대화재를 두려워할 이유가 없습니다. 오늘 그는 웃습니다. 쌓은 것이 별로 없기 때문입니다. 그는 말합니다. "주님이여, 나는 주님을 위해 천 배나 더 많이 일을 할 수 있었으면 좋겠습니다!" 그러나 불이 그것을 철저히 태우고 지나갔는데, 지은 것이 그대로 남아 있다면, 그는 참으로 감사할 것입니다!

여러분이 세운 건물이 불 가운데서 어떻게 빛나는지 보십시오. 불길이 건물에 전에 보지 못한 붉은 빛과 광채를 더해줍니다. 녹과 얼룩이 사라지고, 건물 전체가 마치 순금처럼 빛납니다. 건물의 귀한 돌들은 전보다 훨씬 더 찬란하게 빛나고, 건물에 아무것도 손실이 발생하지 않았습니다. 주님을 찬양합시다! 그리스도 예수 안에서 기초를 잘 놓은 인생, 성령의 능력으로 말미암아 전체적으로 튼튼하게 된 인생은 하나님의 면밀한 조사를 견딜 것이고, 어떻게 해서든지 흠집을 찾고 싶어 하는 사람들의 시샘하는 눈초리로 보는 조사에도 견딜 것입니다. 그리고 마침내 그 인생은 심판 날의 시련을 견디고, 영원히 하나님께 찬송과 영광을 돌리는 인생임이 밝혀질 것입니다. 그러므로 여러분은 "크고 귀하고 다듬은 돌들로" 믿음의 기초를 쌓아 여러분의 믿음이 영원히 지속되도록 하십시오.

회심하지 않은 여러분, 이것을 설교의 마지막 말씀으로 드리겠습니다. 즉 하나님의 기초 위에 건설하십시오. 죄를 없애기 위해 하나님이 정하신 제사인 그리스도 위에 건설하십시오. 진실한 회개와 어린아이 같은 믿음, 복음의 거룩함으로 세우되, "크고 귀하고 다듬은 돌들"로 세우십시오. 그러면 그것이 유일한 기초 위에 굳게 서서 세상 끝날까지 결코 흔들리지 않을 것입니다. 아멘.

제
2
장
—

마음의 재앙

—

"한 사람이나 혹 주의 온 백성 이스라엘이 다 각각 자기의 마음
에 재앙을 깨닫고 이 성전을 향하여 손을 펴고 무슨 기도나 무
슨 간구를 하거든 주는 계신 곳 하늘에서 들으시고 사하시며
각 사람의 마음을 아시오니 그들의 모든 행위대로 행하사 갚으
시옵소서 주만 홀로 사람의 마음을 다 아심이니이다 그리하시
면 그들이 주께서 우리 조상들에게 주신 땅에서 사는 동안에
항상 주를 경외하리이다." ― 왕상 8:38-40

여러분 모두 알다시피, 예루살렘에 있는 성전은 거룩한 땅 전체에서 제사드
릴 수 있는 유일한 곳이었습니다. 이것은 하나님께서 이같이 말씀하셨기 때문입
니다. "너는 또 그들에게 이르라 이스라엘 집 사람이나 혹은 그들 중에 거류하
는 거류민이 번제나 제물을 드리되 회막 문으로 가져다가 여호와께 드리지 아니
하면 그는 백성 중에서 끊어지리라"(레 17:8,9). 하나님의 율법에 따라 제단은 하
나가 있었습니다. 그래서 요단 저편에 거하는 지파들이 또 다른 제단을 세웠을
때 그것을 큰 죄로 여겼고, 그들의 형제들이 이 같은 말로써 그들에게 간절히 권
하였습니다. "오직 우리 하나님 여호와의 제단 외에 다른 제단을 쌓음으로 여호
와를 거역하지 말라"(수 22:19). 대제사장이 단 한 사람 있었듯이 제단도 단 하나
가 있었고, 그래서 희생 제물을 예루살렘에 있는 제단 외에 다른 어디에서도 드
릴 수 없었습니다. 그러므로 어떤 사람이 하나님께 예물을 드리고 싶을 때는 솔

로몬이 본문이 나오는 기도로 봉헌한 하나밖에 없는 그 성전으로 올라갔습니다. 후에 이스라엘 백성들이 산과 푸른 숲에 제단을 세웠지만, 이런 곳들과 거기에 서 드린 제물은 하나님의 뜻에 어긋나는 것이었습니다. 제단과 제사는 하나밖에 없었는데, 그것들이 성전에 있었습니다. 그래서 경건한 이스라엘 사람들이 기도 할 때는 제사를 드릴 수 있는 유일한 장소를 향하여 기도하였는데, 그것은 미신 적인 태도 때문이 아니라 하나의 제사와 하나의 제단, 그리고 휘장 안에서 시은 좌 위에 빛을 비추는 하나님의 임재의 거룩한 상징을 믿음으로 기억하여 그렇게 한 것입니다. 그들은 하나님께서 이 유일한 제사를 통해서만 자기를 영접하실 수 있다는 것을 알았고, 그래서 그쪽을 바라본 것입니다.

이스라엘 백성들은 특별히 국가적 재난의 때에는 성전을 바라보고 기도하 였습니다. 가뭄 때, 혹은 작물을 메뚜기 떼나 해충이 다 먹어버렸을 때, 혹은 돌 풍이나 병에 의해 수확할 소망이 사라져버렸을 때, 혹은 전쟁이나 역병의 때에, 백성들은 오직 한 분 하나님 여호와께 탄원을 드리면서 제단에서 유일한 제사가 연기를 내며 타고 있는 하나님의 거룩한 성전을 향하여 모두 눈을 돌렸습니다. 그런 특별한 기회들이 있었고 또 하나님께서 한 민족으로서 이스라엘 백성들 의 부르짖음을 들으셨지만, 하나님께서 개인들의 슬픔을 주목해서 보셨음을 아 는 것은 매우 즐거운 일입니다. 마음에 재앙을 깨달은 사람은 누구나 제사를 드 릴 수 있는 이 유일한 곳을 향하여 손을 들고 기도하면, 하나님께서 그를 용서하 고 인도해 주실 것이라고 본문은 말합니다. 바로 그것이 오늘 밤 제가 설교할 주 제입니다. 누구든지 마음이 하나님의 전으로 향하면 그 자신의 고통과 관련해서 무슨 기도와 탄원을 드릴지라도 주께서 들으시리라는 것입니다.

그러나 그 성전이란 것이 무엇입니까? 성전이 어디에 있습니까? 신자들의 집단이 성전이라고 불리지 않는 한, 그리고 아무도 그 성전을 볼 생각을 하지 않 는 한, 이 하늘 아래에서 물질적인 성전은 이제 없습니다. 그렇습니다. "지극히 높으신 이는 손으로 지은 곳에 계시지 아니하십니다"(행 7:48). 이 땅에서는 어 느 한 곳이 다른 곳보다 더 거룩한 데는 없습니다.

> "우리가 어디에서든지 주님을 찾으면 만나니
> 모든 곳이 거룩한 땅이네."

그러나 한 성전이 지금도 남아 있으니, 그것은 주 예수 그리스도의 몸입니다. 주님께서 성전이고 제단이며 희생 제물이십니다. 여러분이 기도에서 바른 길을 찾기 원하고 여러분의 기도가 나는 듯이 달려가기를 바란다면, 믿음의 눈으로 주님을 바라보아야 합니다. 보십시오. 저기 그리스도께서 하나님 우편에 앉아 계십니다. 단번에 제사를 드리시고 죄를 영원히 속하시고 나서 주님이 거기에 앉아 계십니다. 제사장이요, 제단이요, 제물이요, 성전으로 계십니다. 진정으로 간구하는 사람마다 그리스도의 피를 의지하여 곧 "우리를 위하여 휘장 가운데로 열어놓으신 새롭고 산 길"을 통해서 지성소로 들어가야 합니다. 여기서 "휘장은 곧 그의 육체입니다"(히 10:20). 이 넓은 하늘 아래서 마음에 재앙이 있는 것을 아는 사람이나, 자기를 괴롭히거나 조금이라고 근심시키는 것이 있는 사람은 누구든지 참된 성전이신 그리스도께로 눈을 돌리되, 하나님께서 자기의 기도를 들으시고 그 요청에 응답하시며 그를 구원하실 것을 확신하고서 돌릴 수 있습니다. "우리에게 제단이 있습니다." 그 제단은 바로 우리 주님이라는 복되신 분이십니다. 우리에게는 한 제단밖에 없습니다. 그러므로 우리는 또 다른 제단을 세우는 사람에 대해서는 염려합니다. 그러나 유일한 제단에서 단번에 드린 그 제사가 우리를 하나님과 화목하게 하였고 우리의 간구가 하나님의 들으심을 얻도록 하였다는 것을 확신하기 때문에 우리는 확고한 소망을 가지고 그 제단을 봅니다.

> "우리는 제단을 세우지 않네. 주께서 죽으셨으니
> 우리는 성전을 꾸미지 않네.
> 우리가 피조물에게서 무슨 도움이 필요하겠는가?
> 구원하는 능력이 주의 것이니."

이제 나는 현재의 논점에 좀 더 가까이 다가가야 하겠습니다. 본문은 "다 각각 자기의 마음에 재앙을 깨달을" 것이라고 말합니다. 나는 여러분에게 지식과 그 지식이 다루는 재앙에 대해 이야기하려고 합니다.

내가 오늘 밤 이야기하려고 하는 것은 가정(家庭)의 일들입니다. 우리 한계를 넘어서는 비현실적인 문제들이 아니라 우리 각 개인의 관심사들을 다루려고 하는 것입니다. "다 각각 자기의 마음에 있는 재앙"을 생각하려는 것입니다. 아주 많은 사람들이 자기는 다른 사람들의 마음의 재앙을 안다고 생각합니다. 그래서 세상에는 이 가정(家庭)에 대해, 혹은 이 사람, 저 사람에 대해 하는 이야기가 아주 많습니다. 나는 여러분이 이 시대의 추문들은 내버려 두고 자신의 악에 대해서 생각하기를 바랍니다. 오늘 밤 이 자리에 계신 각 사람은 자기 사정에 대해서 생각하고 다른 사람들의 일에는 신경 쓰지 않기를 바랍니다. 다른 사람들의 땅은 쟁기질하면서 자기 땅은 일구지 않은 채 버려두는 사람이 있다면, 그는 나쁜 농부일 것입니다. 괭이로 다른 사람 정원에 있는 잡초를 뽑으면서 정작 자기 정원은 내버려 두는 사람이 있다면 그는 형편없는 정원사일 것입니다.

오늘 밤 나는 여러분 각 사람이 자기 일들을 생각하기 바랍니다. 예, 그렇게 하되, 마음의 일들을 생각해야 합니다. 왜냐하면 우리에게 일어날 수 있는 잘못이 무엇이든지 간에, 잘못된 것을 간직하는데 가장 나쁜 장소는 마음이기 때문입니다. 이 마음에서 생명이 나옵니다. 우리가 인생의 짐들을 질 수 있지만 "심령이 상하면 그것을 누가 견딜"(잠 18:14) 수 있겠습니까? 몸에 생긴 병은 마음, 곧 영혼에 생긴 병에 비해 그 해악이 절반에도 못 미칩니다. 모든 병들 가운데 가장 지독한 것이 마음의 병입니다. 오늘 밤 내가 생각할 것은 다른 사람의 마음의 병이 아니라 내 자신의 마음의 병입니다. 이는 사람들이 "다 각각 자기 마음의 역병을"(개역개정은 "다 각각 자기의 마음에 재앙을 깨닫고") 깨닫고 있다고 본문이 말하기 때문입니다.

마음에 역병이 있다는 것은 무서운 해악입니다. 역병은 무서운 것이기 때문입니다. 역병이란 첫째로 **고통**을 가져오는 것을 의미합니다. 이 세상에는 사람들이 알지 못하는 마음의 아픔이 많이 있습니다. 그런 아픔이 있으리라고 거의 생각하지 못하는 곳에 말입니다. 여러분이 런던에 있는 집들의 지붕을 걷어낼 수 있다면, 이상한 광경들을 보게 될 것입니다. 여러분이 모든 사람의 마음에 창문을 달 수 있다면, 얼굴에 기쁨이 아주 가득한 사람들 가운데 어떤 사람들은 지극히 비참한 상태에 있다는 것이 우리 눈에 띌 것입니다. 마음의 역병이란 마음의 고통, 근심, 염려, 슬픔, 고민을 뜻하지만 사실상 그 이상을 의미합니다. 왜냐하면 역병이란 **질병**이기 때문입니다. 사실 병든 마음은 끔찍한 것입니다. 종종 우리는 어떤 사람이 갑작스럽게 마음의 병으로 죽었다는 보도 기사를 접하는데, 많은 경우에 이것은 의사가 그 사람이 무엇 때문에 죽었는지 모른다는 의미라고 생각합니다. 그렇지만 마음을 괴롭히는 것은 가장 중요한 기관에 발생한 병인 것이 확실합니다. 손은 다치면 고칠 수 있고, 심지어는 손을 잃어도 살 수가 있습니다. 그러나 마음이 병에 걸리면, 몸 전체가 원활하지 못하고, 생명 자체가 죽음의 경계 가까이 이르러 위험스럽게 됩니다. 이 점이 몸의 마음에 적용되듯이 영혼의 마음에도 적용됩니다. 마음의 부패 혹은 다른 말로 하면 마음의 도덕적 질병은 모든 기관에 고장을 일으키고 전 본성을 황폐화시킵니다. 타락으로 말미암아 마음에 엄습한 이 역병에서 마음이 고침을 받기 전까지는 아무것도 영원한 본성에 어울리지 못할 것입니다. 이 마음의 역병에 있어서 최악의 문제점은 이 병을 제거하지 못하면, 결국에는 그 병이 영혼에 **죽음**을 가져오리라는 사실입니다. 마음에 생긴 역병은 치명적입니다. 이 많은 회중 가운데서 현재 고통이 있는 사람, 곧 마음의 질병이 있으면서, 내가 오늘 밤 제시할 이 치료책을 받아들이도록 은혜의 하나님께서 인도하시지 않는 한 이 치명적인 역병으로 인해 멸망하게 될 사람들이 없다면 깜짝 놀랄 일입니다. 내가 여러분에게 설교하는 동안 성령께서 죄라는 병에 걸린 많은 영혼들을 인도하여 존 뉴턴이 다음의 시에서 표현한 그런 소원을 표출할 수 있으면 좋겠습니다.

> "죄로 병든 내 영혼의 의사이신
> 주님께 내 사정을 가져가오니
> 미쳐 날뛰는 내 병을 억제하시고
> 주의 은혜로 나를 치료하소서.
>
> 내가 견디는 이 괴로움을 불쌍히 여기소서
> 내가 얼마나 슬퍼하며 파리한지 보소서
> 내가 주님밖에는 아무에게서도
> 치료받을 수 있기를 소망할 수 없으니.
>
> 주님, 내가 병들었으니 내 부르짖음을 들으소서
> 내 영혼을 풀어주소서
> 주님을 위하여 살고자 하는 죄인을
> 주께서는 그냥 죽게 내버려두실 수 있겠나이까?"

앞으로 이야기할 요점들을 정리해 보겠습니다. 첫 번째 요점은 이 역병의 형태들이고, 그 다음은 치료의 방법이며, 세 번째로 다룰 요점은 기대할 수 있는 도움입니다.

1. 첫째로, 이 마음의 역병의 다양한 형태들에 대해서 이야기하도록 하겠습니다.

이 병의 형태는 매우 많습니다. 아마도 거의 마음들의 수만큼이나 그 형태가 많을 것입니다. 어떤 사람들은 끔찍한 기억의 형태로 이 마음의 역병을 지니고 있습니다. 그들은 양심의 가책 때문에 피로 물든 붉은 글씨로 지울 수 없게 기억을 마음에 기록한 것입니다. 우리는 여기서 그 문제를 세부적으로 다룰 필요는 없습니다. 자신들 외에는 거의 아무도 알지 못하는 은밀한 어떤 것이 그들의 본성 가운데 가장 예민한 부분에 숨어 있으면서 생명 유지에 필요한 기관들을 다 먹어버리는 것입니다. 그들은 죄를 범했습니다. 그것도 아주 끔찍한 죄를 범했습니다. 그래서 죄가 그들을 따라다니며 괴롭힙니다. 그들이 잊을 수 있다면 행복할 수 있을 것입니다. 그러나 단 한 가지 죄라도 마치 그들의 안구에 핏자국이 그려진 것처럼 영원히 그들 앞에 있습니다. 그들은 지극히 단순한 사건들을 보기만 해도 그 죄를 떠올리게 됩니다. 마치 하나님께서 그들이 밟고 다니는 돌들과 그들을 두르고 있는 벽들에 고소하는 혀를 붙여 놓으시기라도 한 것처럼 말입니다. 심지어 그들의 침대조차도 그들이 누워 쉬는 것을 거부하는 것 같습니다. 그들은 어둠 속에서 깨어 이루 말할 수 없는 공포 가운데 앉아 있거나 아니면 잠이 들지라도 밤의 환영들이 그들을 놀라게 합니다.

그들의 잘못을 아는 사람은 거의 없습니다. 그렇지만 그들은 모든 사람들이 자기를 의심하고 있다고 생각합니다. 아무도 그들을 비난하지 않았지만 그들 스스로 자신을 비난합니다. 그것이 단지 한 가지 죄만이 아닐 수 있습니다. 어쩌면 한데 묶은 모든 죄들이 마치 사나운 경찰견처럼 그들을 보고 짖으며 어떻게 해서든 쫓아와 그들을 삼키려고 합니다. 그들은 모든 음악 소리나 웃음 소리 너머로 자기들 죄의 목소리를 들을 수 있습니다. 그들은 조용히 쉬려고 해도 쉴 수가 없습니다. 그들이 폭풍우 치는 바다처럼 이리저리 흔들리기 때문입니다. 그들에게는 역병처럼 기억되는 죄가 있지만, 그 병에 대한 치료책이 없습니다. 이런 형태의 마음의 병에 대한 치료책, 확실한 치료책이 있다는 것이 오늘 밤 내가 전하는 기쁜 메시지입니다. 허물을 지울 수가 있습니다. 아무리 큰 죄라도 완전히 용서받을 수 있습니다. 죄를 완전히 제거할 수 있으므로 여러분에게 영원히 다시는 그 죄에 대해 언급하지 않을 것입니다. 이 점을 인해 하나님께 찬송 드립시다. 이것이 여러분이 안고 있는 마음의 역병이라면, 오늘 밤 확신을 가지고 이 치료책을 받아들이십시오.

　이 병이 다른 사람들에게서는 또 다른 형태를 취합니다. 그들에게서 마음의 병은 불만과 불안의 형태를 취했습니다. 그들은 조용히 있을 수가 없습니다. 요동하는 바다 같아서 쉴 수가 없습니다. 그들은 생각을 다른 데로 돌리고 마음을 즐겁게 할 수 있는 새로운 계획을 수립하였을 때 한동안은 조금 즐거워하였습니다. 그 계획은 성공적이었습니다. 그럼에도 거기서 그들은 아무 만족을 얻지 못하였습니다. 이제 다른 어떤 것을 찾아야 합니다. 그리고 새로운 계획이 한창 진행 중일 때는 잠시 불만을 잊을 것입니다. 그러나 그 계획도 이루어지고 나면 앉아서 이렇게 부르짖을 것입니다. "다음에 뭘 하지? 모든 게 질렸어. 무엇보다 나한테 질렸어. 인생은 골치 아프고 실망스러워. 그러니 내가 조용히 있을 수가 없어. 정말 무엇인가가 절실히 필요한데, 그것이 무엇인지 모르겠어." 마음에 원하는 모든 것을 가졌으면서도 여전히 마음이 비참한 사람들이 참으로 많습니다. 반면에 이 세상에서 가진 것이 별로 없으면서도 자기 하나님을 지극히 만족하며 기뻐함으로 천사처럼 행복하게 사는 사람들이 많다는 것을 말씀드릴 수 있습니다. 자기들에게 있는 것을 즐기는 능력 외에는 부족한 것이 아무것도 없는 사람들에게서는 이 마음의 병이 사납게 날뜁니다. 그들은 학문에 성공하여서 학위를 취득하였습니다. 그러나 학식이 늘어남으로써 그들이 불안해하는 영역이 넓어졌을 뿐입니다. 그들은 사업에서 성공하고 나서 은퇴하였습니다. 그러나 은퇴 생활이 그들에게는 권태로운 일입니다. 그들이 모든 일에 성공하였는데, 이것이 그들에게 역경이 되었습니다. 옛적의 지혜자들처럼 그들은 "헛되고 헛되며 헛되고 헛되니 모든 것이 헛되도다"(전 1:2)고 외칩니다. 그들은 세상의 좋은 모든 것들에 대해 한탄하며 말합니다. "거기에 아무것도 없어. 빈껍데기야. 아, 슬프다. 내 영혼이 쉴 곳은 어디란 말인가?" 다시 말하지만, 여러분이 안식과 즐거운 만족을 찾을 수 있는 곳을 알려주는 것이 오늘 밤 나의 즐거운 용무입니다. 여러분의 영혼이 편안히 거하고 땅을 차지하며 장차 올 나라를 유업으로 받고, 여러분의 평안이 강물처럼 흐르며, 여러분의 의가 파도처럼 흐를 곳을 알려주는 것이 내 임무입니다. 성령 하나님께서 여러분이 한 큰 희생 제사 안에 쌓아두신 복된 평안을 얻도록 도와주시기를 바랍니다. 불안한 마음마다 성령님께 오면 누구나 이 평안을 얻을 수 있습니다.

　이 역병은 또 다른 형태를 취합니다. 나는 많은 사람의 마음에 와 닿도록 여러 사람을 언급하고 많은 경험을 묘사합니다. 많은 사람의 경우에 이 병은 어떤 한 가지 죄에 집착하는 비참한 경향입니다. 하지만 그 당사자는 좀 더 나은 때는 이 죄를 범하고 싶어 하지 않습니다. 어떤 사람들에게는 열정이 역병처럼 무섭게 그들을 괴롭힙니다. 그들은 이따금 자신들의 열정에 끝까지 버티다가 무너지고 나서는 이렇게 결심합니다. "이런 일은 없을 거야. 맹세코 두 번 다시 이런 일은 없을 거야." 그들은 그렇게 열정에 굴복한 것 때문에 자신을 싫어하고 멸시합니다. 그렇지만 그들은 저항할 수 없는 욕망에 굴복하여, 세찬 바람에 날리는 시든 잎처럼 혹은 폭풍에 높이 날리는 물보라처럼 그들의 열정에 휘둘려 급히 앞으로 나갑니다. 독한 술에 대한 유혹으로 괴로움을 당하는 사람들이 많이 있습니다. 그들은 술을 마시지 않겠다고 맹세합니다. 그러나 뱀이 쏘면 그들은 독한 술을 애타게 찾고, 술 때문에 그들의 인격이 돼지보다 못한 수준으로 떨어진다고 할지라도 술을 마실 것입니다. 또 방탕과 방종에 사로잡힌 사람들이 있는데, 그 역병은 실로 더럽습니다. 그런가 하면 또 어떤 이들에게는 제어할 수 없는 화, 성급한 진노, 혹은 연기를 내며 천천히 타오르는 불 같은 악의가 역병입니다. 이런 불이 지옥 불에 가장 가깝습니다. 이같이 맹렬한 열에 희생되기보다는 일생 지속되는 열에 타는 것이 낫습니다. 어떤 사람들은 자신을 큰 뱀처럼 휘감고 있는 악을 압니다. 그들은 그 악을 물리치고 싶지만, 그 죄에 완전히 마음이 뺏겨서 그 뱀의 똬리를 풀어 헤치고 나올 수가 없습니다. 그물에 사로잡힌 것 같거나 온통 욕망으로 옷을 입은 것처럼 보이는 사람들이 많이 있습니다. 그 정도가 얼마나 심한지, 그들은 옛적에 살을 태우고 몸에 딱 달라붙은 옷을 입은 헤라클레스에 비유될 정도입니다. 헤라클레스는 할 수 있는 대로 급히 옷을 벗으려고 했을 때 옷과 함께 그의 살도 벗어지고 말았습니다. 많은 사람의 자기 존재의 일부분, 곧 그들 영혼의 피부가 되어버린 습관이라는 무서운 옷을 입고 있습니다. 그들은 불붙은 무서운 옷, 곧 죄로 향하는 경향을 벗어버릴 수가 없습니다. 나는 그들에게도 하나님의 이름으로 지극히 자비로운 것, 곧 이 죄에서 그들을 구속할 수 있는 지극히 자비로운 것을 선언하는 기쁨이 있습니다. 그들은 이 부패의 속박에서 건짐을 받을 수 있고, 하나님의 자녀의 영광스러운 자유에 이를 수 있습니다.

또 어떤 사람들에게 이 마음의 역병은 지독한 우유부단입니다. 즉, 계속해서 마음이 흔들리는 것을 말합니다. 그들이 때때로 결심을 하지만 결심은 결국 아무것도 결실을 맺지 못합니다. 자기는 "모든 것을 번갈아 가며 손대고, 그래서 어느 것도 오래 가지 않기" 때문에, 특별히 종교 문제에서 달처럼 찼다가 이지러지기 때문에 결코 성공할 수 없다는 것을 스스로 잘 아는 사람들이 아주 많습니다. 그들은 오늘 회개하고, 내일이면 다시 죄를 짓습니다. 오늘은 진지하게 생활하고 내일은 경솔하게 굽니다. 오늘은 거의 그리스도인이 될 뻔합니다. 그러나 내일이면 죄에서 즐거움을 찾습니다. 그들은 파도처럼 거짓되고 바람처럼 변덕스러워서 어디든지 뿌리를 내릴 만큼 한 곳에 오래 머물러 있지 못합니다. 그들은 물처럼 불안정해서 뛰어나지 못할 것입니다. 그들을 이 도덕적 무기력에서 치료할 수 있는 사람이 누구입니까? 그들이 바른 방향에서 결심하도록 만들 수 있는 것은 없습니까? 있습니다. 그들을 결심하도록 만드실 수 있는 분이 있습니다. 흔들리는 저울에 자신의 달콤한 사랑의 추를 놓아서 저울이 바른 방향으로 기울도록 만드실 수 있는 분이 계십니다. 망설이는 죽을 인생이여, 여러분에게 오늘 밤 그 유일한 희생 제사를 바라볼 은혜가 있다면, 성령께서 여러분이 사랑에 뿌리를 박고 기초를 세우게 하실 것이고, 예수께서 여러분을 확고부동한 사람으로 만드실 것입니다. 그러면 여러분은 "하나님이여 내 마음이 확정되었고 내 마음이 확정되었사오니 내가 노래하고 내가 찬송하리이다"(시 57:7) 하고 말할 것입니다.

나는 이 마음의 역병이 어떤 사람들에게서는 애처로운 완고함의 형태를 띠는 것을 봅니다. 그래서 그들은 "회개하고 싶은데 할 수가 없어. 느끼고 싶은데 느낄 수가 없어. 달구어진 쇠로 지진 것처럼 무감각해진 것 같아"라고 외칩니다. 이것은 두려운 역병입니다. 어쩌면 이것은 더 치명적이기 때문에 내가 앞에서 말한 모든 것보다 더 악한 것일지 모릅니다. 그렇다면 희망이 없는 것입니까? 아니, 있습니다. 죽은 자들을 살리실 수 있고, 돌 같은 마음을 제하고 부드러운 마음을 주실 수 있는 분이 계십니다. 오늘 밤 내가 전하는 것이 바로 그 이름, 곧 예수라는 이름입니다. 그분이 자기 백성을 그들의 죄에서 구원하실 것입니다.

내가 항상 만나는 사람들 가운데 마음이 약한 사람들, 곧 의기소침한 사람들이 있습니다. 이것이 그들의 병입니다. 그들은 자기들에게 베풀어지는 자비가 있다는 것을 믿지 못합니다. 자기들이 새로운 삶을 살 수 있다는 희망을 갖지 못합니다. 때때로 그들은 그리스도께로 돌이키고 싶은 마음이 들지만 돌이키는 일은 불가능하다고 생각합니다. 전혀 그렇게 할 수 없다는 생각에 그들은 그리스도에게서 물러나고 오히려 더 큰 죄로 달려갑니다. 많은 사람이 이렇게 말했습니다. "아무 소망이 없기 때문에 나는 죄를 지을 수 있는 데까지 지을 것이다. 나는 구원받을 수 없어. 그래서 죄의 쾌락을 철저히 맛보는 것이 당연해." 사랑하는 여러분, 이런 식으로 절망이 여러분을 올라타서 몰고 가지 않도록 하십시오. 그렇게 할 아무 이유가 없습니다. 예수님께서 오시는 곳에 구원이 있습니다. 그분이 오늘 밤 여기에 오십니다. 아무도 자기에게는 희망이 주어지지 않을 것이라고 말할 필요가 없습니다. 그리스도께서 길 잃은 사람을 찾아 구원하기 위해 세상에 오셨기 때문입니다. 사랑하는 여러분, 여러분이 살아있는 한 희망을 가지십시오. 죽음이 지배하는 바로 그 경계까지, 지옥의 그늘이 드리운 그 가장자리까지, "희망이 있다. 희망이 있다"는 이 자비의 말씀이 날아간다는 것을 아십시오. 가장 절망적인 자들에게도 여전히 희망이 있습니다. "악인은 그의 길을, 불의한 자는 그의 생각을 버리고 여호와께로 돌아오라 그리하면 그가 긍휼히 여기시리라 우리 하나님께로 돌아오라 그가 너그럽게 용서하시리라"(사 55:7).

　　마음의 역병의 또 다른 형태는 미래에 대한 끊임없는 두려움입니다. 허다하게 많은 사람들이 항상 불안을 느끼는데, 특별히 죽음에 대한 불안을 느낍니다. 여러분이 어떤 곳에서는 죽음이라는 말조차 꺼내지 말아야 하는데, 그 말 자체가 무섭기 때문입니다. 어떤 사람들은 자신들의 겁 많은 두려움을 존중해 주는 것이 이 시대의 에티켓이라고, 저 프랑스 왕의 우스꽝스런 태도가 이 시대의 에티켓이라고 말하고 싶어 할 것입니다. 그 왕은 자기 앞에서 죽음이라는 단어가 언급되는 것을 허락하지 않았습니다. 그래서 한 장관이 "스페인 왕의 죽음"이라는 단어를 읽자, 그 왕은 그런 불경스런 일을 신성한 자기 앞에서 언급한다는 것에 화가 나서 "그게 뭐요? 그게 뭐요?" 하고 날카롭게 소리쳤습니다. 그 장관은 하는 수 없이 그것은 스페인 왕들에게 때때로 일어나는 어떤 상황이라고 말하였습니다. 많은 사람들은 우리가 그들의 마지막이라는 주제에 대해 신중하게 다루어 주기를 바랄 것입니다. 그러나 여러분, 여러분은 반드시 죽습니다. 한창 건강할 때인 아주 젊은 사람들도 죽을 것입니다. 어쩌면 곧 죽을 지도 모릅니다. 그러나 겨울의 흰 눈이 여러분의 머리에 내릴 때, 여러분의 집이 노년기를 지나면서 이미 무너지기 시작할 때는 죽음이 반드시 옵니다. 친구 여러분, 여러분은 준비되지 않았습니까? 죽음을 맞이할 준비가 되지 않았습니까? 그렇다면 여러분이 여러분의 창조주의 법정 앞으로 소환될 것을 생각만 해도 떨게 되는 것이 이상한 일이 아닙니다. 그러나 사냥꾼을 피한다고 어리석게 머리만 숨기고 자신이 안전하다고 생각하는 타조처럼 행동하지 않기를 바랍니다. 죽음을 직시하는 법을 배우시기 바랍니다. 왜냐하면 얼마 있지 않아 죽음이 여러분을 노려보아 당혹스럽게 만들 것이기 때문입니다. 여러분은 스스로 그리스도인이라고 하면서 죽는 것을 두려워하십니까? 하나님께서 여러분이 마땅히 되어야 하는 그런 사람으로 만드셨다면, 여러분은 죽는 것을 두려워하지 않을 것입니다. 참된 신자에게는 죽음이 옷을 벗는 것, 다시 말해 영광으로 옷 입기 위해 벗는 것에 지나지 않기 때문입니다. 죽음이 성도에게는 끝없는 즐거움으로 들어가는 문입니다. 그러니 성도가 거기에 들어가기를 두려워하겠습니까? 그리스도 안에서 한 성전, 한 제사, 한 제사장, 한 제단을 보아온 사람들에게는 죽음의 공포가 사라졌습니다. 하나님께서 그들 속에 그런 일을 일으키셨고, 그들을 위해 그와 같은 천국을 준비하셨습니다. 그래서 그들은 불안해하지 않고 진주 문을 들여다보며 종종 아주 기뻐서 손뼉을 치고 이렇게 노래할 수 있습니다.

> "참으로 눈부신 저 영광을 보라!
> 상상할 수도 없을 만큼 밝은 저 영광을.
> 성도들의 왕 예수께서
> 그곳에서 비할 데 없는 위엄으로 통치하시니
> 내 영혼아, 날개를 펴고
> 저 기쁨의 세계로 곧장 날아가라."

참된 신자의 즐거운 이 경험은 참으로 숭고한 것이어서, 신자에게는 죽음이 순전한 유익이 될 것입니다. 신자는 죽음이 그와 같다는 것을 알기 때문에 때로는 세상을 떠나기를 바라기까지 하는 것입니다.

사랑하는 친구 여러분, 오늘 밤 내가 기술한 이 설명들 가운데 여러분에게 해당되는 것이 있습니까? 이 경우들 가운데 어느 하나와 같은 마음의 병이 여러분에게 있습니까? 아니면 여러분의 병은 또 다른 형태의 큰 영적 역병입니까? 나는 그 점을 설명하기 위해 더 이상 지체할 수 없습니다. 이제는 치료의 방법에 대해서 이야기해야 하기 때문입니다. 여러분이 역병에 걸린 것을 알고 이 자리에서 그 치료책을 받아들일 수 있게 성령께서 도와주시기를 구합니다. 여러분은 마음의 이 역병을 효과적으로 제거하고 싶어 합니다.

2. 그러면 이제 회복을 가져올 치료 방법에 대해서 생각해 봅시다.

나는 여러분이 아주 어리석게 "나는 그 문제에 대해서 생각하지 않을 거야. 생각해봤자 더 괴로울 뿐이야"라고 말하지 않기를 바랍니다. 그것은 아주 나쁜 습관입니다. 아주 바보 같은 사람이나 악한 사람들만이 따를 습관입니다. 어떤 사람이 장사를 하는데, 점원에게 이렇게 말합니다. "나한테 장부책을 가져오지 마라. 나는 거래에 대해서 일절 알고 싶지 않아. 나한테 일지나 장부책을 보여주지 마라. 그런 것들로 골치 아프고 싶지 않아." 신임할 수 있는 점원이 대답합니다. "사장님, 사장님께서 은행 계정을 보셔야 할 것 같습니다." 그러자 어리석은 사장이 말합니다. "싫어. 나는 숫자, 수지(收支), 손실, 적자, 이런 것들로 골치 아프고 싶지 않아. 이런 문제들에 신경을 쓰면 저녁을 맛있게 먹을 수 없단 말이야. 재미없는 걱정은 잊어버리고 할 수 있는 동안 인생을 즐기겠어." 나는 이 장사꾼이 곧 몇 푼 남기지도 못하고 채권자의 손에 넘어갈 것을 예언하는데 굳이 선지자가 필요 없을 것이라고 생각합니다. 자신의 위치를 알기를 피하면 그는 틀림없이 망하고 말 것입니다. 어떤 사람이 30분이라도 혼자서 자기 영혼의 상태를 들여다보려고 하지 않을 때마다 그는 자기에게 무엇인가 잘못되었다고, 자기 영혼의 상태에 뭔가 크게 잘못되었다고 결론지을 수 있을 것입니다. 그는 그 점을 물을 필요가 없다고 생각합니다. 우리는 그처럼 지각없는 행동을 하지 맙시다. 왜냐하면 오늘 밤 내가 처방하는 첫 번째 치료 방법은 사람은 누구나 자기 마음에 역병이 있음을 알아야 한다는 것이기 때문입니다. 말하자면, 사람은 자신의 영적 상태를 하나님이 보시는 것처럼 바르고 정확하게 알려고 노력해야 한다는 것입니다.

여러분을 괴롭히는 이 죄는 무엇입니까? 정직하게 그 죄를 보십시오. 여러분을 따라다니며 괴롭히는 이 두려움은 무엇입니까? 그것이 무엇인지 아십니까? 나는 그것을 적어서 분명하게 보라고 권하곤 하였습니다. 여러분을 사로잡고 있는, 죄로 향하는 이 경향은 무엇입니까? 이 지독한 우유부단은 무엇입니까? 이 병을 진단하고, 그 진단이 틀림없는지 확인하십시오. 여러분의 경우를 철저히 조사해 보십시오. 사람이 자신에게 구원이 필요하다는 것을 다소 알게 될 때, 그것이 구원을 얻는데 큰 도움이 됩니다. 따라서 사람이 자신의 상태를 편견 없이 조사한다면, 자신이 처한 곤경을 인식하는데 아주 큰 도움이 될 것입니다. 내가 여러분에게 이런 일을 요구해도 될지 모르겠습니다. 여러분이 내 제안을 거절하지 않을까 싶습니다. 하지만 내 제안을 받아들이신다면 틀림없이 유익을 얻으실 것입니다. 오늘 밤 여기 계신 모든 분이 집에 가면 방에 앉아 하나님 앞에서 자기 마음 상태를 들여다보고 종이에다 다음 두 마디 중 한 마디를 적어 보시겠습니까? "구원 받았음" 혹은 "죽었음"이라고 말입니다. 사랑하는 친구 여러분, 여러분이 정직하게 그리고 진심으로 "나는 지금까지 주님을 바라보았고, 주님께서 나를 구원하셨다"고 말할 수 없는 한, "구원 받았음"이라는 말을 적지 마십시오. 그러나 여러분이 양심적으로 정직하게 생각할 때 여러분 상태에 대한 바른 기술로 "죽었음"이라는 말을 쓸 수밖에 없다고 한다면, 그렇게 하는 것이 남자답기도 하고 또한 유익할 것입니다. 나는 이렇게 쓴 사람들 가운데 아침 햇빛 앞에서 그 종이 조각이 불에 타자 그 글자 대신에 다른 글자, 바로 "구원 받았음"이라는 위안이 되는 빛나는 글자가 거기에 적혀 있는 경우들이 있는 것을 그동안 보았습니다. 어리석은 사람들만이 자기 상태에 관해 묻기를 거부합니다. 그런 사람이 되지 마십시오. 여러분 영혼의 상태를 적으십시오. 전체적으로 잘 평가하고 확인하십시오. 여러분의 상태가 그렇다면 "회개하지 않음"이라고 적으십시오. 그 글자를 분명하게 써서 여러분 앞에 붙여 놓으십시오. 여러분의 상태가 그렇다면 "믿으려 하지 않음"이라고 쓰십시오. 진실을 아는 것이 여러분을 다치게 할 수 없습니다. 그 진실은 여러분에게 지속적인 유익을 끼칠 수 있습니다. 나는 우선 그 점을 권합니다.

그 다음, 솔로몬이 자기 마음에 역병이 있는 것을 아는 사람들에게 성전에서 드려지는 그 큰 희생 제사에 눈을 돌리라고 명하였듯이, 다음에 할 일은 하나님께로 눈을 돌리는 것입니다. 여러분은 자기 스스로 어떻게 할 수 없고, 땅에 있는 어떤 사람도 여러분을 도울 수 없습니다. 하나님의 은혜를 떠나서 여러분의 사정은 절망적입니다. 이 마음의 역병은 스스로 사라지지 않을 것이고, 여러분의 외적 조건을 아무리 바꾼다고 해도 그로 인해 이 병이 근절되지는 않을 것입니

다. 그러니 위대한 의사에게로 돌이켜 이같이 소리치도록 하십시오. "주 하나님
이시여, 주께서 나를 만드셨으니 나를 고치실 수 있나이다. 주께서 나를 만드셨
으니 다시 고치실 수 있나이다. 저는 어찌할 바를 모릅니다. 주는 창조주시요 구
속자이시며 희생제물이시오니 나를 구원하실 수 있나이다." 하늘을 보고 그리
스도를 보십시오. 피 흘리신 어린 양, 곧 부활하신 구속자를 바라보십시오. 자기
안을 들여다보면 절망만 생길 것입니다. 그러나 십자가에 달리신 그리스도, 아
니 지금은 하나님 우편에 계신 그리스도를 보면 살아있는 소망이 생길 것입니
다. 예수님은 "자기를 힘입어 하나님께 나아가는 자들을 온전히 구원하실 수 있
으니 이는 그가 항상 살아 계셔서 그들을 위하여 간구하시기"(히 7:25) 때문입니
다. 그리스도를 보는 것이 치료의 중요한 부분입니다. 하나님을 사업에 모셔 들
이십시오. 그리스도를 여러분의 근심거리에 모셔 들이십시오. 거기에 여러분의
도움이 있기 때문입니다. 그렇게 보시기 바랍니다. 보고 사십시오.

　여러분이 그런 식으로 보았을 때, 그 다음에 할 일은 걱정거리를 하나님 앞에
펼쳐놓는 것입니다. 어떤 사람들은 기도할 줄을 모릅니다. 여러분이 기도할 수 없
을 때는 이런 식으로 시작해 보십시오. "주님, 나는 기도할 줄 모릅니다. 기도할
줄 몰라요. 제게 기도를 가르쳐 주옵소서." 그런데 여러분은 느낌이 없다고 말합
니다. 그렇다면 나는 여러분에게 이같이 고백하라고 권하겠습니다. "주님, 나는
느낌이 없습니다. 내 마음이 딱딱합니다. 주님, 제가 느낄 수 있게 해 주십시오."
차라리 여러분이 매우 걱정하고 불안해한다고 말하면 좋겠습니다. 가서 주님
께 말하십시오. "주님, 저는 매우 불안합니다. 쉴 수가 없습니다. 저를 도와주십
시오. 도와주세요." 주님께 거리낌 없이 모든 것을 말씀드리십시오. 여러분이 이
역병을 하나님께 고백하면 고백하는 바로 그 행위로 인해 곧 도움을 발견할 것
이라고 확신합니다. 주 예수님께서 아주 특별하고 효과적인 방식으로 여러분의
양심을 금세 편하게 만들어 주실 것입니다. 그 사실을 사람에게 말하지 말고 오
직 하나님께만 말씀드리십시오. 가룟 유다는 제사장들에게 고백했습니다. 그가
그 다음에 무슨 일을 했는지 여러분은 압니다. 하나님께 고백하십시오. 그러면
여러분은 나가서 목을 매지 않고, 주님께서 여러분을 도우실 수 있다는 것을 발
견하게 될 것입니다. 왜냐하면 "만일 우리가 우리 죄를 자백하면 그는 미쁘시고
의로우사 우리 죄를 사하시며 우리를 모든 불의에서 깨끗하게 하실 것이기"(요
일 1:9) 때문입니다. 하나님 앞에 여러분의 마음을 쏟아놓으십시오. 그러면 여러

분의 마음이 아주 편해질 것입니다.

희생 제사를 바라보며 고백을 한 후에는, 여전히 주 예수님을 바라보면서 기도 하십시오. 예수님의 피를 이유로 내세우며, 죄 사함을 끈질기게 구하십시오. 사람 가운데 예수 그리스도를 바라보면서 진심으로 기도로 하나님을 구하였다가 거절 받은 사람은 아무도 없습니다. 그런 사람은 절대로 없을 것입니다. 나는 어머니께서 나에게 그리스도를 붙잡으라고 간청하고 있고 나는 단념하고 있을 때 내게 하신 말씀에 큰 충격을 받았던 것을 기억합니다. 어머니께서는 이렇게 말씀하셨습니다. "어떤 사람이 진심으로 하나님을 찾고 그리스도로 말미암아 하나님의 손에서 자비를 구하였는데 거절 받았다는 말을 들을 만큼 악한 사람은 없었다." 나는 속으로 내가 그런 사람이라고 생각했습니다. 주님께서 나를 거절 하신 것이 확실하다고 느꼈습니다. 나는 그 정도만큼은 말씀드려야겠다고 결심했습니다. 그러나 그 점을 말씀드리지 않았습니다. 내가 주님을 다시 구하였고 기쁘게도 주님을 만났기 때문이었습니다.

하나님을 구하는 일에 지친 불쌍한 여러분, 여러분도 그와 같이 될 것입니다. 여러분이 마음을 다해 그리스도를 구한다면 곧 주님을 만나게 될 것입니다. 그리스도께서 자기에게 오는 죄인을 내치신 경우는 영원히 단 한 번도 나타나지 않을 것입니다. 지옥을 샅샅이 뒤지고 거기 거하는 자들에게 "여기에 자기가 그리스도께 갔을 때 그리스도께서 거절하셨다고 말할 수 있는 사람이 있는가" 하고 물어볼지라도, 저주 받은 사람들 가운데 죄인들의 친구이신 그리스도께 대해 감히 근거 없는 비방을 할 사람은 한 사람도 만나지 못할 것입니다. 청중 여러분, 만일 여러분이 회개하고 믿는데도 거절을 당한다면, 처음 있는 경우일 것입니다. 자, 오십시오. 오늘 밤 와서 그리스도를 바라보며 여러분 마음의 역병을 이야기하고, 하나님께 "주여, 나를 구원하소서" 하고 간청하십시오. 할 수만 있다면 여러분 입에 말을 넣어주겠습니다. 이렇게 말하십시오. "주여, 나를 구원하소서. 나는 길을 잃었사오니, 나를 구원하여 주소서. 내 마음에 병이 있으니, 고쳐 주소서. 내 큰 죄를 고백하오니, 지워 주소서. 지금 내게 부패가 있고 죄로 향하는 경향이 있음을 내가 아나이다. 주여, 내 죄를 뿌리째 뽑아주소서. 주님은 내 불안과 내 마음의 완고함을 아시나이다. 주여, 내게 평안을 주소서. 내 안에 어떤 것이 있지만, 나는 그것이 무엇인지 잘 모릅니다. 그것은 내가 없애버려야 하는 것입니다. 주여, 내게서 없애 주소서. 그리스도를 인하여, 그리스도의 피를 인하여, 그리스도의 죽음을 인하여, 그리스도의 부활하심을 인하여, 주께 구하오니 나를 고쳐 주소서."

　　어린아이처럼 간절히 구하면 반드시 들으심을 얻을 것입니다. 여러분은 주님께서 이같이 하실 수 있고, 또 이같이 하기 원하신다는 것을 믿기만 하면 됩니다. 믿음이 구원의 출발점입니다. 그렇습니다. 믿음이 여러분을 구원에 이르게 합니다. 예수 그리스도께서 "너는 내가 이 일을 할 수 있을 것으로 믿느냐?"고 물으셨고, 불쌍한 그 사람은 "주여, 내가 믿나이다" 하고 대답하였습니다. 그의 본을 따르십시오. 내 주 예수 그리스도는 사람이실 뿐 아니라 하나님이십니다. 예수님은 지극히 높으신 하나님의 아들로 이 세상에 오셨고 사람의 모양을 취하셨으며, 사람으로 고난을 받으셨는데, 의로우신 자로 불의한 자들을 대신하여 고난 받으셨는데, 이는 우리를 하나님께 데려가시기 위함이었습니다. 그런데 우리가 그런 그분을 의심해야 하겠습니까? 그리스도의 보혈의 공로는 비할 데 없이 뛰어납니다. 주님께서는 우리에게 그 피의 영원한 효력을 믿게 하려고 하시는데, 우리가 믿지 않아야 할 이유가 있겠습니까? 여러분은 믿을 수 없다고 말합니까? 사 복음서의 이야기를 찬찬히 읽어보고, 잠시 앉아서 그 모든 이야기에 대해서 생각해 보십시오. 그와 같이 고난을 받으신 분이 하나님이십니다. 성육신하신 하나님이 죄 많은 사람들을 구원하기 위해 이처럼 부끄러운 죽음을 죽으신 것입니다. 여러분이 본다면 틀림없이 믿게 될 것입니다. 성령께서 그의 영감된 증언을 통하여 여러분 안에 믿음을 일으키실 것입니다. 여러분은 이렇게 말할 것입니다. "이 일이 어떻게 된 것인지 모르지만, 어느 틈엔가 내게 믿음이 생겼어. 정말로 나는 죽으신 구주님의 사랑을 믿어. 내 영혼을 주님께 맡겼어." 그냥 그리스도를 신뢰하는 것, 바로 그것이 구원의 방식입니다. 물 주전자가 못에 걸려 있듯이, 우리도 그리스도께 걸려 있어야 합니다. 아기가 아무 두려움이 없이 엄마 품에 누워있듯이, 우리도 그리스도의 팔에 그같이 있어야 합니다. 우리는 아무것도 아닌 것이 되어야 하고, 그리스도께서 모든 것이 되셔야 합니다. 이렇게 할 때, 우리는 안식을 얻을 것입니다. 마음의 모든 역병으로부터 쉬는 안식을 얻을 것입니다.

**　　3. 세 번째로, 내가 지금까지 설명한 치료를 따르면 받을 수 있는 도움들을 언급하고서 설교를 마치겠습니다.**

본문에 따를 때 우리가 얻을 첫 번째 도움은 "주는 계신 곳 하늘에서 들으
시고 사하신다"는 것입니다. 여러분의 고백과 기도, 여러분이 큰 제단과 그 큰 희
생 제물을 보는 것에 응답하여 하늘 법정으로부터 값 없는 죄 사함이 내려올 것
입니다. 하나님께서 "사하신다"고 말씀하실 때의 의미를 안다면, 여러분은 그
단어가 얼마나 찬란한 말인지 알 것입니다. 그 말은 죄에 대한 모든 기억을 바
다 깊은 곳에 던져 넣는 것이고, 갚은 빚처럼 지워버리는 것이며, 구름을 흩어버
리듯이 죄를 몰아내는 것이며, 죄가 영원히 보이지 않도록 덮는 것이고, 주님의
등 뒤로 던지는 것입니다. 그렇습니다. 심지어 존재한 적이 없었던 것처럼 더 이
상 존재하지 않도록 만드는 것입니다. 내가 알고 있는 한 사람이 친구와 의견이
달랐는데, 뭔가 오해가 생겨서 좀 심한 말을 했습니다. 그의 친구도 싸움을 아주
잘하는 사람이어서 마찬가지로 심한 말을 했습니다. 문제가 풀리고 오해가 사라
졌습니다. 그러자 먼저 심한 말을 한 사람이 아주 진심으로 말했습니다. "스펀지
로 석판을 깨끗이 지우고, 과거 일이 없었던 것처럼 새롭게 시작하자." 다른 친
구는 훌륭한 사람이고 진실한 사람이었습니다. 그러나 그는 한참을 뜸을 들이고
대답을 하지 않았습니다. 그러자 처음에 말을 했던 사람이 자신이 친구의 상처
를 고치지 못했다고 생각하고 이렇게 말하고 싶은 마음이 들었습니다. "네가 용
서할 마음이 없다고 솔직하게 얘기해. 그러면 네가 어떤 마음인지 알겠어." 절뚝
거리는 화해는 절반은 불화 상태나 다름없습니다. 그러나 하나님께서 용서하실
때는 진심으로 용서하십니다. 그러므로 기분 상한 것이 영원히 사라집니다. 하
나님은 기록을 깨끗이 지우십니다. 기록이 사라지고, 그 흔적도 모두 사라집니
다. 나는 오늘 밤 여러분의 죄가 기록된 석판을 봅니다. 무거운 빚이 길게 적힌
석판을 봅니다. 그러나 여러분이 내가 지금까지 설명한 대로 주님께 가면 주께
서 그 석판의 기록을 깨끗이 지워주실 것입니다. 동이 서에서 멀 듯이, 주님께서
여러분의 죄를 여러분에게서 옮기실 것입니다.

여러분은 마르틴 루터가 생각하고 있을 때, 사탄이 그의 죄를 기록한 검고
긴 두루마리, 정말로 세상을 한 바퀴 감을 만큼 긴 두루마리를 가지고 그에게
왔다는 루터의 이야기를 기억하십니까? 루터는 이 대적(大敵)에게 이같이 말했
습니다. "그렇다. 나는 그 모든 죄를 인정하지 않을 수 없다. 그것 말고 더 없는
가?" 그러자 이 더러운 마귀는 나가서 더 긴 두루마리를 가져오자 루터가 말했
습니다. "그래, 그래. 나는 그 모든 죄를 다 인정해. 그것 말고 더 없나?" 그 일에

전문가인, 형제를 참소하는 이 자는 곧 더 긴 고소장을 가져왔는데, 거의 끝이 안 보일 정도였습니다. 루터는 더 이상 가져올 것이 없을 때까지 기다렸다가 소리쳤습니다. "이것 말고 더 없나?" 그러자 마귀가 말했습니다. "이것으로 충분하지 않았는가?" 예, 그것으로 충분했습니다. 마르틴 루터가 말했습니다. "하지만 그 모든 계산 밑에 '그 아들 예수의 피가 우리를 모든 죄에서 깨끗하게 하실 것이요'(요일 1:7)라고 써라."

　형제 여러분, 이것이 사탄조차도 그 정확함에 이의를 제기할 수 없을 정도로 계산을 깨끗이 치른 완전한 영수증이었습니다. 우리의 죄가 아무리 많든 혹은 적든 간에, 속죄의 피가 들어오자 우리의 모든 죄가 사라졌습니다. 내 서재에 보기 흉한 물건이 하나 있습니다. 그것은 쇳조각인데, 꼭대기는 뾰족하고 바닥은 둥근 나무 받침이 붙어 있습니다. 그것은 장식품이 아닙니다. 특별히 그 쇳조각에 누르스름하고 먼지가 많이 묻은 것 같은 영수증들이 꽂혀 있기 때문에 더욱이 장식품은 아닙니다. 청구서는 끔찍한 것입니다. 내게 청구서를 모아놓은 이 서류철이 있지만, 그 청구서들이 나를 전혀 무서워하게 만들지 못합니다. 왜냐하면 그 청구서들이 많고 그 가운데 어떤 것들은 큰 금액이지만, 그 청구서들 가운데 구석에 여왕 폐하의 머리가 찍혀 있고 내가 돈을 치른 채권자의 이름이 적히지 않은 것은 하나도 없기 때문입니다. 나는 낮이든 밤이든 이 기록들을 전혀 두려워하지 않습니다. 사실 그것들은 채무가 다 변제되었기 때문에 그것들을 간직하는 것이 위로가 됩니다. 나는 이 오래된 서류철을 볼 때, 나의 옛 죄들을 생각하게 되는데, 주님께서 찌르셨고 회개하는 내 기억 속에 간직되어 죄의 무시무시한 빛에서 나를 해방시킨 주님의 피의 가치를 보여주는 증거로서 있는 그 옛 죄들을 생각하게 됩니다. 그 모든 죄에 대한 영수증이 여기 있습니다. "그 아들 예수의 피가 우리를 모든 죄에서 깨끗하게 하실 것이요." 여러분 가운데 어떤 분들은 오늘 밤 여러분 죄의 많은 서류철을 볼 수 있을 것입니다. 그 청구서들에 영수증이 다 첨부되었습니까? 여러분의 죄가 모두 지워졌습니까? 그렇다면 여러분은 마음의 역병이 사라졌으니 주님의 이름을 찬송할 수 있습니다. 여러분은 사는 것을 두려워하지 않고 죽는 것도 두려워하지 않습니다. 왜냐하면 완전한 사죄, 뒤집을 수 없는 사죄, 모든 죄를 쓸어서 마치 무저갱에 집어넣듯이 넣어서 다시는 영원히 올라올 수 없게 하는 사죄, 완전한 사죄가 그리스도 예수 안에서 여러분의 것이기 때문입니다. 이 사실이 이제 아주 아름답게 울려 퍼집니다. 여기에 필적할 수 있는 음악이 있겠습니까? 죄 사함! 죄 사함!

"땅에는 하늘에서 알지 못하는 기쁨이 있네.
죄 사함으로 갓 태어난 평안!
너희 천사들이여, 너희는 그처럼 순수하고 깊은 기쁨의 눈물로
눈이 희미해진 적이 없도다."

　　죄 사함의 값없음과 충만함, 영속함, 완전함이 사죄의 지극히 큰 기쁨입니
다. 우리 주님께서는 무슨 일이든 절반만 하시는 법이 없습니다. 주님께서는 우
리의 모든 죄책을 그의 피의 바다에 던지시고, 우리의 모든 죄는 그 바다에 빠져
죽었습니다. 이후로 믿음으로 의롭다 함을 얻은 우리는 우리 주 예수 그리스도
로 말미암아 하나님과 화평을 누립니다. 이것이 내가 언급할 첫 번째 도움입니
다. 누가 이것이 중요하지 않다고 말할 수 있겠습니까?
　　여러분은 본문에서 "사하시며"라는 말 뒤에 오는 "행하고"(개역개정에는 이
말이 번역되지 않았음 - 역주)라는 말에 주의하시기 바랍니다. 자, 하나님께서 사
람의 죄를 사하실 때, 그때부터 그를 위해 놀라운 일들을 많이 행하시기 시작하
는 것입니다. 예를 들면, 하나님께서 마음의 완고함을 녹이시고, 마음의 불안을
잠재우시며, 새로운 경향, 곧 거룩함을 향하는 경향을 주심으로써 죄로 향하는
경향을 깨트리십니다. 주님께서는 오래된 죄인을 은혜 안에서 어린 아기가 되게
하실 수 있습니다. 그래서 그가 마치 다시 태어난 것처럼 의롭게 될 것입니다.
아니, 그를 다시 태어나게 하실 것입니다. 인생을 악하게 살았던 한 노인이 오두
막에서 인간성의 슬픈 잔존물로, 인생을 낭비해버린 케케묵은 존재로 앉아 있었
습니다. 그의 어린 손자가 곱슬머리를 하고 그의 무릎에 기어올랐을 때, 그는 손
자의 뺨을 가볍게 두드리며 혼자 중얼거렸습니다. "아, 하나님, 내가 어린아이로
다시 태어나 새롭게 시작할 수 있다면!" 많은 사람들이 이루어지기를 바라는 그
소원이 예수님을 보는 모든 사람에게 성취될 것입니다. "너희가 돌이켜 어린아
이들과 같이 되지 아니하면 결단코 천국에 들어가지 못하리라"(마 18:3). "네가
거듭나야 하겠다"(요 3:7). 감사한 일은 여러분이 거듭날 수 있다는 것입니다. 새
생명이 옛 마음에 들어가면 옛 마음이 새롭게 되고, 영원히 싱싱한 젊음을 지니
고 있는 영원한 생명으로 가득 차게 될 것입니다. 눈을 돌려 그 큰 희생 제사를

보고, 제단을 보며 성전을 보십시오. 그리고 유일한 제사장, 곧 예수 그리스도를 보고 그에게 믿음의 기도를 드리십시오. 그러면 성령께서 여러분에게 임하여 기사를 행하시고, 여러분을 그리스도 예수 안에서 새로운 피조물로 만드실 것입니다. 옛것은 사라지고 모든 것이 새롭게 될 것입니다.

그 이후로 주님께서 계속해서 여러분을 위해 큰 일들을 행하실 것입니다. 여러분을 끝까지 지키실 것입니다. 여러분을 점점 더 힘 있게 하시고 점점 더 기쁘게 하실 것입니다. 여러분을 유용한 사람으로 만드실 것입니다. 그것은 여러분이 과거에 꿈에도 생각하지 못했던 일입니다. 가시가 많은 황무지가 백 배의 결실을 맺게 될 것이라는 말입니다. 주님께서 여러분을 죄인들 가운데서 끌어내어 성도들의 무리에 집어넣으실 것입니다. 그리고 성도들 가운데 넣으실 때 여러분의 죄에 대한 경험이 선을 이루는 도구가 되도록 하실 것입니다. 노련한 밀렵꾼이 교화되었을 때, 그만큼 훌륭한 사냥터지기가 될 수 있는 사람이 없듯이, 죄가 무엇인지, 구원이 무엇인지를 실제 경험을 통해서 아는 사람만큼 다른 사람들을 그리스도께 데려오는데 유능해질 수 있는 사람은 없습니다. 그런 사람들은 자기가 실제로 느낀 바를 이야기합니다. 그래서 그들이 구원받았을 때는 모든 사람이 분명히 알 수 있는 구원을 이야기합니다. 왜냐하면 그들이야말로 은혜의 능력이 아무도 부인할 수 없게 현저히 임하였음을 보여주는 당사자들이기 때문입니다. 나는 내 주 예수께서 그 적을 샅샅이 찾아 끌어내시기를 간절히 바랍니다.

주님이여, 오셔서 이 무리 가운데서 몇을 생포하여 주옵소서. 이 건물에 모여드는 많은 사람들에게 "오늘 밤 네 집에 유하여야 하겠다"(눅 19:5) 하고 말씀하여 주옵소서. 형제 여러분, 더 이상 무관심한 인생을 살지 말고, 여러분 영혼의 영원한 일에 관심을 갖기 시작하시기 바랍니다. 더 이상 여러분의 구주님을 반대하지 마시기 바랍니다. 그의 제자가 되십시오. 주님께는 여러분과 같은 제자들이 많이 있습니다. 주님은 그들이 한때 죄 가운데서 방탕하게 지냈다고 해서 그들을 멸시하시지 않습니다. 오히려 반대로 주님은 그들의 이전 죄가 큼을 인해서 그들을 자신에게 묶으십니다. 그들은 많이 사함을 받았기 때문에 주님을 많이 사랑합니다. 주님께서 자기들을 위해 행하신 일을 인해서 훨씬 더 성실하게 주님을 섬깁니다. 주님께서 이와 같은 일이 여러분에게도 일어나게 해 주시고, 주님께 모든 영광이 돌아가기를 구합니다. 아멘. 아멘.

제
3
장
—

기도의 핵심 요점들

—

"여호와께서 전에 기브온에서 나타나심 같이 다시 솔로몬에게
나타나사 여호와께서 그에게 이르시되 네 기도와 네가 내 앞에
서 간구한 바를 내가 들었은즉 나는 네가 건축한 이 성전을 거
룩하게 구별하여 내 이름을 영원히 그 곳에 두며 내 눈길과 내
마음이 항상 거기에 있으리니." ― 왕상 9:2,3

사랑하는 친구 여러분, 여호와께서 성전 건축이라는 큰 일이 시작되기 전
에 나타나신다는 것이 솔로몬에게는 크게 격려가 되는 일이었습니다. 열왕기상
3:5의 말씀을 보십시오. "기브온에서 밤에 여호와께서 솔로몬의 꿈에 나타나시
니라 하나님이 이르시되 내가 네게 무엇을 줄꼬 너는 구하라." 여러분 가운데는
우리가 필생의 사업을 시작할 때, 곧 우리가 이제 막 회심을 한 젊은이로서 주님
을 위하여 무슨 일인가 하겠다고 결심하고 열심과 성의가 가득차서 인생을 시작
하였을 때 어떻게 주님이 우리와 함께 하셨는지를 기억하는 분들이 있을 것입니
다. 우리가 어떻게 주님의 얼굴을 구하였습니까! 얼마나 순박한 마음으로, 얼마
나 애정 어린 마음으로, 얼마나 주님을 간절히 의지하고, 우리 자신에 대해서는
얼마나 조심하는 마음으로 주님의 얼굴을 구하였습니까! 주님께서 기억하시듯
이 우리도 그 초기 시절, 곧 우리가 결혼했을 때의 사랑을 기억합니다. 나는 주
님께서 기브온에서 처음 내게 나타나셨던 때를 잊지 못합니다.
정말로 그리스도인들의 삶 가운데는 하나님께서 처음에 그들에게 나타나

시지 않았다면 있을 수 없었을 일들이 있습니다. 하나님께서 그들에게 힘을 주시고 가르쳐 주시지 않았다면, 그들이 가지고 있는 것을 뛰어넘는 지혜를 주시지 않았다면, 하나님께서 그들에게 영감을 주시지 않았다면, 그들에게 생명을 불어넣어주시지 않았다면, 그들이 지금까지 해 온 일을 하지 못하였습니다. 하나님과 함께 시작하고, 하나님께서 우리에게 나타나시기 전까지는 필생의 사업이라는 성전의 돌을 하나라도 놓지 않는 것은 지극히 귀중한 복입니다. 그런데 이 경우에서처럼, 어떤 일을 마친 후에 하나님께서 우리에게 나타나시는 것이 그만한 복일지 아니면 그 이상의 복일지 나는 모르겠습니다. "여호와께서 전에 기브온에서 나타나심 같이 다시 솔로몬에게 나타나사." 이제 솔로몬이 성전 건축을 마쳤고, 그래서 그에게는 또 한 번 하나님의 방문이 필요하였습니다. 필생의 일을 마침에는 큰 기쁨이 있습니다. 그렇지만 어떤 사람들에게는 일찍이 몰두하였던 봉사를 그침으로 마음을 늘 긴장하고 지내도록 하던 일이 끝이 날 때, 크게 낙심하는 일이 있습니다. 여러분이 뛰어서 언덕을 오릅니다. 그래서 정상에 도달하였습니다. 더 이상 오를 곳이 없습니다. 그러면 거의 여러분은 다시 분투노력할 것이 있었으면 하고 바라게 됩니다.

7년 동안이나 지속되었던, 솔로몬의 일과 같은 사역은 틀림없이 그에게 기쁨이 되었을 것입니다. 집이 위로 올라가는 것을 보고 건축의 아름다운 모든 단계를 주의하여 보는 것이 큰 기쁨이었을 것입니다. 우리가 인생 초기에 부름을 받아 종사하게 된 특별하고 주목할 만한 일도 그와 같습니다. 우리는 그 일에 헌신하였고, 그래서 그 일이 우리 손에서 자라는 것을 볼 때 기쁩니다. 마침내 우리 일의 특정한 부분이 마무리 지어졌을 때, 우리는 일종의 상실감을 느낍니다. 우리는 그 일에 온 힘을 기울이는데 익숙하였고, 거의 그 일을 의지하다시피 하였습니다. 그래서 언덕 꼭대기에 섰을 때 생소한 느낌이 듭니다. 개인적으로 나는 성공했을 때 흥분을 느끼지 못합니다. 오히려 전투의 긴장이 끝났을 때 마음이 가라앉는 것 같은 느낌이 듭니다. 우리는 하나님의 위대한 종들의 이야기에서 이와 같은 이야기를 봅니다. 우리는 특별히 엘리야에게서 그 경우를 봅니다. 그가 갈멜 산에서 위대한 일을 수행하여 바알 선지자들을 죽였을 때, 잠시 큰 기쁨을 느끼고 기쁜 마음으로 왕의 전차 앞을 달렸습니다. 그러나 후에 매우 고통스러운 반응이 따라왔습니다. 솔로몬의 경우는 그와 비슷하지 않습니다. 그러나 솔로몬도 그와 같은 상태를 겪었을 것이라고 생각합니다. 그래서 성전 건축이

완성되었을 때 그는 특별한 곤경에 처하게 되었습니다. 그가 마음이 의기소침해
지지 않았다면 교만의 위험에 빠졌을 수도 있었습니다. 어떤 경우든지 그것은
주목할 만한 시기였고, 그 곤경 또한 틀림없이 상당하였을 것입니다. 그래서 "여
호와께서 전에 기브온에서 나타나심 같이 다시 솔로몬에게 나타나셨습니다."

　형제 여러분, 우리는 새로운 출현, 새로운 나타남, 곧 위로부터 오는 새로운
방문이 필요합니다. 나는 여러분 가운데 지금 인생을 성공적으로 살아가고 있
는 분들에게 권합니다. 여러분이 지난 과거에 대해 하나님께 감사하고 여러분의
인생 초기에 하나님께서 여러분을 방문하신 일들을 기쁘게 돌아보는 한편, 이제
여러분이 지극히 높으신 하나님의 두 번째 방문을 찾고 구하라고 말입니다. 이
것은 여러분이 충분할 만큼 자주 하나님의 방문을 받지 않는다고 생각해서 그
렇게 권하는 것이 아닙니다. 바다가 자주, 그러니까 매일 두 번씩 만조가 되지
만, 그럼에도 한사리의 때가 있는 것입니다. 태양은 우리가 보든지 보지 못하든
지 간에 겨울의 안개를 뚫고 빛을 비춥니다. 그렇지만 한여름의 작열하는 빛이
있는 것입니다. 우리가 항상 하나님과 동행할지라도, 하나님께서 우리에게 자기
마음의 은밀한 일들을 열어 보여주시고 자신을 나타내시는 때들이 있습니다. 이
것은 하나님께서 세상에 하시는 일이 아닐 뿐만 아니라 하나님의 은혜를 받은
사람들에게 언제나 하시는 일도 아닙니다. 왕궁에서 지낸다고 해서 모든 날이
잔치하는 날은 아닙니다. 하나님과 함께 한다고 해서 모든 날이 주님께서 우리
영혼에 자기 영광을 드러내시는 특별한 안식일의 때와 같이 맑고 영광스러운 것
은 아닙니다. 우리가 일찍이 하나님의 얼굴을 뵈었다면 행복한 일입니다. 그러
나 하나님께서 다시 한번 충만한 은혜 가운데 우리에게 오신다면 더 행복한 일
인 것입니다.

　나는 우리가 이 두 번째 나타나심을 구해야 한다고 생각합니다. 즉, 우리는
하나님께서 우리에게 두 번째로 말씀하여 주시기를 아주 간절히 부르짖어야 한
다는 것입니다. 어떤 사람들이 주장하듯이 우리는 두 번째 회심이 필요치 않습
니다. 나는 우리에게 그런 것이 필요하다고 생각하지 않습니다. 하나님께서 우
리가 마땅히 그래야 하는 대로 하나님을 경외하는 가운데 든든히 서 있도록 우
리를 지켜주셨다면, 우리는 어떤 사람들이 "더 고귀한 생명"이라고 부르는 것을
이미 소유하고 있는 것입니다. 우리 가운데 많은 사람들이 영적 생활의 아주 시
초부터 이 생명을 누렸습니다. 우리는 다시 회심할 필요가 없습니다. 그렇지만

우리 머리에 하늘의 창문이 다시 열리고 다시 한번 오순절의 성령을 받으며, 달려도 지치지 않고 걸어도 피곤치 않기 위해 천사들처럼 젊음이 다시 새로워지는 일이 정말로 필요합니다. 주님께서 오늘 밤 그의 백성들 한 사람 한 사람에게 솔로몬에게 내리신 복을 내려주시기를 구합니다! "여호와께서 전에 기브온에서 나타나심 같이 다시 솔로몬에게 나타나사."

하나님께서 솔로몬을 만나 맨 먼저 이야기하신 것은 그의 기도에 관한 것이었습니다. 하나님께서 그 기도를 들어주셨고, 여기 두 번째 나타나 그 기도의 요점들을 대략적으로 말씀하셨을 때, 우리는 그 기도에 우리에게 모범이 될 만한 것이 많았다는 것을 확실히 알 수 있습니다. 우리가 기도 응답을 받은 사람들이 따랐던 이 방식을 따라 기도한다면 잘하는 일일 것입니다. 그렇게 한다면 우리는 응답 받는 기도에 대한 하나님의 설명을 따르는 것이 될 것입니다. 나는 간단히 두세 가지 방식으로 본문을 사용하여 그 점을 이야기하도록 하겠습니다.

1. 첫째로, 기도에서 우리의 올바른 위치.

하나님께서는 "네 기도와 네가 내 앞에서 간구한 바를 내가 들었다"(왕상 9:3)고 말씀하셨습니다. 기도할 위치가 있습니다. "내 앞에서" 말하자면, 하나님 앞에서 기도해야 합니다.

이 문제에 관해 조금 이야기해보도록 합시다.

> "우리가 어디에서 하나님을 구하든 하나님을 만납니다.
> 그래서 모든 곳이 거룩한 땅입니다."

그러나 우리는 하나님 앞에서 의도적으로 공손하게 하나님께 기도를 드림으로써 우리가 있는 곳이 거룩하도록 조심해야 합니다.

이런 곳을 언제나 찾을 수 있는 것이 아닙니다. 예수님의 비유에 나오는 바리새인이 기도하러 성전에 올라갔지만, 분명히 그는 "하나님 앞에서" 기도하지 않았습니다. 그래서 지극히 거룩한 뜰에서도 그는 바라는 장소를 찾지 못하였습니다. 그는 자기 생각대로 기도하였습니다. 그러나 의롭다 함을 얻지 못한 채 자기 집으로 돌아갔다는 점에서 그는 전혀 기도를 하지 않았고 하나님 앞에서 기도하지도 않은 것이 분명합니다. 여러분이 하나님 앞에 있는 것은 이 예배당 문을 지나 이 회중석으로 들어오기 때문이 아닙니다. 그렇지 않습니다. 여러분이 이 교회에서 가장 중요한 곳으로 간주되는 신성한 곳을 찾을지라도, 여러분이 예루살렘 터 옆에 설지라도, 여러분이 "골고다"로 불리는 해골 모양의 언덕을 찾아낼지라도, 혹은 여러분이 감람산에 가서 겟세마네 동산에서 무릎을 꿇을지라도, 그렇다고 해서 여러분이 하나님 앞에 서게 되는 것이 아닙니다. 때로 예배당에 가까이 있을수록 하나님에게서 더 멀리 떨어져 있을 수 있습니다. 그래서 예배당 한가운데, 기도를 늘상 드리는 회중 가운데 있으면서도 여러분은 전혀 "하나님 앞에" 있지 않을 수 있습니다. 하나님 앞에서 기도드리는 것은 동쪽이나 서쪽을 바라보며 기도하든지 혹은 무릎을 꿇든지 혹은 오랜 세월 동안 신성시되어 온 건물 안에 들어가든지 하는 것보다 더 영적인 일입니다. 슬프게도 기도하는 것은 아주 쉽지만 하나님 앞에서 기도하는 것은 쉽지 않습니다. "백성들아 그의 앞에 마음을 토하라"(시 62:8)는 교훈을 이행하기 위해 "휘장 안에 들어가"(히 6:19) 온통 피가 뿌려진 시은좌 앞에, 곧 보이지 아니하시는 하나님 앞에 정말로 분명한 의식을 가지고 서는 것은 그리 쉬운 일이 아닙니다. 성령의 능력으로 하지 않고는 결코 할 수 없는 일입니다. "하나님 앞"은 마음을 토해 놓는 자리입니다. 그 사실을 알고 발견하는 사람들은 복이 있습니다!

"하나님 앞"이라는 이 복된 장소를 공적인 기도에서 찾을 수 있습니다. 솔로몬이 하나님 앞에서 드린 기도는 허다히 많은 사람들 가운데서 드린 것입니다. 제사장들이 자기 위치에 서 있었고, 레위인들은 자신들의 순서를 지켰습니다. 솔로몬이 무릎을 꿇고 하나님께 간절히 부르짖을 때 백성들이 함께 모였고, 이스라엘 지파의 모든 군대가 이 거룩한 도성의 거리에 서 있었습니다. 솔로몬이 그날 기도하는 백성들을 기쁘게 할 만큼 기도의 능력을 받아 백성들이 그의 유창한 언변에 주목하고 적절한 연기에 만족하게 된 것이 아니라 그가 하나님 앞에서 기도하도록 영감을 받은 것이 분명합니다.

형제 여러분, 우리 가운데 기도를 인도하는 사람들은 공적으로 사람들이 듣는 데서 기도할지라도 은밀한 가운데 하나님께서 우리를 보실 수 있도록 기도하기를 힘써야 합니다. 내가 하나님의 백성들의 공적 집회에서 여러분을 위해 큰소리로 간구하는 때조차도 여러분을 잘 기억하지 못할지라도, 지존하신 이의 은밀한 곳에 있는 것처럼 생각하고 기도하는 것만큼 여러분을 위해서 바르게 혹은 유용하게 기도하는 때는 없다고 확신합니다. 이 사실은 여러분 각 사람에게

도 적용됩니다. 기도회에서 여러분이 중요한 어떤 개인을 염두에 두고 기도하거
나 그 자리에 참석한 사람들 가운데 환심을 사고 싶은 사람을 기억하여 기도하
는 것은 잘못된 일입니다. 시은좌는 여러분의 능력을 나타내 보이는 자리가 아
닙니다. 기도할 수 있는 기회를 이용하여서 다른 사람에 대한 여러분 개인의 의
견을 피력하는 것은 더욱 악한 일입니다. 그동안 나는 사람들이 기도하는 가운
데 은근히 자신의 뜻을 비치는 말을 하는 것을 들어왔습니다. 이런 말을 하는 것
이 유감스럽지만 나는 심지어 아주 직접적으로 비판하고 사람을 불쾌하게 만드
는 말을 기도 중에 하는 것을 들었고, 그래서 그 형제가 무엇을 두고 이야기하
는지 사람들이 알고 그 사실을 애석하게 생각하도록 하는 말을 하는 것을 듣기
도 했습니다. 그런 행동은 아주 반대할 만한 불손한 태도입니다. 우리는 기도회
에서 교리적 오류를 바로잡거나 신학교 교수들을 가르치는 기도를 해서는 안 되
고, 어떤 형제들의 잘못을 거론하거나 지극히 높으신 하나님 앞에 그들을 고발
하는 기도를 해서도 안 됩니다. 이런 것들이 진지하게 간구해야 할 문제들인 것
은 틀림없지만 기도 중에 그에 대해 간접적으로 설교하거나 꾸짖을 일은 아닙니
다. 기도하는 기회를 이용하여 다른 사람들의 잘못을 찾는 일은 형제를 참소하
는 자, 곧 마귀에게 합당한 행동입니다. 우리의 기도는 "하나님 앞에서" 드리는
것이 되어야 합니다. 그렇지 않으면 하나님께서 들으실 수 없는 기도가 됩니다.
우리가 오직 다른 사람들을 동정하여 기억하는 것을 제외하고는 다른 모든 사
람을 보거나 기억하거나 생각하지 않을 수 있다면, 그때야말로 진정으로 하나님
앞에서 기도할 수 있습니다. 은혜를 받으면 공중 기도를 할 때에도 그같이 할 수
가 있다고 말씀드립니다. 이를 위해서 우리는 이렇게 기도할 필요가 있습니다.
"주여 내 입술을 열어 주소서 내 입이 주를 찬송하여 전파하리이다"(시 51:15).
　그런데 하나님 앞에서 드리는 기도는 마찬가지로 은밀히 드리는 기도에서도
드릴 수가 있습니다. 어쩌면 좀 더 쉽게 그같이 기도할 수 있을 것입니다. 은밀히
드리는 개인 기도에서조차 사람들이 하나님 앞에서 드린다는 사실을 쉽게 잊어
버릴 수 있는지 잘 모르겠습니다. 여러분이 익숙하게 기도해 온 방에 들어와 있
습니다. 그런데 여러분이 마음은 여기저기를 헤매면서도 무릎을 꿇고 입으로는
좋은 말을 반복하고 있는 경우가 있지 않습니까? 여러분은 기도가 습관이 되어
버렸기 때문에 하나님 앞에서 기도드리는 것이 아니라 그저 방 벽 앞이나 침대
옆에서 기도를 드린 적이 많았다고 고백할 수 있지 않습니까? 여러분은 자신이

하나님 앞에 있다는 것을 의식하지 않았고, 하나님께 직접적으로 분명하게 말씀
드리지도 않았습니다. 여러분은 주님의 규범을 따라서 문을 닫았기 때문에 다른
아무도 그 자리에 없었고, 그래서 다른 사람들 앞에서 기도드리지 않았습니다.
그럼에도 불구하고 여러분은 주로 자기 자신 앞에서 기도드렸고, 그래서 하나님
은 여러분의 가장 깊은 내면으로부터는 아주 멀리 계셨습니다. 자기 자신에게
경건한 말을 하는 것은 보잘것없는 일일 뿐입니다. 다윗이 "내가 혼자 속내를 털
어 놓는다"(개역개정은 "내가 마음이 상하는도다")고 말합니다. 여러분이 혼자 속
내를 털어 놓는 것만큼이나 여러분이 자신을 앞에 두고 혼자 기도하는 것은 아
무 유익이 없습니다. 그렇게 기도하는 것은 자신을 비우는 것도 아니고 하나님
으로 채우는 것도 아닙니다. 그것은 바닥에 찌끼처럼 남아 있는 것을 휘저어 일
으키는 것일 뿐입니다. "백성들아 그의 앞에 마음을 토하라"(시 62:8)는 이 거룩
한 교훈이 권하는 방침이 훨씬 더 낫습니다. 찌끼들이 바닥에서 위로 올라와서
하나님 앞에서 다 흘러나가도록 하고, 방에는 좀 더 나은 것과 좀 더 신성한 것
이 남도록 하십시오. 속내를 자기 혼자 털어 놓는 것은 쓸데없는 일입니다. 그런
데도 종종 우리의 기도가 그런 식의 태도를 취합니다. 즉, 하나님의 양식을 받지
못한 채 자신의 부족만을 자꾸 이야기하고, 하나님께 힘을 얻지 못한 채 자신의
악함만을 한탄하는 기도를 하는 것입니다. 형제 여러분, 기도의 중요한 점은 다
른 사람들 앞에서 하는 것이 아니고, 무엇보다 자기 혼자서 기도하는 것이 아니
라 "하나님 앞에서" 기도하는 것입니다.

　자, 이 말이 기도는 하나님께 드려야 한다는 뜻인 것이 분명합니다. 그러면 사람
들이 말합니다. "나도 알아요." 나도 여러분이 그 사실을 안다는 것을 압니다. 그
렇지만 형제 여러분, 여러분이 그 사실을 잊는 경우가 너무나 많습니다. 여러분
은 장난하는 아이처럼 화살을 아무데나 쏘아버립니다. 기도하는 방법이란 앞에
서 말한 대로 여러분이 활과 화살을 가지고, 이렇게 말하면 여러분은 내가 힘을
다하여 화살을 쏘라고 말할 것이라고 생각할 것입니다. 그러나 나는 그렇게 성
급하게 말하지 않습니다. 잠깐만 기다리십시오! 그렇습니다. 시위를 잡고 화살
을 잽니다. 하지만 잠깐, 잠깐만 기다리십시오! 여러분이 과녁에 시선을 고정하
기 전까지는 기다리십시오! 과녁의 중앙이 분명히 눈에 들어오기까지 기다리십
시오! 여러분이 겨냥하여 쏠 대상을 확보하지 못한다면 화살을 쏘는 것이 무슨
소용이 있겠습니까? 그러니 기다리십시오. 여러분이 지금 무엇을 하려고 하는

지 알기 전까지는 말입니다. 여러분은 과녁의 흰 부분을 맞히고 싶어 하고, 과녁의 중앙을 관통하고 싶어 합니다. 그렇다면 여러분이 과녁의 중앙을 똑똑히 볼 때까지 기다리십시오! "아침에 내가 주께 기도하고 바라리이다"(5:3)라고 말하는 다윗을 본받도록 하십시오. 그는 화살을 굳게 잡고 활을 당겼으며 목표를 침착하게 겨냥하였습니다. 이제 다음 행동을 취할 시간입니다. 그는 화살을 날립니다. 화살이 얼마나 정확히 날아갑니까! 보세요. 그는 과녁의 중앙을 맞혔습니다! 그는 표적을 보았기 때문에 화살로 표적을 맞춘 것입니다. 분명한 목적을 가지고 기도하십시오! 막연한 기도는 힘을 낭비하는 것입니다. 처음부터 무턱대고 필사적으로 기도하는 것이 아무 도움이 되지 않을 것입니다. 표적을 생각하는 시간을 갖지 않았기 때문입니다. 우리는 이렇게 생각해야 합니다. "나는 이제 내게 필요한 것을 하나님께 구하려고 해. 만왕의 왕이신 하나님께 말씀드리려고 해. 모든 은혜가 그분에게서만 오니까. 내 기도는 바로 이 하나님께만 드려야 해. 그렇다면 내가 하나님에게서 받으려고 하는 것은 무엇이지?"

여기 계시는 분들 가운데 어떤 책에서 알게 된 말이나 자신이 지어낸 어떤 말을 반복해서 이야기하는 것이 기도에 무슨 효력이 있다고 생각하는 분이 있습니까? 사람들 가운데는 기도의 신성한 모범, 곧 주님이 가르치신 기도를 자주 반복하면서 그 신성한 기도문에 어떤 마력이 있다고 생각하는 사람들이 있는 것 같습니다. 하지만 여러분에게 엄숙하게 말씀드립니다. 여러분이 그 기도에 마음을 담지 않는다면 그 온전한 기도를 뜻 없이 반복하는 것일 뿐입니다. 그 기도를 드리면서 여러분이 진심을 거기에 담지 않는다면, 마음으로 하나님을 바라보고 있지 않다면, 여러분은 주님의 말씀을 모독하는 것이고, 그 말씀이 비할 데 없이 뛰어난 만큼 그만큼 더 큰 죄를 짓는 것입니다. 기도를 일종의 마술처럼 생각하지 말고, 여러분의 간구를 마법사의 주문을 따라 하는 것처럼 생각하지 마십시오. 그렇게 하면 그것은 헛된 간구이고 하나님께서 들어주실 수 없는 기도입니다. 여러분의 하나님께 모든 지혜를 다해 여러분에 관해 분명하게 기도하십시오. 하나님께 여러분 자신을 이야기하십시오.

그러므로 우리가 기도할 때 하나님 앞에 있다는 것을 깨닫도록 노력하는 일이 필요합니다. 이 점을 이렇게 표현하면 좋을 것입니다. 즉, 마치 여러분이 친구에게 이야기하듯이 하나님께 말씀드렸다면 기도를 잘한 것이라는 말입니다. 여러분이 존재하는 것만큼이나 확실하게 하나님이 계시는 것을 확신한다면, 어쩌면 그보다 더 확신한다면, 여러분이 하나님 안에 있고 하나님이 여러분 안에 계신다면, 여러분이 볼 수 없지만 눈으로 보는 것보다 더 잘 인지할 수 있는 분에게 하듯이 하나님께 이야기한다면, 여러분은 기도를 잘한 것입니다. 여러분이 손으로 만질 수는 없지만 여러분의 모든 본성으로, 곧 손과 손가락보다 나은 어떤 것으로 그의 계심을 인식할 수 있는 분에게 이야기한다면, 하나님께서 여러분의 기도를 들으시며 여러분이 그처럼 부지런히 구하는 것에 보답하시리라는 것을 알고서 그분께 이야기한다면, 이것이 하나님 앞에서 기도하는 것입니다. 이것이 살아계신 하나님 앞에서 간구하는 것이며, 여러분이 느끼는 것을 느끼시고 그것에 마음이 움직이는 하나님께 호소하는 것이며, 말씀하시고 여러분이 말하는 것을 들으실 하나님께 기도하는 것입니다.

여러분은 동료 사람들, 곧 여러분에게 호소하도록 하고 여러분의 애처로운 요청을 듣고도 나무토막처럼 꼼짝 않고 있는 동료 사람들과 이야기하는 것이 아니라 애정 어린 하나님, 곧 여러분 영혼의 모든 기분을 민감하게 감지하시는 살아계신 하나님과 이야기하는 것입니다. 살아계시고 활동하시는 이 하나님 앞에 와서 기도하면 좋겠습니다! 무능력한 불구의 하나님 앞에서 기도하는 것이 아닙니다. 비인격적이고 죽은 새로운 하나님 앞이 아니라 참되신 하나님 곧 그리스도 예수 안에 계시는 하나님 앞에서 기도하는 것입니다! 우리가 말씀드리는 하나님이 어떤 분이신지 알기만 한다면, 곧 스스로 우리의 본성을 취하신 독생자 예수 그리스도라는 분 안에서 우리에게 아주 가까이 계시는 하나님이시라는 것을 알기만 한다면, 우리의 기도가 얼마나 놀라운 것이 되겠습니까! 그리고 그것이 바른 기도입니다. 진리의 하나님께서 우리 각 사람에게 말씀하시면서 "네 기도와 네가 내 앞에서 간구한 바"라고 말씀하실 수 있으면 좋겠습니다! 주여, 우리가 바깥뜰을 지나 하나님의 안 성소로 들어가 하나님께 말씀드릴 수 있도록 도와주옵소서. 주여, 우리가 말하는데 머물러 있는 데서 구원하시고 우리에게 기도의 영을 주시고 우리를 하나님 가까이로 불러주소서.

이 자리에 한 번도 기도한 적이 없는 분이 계시다면, 그분들은 이 시간에 여러분 가까이에 계시며 여러분의 말을 들을 준비가 되어 계시는 분께 기도하기를 바랍니다. "무슨 말을 해야 하지요?" 하고 물어보지 마십시오. 여러분이 말하고 싶은 것을 하나님께 말하십시오. 오늘 밤 여러분의 소원이 무엇입니까? 구원받기를 바라십니까? 죄 사함을 구하십시오. 여러분은 말합니다. "그 말을 들으면 내가 이 말을 해야 할 것 같습니다." 그렇지 않습니다. 여러분에게는 아무 말도 필요치 않습니다. 여러분에게 할 말이 없다면, 보십시오. 그리스도를 보십시오. 여러분이 바라는 바를 마음으로 깊이 생각하십시오. 말이 없는 음악이 있습니다. 그렇듯이 말이 없는 기도가 있습니다. 기도의 생명은 하나님 앞에 있는 것이고, 소리가 없어도 들으시고 표현되지 않아도 이해하시는 하나님 앞에서 소원하는 것입니다. 마음을 열고 하나님을 바라보십시오. 하나님께 여러분이 읽을 수 없는 것을 읽어달라고 구하십시오. 하나님께 그의 큰 자비를 여러분께 베풀어달라고 청하되 여러분 자신이 느끼는 필요를 따라서 베풀어 주실 것이 아니라 그리스도 예수 안에 있는 하나님의 풍성한 자비를 따라 베풀어 주시기를 구하십시오. 여러분이 하나님의 임재를 의식하였을 때 여러분은 하나님 앞에서 기도드리고 있는 것입니다. 하나님께서는 여러분이 마땅히 말로 표현할 수 있는 것을 여러분에게 요구하시지 않습니다. 하나님께서는 전지하신 눈초리로 여러분 마음에 쓰여 있는 것을 읽으십니다. 하나님께서 그렇게 하신다는 것을 알고 마음으로 호소하는 것이 하나님 앞에서 드리는 기도입니다.

2. 둘째로, 기도에서 우리에게 아주 절실히 필요한 것.

바로 그 말씀을 하나님께서 솔로몬에게 이야기하셨습니다. "네 기도와 네가 내 앞에서 간구한 바를 내가 들었은즉."

나는 종종 기회가 있으면 오늘날 똑똑하다고 하는 사람들이 하는 말을 소개합니다. 자신을 아주 중요하게 생각하고 다른 사람은 거의 안중에도 두지 않는 그들은 기도가 훌륭한 운동이라고, 위안이 되고 유익한 좋은 운동이지만 기도가 하나님께 무슨 영향을 미칠 것으로 생각해서는 안 된다고 말합니다. 나는 그들에게 물어봅니다. "여러분은 지금 제시한 그 정보를 따라서 우리가 계속 기도하기를 바랍니까?" 그러면 그들은 이렇게 말합니다. "아, 그럼요. 예, 기도하십시오. 당연히 기도는 경건한 운동이고, 품위 있고 유익한 일입니다. 그러니 계속 기도하십시오. 그러나 하나님이 들으실 것이라고 생각하지는 마십시오." 형제 여러분, 그들은 우리를 바보 천치로 생각하는 것이 분명합니다. 기도하는 사람들을 타고난 바보로 생각하는 것이 확실합니다. 형제 여러분, 기도가 하나님께 아무 영향을 끼치지 못한다면, 나는 아침에 일어날 때 기도하기보다는 차라리 휘파람을 부는 것이 낫고, 밤에 효과 없는 말을 늘어놓는 것보다 차라리 아무

말 없이 눈을 감는 것이 나을 것입니다. 기도가 기도를 드리는 방을 결코 넘어가지 못했다는 것이 입증된다면 기도에 아무 유익이 있을 수 없을 것입니다. 기도가 더 이상 하나님께 받아들여지지 않고 응답을 받지 못하면, 우리는 당연히 기도를 포기할 것입니다. 더 이상 들으시는 일도, 응답하시는 일도 없다면, 우리가 계속 부르짖을지라도 바알 숭배자들의 수준으로 떨어지고 말 것입니다. 그러나 우리는 아직 그 수준에 떨어지지 않았습니다. 나는 이 시대의 똑똑하다고 하는 여러분들의 친절한 말에 감사를 표하지 않을 수 없습니다. 그러나 나는 여러분의 터무니없는 조언을 따르지 않을 것입니다! 여러분이 우리의 기도를 즐겁고 교훈적인 운동으로 칭찬해 주는 말이 우리에게는 아무 효과가 없습니다. 거기에는 모욕하는 말이 숨어 있기 때문입니다. 여러분은 원하면 우리에 대한 그 칭찬의 말을 거두어가도 좋습니다. 여러분의 지혜에 대한 우리의 의견은 우리의 지혜에 대한 여러분의 의견과 거의 똑같기 때문입니다.

그러나 형제 여러분, 우리가 기도할 때 소원하는 바는 정말로 들으심을 얻게 되어 있습니다. 기도한다면, 나는 바람에게 기도하는 것이 아니고 파도에게 기도하는 것도 아니며 하나님께 기도하는 것입니다. 그런데 하나님께서 내 기도를 듣지 않으신다면 나는 헛된 기도를 한 것입니다.

사람이 기도할 때 첫 번째로 바라는 바는 하나님의 들으심입니다. 하나님께서 우리의 기도를 듣지 않으신다면 우리는 아무것도 못 얻은 것입니다. 여러분이 그 점을 생각한다면, 하나님의 들으심을 얻는다는 것은 참으로 영광스러운 일입니다! 가치 없고 부서지기 쉬운 연약한 피조물이 온 땅의 존엄하신 하나님 앞에 서도록 허락받고, 하나님께서 지켜볼 다른 어떤 존재가 없는 것처럼 보고 이 피조물의 부르짖음에 마음과 귀를 기울이시는 것입니다. 생생한 기도를 드리려면 우리가 지금 하나님께 이야기하고 있고 하나님께서 지금 우리의 말을 듣고 계시다는 것을 느끼는 것이 필요합니다.

시편에서 대체로 다윗은 하나님의 응답하심에 관하여 별로 이야기하지 않는 것을 여러분은 목격합니다. 그러나 그는 언제나 하나님의 들으심에 관해 이야기하고, 하나님께서 들어주시기를 구합니다. 황송하게도 하나님께서 우리의 기도를 들으신다는 사실만으로도 아주 충분한 것입니다. 여호와와 같은 분이 들어주신다는 사실만으로도 충분한 것입니다. 나의 청원을 하나님의 손에 놓아드릴 수 있다면, 나는 대만족입니다. 내가 소원하는 바를 하나님의 귀에 들려드릴 수 있고, 하나님께서 일단 그것을 인지하셨다면, 이제 모든 두려움은 사라집니다. 여러분의 하늘 아버지께서 여러분에게 이런 것들이 필요하다는 것을 아십니다. 그러면 여러분은 아주 만족하여 쉴 수 있습니다. 이는 여러분이 하나님 앞에 와서 하나님의 명령대로 하였고, 하나님의 약속이 여러분에게 효력이 있기 때문입니다. 그렇다면 우리에게 첫 번째로 필요한 것은 하나님께서 들으시는 것입니다.

그러나 우리에게는 그 외에도 필요한 것이 있습니다. 우리에게는 하나님께서 받아들이시는 일이 필요합니다. 위대한 친구에게 이야기할 수 있도록 아주 힘들게 허락을 받았습니다. 그런데 그 친구가 엄격한 태도로 서서 "네가 말하는 것을 들었으니 이제 가라"고 말한다면, 어떻겠습니까? 우리는 하나님께 이런 것을 구하는 것이 아닙니다. 우리는 하나님께서 친절하고 은혜롭게 우리의 보잘것없는 고백과 간구와 기도와 경배를 받아주시기를 구하는 것입니다. 만일 하나님께서 보고 미소 짓기만이라도 하신다면, "내가 네 기도를 받아들였다"는 것을 암시하는 말을 한 마디라도 우리 영혼에 말씀하시기만 한다면, 얼마나 큰 기쁨이겠습니까! 가져온 예물을 하나님께서 받아들이셨다는 이것이야말로 기도의 즐거움이자 기쁨입니다!

그렇지만 우리에게 필요한 세 번째의 것이 있습니다. 이것을 하나님께서 솔로몬에게 주셨는데, 그것은 바로 응답이었습니다. 솔로몬이 성전을 거룩하게 해주시기를 구하였는데, 하나님께서 그 전을 거룩하게 하셨습니다. 기도에는 여러분과 내가 항상 "나의 원대로 마시옵고 아버지의 원대로 하옵소서"(마 26:39) 하고 말하며 언제나 아주 조심스럽게 기도해야 하는 것들이 있습니다. 그런가 하면 우리가 꼭 얻겠다고 굳게 결심하고 끈질기게 기도해야 하는 은혜들도 있습니다. 이것은 영적인 복들이고, 언약의 복들로서 분명하게 약속되었고 확실히 필요한 것들입니다. 이 복들은 천사가 우리에게 복을 베풀지 않는 한 가게 두지 않고, 우리가 신성한 끈덕짐을 발휘하여 확실하게 구할 수 있는 것들입니다. 우리는 하나님께서 그의 말씀에서 약속하신 문제들에 대해 거듭거듭 말씀드릴 수 있습니다. 우리는 주님께서 깨어 일어나, 굶주려 기력이 떨어진 우리 친구를 위해 구하는 떡덩이를 주실 때까지 주님의 문을 두드릴 수 있습니다. 우리가 좀 더 대담해질 수 있으면 좋겠습니다! 우리가 좀 더 확신을 가질 수 있으면 좋겠습니다! 우리가 하나님께 무엇인가를 구할 위치에 있다는 것을 믿을 필요가 있습니다. 우리는 조금도 흔들리지 말고 믿음으로 구해야 합니다. 그렇지 않으면 우리가 주님께 무엇인가를 받을 것을 기대할 수 없습니다.

그렇습니다. 우리는 하나님께서 우리의 기도를 듣고 응답하시기를 간절히 바랍니다. 하늘의 궁정에서 기도가 효과를 발휘한다는 것을 알지 않는 한, 우리는 안심하고 기도할 수 없습니다. 그것이 기도에서 우리에게 절실히 필요한 것입니다.

3. 셋째로, 기도 응답에 대한 확신.

우리는 하나님께서 기도를 들으시고 응답하셨다는 확신을 가질 수 있습니까? 솔로몬은 그 확신을 가졌습니다. 하나님께서 솔로몬에게 "네 기도와 네가 내 앞에서 간구한 바를 내가 들었다"고 말씀하셨습니다. 과연 하나님께서 우리에게도 그런 말씀을 하십니까? 나는 그렇다고 생각합니다. 하나님께서 어떻게 그렇게 말씀하시는지 생각해 봅시다.

나는 하나님이 우리의 통상적인 믿음으로 생활할 때 매우 자주 우리에게 그 사실을 말씀하신다고 생각합니다. 우리가 항상 믿음으로 기도한다고 말할 때, 그것이 여러분 가운데 많은 분들의 경우를 대변하는 것이 되기를 바랍니다. 나는 습관으로 하나님께서 내 기도에 응답하시기를 기대합니다. 나는 하나님께 가서 아주 단순하게 내가 원하는 바를 구합니다. 나는 겸손하게 구한 것을 얻지 못한다면 크게 놀랄 것입니다. 응답을 받았을 때는 나는 그것을 당연한 일로 여깁니다. 왜냐하면 하나님께서 기도에 응답하시겠다고 약속하셨고, 하나님께서 자신의 약속을 지키실 것이 확실하기 때문입니다. 나는 지금 일상의 감사한 일들과 매일의 골칫거리들, 생활에서 일반적으로 일어나는 일들에 관해 말하고 있는 것입니다. 이런 문제들에서 하나님은 틀림없이 응답하십니다. 그러므로 우리의 믿음이 일반적으로 작용할 때, 우리 마음에 그 믿음은 "네 기도와 네가 내 앞에서 간구한 바를 내가 들었다"고 하는 하나님의 목소리인 것입니다.

그러나 때로 여러분에게는 강한 확신이 필요합니다. 여러분은 특별한 복을 구해야 합니다. 여러분은 보통의 기도로는 충분치 않았을 때 야곱이 이르렀던 것과 같은 위치에 이르게 됩니다. 에서가 무장한 군대를 이끌고 그를 만나러 오고 있었을 때, 야곱은 밤새도록 기도하지 않으면 안 되었습니다. 그는 얍복 강에 서 있는 힘껏 용기를 내야 했고, 천사와 씨름해서 하나님의 복을 얻어내야 했습니다. 그러한 때에 복의 정수를 확보하는 것은 필연적으로 발휘되기 마련인 보통의 믿음보다는 더 강한 믿음입니다. "네 믿음대로 되라." 우리가 하나님을 신뢰한다면, 이것이 중요한 일이기 때문에, 우리는 구하는 것을 얻을 것입니다. 여러분이 구하는 것을 사실상 얻지 못했을 때, 믿음은 "내가 그것을 얻은 줄로 안다"고 말하는 것이 아닙니다. 그렇게 말한다면, 그것은 여러분에게 거짓말이 될 것입니다. "여러분이 성화되었다고 믿어라. 그러면 순간적으로 여러분은 성화된다"고 말하는 사람이 여기 있다고 합시다. 그렇게 말할지라도 여러분은 그렇게 되지 않습니다. 여러분이 거짓말을 믿어 그렇게 될 수 있다고 믿을 수도 있습니다. 그렇게 되면 어쩌면 여러분은 그 말을 믿기 전보다 덜 거룩해지고, 열 배는 더 교만해져서 사탄의 영향을 훨씬 더 많이 받게 될 지도 모릅니다. 하나님께서 나를 거룩하게 하실 것이고, 지금 나를 거룩하게 하고 계신다고 하나님을 믿는 것은 내가 이미 거룩해졌다고 믿는 것과는 전혀 다른 것입니다. 나는 하나님께서 내게 필요한 것들을 공급해 주실 것이라고 믿습니다. 그러나 내가 잉글랜드 은행을 마음대로 사용할 수 있게 되었다고 믿지는 않습니다. 믿음은 광신적으로 믿는 것이 아니라 진리를 믿는 것입니다. 여러분이 망상 가운데 말하는 것을 믿는 것과 하나님께서 분명하게 약속하신 것을 믿는 것 사이에는 엄청난 차이가 있습니다. 믿음과 망상은 전혀 다른 것입니다. 하나님께서 우리를 어리석은 거짓말에서 지켜주시고 지혜의 진리 가운데로 인도하여 주시기를 바랍니다! 하나님께서 어떤 것을 말씀하시면, 비록 그것이 아무리 어처구니없는 것처럼 보일지라도 나는 믿을 것입니다. 아무리 호감이 가는 것일지라도 그것이 단지 내가 공상으로 꾸며낸 것이라면 혹은 뜨거워진 머릿속에서 나온 것이라면 바로 그 이유 때문에 나는 그것을 믿지 않을 것입니다. 종종 굳센 믿음은 아무것도 흔들 수 없는 확신도 함께 가져옵니다. 이때 그 확신은 지극히 튼튼하고 온당한 것인데, 이는 오직 진리만을 증거하고 헛된 꿈을 증거하시지 않는 성령께서 그 확신을 일으키시기 때문입니다. 사람의 내적 의식에서 그것은 마치 그가 하나님께서 "네 기도와 네가 내 앞에서 간구한 바를 내가 들었다"고 말씀하시는 하나님의 목소리와 같습니다.

　때로 이것은 편안한 설득의 형태로 옵니다. 여러분은 한창 기도하는 중에 "내 기도를 들으셨어. 내 기도를 들으셨어"라고 말하며 기도를 그친다는 것이 무엇인지 경험해 본 적이 없습니까? 여러분이 구하는 바를 얻었고 그래서 계속

기도하기보다는 찬양을 시작해야 하기 때문에 더 이상 부르짖을 필요가 없다는 것을 느껴본 적이 없습니까? 어떤 사람이 수표를 가지고 은행에 가서 돈을 바꾸면, 그는 창구 앞에서 더 이상 어슬렁거리지 않습니다. 그는 자기 일을 보러 그 자리를 떠납니다. 필요하면 오랜 시간 기도할 준비가 되어 있는 사람은 종종 하나님 앞에서 기도는 간단히 하고 감사는 길게 해야 하겠다고 느낍니다. 그는 "더 이상 구할 필요가 없어. 내 기도를 들으셨어."라고 말하며 무릎 꿇은 자리에서 일어납니다. 그리고 일을 보러, 즉 기도보다 더 필요하고 적절한 일을 하기 위해 그 자리를 떠납니다. 왜냐하면 여러분의 기도를 하나님께서 이미 들으셨음을 앞으로 더 이상 기도하는 것이 합당치 않다고 여길 때는 계속해서 기도하기보다는 실제적인 의무를 이행하는 것이 언제나 하나님을 더 잘 섬기는 길이기 때문입니다. 하나님께서 여러분이 원하는 복을 주셨다면, 그 복을 계속해서 더 구해야 할 이유가 있겠습니까? "여호와께서 모세에게 이르시되 너는 어찌하여 내게 부르짖느냐 이스라엘 자손에게 명령하여 앞으로 나아가게 하라"(출 14:15). 기도가 들으심을 얻었으니, 앞으로 나아가는 것이 기도하는 것보다 합당한 일이었던 것입니다. 이와 같이 때때로 바로 그와 같은 편안한 확신이 옵니다. 그러면 여러분은 기뻐하며 떠납니다. 이러한 내적 확신은 광적인 상상에서 나오는 것이 아니고 뇌가 흥분한 상태에서 오는 것도 아닙니다. 그것은 아무도 흉내 낼 수 없고 받은 사람만 알 수 있는 성령의 사역입니다.

　　주님께서는 또한 자기 백성들에게 이 복을 받을 수 있는 분명한 준비를 시키는 일도 하십니다. 하나님께서는 자기 백성들이 이 복을 받을 수 있도록 준비시키십니다. 그들의 기대감을 높입니다. 그러면 그들이 이 복을 찾고 복을 받을 여지를 만들기 시작합니다. 그렇게 준비를 할 때 여러분은 복이 올 것이라고 확신할 수 있습니다. 하나님께서 여러분이 두레박을 내렸을 때 두레박에 물을 가득 채워주실 의도도 없으시면서 여러분을 샘물로 데려가고 여러분 앞에 줄과 두레박을 놓으신 적은 없습니다. 목마른 땅이 하늘의 비를 마시기 위해 입을 한껏 벌렸을 때는 언제나 비가 옵니다. 밀 이삭들이 그들을 익게 할 해를 맞이할 준비가 되어 있을 때는, 추수의 열기가 가까이에 와 있습니다. 하나님의 사람이 성령의 바람을 간절히 기대하고 소망의 돛을 펼칠 때는 바람이 틀림없이 불게 되어 있습니다. 형제 여러분, 이 복이 오는 것을 방해하는 것은 바로 여러분의 준비 부족입니다. "예수께서 그들이 믿지 않음으로 말미암아 거기서 많은 능력을 행하지 아니하시니라"(마 13:58). "너희가 우리 안에서 좁아진 것이 아니라 오직 너희 심정에서 좁아진 것이니라"(고후 6:12). 그러나 하나님께서 복을 받을 수 있는 분명한 준비를 시키셨을 때는 복은 이미 오고 있는 중이며, 복의 그림자가 이미 여러분에게 드리워지고 있는 것입니다. 그렇게 준비시키는 과정에서 주님은 사실상 이렇게 말씀하시는 것입니다. "네 기도와 네가 내 앞에서 간구한 바를 내가 들었다."

실제적인 관찰이 또한 우리의 기도가 성공을 거두고 있다는 견고한 확신을 불러일으킵니다. 때로 하나님께서는 우리에게 과거를 돌아보고 관찰하게 만드실 때 하나님이 우리의 기도를 들으셨다는 확신을 주십니다. 참으로 하나님께서 우리의 기도에 응답하셨다는 확신을 주십니다! 하나님은 변치 않는 분이십니다. 하나님은 지금도 우리의 기도를 들으십니다. 여러분, 나는 하나님께서 기도를 듣지 않으신다고 말하는 사람들을 도무지 참지 못하겠습니다. 나의 매일 생활이 하나님이 우리의 기도를 들으신다는 사실을 입증하기 때문입니다. 나는 하나님께 영광을 돌리겠다는 생각을 가지고서라도 거짓말하는 일은 하지 않겠습니다. 나는 아는 사실을 말할 것입니다. 일생 동안 나는 많은 일들에서, 특별히 내게 맡겨진 중요한 기관들의 요구에서 생겨난 필요한 중요한 일들에 있어서 하나님의 응답을 받아 가는 것이 습관이었습니다. 나는 여기서 멈추고 하나님께서 내 기도에 응답하여 공급하여 주신 것들에 대한 이야기를 하지는 않겠습니다. 여러분들 가운데는 그 이야기를 어느 정도 아는 분들이 있습니다. 정말로 하나님께서는 마치 하늘을 찢고 오른손에 선(善)을 잔뜩 쥔 채 내미시는 것처럼 분명하게 내 기도를 들어주셨습니다. 여러분 가운데서도 이와 비슷한 증언을 하실 수 있는 분들이 많지 않습니까?

하나님께서 과거에 우리 기도를 들으셨다는 바로 그 사실이 우리 마음에 이야기하는 바가 있고, 또 하나님께서 앞으로도 다시 들어 주실 것이라는 확신을 줍니다. 과거를 회고해 보면 다음과 같이 말씀하신 하나님의 목소리가 더욱 또렷이 들리는 것 같습니다. "네 기도와 네가 내 앞에서 간구한 바를 내가 들었다. 그러므로 마음을 다해 나를 믿어라. 내가 언제나 네 기도를 듣지 않았느냐? 내가 언제 네 기도를 거절하였느냐? 사랑하는 아이야, 언제 내가 너를 거절한 적이 있느냐? 언제나 네 소리에 귀를 기울였지 않느냐? 곤경에 처해 있을 때, 내가 너를 구원하였지 않느냐? 궁핍할 때 내가 너의 필요를 공급하였지 않느냐?

나는 네 기도를 들었다. 평안히 가고, 더 이상 울지 말라. 네 마음에 근심하지 말라. 모든 것이 잘 될 것이다. 내가 은혜의 보좌에 앉아 있고, 내 얼굴을 네게로 향하기 때문이다."

4. 넷째로, 기도의 특별한 적용.

솔로몬의 경우에 기도는 한 방향으로 향하였습니다. 나도 이제 기도를 그 방향으로 드리고 싶습니다. 하나님께서 그 기도를 어떻게 이루셨는지를 들으면 여러분은 솔로몬의 기도가 어떤 것이었는지 배우게 됩니다. 하나님께서 솔로몬에게 말씀하셨습니다. "나는 네가 건축한 이 성전을 거룩하게 구별하여 내 이름을 영원히 그 곳에 두며 내 눈길과 내 마음이 항상 거기에 있으리라." 지난밤에 우리 교회 교인들이 공동회의로 모였습니다. 우리는 하나님께서 우리 앞에서 일으키신 그 모든 자비를 인하여 크게 기뻐하고 감사하였습니다. 나는 이 교회에서 한 세기의 삼분의 일인 33년간의 목회를 끊임없는 복 가운데 이제 막 마무리 지었습니다. 우리는 이 모든 세월이 우리 가운데 어떤 분열이나 분쟁이 없이, 오직 주 우리 구원의 하나님의 끊임없는 복 가운데 지나갔다고 말할 수 있습니다. 주님의 이름을 찬송합시다!

다시 우리가 드릴 기도는 친히 하나님께서 우리가 건축한 이 전을 거룩하게 해 주시라는 것입니다. 우리는 이 소원을 미신적인 방식으로 구하지 않습니다. 벽돌과 모르타르, 철근과 돌은 우리에게 아무 가치가 없습니다. 거룩함의 속성은 물질에 붙지 않고 마음과 영혼과 행동에 따릅니다. 그럼에도 불구하고 나는 이 태버너클 예배당을 하나님의 임재로 훨씬 더 거룩하게 하여 주시기를 구합니다. 하나님의 임재가 이 예배당을 떠난다면, 우리는 이가봇이라는 말을 슬프게 부르짖을 것입니다! 정말로 영광이 떠나버리고 없을 것입니다. 나는 하나님께서 호의적인 관심으로 우리 예배당을 거룩하게 해 주셔서 우리가 예배하면 우리의 예배를 받으시고 우리의 기도와 찬송을 들으시기를 바랍니다. 나는 하나님께서 우리 가운데서 일하여 더 많은 사람들을 회심시키심으로써 이 예배당을 거룩하게 해 주시기를 원합니다. 1만 번째 구도자가 오는 것을 보는 것은 즐거운 일이었습니다. 그런데 그것이 오래 전의 일입니다. 이제 우리의 교인은 그보다 훨씬 더 많은 수에 도달했습니다. 그러나 모든 것이 은혜로우신 우리 하나님이 하신 일입니다. 하나님께서 우리와 함께 하시지 않는 한, 우리는 진실한 회심자를 단한 사람도 더 데려올 수 없을 것입니다! 주 예수님이시여, 우리는 주님을 붙잡고 "우리와 함께 머무소서" 하고 말하고 싶습니다. 주님께서는 주님의 백성들이 이 기도하는 집에서 성찬과 세례식을 거행하면서 기도할 때, 복음을 선포할 때, 그리고 다 같이 모이는 모든 때 그들에게 복을 베풀어 주옵소서. 주여, 하나님께서 이 집을 거룩하게 하여 주시기를 기도하나이다. 마음의 가장 깊은 곳으로부터 진정으로 기도합니다. 여러분 가운데 우리의 예배가 지나간 날 동안 거룩히 드려지는 것을 본 사람들은 장차 우리가 실패와 기근을 겪을 것이라고 생각할 수 없을 것입니다. 하나님께서 오늘 밤 우리에게 "나는 네가 건축한 이 성전을 거룩하게 구별하였다"고 말씀해 주시기를 구합니다.

그 다음에, 나는 하나님께서 이 예배당을 이런 식으로 거룩하게 구별하여 주시기를 바랍니다. 곧, "내 이름을 영원히 그 곳에 두는" 방식으로 말입니다. "영원히." 앞으로도 이런 집이 있는 한, 혹은 이런 집이 필요한 한, 하나님의 이름이 여기에 있기를 바랍니다. 한 번도 본 적은 없지만 잘 알고 있었던 존경하는 전임 목사이신 리폰 목사님(Dr. John Rippon: 1751 – 1836 침례교 목사 – 역주)은 늘 자신의 후임자에 대해서 기도하곤 하였습니다. 리폰 박사님은 언제나 이 후임자에 대해서 생각하셨던 것 같습니다. 그는 하나님께서 그 후임자를 자신이 죽은 후에 자기가 돌보던 교인들 가운데서 보내주시기를 자주 기도하였습니다. 리폰 목사님이 친구에게 보낸 편지를 본 적이 있는데, 그 편지에서 나는 어쩐지 내 자신을 보지 않을 수 없습니다. 희미한 난로 불빛을 받아 보는 것처럼 그는 자기 뒤를 이어 자기가 하던 일을 수행할 사람을 보았습니다. 이 교회에서 60년 동안 봉사한 후에, 노인으로서 더 나이가 들자 그는 이 후임자를 위해 더욱더 기도하곤 하였습니다.

나는 그의 모범을 따라 이렇게 기도하기 시작할 수 있다고 생각합니다. 즉, 하나님의 집이 필요로 하는 한, 하나님의 이름이 이 태버너클 예배당에서 영광을 받으시고, 충성된 사람들이 성령의 능력으로 하나님의 구원을 선포할 수 있게 해주시라고 말입니다. 어느 날 이 자리에 내 주님의 신성을 부인하는 사람이 서겠습니까? 절대로 그런 일은 없을 것입니다! ("아멘.") 이 자리에 오래된, 오래된 복음을 버리고 현대 사상을 설교할 사람이 서겠습니까? 절대로 그런 일은 없을 것입니다. ("아멘.") 누군가 이 강단에서 여러분이 받은 것과 다른 어떤 복음을 전하게 되느니 차라리 이 집이 화염에 휩싸이고 재가 모두 바람에 날려가 흔적도 없이 사라지는 것이 나을 것입니다. ("아멘." "아멘.") 여러분이 그처럼 큰 소리로 아멘이라고 화답해 주시니 감사합니다. 하나님께서 친히 아멘이라고 말씀해 주시기를 바랍니다. 우리 언약의 하나님의 이름이 영원히 이곳에 머물고 다른 어떤 이름도 가까이 하지 않기를 구합니다.

그 다음에 솔로몬이 또한 하나님의 눈길이 거기에 있기를 기도하였는데, 하나님께서 그의 기도를 들으셨습니다. 솔로몬이 기도한 바는 그것이었는데, 하나님께서는 그 기도를 크게 개선하여 응답하여 주셨습니다. 그것은 하나님께서 그 눈길뿐 아니라 마음을 항상 거기에 두겠다고 말씀하셨기 때문입니다. 이와 같이 하나님께서는 우리가 구하는 것보다 더 낫게 우리의 기도를 들어주십니다. 우리는 하나님께서 우리에게 눈길을 주시기를 기도합니다. 그런데 하나님께서 이렇게 덧붙이십니다. "그렇게 하마. 내 눈길을 주며 내 마음도 거기에 두마." 하나님의 눈이 이 예배당에, 이 교회에 머물러 있어서 교회를 지켜보고 모든 해악으로부터 지켜 주시면 좋겠습니다! 그러나 하나님의 마음도 우리와 함께 계셔서 하나님의 거룩한 생명과 사랑으로 우리를 채워주시고 우리로 하나님의 마음을 알게 하여 주시기를 바랍니다! 성령께서 하나님의 사랑을 우리 마음에 널리 뿌려 주시면 좋겠습니다! 하나님께서 우리를 향하여 애정과 기쁨을 품고 계시다는 것을 알 수 있으면 좋겠습니다! 그러면 그것은 우리의 말할 수 없이 큰 기쁨이 될 것입니다.

어쩌다 보니 오늘 우리와 함께 예배를 드리게 되었지만 우리 교인은 아닌 형제자매 여러분, 여러분에게 부디 이 예배당과 교회를 위해 기도해 주시기를 부탁드립니다. 그러면 나도 여러분의 예배 처소와 여러분이 속해 있는 교회를 위해 기도하겠습니다. 그러나 우리가 33년의 세월이 지난 바로 이 시점에서는 우리 교회와 우리 교회의 유익에 대해서 생각할지라도 여러분이 흔쾌히 용서해 주실 것이라고 생각합니다. 우리는 우리를 향하신 하나님의 모든 자비를 인하여 주님을 찬송하지 않을 수 없습니다. 개인적으로 하나님의 은혜를 받은 사람은 개인적으로 하나님께 감사를 드려야 할 것입니다. 여러분도 알다시피, 우리는 지금 집에 있습니다. 그러므로 우리는 우리 집에 대해 생각해야 합니다. 나는 진심으로 이 노래를 부를 수 있습니다.

"여기에 내 진정한 친구들이 있고 내 친척들이 거하며

내 구주 하나님께서 여기서 통치하시네."

수넴 여인이 "나는 내 백성 중에 거주하나이다"(왕하 4:13) 하고 말했는데, 목사와 교인들에게 있어서 자신이 교인들과 함께 거하고 그들과 함께 복되게 지 낸다는 것을 느끼는 것만큼 큰 기쁨은 없습니다. 어떤 사람들이 그러듯이 이 교 회 저 교회로 떠돌아다니는 것은 불행한 일입니다. 다른 사람들을 따라서 달이 바뀌듯이 자주 자신의 생각을 바꾸고, 어디에서도 기쁨을 느끼지 못하고 어디를 가더라도 비참하며, 아무와도 의견이 일치하지 못하고 심지어는 자기 자신과도 마음이 맞지 않는 것은 불쌍하기 짝이 없는 일입니다. 그와 같은 사람들은 아직 까지 이 교회에 가입하지 못할 것이라고 생각합니다. 혹시 그들이 우리 교회에 가입을 한다면 하나님께서 그들이 교회에 들어올 때 마음을 변화시켜 주시기를 구합니다. 그러나 우리에 대해서 말하자면, 우리가 서로 사랑하고, 합심하여 드 리는 기도는 하나님께서 그 눈과 마음을 우리와, 그리고 하나님의 모든 백성과 항상 함께 하여 주시라는 것입니다. 사랑하는 친구 여러분, 하나님께서 여러분 에게 복을 베푸시기를 바랍니다. 아멘.

제

4

장

—

예수님께 물으라

—

"스바의 여왕이 여호와의 이름으로 말미암은 솔로몬의 명성을
듣고 와서 어려운 문제로 그를 시험하고자 하여 … 솔로몬에게
나아와 자기 마음에 있는 것을 다 말하매 솔로몬이 그가 묻는
말에 다 대답하였으니 왕이 알지 못하여 대답하지 못한 것이
하나도 없었더라" — 왕상 10:1-3

우리 주님께서 하나의 표적으로서 스바 여왕을 거론하셨지만, 우리가 이 표
적으로부터 교훈을 얻으려고 하지 않는다면 이는 소용없는 일일 것입니다. 스바
여왕은 "솔로몬의 지혜를 들으려고" 왔습니다. 그런데 그리스도는 모든 면에서
"솔로몬보다 더 큰" 분이십니다. 솔로몬이 지혜로웠지만 그가 지혜 자체는 아니
었습니다. 하지만 예수님은 지혜 자체이십니다. 잠언에서 예수님은 지혜라는 이
름으로 언급되셨습니다. 바울은 예수님께서 우리에게 하나님의 지혜가 되신다
고 하였습니다. 실제로 예수님을 아는 자들은 그가 참으로 지혜로우시며, 진정
으로 지혜 자체가 되신다는 사실을 어느 정도 알고 있습니다. 예수님은 아버지
와 함께 계시며, 아버지를 아십니다. 그렇기 때문에 아무도 가질 수 없는 그런
지혜를 갖고 계십니다.

"아버지 외에는 아들을 아는 자가 없고 아들과 또 아들의 소원대로 계시를
받는 자 외에는 아버지를 아는 자가 없느니라"(마 11:27). 예수님은 하나님의 깊
은 것을 아십니다. 왜냐하면 예수님은 아버지의 마음속에 있는 가장 큰 비밀을

하늘로부터 가지고 내려오셨기 때문입니다. 그러므로 사람들이 지혜롭기를 원한다면 예수님께 나아와야 합니다. 우리는 지혜 얻기를 원해야 하지 않겠습니까? "그 안에 지혜와 지식의 모든 보화가 감추어져 있는"(골 2:3) 예수님께 우리가 나아가지 않는다면 과연 누구에게 나아갈 수 있단 말입니까?

1. 첫 번째, 그런 의미에서 저는 이 여왕이 솔로몬을 찾았을때의 접근 방식을 따르라고 여러분에게 부탁합니다.

본문에 보면, "(그녀가) 어려운 문제로 그(솔로몬)를 시험하고자 하였다"고 말씀하고 있습니다. 그녀가 말을 수밖에 없을 만큼 솔로몬이 지혜로운지 시험하고자 하였습니다. 그녀의 이런 접근 방식은 솔로몬에게서 진정으로 배우려는 노력의 일환이었습니다. 말하자면 그녀가 솔로몬의 지혜에서 교훈을 얻기 위해 그에게 어려운 질문을 던졌던 것입니다. 그리스도의 지혜가 어떤 것인지 여러분이 확인하고 싶다면, 그 방식은 그리스도께 와서 그의 발 아래 앉아서 그에 대하여 배우는 것입니다. 저는 다른 방식에 대해서는 아는 바 없습니다. 이 방식은 매우 확실한 방식입니다. 여러분이 이 방식을 채택한다면 매우 유익하고 복된 방식이 될 것입니다. 예수님께서 친히 말씀하시기를, "나는 마음이 온유하고 겸손하니 나의 멍에를 메고 내게 배우리 그리하면 너희 마음이 쉼을 얻으리니"(마 11:29)라고 하셨습니다.

예수님은 진리에 대한 "충성된 증인"이 되라고 하나님으로부터 보내심을 받은 분입니다. 그러므로 우리는 그가 말씀하시는 바를 믿어야만 합니다. 분명한 것은 우리가 그의 증거를 받고자 하지 않는다면 결단코 그의 지혜를 온전히 깨달을 수 있다는 사실입니다. 시편 저자는 말하기를, "너희는 여호와의 선하심을 맛보아알지어다"(시 34:8)라고 하였습니다. 이 말씀은 주님께서 과연 지혜로우신지 우리가 시험하고 점검해 보라는 뜻입니다. 그리스도의 지혜를 멸시하는 사람들이 있습니다. 여러분이 그들을 엄밀히 조사해 보면, 그들이 예수님에 대하여 배울 마음이 조금도 없었다는 사실을 알게 될 것입니다. 주님은 이르시되 "진실로 너희에게 이르노니 너희가 돌이켜 어린아이들과 같이 되지 아니하면 결단코 천국에 들어가지 못하리라"(마 18:3) 하셨습니다. 그리스도의 제자가 되기를 거절하는 사람들은 그리스도의 지혜를 깨달을 수 없습니다.

그리스도께서 과연 지혜로우신지 아닌지 충분히 판단하기 전에 우리는 먼저 그분에 대하여 배워야만 합니다. 한 제자는 단 한 번도 그리스도의 발 아래 겸손하게 앉아 어린아이와 같은 심령으로 배우지 않았습니다. 그러나 우리는 마리아처럼 위대하신 선생님의 발 아래 앉아서 입을 다물고 그의 입에서 나오는 은혜로운 말씀에 귀를 기울여야 하는 것입니다. "내가 그 말들을 믿지 아니하였더니 이제 와서 친히 본즉 내게 말한 것은 절반도 못되니 당신의 지혜와 복이 내가 들은 소문보다 더하도다"(왕상 10:7).

또한 스바 여왕이 솔로몬에게서 배우기를 바라며 그에게 많은 질문을 한 것은 칭찬 받아 마땅합니다. 단순히 한두 가지 질문이 아니라 많은 질문을 하였습니다. 어떤 이들은 그때에 스바 여왕에게 호기심이 크게 발동했다고 말하는데 그것이 사실인지는 모르겠습니다. 제 생각에 어떤 사람에게는 호기심이 큰 비중을 차지합니다. 하지만 이 경우, 호기심은 지혜로운 것이었습니다. 왜냐하면 스바 여왕은 지혜의 사람 앞에서 할 수 있는 한 모든 지혜를 배워야 하는 입장이었기 때문입니다. 이 때문에 그녀는 솔로몬에게 온갖 종류의 질문을 하였던 것입니다. 그녀는 솔로몬에게 그녀의 통치 문제, 통상 계획, 전쟁 수행방법이나 평화에 대한 전술과 같은 난제들을 물어보았을 가능성이 높습니다. 아마도 그녀는 들짐승, 바다 어종, 공중의 새에 관해 솔로몬과 담화하였을 것입니다. 하지만 저는 확신하건대, 그녀는 고상한 일, 곧 하나님에 관한 일에 대하여 이야기했을 것입니다.

제가 이러한 결론을 내리게 되는 것은 본문 1절에 기록된 말씀 때문입니다. "스바의 여왕이 여호와의 이름으로 말미암은 솔로몬의 명성을 듣고 와서 어려운 문제로 그를 시험하고자 하여." 그녀가 들었던 소문은 솔로몬뿐만 아니라 이스라엘의 하나님 여호와와 관계된 소문이었습니다. 따라서 그녀는 자신의 심령 상태, 자신의 인격, 하나님 앞에서 자신의 위치, 그리고 미래에 이스라엘의 하나님과 자신의 관계에 대하여 많은 어려운 문제들을 솔로몬에게 질문하였을 것입니다. 이러한 문제들은 대답하기가 쉽지 않습니다. 하지만 그녀는 이러한 문제들을 꼼꼼히 질문하였으며, 그리하여 그녀는 집에 돌아갔을 때, "내가 솔로몬에게 이 문제를 질문했어야 하는 건데, 그래야 내 의혹이 다 풀릴 텐데"라고 말하지 않을 수 있었습니다.

사랑하는 성도 여러분, 여러분이 그리스도의 지혜를 알고 싶으면 그분에게 많은 질문을 해야 합니다. 그분에게 와서 무엇이든지 원하는 대로 물어 보십시오.

땅과 하늘과 지옥에 관해 주님은 모르시는 것은 하나도 없습니다. 주님은 과거, 현재, 미래를 다 아십니다. 모든 날에 관한 일들과 최후의 날에 관한 일들도 다 아십니다. 아무도 모르는 하나님의 일들을 주님은 아십니다. 왜냐하면 주님은 아버지와 성령과 하나이시기 때문입니다. 그러므로 주님은 우리가 꼭 알아야 하는 모든 것을 가르쳐 주실 수 있습니다. 그러므로 지금까지 여러분을 쩔쩔매게 하였던 모든 문제, 지금까지 여러분을 비틀거리게 하였던 모든 의심을 가지고 주님께 나오십시오. 여러분 자신의 생각이나 혹은 여러분의 동료들의 자문이나 주장을 너무 의지하지 말고 주님께 물어보십시오. 주님은 사람이 결코 흉내 낼 수 없는 말씀을 해 주시며, 그분의 지혜는 알렉산더의 칼과 같이 모든 고르디우스의 매듭(Gordian knot)을 끊을 수 있으며, 심령을 괴롭히는 곤경을 한 순간에 끝낼 수 있습니다.

제가 스바 여왕에게 감탄하는 중요한 점은 그녀가 "어려운 문제로" 솔로몬을 시험하였다는 사실입니다. 그녀가 지혜롭지 않습니까? 만일 학생이 대답할 수 있을 정도의 질문을 솔로몬에게 하였다면, 이는 솔로몬을 거의 모욕하는 일이 되었을 것입니다. 솔로몬의 지혜를 시험해 보려면, 그에게 "어려운 문제"를 내십시오. 지혜로운 사람은 보통 사람들이 대답할 수 없는 그런 문제를 자기에게 내 주기를 바랄 것입니다. 만일 여왕의 질문이 자기 스스로 풀 수 있는 그런 문제였다면, 어찌하여 솔로몬의 대답을 듣기 위해 그토록 먼 길을 달려갔겠습니까? 아무도 그녀에게 도움이 되지 못하였기 때문에 넘치는 지혜로 어려운 문제들을 풀어 줄 수 있는 사람에게 그녀는 질문을 했던 것입니다. 솔로몬의 지혜로운 답변을 들은 스바 여왕은 마음의 무거운 짐을 덜고 전에 자기를 괴롭혔던 많은 문제들을 깨끗이 해결 받고 집으로 돌아올 수 있었습니다.

하지만 제가 알고 있는 어떤 사람들—지금도 그런 사람들이 있다고 생각하는데—은 그리스도께 어려운 문제를 가져오면 안 되는 것처럼 생각합니다, 예를 들면, 그들은 자신들이 큰 죄인들이라고 느낍니다. 그리고 그들이 만일 많은 죄를 저지르지 않았더라면 주님께서 더 수월하게 그들의 죄를 용서할 수 있으리라고 생각합니다. 따라서 왕 되신 예수님께 어려운 문제들을 가져오기를 꺼립니다. 또 다른 사람들은 격한 감정이나 혹은 군림하려는 욕망을 억누르기 위해 심하게 발버둥칩니다. 그들은 자기 스스로 그런 악을 극복해야만 한다고 생각합니다.그렇다면 제가 믿는 주님께서 그렇게 초라한 구세주일 뿐이라고 여러분은 생각하십니까? 그분은 위대하신 의사입니다. 고작 손가락 베인 것이나 치통을 치료받으려고 구세주 앞에 나오시렵니까? 오, 그분은 전능하신 구세주이시므로 여러분은 가장 나쁘고, 가장 비열하고 타락한 사람들을 그분께로 인도해야 할 것입니다. 그런 사람들이라야 구세주의 구원의 능력을 시험해 볼 수 있기 때문입니다!

여러분 자신이 가장 타락한 사람이라고 느낀다면 어서 주님께 나오십시오. 여러분이 최악의 상태에 빠져 있고 거의 지옥에 떨어질 형편에 있다면 어서 주님께 나오십시오. 여러분이 어려운 형편이라면 그 어려운 형편을 전능하신 구세주께 가지고 나오십시오. 주님께서 오직 예절 바르고 선한 사람들만을 구원하시려고 세상에 오신 줄로 생각하십니까? 여러분도 아시다시피 주님은 이렇게 말씀하셨습니다. "건강한 자에게는 의사가 쓸 데 없고 병든 자에게라야 쓸 데 있느니라. 나는 의인을 부르러 온 것이 아니요 죄인을 부르러 왔노라 하시니라"(막 2:17).

사랑하는 여러분, 다시 잘 들어보십시오. 여러분은 지금 고통스러운 시험을 당하고 있나요? 심령이 심히 눌려 있나요? 그것 때문에 그리스도로부터 멀어졌나요? 일상적인 짐은 주님께 가져올 수 있지만 특별하게 큰 짐은 가져올 수 없다고 생각하나요? 어려운 문제를 가져와 주님의 능력을 시험해 보십시오. 문제가 어려울수록 더 좋습니다.

한 인디언 간호사가 있었습니다. 한 여성 환자가 그녀의 무거운 몸을 이 간호사에게 완전히 기대려 하지 않자 그녀는 이렇게 말했습니다. "저를 도와주시려면 제게 완전히 기대십시오." 이 말은 주님께서 여러분에게 하시는 말씀이기도 합니다. 여러분의 무거운 짐을 주님께 맡기면 맡길수록 주님은 더욱 기뻐하실 것입니다. 주님을 신뢰하면 할수록 여러분은 주님에 대한 믿음의 효력을 검증할 수 있을 것이며, 여러분 가운데 하나됨이 더욱 이루어질 것입니다. 그리스도는 세상 죄를 지시는 분(the Bearer)입니다. 따라서 주님은 여러분의 가장 큰 슬픔도 아주 쉽게 져 주실 수 있습니다. 주님은 검증 받는 것을 원하시기 때문에 어느 모로나 주 예수님의 능력을 시험해 보십시오. 부랑자가 궁핍하면 궁핍할수록 복음의 나팔은 더욱 큰 소리로 멸망이 임박한 자들이여 와서 구원을 받으라고 외칩니다.

2. 이제 두 번째로 "솔로몬보다 더 큰 이"이신 그리스도와 관련하여 스바 여왕의 모범을 본받읍시다.

어려운 문제로 그리스도를 시험해 봅시다. 단단한 견과를 깨뜨려 달라고, 다이아몬드를 잘라 달라고, 어려운 문제를 풀어 달라고 주님께 가져옵시다. 여러분에게 어떤 어려운 문제가 있는지 저는 잘 모릅니다. 그러나 예수님께서 해결해 주시는 몇 가지 어려운 문제에 대하여 저는 간략하게 설명드리겠습니다. 물론 이 몇 가지는 빙산의 일각에 불과합니다. 왜냐하면 예수님께 해결하지 못할 문제는 하나도 없기 때문입니다.

첫 번째, 어려운 문제는 이것입니다. 사람이 어떻게 하나님 앞에서 의로울 수 있을까? 욥기에는 "인생이 어찌 하나님 앞에 의로우랴?"(욥 9:2)고 기록되어 있고, 이는 풀리지 않는 문제인 듯이 보입니다. 우리 주 예수 그리스도로 말미암지 않으면 도저희 하나님 앞에서 의로울 수 없는 것입니다. 우리가 주님께 나아오면, 주님은 우리가 분명히 죄의 자리에 서 있다는 것을 말씀해 주실 것이며, 이에 우리는 우리의 죄 때문에 하나님의 진노를 받아 마땅하다고 고백하게 될 것입니다. 우리의 공로로 주님의 은혜를 받을 수 없다는 사실을 항상 인정해야만 합니다. 사실, 우리에게는 공로가 없습니다. 우리는 은혜를 받을 만한 자격이 전혀 없으며, 지옥에 떨어져 마땅한 존재들입니다. 그리고 우리가 하나님의 풍성한 은혜와 자비의 자리로 나올 때, 하나님은 그리스도 예수로 말미암아 우리를 의롭다고 여겨 주실 것입니다.

또한 사람이 하나님 앞에서 의로울 수 있는 길을 우리 주 예수님께서 가르쳐 주셨는데 이는 주님께서 친히 믿는 자들의 언약의 대표자(the covenant head)가 되신다는 사실을 일깨워 주시는 것입니다. 첫 번째 대표자 아담 안에서 모든 사람이 넘어진 것처럼, 두 번째 아담, 곧 하늘로부터 내려오신 주님 안에서 그를 믿는 모든 자들이 다시금 일어납니다. "한 사람이 순종하지 아니함으로 많은 사람이 죄인 된 것 같이 한 사람이 순종하심으로 많은 사람이 의인이 되리라"(롬 5:19).

이처럼 하나님 앞에서 의로움은 대표자 그리스도로 말미암아 그 안에 있는 모든 자들에게 임합니다. 그리스도는 하나님의 율법을 다 지키셨으며, 율법의 일점일획도 다 순종하셨습니다. 그리고 그리스도의 순종은 그 안에 있는 모든 자들의 순종으로 여겨집니다. 그러므로 "인생이 어찌 하나님 앞에 의로우랴?"

하는 문제가 이렇게 풀리게 됩니다. 예수님께서 다음과 같이 말씀하십니다. "나는 죄의 자리에서 하나님의 율법을 온전히 순종하였다. 이 순종이 나를 믿는 모든 자에게 전가되며, 따라서 하나님께서 나의 의로 말미암아 그들을 의롭다고 칭하시느니라." 오, 영광스러운 전가(imputation)의 교리여! 이를 믿고 즐거워하는 자들은 복이 있습니다.

또 하나의 어려운 문제가 있습니다. 불경건한 자를 의롭다고 하신 하나님께서 어떻게 의로우실 수 있습니까? 하나님께서 의롭다면 분명히 불경건한 자를 정죄하여야 할 것입니다. 그러나 우리가 아는 바, 분명히 하나님께서 불경건한 많은 사람들을 기꺼이 만나 주셨으며, 그들을 온전히 의롭다고 칭하셨습니다. 그리하여 그들은 다음과 같은 말씀을 듣게 되었습니다. "누가 능히 하나님께서 택하신 자들을 고발하리요 의롭다 하신 이는 하나님이시니"(롬 8:33). 어떻게 이런 일이 있을 수 있습니까? 예수님만이 이 질문에 대답하실 수 있습니다. 주님은 이렇게 대답하십니다. "내가 죄의 형벌을 받았노라. 내가 죄인을 위하여 하나님의 공의의 요구대로 모든 고난을 받았노라. 내가 죄인의 빚을 갚았고, 따라서 율법이 그를 자유롭게 놓아주는 것이 마땅하니라." "그가 찔림은 우리의 허물 때문이요 그가 상함은 우리의 죄악 때문이라 그가 징계를 받으므로 우리는 평화를 누리고 그가 채찍에 맞으므로 우리는 나음을 받았도다"(사 53:5). 이 위대한 죄의 대속자께서 죄인을 대신하여 고난을 당하셨습니다. 하나님의 공의의 칼이 그를 치신 것은 그가 죄인을 대신하셨고, 죄인의 형벌을 자진하여 짊어지셨기 때문입니다. 그러므로 죄인의 형벌을 예수님께서 다 받으신 이상 하나님은 의로우시고 또한 그의 아들을 믿는 모든 자들을 의롭다하실 수 있습니다.

그 다음 문제는 많은 사람들을 쩔쩔매게 한 문제입니다. 어떻게 사람이 행함 없이 믿음으로만 구원받을 수 있으며, 또 그에 반해 행함이 없는 믿음으로는 구원을 받을 수 없게 되요? 이 문제로 인해 쩔쩔매는 여러분에게 우리 주 예수 그리스도께서는 이렇게 말씀하십니다. 구원을 받기 위해서 우리는 그분을 믿어야 하며, 우리의 어떠한 행위도 믿음의 근거가 될 수 없습니다. 우리의 믿음조차도 우리의 공로는 아닙니다. 왜냐하면 사람은 은혜로만 구원받기 때문입니다. 즉, 구원은 사람의 의로운 행위로 말미암지 않고 하나님의 거저 주시는 은혜로 말미암는 것입니다. "너희는 그 은혜에 의하여 믿음으로 말미암아 구원을 받았으니 이것은 너희에게서 난 것이 아니요 하나님의 선물이라. 행위에서 난 것이 아니니 이는 누구든지 자랑하지 못하게 함이라"(엡 2:8-9).

　이 진리에 대한 성경의 가르침은 이처럼 확고합니다. 그러나 동시에 누군가 믿음이 있다고 고백하지만 그 믿음이 살아 있는 생생한 믿음이 아니라면 그가 구원받았다고 아무도 장담할 수 없습니다. 구원받는 믿음은 하나님을 사랑하고, 결과적으로 하나님 보시기에 기뻐하시는 일을 해야 합니다. 제가 하나님을 믿는다고 말하면서 여전히 제 마음대로 그리고 고의적으로 죄 가운데 살아간다면 제 믿음은 귀신들이 가진 믿음만큼도 되지 못하는 것입니다. 왜냐하면 귀신들은 "믿고 떨기"(약 2:19) 때문입니다. 어떤 사람들은 하나님을 믿는다고 고백하지만 하나님 앞에서 떨지 않으며, 건방지고 주제넘습니다. 이러한 믿음은 영혼을 구원하는 믿음이 아닙니다. 구원받는 믿음은 선한 행실을 초래하며, 회개를 이끌어 내거나 혹 회개와 함께 동반하며, 또한 이로 인하여 하나님을 사랑하고 거룩하게 되며, 구세주를 닮고자 하는 열망을 갖게 됩니다.

　착한 행실이 믿음의 뿌리는 아니지만 믿음의 열매입니다. 집이 지붕의 슬레이트 위에 기초하지는 않지만 집에 지붕이 없다면 사람이 그 안에서 살 수 없을 것입니다. 이와 마찬가지로 우리의 믿음이 우리의 착한 행실에 기초하는 것은 아니지만, 그 믿음이 성령의 열매를 맺지 못한다면 이는 형편없고 쓸모 없는 믿음이 되고 말 것입니다. 이런 성령의 열매들이 있어야 그 믿음이 하나님으로부터 온 것임을 확실히 알 수 있는 것입니다. 예수 그리스도께서 우리더러 하나님처럼 거룩해지도록 힘쓰라고는 말씀하시지만, 하나님과 똑같은 거룩은 도저히 이룰 수 없고, 혹은 그러한 거룩은 꿈도 꿀 수 없는 것입니다. 우리는 마치 행위로 말미암아 구원을 받을 수 있을 것처럼 살아야 합니다. 그러나 우리는 결코 우리의 행위에 의존하지 말아야 합니다. 우리가 그리스도를 얻고 그 안에서 발견되기 위해서는 행위를 배설물로 여겨야 합니다. 이로 인하여 우리는 율법으로 말미암는 우리 자신의 의가 아니라 그리스도를 믿음으로 말미암는 의, 곧 믿음으로 말미암는 하나님의 의를 가질 수 있습니다.

　여기에 또 하나의 어려운 문제가 있습니다. 이 문제로 인하여 한때 유대인의 권세자가 크게 당황했습니다. 그는 여러분이 잘 아는 니고데모입니다. "그가 밤에 예수께 와서"(요3:2). 그에게 어려운 문제는 이런 것이었습니다. "사람이 늙으면 어떻게 날 수 있사옵니까?"(요 3:4) 일견 이 문제는 도저히 해답이 없을 것처럼 보입니다. 그러나 예수 그리스도께서는 "보라 내가 만물을 새롭게 하노라"(계 21:5)고 말씀하십니다. 심지어 옛 세대에도 하나님께서는 자기 백성에게 이렇게 약속하셨습니다. "또 새 영을 너희 속에 두고 새 마음을 너희에게 주되 너희 육신에서 굳은 마음을 제거하고 부드러운 마음을 줄 것이며"(겔 36:26)

이 모든 일이 사람에게는 불가능하지만 하나님에게는 가능합니다. 성령께서 사람을 중생케 하시며, 거듭나게 하십니다. 그리하여 비록 체질은 변함이 없지만 그의 속 심령은 어린아이의 심령 같이 되며, 갓난아이처럼 말씀의 순전한 젖을 사모하며 이를 먹고 성장합니다. 그렇습니다. 사람들이 예수 그리스도를 믿으면 그들 속에 총체적인 변화가 나타납니다. 예수님은 니고데모에게 "사람이 거듭나지 아니하면 하나님의 나라를 볼 수 없느니라"(요 3:3) 말씀하셨습니다. 그런데 나이 든 사람이라도 "살아 있고 항상 있는 하나님의 말씀으로"(벧전 1:23) 거듭날 수 있습니다. 노쇠하여 지팡이에 의지하고 나이가 칠십 세가 넘었어도 여러분은 거듭날 수 있습니다. 백 세가 넘었어도, 여러분이 예수님을 믿으면 영원하신 성령의 능력으로 즉시 그리스도 예수 안에서 새로운 피조물이 될 것입니다.

여기에 또 다른 어려운 문제가 있습니다. 모든 것을 다 아시는 하나님께서 어떻게 신자들의 죄를 더 이상 보지 않을 수 있을까요? 이는 많은 사람들이 이해하지 못하는 수수께끼입니다. 하나님은 어디에나 계시며, 그의 전지하신 눈앞에 만물이 드러나고 맙니다. 그러나 하나님은 예레미야 선지자를 통해 "그날 그때에는 이스라엘의 죄악을 찾을지라도 없겠고 유다의 죄를 찾을지라도 찾아내지 못하리니"(렘 50:20)라고 말씀하셨습니다. 감히 말씀드리건대, 아무리 하나님이라도 더 이상 존재하지 않는 것을 보실 수는 없습니다. 하나님의 눈이라도 존재하지 않는 것에 시선을 두실 수는 없습니다.

예수님을 믿는 사람들의 죄도 이러합니다. 이미 그들의 죄는 없어졌습니다. 하나님께서 친히 "다시는 그 죄를 기억하지 아니하리라"고 선언하셨습니다. 그러나 하나님께서 잊으실 수 있나요? 물론 하나님께서 뜻하시면 말씀대로 그렇게 하실 수 있습니다. 다니엘서에서는 메시야께서 하실 일이 "허물이 그치며 죄가 끝나며 죄악이 용서되며 영원한 의가 드러나며"(단 9:24)라는 놀라운 말씀으로 묘사되었습니다. 죄가 끝난다고요? 그렇습니다. 죄가 끝난다는 사실이 다른 은혜롭고 거룩한 하나님의 말씀에도 이렇게 기록되었습니다. "내가 네 허물을 빽빽한 구름 같이, 네 죄를 안개 같이 없이하였으니 너는 내게로 돌아오라"(사

44:22). 이 얼마나 복된 말씀인가요! 그러므로 죄는 사라졌고 이미 없어졌습니다. 그리스도께서 그것들을 도말하셨습니다. 그러므로 하나님께서 우리의 죄를 보지 않으십니다. 하나님께서 모든 믿는 자들의 죄를 영원히 깨끗하게 지워 버리셨으니 이것이 바로 하나님께서 그들에게 베푸신 용서의 진면목입니다!

또 다른 어려운 문제가 있습니다. 어떻게 사람이 눈에 보이지 않는 하나님을 볼 수 있나요? 그리스도께서 이렇게 말씀하셨습니다. "마음이 청결한 자는 복이 있나니 그들이 하나님을 볼 것임이요"(마 5:8). 그리고 천사가 요한에게 이렇게 말하였습니다. "그의 종들이 그를 섬기며 그의 얼굴을 볼 터이요"(계 22:3,4). 빌립이 예수님에게 "주여, 아버지를 우리에게 보여 주옵소서. 그리하면 족하겠나이다"(요 14:8)라고 질문하였을 때 바로 이 어려운 문제가 다시 제시되었던 것입니다. 그때에 예수님은 빌립에게 이렇게 대답하셨습니다. "빌립아, 내가 이렇게 오래 너희와 함께 있으되 네가 나를 알지 못하느냐? 나를 본 자는 아버지를 보았거늘 어찌하여 아버지를 보이라 하느냐?"(요 14:9) 아버지 하나님께서 소중한 아들의 인격 안에서 사람들 앞에 자신을 계시하셨습니다. 이에 대하여 요한은 "말씀이 육신이 되어 우리 가운데 거하시매 우리가 그의 영광을 보니 아버지의 독생자의 영광이요 은혜와 진리가 충만하더라"(요 1:14) 하였습니다. 예수님은 친히 "나와 아버지는 하나이니라"(요 10:30) 하셨습니다. 이와 같이 우리는 하나님의 아들 예수 그리스도의 인격 안에서 보이지 않는 아버지를 뵐 수 있습니다.

그리스도인의 체험 상 또 다른 어려운 문제가 존재합니다. 사람이 새 사람이 되고 난 이후에 어떻게 자신 속에 옛 사람이 크게 자리잡고 있음을 보고 늘 탄식할 수 있습니까? 성령께서 이 문제에 대하여 우리에게 가르쳐 주기 위해 사도 바울에게 계시하셨습니다. 우리 안에서 사람이 존재하며, 이 사람은 하늘에 속한 생명이므로 크게 기뻐합니다. 하지만 아아, 우리 안에는 옛 사람도 존재합니다. 바울은 이것을 "이 사망의 몸"(롬 7:24)이라고 불렀습니다. 이 옛 사람이 우리 안에 존재합니다. 아시다시피 두 사람 중에 옛 사람이 더 오래되었습니다. 새 사람이 옛 사람을 억제할 수는 있을지라도 옛 사람이 사라지지 않을 것입니다.

옛 성품이 새 성품에게 말합니다. "너는 무슨 권리로 여기에 있니?" 그러자 새성품이 말합니다. "나는 은혜의 특권을 받았어. 하나님께서 나를 여기에 두셨어. 그래서 나는 여기 있을 작정이야." 옛 성품은 이렇게 소리칩니다. "만일 내가 막을 수 없다 하더라도 어떻게 해서든지 나는 너를 짓밟을 것이고, 혹은 의심으로 너를 덮어 버릴 것이며, 혹은 교만으로 너를 우쭐대게 만들 것이며, 혹은 불신앙의 독으로 너를 죽이고 말 테야. 어쨌든 너는 나가고 말 거야." 그러자 새 성품이 대답합니다. "아니야, 나는 결코 나가지 않을 거야. 나는 여기 살려고 왔거든. 나는 예수님의 이름과 권세로 이곳에 들어왔어. 예수님께서 가시는 곳마다 권세를 행하시지. 그러므로 나는 너를 이길 작정이야." 예수님은 옛 성품에 강타를 날리셨으며, 먼지가 날리도록 두들기셨습니다. 그런데도 그를 제어하기가 쉽지 않습니다. 옛 성품은 새 성품에게 너무나 소름끼치는 대적이기 때문에 종종 새 성품은 이렇게 부르짖게 됩니다. "오호라, 나는 곤고한 사람이로다. 이 사망의 몸에서 누가 나를 건져내랴"(롬 7:24). 그러나 새 사람이 이렇게 울부짖는 동안에도 그는 최종적인 결과를 염려하지 않습니다. 그는 승리를 확신하기 때문입니다.

새 성품은 가만히 앉아서 노래합니다. 말하자면 죽음의 고개를 넘을 때에도, 그 코에서 썩는 냄새가 날 때에도, 새 성품은 가만히 앉아서 이렇게 노래합니다. "우리 주 예수 그리스도로 말미암아 하나님께 감사하리로다. 나는 주님 안에서 늘 승리하노라." 사랑하는 성도들이여, 우리는 패배하지 않을 것입니다. "죄가 너희를 주장하지 못하리니 이는 너희가 법 아래에 있지 아니하고 은혜 아래에 있음이라"(롬 6:14). 하지만 형제들이여, 이것은 대단한 싸움입니다. 우리 주님께서 그의 종 바울에게 그 자신의 체험을 위와 같이 우리에게 말하라고 지시하지 않으셨다면 우리는 "이 같으면 내가 어찌할꼬?"라고 울부짖지 않을 수 없을 것입니다. 그리스도께서는 자기 백성의 속 사람에 대한 모든 것을 알고 계십니다. 그리고 그의 말씀에서 여러분이 이해할 수 없을 것 같은 일을 설명해 주십니다. 그리하여 심령 속에서 이 싸움이 맹렬히 벌어지고 있는 것을 느낄 때, 여러분은 이러한 영적인 싸움이 벌어지고 있다는 것을 이해하고 이렇게 말할 것입니다. "이 싸움은 내가 죄 가운데 죽었기 때문에 벌어지는 것이 아니야. 내가 죽었다면 나는 이러한 싸움을 하지도 않을 거야. 내가 소생하였기 때문에 이 싸움이 계속되고 있는 거야."

여기에 어려운 문제가 더 있습니다. 사람이 슬픈데도 어떻게 항상 기뻐할 수 있습니까? 이 문제는 사도 바울이 제시한 수수께끼 같은 일들 중에 하나입니다. 바울은 다음과 같이 수수께끼 같은 많은 일들을 우리 앞에 나열합니다. 사람이 가난한데도 어떻게 많은 사람을 부요하게 합니까?(고후 6:10) 사람이 거꾸러뜨림을 당하는데도 어떻게 망하지 않습니까?(고후 4:9) 사람이 박해를 받는데도 어떻게 버린 바 되지 않습니까?(고후 4:9) 아무것도 없는 자인데도 어떻게 모든 것을 가진 자가 될 수 있습니까?(고후 6:10)

이에 대한 설명은 이렇습니다. 우리가 이 육체에 있는 동안에는 고난을 당하고 아파하며 고통 중에 지내야 합니다. 하지만 하나님께 감사하십시오. 하나님은 환난 중에서도 기뻐하라고 가르쳐 주셨으며, 장차 우리가 받을 큰 상을 기대하라고 말씀하셨습니다. 그리하여 우리가 슬픔으로 가득하다면 기쁘게 그 슬픔을 당할 것입니다. 우리가 아픔을 겪어야 한다면 우리는 채찍을 맞으려고 엎드릴 것이며, 이후에 그로 말미암는 복된 결과를 기대할 것입니다. 이처럼 우리는 탄식할 수 있으나 동시에 노래할 수 있습니다.

저에게 한 가지 어려운 문제가 더 있습니다. 사람이 땅에서 살면서 어떻게 하늘의 삶을 누릴 수 있습니까? 바울의 다음과 같은 말씀의 의미를 깨달음으로 여러분 모두가 이 수수께끼를 이해하기 바랍니다. 바울은 이렇게 말하였습니다. "이는 너희가 죽었고 너희 생명이 그리스도와 함께 하나님 안에 감추어졌음이라"(골 3:3). "또 함께 일으키사 그리스도 예수 안에서 함께 하늘에 앉히시니"(엡 2:6). 비록 우리가 여전히 땅에서 살고 있지만 지금도 우리는 하늘의 삶을 누릴 수 있습니다.

때때로 우리는 사도 바울처럼 "몸 안에 있었는지 몸 밖에 있었는지 나는 모르거니와 하나님은 아시느니라"(고후 12:3)고 말하기 쉽습니다. 하지만 이내 우리는 몸 안에 있는 것을 발견하게 됩니다. 왜냐하면 육체적인 곤궁, 유혹과 시련을 겪기 때문입니다. 그 다음에 우리는 이렇게 울부짖습니다. "메섹에 머물며 게달의 장막 중에 머무는 것이 내게 화로다"(시 12:5). 그러나 아마도 우리는 다음 순간에 이렇게 말할 것입니다. "나의 보화를 담은 꾸러미가 내 앞에 가까이 와 있어 나는 발끝으로 서서 부르심을 기다리네. 왜냐하면 나의 보화가 있는 곳에 나의 마음도 있기 때문이지. 나의 보화는 나의 사랑하는 구주와 함께 저 하늘에 있네."

3. 이제 결론으로서 실제적인 문제들을 풀어봅시다.

첫째, 우리는 어떻게 그리스도께 나올 수 있을까요? 그리스도께서 하늘에 계시기 때문에 우리는 주님 계신 곳으로 올라갈 수 없습니다. 그렇습니다. 그러나 주님은 은혜롭게도 "내가 세상 끝날까지 너희와 항상 함께 있으리라"(마 28:20)고 말씀하셨습니다. 우리가 주님을 뵙지 못하고 그 음성을 듣지 못하지만 이 순간에도 주님은 영으로 우리 가운데 계십니다. 우리가 주님께 이르기 위하여 한 발자국도 움직일 필요가 없습니다. 예수님께서 또다시 세상에 계신다면 그분은 육체를 입고 한 번에 모든 곳에 임하실 수 없을 것입니다. 예수님께서 런던에 계신다고 생각해 보십시오. 호주에 사는 사람들이 어떻게 주님께 올 수 있겠습니까? 그들은 항해 중에 죽을 수도 있을 것입니다. 혹 예루살렘에 계신다면, 불쌍한 많은 사람들이 팔레스타인에 가고 싶어도 결코 가지 못할 것입니다. 예수님께서 이 땅에 안 계시는 것이 훨씬 낫습니다. 왜냐하면 예수님의 영이 어디에나 계시기 때문에 이 땅에 안 계시는 것이 우리에게 더 편리합니다. 우리가 주님을 사모하고, 그를 알기를 바라며, 그를 찾으며, 무엇보다도 그를 의지하므로 우리는 주님께 나올수 있는 것입니다.

우리가 그리스도께 어려운 문제를 질문한다면 "어떻게 할 수 있을까요?" 여러분은 마치 주님을 보는 것처럼 무엇이든지 질문할 수 있습니다. 사실 말로 여쭈어볼 필요도 없습니다. 여러분이 생각만 하더라도 주님은 여러분의 질문을 들으십니다. 죄인의 기도하는 입술이 있는 곳에는 반드시 구세주의 들으시는 귀가 있습니다.

"그러나 내가 그리스도께 질문을 한다 하더라도 어떻게 그가 내게 응답하시나요?" 라고 여러분은 말합니다. 주니께서 꿈으로나 혹은 음성으로 응답하시리라고 기대하지 마십시오. 그리스도는 이 성경책에서 여러분이 알고 싶어하는 모든 것을 다 말씀하셨습니다. 성경을 읽고 연구하십시오 그래서 그리스도께서 계시하신 것을 배우도록 하십시오. 우리와 같은 설교자들의 설교가 성경에 기초한 것이 아니라면 그 설교는 들을 가치가 없는 것입니다. 때때로 성경 말씀이 딱딱할지라도 우리가 성경 말씀을 전한다면 그 말씀에 귀를 기울이십시오. 우리가 성경 말씀을 시화(視話: 벙어리가 입술의 운동으로 행하는 말)로 전하더라도 그 말씀은 여러분의 마음을 감동시킬 것입니다. 여러분을 사랑하며, 여러분과 같이 혈과 육을 가진 사람이 이 말씀을 전하면 여러분은 그 말씀을 더욱더 잘 이해하고 더 큰 감동을 받을 것입니다.

사람들은 이렇게 말합니다. "나는 의심과 곤경을 가지고 그리스도께 기꺼이 나아갈 마음이 있습니다. 그런데 한 가지 문제는 지금 당장 응답을 받으라는 것입니다. 하나님의 말씀에 하나님께서 한 날을 정하셨다고 기록되었는데 어떻게 목사님은 지금 당장 하나님께 나오라고 말씀하실 수 있단 말입니까?" 그래요. 저는 여러분에게 지금 당장 그리스도께 나오라고 명령합니다. 더욱이 주님께서 친히 하신 말씀을 여러분에게 전합니다. "내게 오는 자는 내가 결코 내쫓지 아니하리라"(요6 :37). 그러면 여러분은 이렇게 말합니다. "하지만 주님께서 한 날을 정하신 것이 사실이 아닙니까?" 그렇습니다. 주님은 한 날을 정하셨습니다. 주님께서 그날을 정하셨다는 의미가 무엇인지 여러분에게 말씀드릴까요? "오랜 후에 다윗의 글에 다시 어느 날을 정하여 오늘이라고 미리 이같이 일렀으되 오늘 너희가 그의 음성을 듣거든 너희 마음을 완고하게 하지 말라 하였나니"(히 4:7)

주님의 거룩한 이름을 찬송합시다. 주께서 여러분에게 축복의 날을 정하셨다면 그날이 바로 오늘입니다. 제가 살아서 내일 여러분의 얼굴을 볼 수 있다면 저는 여전히 여러분에게 똑같은 말을 할 것입니다. 그 정해진 날은 은혜의 날이요, 바로 "오늘"입니다. 한 영혼이라도 그리스도께 나온다면 그 정한 날 가운데 있게 될 것입니다. 왜냐하면 주님께서 "오늘 너희가 그의 음성을 듣거든 너희 마음을 완고하게 하지 말라"고 말씀하셨기 때문입니다. 지금 그리스도를 영접하십시오. 지금 그리스도를 믿으십시오. 여러분의 심한 불신을 가지고 그리스도께 나오십시오. 있는 모습 그대로 나와 그리스도의 구멍난 발 앞에 자신을 내어놓으십시오. 왜냐하면 그리스도께서 풀지 못할 문제가 없으며, 해결하지 못할 어려움이 없으며, 용서하지 못할 죄는 없으며, 주님께서 여러분을 기쁨으로 돌려보내실 것입니다.

나는 누군가 이렇게 말하는 소리를 듣습니다. "도대체 뭐야? 과연 이런 식으로 하나님을 바라는 사람이 세상에 한 사람이라도 있을까?" 그렇습니다. 그런 사람들이 있습니다. 우리는 여러분이 그런 사람이 되지 못한다면 몹시 슬퍼할 것입니다. 친구여, 내 말을 믿으십시오. 하나님이 안 계신 것처럼 살아가는 사람들은 참으로 생명에 관한 모든 것을 잃고 말 것입니다. 저는 한 젊은이가 "나는 짧은 생애를 원해"라고 말하는 소리를 들었습니다. 저는 여러분이 짧은 생애뿐 아니라 많은 생애를 누리기를 바랍니다. 하지만 죄악이 있는 곳에는 생명이 없습니다. 힌놈의 골짜기와 불타는 지옥과 같이 그곳은 죽음, 썩음, 악취, 부패가 있는 곳입니다. 그곳으로부터 도망치십시오. 생명은 하나님께 나올 때 얻을수 있는 것입니다.

예수님을 믿음으로 하나님께 나오십시오. 그리하면 영원한 생명을 소유한 자가 될 것입니다. 게다가 하나님을 알아가면 여러분은 세상을 활기차게 만들어 갈 것입니다. 만물이 이전의 것이 아니며, 어느덧 시간과 계절이 여러분에게 달라져 보일 것입니다. 광야와 은밀한 곳이 즐거워하며, 사막이 장미처럼 활짝 피어날 것입니다. 나의 하나님 없이 세상에서 만년을 살고, 또 끊임없이 육적인 쾌락의 바다에서 헤엄칠 수 있다 해도 나는 그러한 운명을 사느니 차라리 멸망당하기를 구할 것입니다. 만일 하나님이 나의 것이며 내가 하나님의 것임을 알도록 하기 위해 내게 세상적인 것을 제한하신다면 나는 하나님께 내게 허락하신 것만을 구할 것입니다. 이것이 바로 제가 말하고자 하는 요지입니다. 한 번 하나님의 얼굴 빛을 충분히 맛본 하나님의 자녀들은 언제나 나와 같이 말할 것입니다.

제
5
장

—

바닥이 나지 않는 통

—

"여호와께서 엘리야를 통하여 하신 말씀 같이 통의 가루가 떨어지지 아니하고 병의 기름이 없어지지 아니하니라." ― 왕상 17:16

진노를 퍼부으시는 가운데서도 하나님은 자비를 기억하십니다. 심판이 한창 진행되는 가운데 하나님의 사랑이 나타날 때는 그 사랑이 두드러지게 눈에 띕니다. 비구름 틈 사이로 빛을 비추는 별은 유난히 아름답게 보입니다. 모래사막 가운데 피어 있는 오아시스는 찬란합니다. 진노 중에 나타나는 사랑은 그만큼 아름답고 찬란합니다. 지금 이 경우에 하나님께서는 이스라엘과 시돈 땅에 모든 것을 태워버리는 기근을 보내셨습니다. 두 사람이 지존하신 하나님을 화나게 만들었는데, 한 사람은 하나님을 떠남으로써, 그리고 다른 사람은 그들의 여왕 이세벨을 보내어 이스라엘 가운데 우상 숭배를 가르치도록 함으로써 하나님을 진노케 하였습니다. 그래서 하나님께서는 더러워진 땅에 이슬과 비를 내리게 하지 않기로 마음먹으셨습니다. 그러나 이같이 하시는 동안에도 하나님께서는 자기의 택하신 사람들은 안전하도록 조처를 취하셨습니다. 모든 시내가 마를지라도, 엘리야를 위해 한 시내는 남겨두실 것입니다. 그리고 그 일이 실패할지라도 하나님께서는 여전히 그를 부양할 곳을 마련하실 것입니다. 아니, 그렇게 하시기만 하는 것이 아닙니다. 하나님께서는 단지 엘리야 한 사람만 있은 것이 아니라 은혜의 선택을 따라 남은 자들, 곧 50명씩 굴에 숨어있는 자들이 있었기 때문입니다. 이스라엘 온 땅이 기근이 들렸을지라도 50명씩 굴속에 있었던 이들은 양식을 먹었는데, 그것도 하나님을 경외하는 신실한 청지기인 오바댜가 아합의 식탁의 음식을 가지고 먹였던 것입니다. 우리는 이 사실로부터 이 점을 추론할 수 있습니다. 즉, 어떤 일이 일어날지라도 하나님의 백성은 안전할 수 있다는 것입니다. 온 세상이 불에 탈지라도 재 가운데서 성도들의 잔해를 발견하지 못할 것입니다. 세상이 다시 한번 물에 잠길지라도(그렇게 되지 않을 것이지만) 하나님의 노아를 위한 방주가 또 한 척 마련될 것입니다. 견고한 땅이 흔들리고, 땅의 모든 기둥이 떨며, 하늘이 둘로 갈라진다면 갈라지게 내버려 두십시오. 세상이 파멸하는 가운데서도 신자는 아주 조용히 쉬는 것처럼 안전할 것입니다. 하나님께서 자기 백성을 하늘 아래서 구원하실 수 없다면, 그들을 하늘에서 구원하실 것입니다. 세상이 너무 뜨거워져서 그들을 붙잡을 수 없게 된다면, 하늘이 그들을 영접하고 그들이 안전히 거할 처소가 될 것입니다. 그러므로 전쟁과 전쟁의 소문을 들을지라도 여러분은 안심하십시오. 어떤 소동이 있을지라도 두려워하지 마십시오. 세상에 어떤 일이 일어날지라도 여러분은 여호와의 큰 날개 아래 있으니 안전할 것입니다. 하나님의 약속을 끝까지 붙잡고 하나님의 신실하심을 신뢰하며 지극히 암울한 미래를 무시하십시오. 아무리 어두운 미래라도 거기에 여러분이 두려워할 일은 전혀 없을 것이기 때문입니다.

내가 이렇게 몇 가지 관찰 사실을 서문처럼 언급하지만 이것이 오늘 아침 설교 주제는 아닙니다. 나는 사람에게 나타나는 하나님의 사랑을 보여주는 예로 불쌍한 사렙다 과부의 경우를 살펴볼 생각입니다. 여러분이 주목할 세 가지 사실을 제시하겠습니다. 첫째로, 하나님 사랑의 대상, 둘째는, 하나님의 사랑의 독특한 방법들, 그리고 셋째로, 하나님의 사랑의 영원한 신실함에 대해서 살펴보겠습니다. "여호와께서 엘리야를 통하여 하신 말씀 같이 통의 가루가 떨어지지 아니하고 병의 기름이 없어지지 아니하니라."

1. 첫째로, 하나님의 사랑의 대상에 대해서 말씀드리겠습니다.

(1) 여기서 우리는 맨 먼저 그 선택이 참으로 주권적이었다는 것을 봅니다. 우리 구주께서 다음과 같이 말씀하실 때 친히 그 사실을 가르치십니다. "내가 참으로 너희에게 이르노니 엘리야 시대에 하늘이 삼 년 육 개월 간 닫히어 온 땅에 큰 흉년이 들었을 때에 이스라엘에 많은 과부가 있었으되 엘리야가 그 중 한

사람에게도 보내심을 받지 않고 오직 시돈 땅에 있는 사렙다의 한 과부에게 뿐이었으며"(눅 4:25,26). 여기에는 하나님의 주권적인 선택이 있었습니다. 하나님께서 한 여인을 택하고자 하셨을 때, 그것은 하나님의 은총을 받은 민족 이스라엘 가운데서 택하신 것이 아니라 옛적에 완전히 끊어지게 되어 있던 민족 출신의 가난하고 미개한 이방인 가운데서 택하신 것이었습니다. 하나님의 사랑을 주권적으로 나타내 보이시는 일에 선택하시는 사랑이 있었습니다. 사람들은 하나님께서 자기들의 뜻을 따라주지 않는다고 해서 언제나 하나님과 다투고 있습니다. 절대적이지 않은 하나님이 있을 수 있다면, 사람들은 자기를 신이라고 생각할 것이고, 따라서 신의 주권을 미워할 것입니다. 왜냐하면 신의 주권은 피조물의 교만한 콧대를 꺾고, 자기 뜻대로 행하려고 하는 신 앞에 피조물을 엎드리게 만들기 때문입니다. 하나님께서 왕과 제후들을 택하려 하신다면 사람들은 하나님의 선택에 감탄할 것입니다. 하나님께서 귀족 집 문 앞에 전차를 세워두려고 하신다면, 하나님께서 보좌에서 내려와 지위가 높은 자들, 지혜자들, 학식 있는 자들에게 자비를 베풀려고 하신다면, 이처럼 사람의 훌륭한 행사를 영예롭게 하는 신을 찬양하는 소리를 들을 것입니다.

그러나 하나님께서 세상의 천한 것들과 멸시 받는 것들과 없는 것들을 택하시기 때문에, 이런 것들을 가지고 있는 자들을 헛되게 만드시기 때문에 하나님께서 사람들에게 미움을 받으시는 것입니다. 그렇지만 우리는 하나님께서 자기를 위하여 경건한 자를 따로 구별하셨다는 것을 알아야 합니다. 하나님께서는 마침내 자신에게 데려오실 사람, 하나님의 택하심의 은총을 받은 귀한 보배 같은 사람을 자기를 위하여 택하신 것입니다. 그러나 이 사람들이 본래는 온 세상에서 가장 선택받을 가능성이 없는 이들이었습니다. 오늘날 죄에 빠진 사람들, 어리석음에 빠져 있고 지식과 지혜가 없이 짐승처럼 되어버린 사람들, 바로 이들이 하나님께서 구원하기로 정하신 사람들입니다. 하나님은 이들에게 그 말씀을 보내어 효력을 발휘하게 하시고, 이들을 불타는 데서 타다 남은 나무동강처럼 끄집어내십니다. 하나님께서 선택하신 이유를 짐작할 수 있는 사람은 아무도 없습니다. 이 위대한 행위는 은혜로운 것만큼 또한 불가사의합니다. 성경 구석구석에서 우리는 하나님의 무한한 주권을 보여주는 찬란한 예들을 끊임없이 발견하며 놀라게 됩니다. 이 과부의 예는 그 많은 경우들 가운데 하나일 뿐입니다. 하나님의 선택하시는 사랑은 하나님 백성의 땅에 거하는 수많은 과부들을 지나치시고 가나안 경계를 넘어 이방 여인인 사렙다 과부를 품고 보존하십니다.

하나님의 주권 교리를 미워하는 사람들이 있습니다. 그러나 은혜로 부름을 받은 사람들은 그 교리를 사랑합니다. 그러한 하나님의 주권적 선택이 없었다면, 자신들이 구원받지 못하였을 것을 알기 때문입니다. 우리가 지금 하나님의 백성들이라면, 우리 중 어느 누구에게 하나님의 평가를 받을 만한 무엇이 있었습니까? 우리 가운데 회심하는 사람들이 있는가 하면, 어떤 친구들은 죄 가운데서 믿음 없는 길을 계속 고집하게 되는 것은 어떻게 된 일입니까? 우리 가운데 한때 술주정뱅이였고 하나님의 이름을 들어 욕하는 그런 사람들이 이제는 이 자리에 앉아서 오늘 이스라엘의 하나님을 찬양하고 있는 일은 어떻게 된 것입니까? 하나님의 마음을 감동시켜 우리를 구원하게 할 만한 선한 것이 우리에게 있었습니까? 하나님을 모독하는 그런 생각을 결코 품어서는 안 될 것입니다. 우리에게는 다른 사람들보다 더 낫거나 더 보상을 받을 만한 것이 있다고 생각할 것이 전혀 없었습니다. 때로 우리는 일이 거꾸로 되었다고 생각할 것처럼 느껴지기도 합니다. 하나님께서 우리를 주의하여 살피셨다면 지나가시게 만들었을 것이 우리 안에 많이 있었습니다. 그런데 그런 우리가 여기에서 하나님의 이름을 찬양하고 있습니다. 하나님의 주권을 부인하는 여러분, 말해 보십시오. 세리와 창기들은 하늘나라에 들어가고 반면에 스스로 의롭다고 하는 바리새인들은 쫓겨난 것은 어떻게 된 일입니까? 하나님께서 이 도시의 쓰레기와 찌꺼기 같은 사람들 가운데서 지극히 빛나는 그의 보석들을 골라내시고, 반면에 학식 있고 철학에 능통한 사람들 가운데는 이스라엘의 하나님께 무릎을 꿇는 사람들이 거의 없는 것은 어찌 된 일입니까? 천국에는 주인들보다 종들이 많고, 부자보다는 가난한 사람들이, 학식 있는 자들보다는 어리석은 자들이 많은 것이 어찌된 일인지 말해 보십시오. 이 점에 대해서 우리는 무엇이라고 말하겠습니까? "천지의 주재이신 아버지여 이것을 지혜롭고 슬기 있는 자들에게는 숨기시고 어린아이들에게는 나타내심을 감사하나이다 옳소이다 이렇게 된 것이 아버지의 뜻이니이다"(마 11:25,26).

(2) 이 선택에 있어서 무엇보다 하나님의 주권이 나타나지만, 나는 그와 비슷한 또 다른 생각을 빠트릴 수 없습니다. 선택 받은 그 여인에게는 선택 받을 만한 **공로가 전혀 없었습니다!** 그녀는 하나 같은 사람이 전혀 아니었습니다. 나는 그녀가 야엘처럼 여호와의 적들을 쳤다거나 룻처럼 자기 땅의 신들을 버렸다는 글을

읽지 못합니다. 그녀는 다른 여느 이방인보다 유명한 사람이 아니었습니다. 그녀의 우상 숭배는 다른 사람들의 우상 숭배만큼이나 혐오스러운 것이고, 그녀의 생각 역시 그녀의 동포들만큼이나 어리석고 허망하였습니다. 하나님의 사랑의 대상들에게는 그들을 사랑하도록 하나님의 마음을 감동시킬 수 있는 것이 전혀 없습니다. 들어 보십시오! 피로 사신 바된 자들이 모두 어떻게 보좌 앞에서 찬송하는지 말입니다. 그들은 여호와 앞에 왕관을 던지며 한 목소리로 이렇게 말합니다. "여호와여 영광을 우리에게 돌리지 마옵소서 우리에게 돌리지 마옵소서. 오직 영원히 주의 이름에 모든 영광을 돌리소서"(시 115:1). 하늘에서는 이 문제에 대해 분열된 어조가 전혀 없습니다. 영광을 입은 영들 가운데 자기는 거기에 올 만한 가치가 있다고 말할 자는 아무도 없을 것입니다. 그들은 한때 외인들이었지만 은혜로 찾은 바된 자들입니다. 그들은 죄로 시커먼 자들이었는데 피로 씻음을 받았습니다. 그들의 마음이 완고하였는데 성령님으로 말미암아 부드러워졌습니다. 그들은 죽은 자들이었는데 하나님의 생명으로 소생함을 받았습니다. 그들 안에 그리고 그들에게 이 은혜의 활동이 이루어진 모든 이유는 하나님의 마음에서 찾아야 하지, 결코 그들에게서 찾아서는 안 됩니다. 이 진리가 아주 단순하고 복음 신앙의 맨 기초에 놓여 있는 근본적인 것임에도 불구하고, 이 사실을 잊어버리는 경우가 너무도 흔합니다!

형제 여러분, 여러분은 이렇게 말할지 모릅니다. "내가 인격이 좀 더 훌륭했더라면 그리스도께 갔을 것이다. 내게 선한 행실들이 있고 죄를 벌충할 만한 특성들이 있었다면 하나님께서 나를 사랑하셨을 것이라고 생각해." 그렇지 않습니다. 형제여, 내 말을 들으십시오. 하나님께서는 사람 안에 있는 그 어떤 점을 인해서 사람을 사랑하시는 것이 아닙니다. 구원받은 사람들은 그들이 행한 어떤 일 때문에 구원받은 것이 아닙니다. 다만 하나님께서 자비를 베풀고자 하시는 자에게 자비를 베푸시고, 긍휼히 여길 자를 긍휼히 여기시기 때문에 구원받은 것일 뿐입니다. 그들은 이 땅에서 거듭나지 않은 다른 죄인과 똑같은 위치에 있습니다. 그러니 그들에게 특별히 자비를 베풀어야 할 이유가 있겠습니까? 그들의 공로나 죄과는 이 문제와 아무 관련이 없습니다. 하나님께서 복을 베풀기로 작정하신다면, 여러분이 어떤 사람인지 보시지 않습니다. 하나님은 여러분을 구원하시려는 동기를 그 자신의 사랑하는 깊은 뜻에서 찾지, 여러분에게서 찾으시지 않습니다. 여러분이 시커멓고 더러우며 나병에 걸린 사람임에도 불구하고 하나님의 사랑이 여러분 마음속에 널리 퍼질 수 있다고 생각할 수 있습니까? 내 설교를 듣고 떠는 여러분, 절망하지 마십시오. 하나님은 끝까지 구원하실 수 있는 분이시기 때문입니다.

(3) 이 여인을 계속 주목하는 가운데서 여러분이 이 여인의 상태도 말할 수 없이 불쌍한 처지였다는 점을 아시기 바랍니다. 그녀는 그녀의 모든 이웃들에게 임한 기근을 겪었을 뿐만 아니라 또한 남편을 잃은 고통을 겪었습니다. 그녀의 남편은 지친 몸으로 벌어들일 수 있는 마지막 식사가 있었다면 그녀와 함께 먹었을 것입니다. 그는 아내에게 자기에게 몸을 기대고 머리를 자기의 튼튼하고 믿음직한 품에 기대라고 하고 이렇게 말했을 것입니다. "여보, 이제 떡이 생기면 당신에게 먹도록 해 주겠고, 물이 있으면 당신에게 마시게 해 주겠소." 그러나 슬프게도 그는 데려감을 당하였고 그녀는 과부였습니다. 이뿐 아니라 그는 그녀에게 아무 유산을 남기지 않았습니다. 그녀는 물려받은 재산이 없었고 하인도 없었습니다. 그녀에게 땔나무조차 없었다는 사실에서 이 점을 알 수 있습니다. 그녀가 극도로 가난하지 않았다면, 먹을 것이 없을지라도 땔나무조차 없을 수는 없었습니다. 그때 나무가 부족하지는 않았기 때문입니다. 형편이 이처럼 몹시 궁색하여서 그녀는 음식을 만드는데 쓸 수 있는 나뭇가지 몇 개를 주우려고 성 밖 공터로 나갔습니다. 그런데 여러분도 알다시피 이때 그녀는 떡을 살 만한 것이 아무것도 없었습니다. 땔나무조차 그녀가 직접 주워야 했기 때문입니다. 내가 여러분에게 말씀드리고자 하는 것은 그녀의 남편이 그녀에게 아무것도 남기지 않았다는 것입니다.

물론 그가 그녀에게 남긴 것이 있긴 있습니다. 매우 사랑스러운 존재였지만, 그것이 그녀에게는 또 다른 근심의 원인이 될 뿐이었습니다. 남편은 그녀에게 아들, 독자를 남겼는데, 이 아들이 이제 그녀와 함께 굶주리지 않으면 안 되었습니다. 내가 생각할 때 그 아들은 너무나 약해서 이런 일에 어머니를 따라다닐 수 없었던 것 같습니다. 이들 모자는 너무 오랫동안 음식을 먹지 못하여서 그 아들은 침상에서 일어날 수 없었을 것입니다. 그렇지 않았다면 그녀는 아들을 데리고 왔을 것이고, 아들은 나뭇가지 몇 개를 줍는 일을 도왔을 것입니다. 그러나 그녀는 아들을 침상에 두고 왔는데, 자기가 집에 도착하기 전에 아들이 죽지나 않을까 두려워하였습니다. 아들의 사지가 너무 약해져 형편없이 말라 무게가 별로 나가지도 않는 몸을 지탱할 수 없어서 자기를 따라올 수 없었다는 것을 알고 있기 때문입니다. 이제 그녀는 먹고 죽기 위한 마지막 음식을 만들 나뭇가지를 한 줌 모으기 위해 이중의 근심을 안고 나왔습니다.

사랑하는 친구 여러분, 이것이 바로 주권적인 은혜가 우리 모두를 찾으시는 곳입니다. 즉, 깊은 가난과 불행 가운데 있는 우리를 찾으시는 것입니다. 물론 내가 가난이라고 할 때, 그것은 세상적인 가난을 뜻하는 것이 아니라 영적인 곤경을 말하는 것입니다. 우리가 스스로 공로가 충만하다고 생각하는 한, 하나님은 우리를 전혀 상관하시지 않을 것입니다. 기름병이 가득 차서 넘쳐흐르는 한, 우리는 하나님의 자비를 맛보지 못할 것입니다. 우리가 자신을 비우기 전에는 하나님께서 우리를 채우려고 하시지 않기 때문입니다. 죄의 자각이 죄인의 가슴에 얼마나 비참한 심정을 불러일으키는지 이루 다 말할 수가 없습니다. 내가 알고 있는 어떤 사람들은 그 형편이 얼마나 비참한지 종교재판소의 모든 고문도 그들의 고통에 필적할 수 없었습니다. 폭군들이 칼이나 벌겋게 달구어진 쇠, 창, 혹은 손톱 밑에 찔러 넣는 대나무 가시, 혹은 그와 같은 고문 도구들을 고안해낼 수 있을지라도, 그 고문들이 사람이 죄의 가책을 받을 때 느끼는 고통에는 필적할 수 없을 것입니다. 사람들은 언제든지 자신을 끝낼 준비가 되어 있었습니다. 그들은 밤에는 지옥을 꿈꾸었고, 아침에 깨어났을 때는 밤에 꿈꾼 것을 느낄 수 있었습니다. 그러나 모든 희망이 사라지고 비참함이 극도의 상태에 이르게 된 것은 하나님께서 그들을 사랑과 자비로 내려다보신 바로 이때였습니다.

오늘 아침 여기 계신 분들 가운데 그런 분들이 있습니까? 마음에 가책을 느끼고 생의 희망이 꺾여서 지친 영혼으로 이같이 부르짖는 사람이 한 분도 안 계십니까? "죄에서 벗어날 수 있도록 이 세상에서 사라져버렸으면 좋겠네. 죄의 짐이 어찌나 무겁게 눌러대는지 마치 나를 지옥의 가장 밑바닥에 닿기까지 눌러대니 말이다. 내 죄는 목에 매인 연자 맷돌 같아서 도무지 떼어낼 수가 없다." 청중 여러분, 나는 여러분이 이렇게 말하면 즐겁습니다. 나는 여러분의 불행을 보는 것이 기쁩니다. 그것은 내가 여러분이 비참하게 지내는 것을 보기 좋아해서가 아니라 여러분의 이러한 슬픔이 영원한 복을 받는 데로 나아가는 단계이기 때문입니다.

나는 여러분이 가난하다는 것이 즐겁습니다. 여러분을 부유하게 만드실 분이 계시기 때문입니다. 여러분의 밀가루 통이 바닥이 난 것을 보니 기쁩니다. 이제 여러분에게 자비의 기적이 일어나 여러분이 하늘의 양식을 배부르게 먹게 될 것이기 때문입니다. 기름 병이 바닥이 난 것을 보니 즐겁습니다. 이제 사랑과 자비의 강수가 여러분에게 흐를 것이기 때문입니다. 그 사실을 믿기만 하십시오. 하나님의 이름으로 여러분에게 확언합니다. 여러분이 궁지에 처하게 되면 하나님께서 여러분을 위해 나타나실 것입니다. 죄인이여, 위를 보십시오. 여러분 자신에게서 눈을 돌려 보좌에 앉아 계시는 하나님, 사랑의 하나님을 쳐다보십시오. 그 하나님이 여러분에게 너무 높이 계신다고 생각된다면, 죄인이여, 저기 있는 십자가를 쳐다보십시오. 거기에 매달려 계시는 분이 여러분 같은 죄인을 위해 죽으셨습니다. 그가 완전히 타락하고 망한 죄인들을 위해 피를 흘리셨습니다. 그가 받은 고통은 여러분처럼 마음의 고통을 느끼는 사람들을 위한 것이었습니다. 그가 슬퍼하신 것은 슬퍼하는 자들을 위로하시기 위한 것이었습니다. 그가 애통해하신 것은 애통해하는 자들의 속죄를 위한 것이었습니다.

여러분은 이제 이렇게 기록된 말씀을 믿을 수 있습니까? "미쁘다 모든 사람이 받을 만한 이 말이여 그리스도 예수께서 죄인을 구원하시려고 세상에 임하셨다 하였도다"(딤전 1:15). 이제 여러분은 그리스도의 공로를 의지할 생각이 있습니까? "흥하든 망하든, 나의 희망은 저 십자가에 있다"고 여러분은 말할 수 있습니까? 죄인이여, 하나님께서 여러분이 이렇게 하도록 도와주시기만 한다면, 여러분은 행복한 사람입니다. 여러분의 가난은 사라지고, 사렙다 과부처럼 여러분은 부족함을 모르고 지낼 것입니다. 하나님께서 여러분을 영원히 만족스럽게 지낼 하늘로 데려가시는 날까지 말입니다.

내가 아주 분명하게 설명하려고 한 것을 제대로 이야기했는지 모르겠습니다. 아무튼 내가 이야기하려고 한 것은 이것입니다. 하나님의 손에서 무엇이라도 받을 자격이 전혀 없는 여인에게 하나님께서 순전히 주권적인 결정으로 엘리야를 보내셨듯이, 또 그녀가 말로 다할 수 없는 비참과 슬픔 가운데 처한 시기에 선지자를 그녀에게 보내셨듯이, 청중 여러분, 여러분이 그와 비슷한 처지에 있다면 하나님께서 오늘 아침 여러분에게 그와 같이 하나님의 말씀을 보내신다는 것입니다.

2. 이제 두 번째 요점으로, 이 여인을 대하심에서 나타난 하나님의 은혜를 살펴보겠습니다.

무엇보다 먼저, 이 여인을 대하심에서 그녀에 대한 하나님의 사랑이 매우 특이했다는 사실을 여러분이 주의하여 보시기 바랍니다. 이 불쌍한 여인이 이스라엘의 하나님에게서 들은 첫 마디는 그녀를 부자가 되게 하기보다는 그녀에게 있는 것을 빼앗는 말씀이었다는 사실을 여러분도 아실 것입니다. 그것은 이런 말이었습니다. "그릇에 물을 조금 가져다가 내가 마시게 하라." 그것은 이미 많이 줄어든 창고에서 어떤 것을 가져가겠다는 말이었습니다. 그리고 바로 뒤이어서 또 한 가지를 요구하였습니다. "네 손의 떡 한 조각을 내게로 가져오라." 이런 행동은 무엇을 베풀기보다는 오히려 요구하는 것이었습니다. 독특하긴 하지만 이것이 바로 주권적인 자비가 사람들을 대하는 방식입니다. 이것은 공개된 선물이라기보다는 분명한 요구입니다. 처음에 하나님께서 말씀하실 때 우리에게 무엇이라고 말씀하시는지 생각해 보면 그것을 알 수 있습니다. 하나님은 이렇게 말씀하십니다. "너희 각 사람은 주 예수의 이름으로 회개하고 돌이키라." "주 예수를 믿으라 그리하면 네가 구원을 받으리라"(행 16:31). 그런데 사람들은 말합니다. "나는 회개할 수 없습니다. 그것은 내 능력 밖의 일입니다. 내가 믿을 수 있으면 좋겠어요. 그런데 그것은 내 능력 밖의 일입니다. 그런데 하나님께서는 내게 없는 힘을 발휘하라고 요구하신 것입니까? 하나님은 내가 드릴 수 없는 것을 내게 요구하시는 것입니까? 나는 하나님께서 주신다고 생각했어요. 하나님께서 내게 무엇을 요구하신다는 것을 몰랐어요."

그랬군요. 그렇지만, 여러분, 이 여인이 그 명령에 순종해서 어떻게 했는지 보십시오. 그녀는 가서 물을 가져왔고, 또 떡을 한 덩이 가져왔습니다. 그런데 물은 그녀가 떠온 만큼 줄어들지 않았고, 떡은 가져다 먹는데도 늘어났습니다. 하나님께서 죄인에게 "믿으라"고 말씀하실 때, 그 죄인이 믿는다면, 그것은 자신의 힘으로 된 것이 아니라 그 명령과 함께 가는 은혜로 말미암아 된 것입니다. 그러나 죄인이 처음에는 그 사실을 알지 못합니다. 그는 자기가 믿고, 자기가 회개한다고 생각합니다. 나는 이 과부가 선지자에게 가져온 음식은 그녀에게 있던 것에서 가져온 것이라고 생각하지 않습니다. 그 음식은 그녀의 밀가루 통에서 가져온 것이지만, 그 통에서 나온 것이 아니라 하나님께서 기적으로 그녀에게 주신 것이었습니다. 즉, 그것은 기적적인 공급의 첫 회분이었던 것입니다. 그래서 여러분이 믿는 사람이라면, "내가 믿었다"고 말할 것입니다. 그렇습니다. 그것은 여러분의 통에서 가져온 것입니다. 그렇지만 그것은 여러분이 믿은 것이 아니고 여러분 안에 있는 믿음의 행위인 것입니다.

　　팔이 하나 말라버린 불쌍한 사람이 여기 있습니다. 그는 그 팔이 정상으로 회복되기를 바랍니다. 자, 여러분은 그리스도께서 맨 먼저 그 사람에게 이렇게 이야기하실 것이라고 생각할 것입니다. "자, 네 마른 팔이 회복되게 해 주겠다. 그 팔에 다시 한번 기운을 불어넣을 것이고, 그러면 너는 그 팔을 들어 올릴 힘을 갖게 될 것이다." 그렇지 않습니다. 그리스도께서는 그런 말은 한 마디도 하시지 않습니다. 그리스도께서는 그에게 힘을 주시기 전에 이렇게 말씀하십니다. "손을 내밀라!"(마 12:13). 그 사람이 "선생님, 나는 손을 내밀 수 없습니다" 하고 소리쳤다고 생각해 봅시다. 그랬다면 그의 마른 팔은 그가 죽을 때까지 그의 옆구리에 매달려 흔들거렸을 것입니다. 그러나 그는 그렇게 하지 않고 명령대로 행했습니다. 그 사람은 복종할 뜻이 있었고, 그러자 갑자기 그에게 힘이 생겼습니다. 그가 마른 손을 내밀었기 때문입니다. 그러면 여러분은 이렇게 말할 것입니다. 뭐라구요! 그 사람이 자기 힘으로 마른 손을 내밀었다구요? 그와 같이 여러분이 기꺼이 믿으려고 하면, 여러분이 지금 마음으로 "믿겠습니다. 회개하겠습니다." 하고 말한다면, 여러분의 의지와 함께 능력이 올 것이고, 그래서 마른 팔을 내밀게 될 것입니다.

　　나는 정말이지 끊임없이 그와 같이 간곡히 권유하고 명합니다. 나는 에스겔 선지자와 함께 이렇게 말하기를 부끄러워하지 않습니다. "너희 마른 뼈들아, 살아나라! 너희 죽은 영혼들아, 살아나라!" 이것이 근거가 불충분한 교리로 간주된다면, 나는 이단보다 더 나쁜 사람이 될 것입니다. "사람이 그것을 할 수 없다면, 왜 사람에게 그것을 하라고 말하는가?" 간단히 말하자면 그것은 믿음을 발휘하는 것입니다. 내가 어떤 사람에게 그가 할 수 있는 일을 하라고 말한다면, 누구든지 그에게 그렇게 하라고 말할 수 있습니다. 그러나 하나님의 종은 할 수 없는 일을 사람에게 하라고 말하는데, 그 사람이 그 일을 하는 것입니다. 하나님께서 자기 종의 명령을 영예롭게 하시고 명령과 함께 힘을 주시기 때문입니다. 죄로 죽은 죄인들에게 오늘 아침 이렇게 외칩니다. "구원 받기를 바라십니까? 그리스도를 믿으십시오. 여러분의 죄가 용서받기를 바라십니까? 그리스도를 보십시오." "믿을 수 없어요. 볼 수 없어요." 하고 대답하지 마십시오. 그렇게 말하기보다는 성령께서 여러분의 마음을 움직여 여러분이 "믿겠습니다." 하고 말할 수 있기를 바랍니다. 그러면 여러분이 믿게 될 것입니다. 여러분이 "회개하겠습니다." 하고 말하기를 바랍니다. 그러면 여러분은 회개할 것입니다. 그것이 여러분 자신의 힘은 아니지만, 여러분이 그렇게 말하는 순간 즉시로 받는 힘이 될 것입니다. 그래서 여러분이 거룩한 생활에서 한 걸음 더 나아갈 때까지는 한동안 그것이 여러분의 힘인지 하나님의 힘인지 모를 것입니다. 그러나 나중에는 처음부터 끝까지 모든 힘이 하나님에게서 나온 것임을 알게 될 것입니다. 이 불쌍한 여인을 대하시는 하나님의 은혜의 방법이 이 관점에서 볼 때 매우 특이한 것으로 보아야 한다고 말씀드립니다. 그렇지만 그것은 하나님께서 구원하시는 모든 사람들을 대하시는 하나님의 방법의 전형적이고 본보기적인 예일 뿐입니다.

그 다음에 생각해 볼 요점은 이것입니다. 즉, 이 불쌍한 여인을 사랑으로 대하시는 이 방법은 특이하였을 뿐만 아니라 매우 견디기 힘든 것이었다는 사실입니다. 이 여인이 맨 먼저 듣는 일은 그녀에게 시련입니다. 그녀의 아들과 그녀 자신에게도 절실히 필요로 하는 것을 조금 나누어 달라는 것입니다! 여러분이 이제 먹고 죽으려고 생각한, 얼마 되지 않는 마지막 남은 떡 가운데 얼마를 나누어 달라는 것입니다! 그 분량에 있어서 그것은 내내 시련의 문제였습니다. 왜냐하면 통에는 밀가루가 처음에 있었던 것만큼밖에 늘 없었기 때문입니다. 밤에 밀가루가 한 움큼 있었으면 다음 날 아침에도 한 움큼밖에 없었습니다. 밀가루가 한 번에 두 배로 늘어난 적이 없었습니다. 마지막까지 기름병에는 기름이 조금밖에 들어 있지 않았습니다. 그 여인이 기름병을 볼 때마다, 떡에 바를 정도의 적은 기름밖에 들어 있지 않았습니다. 기름병이 가득 찬 적이 없습니다. 병에는 처음에 들어 있었던 것만큼 밖에 기름이 없었습니다. 그래서 이 여인은 처음에 통에 있는 가루로 음식을 해먹었을 때, 혹시는 속으로 이렇게 생각했을지도 모릅니다. "자, 아침은 아주 비상한 방식으로 해 먹었는데, 점심은 어디에서 구하지." 그런데 점심 때 통에 가보니, 딱 한 움큼만큼 가루가 있었습니다. 그녀는 가루를 가져가 음식을 준비하였습니다. 어쩌면 불신앙적인 생각이 그녀 속에서 이렇게 속삭였을 것입니다. "하지만 저녁때는 가루가 하나도 없을 거야." 그러나 밤이 왔을 때, 저녁을 해 먹을 꼭 그 만큼 가루가 있었습니다. 통에 가루가 가득 차지는 않았지만, 빈 적도 결코 없었습니다. 비축된 것은 적었지만, 언제나 그 날 먹기에 충분할 만큼 있었습니다.

하나님께서 우리를 구원하신다면, 그것은 고된 문제가 될 것입니다. 천국에 가는 길 내내, 우리는 아주 힘써야 겨우 천국에 도달하게 될 것입니다. 우리는 아름다운 흰 날개를 가진 바다 새처럼 미풍에 돛을 팽팽하게 펼친 채 항해하여 천국에 도달하지 않을 것입니다. 그보다 우리는 아주 많은 경우에 돛은 리본처럼 갈라지고, 돛대는 삐걱거리며 배의 양수기는 밤낮으로 돌리면서 앞으로 나아갈 것입니다. 우리는 문이 닫힐 즈음에 그 도성에 도착할 것입니다. 신자 여러분, 여러분의 주님은 여러분을 순례의 마지막 길까지 안전하게 데려가실 것입니다. 그러나 여러분이 그 길에서 여기저기 돌아다니는데 쓸 힘은 조금도 갖지 못할 것임을 잘 알아두시기 바랍니다. 여러분이 고난의 언덕을 올라갈 만큼의 힘을 얻을 것입니다. 그러나 여러분이 손과 무릎을 써야만 올라갈 수 있을 만큼의 힘을 얻을 것입니다. 여러분은 무저갱의 사자인 아볼루온과 싸울 수 있을 만큼의 힘을 얻을 것입니다. 그러나 싸움이 끝났을 때는 여러분의 팔에 힘이 하나도 남아있지 않을 것입니다. 여러분이 만날 시련이 그처럼 많을 것입니다. 그래서 시련을 한 가지라도 더 만나게 된다면, 그것은 낙타의 등뼈를 부러트릴 마지막한 짐과 같은 것이 될 것입니다. 이와 같이 하나님의 사랑은 여행 내내 여러분을 시험할 것이지만, 여러분의 믿음이 그 고된 시련을 견딜 것입니다. 왜냐하면 하나님께서 섭리 가운데 한 손으로 여러분을 쳐서 땅바닥에 쓰러트리지만, 또한 은혜 가운데 다른 손으로 여러분을 일으켜 세우실 것이기 때문입니다. 여러분은 위안과 고통을 똑같은 무게로 받을 것입니다. 여러분은 광야에서 지낸 이스라엘 백성 같이 될 것입니다. 여러분은 만나를 많이 거둘지라도 남지 않고, 감사하게도 여러분이 적게 거둘지라도 부족함이 없을 것입니다. 매일의 시련을 감당할 은혜를 매일 받게 될 것입니다.

이 흥미로운 주제는 이만큼 이야기하고 그보다 덜 재미있는 또 다른 주제를 이제 살펴봅시다. 하나님께서 이 사렙다 과부를 대하시는 방식이 매우 괴로운 것이었지만 그것은 매우 현명한 처사였습니다. 여러분은 이렇게 묻습니다. 왜 하나님께서는 그녀에게 즉시 식량이 가득 차 있는 곡물 창고를 주시고 기름도 아주 가득 채워서 주시지 않았습니까? 말씀드리겠습니다. 그것은 단지 하나님께서 그녀를 괴롭히기 위해서가 아니었습니다. 거기에는 지혜가 들어 있었습니다. 하나님께서 그녀에게 식량이 가득 차 있는 곡물 창고를 주셨다고 생각해봅시다. 그 식량이 다음 날까지 얼마나 남았겠습니까? 나는 식량이 조금이라도 남아 있었을지 의문입니다. 왜냐하면 기근 때에는 사람들이 냄새에 아주 민감합니다. 그래서 이내 그 성에 소문이 났을 것입니다. "어떤 동네에 사는 늙은 과부가 음식을 엄청나게 쌓아두고 있다." 아마도 사람들은 폭동을 일으키고 그 집의

물건을 강탈하고, 어쩌면 과부와 그의 아들을 죽였을지도 모릅니다. 그녀는 소
중한 식량을 탈취당하였을 것이고, 스물네 시간 안에 가루 통은 처음과 마찬가
지로 바닥이 났을 것이고 기름병은 땅바닥에 엎질러졌을 것입니다.

그것이 우리와 무슨 상관이 있습니까? 바로 이 점입니다. 즉, 하나님께서
그 날 필요한 것보다 더 많은 은혜를 우리에게 주신다면 아마도 지옥에 있는 모
든 마귀가 달려들어 그 은혜를 빼앗아가려고 할 것입니다. 우리는 지금도 마귀
와 싸울 일이 충분합니다. 그런데 그처럼 필요한 것보다 더 많은 은혜를 받는다
면, 얼마나 큰 소동이 일어날지 모릅니다! 틀림없이 우리는 저장된 우리의 은혜
에 덤벼드는 수많은 적들을 만날 것이고, 이 모든 적들로부터 우리의 자원을 지
켜야 할 것입니다. 우리가 수중에 현금은 조금 쥐고 있고, 진짜 가치 있는 자산
은 하늘에 계시는 대(大) 은행가이신 하나님의 손에 남겨 두는 것이 잘하는 일
이라고 생각합니다. 도둑들이 흔히 그러듯이 집에 들어와 나의 소유들을 훔치고
내 위안거리들을 가져가는데, 사실 그들은 내가 편의상 집에 가지고 있는 동전
몇 푼을 가져갈 뿐입니다. 그들이 내 진짜 보물은 훔쳐갈 수 없는데, 그것은 내
보물이 금 상자에 안전하게 보관되어 있고, 그 금고의 열쇠는 주 예수 그리스도
의 허리춤에 매달려 있기 때문입니다. 여러분이 유업을 스스로 관리하도록 여러
분 자신이 갖고 있는 것보다 여러분을 위해 하늘에 맡겨 보관하는 것이 더 낫습
니다. 왜냐하면 여러분이 가지고 있으면 이내 잃어버려 영원히 가난해질 수 있
기 때문입니다.

이밖에도, 이 여인이 한 번에 모든 양식을 받지 못한 이유가 또 한 가지 있
었습니다. 음식을 준비하는 사람은 누구나 음식을 대량으로 오래 보존할 수 없
다는 것을 압니다. 그 음식에 이내 어떤 벌레가 생기고, 잠시 후에는 곰팡이가
생겨서 아무도 그 음식을 먹을 수 있으리라 생각하지 못할 것입니다. 은혜도 바
로 그와 같은 성격이 있습니다. 여러분이 은혜를 쌓아두고 있으면, 그 은혜에서
교만이라는 벌레가 생깁니다. 어쩌면 여러분은 이미 그 벌레를 보았을지 모릅
니다. 그 벌레는 매우 번식력이 강합니다. 내게 은사나 은혜가 조금 더 넉넉하
게 있을 때마다 이 벌레가 반드시 음식에서 생기고, 얼마 있지 않아 곰팡이 냄새
가 나기 시작해서 쓰레기통에 내다 버려야만 하는 것을 발견합니다. 우리에게
필요 이상의 은혜가 있다면, 그것은 마치 오래된 만나와 같이 될 것입니다. 만나
를 저장해 두면, 만나에서 벌레가 생기고 고약한 냄새가 납니다. 그뿐 아니라 만

나를 설사 저장해 둘 수 있을지라도, 매일 만나를 새로운 것으로 먹는 것이 훨씬 더 나은 일일 것입니다. 매일 하늘의 화덕에서 따끈한 하늘의 떡을 받을 수 있으면 좋겠습니다! 선원들이 장기간의 항해를 위해 물을 통에 담아두는 것과 다르게 바위에서 나오는 물을 마시면 좋겠습니다. 그처럼 통에 물을 담아두면, 그곳에서 아무리 좋은 물도 들끓고 여러 부패의 과정을 겪게 됩니다. 그런 물을 마시기보다는, 매 시간 거룩한 바위에서 졸졸 흐르는 물을 받아 마시면 좋겠습니다! 매 순간 하나님의 샘물에서 새로이 물을 받아 마시는 것, 이것이야말로 진정 행복한 삶을 누리는 것입니다!

이 여인은 손에 한 움큼의 가루밖에 없는 것을 슬퍼할 필요가 없습니다. 따라서 그녀는 자주 하나님께 호소해야 할 더 큰 동기를 갖게 되었기 때문입니다. 나는 이 여인이 가루를 한 움큼 꺼낸 후에 젖은 눈을 들어 하늘을 바라보며 이렇게 말하는 것이 보이는 것 같습니다. "크신 하나님이시여, 제가 처음으로 이 통에 믿음의 손을 집어넣은 후로 이제 2년이 되었습니다. 매일 아침과 점심, 저녁 때 나는 늘 믿음의 손을 집어넣었고, 한 번도 양식이 없은 적이 없었습니다. 이스라엘의 하나님께 영광을 돌리나이다." 그녀가 가면서 이렇게 기도하는 모습이 보이는 것 같습니다. "하나님이여, 주님의 긍휼하심을 거두지 마소서. 주께서는 그동안 주의 가난한 여종을 선대하셨고 이 많은 세월 동안 저를 먹이셨습니다. 이제도 이 통이 저를 실망시키지 않게 하소서. 이는 제 수중에 쌓아둔 것이 없기 때문입니다. 오늘도 한 움큼을 남겨 주소서. 그것이면 언제나 충분하고, 그것이면 언제나 내 궁핍을 다 채울 수 있나이다."

여러분은 이 과부가 이와 같이 해서 끊임없이 하나님과 교제하였다는 것을 보지 못합니까? 그녀는 한 번에 복을 다 받은 것보다 더 많이 기도할 이유가 있었고 더 감사해야 할 이유가 있었습니다. 바로 이것이 하나님께서 여러분에게 은혜를 다 주시지 않고 남겨두시는 한 가지 이유입니다. 하나님께서는 여러분이 매일, 아니 매 시간 하나님께 오게 하려고 하시는 것입니다. 여러분은 하나님께 그같이 호소하는 것이 즐겁지 않습니까? 여러분은 하나님께 올 때마다 이렇게 말할 수 있습니다. "주님, 여기 문 앞에 형편이 딱한 거지가 왔습니다. 기도의 문에서 장난으로 문을 두드리고 도망가는 한가한 사람이 아닙니다. 주님, 저는 가난한 영혼입니다. 복이 필요하여 제가 왔습니다."

다시 한번 말씀드리지만, 매일 자비의 샘으로 가는 것이 우리에게 유익합니다. 믿음의 손은 문을 두드릴 때 복을 받습니다. "오늘 우리에게 일용할 양식을 주시옵소서"(마 6:11)라고 구하는 것은 바르고 선한 기도입니다. 하늘에 계신 우리 아버지께 매일 그 기도를 드릴 수 있는 은혜를 주시옵소서!

이 모든 얘기의 취지는 무엇입니까? 바로 이것입니다. 내가 교인들로부터 끊임없이 받는 수많은 편지들 가운데서 나는 아주 흔히 이 질문을 받습니다. "목사님, 저는 정말로 믿음이 부족하고 활력도 부족하며 마음에 간직한 은혜도 별로 없습니다. 그래서 저는 내가 끝까지 견디지 못할 것이라는 생각을 하게 됩니다. 때로는 내가 전혀 하나님의 자녀가 아니지 않는가 하는 생각마저도 듭니다." 사랑하는 교우 여러분, 이에 대한 설명을 듣고 싶다면, 본문에서 찾을 수 있을 것입니다. 여러분은 많은 시련들을 견디고 가기에 꼭 필요한 만큼의 믿음을 받았고, 사용하지 않고 쌓아둘 믿음은 받지 않았을 것입니다. 여러분은 매일 계속해서 하나님을 경외하며 살아가게 할 꼭 그만큼의 믿음을 받았고, 여러분이 자랑하는데 쓰고 여러분의 교만에 바칠 여분의 믿음은 전혀 받지 않았을 것입니다. 나는 여러분이 영적 빈곤을 느낀다고 말하는 것을 들으니 기쁩니다. 왜냐하면 자신이 가난하다는 것을 알 때, 그때 우리는 부자이고, 오히려 우리가 부자이고 재물이 늘었다고 생각할 그때 벌거벗고 가난하며 비참하고 정말로 슬픈 곤경에 처해 있는 것이기 때문입니다.

나는 여러분이 이 점을 기억하고 거기에서 위로를 받았으면 좋겠습니다. 즉, 여러분이 통에서 한 번에 가루를 두 움큼 얻지 못할지라도 한 움큼보다 적게 거두는 일은 결코 없으리라는 것이며, 여러분이 한 번에 기름을 두 배만큼 받지 못할지라도 꼭 필요한 만큼은 항상 받으리라는 것입니다. 남는 것이 없을 것이지만, 부족한 일도 결코 없을 것입니다. 이 사실을 여러분의 위안으로 삼기 바랍니다. 여러분의 날 동안 여러분의 힘이 여전할 것이며, 여러분의 필요가 있는 만큼 은혜가 채워질 것입니다. 여러분의 궁핍의 정도만큼 하나님의 자비가 공급될 것입니다. 잔이 넘쳐흐르지는 않을지라도 잔에 가득 채워질 것이고, 강물이 둑 가장자리까지 차지는 않을지라도 언제나 끊이지 않고 흐를 것입니다.

이제 마지막 요점을 간단히 살펴보고 끝을 내도록 하겠습니다. 그것은 이 본문을 가지고 내가 설교할 수 있는 것보다 여러분의 인생이 더 충분한 설교가 될 수 있기를 바라기 때문입니다.

3. 끝으로, 하나님의 사랑의 신실함에 대해서 살펴보겠습니다.

"여호와께서 엘리야를 통하여 하신 말씀 같이 통의 가루가 떨어지지 아니하고 병의 기름이 없어지지 아니하니라." 여러분은 이 여인이 매일 필요한 것들이 있었다는 것을 알 것입니다. 그녀에게는 먹여야 할 입이 셋이나 있었습니다. 그녀 자신과 그의 아들과 선지자 엘리야가 있었습니다. 필요가 세 배나 되었지만, 양식의 공급이 바닥나지 않았습니다. 아이들은 식욕이 대단합니다. 틀림없이 과부의 아들은 처음 내놓은 작은 떡 조각을 순식간에 삼켜버렸을 것입니다. 엘리야로 말하자면, 그는 족히 백 마일이나 되는 거리를 걸었습니다. 여행으로 몹시 지쳤기 때문에, 엘리야도 상당히 시장했을 것이라고 생각해 볼 수 있습니다. 그리고 과부 자신도 오랫동안 굶주렸기 때문에 틀림없이 양껏 먹고 싶었을 것입니다. 처음에 이들의 궁핍한 상태가 매우 심했지만 통의 가루가 바닥이 나지 않았습니다. 이 여인이 그 통에 가는 날마다, 통의 가루가 여전히 그대로 있었습니다.

자, 형제 여러분, 여러분도 매일 필요로 하는 것들이 있습니다. 여러분은 필요로 하는 것들이 그처럼 자주 발생하고, 시련들을 그처럼 많이 만나며, 여러분의 근심거리가 셀 수 없이 많기 때문에, 가루 통이 어느 날 비게 되고 기름병에 더 이상 기름이 없게 될 것이라고 생각하는 경향이 있습니다. 그러나 하나님의 말씀에 따를 때, 일이 그렇게 되지 않을 것이니 안심하시기 바랍니다. 날마다 그 날의 근심이 오지만, 또한 그 날의 도움도 올 것입니다. 날마다 그 날의 시험이 오지만, 또한 그 날의 구원도 올 것입니다. 그 날의 필요가 발생하지만 또한 그 날의 공급도 올 것입니다. 날이 계속해서 이어져, 여러분이 므두셀라의 연수보다 오래 살게 될지라도, 근심에 근심이 이어져서 여러분의 시련이 파도처럼 계속될지라도, 하나님의 은혜와 자비는 지속되어 여러분의 모든 필요를 채울 것이고, 여러분은 결코 부족함을 모를 것입니다.

3년이라는 긴 시간 동안 하늘은 한 번도 구름이 드리운 적이 없었고, 별들은 이 악한 세상에 이슬이라는 거룩한 눈물을 흘린 적이 없습니다. 3년이라는 긴 시간 동안 여인들이 거리에서 실신하였고, 양식이 없어서 자기 자식을 잡아먹기까지 하였습니다. 3년이라는 긴 시간 동안 조문객들이 시체들을 따라 무덤으로 향하는 해골들처럼 창백한 얼굴로 지쳐서 거리를 돌아다녔습니다. 그러나 이 여인은 굶주린 적이 없었고 부족함을 몰랐습니다. 언제나 양식을 공급받았고 풍족함으로 항상 기뻐하였습니다. 여러분도 그와 같이 될 것입니다. 여러분은 죄인이 죽는 것을 볼 것입니다. 그는 타고난 힘을 믿기 때문입니다. 여러분은 오만한 바리새인이 비틀거리는 것을 볼 것입니다. 그는 모래 위에 소망을 세우기 때문입니다. 여러분은 심지어 여러분의 계획조차도 망가지고 시들해지는 것을 볼 것입니다. 그러나 여러분의 방어 위치가 견고한 바위 요새라는 것을 알게 될 것입니다. 여러분은 떡을 공급받고 물도 확실히 얻을 것입니다. 여러분이 의지하는 지팡이는 결코 부러지지 않을 것입니다. 여러분이 베고 쉬는 그 팔은 결코 마비되지 않을 것입니다. 여러분을 보는 눈은 결코 흐려지지 않을 것입니다. 여러분을 사랑하는 그 심장은 결코 지치지 않을 것이고, 여러분에게 필요한 물자를 공급하는 손은 결코 약해지지 않을 것입니다.

여러분은 얼마 전에 경험한 때, 곧 여러분이 어찌할 바를 모르던 때를 기억하십니까? 여러분은 "나는 틀림없이 적의 손에 쓰러지고 말 거야"라고 말했습니다. 여러분은 쓰러졌습니까? 여러분은 지금도 보호를 받고 있지 않습니까? 지난날을 한번 돌아보시기 바랍니다. 불과 몇 달 전만 해도 사업이 완전히 엉망으로 돌아가서 여러분이 "나는 이 사업을 접겠어. 나는 주님을 알지 못했던 때보다 안 후에 시련을 더 많이 만났어"라고 말했습니다. 그래서 사업을 접었습니까? 여러분은 그동안 불을 통과하였습니다. 여러분에게 묻겠습니다. 그래서 여러분이 불에 탔습니까? 머리카락 하나라도 불에 그슬렸습니까? 여러분은 물을, 깊은 물을 지나왔습니다. 그래서 물에 빠져 죽었습니까? 여러분은 틀림없이 빠져 죽을 것이라고 말했습니다만, 정말로 빠져 죽었습니까? 큰물이 여러분 위로 넘쳐 흘렀습니까? 하나님의 모든 파도와 큰 놀이 여러분을 덮치고 지나갔을 때, 여러분은 죽었습니까? 그 파도가 여러분의 소망을 쓸어가 버렸습니까? 여러분의 확신이 무너졌습니까? 일찍이 여러분은 근심의 바다로 들어갔습니다. 그래서 여러분은 옛적에 애굽에서 그랬던 것처럼 그 바다에서 빠져 죽을 것으로 생각했습니다. 그런데 물이 여러분 앞에서 갈라지지 않았습니까? 깊은 물이 무더기처럼 똑바로 서고, 큰물이 바다 한가운데서 기름처럼 굳지 않았습니까? 여러분은 길을 가다가 큰 산이 앞을 가로막자 "이 길을 갈 수가 없어. 산이 너무 가파르다"고 말했습니다. 그러나 여러분은 그 산을 올라갔고, 그렇게 오름으로써 유익을 얻지 않았습니까? 여러분이 눈 덮인 산꼭대기에 섰을 때, 여러분의 지식의 시야가 넓어지지 않았습니까? 여러분의 기도의 숨결이 더 순수해지고 더 자유로워

지지 않았습니까? 말해보십시오. 여러분은 추운 고난의 산에 오름으로써 이전
보다 더 강해졌고, 더 영광스러운 노력을 감당하도록 준비되지 않았습니까? 그
렇다면 과거에서 위로를 얻어 미래를 감당할 수 있도록 합시다. 과거의 제단에
서 횃불을 끄집어내어 꺼져가는 오늘의 깜부기불에 다시 불을 붙입시다.

　　지난 시간 동안 여러분과 함께 하셨던 분께서 앞으로 올 시간도 여러분을
떠나시지 않을 것입니다. 그분은 하나님이십니다. 그는 변치 않으시고, 여러분
을 버리지 않으실 것입니다. 그분은 하나님이십니다. 그는 거짓말하는 분이 아
니시므로 여러분을 떠나실 수 없습니다. 그분은 자신을 두고 맹세하셨습니다.
달리 맹세할 더 큰 존재가 없기 때문입니다. 그래서 변치 않는 두 가지 사실—곧
그의 맹세와 약속—을 인해서 우리 앞에 놓인 소망을 붙잡기 위해 하나님께로
피신한 우리는 튼튼한 위안을 얻을 수 있습니다. 가루 통에 양식이 조금밖에 공
급되지 않고 기름병에 기름이 몇 방울밖에 들어있지 않을지라도, 여러분이 침상
에 발을 모으고, 나이 든 훌륭한 야곱처럼 여러분을 모든 악에서 구속하신 사자
를 찬미하며 노래로써 생을 마감할 때까지 양식이 끝까지 공급될 것이고, 때마
다 기적적으로 늘어나는 기름은 여러분 쓰기에 충분할 것입니다.

　　지금까지 하나님의 자녀들에게 이만큼 말씀을 드렸으니, 그분들이 위로를
얻기 바라며, 내가 오늘 아침 여기 와서 복을 받기를 바란 분들에게, 곧 여러분
가운데 우리 주 그리스도 예수 안에 있는 하나님의 사랑에 대해 아무것도 알지
못하는 분들에게 한두 마디만 더 말씀드리고 싶습니다. 여러분은 부끄러워하거
나 말을 더듬거리는 일이 없이 이렇게 말할 수 있고, 또 진심으로 이렇게 말하는
사람의 상태에 대해서 어떻게 생각하시겠습니까? "나는 내가 하나님의 영원한
사랑을 받은 사람임을 압니다. 하나님께서 내 모든 죄를 하나님의 등 뒤로 던져
버리셨고, 그래서 내가 마치 전혀 죄를 짓지 않은 것처럼 하나님께서 받아들이
시는 자로, 많은 사랑을 받는 자로 하나님 앞에 섭니다." 그리고 그 사람이 확신
을 가지고 덧붙여 이런 말을 한다면 여러분은 무엇이라고 하겠습니까? "나는 이
것이 이 세상과 영원히 내 위치가 될 것임을 압니다. 하나님께서는 나를 극진히
사랑하셔서 사랑하는 것을 중단하실 수 없습니다. 내가 어떤 고난을 겪고 어떤
시험을 만날지라도 하나님께서 나를 보존하실 것이고, 나는 하나님의 얼굴을 뵙
고 영원히 하나님의 사랑을 기뻐할 것입니다."

　　그러면 여러분은 이렇게 대답할 것입니다. "내가 그렇게 말할 수 있다면, 내

가 가치 있게 여기는 모든 것을 내놓겠습니다. 내가 많은 세상보다 가치가 있다면, 그렇게 말하기 위해 세상에 모든 것을 주겠습니다." 그렇다면 그것이 도달하기 어려운 일입니까? 너무 높아서 우리가 이를 수 없는 것입니까? 말씀드리겠습니다. 내가 말씀드리는 증거는 사실입니다. 하나님이 지으신 이 땅에서 이 상태를 누리는 사람들은 수없이 많이 있습니다. 그들이 그에 대해서 항상 그렇게 많이 얘기할 수는 없겠지만 해마다 끊임없이 이 상태를 즐깁니다. 우리 가운데는 우리의 영원한 상태에 대해 조금도 의심하지 않는다는 것이 무엇인지 아는 사람들이 있습니다. 때로는 우리가 떱니다. 그러나 또 어떤 때는 이렇게 말할 수 있습니다. "내가 믿는 자를 내가 알고 또한 내가 의탁한 것을 그 날까지 그가 능히 지키실 줄을 확신함이라"(딤후 1:12). 그러면 여러분은 또 이렇게 말할 것입니다. "내가 그렇게 말할 수 있다면 좋을 텐데."

사랑하는 청중 여러분, 여러분이 머지않아 그렇게 말하는 것이 가능한 일입니다. 아니, 오늘 밤에도 가능할 수 있습니다. 눈을 감고 자기 전에 여러분이 그 행복한 사람들 가운데 들어갈 수가 있습니다. 어떤 사람은 말합니다. "안 됩니다. 나는 죄인 가운데 괴수입니다." 맞습니다. 그러나 그리스도는 죄인의 괴수의 구주이십니다. 또 어떤 사람은 말합니다. "안 됩니다. 나는 인격이 아주 형편없고, 성격이 아주 고약합니다." 성령님께서 여러분의 성격을 변화시키실 수 있고, 여러분의 의지를 새롭게 하고, 여러분을 그리스도 안에서 새로운 사람으로 만드실 수 있습니다.

세 번째 사람은 말합니다. "글쎄요, 내가 용서받을 수 있다는 것은 알겠어요. 하지만 내가 그 사실을 과연 알게 될 것이라고는 생각할 수 없습니다." 그리스도께서 용서하실 뿐만 아니라 또한 여러분에게 그것을 말씀해 주신다는 사실이 기독교의 영광입니다. 그리스도께서는 여러분을 받아들이셨다는 즐거운 의식을 여러분 마음에 널리 뿌려주십니다. 그래서 여러분이 이제는 하나님의 식구 중 하나이며, 여러분의 죄가 사라졌고, 모든 좋은 것들이 영원한 언약으로 말미암아 여러분의 것이 되었다는 사실을 천사가 여러분에게 말해 줄 수 있는 것보다 더 잘 알게 됩니다.

그러면 네 번째 사람은 이렇게 말합니다. "그 영원한 언약을 받을 수 있으면 좋겠어." 죄인이여, 그 언약은 여러분의 길에 있습니다. 여러분은 자신이 구원을 받을 가치가 없는 존재이고, 오히려 벌을 받고, 지옥에 가야 마땅한 자라고 생각하십니까? 그렇다면 여러분이 할 일은 그저 여러분의 죄를 하나님께 고백하는 것뿐입니다. 여러분이 그동안 죄인이었음을 인정하고 그리스도의 십자가 앞에서 납작 엎드리는 것뿐입니다. 죄인이여, 그리스도께서 여러분을 구원하실 수 있습니다. 그리스도께서는 자기로 말미암아 하나님께 오는 자는 누구든지 다 끝까지 구원하실 수 있기 때문입니다.

성령 하나님께서 이제 그 말씀을 폐부에 닿도록 보내시어, 그동안 사렙다 과부처럼 불쌍하게 살았던 사람들이 우리 주 예수 그리스도로 말미암아 기적적으로 공급되는 은혜를 발견하기를 바랍니다! 아멘.

제
6
장
—

어려서부터 뛰어난 경건의 소유자,
오바댜

—

"당신의 종은 어려서부터 여호와를 경외하는 자라." — 왕상
18:12

나는 엘리야가 오바댜를 그리 중요하게 여기지 않았다는 생각이 듭니다. 엘리야는 오바댜를 크게 고려하지 않고, 그에게 이야기할 때 사람들이 동료 신자들에게 할 수 있을 것보다 날카롭게 말을 합니다. 엘리야는 행동적인 사람이었습니다. 언제나 대담하게 전면에 나섰고, 아무것도 감추는 것이 없었습니다. 오바댜는 조용한 신자였습니다. 그는 진실하고 확고한 사람이지만 매우 어려운 지위에 있었기 때문에 자신의 의무를 좀 덜 공개적인 방식으로 수행하지 않을 수 없었습니다. 하나님께 대한 신앙이 그의 삶을 지배했지만, 신앙 때문에 궁정에서 물러나지는 않았습니다. 엘리야가 이 만남을 통해 그에 대해 더 많은 것을 알게 된 후에도, 그는 하나님의 백성들에 관해 말할 때 마치 오바댜와 그와 같은 사람들을 별로 고려하지 않는 것처럼 이야기하는 것을 봅니다. 엘리야는 이렇게 말합니다. "이스라엘 자손이 주의 제단을 헐며 칼로 주의 선지자들을 죽였음이오며 오직 나만 남았거늘 그들이 내 생명을 찾아 빼앗으려 하나이다"(왕상 19:10). 엘리야는 오바댜가 남아있다는 것을 아주 잘 알았습니다. 오바댜는 선지자와 같은 사람은 아닐지라도 저명 인사였습니다. 그렇지만 엘리야는 오바댜가

이 큰 싸움에서 중요치 않은 존재인 것처럼 그를 무시하는 듯이 보입니다. 그것은 의지가 강한 이 사람, 불과 천둥의 이 선지자, 지존하신 하나님의 강력한 이 종은 자신처럼 전면에 나서서 싸우지 않는 사람은 누구든지 별로 중요하게 생각하지 않았기 때문이라고 생각합니다. 조용하고 나서지 않는 경건을 다소 얕보는 것이 용감하고 열성적인 신자들의 경향인 것을 나는 압니다. 진실하고 인정받은 하나님의 종들이 크게 불리한 상황에서 맹렬한 반대를 무릅쓰고 최선을 다할 수가 있습니다. 그렇지만 그들은 좀처럼 사람들에게 알려지지 않을 수 있고, 심지어 최소한의 인정도 받지 못할 수가 있습니다. 그러므로 공적 생활의 맹렬한 빛 가운데서 사는 사람들은 그런 종들을 과소평가하는 경향이 있습니다. 이 작은 별들은, 하나님께서 새로운 태양처럼 밝게 하여 어둠 속에서 타오르도록 하는 사람의 찬란함 속에서 빛을 잃습니다. 엘리야는 영원하신 하나님의 손에서 떨어지는 천둥번개처럼 이스라엘의 하늘 위에 번쩍하고 빛이 났습니다. 자연스럽게 그는 행동이 느리고 분명하지 않은 사람들을 잘 참지 못하였을 것입니다. 그것은 어떤 면에서 마르다와 마리아 같은 관계입니다.

하나님께서는 자신의 종들이 아무리 위대한 사람일지라도 자기보다 못한 동료들을 가볍게 생각하는 것을 좋아하시지 않습니다. 그래서 내게 드는 생각은, 하나님께서 일을 기가 막히게 잘 조정하셔서, 엘리야가 이스라엘의 격분한 왕을 만나야 했을 때 오바댜가 그에게 중요한 사람이 되도록 하셨다는 것입니다. 엘리야 선지자는 가서 아합 왕 앞에 모습을 나타내라는 명령을 받고 그대로 합니다. 그런데 그는 먼저 왕궁의 그 장관부터 만나고, 그래서 그가 그 소식을 왕에게 전하여 왕과의 만남을 준비할 수 있도록 하는 것이 더 낫겠다고 생각합니다. 아합은 오랜 기간의 한발의 끔찍한 결과들 때문에 몹시 화가 나 있었습니다. 그래서 갑작스럽게 화가 나면 선지자를 죽이려고 할 수도 있었습니다. 그래서 오바댜는 왕을 조금 진정시킬 수 있도록 생각할 시간을 갖습니다.

엘리야가 오바댜를 만나서 그에게 가서 아합에게 "엘리야가 여기 있다"고 말하라고 시킵니다. 약간 돌아가는 것이 때로는 우리의 목표에 도달하는 가장 가까운 길일 수가 있습니다. 그러나 오바댜가 그처럼 높은 윗사람을 만나는데 이와 같이 유용한 인물이 된다는 것은 주목할 만한 일입니다. 왕들을 만나는 것을 두려워한 적이 없는 엘리야지만 소심하기 짝이 없는 개인의 도움을 받게 된 것입니다. 사랑하는 형제 여러분, 하나님께서는 그처럼 뛰어나고 그처럼 유용하며 그처럼 용감하고 그래서 어쩌면 그처럼 엄격한 여러분을, 좀 변변치 않고 수줍어하는 신자, 곧 여러분이 받은 은혜와 용기의 절반도 갖고 있지 못한 신자가 여러분의 사명 수행에 중요한 역할을 하게 되는 상황에 집어넣으실 수가 있습니다. 그리고 하나님께서 이렇게 하실 때는 여러분에게 이 교훈을 배우도록 하시려는 것입니다. 즉, 하나님께서는 자기의 모든 종들을 위해 정해 두신 자리가 있고, 또 우리가 하나님의 종들 가운데 지극히 작은 자를 멸시하지 않고 귀하게 여기며 그들 안에 있는 미점을 소중히 여기기를 바라신다는 것을 잘 배우기를 원하시는 것입니다. 머리가 발에게 나는 네가 필요 없다고 말해서는 안 됩니다. 신비한 몸의 지체들 가운데 가장 연약한 지체들이라도 몸 전체에 반드시 필요한 존재입니다. 하나님께서는 하찮은 것들의 하루를 멸시하시지 않습니다. 따라서 자기 백성들도 그렇게 하지 않기를 바라십니다. 엘리야는 오바댜를 거칠게 대해서는 안 됩니다. 나는 오바댜가 좀 더 용기를 가졌으면 좋겠습니다. 나는 오바댜가 엘리야처럼 자기 하나님을 공개적으로 증언하였으면 좋겠습니다. 그렇지만 사람은 누구나 자신만의 길이 있고, 종은 누구나 서거나 넘어지는 일에 대해 자기 주인에게 책임을 져야 하는 것입니다. 천체라고 해서 모두가 달처럼 빛나는 것이 아니고 어떤 천체들은 별에 지나지 않습니다. 같은 별이라도 그 영광이 서로 다릅니다. 하나님께서는 성경의 거룩한 인물들 가운데서 가장 알려지지 않은 인물에게서도 찬송을 받으십니다. 그것은 마치 밤이 희미하게 빛나는 별무리로부터 빛을 얻는 것과 같습니다. 이 별무리는 각각의 별들이 따로 구별되지 않고 아주 멀리 떨어진 수많은 별들이 뭉쳐서 하나로 보이는 성운의 한 부분인 것입니다.

우리 앞에 있는 이 이야기에서 우리가 배우는 또 한 가지 사실은 이것입니다. 하나님은 이 세상에 반드시 자신의 증인을 남겨두려고 하신다는 것입니다. 그렇습니다. 하나님께서는 세상의 가장 악한 곳에서라도 자신의 증인이 있게 하려고 하십니다. 진실한 신자에게는 아합의 궁정이 참으로 끔찍한 거처였을 것입니다! 아합의 궁정에 이세벨이라는 여자 말고는 죄인이 없었다고 하더라도, 그녀는 궁정을 죄악의 하수구로 만들기에 충분한 여자였습니다. 과단성이 있고 오만한 시돈 사람인 이 왕비는 불쌍한 아합을 자기가 원하는 대로 손가락으로 꽉 움켜쥐고 있었습니다. 그는 이방인 아내가 그를 부추기지 않았더라면 결코 그처럼 선지자를 박해하는 사람이 되지 않았을 수도 있습니다. 그러나 이세벨은 여호와 예배를 극도로 싫어하였고, 시돈의 좀 더 화려한 생활양식에 비해 이스라엘의 수수함을 멸시하였습니다. 아합은 막무가내로 조르는 그녀의 요구를 들어주지 않을 수 없었습니다. 왜냐하면 그녀는 어떤 반대도 허용하려고 하지 않았고, 그녀의 오만한 정신이 들고 일어나면 어떤 반대도 무시해버렸기 때문입니다. 그런데 이세벨이 여주인으로 있는 바로 그 궁정에서 시종 장관은 하나님을 크게 두려워하는 사람이었습니다. 우리가 어디에서든지 신자를 만나게 되는 것에 놀라서는 안 됩니다. 여러분이 생각할 때 한 시간도 살아남을 수 없을 것이라고 생각하는 곳에서 은혜는 살아있을 수 있습니다.

요셉은 바로의 궁정에서 하나님을 경외하였습니다. 다니엘은 느부갓네살이 신임하는 고문이었습니다. 모르드개는 아하수에로 왕의 궁전을 지키는 문지기였고, 빌라도의 아내는 예수님의 생명을 보존하기 위해 애썼으며, 가이사의 식구들 가운데 성도들이 있었습니다. 네로의 궁정 같은 쓰레기 더미에서 최고급 다이아몬드를 발견한다고 생각해 보십시오. 로마에서 하나님을 경외한 그들만이 그리스도인인 것은 아닙니다. 그들은 다른 모든 그리스도인들에게 형제애와 넉넉함을 보여주는 본보기들일 뿐이었습니다. 이 땅에서 그 안에 조금이라도 빛이 없는 곳은 없다는 것이 분명합니다. 즉, 아무리 캄캄한 죄악의 동굴에도 횃불이 있다는 것입니다. 두려워하지 마십시오. 아무리 복마전(伏魔殿) 같은 곳에서도 예수님을 따르는 자들을 발견할 수 있을 것입니다. 아합의 궁정에서 여러분은 오바댜를 만납니다. 그는 멸시받는 성도들과 교제하기를 기뻐하고, 박해받는 목회자들의 피신처를 마련하기 위해 왕의 보호를 포기하는 위험을 무릅쓰는 사람입니다.

나는 이와 같은 하나님의 증인들이 아주 많은 경우에 어린 시절에 회심한 사람들이라는 것에 주목합니다. 하나님께서는 전쟁의 날에 이들을 자신의 특별한 기수(旗手)로 삼기를 기뻐하시는 것 같습니다. 사무엘을 보십시오! 온 이스라엘이 엘리의 아들들의 악행에 분개하였을 때, 아이 사무엘이 하나님 앞에서 봉사하였습니다. 다윗을 보십시오! 그는 목동에 불과하였을 때, 외로운 산언덕을 시편과 하프 연주로 메아리치게 합니다. 요시야를 보십시오! 이스라엘이 반역을 일으켰을 때, 그는 어린아이였습니다. 바알의 제단들을 부수고 바알 제사장들의 뼈를 불사른 사람이 바로 요시야였습니다. 다니엘이 하나님과 정결함을 위하여 단호한 입장을 취하였을 때, 그는 어린 사람이었습니다. 하나님께서는 오늘날도 어머니 무릎 위에서 놀고 있는 어린 루터를 두고 계시고, 주일학교에서 배우는 어린 칼빈을 두고 계시며, 예수님께 찬송을 드리는 젊은 츠빙글리를 두고 계십니다. 나는 이들이 지금 어디 있는지 알지 못합니다. 이 시대는 더욱더 악해질 수 있습니다. 이 시대가 그렇게 되리라는 생각을 때때로 하게 됩니다. 이 시대가 그 방향으로 나아가고 있다는 표시들이 많이 보이기 때문입니다. 그러나 주님께서는 이 시대를 위해 준비하고 계십니다. 날은 어둡고 불길합니다. 이 저녁은 어두워져서 이전보다 더 캄캄한 밤이 될 수 있습니다. 그러나 하나님의 대의는 하나님의 손에서 안전하게 보존됩니다. 하나님의 뜻은 사람들의 부족으로 인해서 늦어지는 일이 없을 것입니다. 웃사처럼 하나님의 언약궤가 흔들리지 않게 붙잡으려고 손을 내미는 일을 하지 마십시오. 하나님의 언약궤는 하나님의 미리 정하신 길을 따라 안전하게 갈 것입니다. 그리스도께서는 실패하시지 않고 낙담하시지도 않을 것입니다. 하나님께서 자신의 일꾼들을 땅에 묻으실지라도 하나님의 일은 계속 진행될 것입니다. 왕궁에 하나님을 영예롭게 하는 왕이 없을지라도, 어려서부터 하나님을 경외하고, 하나님의 선지자들을 돌보며 좋은 날이 올 때까지 그들을 숨기는 시종 장관은 있을 것입니다. 그러므로 용기를 내고, 좋은 날이 오기를 기다리십시오. 여호와께서 보좌에 계시는 동안은, 정말로 가치 있는 것들은 결코 위태롭게 되지 않습니다. 하나님의 예비 부대가 오고 있고, 이 부대는 북을 두드려 승리를 알립니다.

나는 오늘 아침 여러분에게 오바댜에 관해 이야기하고 싶습니다. 그의 경건이 곧 오늘 설교의 주제입니다. 나는 그의 경건을 전함으로써 어린 사람들을 가르치는 분들의 열심을 북돋울 수 있기를 바랍니다.

1. 첫째로, 우리는 오바댜가 어릴 때 신앙을 가졌다는 점을 살펴보겠습니다.

"당신의 종은 어려서부터 여호와를 경외하는 자라." 성인으로 자랄 우리 교회의 모든 젊은이들이 그와 같이 말할 수 있으면 좋겠습니다. 그런 처지에 있는 사람들은 행복한 사람들입니다!

오바댜가 어떻게 어릴 때부터 하나님을 경외하게 되었는지 우리는 알 수 없습니다. 그를 여호와를 믿는 신앙으로 인도한 선생이 누구인지 언급되지 않습니다. 그렇지만 우리가 그에게 믿는 부모가 있었다고 결론내리는 것이 합리적일 것입니다. 그 근거가 빈약해 보일 수 있지만, 여러분에게 그의 이름에 대해서 이야기할 때, 그것이 꽤 가능성 있는 추측이라고 생각됩니다. 이 이름은 그의 아버지나 어머니가 그에게 붙여주었다는 것이 매우 자연스러운 일일 것입니다. 그 이름이 "여호와의 종"을 의미하고 있는 데서 알 수 있듯이, 나는 이 이름이 그의 부모의 경건을 나타낸다고 생각합니다. 그 시절, 그러니까 도처에서 신자들에 대한 박해가 있었고, 벧엘의 금송아지와 바알의 신상들이 사방에 세워져 있었기 때문에 여호와의 이름이 멸시를 받고 있던 때에, 믿음이 없는 부모가 스스로 하나님께 대한 공경심이 없었다면 자기 자녀에게 "여호와의 종"이라는 이름을 지어주었을 리 만무하다고 생각합니다. 그들이 우상 숭배하는 이웃들의 비판과 왕의 적의를 아무 생각 없이 일부러 불러들이려고 하지 않았을 것입니다. 이름이 상당한 의미를 지니던 때에, 그 부모에게 하나님을 두려워하는 심정이 없었다면, 그들은 아이에게 "바알의 아들"이나 "그모스의 종" 혹은 당시 인기 있던 신들에 대한 공경심을 나타내는 이름을 지어주었을 것입니다.

그런데 오바댜라는 이름을 선택한 데서, 그 부모가 자기 아이가 자라서 여호와를 섬기고 시돈 사람 왕비의 혐오스러운 우상들에 절대로 무릎을 꿇지 않기를 간절히 바랐던 심정이 넌지시 나타난다고 생각합니다. 이것이 사실이든 아니든 간에, 매우 지적인 신자들 가운데 많은 사람들이 어렸을 때부터 신앙에 마음이 기울게 된 것이 가정의 즐거운 신앙적 교제 덕분이라는 것은 아주 확실합니다. 우리 가운데 아주 많은 사람들이 오바댜와 같은 이름을 받게 된 것은 당연한 일일 것입니다. 우리가 태어나기가 무섭게 우리 부모님들이 그 진리를 우리에게 가르쳐 주고 싶은 마음이 있었기 때문입니다. 우리가 하나님이 계시다는 것을 알기도 전에 하나님을 섬기는 일에 우리를 바친 것입니다. 간절히 드리는 기도의 많은 눈물이 어린 우리의 이마를 적셨고, 우리가 틀림없이 천국을 향하여 가도록 만들었습니다. 우리는 경건한 분위기에서 양육되었습니다. 우리가 하나님의 충성스러운 종이 되라는 권고를 받지 않고 지나간 날이 거의 없고, 또 우리가 어렸을 때부터 예수님을 찾고 예수님께 마음을 드리기를 부모님이 간절히 바라지 않은 채 지나간 날이 거의 없습니다. 우리 가운데 많은 사람이 누리고 있는 참으로 많은 것이 모두 우리에게 그처럼 행복한 부모와 자식의 관계를 주신 하나님의 섭리 덕분입니다! 하나님의 택하신 백성의 자녀들에게 주신 큰 자비를 인해서 하나님께 찬미를 드립시다!

그에게 인자한 부모가 없었다면, 그가 우연히 친절한 선생이나 애정 어린

유모를 만나지 않았거나, 혹은 아버지 집에 있는 선한 종이나, 어린아이들을 모아놓고 이스라엘의 하나님 여호와에 대해 가르치는 경건한 이웃을 만나지 않은 한에는 어떻게 오바댜가 하나님을 믿는 신자가 되었는지 이야기할 길이 없습니다. 경건한 부인이 어린 아들의 마음에 하나님의 율법을 주입시켰을 수가 있습니다. 바알의 제사장들이 그들의 거짓말로 아이에게 해악을 끼칠 수 있기 전에 말입니다. 이 사람이 어린 시절에 회심한 것과 관련해서 어떤 사람의 이름도 언급되지 않지만, 그것은 중요한 문제가 아닙니다. 그렇지 않습니까? 우리가 바른 정신을 지닌 하나님의 종들이라면 여러분과 나는 이름이 언급되는 것을 바라지 않습니다. 우리에게 영광을 돌려서는 안 됩니다. 영혼들이 구원을 받았으면, 그 영광을 하나님께서 받으십시오. 하나님께서는 그 일에 무슨 수단을 사용하였는지 아십니다. 하나님께서 그 사실을 아시면, 그것으로 충분합니다. 하나님의 은총을 받았다는 사실 자체가 신자에게는 충분한 명성이 됩니다. 한껏 불어대는 명성의 모든 나팔 소리도 하나님의 입에서 나오는 "잘 하였도다, 착하고 충성된 종아"라는 이 한 문장에 비하면 헛되이 분 바람에 지나지 않습니다. 사랑하는 교사 여러분, 계속해서 가르치는 일을 하십시오. 여러분은 어린아이들을 가르치는 신성한 사역에 부름을 받았기 때문입니다. 가르치는 일에 지치지 않도록 하십시오. 비록 여러분의 이름이 알려지지 않을지라도 그 일을 계속 하십시오. 어둠 가운데서 뿌린 여러분의 씨앗을 밝은 빛 아래서 거둘 것이기 때문입니다. 여러분이 지금 오바댜를 가르치고 있는지도 모릅니다. 훗날에 그 이름을 듣게 될 것입니다. 여러분이 지금 교회에 아버지를 길러내고 있고, 세상에는 은혜를 베푸는 사람을 배출하고 있는 것입니다. 여러분의 이름은 잊힐지라도, 여러분의 사역은 잊히지 않을 것입니다. 그 밝은 날이 시작될 때, 그 날에 비하면 다른 모든 날은 어둑어둑한데, 다시 말해 이름이 알려지지 않은 사람들이 소집된 우주에 알려질 때, 여러분이 어두운 데서 말한 것이 빛 가운데 밝혀질 것입니다.

오바댜가 어렸을 때 하나님을 경외하도록 양육을 받은 것이 이런 식이 아니었다면, 우리는 하나님께서 그의 내쫓긴 자들을 데려오기 위해 고안하시는 방법들을 생각해 볼 수 있습니다. 나는 최근에 종교에 대해서 묻는 사람들을 만났는데, 철저히 세상적인 가정 출신의 젊은이들 몇 사람과 이야기하게 되어 기뻤습니다. 그들에게 이렇게 물었습니다. "아버지가 교인이신가?" 고개를 젓는 것으로 대답을 대신했습니다. "아버지가 예배당에 나가시는가?" "아니요, 목사님.

아버지가 예배당에 나가는 것을 본 적이 없습니다." "어머니는 어떠신가?" "어머니는 종교에 관심이 없으세요." "형제나 자매 가운데 너와 같은 생각을 가진 사람이 있니?" "없어요, 목사님." "예수님을 아는 친척이 한 사람이라도 있니?" "없어요, 목사님." "너를 가르친 사람 가운데 너를 예배당으로 인도하거나 주 예수님을 믿으라고 권한 사람이 없었니?" "없었어요, 목사님. 하지만 어렸을 때부터 저는 주님을 알고 싶은 마음이 항상 있었어요." 이런 일이 있을 수 있다니 놀랍지 않습니까? 하나님의 은혜로운 선택을 보여주는 참으로 놀라운 증거가 아닐 수 없습니다! 식구 중에서 한 사람은 끄집어내시고, 다른 모든 사람은 버려두셨습니다. 여러분은 이에 대해 무엇이라고 말합니까? 어렸을 때부터 부르심을 받았고, 나머지 모든 식구들은 한밤중의 어둠 가운데서 잠자고 있는 동안에 성령의 은밀한 속삭임으로 말미암아 주님을 찾도록 자극을 받은 사람이 여기 있습니다. 사랑하는 친구 여러분, 이것이 여러분의 경우라면, 하나님의 주권을 찬미하고 여러분이 사는 날 동안 하나님을 경배하기 바랍니다. 이는 "하나님은 긍휼히 여길 자를 긍휼히 여기시기"(롬 9:15) 때문입니다.

하지만 나는 이렇게 생각합니다. 어렸을 때 하나님을 알게 된 사람들 가운데 다수는 경건한 부모를 두었고 거룩한 교육을 받은 이점이 있는 사람들입니다. 그러니 우리는 주님께서 통상적으로 사용하시는 수단들을 계속 활용하도록 합시다. 이것이 지혜로운 길이고 마땅히 행해야 할 길이기 때문입니다.

오바댜가 어렸을 때부터 지닌 경건은 그것의 진실됨을 보여주는 특별한 표시들이 있었습니다. 오바댜가 자신의 경건을 묘사하는 방식이 내 생각에는 매우 교훈적입니다. "당신의 종은 어려서부터 여호와를 경외하는 자라." 나는 지금까지 살면서 일반적인 대화에서 어린아이들의 신앙을 이런 용어로 설명하는 것을 들어본 적이 거의 없는 것 같습니다. 물론 성경에는 이 용어가 흔히 나오는 단어인 것은 사실입니다. 사람들은 "귀여운 우리 애가 하나님을 사랑하였다"고 말합니다. 또 아이들이 "아주 행복해졌다"는 등등의 이야기를 합니다. 나는 그 언어가 적절한지에 대해 의문을 제기하는 것이 아닙니다. 그런데 성령께서는 "여호와를 경외하는 것이 지식의 근본"(잠 1:7)이라고 말씀합니다. 다윗은 "너희 자녀들아 와서 내 말을 들으라 내가 여호와를 경외하는 법을 너희에게 가르치리로다"(시 34:11)고 말합니다. 어린아이들은 주 예수님을 믿는 데서 큰 기쁨을 얻을 것입니다. 그러나 그 기쁨은 진실하기는 하지만 하나님께 대한 저급한 공경심과 두려움으로 가득 차 있습니다. 기쁨이 성령의 달콤한 열매일 수 있습니다. 하지만 또한 그것은 육신의 흥분 상태일 수도 있습니다. 사람들은 흙이 별로 깊지 않은 돌밭 같은 땅에 말씀을 기쁨으로 받고 또 씨도 즉시 싹을 틔웁니다. 그러나 그들은 뿌리가 없으므로 해가 떠서 타는 듯한 열기를 내리쬐이자 시들고 말았습니다. 우리는 복음이라는 새로운 것을 받아들일 때 마음으로 느끼는 흥분을 은혜를 받았음을 보여주는 가장 확실한 최상의 표시라고 생각할 수 없습니다. 다시 한번 말하지만, 나는 어린아이들이 하나님의 일들에 대한 지식을 많이 알고 있는 것을 보면 기쁩니다. 어떤 경우에서든지 그런 지식은 매우 바람직한 것이기 때문입니다. 그렇지만 그것이 회심의 결정적인 증거는 아닙니다. 물론 그 지식이 거룩한 열매일 수가 있습니다. 아이들이 성령의 가르침을 받는다면 그것은 정말로 아이들에게 잘된 일입니다. 그러나 우리 자신이 성경을 알고 복음의 모든 이론을 이해하면서도 구원받지 못할 수가 있는 것처럼, 그런 일이 우리의 어린 자녀들에게도 일어날 수 있는 것입니다.

　사람들이 그처럼 자주 소홀히 하는 하나님을 경외함은 진실된 경건을 가장 잘 보여주는 증거들 가운데 하나입니다. 우리는 두렵고(경외함) 떨림으로 우리의 구원을 이루어야 합니다. 왜냐하면 우리 안에서 일하시는 분이 하나님이시기 때문입니다. 어린아이나 어른이나 하나님을 경외함을 나타내 보일 때, 그것은 하나님의 손길에서 나오는 것입니다. 내가 이렇게 말할 때, 그것은 공포와 굴종을 일으키는 노예적인 두려움을 뜻하는 것이 아니라 하나님은 크신 분이고 따라서 크게 찬송 드려야 할 분이시기 때문에 지존하신 하나님 앞에 경의를 표하고 거룩한 모든 것을 고귀하게 여기는 거룩한 두려움을 의미하는 것입니다. 무엇보다 어린 사람들은 잘못을 행하는 것에 대한 두려움, 양심의 예민함, 하나님을 기쁘시게 하고자 하는 열망이 필요합니다. 이런 원칙은 확실한 은혜의 역사이고, 어린아이가 느낄 수 있는 모든 기쁨이나 어린아이가 습득할 수 있는 모든 지식보다 더 확실하게 성령의 역사를 보여주는 증거입니다.

　나는 어린아이들을 가르치는 모든 교사들에게 이 점을 명심하라고 부탁드립니다. 오늘날 종교에 대한 경솔한 태도가 점점 더 심해지고 있는데, 그 점을 생각하면 두렵습니다. 나는 따뜻한 물에서만 헤엄을 치고 덥혀진 공기에서만 숨을 쉬는 종교를 견딜 수 없습니다. 내가 생각할 때, 성령의 속삭임은 취주악단의 요란한 소리와 상관이 없습니다. 하물며 경건하다고 하는 사람이 크신 하나님과 성령님에 대해 불경스럽게 떠들어 댈 수 있겠습니까. 나이든 사람이든 어린 사람이든 필요한 것은 하나님께 대한 깊은 경외심입니다. 목이 쉬도록 소리 지르는 것보다 하나님의 말씀을 듣고 떨며 하나님의 무한하신 위엄 앞에 머리를 숙이는 것이 잘하는 일입니다. 우리가 청교도들의 엄격한 의를 더욱 본받았으면 좋겠습니다. 오늘날 사람들은 신발을 신으면 쿵쿵거리며 걷고 발로 차는 버릇이 있는데, 옛적에 모세가 받은 "네가 선 곳은 거룩한 땅이니 네 발에서 신을 벗으라"(출 3:5)는 명령의 힘을 느끼는 사람들은 거의 없는 것 같습니다. 하나님의 이 진리는 우리를 우쭐하게 만들기 위한 것이 아니라 하나님의 보좌 앞에서 겸손하도록 하기 위하여 알려주시는 것입니다. 오바댜는 어려서부터 그와 같은 경건이 있었습니다.

사랑하는 여러분, 지금 여러분에게는 어릴 때의 경건의 이점들에 대해 자세히 말할 필요가 없을 것입니다. 그래서 그 이점들을 그저 한두 문장만으로 간단히 요약하도록 하겠습니다. 생의 이른 시기에 하나님을 믿는 신자가 되는 것은 후회할 수많은 일들에서 구원받는 것입니다. 그렇게 일찍부터 하나님을 믿는 사람은 젊은 시절의 죄를 뼛속에 지니고 산다는 말을 할 필요가 없을 것입니다. 어릴 때의 경건은 우리가 남은 생애 동안 도움이 될 교제들을 맺도록 돕고, 또 우리를 해가 될 교제들로부터 구원해줍니다. 젊은 그리스도인은 젊은이들이 흔히 짓는 죄들에 빠지지 않고, 과도한 일들로 몸을 상하게 하는 일을 하지 않을 것입니다. 그는 그리스도인 여성과 결혼할 것이고, 그렇게 함으로써 천국을 향해 가는 행진에 거룩한 반려를 갖게 될 것입니다. 그는 교회에서 친구가 될 사람들을 동료로 선택하고 선술집에서 만나는 사람들을 친구로 삼지 않을 것입니다. 미덕을 행하도록 돕는 이들을 친구로 삼고, 악을 행하도록 시험하는 자들을 멀리할 것입니다. 우리가 인생을 시작하면서 누구를 친구로 삼느냐에 따라 많은 것이 달라지는 것이 틀림없습니다. 우리가 인생의 첫발을 나쁜 친구들과 함께 시작하면, 그 친구들을 떠나는 것이 대단히 어렵습니다. 어렸을 때 그리스도께로 온 사람은 그 외에도 이런 이점이 있습니다. 즉, 그는 거룩한 습관을 들이게 되고, 그럼으로써 나쁜 습관의 노예가 되는 데서 구원을 받는 것입니다. 습관은 곧 제2의 천성이 됩니다. 새로운 습관을 들이는 것은 참으로 어려운 일입니다. 그렇지만 어릴 때 들인 습관은 늙어서까지 지속됩니다. 다음의 시에는 중요한 교훈이 담겨 있습니다.

"어릴 때부터 하나님을 섬기기 시작하면
일이 그만큼 쉽지만
죄를 지으며 나이가 든 사람들은
악을 행하는데에 완고해지네."

확실히 그렇다고 생각합니다. 뿐만 아니라 어렸을 때 그리스도께로 인도받은 사람들은 그렇지 않은 사람들보다 은혜 안에서 빠르고 쉽게 자라는 것이 아주 흔히 일어나는 일임을 봅니다. 그들은 버려야 할 나쁜 버릇이 그만큼 많지 않고, 가지고 다녀야 할 무거운 옛 기억들이 많지 않습니다. 오랜 세월 동안 마귀를 섬긴 데서 오는 흉터와 피 흘리는 상처가 주님께서 당신의 교회에 일찍부터 불러들이신 사람들에게는 없습니다.

다른 사람들에게 영향을 끼치는 어릴 때의 경건에 대해서 말하자면, 그 경건은 아무리 칭찬해도 부족할 것입니다. 어린이의 경건이 얼마나 사람을 끄는 힘이 있는지 모릅니다! 하나님의 은혜는 어린아이에게서 가장 사랑스럽게 보입니다. 다 자란 성인에게서는 알아채지 못할 그 은혜가 어린아이에게서 나타날 때는 아무리 건성으로 보는 사람이라도 즉시 알아보게 됩니다. 어린아이에게서 보이는 은혜는 사람을 설복시키는 힘이 있습니다. 그래서 무신론자도 무기를 내려놓고 탄복하게 됩니다. 어린아이가 이야기한 말 한 마디가 기억 속에 오래 남고, 꾸밈없이 말하는 어조가 마음에 감동을 불러일으킵니다. 목사의 설교가 힘을 발휘하지 못하는 곳에서 어린아이의 기도가 승리를 얻을 수 있습니다. 그뿐 아니라 어린아이들의 신앙이 노인들에게 용기를 북돋아 줍니다. 구원받은 어린아이들을 보는 사람들이 속으로 "나라고 해서 주님을 찾지 못할 이유가 없다"고 말하기 때문입니다. 어린아이의 신앙이 알 수 없는 어떤 힘에 의해 닫혀 있는 문을 열고 불신앙의 자물쇠를 엽니다. 다른 어떤 것도 진리를 수용하도록 만들 수 없는 곳에서, 어린아이의 사랑이 그 일을 해냈습니다. "주의 대적으로 말미암아 어린아이들과 젖먹이들의 입으로 권능을 세우심이여 이는 원수들과 보복자들을 잠잠하게 하려 하심이니이다"(시 8:2). 이 말씀은 지금도 적용됩니다. 사랑하는 교사 여러분, 계속 하십시오. 하늘 아래서 가장 귀한 이것, 곧 마음에 참된 신앙을 일으키는 일, 특별히 어린아이들 마음에 참된 신앙을 일으키는 여러분의 일을 계속 하십시오.

나는 이 어릴 때의 경건을 설명하느라 너무 시간을 많이 써 버린 것 같습니다. 그래서 그 다음으로 그 경건의 결과들에 대해서는 간단히 몇 마디만 해야 하겠습니다.

2. 어릴 때의 경건은 결국 끈기 있는 신앙에 이르게 됩니다.

오바댜는 "당신의 종은 어려서부터 여호와를 경외하는 자라"고 말할 수 있었습니다. 시간이 흘렀어도 그는 변하지 않았습니다. 그가 인생을 어떻게 살았든지 간에, 그의 신앙은 쇠퇴하지 않았습니다. 우리는 모두 새로운 것을 좋아합니다. 그래서 나는 어떤 사람들이 말하자면 변화를 추구하느라 그릇된 길로 간 것을 보았습니다. 순교에서 힘든 일은 빨리 불에 타서 죽는 것이 아닙니다. 천천히 타오르는 불에 그슬리는 것이야말로 확고한 신앙을 흔드는 끔찍하기 짝이 없는 시험입니다. 오랜 세월 시험을 받으면서도 계속해서 믿음을 지키는 것이 정말로 은혜로운 일인 것입니다. 성도들을 해치겠다고 위협하는 일에 온통 시간을 쏟는 사울 같은 사람을 회심시키는 하나님의 은혜는 대단히 놀라운 것입니다. 그러나 신자를 10년, 20년, 30년, 40년, 50년 동안 보존하시는 하나님의 은혜도 그만큼 놀라운 기적이고, 우리가 흔히 생각하는 것보다 더 크게 찬양해야 마땅한 것입니다. 오바댜는 세월이 흐르는 것에 영향을 받지 않았습니다. 그는 나이가 들었을 때에도 어렸을 때의 경건을 그대로 간직하고 있었습니다.

그는 악한 시대의 풍조에 휩쓸리지 않았습니다. 여호와의 종이 된다는 것이 부끄러운 일이고, 시대에 뒤진 무식한 일, 과거의 일로 간주되었습니다. 바알 숭배가 그 시대의 "현대 사상"이었습니다. 온 왕실이 시돈의 신을 따라 행하였고, 조정의 모든 신하들이 같은 방식으로 따라갔습니다. 귀족들이 바알을 예배하였고 귀부인들이 바알을 섬겼습니다. 왕비가 바알을 예배하였기 때문입니다. 그러나 오바댜는 "당신의 종은 어려서부터 여호와를 경외하는 자라"고 하였습니다. 시대의 풍조에 전혀 개의치 않는 사람은 복됩니다. 시대의 풍조는 지나가 버리기 때문입니다. 시대의 풍조가 한동안 악을 향하여 날뛸지라도, 믿는 사람은 의의 편에 굳게 서는 것 말고 할 일이 무엇이 있겠습니까? 오바댜는 은혜의 수단들이 없는 것에도 영향을 받지 않았습니다. 제사장들과 레위인들은 유다로 도망갔고, 선지자들은 죽임을 당하였거나 숨어버렸습니다. 그래서 이스라엘에는 여호와께 대한 공적 예배가 없었습니다. 성전은 아주 멀리 예루살렘에 있었습니다. 그래서 그는 그의 힘을 북돋우거나 그를 격려할 수 있는 이야기를 조금이라도 들을 기회가 없었습니다. 그러나 그는 자기 길을 굳게 지켰습니다. 신자라고 하는 사람들이 예배할 처소도 없고, 그리스도인 동료도 없으며 말씀의 봉사도 없다면 얼마나 오랫동안 신앙을 유지할 수 있을지 궁금합니다. 그러나 이 사람의 하나님께 대한 경외심은 참으로 깊어서 보통 신앙을 유지하는데 필요한 것이 없었지만 그의 믿음이 쇠퇴하지 않았습니다. 여러분과 내가 영혼의 은밀한 곳에서 주 예수님을 먹고 살아서 우리가 유익한 봉사를 전혀 받지 못할지라도 잘 자랄 수 있기를 바랍니다. 성령께서 우리를 확고하게 세워 영원히 흔들리지 않게 해 주시기를 구합니다.

이 외에도 오바댜에게는 그의 지위 때문에 생기는 어려움들이 있었습니다. 그는 궁정의 시종 장관이었습니다. 그가 이세벨을 기쁘게 하여 바알을 숭배하였다면 그는 훨씬 더 쉬운 형편 가운데 지냈을 것입니다. 그렇게 했다면 왕실의 후원을 누렸을 것이기 때문입니다. 그러나 그는 아합의 집에서 시종 장관으로 있으면서도 여호와를 경외하였습니다. 그는 매우 신중하게 행동해야 했을 것이고 아주 조심해서 말을 하지 않으면 안 되었을 것입니다. 그는 매우 신중한 사람이 되었고, 심지어는 엘리야에 대해서조차 조금 두려워하였는데, 이는 엘리야가 자기에게 자칫 죽게 될 수도 있을 임무를 맡기지 않을까 하는 생각이 들어서였습니다. 그는 양심을 손상시키지 않고 자기의 위치를 위태롭게 하지도 않도록 하기 위해 극히 조심스럽게 처신하고 주변의 일들을 살피게 되었습니다. 그렇게 하려면 대단한 지혜가 필요하고, 따라서 그같이 할 수 있는 사람은 칭찬을 받을 만합니다. 그는 자기 위치를 버리지 않았고 신앙을 떠나지도 않았습니다. 나쁜 짓을 하도록 강요를 받았다면, 틀림없이 그는 제사장과 레위인들을 본받아 여호와에 대한 예배가 지속되는 유다로 도망갔을 것입니다. 그는 우상 숭배를 하지 않고서도 자신의 유리한 위치에서 하나님을 위하여 무슨 일인가 할 수 있다고 느꼈습니다. 그래서 그는 남아서 승부가 날 때까지 싸우기로 마음먹었습니다. 승리의 소망이 전혀 없을 때는 물러나는 것이 나쁘지 않습니다. 그러나 그는 군대 나팔이 퇴각 신호를 울리는 때에 그 소리를 듣지 않는 용감한 사람입니다. 망원경에 감은 눈을 대고 사격을 중지하라는 신호를 보지 않고 위험을 무릅쓰고 자기 위치를 굳게 지키며 적에게 할 수 있는 모든 손해를 가하는 용감한 사람입니다. 오바댜는 사실 "요새를 지키는" 사람이었습니다. 왜냐하면 모든 선지자들이 이세벨의 손에 죽게 되었을 때 그가 이 잔인한 여자 가까이에 머물면서 적어도 하나님의 종들 백 명을 그녀의 무자비한 권력으로부터 구원하는 것이 자신의 역할이라고 생각하였기 때문입니다. 그가 더 이상 어떤 일을 할 수 없었을지라도, 그만큼 일을 성취하였다면 인생을 헛되이 산 것은 아니었을 것입니다. 결단이 신중함만큼이나 두드러진 이 사람에 대해 탄복하지 않을 수 없습니다. 나라면 그처럼 위태로운 자리를 맡는 것을 몹시 주저할 것입니다. 그의 인생행로는 블론딘(Blondin: 프랑스 줄타기 곡예사 - 역주)처럼 팽팽한 밧줄 위를 걸어가는 것과 같았습니다. 내 자신은 그런 일을 시도해 보고 싶지 않고, 여러분 가운데 어느 누구에게도 그처럼 어려운 묘기를 부려보라고 권하지도 않을 것입니다.

엘리야의 역할은 훨씬 더 안전하고 당당하였습니다. 이 선지자의 인생행로는 아주 평이하였습니다. 그는 아합을 기쁘게 할 필요가 없었고 그를 책망하면 되었습니다. 그는 아주 신중하게 처신할 필요가 없었고, 이스라엘의 하나님을 위하여 담대하고 솔직하게 행동하면 되었습니다. 이 두 사람이 우리 앞에서 함께 무대에 선다면 엘리야가 훨씬 더 위대한 사람으로 보일 것입니다. 오바댜는 엎드려서 엘리야에게 "내 주 엘리야여"하고 부를 것입니다. 그렇게 하는 것이 당연할 것입니다. 도덕적으로 그는 엘리야보다 아래 있기 때문입니다. 오바댜가 아합의 집과 그 집에 있는 이세벨을 다룰 수 있다는 것은 큰 일이었습니다. 그럼에도 불구하고 그는 하나님을 크게 경외하였다는 칭찬을 성령님으로부터 들을 수 있었습니다.

오바댜는 인생에서 거둔 성공에도 불구하고 또한 인내하였습니다. 그리고 나는 이 점이 그에게 큰 명예가 된다고 생각합니다. 어떤 사람에게는 이 세상에서 성공하고 부자가 되며 지위가 높아지는 것만큼 위험한 일이 없습니다. 물론 우리는 성공을 바라고 소원하며 그것을 얻기 위해 노력합니다. 그렇지만 성공을 얻는 가운데서 영적 부요를 완전히 잃어버린 사람들이 얼마나 많습니까! 한때는 하나님의 백성들을 사랑하였던 사람이 이제는 "저들은 저속한 사람들이야"하고 말합니다. 그는 복음을 들을 수 있는 한, 예배당의 모양에 대해서는 신경 쓰지 않았습니다. 그런데 이제는 심미안이 생겼습니다. 그래서 예배당에 첨탑이 있어야 하고, 고딕 양식으로 지어야 하며, 강단은 대리석으로 만들고, 사제들이 쓰는 관(冠)을 써야 하며, 교회 안에 음악학교를 세우고, 온갖 예쁜 것들이 있어야 한다고 말합니다. 그는 주머니를 돈으로 채우면서 머리는 비웠고, 특별히 마음을 텅 비워버렸습니다. 그는 재산이 늘어나는 만큼 진리와 원칙에서 떠났습니다. 이것은 부끄러운 일입니다. 예전 같으면 그가 가장 먼저 나서서 비난하였을 일입니다. 그런 행동은 떳떳치 못한 것입니다. 지극히 비겁한 일입니다. 하나님께서는 우리를 그런 데서 구원하십니다. 그러나 이런 데서 구원받지 못한 사람들이 허다하게 많습니다. 그들에게는 종교가 원칙의 문제가 아니라 이익의 문제입니다. 그들의 종교는 진리를 추구하는 것이 아니라 상류 사회에 진출하는 것을 갈망하는 것입니다. 사회에 진출한다는 것이 무엇을 의미하는지는 상관하지 않습니다. 하나님을 영화롭게 하는 것이 그들의 목표가 아닙니다. 그들의 목표는 자신의 애인을 위해 돈 많은 남편이 되는 것입니다. 그들을 지도하는 것은 양심이 아닙니다. 명망 있는 인사를 초대하여 함께 저녁 식사를 하고 그 보답으로 사교장에 초대되어 식사를 할 수 있기를 바라는 소망이 그들을 움직입니다. 여러분은 내가 빈정거린다고 생각하지 마십시오. 나는 사람들이 부끄럽게 여기는 것들을 말짱한 정신으로 말씀드리는 것입니다.

나는 매일 그런 일들에 대해 듣습니다. 물론 그런 일들이 나나 우리 교회에 아무런 영향을 미치지는 못합니다. 오늘날은 체면이라는 이름으로 가장한 천박한 행위들이 난무하는 시대입니다. 하나님은 우리에게 존 녹스 같은 사람들을 보내시거나 아니면 엘리야라는 단단한 금속 같은 사람들을 보내십니다. 이런 사람들이 너무 뻣뻣하고 엄하다고 생각한다면, 우리는 오바댜와 같은 사람들에게 만족할 수도 있습니다. 어쩌면 오바댜와 같은 사람들이 엘리야와 같은 사람들보다 생겨나기가 더 어려울지 모릅니다. 그러나 하나님께는 능치 못한 일이 없으십니다.

3. 오바댜는 어릴 때 받은 은혜와 끈기 있는 결심으로 인해 경건이 뛰어난 사람이 되었습니다.

그가 어떤 사람이었고, 어디에 있었는지를 생각하면 이것은 더욱더 놀라운 점입니다. 아합 궁전의 시종 장관이 경건이 뛰어난 사람이었다니! 이것은 정말로 놀라운 은혜를 보여주는 사실입니다. 이 사람의 신앙은 마음속에서 뜨거웠습니다. 그가 엘리야가 한 대로 신앙을 공개적으로 드러냈다면, 그런 지위에 부름 받지 못했을 것입니다. 그의 신앙이 그의 영혼 깊은 곳에 머물러 있었기 때문에 다른 사람들은 알아차리지 못했습니다. 이세벨은 틀림없이 그것을 알았을 것이라고 생각합니다. 그녀는 오바댜를 좋아하지 않았지만 그를 참지 않으면 안 되었습니다. 그녀는 오바댜를 흘겨보았지만 그를 내쫓을 수는 없었습니다. 아합이 그를 전적으로 신뢰하게 되었고 그래서 그가 없이는 아무것도 할 수 없었습니다. 아마도 이것은 오바댜가 아합에게 마음에 힘을 조금 북돋아주었기 때문일 것입니다. 어쩌면 아합은 단지 이세벨에게 자기가 원하면 끝까지 고집을 부릴 수 있고, 여전히 남자라는 것을 보여주기 위해 계속 오바댜를 붙들어 두고자 했을지도 모릅니다. 그동안의 경험을 통해서 보면, 매우 고분고분한 남편들은 자기가 그래도 배우자에게 완전히 지배되지는 않는다고 생각하기 좋아하는 것 같습니다. 이 때문에 아합이 오바댜를 그의 자리에 계속 붙들어 둔 것이 가능하다고 봅니다. 어쨌든, 오바댜는 아합의 궁정에 있으면서 아합의 죄에 굴하지 않았고, 그의 우상 숭배를 지지하지도 않았습니다. 여러분은 그것을 어떻게 생각할지 모르지만, 하나님을 거역하는 반역의 중심지에 하나님에 대한 경건이 뜨겁고 특출한 사람이 있었다는 것은 특이한 사실이었습니다. 사도들 가운데 유다 같은 사람을 본다는 것이 끔찍한 일이듯이, 아합의 조정 신하들 가운데서 오바댜를 만난다는 것은 대단한 일입니다. 바다 한가운데서 그와 같은 불을 간직하고 있는 것은, 다시 말해 그처럼 지독한 악 가운데서 그와 같은 경건을 유지한다는 것은 참으로 놀라운 은혜가 작용한 것이 아닐 수 없습니다!

그 다음에, 오바댜의 뛰어난 경건은 매우 실제적이었습니다. 이는 이세벨이 선지자들을 죽이고 있을 때, 그가 선지자 백 명을 숨겼기 때문입니다. 나는 여러분 가운데 어떤 분이 얼마나 많은 하나님의 종들을 후원하는지 모릅니다. 어떤 신사가 목회자 백 명을 부양하고 있다는 이야기를 들어 본 적이 없습니다. 오바댜는 자신이 마련할 수 있는 최상의 것으로 선지자들을 먹였고, 생명의 위험을 무릅쓰고 왕비가 찾지 못하도록 그들을 동굴에 숨겼습니다. 이 선지자들의 목에 상금이 걸려 있었을 때 그는 자기 지갑을 털었을 뿐만 아니라 목숨을 걸기까지 하였습니다. 우리 가운데서 하나님의 종들 가운데 한 사람을 위하여 기꺼이 생명의 위험을 무릅쓸 사람들이 얼마나 되겠습니까? 어쨌든 오바댜의 여호와께 대한 경외심은 귀한 열매를 맺었고, 그 경외심이 강력한 행동의 원칙임을 입증하였습니다.

또한 오바댜의 경건은 그 시대의 신자들도 인정할 만큼 대단한 것이었습니다. 확실히 그랬다고 생각하는 것은 오바댜가 엘리야에게 이같이 말하였기 때문입니다. "내가 여호와의 선지자들을 숨긴 일이 내 주에게 들리지 아니하였나이까?" 자, 엘리야는 그 나라 전체에서 여호와를 따르는 자들의 머리이자 지도자로 잘 알려진 인물이었습니다. 그래서 오바댜는 누군가가 이 위대한 선지자에게 자기 일에 대해 이야기하지 않은 사실에 조금 놀랐습니다. 비록 그의 넉넉한 행위가 이세벨과 바알의 숭배자들에게는 숨겨질 수 있었지만, 살아계신 하나님의 종들 가운데는 잘 알려진 사실이었습니다. 그의 좋은 평판을 들을 만한 가치가 있는 사람들 사이에서 그는 좋게 이야기되었습니다. 궁정에 자기들 친구가 있다고, 궁전의 시종 장관이 그들 편이라는 소문이 그들 사이에 돌았습니다. 그러므로 하나님의 선지자들은 안심하고 자신들을 그의 보호에 맡겼습니다. 그들은 오바댜가 자신들을 잔인한 이세벨에게 팔지 않으리라는 것을 알았습니다. 선지자들이 그에게 와서 자신의 비밀을 털어놓는다는 것은 그의 신실함이 잘 알려져 있었고 높이 평가받고 있었음을 보여줍니다. 이와 같이 그는 경건한 무리들에게서 지도자로 인정받을 만큼 하나님의 은혜를 충분히 받은 사람이었습니다.

오바댜 자신도 엘리야를 알고 있었던 것이 분명합니다. 그래서 그는 엘리야에게 즉시 최고의 경의를 표하기를 마다하지 않았습니다. 이 하나님의 선지자, 곧 그로 말미암아 겪고 있는 심판 때문에 모든 사람들에게 미움을 받고 있고, 왕이 특별히 추적하는 대상인 이 하나님의 선지자에게 이 너그러운 사람이 경의를 표하였습니다. 어릴 때의 경건은 뛰어난 경건이 되기가 쉽고, 하나님을 크게 경외하게 될 수 있는 사람은 어릴 때부터 하나님을 섬기는 사람입니다. "부자가 되려면 5시에 일어나라"는 옛 속담을 여러분은 아실 것입니다. 그 속담은 다른 모든 것뿐 아니라 신앙에도 적용될 수 있습니다. 하나님에 대해서 성공하려면 어린 시절부터 하나님과 함께 지내야 한다고 말할 수 있을 것입니다. 천국을 향한 경주에서 큰 진보를 이루고자 하는 사람은 촌음도 아껴야 합니다. 젊은 사람들은 이 점을 생각하고, 바로 지금 마음을 하나님께 드리기를 권합니다.

주일학교 교사 여러분, 오늘 여러분은 장차 이 나라에 살면서 진리를 지킬 사람들, 하나님의 종들을 돌보고 그들에게 최고의 협력자가 될 사람들, 사람들을 그리스도에게로 인도할 사람들을 훈련하고 있는 것일 수 있습니다. 여러분의 거룩한 일을 계속 하도록 하십시오. 여러분은 지금 여러분 주변에 데리고 있는 사람들이 어떻게 될지 알지 못합니다. 여러분은 주일학교 어린이들이 어떤 사람이 될지 알지 못하기 때문에 그들에게 경의를 표하는 교사가 있다면, 그를 본받는 것이 좋을 것입니다. 여러분 반의 아이들을 귀하게 생각하십시오. 그 자리에 있는 아이들이 어떤 사람이 될지 여러분은 알 수 없습니다. 그러나 그 아이들 가운데는 장차 하나님의 집에 기둥이 될 사람들이 있을 수 있다는 것은 확실합니다.

4. 오바댜에게 어릴 때의 경건이 후에 위안이 되었습니다.

엘리야가 이제 곧 자기를 큰 위험에 내놓으려고 한다고 생각했을 때, 그는 오랫동안 하나님을 섬긴 것을 들어 호소하며 "당신의 종은 어려서부터 여호와를 경외하는 자라"고 말하였습니다. 그것은 마치 다윗이 나이 들었을 때 "하나님이여 나를 어려서부터 교훈하셨으므로 내가 지금까지 주의 기이한 일들을 전하였나이다 하나님이여 내가 늙어 백발이 될 때에도 나를 버리지 마소서"(시 71:17,18) 하고 말한 것과 같습니다. 젊은이 여러분, 여러분이 나이 들었을 때, 하나님을 섬기는데 보낸 생을 돌아보는 것이 여러분에게 큰 위안이 될 것입니다. 여러분은 그렇게 보낸 시간을 의지하지 않을 것이고, 거기에 무슨 공로가 있다고 생각하지 않을 것입니다. 그러나 그 점을 인해서 하나님을 찬미하게 될 것입니다. 어려서부터 주인을 섬긴 종이 백발이 되었을 때 주인을 떠나지 않을 것은 틀림없는 일입니다. 마음이 바른 주인은 오랫동안 자신을 잘 섬긴 사람을 존중합니다.

가족 가운데 여러분이 어렸을 때 여러분을 키웠고, 지금까지 살아서 여러분의 자녀를 기르는 유모가 함께 살고 있다고 생각해 봅시다. 여러분은 그 유모가 일할 나이가 지났다고 그녀를 거리로 내보내겠습니까? 그렇지 않습니다. 여러분은 최선을 다해 그녀를 돌볼 것입니다. 여러분에게 힘이 있다면, 그녀가 구빈원(救貧院)에 들어가지 않도록 보호할 것입니다. 그런데, 하나님은 우리보다 훨씬 친절하고 너그러우십니다. 하나님은 절대로 자신의 늙은 종들을 내쫓지 않으실 것입니다. 나는 때로 이렇게 부르짖습니다.

> "주여, 주님을 섬기는 일을 내게서 거두어가지 마시고
> 주님의 뜻을 이루도록 나를 훈련하소서.
> 제가 그처럼 많은 분야에서
> 몇 가지 일만 행할 수 있다면

계속해서 주님을 섬기는 것 외에
아무 보상도 요구하지 않겠나이다."

　내가 지금 하는 모든 것을 할 수 없을 때가 오리라는 것을 나는 압니다. 여러분과 내가 조금만 내다보면 우리가 인생의 중년을 지나 내리막길로 접어드는 때가 가까이 오고 있다는 것을 알 수 있습니다. 그렇지만 우리 주님께서 마지막까지 우리를 돌보실 것이라고 확신할 수 있습니다. 건강과 힘이 있는 동안 주님을 부지런히 섬깁시다. 우리는 주님께서 우리 믿음의 역사와 사랑의 수고를 잊어버릴 만큼 부당하신 분이 아니라는 것을 확신할 수 있습니다. 그것은 주님답지 않은 처사입니다. "예수께서 세상에 있는 자기 사람들을 사랑하시되 끝까지 사랑하시니라"(요 13:1). 그것은 성자 하나님에 대해 한 말이었는데, 성부 하나님께 대해서도 똑같이 말할 수 있습니다. 정말입니다. 노인이 젊었을 때 자기에게 보이신 하나님의 사랑의 사실만큼 의지할 수 있는 좋은 것은 없습니다. 여러분의 시력이 약해지기 시작할 때, 여러분이 젊은 날에 어떻게 주님께 열심을 보였고, 주님을 섬기는데 힘을 바쳤는지 기억하는 것만큼 앞날에 대한 좋은 전망을 가질 수 있는 방법은 없습니다.

　사랑하는 젊은이 여러분, 여러분이 지금 죄 가운데 살고 있다면, 이 점을 생각하기를 간절히 바랍니다. 여러분이 오늘 이 세상의 쾌락을 추구하고 있다면, 장차 반드시 그 값을 치러야 하리라는 것을 말입니다. 여러분의 젊음을 기뻐하십시오. 여러분의 마음이 기뻐하는 대로 젊음을 즐기십시오. 그러나 이 모든 일에 대해 하나님께서 여러분을 심판하실 것입니다. 여러분의 어린 시절이 헛되고 여러분의 젊은 시절이 악하다면, 여러분의 후일은 슬플 것입니다. 여러분이 지혜가 생겨서, 여러분의 꽃을 싹이 트는 지극히 아름다운 때에 그리스도께 드렸으면 좋겠습니다. 여러분이 아무리 일찍부터 경건하게 되어도 때가 이른 법이 없습니다. 그것은 여러분이 행복해지는 것은 아무리 때가 일러도 상관없기 때문입니다. 진정으로 즐거운 인생은 아버지의 집에서 시작되는 것이 틀림없습니다.

　교사 여러분, 여러분은 어린 사람들에게 하나님의 길을 가르치는 일을 계속하십시오. 오늘날 정부는 어린이들에게 일주일에 엿새 동안 종일 세속적인 교육을 가르치고 있습니다. 신앙 교육이 그와 균형을 맞출 필요가 많이 있습니다. 그렇지 않으면 머지않아 우리나라는 믿음 없는 자들의 나라가 될 것입니다. 세속적인 교육은 모두 타당하고 좋습니다. 나는 빛이라면 어떤 종류의 것이든 그것을 막고 싶은 생각이 없습니다. 그러나 종교가 들어 있지 않은 교육은 단지 사람들을 그런 교육이 없었을 때보다 더 큰 악당이 되도록 도울 뿐입니다. 불량배는 쇠 파이프를 든 것만으로도 충분히 나쁩니다. 그러나 펜과 조작한 청구서를 든 불량배는 다른 한 사람을 위하여 백 사람의 돈을 빼앗는 것입니다. 현재 우리의 계획 하에서는 우리 자녀들에게 하나님을 경외함이 없는 한, 그들이 성경과 우리 주 예수님의 복음을 배우지 않는 한, 그들은 자라면서 더 큰 해악을 끼칠 수 있는 능력을 갖게 될 것입니다. 그러므로 주일학교 교육의 수고를 늦추기보다 우리는 지혜롭게 생각하여 더욱더 수고하도록 합시다.

죄 가운데 살며 나이가 든 여러분에게는 어릴 때의 경건에 대해 이야기할 수 없습니다. 그러나 여러분에게 틀림없이 큰 소망을 줄 성경 말씀이 있습니다. 집주인이 제 삼시, 육시, 구시, 그리고 마침내 십일 시에도 나가서 여전히 시장에 빈둥거리며 서 있는 사람들을 찾아냈는지 기억하십시오. 십일 시라면 때가 늦지 않았습니까? 아주 많이 늦었지요. 그러나 감사하게도 너무 늦지 않았습니다. 그들에게는 한 시간밖에 남지 않았습니다. 그러나 집 주인은 "너희도 포도원에 들어가라 내가 너희에게 상당하게 주리라"(마 20:4) 하고 말하였습니다. 십일 시에 포도원에 들어온 여러분, 곧 60세, 65세, 70세, 75세, 80세에 이른 여러분, 이 자리에 100세가 되신 분이 있다면 계속해서 100세까지 열거할 것입니다. 어쨌든 여러분은 지금도 와서 이 은혜로우신 하나님을 섬기는 일에 참가할 수 있습니다. 하나님께서는 하루가 끝나는 시간에 다른 모든 노동자들에게 주시듯이 여러분에게도 여러분의 임금을 주실 것입니다. 하나님께서는 여러분을 그리스도에 대한 믿음으로 말미암아 자기 앞으로 불러오십니다. 아멘.

제
7
장
—

우유부단한 사람들에게 결단을
촉구하는 엘리야의 호소

—

"너희가 어느 때까지 둘 사이에서 머뭇머뭇 하려느냐 여호와가
만일 하나님이면 그를 따르고 바알이 만일 하나님이면 그를 따
를지니라." — 왕상 18:21

이 날은 기억할 만한 날이었습니다. 이 날 이스라엘의 많은 무리가 갈멜산 기슭에 모였고, 여호와의 선지자 한 사람이 거짓 신을 섬기는 450명의 제사장들과 대항하기 위해 나왔습니다. 우리는 역사적 호기심을 가지고 이 광경을 볼 수 있고, 그러면 그것이 흥미진진한 장면이라는 것을 발견하게 될 것입니다. 그러나 그렇게 하기보다 나는 그 장면을 주의 깊게 생각하는 눈으로 보며, 우리가 여기서 배우는 교훈들로 개선될 수 없는지 알아볼 것입니다. 우리는 갈멜산 언덕 평지에 세 종류의 사람들이 있는 것을 봅니다. 첫 번째로 우리는 여호와의 충성스러운 종, 곧 하나뿐인 선지자를 봅니다. 맞은편에는 악한 자의 확고한 종들, 곧 바알 선지자 450명이 있습니다. 이 날의 허다한 대중은 세 번째 계층에 속하였는데, 이들은 전적으로 자기 조상의 하나님 여호와를 예배할지 아니면 이세벨의 신 바알을 예배할지를 온전히 결정하지 못한 사람들이었습니다. 한편으로 그들은 옛적부터 내려온 그들의 전통 때문에 여호와를 두려워하였지만, 다른 한편으로 왕실에 대한 그들의 관심사로 인해 바알을 예배하게 되었습니다. 그러므로

그들 가운데 많은 수가 공적으로는 바알을 예배하였지만, 열의가 많지 않았어도 속으로는 여호와를 따르는 자들이었습니다. 이 중요한 때에 그들 전체는 두 견해 사이에서 멈춰 서있었습니다. 엘리야는 바알 제사장들에게 설교하지 않습니다. 그들에게는 장차 말할 것이 따로 있습니다. 그는 피의 행위로써 그들에게 끔찍한 설교를 전할 것입니다. 철저한 여호와의 종들에게도 말할 것이 없습니다. 그들은 그 자리에 없기 때문입니다. 그의 설교는 두 견해 사이에서 머뭇거리고 있는 사람들만을 향한 것입니다.

자, 오늘 아침 이 자리에도 이러한 세 부류의 사람들이 있습니다. 나는 우리 가운데 아주 많은 수가 여호와의 편에 있고 여호와를 두려워하고 섬기는 사람들이기를 바랍니다. 여기에는 악한 자의 편에 있는 사람들도 있습니다. 이들은 전혀 신앙 고백을 하지 않고 신앙의 외적인 징후들조차 보이지 않는 사람들입니다. 그것은 그들이 내적으로나 외적으로 모두 악한 자의 종들이기 때문입니다. 그러나 내 설교를 듣는 사람들의 아주 많은 수는 세 번째 계층, 곧 망설이는 사람들에 속합니다. 비 없는 구름처럼 그들은 바람에 밀려 이리저리 밀려다닙니다. 짙은 화장을 한 미인들처럼 그들은 생명의 활기가 없습니다. 그들은 살았다는 이름은 가졌으나 죽은 자들입니다. 꾸물거리는 사람들, 두 마음을 품은 사람들, 우유부단한 사람들, 바로 여러분들에게 오늘 아침 이렇게 묻습니다. "너희가 어느 때까지 둘 사이에서 머뭇머뭇 하려느냐?" 성령님께서 여러분의 마음속에서 그 질문에 답을 하심으로 결국 여러분이 이렇게 말하기를 바랍니다. "주님, 더 이상 머뭇거리지 않겠습니다. 오늘 아침 주님을 위해 결심을 합니다. 저는 영원히 주의 종입니다."

이제 본문을 살펴보도록 합시다. 다룰 주제들을 처음부터 제시하기보다는 앞으로 가면서 하나씩 언급하도록 하겠습니다.

1. 첫째로, 이 선지자는 바알 숭배와 여호와께 대한 예배 사이에 존재하는 차이를 강조하였습니다.

선지자 앞에 있는 사람들 대부분이 여호와가 하나님이시고 바알도 하나님이라고 생각하였습니다. 그리고 그 때문에 두 신에 대한 예배가 아주 일치한다고 생각하였습니다. 백성들 대다수가 그들 조상의 하나님을 완전히 버린 것이 아니었고, 바알 앞에 완전히 머리를 숙인 것도 아니었습니다. 여러 신을 믿는 다

신론자들로서 그들은 두 신을 모두 예배할 수 있고, 두 신 각각을 일정 분량만큼 마음속에 품을 수 있다고 생각하였습니다. 선지자는 설교를 시작하면서 말하였습니다. "그렇지 않다. 그렇게 생각하는 것은 옳지 않다. 이것은 두 견해이다. 너희는 이 둘을 하나로 만들 수 없다. 이들은 하나로 결합할 수 없는 모순되는 두 가지이다. 이 둘을 결합하기보다, 사실 그것은 불가능한 일인데, 너희는 이 둘 사이에서 멈추어 있다. 그것은 아주 큰 차이를 내는 일이다."

그들 가운데 한 사람이 말했습니다. "우리 집을 지을 것인데, 여기에 여호와를 위한 제단을 만들고, 저기에는 바알을 위한 제단을 만들 것입니다. 내 의견은 한 가지입니다. 나는 둘 다 하나님이라고 믿습니다." 엘리야가 말했습니다. "아니, 그렇지 않다. 그렇게 될 수가 없다. 그들은 둘이고, 둘이 될 수밖에 없다. 이것들은 한 가지 견해가 아니고 두 가지 견해이다. 그렇지 않다. 너희는 두 견해를 하나로 묶을 수 없다."

이 자리에 이같이 말할 분이 많이 있습니까? "나는 세상적인 사람이지만 또한 신앙인이기도 합니다. 나는 주일에 하나님을 예배하러 예배당에 갈 수 있습니다. 그러나 며칠 전에는 더비(Derby) 경마(競馬)에 갔습니다. 다시 말하자면, 나는 한편으로 내 욕구를 충족시킬 수 있는 곳에 갑니다. 나는 온갖 종류의 모도회장에서 사람들을 만나고, 그러면서도 아주 진심으로 기도를 드립니다. 내가 훌륭한 국교도나 비국교도로 지내면서 또한 세상 사람으로 살 수가 없는 것입니까? 결국 나는 어느 쪽에나 다 좋게 대할 수가 없는 것입니까? 하나님을 사랑하면서 마귀도 섬길 수 없는 것입니까? 둘 각각에게서 즐거움을 취하면서 어느 쪽에도 마음을 주지 않을 수가 없는 것입니까?"

말씀드립니다. 그렇게 할 수 없습니다. 그들은 두 가지 견해입니다. 여러분은 그렇게 할 수 없습니다. 그 둘은 별개이고 분리된 것입니다. 로마의 안토니우스 장군은 사자 두 마리에게 멍에를 씌워 전차를 끌게 하였습니다. 그런데 사람이 이제까지 아무도 한데 멍에를 씌우지 못한 사자가 두 마리 있습니다. 그것은 유다 지파의 사자와 지옥의 사자입니다. 이 둘은 함께 갈 수 없습니다. 여러분이 정치에서 두 가지 견해를 가질 수도 있을 것입니다. 그런데 그때 여러분이 이 견해나 저 견해를 지지하며 독자적인 의견을 가진 사람으로 행동하지 않으면, 모든 사람에게서 멸시를 받을 것입니다. 그러나 영혼의 종교 문제에서는 두 가지 견해를 고수할 수 없습니다. 하나님이 신이시면, 그를 섬기되 철저히 섬기십시오. 그러나 이 세상이 신이면, 세상을 섬기고 종교가 있다고 말하지 마십시오. 여러분이 세속적인 사람이고, 세상 것들이 최고라고 생각한다면, 그것들을 섬기십시오. 거기에 몰두하고, 양심 때문에 주저하지 마십시오. 양심이 무어라고 하든지 간에 죄에 뛰어드십시오. 그러나 여호와가 여러분의 하나님이시라면 여러분이 바알도 함께 섬길 수 없다는 것을 기억하십시오. 여러분은 이것을 섬기든지 아니면 저것을 섬겨야 합니다. "한 사람이 두 주인을 섬기지 못하느니라"(마 6:24). 하나님을 섬기면 하나님이 주인이 될 것입니다. 마귀를 섬기면 오래지 않아 마귀가 주인이 될 것입니다. "여러분은 두 주인을 섬길 수 없습니다."

현명하게 생각하시기 바랍니다. 이 둘을 하나로 섞을 수 있다고 생각하지 마십시오. 훌륭해 보이는 집사들 가운데 사업에서 탐욕스럽게 움켜쥐고 가난한 자들을 학대하면서도 성도가 될 수 있다고 생각하는 사람들이 얼마나 많은지 모릅니다! 하나님과 사람에게 거짓말하는 자여! 그는 성도가 아닙니다. 그는 죄인들 가운데 괴수입니다. 하나님의 백성들 가운데 있으면서 교회의 사귐에 들어오고, 자신을 하나님의 택하신 자들 가운데 하나라고 생각하는 아주 훌륭한 여성 가운데 분노와 신랄함이 가득한 사람이 얼마나 많은지 모릅니다. 즉, 해악과 죄의 종이요, 수다쟁이이며, 비방하고 참견하기 좋아하는 사람, 다른 사람들의 집에 들어가 만나는 사람들의 마음에서 위로를 다 빼앗아버리는 사람이 얼마나 많은지 모릅니다. 그렇지만 그런 여자는 하나님의 종이면서 또한 마귀의 종입니다! 숙녀 여러분, 그렇긴 하나 이것은 결코 맞지 않는 이야기입니다. 이 둘을 온전히 주인으로 삼을 수는 없습니다. 주인이 누구이든지 간에 그 주인을 섬기십시오.

여러분이 자신을 신앙인으로 말한다면, 철저히 신앙인답게 행동하십시오. 여러분이 스스로를 그리스도인이라고 공언한다면, 그리스도인답게 행동하십시오. 그러나 여러분이 그리스도인이 아니라면 그리스도인인 체하지 마십시오. 여러분이 세상을 사랑한다면, 그냥 세상을 사랑하십시오. 가면을 벗어버리고 위선자가 되지 마십시오. 두 마음을 품은 사람은 사람들 가운데 가장 야비한 사람입니다. 두 얼굴을 가진 야누스를 따르는 자입니다. 그는 한 눈으로는 소위 기독교 세계를 보며 크게 기뻐하고 전도책자 협회(The Tract Society)와 성서공회(The Bible Society), 선교회(The Missionary Society)에 기부금을 내지만, 또 한 눈으로는 카지노와 그 밖의 오락거리들을 바라봅니다. 이 오락거리들에 대해서는 언급하고 싶지 않은데, 여러분 가운데는 내가 알고 싶은 것보다 더 많이 아는 분들도 있을 것입니다. 판단할 줄 아는 사람의 입장에서 보자면, 이런 사람은 아주 악하기 짝이 없는 사람들보다 더 나쁩니다. 공개적인 평판에서는 그렇게 나쁘지는 않지만, 그가 자기가 믿는다고 공언하는 것을 끝까지 지킬 만큼 정직하지 않기 때문에 사실상 더 나쁜 사람입니다.

「톰 아저씨의 오두막」(Uncle Tom's Cabin)에서 톰 로커(Tom Locker)가 자기가 신앙인이라고 말하는 노예 상인인 헤일리(Haley)의 입을 막고 다음과 같이 상식 있는 말을 하였을 때, 진실에 아주 가깝게 다가갔습니다. "나는 당신이 무슨 말을 하든 대부분 참을 수가 있는데, 신앙적인 얘기만큼은 참을 수가 없어. 그 말을 들으면 돌아버리겠어. 어쨌든, 당신과 나 사이에 차이점이 뭐지? 당신은 걱정거리가 한 가지 더 있거나 아니면 한 가지 감정이 더 있는 것이지 않나? 말하자면 마귀를 속이고 무사히 도망가기를 바라는 아주 천하기 짝이 없는 소원이 있는 것이 아닌가? 내가 꿰뚫어보지 않았나? 당신이 말하는 대로 점점 더 신앙인이 된다는 것이 내게는 너무도 역겨워. 일생 동안 마귀와 함께 청구서를 늘리다가 지불 시기가 오면 몰래 내빼는 거지."

매일 그같이 하는 사람들이 런던에, 영국에, 도처에 얼마나 많은지 모릅니다! 그들은 두 주인을 섬기려고 하지만, 그렇게 할 수가 없습니다. 이 둘은 결코 화해시킬 수 없는 것입니다. 하나님과 재물, 그리스도와 벨리알, 이 둘은 결코 화합할 수 없습니다. 이 둘 사이에 합의란 있을 수 없고, 이 둘은 결코 통일될 수 없는데, 왜 여러분은 통일시키려고 합니까? 이 선지자는 "두 견해"라고 말했습니다. 그는 자기 설교를 듣는 사람들 가운데 아무도 두 신을 예배한다고 말하도록 허용하려고 하지 않았습니다. 그는 이렇게 말하였습니다. "그럴 수 없다. 이들은 두 견해이다. 너희는 지금 둘 사이에서 멈춰 서있는 것이다."

2. 둘째로, 이 선지자는 흔들리는 이 사람들에게 그들이 선택하는데 써버린 시간의 양에 대해 해명해보라고 요구합니다.

그들 가운데 어떤 이들이 이렇게 대답했을지 모릅니다. "우리는 아직 하나님과 바알을 판단할 기회를 갖지 못했습니다. 우리 마음을 결정할 만한 충분한 시간을 아직 갖지 못했습니다." 그러나 선지자는 그 반론을 일축해버리고 이렇게 말합니다. "너희가 어느 때까지 둘 사이에서 머뭇머뭇 하려느냐? 얼마 동안이

나? 여호와의 명령으로 삼년 반 동안 비 한 방울 내리지 않았다. 그것이 충분한 증거가 아니냐? 너희는 삼년 반 동안 내내 여호와의 종인 내가 와서 너희에게 비를 내려주기를 내내 기다려왔다. 그런데 너희 자신이 굶주리고 있고, 너희 가축들이 죽고, 너희 밭이 마르며, 너희 목초지가 사막처럼 먼지로 덮였는데도, 심판과 시련과 고통의 이 모든 시간을 겪었음에도 너희가 아직까지 결심하지 못했다. 너희가 어느 때까지 둘 사이에서 머뭇머뭇 하려느냐?"

오늘 아침 나는 철저히 세상적인 사람들에게 말씀드리는 것이 아닙니다. 그분들과는 아무 관계가 없습니다. 그분들에게는 또 다른 때 말씀드릴 수 있을 것입니다. 그러나 지금은 하나님을 섬기면서 또 사탄도 섬기려고 하고 있는 여러분에게 말씀드리겠습니다. 즉, 그리스도인으로서 세상적인 사람이 되려고 하고, 이름으로밖에 존재하지 않은 것인 "종교계"라 불리는 특별한 단체의 회원이 되려고 하는 여러분에게 말씀드리겠습니다. 여러분은 할 수 있다면, 어느 신을 섬길지 마음에 결정하려고 노력하고 있습니다. 여러분은 둘 다 섬길 수 없다는 것을 압니다. 이제 여러분은 "어떻게 할까? 완전히 죄에 빠져서 세상 쾌락을 마음껏 즐길까? 아니면 하나님의 종이 될까?" 하고 말할 때가 끝이 나고 있습니다. 자, 오늘 아침 나는 이 선지자가 그랬듯이 여러분에게 말합니다. "어느 때까지 머뭇머뭇 하겠습니까?"

여러분 가운데 어떤 분들은 머리가 백발이 될 때까지 머뭇거려왔습니다. 여러분 가운데는 머뭇거린 지가 곧 60년이 되는 분들도 있습니다. 60년이면 결정하기에 충분한 기간이 아닙니까? "어느 때까지 머뭇거리겠습니까?" 어쩌면 여러분 가운데 한 분은 지팡이를 짚고서 비틀거리며 예배당에 들어왔을지 모릅니다. 그런데 그분은 지금까지 결정을 내리지 않았습니다. 머뭇거린 지가 80년이 되었습니다. 그동안 여러분은 외적으로 신앙인으로 지냈지만 사실은 세속적인 사람으로 산 것입니다. 그런데 여러분은 오늘까지 머뭇거리면서 "어느 편에 서야 할지 모르겠다"고 말합니다. 여러분, 이성의 이름으로, 죽어야 할 운명의 이름으로, 죽음의 이름으로, 영원의 이름으로 여러분에게 묻습니다. "너희가 어느 때까지 둘 사이에서 머뭇머뭇 하려느냐?"

중년의 나이에 이른 여러분, 여러분이 젊었을 때는 이렇게 말했습니다. "도제 생활이 끝나면 믿겠다. 젊었을 때는 혈기를 부리며 살고, 그 다음에 부지런한 하나님의 종 노릇을 시작하도록 하겠어." 자, 여러분은 이제 중년이 되어서는 조용한 별장을 지을 때까지 기다리고 있습니다. 여러분이 앞으로 일을 그만두고 은퇴하면, 그때 하나님을 섬길 것이라고 생각합니다. 그런데 여러분, 여러분은 성년이 되었을 때, 그리고 여러분의 사업이 번창하기 시작하였을 때에도 같은 말을 하였습니다. 그러므로 나는 여러분에게 엄숙하게 묻습니다. "너희가 어느 때까지 둘 사이에서 머뭇머뭇 하려느냐?"

　도대체 얼마나 많은 시간을 원합니까? 젊은이, 그대는 아주 어렸을 때, 곧 여러분의 어머니가 줄곧 여러분을 위해 기도할 때 "성인이 되면 하나님을 찾을 거야" 하고 말했습니다. 여러분은 그 날을 지나갔습니다. 여러분은 성인이 된 지 오래되었습니다. 그런데도 여러분은 아직도 머뭇거리고 있습니다. "너희가 어느 때까지 둘 사이에서 머뭇머뭇 하려느냐?" 여러분 가운데 오랫동안 예배당만 왔다 갔다 한 사람들이 얼마나 많습니까! 여러분은 감동을 받은 적도 많았습니다. 그렇지만 여러분은 눈물을 닦으며 "나중에 결심이 완전히 서면 하나님을 찾고 하나님을 의지하겠어" 하고 말했습니다. 그런데 여러분은 이전에 있었던 자리에 지금도 그대로 있습니다. 여러분은 얼마나 더 많은 설교를 들어야 합니까? 얼마나 많은 주일이 더 헛되이 지나가야 하겠습니까? 여러분이 반드시 죽는다는 것을 알리기 위해 얼마나 많은 경고와 질병과 조종 소리가 여러분에게 울려야 하겠습니까? 여러분의 가족 가운데서 얼마나 많은 장례를 치러야 여러분의 마음이 움직이겠습니까? 얼마나 많은 역병과 페스트로 이 도시가 황폐하게 되어야 여러분이 진정으로 하나님께로 돌이키겠습니까? "너희가 어느 때까지 둘 사이에서 머뭇머뭇 하려느냐?" 여러분이 이 질문에 답을 할 수 있으면 좋겠습니다.

　생명의 모래알이 떨어지는 것을 보면서, 곧 모래시계에서 모래알이 떨어지는 것을 보면서, "다음 모래알이 떨어지면 회개하겠어" 라고 말하고는 다음 모래알이 떨어져도 회개하고 있지 않는 모습을 보이지 않았으면 좋겠습니다. "모래시계의 바닥이 아주 낮아지면 하나님을 의지하겠어"라고 여러분은 말합니다. 아닙니다. 여러분, 그렇게 말해서는 안 됩니다. 그렇게 말해서는 여러분의 문제를 해결하지 못할 것입니다. 왜냐하면 모래시계가 낮아지기 시작했다고 생각하기 전에 여러분의 모래시계가 이미 비어 있는 것을 발견할 수가 있고, 여러분이 회개하고 하나님께로 돌아가야 하겠다고 생각했을 때는 이미 여러분이 영원에 이른 것을 발견할 수가 있기 때문입니다.

백발노인 여러분, 어느 때까지 머뭇거리겠습니까? 중년 여러분, 어느 때까지 가야겠습니까? 젊은 남녀 여러분, 여러분이 어느 때까지 결단을 내리지 못한 이 불행한 상태 가운데서 지내야 하겠습니까? "너희가 어느 때까지 둘 사이에서 머뭇머뭇 하려느냐?"

그동안 나는 두 가지 견해가 있다는 것에 주의하였습니다. 그리고 여러분이 결정하는데 얼마나 오랜 시간이 필요한가 하는 질문을 하였습니다. 어떤 사람은 그것이 순전히 시간 문제라면, 그 질문에 답하는데 거의 시간이 필요하지 않을 것이라고 생각할 것입니다. 사람의 의지가 악으로 치우쳐 있고 선을 반대하는 경향이 있지 않다면, 그 문제는 사람이 교수형이나 종신형, 부나 가난 가운데서 선택을 결정해야 하는 경우만큼이나 답을 하는데 시간이 별로 들지 않을 것입니다. 우리가 지혜로운 사람이라면 그 질문에 답하는데 전혀 시간이 들지 않을 것입니다. 우리가 하나님의 일들을 이해한다면, 틀림없이 주저하지 않고 즉시 "이제 하나님은 나의 하나님이시고, 영원히 그러하십니다" 하고 말할 것입니다.

3. 선지자는 이 백성들에게 그들의 태도가 불합리하다고 비난합니다.

그들 가운데는 이렇게 말한 사람도 있었을 것입니다. "뭐라구요! 선지자님, 우리가 두 견해 사이에서 계속 머뭇거릴 수가 없다고요? 우리가 완전히 신앙이 없는 것은 아닙니다. 그러니 우리가 이교도보다 낫지 않습니까? 그래도 우리가 전혀 신앙이 없는 것은 아닙니다. 어쨌든, 조금이라도 신앙이 있는 것이 전혀 없는 것보다는 낫습니다. 그저 신앙이 있다고 말하는 것만으로도 우리는 품위 있게 지낼 수가 있습니다. 그러니 두 가지를 다 섬기도록 내버려 두십시오!" 선지자는 말합니다. "자, 너희가 어느 때까지 머뭇머뭇 하려느냐?" 혹은 여러분이 원한다면, 선지자의 그 질문을 이렇게 읽을 수도 있습니다. "너희가 어느 때까지 두 견해 사이에서 절뚝거리겠느냐?" (너희가 어느 때까지 두 견해 사이에서 우물쭈물 하겠느냐? 이렇게 표현해도 좋을 것입니다.) 선지자는 백성들을 두 다리의 뼈가 완전히 어긋난 사람처럼 묘사합니다. 그 사람은 처음에 한쪽으로 가고, 다음에는 다른 쪽으로 가기 때문에, 어느 쪽으로도 멀리 갈 수가 없습니다. 나는 이런 모양을 설명할 때 내 자신이 우스꽝스러운 자세를 취해보지 않을 수 없습니다. "너희가 어느 때까지 절뚝거리겠느냐?"

말하자면 선지자는 그들을 비웃는 것입니다. 이것도 저것도 아닌 사람이야말로 지극히 우스꽝스러운 처지에 있다는 것이 사실이 아닙니까? 그를 세상 사람들 사이에서 다니게 해 보십시오. 그러면 세상 사람들이 손으로 입을 가리고 웃으며 말할 것입니다. "저 친구는 교회 다니는 사람이잖아." 혹은 "저 친구는 하나님의 택하신 자 아니야?" 그를 성도들인 그리스도인들 사이에서 지내게 해 보십시오. 그러면 그들이 말할 것입니다. "사람이 얼마나 변덕스러울 수 있는지, 저 사람이 어느 날은 우리 가운데 있다가 다음 날에는 그렇고 그런 모임에 나타날지 알 수가 없어." 내 생각에는 마귀조차도 그런 사람을 보면 틀림없이 비웃으며 말할 것입니다. "자, 세상에 나만큼 나쁜 존재는 없지. 그렇지만 때로 나는 빛의 천사인 체하고 그런 옷차림을 하지. 그런데 너는 정말로 모든 면에서 나보다 한술 더 뜨는구나. 왜냐하면 나는 그렇게 해서 무엇인가를 얻지만 너는 그렇게 해서 얻는 것이 아무것도 없으니까 말이다. 너는 이 세상의 쾌락을 누리지 못하고, 신앙의 기쁨도 못 누린다. 신앙의 두려움은 있지만 소망은 없다. 너는 잘못할까 무서워하면서도 천국에 갈 소망은 전혀 없다. 종교의 의무들을 행하지만 기쁨은 없다. 너는 신앙인들이 하는 대로 똑같이 해야 하면서도 마음은 따라가지 않는다. 앉아서 네 앞에 잔뜩 차려진 식탁을 보아야 하면서도, 복음의 귀한 진수성찬 가운데서 한 조각도 먹을 힘은 없으니 말이다."

그 점은 세상에 대해서도 그대로 적용됩니다. 여러분은 악인들의 마음에 기쁨을 가져다주는 이런저런 악행을 감행할 용기가 없습니다. 세상이 여러분에 대해 무엇이라고 말할지 생각해 보십시오. 나는 여러분을 어디에 써먹어야 할지 모르겠습니다. 내가 미국 사람들처럼 말한다면 여러분에 대해 뭐라고 설명할 수 있겠지만, 그렇게 하지 않겠습니다. 여러분은 이도 저도 아닙니다. 여러분은 성도들의 사회에 들어와서 성도들이 말하는 것처럼 말하려고 합니다. 그러나 여러분은 영국에 있는 학교에서 불어를 배운 사람과 같습니다. 그래서 그는 영어를 불어식으로, 불어는 영어식으로 괴상하게 말해서, 그의 말을 듣는 사람마다 웃습니다. 영국 사람들은 그가 영어를 불어식으로 말하려고 한다고 해서 그를 비웃고, 프랑스 사람들은 그가 불어를 제대로 말하지 못한다고 해서 비웃습니다. 여러분이 자신의 언어를 사용한다면, 그저 죄인으로서 거리낌 없이 말한다면, 여러분의 본 모습대로 자신을 드러낸다면, 여러분은 적어도 한쪽 편에서는 존중을 받을 것입니다. 그런데 지금 여러분은 한 계층에 퇴짜를 받고 마찬가지로 다른 계층에게도 퇴짜를 맞습니다. 여러분이 우리 가운데 들어왔지만 우리는 여러분을 받아들일 수 없습니다. 여러분이 세상 사람들에게로 가지만 그들도 여러분을 받아주지 않습니다. 그들에게는 여러분이 너무 선하고 우리에게는 여러분이 너무 불충분합니다.

여러분은 어디에 있어야 합니까? 연옥이 있다면, 거기가 여러분이 있을 곳입니다. 거기에서 여러분은 이쪽에서는 얼음 속에 던져졌다가 저쪽에서는 타오르는 불 속에 던져질지도 모릅니다. 그러나 연옥 같은 곳은 없고, 여러분은 사실 마귀의 자녀이고 하나님의 자녀가 아니기 때문에 조심하십시오. 여러분은 어느 때까지 그처럼 터무니없이 우스꽝스러운 위치에 있으려고 합니까? 머뭇거리는 사람들은 심판 날에 지옥으로부터도 비웃음과 조롱을 당할 것입니다. 그 날에 천사들은 자기 주님을 온전히 시인하기를 부끄러워한 사람을 냉소적으로 바라볼 것이고, 지옥은 웃음을 터트릴 것입니다. 대(大) 위선자, 곧 태도가 분명치 않은 사람이 거기에 오면 사람들이 말할 것입니다. "아하, 우리는 찌꺼기를 마셔야 하는데 그래도 찌꺼기 위에 단 것이 있어. 하지만 너는 찌꺼기만 마셔야 해. 너는 젊은 날의 떠들썩하고 분방한 쾌락에 빠지지도 않았는데, 이제 너는 같은 찌꺼기를 마시기 위해 우리처럼 이곳에 왔어. 너는 즐거움도 맛보지 못한 채 벌을 받고 있어." 저주받은 자들까지도 여러분이 두 견해 사이에서 머뭇머뭇 한 것을 생각하고 여러분을 어리석기 짝이 없는 자라고 부릅니다! "여러분이 어느 때까지 두 견해 사이에서 절뚝거리고 우물쭈물하며, 우스꽝스런 태도로 걸어가겠습니까?"

어느 한쪽의 견해를 채택하면 적어도 언행이 일치할 수가 있습니다. 그러나 두 가지를 붙잡으려고 하면, 곧 이쪽도 저쪽도 다 붙잡으려 하며 어디로 결정할지를 모르면, 여러분은 지금 두 견해 사이에서 절뚝거리고 있는 것입니다. 내 생각에 좋은 번역은 흠정역 성경의 번역과 아주 다른데, 이것입니다. "너희가 어느 때까지 두 나뭇가지 사이에서 깡충깡충 뛰겠느냐?" 히브리어 원문의 뜻이 그렇게 되어 있습니다. 끊임없이 이 가지에서 저 가지로 날아다니며 가만히 있지 못하는 새와 같은 것입니다. 새가 계속해서 이렇게 하면 결코 둥지를 만들지 못할 것입니다. 여러분이 그와 같습니다. 여러분은 계속해서 두 가지 사이를 뛰어다닙니다. 계속해서 이 견해로 갔다가 저 견해로 갔다가 하는 것입니다. 둘 사이에서 그와 같이 하므로 여러분은 발 하나 붙일 안식처를 얻지 못하고 평안도 기쁨도 위로도 없고, 일생 동안 그저 불쌍하고 비참한 존재로 지낼 뿐입니다.

이렇게 해서 우리는 지금까지 이처럼 머뭇거리는 것의 불합리한 점을 살펴보았습니다. 이제 본문의 그 다음 요점은 아주 간단히 말하면 이것입니다.

4. 여호와와 바알을 섬기면서 아직까지 결정하지 못한 많은 무리가 이같이 대꾸했을 수 있다는 것입니다.

"그런데 우리가 여호와가 하나님이시라고 믿지 않는다는 것을 당신은 어떻게 아십니까? 우리가 의견에 결정을 내리지 못했다는 것을 어떻게 아십니까?" 선지자는 이 반론에 맞서서 이렇게 말합니다. "나는 너희가 의견에 결정을 내리지 못했다는 것을 안다. 이는 너희가 실행에 결정을 내리지 못했기 때문이다. 여호와가 하나님이시면 그를 따르라. 바알이 하나님이면 그를 따르라. 너희는 실행을 분명하게 하고 있지 않다." 사람들의 견해란 우리가 생각하는 그런 것이 아닙니다. 오늘날은 일반적으로 모든 견해가 옳다고 합니다. 어떤 사람이 자신의 신념을 정직하게 주장하면, 그의 견해가 틀림없이 옳다고 합니다. 그렇지 않습니다. 진리는 우리의 견해에 따라 바뀌지 않습니다. 어떤 사실은 그 자체로 참이거나 거짓입니다. 그 사실에 대한 우리의 견해에 의해 그것이 참이 되거나 거짓이 되지 않습니다. 그러므로 우리는 신중하게 판단해야 하고, 어떤 견해든지 도움이 될 것이라고 생각해서는 안 됩니다. 게다가 견해는 행동에 영향을 미칩니다. 어떤 사람이 잘못된 견해를 갖고 있으면 십중팔구 그는 이런저런 방식으로 그릇된 행동을 하기 마련입니다. 보통 그 둘은 함께 가기 때문입니다. 그래서 엘리야는 말했습니다. "너희가 하나님의 종들이 아니라는 것은 아주 분명하다. 이는 너희가 하나님을 따르지 않기 때문이다. 또 너희가 온전히 바알의 종들이 아닌 것도 아주 분명하다. 이는 너희가 바알을 따르지도 않기 때문이다."

이제 다시 한번 여러분에게 똑똑히 말씀드립니다. 여러분 가운데 많은 분들은 하나님의 종이 아닙니다. 여러분은 하나님을 따르지 않습니다. 여러분이 외형적으로 어느 정도 거리를 두고서 여호와를 따르지만 마음으로는 따르지 않습니다. 여러분이 주일에는 하나님을 따르지만 월요일이 되면 어떻게 합니까? 여러분이 동료 신자들 사이에서, 신자들의 모임 등에서는 하나님을 따릅니다. 그렇지만 다른 세상 단체에서는 어떻게 합니까? 하나님을 따르지 않습니다. 그런가 하면 여러분은 바알을 따르지도 않습니다. 여러분은 세상을 따라 조금 가지만, 감히 가려고 하지 않는 곳이 있습니다. 여러분은 아주 훌륭한 사람이어서 다른 사람들이 죄 짓듯이 죄를 짓지 않고 세상으로 완전히 가버리지도 않습니다. 여러분은 감히 극단적인 악을 범하려고 하지 않습니다. 선지자는 이 점을 두고 그들을 조롱하며 이같이 말합니다. "자, 여호와가 하나님이시면 그를 따르라. 여러분의 견해에 일치하게 행동을 하라. 여호와께서 하나님이시라고 믿는다면 매일의 생활에서 그 믿음을 실행하라. 거룩하게 생활하고, 기도하며 그리스도를 의지하고, 신실하고, 정직하고 사랑을 보이라. 온 마음을 하나님께 드리고 하나님을 따르라. 바알이 하나님이면 그를 따르라. 그리고 하나님을 따르는 체하지 말라."

여러분의 견해를 행동으로 뒷받침하십시오. 여러분이 정말로 이 세상의 어리석은 행위들이 최선이라고 생각한다면, 유행을 따르는 멋진 생활, 이 꽃 저 꽃으로 날아다니지만 아무데서도 꿀을 얻지 못하는 천박하고 떠들썩한 생활이 정말로 바람직하다고 생각한다면, 그 생각대로 실행하십시오. 난봉꾼의 생활이 아주 매력으로 생각이 된다면, 난봉꾼의 마지막이 정말 바랄 만한 것이라고 생각한다면, 쾌락이 옳다고 생각한다면, 쾌락을 따르십시오. 일생 쾌락을 추구하며 사십시오. 사업에서 남을 속이는 것이 옳은 일이라고 생각한다면, 여러분 가게 문 앞에 이 팻말을 걸어놓으십시오. "여기서는 가짜 물건을 팝니다." 혹은 여러분이 그것을 일반 사람들에게 말하지 않을지라도 여러분 양심에 그렇게 말하고, 일반 사람들을 속이지 마십시오. 여러분이 은행의 한 지점을 열 때, 사람들에게 기도해 달라고 부탁하지 마십시오. 여러분이 자신을 신앙인으로 말하려고 한다면, 그 결정을 철저히 지키십시오. 자신을 세상 사람이라고 말하려 한다면, 처음부터 끝까지 세상과 함께 가십시오. 철저히 여러분의 견해에 따라 행동하도록 하십시오. 여러분의 생활이 여러분의 신앙고백의 이름표가 되게 하십시오. 여러분의 견해가 무엇이든지 간에 그 견해를 실행하십시오. 그런데 여러분은 그렇게 하려고 하지 않습니다. 여러분은 너무 비겁해서 다른 사람들이 하듯이 밝은 하늘 아래에서 솔직하게 죄를 범하지 못합니다. 여러분의 양심이 그렇게 하도록 내버려두지 않을 것입니다. 그렇지만 여러분은 마귀를 상당히 좋아하기 때문에 그를 온전히 떠나서 하나님의 종이 되지도 못합니다. 여러분의 인품이 여러분의 고백을 닮도록 하십시오. 여러분의 고백을 유지하든지 포기하든지 둘 중의 한 가지를 하십시오. 이것을 하든지 아니면 저것을 하든지 하십시오.

그래서 선지자는 "여호와가 만일 하나님이면 그를 따르고 바알이 만일 하나님이면 그를 따를지니라" 하고 소리칩니다.

5. 그렇게 하는 가운데 선지자는 그의 실제적인 주장의 근거를 진술합니다.

여러분의 견해에 일치하도록 행동하십시오. 군중이 제기하는 또 한 가지 반론이 있습니다. 한 사람이 이렇게 말합니다. "선지자여, 당신은 우리에게 애정의 실제적인 증거를 보이라고 요구하시는군요. 당신은 하나님을 따르라고 말합니다. 그런데 내가 여호와를 하나님으로 믿고, 그것이 내 견해라고 할지라도, 하나님이 내 견해에 대해 어떤 권리를 갖는지 나는 알지 못합니다." 자, 선지자가 그에 대해 어떻게 말하는지 주목하십시오. 그는 "여호와가 만일 하나님이면 그를 따르라"고 말합니다. 내가 여러분에게 하나님에 관한 여러분의 견해를 철저히 추구해야 한다고 주장하는 이유는 여호와가 하나님이시기 때문입니다. 하나님은 피조물인 여러분에 대해 진심 어린 복종을 요구할 권리가 있으십니다. 한 사람은 이렇게 말합니다. "내가 하나님을 철저히 섬긴다면 무슨 유익을 얻습니까? 내가 좀 더 행복해집니까? 이 세상에서 좀 더 나은 것을 얻습니까? 마음의 평안을 더 많이 얻습니까?" 아니, 그것은 부차적인 고려 사항입니다. 여러분이 답을 해야 할 질문은 "여호와가 만일 하나님이면 그를 따르라"는 것뿐입니다. 그것이 여러분에게 더 유리한 것이 아니라 할지라도, "여호와가 만일 하나님이면 그를 따르라"는 것입니다.

세속주의자들은 종교가 이 세상과 오는 세상을 위한 최선의 것이 될 수 있다는 이유를 들어 종교를 사람들에게 권하곤 하였습니다. 이 선지자는 그렇게 하지 않았습니다. 그는 이렇게 말합니다. "나는 그 점을 이유로 말하는 것이 아니다. 너희가 하나님을 믿는다면, 그가 하나님이시라는 단순한 이유 때문에 그를 섬기고 그에게 복종하는 것이 필수적인 의무라고 주장하는 것이다. 나는 그것이 너희에게 유리하다고 말하지 않는다. 그럴 수도 있고, 사실 그렇다고 믿는다. 그러나 나는 그것을 염두에 두지 않는다. 내가 너희에게 요구하는 것은 너희가 여호와를 하나님으로 믿는다면 하나님을 따르라는 것이다. 여호와가 하나님이시라고 생각지 않는다면, 정말로 마귀가 하나님이라고 생각한다면, 그렇다면 그를 따르라. 그가 거짓으로 꾸며내는 신성이 여러분의 호소의 구실이 될 것이다. 그러면 여러분의 고백과 행동이 일치할 것이다. 그러나 여호와가 만일 하나님이시면, 하나님께서 여러분을 지으셨다면, 그를 섬기라고 요구하는 것이다.

여러분 코에 호흡을 불어넣는 분이 하나님이시라면, 그에게 복종하라고 요구하는 것이다. 하나님이 진정으로 예배할 가치가 있으신 분이고 여러분이 그렇게 생각한다면, 그를 따르든지 아니면 그가 하나님이시라는 것을 부인하라는 것이다."

스스로 신자라고 생각하는 여러분, 여러분이 그리스도의 복음이 참 복음이라고 말한다면, 복음의 신학을 믿고 그리스도를 신뢰한다면 복음을 철저히 추구하라고 요구하는 것입니다. 단지 복음이 여러분에게 유리하게 될 것이기 때문이 아니라 복음이 하나님에게서 나온 것이기 때문에 그렇게 하라는 것입니다. 스스로를 하나님의 자녀라고 고백한다면, 여러분이 신자이고, 신앙이 최선이며 하나님을 섬기는 것이 가장 바람직한 일이라고 생각하고 또 믿는다면, 나는 여러분이 신앙을 가짐으로써 얻게 될 이점 때문에 여러분에게 복음을 권하지 않습니다. 내가 복음을 권하는 것은 여호와가 하나님이시라는 바로 그 이유에서입니다. 여호와가 하나님이시라면 그를 섬기는 것이 여러분의 할 일입니다. 주님의 복음이 참되고, 여러분도 그렇다고 믿는다면, 복음대로 행하는 것이 여러분의 의무입니다. 그리스도가 하나님의 아들이 아니라고 여러분이 말한다면, 여러분의 유대적인 신념 혹은 이교도적인 신념을 실행하고, 그것이 잘 끝날지 보십시오. 그러나 주의하십시오! 주의하십시오! 여러분이 여호와는 하나님이시라, 그리스도는 구주시라, 복음은 참되다고 말한다면, 나는 바로 그 이유 때문에 그 고백을 실행하라고 여러분에게 요구하는 것입니다.

어떤 사람들은 이 선지자가 "여호와는 너희 아버지의 하나님이시니 그를 따르라"고 말했다면 백성들에게 훨씬 더 강력한 호소력을 보였을 것이라고 생각합니다. 그러나 선지자는 그렇게 하지 않았습니다. 그는 "여호와가 만일 하나님이면"이라고 말했습니다. 그가 너희 아버지의 하나님이든 아니든, 그것은 상관하지 않는다. 다만 "여호와가 만일 하나님이면 그를 따르라"고 말했습니다. 어떤 사람이 묻습니다. "왜 당신은 국교회 예배당에 가지 않고 비국교회 예배당에 갑니까?" "아버지와 할아버지가 비국교도였기 때문입니다." 영국 국교회 교인에게 왜 스코틀랜드 장로교회에 나가느냐고 자주 물어봅니다. 그러면 이렇게 대답합니다. "글쎄요, 우리 가족은 자라면서 언제나 그 교회에 갔어요. 그래서 저도 가는 겁니다."

내가 생각할 때, 특정한 신앙을 견지하는 모든 이유들 가운데 최악의 이유는 우리가 그 신앙을 갖도록 양육되었다고 하는 것입니다. 나는 그것을 도무지 납득할 수 없습니다. 나는 아버지와 할아버지와 함께 하나님의 집에 출석하였습니다. 그러나 성경을 읽을 때는 나 자신을 위하여 판단하는 것은 내 할 일이라고 생각했습니다. 우리 아버지와 할아버지가 어린아이들을 안고 가서 얼굴에 물을 몇 방울 떨어트리고서 그들이 세례 받았다고 말한다는 것을 압니다. 나는 성경에서 어린 아기가 세례 받았다는 이야기는 하나도 볼 수 없습니다. 또 원어 성경을 보지만, "세례를 베풀다"는 단어가 물을 뿌린다는 뜻이라고 하는 부분을 찾을 수 없습니다. "그들이 훌륭한 분들이었지만 틀릴 수가 있습니다. 그분들을 사랑하고 존경하지만 그럴지라도 내가 그분들을 따라야 할 이유는 없습니다!" 그분들은 나의 정직한 신념을 알았을 때 나를 옳게 여겨주었습니다. 내가 내 신념을 따라 행동하는 것은 지극히 옳은 일이었습니다. 의식이 없는 유아에게 세례를 주는 것은 양이나 수사슴에게 세례를 주는 것만큼이나 어리석은 일이라고 생각합니다. 그래서 나는 그분들을 떠나 침례교 목사라는 오늘의 내가 되었습니다. 그렇지만 나는 단순한 침례교도가 아니라 훨씬 그 이상의 그리스도인이 되었다고 생각합니다.

　나는 이 점을 좀처럼 얘기하지 않지만, 여기서는 한 가지 예만을 말씀드리도록 하겠습니다. 많은 사람들이 자기 할머니가 그렇게 했기 때문에 비국교회 예배당에 갈 것입니다. 사실, 할머니는 꽤 괜찮은 분이었습니다. 그렇지만 나는 그분이 여러분에게 영향을 끼쳐야 마땅하다고 생각하지 않습니다. 어떤 사람은 말합니다. "그것은 문제가 되지 않아요. 나는 아버지가 다니는 교회를 떠나고 싶지 않아요." 나도 그러고 싶지 않습니다. 나도 아버지 교회 교단에 그대로 있고 싶습니다. 나는 어떤 친구와도 일부러 의견을 달리하고 싶지 않고 그들의 교단을 떠나고 싶지도 않습니다. 그러나 우리는 하나님을 부모님 위에 두어야 합니다. 부모님이 우리 마음 가운데 가장 높은 곳에 있고, 우리는 부모님을 사랑하고 존경하며, 다른 모든 문제들에는 그분들에게 철저히 순종합니다. 그러나 신앙에 있어서는 모든 것이 주님께 달려 있습니다. 나는 우리가 사람으로서 자신에 대해 판단할 권리가 있고, 판단을 했으면 신념대로 행하는 것이 우리의 의무라고 생각합니다. 나는 "하나님이 만일 여러분 어머니의 하나님이라면 그를 따르라"고 말할 생각이 없습니다. 이 말이 어떤 분들에게는 상당히 효과적인 논거가 될 것이지만, 흔들리는 여러분들에게 내가 드리는 말씀은 "여호와가 만일 하나님이면 그를 따르라"는 것입니다. 복음이 옳다면, 복음을 믿으십시오. 신앙생활이 옳다면, 그대로 행하십시오. 그렇지 않다면, 신앙생활을 단념하십시오. 나는 엘리야가 말한 대로 주장할 뿐입니다. "여호와가 만일 하나님이면 그를 따르고 바알이 만일 하나님이면 그를 따를지니라."

6. 이제 나는 머뭇거리고 흔들리는 사람들에게 하나님께서 써 주시기를 바라며 몇 가지 질문을 던지도록 하겠습니다.

나는 그들에게 "너희가 어느 때까지 머뭇거리겠느냐?"는 이 질문을 던지겠습니다. 그들에게 말할 것입니다. 여러분은 두 견해 사이에서 머뭇거릴 것인데, 결정을 하지 못한 여러분 모두는 하나님께서 불로써 응답하실 때까지 머뭇거릴 것입니다. 불은 그 자리에 모인 이 불쌍한 백성들이 원하는 것이 아니었습니다. 나는 엘리야 선지자가 "불로 응답하는 신 그가 하나님이니라"고 말할 때, 그들 가운데 어떤 사람들이 "아닙니다. 물로 응답하는 신 그가 하나님이 될 것입니다. 우리는 비가 너무도 필요합니다"라고 말하는 것이 들리는 것 같습니다. 엘리야는 이렇게 말했습니다. "그렇지 않다. 비가 온다면, 너희는 그것이 일반적인 섭리의 과정이었다고 말할 것이고, 그러면 너희는 결정하지 않을 것이다. 분명히 말하지만, 결단을 내리지 못한 너희에게 어떤 섭리가 임하더라도 너희는 결심하지 않을 것이다."

하나님께서는 여러분 주위에 온통 섭리를 일으키실 수 있습니다. 친구들의 임종을 통해 자주 여러분에게 경고를 보내실 수 있습니다. 그러나 그런 섭리를 보고도 여러분은 결심하지 않을 것입니다. 여러분을 결심하게 만들 것은 비를 내리시는 하나님이 아니라 불을 내리시는 하나님이십니다. 우유부단한 여러분이 장차 분명한 태도를 결정하게 만들 두 가지 방법이 있습니다. 하나님을 위하는 분명한 태도를 보이는 여러분은 더 이상 결단이 필요 없습니다. 사탄을 위하기로 결심한 여러분은 더 이상 결단이 필요 없습니다. 여러분은 사탄의 편에 있으니, 영원히 꺼지지 않는 불 가운데 지내야 합니다. 그러나 결단을 내리지 못한 이 사람들에게는 그들을 결심하도록 만들어, 그 둘 중에 어느 한편에 서도록 하는 것이 필요합니다. 그들은 결심하게 만드는 성령의 불을 받거나 아니면 영원한 심판의 불을 받을 것이고, 그러면 그들이 결단을 내릴 것입니다.

청중 여러분, 내가 여러분에게 설교할 수 있습니다. 세상의 모든 목사들이 머뭇거리는 여러분에게 설교할 수 있습니다. 그러나 여러분은 스스로 의지를 발휘해서 하나님을 택하기로 결심하지 않을 것입니다. 여러분의 본성의 판단에 맡기면, 여러분의 이성을 사용하도록 맡긴다면, 여러분 가운데 하나님을 택하기로 결심할 사람은 아무도 없을 것입니다. 여러분이 하나님을 위하기로 결심할 수 있지만, 그것은 단지 외적인 형태만 취한 것일 뿐, 내부의 영적인 것이 아닐 수가 있습니다. 다시 말해 그리스도인으로서, 곧 효력 있는 은혜의 교리를 믿는 신자로서 여러분의 마음을 붙잡는 영적인 것이 아닐 수 있다는 것입니다. 하나님께서 여러분을 결심시키지 않는 한, 여러분 가운데 아무도 하나님의 복음을 믿기로 결심할 사람이 없으리라는 것을 압니다. 분명히 말씀드립니다만, 여러분은 지금 성령의 불이 여러분 마음속에 임하시도록 결심하거나, 아니면 심판 날에 불이 여러분에게 떨어지도록 결심해야 합니다. 어떻게 해야 하겠습니까? 이 자리에 계시는 많은 사람들이 이렇게 기도하였으면 좋겠습니다. "주님이시여, 주의 성령의 불로써 나를 결심시켜 주소서. 성령께서 내 마음속에 내려오셔서 제물인 수소를 다 태워 내가 하나님께 드려지는 온전한 번제가 되도록 하여 주소서. 내 죄의 나무와 돌을 다 태워주시고, 내 마음속의 세상적인 것들을 먼지까지 다 태워주소서. 지금 도랑에 있는 나의 불경건이라는 물과, 제물을 태우는 불을 꺼트리려고 하는 나의 냉담한 무관심이라는 물을 다 태워 말려 버리소서."

> "이 마음을 기쁘게 하든지 아니면 아프게 하소서!
> 나를 위하여 이 의심을 해결하여 주소서.
> 이 마음이 상하지 않았으면 마음을 상하게 하시고
> 상했을 때는 고쳐 주소서.
>
> 주권적인 은혜시여, 내 마음을 정복하소서.
> 승리 가운데서 또한 나를 인도하여
> 주님의 자발적인 포로가 되어
> 하나님 말씀의 위업을 노래하게 하소서."

내가 말씀드리는 동안에, 사람들이 보지 못하고 여러분 가운데 대다수는 느끼지 못하는 강력한 불이 하나님의 거룩한 택하심으로 오래 전에 하나님께 바쳐진 사람, 곧 지금 부서진 제단 같지만 오늘 하나님의 값없는 은혜로 세워질 사람의 마음에 내려오는 일이 있을 수 있습니다. 어떤 사람들의 마음속에 영향력이 파고들어, 그들이 이곳을 나가서 이렇게 노래할 수 있으면 좋겠습니다.

> "일이 끝났네. 위대한 계약이 체결되었네.
> 나는 주님의 것이고 주님은 나의 것이네.
> 주께서 나를 이끄시고 나는 주님을 바싹 따랐네.
> 하나님의 음성에 즐거이 순종하면서."

이제 나뉘지 않은 내 마음이 이 안정된 안식처에 확고히 발을 붙이고 쉬게 하소서. 많은 사람이 그렇게 말할 수 있으면 좋겠습니다! 그러나 일이 그렇게 되지 않는다면, 그 날, 곧 최후 심판의 날이 오고 있다는 것을 기억하십시오. 그 날에는 여러분이 하나님께 태도를 명확히 하게 될 것이고, 하늘은 번개로 밝아지고 땅은 두려움에 취해서 비틀거리며, 우주의 기둥들은 흔들리고 하나님께서 그의 아들 안에서 세상을 의로 심판하실 것입니다. 그때는 여러분이 결단을 내리지 않은 채로 있지 못할 것입니다. 그때는 "저주를 받은 자들아 나를 떠나라" 혹은 "내 아버지께 복 받은 자들이여 나아오라"(마 25:34, 개역개정은 "내 아버지께 복 받을 자들이여 나아오라")는 말씀이 여러분의 운명이 될 것입니다. 그때는 머뭇거리며 있을 수 없을 것입니다. 여러분이 주님을 기쁘게 만나든지 아니면 두려움으로 떨며 만날 것입니다. 그때는 여러분이 "바위들이여 나를 가리고, 산들이여 내 위에 무너지라" 하고 슬프게 비명을 지르거나, 아니면 "주님이 오신다" 하고 기쁜 노래를 부르게 될 것입니다. 그날에는 여러분이 태도를 명확히 보일 것입니다. 성령님의 살아계신 불이 여러분을 결심시키지 않으시는 한, 그때까지 여러분은 두 견해 사이에서 계속 머뭇거리고 있을 것입니다. 하나님께서 여러분에게 성령을 주시어 여러분이 하나님께로 돌이켜 구원을 얻도록 해 주시기를 구합니다!

제
8
장
—

인정을 베풀지 않음

—

"엘리야가 그들에게 이르되 바알의 선지자를 잡되 그들 중 하
나도 도망하지 못하게 하라 하매." — 왕상 18:40

엘리야를 철의 선지자로 부를 수 있을 것입니다. 그는 엄격하고 용감한 사람이었습니다. 겁을 내어 물러나지 않고 만난(萬難)을 무릅쓰고 주님의 메시지를 전달하였습니다. 바로 이런 때에는 이런 사람을 일으키는 것이 합당한 일이었습니다. 왜냐하면 시돈 사람으로 왕비가 된 이세벨은 매우 오만하고 지극히 미신적이며 자기 뜻을 실행하는데 단호하였기 때문입니다. 아합을 자기 마음대로 주무르는 그녀가 여호와의 선지자들을 죽이라는 명령을 내렸습니다. 사람들은 이 명령에 너무나도 잘 복종하였습니다. 엘리야가 와서 그녀의 악의를 저지하기 전까지는 아무도 이 잔인한 여자 앞에 설 수 없었습니다. 영웅적인 기백을 지닌 이 사람 혼자서 우상 숭배의 무시무시한 급류를 막았고, 급류 한가운데서 바위처럼 굳게 자기 입장을 지켰습니다. 그는 철저히 혼자였지만 마치 사자 한 마리가 양 떼를 흩어버리듯이 궁전과 산당의 모든 제사장들과 넉넉히 맞서 싸울 수 있는 사람이었습니다. 본문을 볼 때, 우리는 이미 엘리야가 바알의 선지자들이 거짓말쟁이라는 것을 입증하였다는 것을 기억할 것입니다. 그 다음에 실제적인 사람답게 그는 이어서 자연스런 결론대로 시행하였습니다. 이스라엘의 법은 "만일 어떤 선지자가 내가 전하라고 명령하지 아니한 말을 제 마음대로 내 이름으로 전하든지 다른 신들의 이름으로 말하면 그 선지자는 죽임을 당하리라"(신

18:20)는 것이었습니다. 그러므로 그 사실이 모든 사람들 앞에서 입증되었으므로, 엘리야가 친히 형 집행자가 된 것입니다. 엘리야가 백성들에게 명령하여 이 협잡꾼들을 붙잡게 하였고 그가 친히 기손 시내를 그들의 피로 붉게 물들였습니다. "바알의 선지자를 잡되 그들 중 하나도 도망하지 못하게 하라"는 것이 불의 선지자의 우레 같은 목소리였습니다. 이 사람은 타협은 꿈에도 생각하지 않고 자기 하나님의 뜻을 철저히 행하였습니다. 그가 여인에게서 태어난 또 다른 사람과 함께 특이한 방법으로 하늘에 올라간 것이 아마도 이 때문이었을 것입니다. 이 선지자를 그처럼 충성스럽게 만드신 그 하나님께서 세상을 다른 사람들과 다르게 경험한 사람이 세상을 다르게 떠나가도록, 그리고 살아있는 동안에 스랍처럼 불타올랐던 사람이 불 병거를 타고 가서 그의 상급을 받도록 결정하셨습니다.

하지만 나는 이 문제를 더 이상 자세히 다루지 않고, 이 사건의 중심 사상에서 배워야 할 교훈을 찾아보도록 하겠습니다. 형제자매 여러분, 이런 이야기가 가르치는 영적 교훈은 광범위합니다. 이 이야기에는 많은 유익을 얻을 수 있는 교훈이 들어 있습니다. 왜냐하면 에덴 입구에 있던 화염검처럼, 이 교훈은 어느 모로나 적용되기 때문입니다. 오늘 아침에는 이 가운데 한 가지 용도만 말씀드려도 충분할 것입니다. 그러나 또한 이 교훈이 적용될 수 있는 방법을 보여주는 암시로서, 나는 이 교훈이 하나님의 교회의 현재 상태와 분명히 관계가 있다는 점에 주목할 것입니다. "바알의 선지자를 잡되 그들 중 하나도 도망하지 못하게 하라"는 말은 우리의 대성당과 교구 교회들이 듣는 것이 더 좋을 목소리입니다. 부정한 타협이 이 시대의 풍조입니다. 정직한 피가 주입될 필요가 있습니다. 정말로 그 필요가 절실합니다. 사람들이 종교적 진리에 관해 점점 더 아주 무심해지고 있습니다. 이것은 사람들이 하나님의 종들과 바알 숭배자들이 한 교회 안에 들어 있고, 같은 제단에서 예배드리고 있는 모습을 보기 때문입니다. 하나님께 진심으로 충성한다면 우상 숭배자들과의 이런 동맹은 허용되지 않습니다. 오류들이 평화를 위한다는 명목으로 이 민족 교회에 그대로 남게 되었고, 이제는 이 오류들이 지배적인 힘을 갖게 되어 진리를 사랑하는 사람들을 파괴시키려고 위협합니다! 교리나 의식(儀式)에 있어서의 오류는 바알 선지자만큼 유해하므로 허용해서는 안 된다는 것이 이제는 분명합니다. 세상은 넓습니다. 사람들은 단지 자기 믿음에 대해서 하나님께 책임을 질 뿐입니다. 그러나 교회는 자기 경계 내에서 거짓이 번식하도록 허용해서는 안 됩니다. 그리스도인들은 가르침이 그릇된 교회와 손 잡을 권리가 없습니다. 우리가 교회 안에서 큰 잘못이 만연한 것을 보고 그 교회 회원으로서 그 잘못에 가담한다면 우리는 그 죄를 함께 짓는 것이고 주께서 다시 오시는 날에 심판도 함께 받지 않으면 안 될 것입니다. 우리가 어떤 교회에 속했느냐 하는 것은 중요하지 않다고 하는 말은 새빨간 거짓말입니다. 양심이 있고 하나님을 사랑하는 사람이라면 누구에게나 그것은 중요한 문제입니다.

나는 영국 국교회의 의식파(儀式派) 사람들과 합리주의자들과는 교회적 사귐을 꾀하지 않습니다. 충성스러운 신하들은 반역자들의 집단과 손을 잡지 않을 것입니다. 종교개혁이 완전하게 실행되었다면, 루터 시대에 교회는 참으로 놀라운 복이었을 것입니다! 종교개혁이 위대한 일이었지만 어떤 점들에서 그것은 매우 피상적인 일이었고, 치명적인 오류들을 손대지 않은 채 그대로 남겨두었습니다. 잉글랜드의 종교개혁은 거의 개혁이 시작되자마자 바로 정치에 의해서 저지되고 말았습니다. 우리 잉글랜드 교회가 절반은 천주교 교회입니다. 존 녹스가 스코틀랜드에서 그랬듯이 이 나라에서도 그 나무들을 근절하였다면, 우리가 많은 악을 남겨두지 않았을 것입니다. 그런데 가지만 쳐낸 나무들이 가지들을 다시 뻗기 시작하고, 부차적인 자리를 차지하도록 허용하였던 오류들이 이제는 전면에 나와서 하나님의 진리를 밀어내려고 위협하고 있습니다. 우리 양심을 하나님 앞에서 깨끗하게 유지할 수 있고, 그렇게 해서 빛 가운데서 하나님과 동행할 수 있는 유일한 길은 우리가 모든 거짓된 길을 혐오하고, 하나님과 진리에 속하지 않은 모든 것을 부인하는 것입니다. "율법과 증거의 말씀을 따를지니 그들이 말하는 바가 이 말씀에 맞지 아니하는 것은 그들 속에 빛이 없기 때문이라"(개역개정은 "율법과 증거의 말씀을 따를지니 그들이 말하는 바가 이 말씀에 맞지 아니하면 그들이 정녕 아침 빛을 보지 못하고." - 역주).

그리스도인들이 언제 이 진리를 알 것입니까? 성경, 오직 성경만을 믿는 것이 프로테스탄트의 신앙이라고들 말합니다. 그러나 그것은 완전히 잘못된 거짓말입니다. 프로테스탄트들 대부분은 성경에서 가르치는 것 외에도 다른 많은 것을 믿습니다. 그들은 성경적 권위가 없는 의식들을 시행하고, 성령께서 계시하시지 않은 교리들을 믿습니다. 그들이 성경과 성령을 떠난 모든 권위의 멍에를 던져버릴 때 교회는 행복해질 것입니다. 주님께서 자유롭게 하신 사람들이 공의회들, 교부들과 박사들, 전통과 관습과 무슨 관계가 있습니까? 참된 교회에 랍비는 오직 한 분밖에 계시지 않고, 교회는 그분의 말씀으로 충분합니다. 사람들의 계명을 버리십시오. 하나님의 율법을 헛되게 만드는 전통들을 내려놓으십시오. "바알의 선지자를 잡되 그들 중 하나도 도망하지 못하게 하라." 철저한 정화(淨化)가 필요합니다. 근본적인 종교개혁이 절실하게 필요합니다. 하나님께서 우리에게 엘리야의 심령과 능력을 입은 선지자를 보내주시기를 구합니다. 그러면 그가 열매를 맺지 않는 유해한 그릇된 나무들을 베어 불에 던질 것입니다.

하지만 나는 지금 그 중요한 주제에 대해 이야기할 생각은 없습니다. 나는 불과 칼을 다른 구역에 던지고 싶습니다. 그런 공격이 실제적인 결과를 낼 것으로 믿는 곳에다 말입니다. 우리 가정을 보고, 우리 마음을 살피며, 우리 영혼을 시험해 봅시다. 우리 인간은 세 부분으로 구성된 왕국입니다. 영과 혼과 몸은 인간의 섬(the Isle of Man)이라는 연합 왕국입니다. 그리고 이 왕국은 한 분 이스라엘의 하나님께 전부를 바치게 되어 있습니다. 그런데 그렇게 되기보다는 죄가 이 왕국을 오염시켰습니다. 그래서 악의 지배적인 세력이 하나님의 은혜로 진압된 곳에서조차 죄가 여전히 밀고 들어와 다시 지배권을 차지하려고 합니다. 우리 안에 있는 죄와 관련해서 그리스도인 생활의 중대한 법은 "바알의 선지자를 잡되 그들 중 하나도 도망하지 못하게 하라"는 것입니다. 우리는 죄와는 휴전하지도 않고 협상하지도 않습니다. 모든 종류의 죄와 피 흘리기까지 싸우는 것이 그리스도인 내면의 변치 않는 습관이 되어야 합니다.

오늘 아침에는 하나님의 백성들에게만 말씀드리겠습니다. 이 점을 충분히 이해하시기 바랍니다. 나는 중생하지 않은 사람, 곧 예수 그리스도를 믿지 않는 사람들에게 설교하려는 것이 아닙니다. 내가 죄로 죽은 사람들에게 죄와 싸우고 그로 말미암아 구원 얻기를 소망하라고 권한다면, 정말로 어리석은 일일 것입니다. 그것은 구원 얻는 길이 전혀 아니기 때문입니다. 설령 그들이 그렇게 할 수 있는 능력이 있을지라도 말입니다. 죄인들은 먼저 그리스도께 인도되어야 하고, 그리스도 안에서 믿음의 눈으로 구원을 찾아야 합니다. 첫째 할 일은 믿음이지 행위가 아닙니다. 새로 태어나기도 전에 선한 행실을 이야기하는 것은 하나님의 질서를 무시하는 것이고, 제일 뒤에 있는 것을 맨 앞으로 내세우는 것입니다. 그리스도인이 아닌 사람에게 그리스도인의 의무에 대해 이야기하는 것은 쓸데없는 일입니다. 회심하지 않은 청중 여러분, 첫째로 그리고 현재로서 할 일은 여러분이 하나님께서 보내신 예수 그리스도를 믿는 것입니다. "주 예수를 믿으라 그리하면 네가 구원을 받으리라"(행 16:31). 이는 "믿고 세례를 받는 사람은 구원을 얻을 것이요 믿지 않는 사람은 정죄를 받기"(막 16:16) 때문입니다. 나는 지금 오직 믿은 사람들에게만 말씀을 전하는 것입니다. 그분들에게 본문의 명쾌하고 예리하며 철저한 권고를 차근차근 이야기하고 싶습니다.

첫째로, 나는 우리가 지금 명령하는 학살에 대한 이유를 제시할 것입니다. 둘째로, "하나도 도망하지 못하게 하라"는 그 학살의 철저함에 대한 논거를 살펴볼 것입니다. 그 다음에 셋째로, 우리가 그 명령을 실행하는데 도움을 줄 실제적인 가치가 있는 진리들을 언급할 것입니다.

1. 그러면 첫째로, 우리가 지금 권하는 그 학살의 이유들을 제시하도록 하겠습니다.

우리의 죄는 하나님께 대한 반역자들이기 때문에 죄들은 모두 죽어야 마땅하다는 점을 처음부터 여러분에게 말씀드립니다. 한때는 우리도 반역자들이었습니다. 그때는 우리가 자발적으로 우리의 죄를 두둔하였습니다. 우리는 하늘의 왕께 반란을 꾀하였고, 그래서 자신의 죄를 사랑하고 그 뜻을 다 받아주었습니다. 우리는 죄를 소중히 여기고 덮어놓고 좋아하였습니다. 사랑하는 여러분, 이제는 사정이 바뀌었습니다. 여호와 하나님께서 우리 하나님이시고 왕이십니다. 우리는 하나님의 통치를 기뻐합니다. 그래서 우리는 "온 땅에 그의 영광이 충만할지어다"(시 72:19) 하고 기도드립니다. 타고난 우리의 죄는 어떻게 해서든지 하나님에게서 그 영광을 빼앗으려 합니다. 죄는 모두가 사실상 지존하신 하나님의 보좌를 공격하는 것입니다. 하늘의 왕권에 대한 반역적인 공격입니다. 율법을 어김으로써 하나님의 법에 반항하는 사람은 사실 "나는 이 입법자가 나를 다스리게 하지 않겠어" 하고 말하는 것입니다. 여러분, 하나님 나라의 자녀들이여, 죄가 여러분을 통해서 주님을 공격하도록 허락하는 것은 합당치 않은 일입니다. 예수님의 피로 구속을 받고, 영원한 사랑을 받으며 무한한 은총을 받은 영혼이 검고 더러운 반역자들, 곧 육신과 마음의 죄들에게 은신처를 제공하는 것은 합당치 않은 일입니다. 오늘 이 명령을 성령의 능력으로 발하여 육신을 그 정과 욕심과 함께 십자가에 못 박게 하도록 하십시오. 포도원을 해치는 여우들을 잡되 한 마리도 도망하지 못하게 하십시오.

둘째로, 죄들이 이미 우리에게 막대한 해를 끼쳤기 때문에 죄들을 죽이십시오. 죄가 하나님을 공격한다는 점에서 이미 우리는 죄를 타도해야 할 주된 이유를 발견했습니다. 죄가 우리와 우리 인류에게 심한 상처를 입혔다는 점도 기억하도록 합시다. 형제 여러분, 죄가 우리에게 한 일이 무엇입니까? 죄가 우리에게 어떤 유익이나 복을 주어서 우리를 부유하게 한 것이 있습니까? 역사의 두루마리를 대강 훑어보고 죄가 사람에게 최악의 원수가 아닌지 보십시오. 죄의 뜨거운 입김이 에덴을 결딴내었고, 에덴의 지극히 복된 모든 나무 가지를 시들게 만들었으며, 땅을 메마르게 해서 땀이 흐르기까지 수고하지 않으면 땅이 우리가 먹고 살 식물을 내놓지 않을 것입니다!

온 평지를 봉분으로 덮고 있는 셀 수 없이 많은 저 무덤들을 주목해 보십시오. 이 모든 사람들을 누가 죽였습니까? 죽음이 어떤 문을 통해 이 세상에 들어왔습니까? 죄가 그 입구를 연 문지기가 아니었습니까? 이 세상 역사의 모든 시대에서 죽어가는 남자들의 신음소리와 도망하는 여인들의 비명이 무시무시하게 일어나도록 만든 전쟁의 부르짖음을 지금 들어보십시오. 저 깃발을 처음 피에 적신 자가 누구이며, 전쟁터의 시체로 공기를 더럽힌 자가 누구입니까? 허다한 사람들을 뭉개고 많은 사람의 인생을 견고한 속박으로 괴롭게 만든 저 독재적인 왕권을 보십시오. 누가 저 왕권의 어두운 토대를 놓고 그 토대를 피로써 접합시켰습니까? 대량학살이 따르는 전쟁과 많은 고통을 수반하는 전제정치가 어디에서 왔습니까? 사람들의 죄와 정욕 외에 어디에서 왔겠습니까?

온 세상에서 밭고랑에 독당근이 있고 두둑에 엉겅퀴가 있다면, 죄의 손이 그것들을 널리 뿌린 것입니다. 죄는 소돔의 사과를 재로 만들고 고모라의 포도를 쓸개즙으로 만들었습니다. 무시무시한 진액이 흐르는 이 뱀의 꼬리가 기쁨의 발자국들을 지워버렸습니다. 죄가 행군하기 전에는 여호와의 동산이 보이는데, 죄가 지나간 다음에는 사막과 납골당이 보입니다. 잠깐만 계십시오. 아직 출발하지 말고, 나와 함께 갑시다. 혐오스러운 종교 행위가 자행된 도벳의 소름끼치는 어둠을 들여다보십시오. 거기에는 끝까지 회개치 않는 자, 곧 용서받지 못한 죄들을 머리에 이고 죽은 자들이 거하는 곳입니다. 여러분은 그들이 고통 때문에 지르는 신음소리와 끙끙거리는 소리를 들을 수 있겠습니까? 나는 하나님께 쫓겨난 자들, 모든 소망과 평안에서 영원히 추방당한 영들의 고통을 설명할 생각이 없습니다. 그보다는 여러분에게 묻겠습니다. 여러분, 누가 저 구덩이를 파고 거기에 사람들을 던져 넣었습니까? 누가 저 무시무시한 불길에 연료를 대주며, 죽지 않는 벌레가 결코 무디어지지 않는 이를 어디서 얻습니까? 죄가 그 모든 일을 했습니다. 죄는 지옥의 어머니이고, 모든 불타는 시냇물을 흘려보내는 불의 샘입니다. 죄여, 지옥으로부터 구속 받은 하늘의 상속자가 그대와 친하게 지내는 것은 합당치 않은 일이다. 우리가 독사를 귀여워하고 치명적인 코브라를 가슴에 품겠습니까? 하나님의 은혜가 없었다면, 우리의 죄가 이미 우리를 지옥에 가두어두었을 것입니다. 그리고 지금도 우리를 그리로 끌고 가려고 합니다. 그러므로 우리는 우리 영혼의 이 원수들을 붙잡아 죽이고, 하나도 도망하지 못하게 합시다.

사랑하는 형제 여러분, 모든 죄는 그것이 교만이나 게으름, 혹은 탐욕, 세상적임, 정욕 혹은 그 밖의 다른 어떤 악이든 간에 죄는 하나님의 은혜로 말미암아 죽는 것이 합당한 일입니다. 죄를 죽이지 않으면 죄가 우리에게 심각한 해악을 일으킬 것이기 때문에 죄가 죽어야 하는 것이 합당한 일입니다. 사람들이 죄에 대해서 생각할 때 큰 죄들에 대해서는 여러분에게 말할 필요가 거의 없습니다. 왜냐하면 여러분 모두 큰 죄들이 얼마나 위험한지 알기 때문입니다. 그러나 작은 죄라고 하는 것들도 마찬가지로 버려야 합니다. 조금씩 타락하는 것이 무서운 타락의 길입니다. 그리스도인이라면 이미 알고 있는 죄를 범하면서 하나님과 동행할 수는 없습니다. 우리가 마음속에 죄를 묵인하자마자 우리는 기도의 능력을 잃습니다. 죄가 즐거워지면 성경은 더 이상 우리에게 달콤하지 않습니다. 마음이 악에 홀리게 되면 성전의 예배가 지루하고 활기가 없습니다. 단 한 가지 죄라도, 죄가 신자에게 끼칠 해악이 얼마나 클지는 아무도 알 수 없습니다. 죄는 요나의 호박 넝쿨을 뿌리째 갉아먹은 벌레와 같습니다.

다윗의 경우를 들어봅시다. 그가 타락한 순간부터 그의 인생에 얼마나 큰 변화가 일어났습니까? 그는 천국에 도달했지만, 그리로 가는 길 내내 아주 고통스럽게 절뚝거렸고, 걸음을 옮길 때마다 아주 힘겨운 신음소리를 냈습니다. 그가 타락하기 전에 쓴 노래들은 많은 경우에 기쁨에 차 있고, 큰 소리 나는 심벌즈가 부딪치는 것처럼 떠들썩한 소리를 내는 경우가 많습니다. 그러나 타락 후에는 달콤하게 노래를 부르는 이 이스라엘 가수가 목쉰 소리를 냅니다. 그는 슬픈 현을 켜며 현악기를 내려놓고 저음 나팔을 연주합니다. 죄가 이 독수리의 날개를 꺾고 그 눈을 침침하게 만들었습니다.

삼손은 훨씬 더 슬픈 경우입니다. 깎인 그의 머리카락과 멀게 된 그의 눈을 보며 생각합시다. 여러분이 최악의 원수를 보고자 한다면, 여러분의 죄들을 보십시오. 여러분 영혼의 상태를 괴롭힐 수 있고, 여러분의 기쁜 마음을 파산시키며 여러분의 확신을 깨트리고 여러분의 유용성을 없애버릴 수 있는 것이 무엇인지 알고자 한다면, 죄를 보기만 하면 됩니다. 죄의 비늘은 여러 가지 색깔로 반짝이며 그 눈은 매력적으로 빛나지만, 그 이빨은 치명적입니다. 아말렉이 사정없이 쳐야 할 원수였듯이 죄는 신자가 동정을 보일 수 없는 원수입니다. 그러므로 죄에 대해 무장하고, 그 자녀들을 모조리 사로잡고 하나도 도망하게 해서는 안 됩니다.

우리가 분연히 일어나 이 죄들을 살육하도록 만들기에 이런 이유들만으로 충분할 것입니다. 반역자들을 죽여야 하지 않겠습니까? 우리의 파멸을 계획한 이들을 우리에게서 아주 멀리 옮겨야 하지 않겠습니까? 만족을 모르는 이 적들, 곧 우리를 해치는데 독수리보다 빠르고 사자보다 강한 이 원수들에 맞서 싸우고 이겨야 하지 않겠습니까? 그들과 평화롭게 지낸다는 것은 꿈에도 생각할 수 없는 일입니다. 여호와와 그의 백성들은 대대로 아말렉과 싸울 것입니다. 우리는 죄를 단 하나라도 남겨둘 생각을 하지 말고, 무덤처럼 잔혹한 질투심으로 이 부정한 짐승들을 추적해서 잡도록 합시다.

엘리야가 "바알의 선지자를 잡되 그들 중 하나도 도망하지 못하게 하라"고 말했을 때, 그는 바로 얼마 전에 단을 세운 바로 그 지점에서 논거를 끌어냈을 것이라고 생각합니다. 수소와 나무와 돌과 물이 하늘의 불에 다 타서 없어지는 그 놀라운 광경을 인해서 그는 백성들에게 하나님을 섬기라고 권유하였을 것입니다. 틀림없이 엘리야는 이렇게 말했을 것입니다. "저기를 봐라. 제사를 여호와께서 받으셨다. 그러면 어떻게 해야 하겠는가? 자연스러운 결론은 저 희생제사의 원수들을 당장 죽이는 것이 아니겠는가?" 형제자매 여러분, 여러분과 나는 골고다의 희생제사, 곧 갈멜 산의 광경보다 훨씬 더 장엄한 광경을 보았습니다. 거기에는 수소가 없었고 그 대신에 육신이 되신 하나님의 아들이 계셨습니다. 여러분은 믿음으로 하나님의 아들이 그 나무에 못 박히신 것을 보았고, 그 몸으로 겪으신 고통을 보았으며, 묵상하는 가운데 그 영혼의 고통을 지켜보았습니다. "여호와께서 그에게 상함을 받게 하시기를 원하사 질고를 당하게 하셨다"(사 53:10)는 것을 우리는 압니다. 하나님께서 그의 영혼을 "속건제물"로 삼으셨을 때, 곧 하나님의 공의의 불길이 그 희생에 떨어지고, 이제 제사가 마쳐졌을 때, 그리스도께서 우리의 모든 죄를 위한 하나님이 받으시는 속죄를 이루신 것입니다. 그러므로 여러분이 이제부터는 죄를 섬길 수 없다는 추론을 끌어내지 않겠습니까? 예수님의 피로 말미암아 여러분은 악을 미워하지 않을 수 없습니다. 이 죄들 때문에 그리스도께서 질고를 겪지 않을 수 없으셨는데, 여러분이 이 죄들을 기쁘게 하겠습니까? 이 죄들을 인해서 구주님께서 하나님의 진노를 받으셨는데, 여러분이 다시 그 죄들을 지으려고 하십니까? 이것은 천하기 짝이 없는 배은망덕인데, 여러분이 이 죄를 지을 수 있겠습니까? 여러분은 예수님의 피 흘리는 상처를 보고나서 다시 죄를 지어 주님을 상하게 할 수 있습니까? 신자 여러분, 여러분이 의롭다 함을 받았는데, 그런데도 다시 예전처럼 제멋대로 죄와 장난질 치는 일을 할 수 있습니까? 그럴 수 없습니다. 세상에서 예수 그리스도의 피 흘리는 제사의 광경만큼 사람을 거룩하게 만드는 장면은 없습니다. 그리스도인에게 있어서 예수께서 죽으셨다는 사실만큼 죄는 죽어야 한다는 것을 설득력 있게 보여주는 증거는 없습니다. 하늘의 영원한 주님께서 죄 때문에 피 흘리고 고통을 당하십니다. 그렇다면 죄는 죽어야 하는 것입니다. 십자가가 죄를 처형합니다. 예수님의 무덤은 우리 죄악의 무덤입니다. 예수님의 피와 상처를 인해서 우리는 바알의 선지자들을 잡되 하나도 도망하지 못하게 하지 않을 수 없습니다. 여러분은 칼로 언제든지 그들의 심장을 칠 준비를 하고 있어야 합니다! 일어나 그들을 죽이십시오. 사무엘이 하나님 앞에서 아각을 베었듯이 죄들을 산산조각 내십시오.

이 선지자는 또 한 가지 논거를 사용했을 수 있는데, 이 논거는 틀림없이 그들에게 효력이 있었을 것입니다. 그는 이렇게 말했을지 모릅니다. "잘 들어보라. 여호와는 하나님이시라고 너희가 스스로 고백하였다. 이 표적을 보고 두려워서 너희가 다시 여호와께 찬양을 돌렸고 여호와는 하나님이시라고 인정하였다. 그렇다면 어떻게 해야 하겠는가? 우리는 이 유혹자들을 즉시 처단하도록 하자." 그런 고백은 거기에 일치하는 행동을 요구하였습니다. 오늘 아침 내 설교를 듣는 여러분 대부분은 거룩하신 주님이 여러분의 하나님이라고 공언하였습니다. 여러분은 이 교회의 엄숙한 예배에 가담함으로써 그 사실을 말하였고, 찬송으로써 그 사실을 밝히 드러내며 우리 기도에 아멘으로 화답함으로써 그 사실을 말하였을 뿐만 아니라 여러분 가운데 많은 분들은 하나님의 교회 앞에서 여러분의 신앙을 공언하였습니다. 여러분은 모인 형제들 앞으로 와서 주님이 여러분의 하나님이요 왕이라고 밝혔습니다. 또한 여러분은 주님의 명령에 순종하여 상징적인 그 의식을 따랐는데, 그 의식을 통해 여러분은 자신이 세상에 대하여 죽었고, 세례로써 주 예수님과 함께 장사되어 죽었다고 선언하였습니다. 여러분이 주님의 이름으로 엄숙하게 세례를 받았고, 세례의 물이 상징하는 무덤으로부터 주님의 이름으로 일으킴을 받았는데, 여러분이 이것이 상징하는 모든 것을 배반하겠습니까? 여러분의 신앙고백은 거짓말입니까? 여러분이 세례를 받은 것은 하나님을 모독하는 거짓말이었고, 뻔뻔스럽게 교회에 들어와 자리를 차지한 것입니까? 내 자신에게 말하듯이 각 사람에게 그 점을 말해보겠습니다. 우리는 신앙고백을 전혀 하지 않든가, 그렇지 않고 할 경우에는 진실하게 합시다. 우리가 진실하게 신앙 고백을 한다면, 정말로 죄를 받아주어서는 안 되고 혐오해야 마땅합니다. 그런데 지금 제 설교를 듣고 계시는 분들 가운데 오늘 주일 같은 날에는 생각하지 않았을 일을 주중에 하는 것이 자신의 신앙 고백에 맞는 일이라고 생각하고 계신 분들이 있는 것은 아니겠지요? 여러분 가운데 그리스도를 고백하는 신자라고 하면서 장사할 때 정직하게 행하지 않고 겉으로만 깨끗한 척하는 분들이 있지 않습니까? 오늘 저녁 여러분이 구속주의 죽으심을 기념하는 이 성찬 자리에 나오면서 마귀의 식탁에서 가져온 음식을 먹을 수는 없을 것입니다. 주중의 여러분 생활이 내내 그리스도의 삶에 어긋난 것이라면, 여러분은 안식일에 무엇 때문에 그리스도의 백성들 사이에서 지내십니까? 여러분이 집에 있을 때는 화를 잘 내고 잘난 체하며 허세를 부리는 대화를 좋아한다면, 정직하지 못하다면, 여러분의 말하는 것이 상스럽다면, 술에 중독되어 있거나 그 밖의 육신의 더러운 방종에 빠져 있다면, 누가 여러분의 죄책을 깨끗이 씻어 줄 수 있고, 누가 여러분을 변호하겠습니까? 여러분은 그동안 하나님을 예배한다고 공언해 왔습니다. 그런데 어떻게 여러분은 바알을 따르려고 합니까? 여러분은 자신이 그리스도의 종이라고 말하면서 어떻게 벨리알의 종이 될 수 있습니까? 그 둘이 손을 잡게 만들 수 있습니까? 그렇게 해서는 안 되고, 그렇게 할 수도 없는 일입니다. 여호와가 하나님이시라면 마음과 뜻을 다 바쳐 하나님을 섬기십시오. 그러나 어쨌든 세상과 죄가 하나님의 길보다 낫다고 생각한다면, 아주 정직하게 말하고 여러분이 선택한 대로 행하십시오. 정직하게 행하십시오. 언제나 여러분의 엄숙한 신앙 고백에 맞게 정직하게 행하시기를 바랍니다.

엘리야 선지자는 하나님의 영감을 받고 있는 것이 분명하였기 때문에 백성들에게 무엇을 요구할 권리가 있었습니다. 엘리야 자신이 그 점을 백성들에게 말할 필요가 없었던 것은 백성들 모두가 그 점을 지켜보았기 때문입니다. 그날 엘리야가 취한 행동들은 아주 놀랄 만한 것들이었습니다. 그가 하나님의 성령으로 인도받는다는 사실이 없었다면, 그 행동들은 의심스럽게 여겨졌을 것입니다. 그런데 하나님께서 그에게 신성한 직관을 주셔서 말로 명령할 수 있는 자리에 서게 하셨습니다. 그래서 이 사람은 그가 유순하게 따른 그 신비한 영향력으로 말미암아 자신을 넘어서서 하나님의 인도를 받았습니다. 그가 바알의 제사장들을 비웃었을 때, 하나님께서 그에게 시키시려고 한 일을 행한 것입니다. 그가 무릎을 꿇고 불을 내려달라고 외치고 불이 내렸을 때, 그는 자기 속에서 요동치는 신적인 충동을 따르고 있었습니다. 그래서 그가 "바알의 선지자를 잡되 그들 중 하나도 도망하지 못하게 하라"고 말했을 때, 모든 백성들이 그 말에 따랐던 것은 하나님께서 그때 이 사람을 통해서 말씀하고 계시다고 느꼈기 때문입니다. 이 세상에 확실히 하나님에게서 나온 목소리가 있다면, 그것은 뛰어난 영광 가운데서 큰 소리로 외치는 이 말씀들입니다. "자녀들아 너희 자신을 지켜 우상에게서 멀리하라"(요일 5:21). "너희는 유혹의 욕심을 따라 썩어져 가는 구습을 따르는 옛 사람을 벗어 버리고 오직 너희의 심령이 새롭게 되라"(엡 4:22,23). "악은 모든 모양이라도 버리라"(살전 5:22). "그러므로 하늘에 계신 너희 아버지의 온전하심과 같이 너희도 온전하라"(마 5:48). 바로 이것이 선택의 의도입니다. 하나님께서 우리를 택하신 것은 우리가 거룩하게 살도록 하기 위하심입니다. 하나님은 우리를 모든 불의에서 구속하기로 정하셨습니다. 우리가 하나님의 형상대로 창조 받은 하나님의 작품이 되도록 하는 이것이 성령님의 위대한 목적이자 목표입니다. 거룩함은 우리 주 예수 그리스도 복음의 큰 요구조건이면서도 또한 큰 특전이기도 합니다. 형제 여러분, 내가 여러분 속에 있는 죄들을 죽이고 하나도 도망하지 못하게 하라고 말할 때, 나 혼자서만 이야기하는 것으로 생각하지 마십시오. 그것을 말씀하시는 분은 바로 하나님이십니다. 그러므로 여러분은 하나님의 음성을 주의 깊게 듣도록 하십시오.

또 한 가지, 엘리야가 백성들에게 갈멜 산 주위의 들판과 산 주변의 바싹 마른 부분들을 가리켜 보였을 때 매우 유력한 근거를 줄 수 있었습니다. 시야가 미칠 수 있는 멀리까지 푸르른 곳이라고는 하나도 없었습니다. 다른 때에는 초목이 우거진 좁은 길을 따라 물이 흘렀던 곳에 이제는 골풀이나 갈대 혹은 풀이 흔적도 보이지 않았고, 시내와 개울은 모두 다 말라버렸고, 그 둑은 황량하기 짝이 없었습니다. 사람들이 뚫어져라 쳐다보아도 짐승들이 먹을 풀 한 포기 없었고 사람들이 먹을 곡식 하나가 보이지 않았습니다. 엘리야가 그렇게 할 마음만 있었다면, 아주 탁월한 달변으로 주장하였을 것입니다. "이 모든 것이 너희 죄 때문에 너희에게 임하였다. 너희가 하나님을 외면하였으므로, 하나님께서 레바논이 시들해지고 샤론 평야가 아궁이의 티끌처럼 마를 때까지 너희를 치셨도다. 너희가 그 악을 없애고자 한다면, 그 원인을 쓸어버려라. 너희를 약탈한 반역자들을 죽여라."

이 시간에 여러분의 영혼이 죄 때문에 열매를 맺지 못하게 된다는 점을 말씀드리도록 하겠습니다. 여러분이 그리스도와의 교제를 잃어버린 것, 하나님께 대한 기쁨이 없는 것, 기도에 힘이 없는 것, 교회와 세상에 유익을 끼칠 수 있는 영향력이 부족한 것을 생각해 보십시오. 무엇 때문에 여러분이 이렇게 열매를 맺지 못하게 되었습니까? 여러분에게는 결혼식 때와 같이 한창 젊은 때가 있었습니다. 곧, 여러분의 영혼이 여호와의 동산과 같았던 때가 있었습니다. 그러나 오늘 여러분이 하나님 백성들과 함께 앉아 있지만 그들이 하듯이 하나님 말씀을 즐겨 듣지 못하고, 기도를 할지라도 기도에 응답이 없으며, 찬송을 부르지만 한때는 여러분을 기쁘게 하였던 찬송이 이제는 지루하기만 합니다. 기쁨이 여러분의 삶에서 사라졌고, 생기와 아름다움이 생활에서 사라졌습니다. 어떻게 해서 이렇게 되었습니까? 여러분의 숨긴 죄들이 여러분을 배반한 것이 아닙니까? 그 은밀한 죄들이 옷의 좀처럼 여러분 영혼을 괴롭히고 삼키고 있는 것이 아닙니까? 여러분의 머리가 여기저기 희끗희끗해졌지만, 여러분은 정신이 쇠약해져서 비틀거리게 되기 전까지는 그것을 알지 못합니다. 죄라는 도둑이 밤에 뚫고 들어와서 여러분의 보석을 훔쳐가고 여러분의 최고의 보물을 빼앗아간 것입니다. 여러분이 이전에 지극히 복된 그 상태를 회복하고 싶다면, 즉시 이 바알 선지자들을 잡되 하나도 도망하지 못하게 해야 합니다.

엘리야가 "너희의 응답받지 못한 기도들을 생각해 보라"고 말했을 수도 있지 않겠습니까? 여러분 가운데는 응답받지 못한 기도들이 아주 많은 분들이 있을 것입니다. 엘리야 시대에 비오기를 부르짖었으나 전혀 비가 내리지 않은 이스라엘 사람들처럼, 여러분도 그동안 여러분의 자녀가 회심하기를 기도해 왔으나 그 자녀들이 지금도 회심하지 않았습니다. 여러분이 사랑하는 친구의 영적 생명을 얻기를 구하였으나 아직까지 얻지 못했습니다. 아마도 그것은 이 이유 때문일 것입니다. 즉, 여러분이 하나님과 반대로 행하고, 그래서 하나님께서도 여러분의 뜻에 반대로 행하고 계시는 것입니다. 여러분이 하나님의 음성을 듣지 않으면 하나님께서도 여러분의 기도를 듣지 않으실 것입니다. 하나님께서는 여러분을 버려 완전히 망하게 하려고 하시지 않습니다. 그보다는 하늘을 막아서 하늘이 여러분에게 놋쇠처럼 되게 하실 것입니다. 여러분이 생활에서 에서와 같다면, 기도에서 야곱처럼 응답받는 일이 없을 것입니다. 여러분이 지치고 약해져 있다면 여러분의 죄가 해악을 끼친 것입니다. 그 죄들을 도망하게 해서는 안 됩니다. 여러분이 하나님의 원수들을 죽이려고 한다면, 하나님께서도 여러분의 열매 맺지 못함을 제거하고 여러분의 부르짖음을 들으시리라는 것을 기억하시기 바랍니다. 바알 선지자들이 땅을 그들의 심장의 피로 적셨을 때, 하나님께서 들판을 비로 흠뻑 적셨습니다. 그러나 하나님의 이 원수들이 죽기 전까지는 비를 내리시지 않았습니다. 우리가 죄를 포기할 때, 우리의 능력이 되돌아오는 것을 경험할 것입니다. 죄를 치우십시오. 그러면 하나님께서 여러분을 방문하실 것입니다. 그리스도인이여, 여러분의 길을 깨끗이 치우십시오. 그러면 여러분이 다시 그리스도의 얼굴을 보게 될 것입니다. 그리스도께서 자신의 방으로 들어가 모습을 숨기신 것은 그리스도께서 여러분을 떠나셨을 때 여러분이 어떻게 하는지 보시기 위함입니다. 이제 여러분이 탄식하며 소리쳐 주님을 부르면, 주께서 돌아오실 것입니다.

> "내가 지금까지 애지중지한 우상이 있다면
> 그것이 어떤 우상이든지 간에
> 이제 그 우상을 그 왕좌에서 잡아 끌어내리고
> 오직 주님만을 섬기겠나이다."

무엇보다 여러분이 이렇게 말한다면, 여러분은 곧 주님을 다시 보게 될 것이고, 주님과 함께 성령의 모든 이슬을 받아 여러분의 영혼이 다시 꽃을 피우고, 기쁨과 거룩함의 열매를 내놓을 것입니다. 이 문제를 더 이상 다룰 필요가 있겠습니까? 이제 그리스도인이라면 누구나 제사용 칼을 가지고 자신의 죄들을 죽일 준비가 되지 않았습니까?

2. 둘째로, 본문의 말씀이 매우 철저하다는 점을 기억하시기 바랍니다.

"바알의 선지자를 잡되 그들 중 하나도 도망하지 못하게 하라." 이 철저함을 보여주는 몇 가지 근거들을 말씀드리도록 하겠습니다. 나는 죄를 죽이는 일의 철저함을 주장해야 할 필요가 절실하다는 점이 두렵습니다. 인간 본성은 죄를 하나만이라도 남겨두려고 필사적으로 노력하기 때문입니다. 사울처럼 인간 본성은 아말렉 족속을 모조리 죽이는 것을 참지 못하고, 좋은 것은 조금 남겨두려고 합니다. 나는 사람들이 술취함에 대해서 아주 웅변적으로 질타하는 목소리를 많이 들었습니다. 사람들이 그에 대해 목소리를 낮추게 하고 싶은 생각이 없습니다. 그런데 사람들이 안식일을 어기는 것에 대해서 말하거나 불신앙에 대해, 마음의 완고함, 교만 혹은 자기 의에 대해서 반대하는 말은 한 마디도 하지 않았습니다. 사람들은 독사를 죽이려고 하면서 또 다른 종류의 독사인 살모사는 살려두려고 합니다. 여러분은 휴디브라스(Hudibras: 사무엘 버틀러[Samuel Butler, 1612-80]의 청교도를 풍자한 시 - 역주)에 나오는 조롱을 옳다고 하면서 "자기들이 범할 생각이 전혀 없는 죄들을 비난함으로써 속으로 은근히 범하고 싶은 죄들에 대해서 타협하는" 사람들이 있는 것을 여러분도 아실 것입니다. 이들은 어떤 죄들에 대해서는 지독하게 반대하면서 다른 죄들에 대해서는 호의를 보입니다. 그들은 비소(砒素)에는 손을 대려고 하지 않으면서 청산 가루를 만져서 해를 입습니다. 롯이 소알에 대해서 말했던 것과 같이 그들은 "이는 작은 것이 아니니이까?"(개역개정은 "이는 작은 성이 아니니이까") 하고 말합니다. 어떤 사람들은 자기들에게는 죄를 지으려는 타고난 성향이 있으므로 죄를 이길 수 없다고 공언합니다. 그래서 그들은 죄를 지을 수 있는 허가증을 획득하고, 자신들의 악한 성향을 받아주면서도 자신들을 깨끗하다고 생각합니다.

형제 여러분, 이 생각은 결코 도움이 되지 않을 것입니다. 교황이 발행한 면죄부를 이제는 물리쳐야 합니다. 우리가 스스로 면죄부를 작성해야 하겠습니까? 그리스도께서 죄의 사자(使者)이십니까? 나는 어떤 사람들이 때로 자기들이 화가 났기 때문에 심한 말을 해도 용서가 된다고 생각하는 것을 압니다. 그러나 나는 하나님 말씀에서 그런 구실을 용인하는 데를 찾아볼 수 없습니다. 성경 어디에서도 무릇 죄를 허용하거나 의무를 태만히 하는 것을 허용하는 말씀을 보지 못합니다. 죄는 어떤 경우, 어떤 사람에게도 죄입니다. 우리는 죄를 옹호해서는 안 되고, 정죄해야 합니다. 어떤 사람들은 자기 아버지가 성미가 급하고 또 자기도 성미가 급하며, 따라서 그 성향이 자기 핏속에 흐른다고 호소합니다. 그러나 그들은 주님께서 반드시 그들의 피를 정결케 하실 것이고, 그렇지 않으면 그들이 자기 죄 가운데서 죽는다는 것을 기억하도록 해야 합니다. 또 어떤 사람들은 자신의 끊임없는 불만과 언짢은 기분, 불평, 만나는 사람마다 싸우려고 하는 경향은 틀림없이 자기 몸의 약함 때문이라고 말합니다. 글쎄, 나로서는 그분들을 판단할 수 없습니다. 주님의 말씀이 그들을 판단하며, 죄가 신자를 지배하지 못할 것이라고 선언합니다. 죄가 쉽게 우리를 에워쌉니까? 우리는 죄를 치워버리라고 이중으로 경고를 받습니다. 우리는 은혜가 더 필요하고, 은혜를 더 받을 수 있습니다. 여러분은 하나님께서 여러분에게 어떤 죄에 대해 허가증을 주어 여러분이 원하는 만큼 죄를 지으며 살 수 있게 하신다는 생각을 추호도 하지 말아야 합니다. 그렇지 않습니다. 예수께서 우리를 죄에서 구원하기 위해 오셨다는 것을 믿어야 합니다.

나는 주님으로부터 사람의 죄를 자상하게 다루거나 범법을 옹호하는 사람이 되라는 어떤 암시도 받은 적이 없습니다. 나의 메시지는 바로 엘리야가 전하고자 한 것입니다. "바알의 선지자를 잡되 그들 중 하나도 도망하지 못하게 하라." 왜냐하면 한 가지 죄가 치명적인 결과들을 가져올 수 있기 때문입니다. 여러분은 "하나님의 자녀에게" 그런 일이 일어날 수 있느냐고 말합니다. 나는 하나님의 자녀에게 그런 일이 일어난다고 말하는 것이 아닙니다. 그런데 여러분이 하나님의 자녀인 것을 우리가 어떻게 압니까? 여러분이 마음으로 여전히 죄를 사랑하고 있는데 어떻게 자신이 위로부터 난 사람이라고 생각할 수 있습니까? 여러분에게 어떤 죄가 있고, 그 죄에서 구원받기를 간절히 바라지 않는다면, 사실 여러분이 하나님의 자녀가 아니라는 것을 확실히 알 수 있을 것입니다. 하나님의 자녀가 잠시 동안 죄의 포로가 될 수 있지만, 죄를 사랑하는 사람은 결코 아닙니다. 한 죄가 우리 인류를 파멸시켰습니다. 금하신 나무에서 따 먹은 열매 하나 때문에 인류가 본래의 영광에서 내쫓겼습니다. 이 한 범죄의 결과가 6천 년 동안 우리 인류 핏속에서 계속해서 곪고 있었고, 이 결과가 사람들에게서 깨끗이 제거되지 않는다면, 시간이 끝날 때까지 계속해서 영원히 사람들의 목숨을 빼앗을 것입니다. 그것은 한 범죄의 결과로 생각하기에는 참으로 끔찍스러운 일

입니다. 한 죄가 교회를 파괴하는 곳에서 그 죄가 얼마나 큰 해악을 일으키는지
보십시오. 죄 범한 사람이 아간 하나밖에 없었지만, 이스라엘 전체가 아이에서
패하였고, 그 저주받을 일을 찾아내어 없애기 전까지는 아이를 정복할 수 없었
습니다. 한 방울만 있으면 온 몸에 독을 퍼트릴 수 있는 독들이 있습니다. 배에
새는 구멍이 하나만 있으면 배를 바닥에 가라앉히기에 충분합니다. 긴 암초 하
나만 있으면 화려한 배의 튼튼하기 이를 데 없는 목재를 부수기에 충분합니다.
죄 하나는 그리 위험하지 않다고 말하지 마십시오. 하나님께서 우리에게 어떤
악도 남겨두어서는 안 된다고 생각하는 은혜를 주시기를 구합니다.

그 다음에, 형제 여러분, 여기에서 우리는 이 점을 생각해야 합니다. 즉, 죄
가 달랑 하나만 있은 적은 없다는 것입니다. 죄는 언제나 무리지어 사냥을 합니다.
여러분이 이 늑대들 중의 한 마리를 본다면, 바로 뒤이어서 셀 수 없이 많은 무
리가 따라온다는 것을 확실히 알 수 있습니다. 나는 조금 전에 아담이 에덴 동산
에서 금하신 열매를 먹은 죄에 대해서 이야기했습니다. 여러분에게 묻겠습니다.
그 죄의 핵심이 무엇이었습니까? 나는 그것이 교만이었다든가 혹은 불만이었다
든가 아니면 정욕이나 불신앙이었다든가, 아니면 여러분이 이름을 대고 싶은 다
른 어떤 죄였다는 명제를 주장하기 어려울 것이라고 생각합니다. 그것은 여러
면을 지닌 범죄였습니다. 그 죄의 빛은 결국 온갖 색깔의 악으로 나타납니다. 그
마귀의 이름은 군대였습니다. "이는 그들이 많기 때문입니다"(막 5:9). 죄의 전체
무리가 알 하나에서 부화할 수가 있습니다. 원죄는 그 허리에 다른 모든 죄를 품
고 있었습니다. 그래서 우리는 한 가지 죄만을 짓는 것이라고 생각해서는 안 됩
니다. 왜냐하면 그 죄는 더 악한 다른 일곱 죄를 데려오기 때문입니다. 한 가지
죄를 가지고 장난하는 사람은 이내 더 많은 죄를 가지고 놀며 갈수록 상태가 악
화됩니다. 문이 잠겨 있기 때문에 현관으로 들어가지 못하는 도둑은 뒷문과 창
문을 살펴보다가 아주 작은 창문이 있는데, 다 큰 어른은 들어갈 수 없기 때문에
잠그지 않은 것을 발견합니다. 그러면 그는 아이를 그 창문으로 들여보내고, 그
것으로 일은 끝납니다. 그 어린아이가 문을 열 수 있고, 원하는 대로 많은 도둑
이 들어갈 수가 있기 때문입니다. 그와 같이 한 죄가 영혼 속에 들어가 거기에서
함부로 날뛰게 되면 꿈에도 생각지 못했던 죄를 범하도록 마음을 준비시킬 수가
있습니다. 사람들이 갑작스럽게 혐오스러운 존재가 되는 것이 아닙니다. 죄가
죄의 길을 만들고, 어리석음을 품고 있으면 그것이 자라서 죄가 되는 것입니다.

　　사랑하는 형제 여러분, 어떤 한 가지 죄에 조금 굴복함으로 말미암아 일생 죄의 노예가 되는 그리스도인들이 있습니다. 그들은 은혜를 받았지만 약합니다. 우울하고 주님을 기뻐하지 않습니다. 그들의 성격은 의심이 많습니다. 그들은 불쌍한 사람들입니다. 좋은 일에 미치는 영향력이 거의 없고, 그들이 과연 유용한 사람인지 의심스럽습니다. 그들의 생활은 무력하고, 필시 그들의 죽음도 우울할 것입니다. 그들이 구원을 받을 것이지만 마치 불 가운데서 겨우 구원받는 것과 같을 것입니다. 그들이 항구에 들어갈 것이지만, 내가 며칠 전에 강풍이 분 후에 본 배와 같을 것입니다. 이들은 돛대는 사라지고 돛은 갈기갈기 찢어진 채 예인선에 끌려 들어가야 할 형편이 될 것입니다. 그래서 "이같이 하면 우리 주 곧 구주 예수 그리스도의 영원한 나라에 들어감을 넉넉히 너희에게 주시리라"(벧후 1:11)는 복된 말씀을 실감할 수 없을 것입니다.

　　죄를 찾아내는데 철저해야 하는 확고한 이유가 한 가지 있습니다. 이 이유를 다루고서 이 점에 대한 설명을 마치겠습니다. 그것은 예수께서 사랑하시는 죄가 없는 것이 확실하고, 따라서 우리가 사랑해야 할 죄도 없다는 것입니다. 예수께서는 우리의 어떤 죄에 대해서도 미소를 띠지 않으시며, 그보다는 우리의 모든 죄 때문에 울고 신음하시며 피 흘리고 죽으셨습니다. 그런데 주님을 죽인 살인자들을 우리가 좋아해야 하겠습니까? 주님의 사랑스러운 얼굴에 침을 뱉고 그의 복된 옆구리를 창으로 찌른 자들을 숨겨주어야 하겠습니까? 그리스도인에게는 그리스도의 사랑만큼 강력한 논거가 없다고 생각합니다. 여러분이 아내라면, 사랑하는 다정한 아내라면, 남편을 슬프게 하는 일은 결코 하지 않을 것입니다. 여러분에게서 사랑이 식어졌다면, 사랑이 여러분을 움직이게 하지 못할 것입니다. 그러나 여러분의 마음이 따뜻하고, 배우자의 사랑을 느낀다면 여러분은 다른 어떤 법이 필요하지 않을 것입니다. 사랑하는 여러분, 여러분을 값 주고 사신 주님을 슬프시게 할 생각입니까? 여러분을 위하여 심장의 피를 흘린 분을 멸시하려고 합니까? 주님의 비할 데 없는 아름다움의 매력과 그의 꺼트릴 수 없는 사랑의 불길을 인하여, 여러분에게 명령합니다. 여러분 영혼의 신랑에게 정절을 지키고, 여러분의 마음을 훔치고 여러분의 순결을 빼앗을 부정한 경쟁자들을 쫓아버리십시오. 골고다가 여러분 죄의 타이번(Tyburn: 런던의 사형장 – 역주)이 되게 하십시오.

"그렇습니다. 내 구속주시여, 저들을 죽이기로
내 마음이 굳게 정하였나이다.
내 구주님을 피 흘리게 만든
저 죄들을 내가 결코 남겨두지 않을 것이옵니다."

3. 셋째로, 이 실제적인 일에 우리에게 도움이 될 수 있는 교리들을 언급하고 설교를 마치겠습니다.

내가 하나님의 백성들에게 이렇게 권유하고 있는 동안, 여러분 가운데 많은 분들은 아마도 "이 모든 것을 충족시킬 수 있는 사람이 누구야?" 하고 속삭였을 것입니다. 그것이 바로 내가 여러분이 말하기를 바랐던 것입니다. 나의 첫 번째 추론은 이것입니다. 즉, 이래서 우리는 자력 구원을 추구하고 스스로 죄를 죽이려고 노력하는 자연인이 참으로 무력한 것을 봅니다. 그에게 자기 죄를 죽이라고 말하십시오. 그는 죽이려고 하지 않습니다. 그보다는 기생 라합이 정탐꾼들을 숨기듯이 자기 죄들을 숨기고 조용한 시간이 오면 그들이 다시 나오게 하려고 합니다. 자기 죄들을 죽이십시오! 그는 자기 죄들을 죽이지 않습니다. 그 죄들은 그에게 압살롬과 같은 존재들입니다. 그래서 그는 그 죄들을 놓치느니 차라리 죽는 게 낫습니다. 죄인이 죄를 죽인다구요? 그럴 수 없습니다. 그들 사이에는 오래된 동맹, 굳게 맹세한 동맹이 있습니다. 중생하지 않은 사람들은 더 이상 죄와 다투지 않습니다. 벌이 꿀과 다투지 않고 개가 뼈다귀와 다투지 않듯이 말입니다. 죄는 죄인이 벌레처럼 잠깐 동안 그 속에서 춤추는 햇빛입니다. "여러분은 거듭나야 합니다. 여러분은 거듭나야 합니다." 중생부터 시작하지 않는 종교개혁은 모두 나무와 건초, 그루터기에 불과하고 끝이 날 것입니다. 타락한 본성이 베틀로 짜는 것은 다 풀어져버릴 것입니다. "여러분은 거듭나야 합니다. 여러분은 거듭나야 합니다!"

그 다음에, 둘째로 이것이 인간의 모든 능력을 참으로 뛰어넘는 일인 것을 아십시오. 내가 한 가지 죄를 죽여야 한다면, 그 죄를 어떻게 죽일 수 있습니까? 죄를 죽이는 것은 그리 쉽지 않은 일이기 때문입니다. 그것은 머리가 백 개나 필요하고 기간이 백 년이나 필요한 일입니다. 여러분이 "나는 그 악을 이겼어" 하고 생각하는 순간, 그 악이 여러분을 비웃는 소리를 들을지 모릅니다. 이 점이 교만에 대해서는 아주 그대로 들어맞습니다. 어떤 사람이 "나는 좀 더 겸손해지겠어. 기도로 내 교만을 꺾겠어"라고 말하고 나서 그는 "그래, 나는 좀 더 겸손해졌어"
하고 생각합니다. 그런데 이것은 그가 전보다 더 교만해졌다는 확실한 표시입니
다. 겸손한 사람은 자신의 교만에 대해 매일 슬퍼합니다. 자기에게 겸손이 조금
이라도 있다고 자랑하는 사람은 교만한 사람뿐입니다. 우리가 죄 하나를 즉각
처형할 수 없다면, 우리를 늘 따라다니며 우리의 옛 아담의 본성 속에 편하게 숨
어 있는 수많은 죄들을 어떻게 상대할 수 있겠습니까? 우리는 이 모든 죄를 어
떻게 죽일 수 있습니까? 우리를 만드신 분이 우리를 다시 한번 지으셔야 합니
다. 그렇지 않으면 우리는 한 푼의 값어치도 없을 것입니다. 무엇보다 아담에게
순수한 본성을 주신 분이 두 번째 아담의 순수한 본성을 우리에게 나누어 주셔
야 합니다. 그렇지 않으면 우리는 실패자가 될 것입니다. 하나님이여, 우리가 얼
마나 연약한 존재입니까?

그 다음에 세 번째로 생각해 볼 점은 성령님의 능력입니다. 성령님은 하나님
이십니다. 성령께서는 우리를 순결하고 온전하게 하시는 일을 맡으셨습니다. 형
제 여러분, 성령께서 그 일을 행하실 것입니다. 성령님을 찬송합시다. 성령께서
그 일을 하실 것입니다. 우리는 성령님께서 그 일을 하시는 것을 도울 수 없고,
우리 자신이 그 일을 할 수 없습니다. 우리가 스스로 시도하면 우리는 절대적으
로 실패할 것이 틀림없습니다. 그러나 성령께서 당신의 일을 온전히 이루실 수
있습니다. 성령께서는 그의 거룩한 능력과 신성으로써 우리 속에 있는 이 바알
선지자들을 잡아 죽이되 한 명도 살려두지 않으실 것이 확실합니다. 우리는 성
령님을 공경하고, 사랑하며 찬미하고, 성령님을 신뢰의 대상으로 삼고, 성령님
에 대한 생각을 우리의 가장 큰 기쁨 중의 하나로 삼읍시다. 성령님께서는 여러
분을 전체적으로, 곧 여러분의 영과 혼과 몸을 거룩하게 하실 것입니다. 그래서
여러분이 하나님 앞에서 점이나 흠이나 그런 것이 없이 온전히 나타나게 하실
것입니다. 이것이 우리 영혼에게 얼마나 위로가 되는 진리입니까!

그 다음에 살펴볼 말씀은 이것입니다. 사랑하는 형제 여러분, 우리는 매우 조
심합시다. 이 모든 죄는 죽어야 하므로, 우리는 이 죄들을 처형할 기회를 얻기 위
해 끊임없이 주의합시다. 죄들은 우리가 머뭇거리는 것을 지켜보고 있습니다.
우리는 이 죄들을 죽일 기회를 망봅시다. 잠자고 있는 그리스도인이여, 마귀도
잠을 자려고 한다면 여러분이 자는 것이 정당화될 수도 있습니다. 그러나 마귀
는 아직까지 잔 적이 없습니다. 잠자는 그리스도인이여, 죄가 잠자리에 들려고

한다면 여러분이 핑계를 댈 수도 있을 것입니다. 그러나 죄는 결코 잠을 자지 않습니다. 죄는 밤낮으로 우리의 발자국을 따라다닙니다. 그렇다면 하나님의 이름으로 일어나십시오. 깨어서 지켜보고 기도하는 것이 좋습니다.

　그리고 끝으로, 이 점을 설교의 결론적인 말씀으로 전하게 되어 기쁘게 생각합니다. 우리는 우리의 구속자, 곧 찬송 받으실 하나님의 아들에게 말할 수 없는 칭찬과 경배를 드려야 마땅합니다. 이는 그 안에는 죄가 하나도 없기 때문입니다. 형제 여러분, 그리스도는 정말로 사람이셨다는 점을 기억하시기 바랍니다. 여러분의 주님이 마치 진짜 사람이 아니었던 것처럼 생각하지 마십시오. 주님은 모든 점에서 우리와 같이 시험을 받으셨지만 "죄는 없으시다"(히 4:15)는 그 말씀을 기억하십시오. 마귀가 예수님을 높은 산 꼭대기에 세우고 세상을 주겠다는 말로 꾑니다. 그러나 주님께서는 "사탄아 내 뒤로 물러가라"(마 16:23)고 말씀하십니다. 마귀가 예수님을 성전 꼭대기에 세우고 뛰어내리라고 말하지만, 예수께서는 주 하나님을 시험하려고 하시지 않습니다. 사탄은 굶주리고 있다는 점을 들어 돌로 떡을 만들라고 요구하지만 예수께서는 육신의 길을 취하려고 하시지 않습니다. "사람이 떡으로만 살 것이 아니라"(마 4:4)는 것을 알고 하나님을 의지합니다. 우리 영혼의 귀감이시요 우리가 따라야 할 모범이신 찬송 받으실 구속주시여, 우리가 주님을 경배합니다. 그처럼 많은 전투에서 이기시고, 모든 시험에서 승리하신 주님은 진정으로 영광스러운 분이십니다. 이 전체 문제를 시작하는 것은 우리의 할 일이 아닙니다. 우리가 할 일은 예배하고, 사랑하며, 본받는 것입니다. 하나님이여, 우리가 그렇게 할 수 있도록 도와주소서. 영광을 영원히 주님께 돌리겠나이다. 아멘.

제
9
장
—

기운을 잃은 엘리야

—

"자기 자신은 광야로 들어가 하룻길쯤 가서 한 로뎀 나무 아래
에 앉아서 자기가 죽기를 원하여 이르되 여호와여 넉넉하오니
지금 내 생명을 거두시옵소서 나는 내 조상들보다 낫지 못하니
이다 하고." ― 왕상 19:4

　　우리가 젊은 시절에 성경을 읽을 때, 훌륭한 사람들조차 빠지게 되는 기이
한 상태를 보고 놀라는 일이 종종 있습니다. 다윗이 그처럼 극심한 고난에 처하
고 엘리야와 같이 위대한 사람이 그처럼 지독하게 기가 꺾일 수 있는지, 그 이유
를 알기가 어렵습니다. 우리가 나이가 들고 경험이 더 많아지게 되면, 주변에서
시련이 더 늘어나고, 마음속으로 더욱 괴로운 갈등을 경험하게 되면, 아기가 자
라서 성인이 되어 좀 더 무거운 임무를 맡게 되면, 왜 하나님께서 옛적에 자신
의 종들이 그처럼 기이한 처지에 들어가도록 허락하셨는지 그 이유를 더 잘 이
해할 수 있습니다. 왜냐하면 우리도 비슷한 처지에 떨어지며, 우리 앞서 다른 사
람들이 걸었던 그 길을 따라 우리가 걷고 있다는 점을 발견하고 마음을 놓게 되
기 때문입니다. 우리는 왜 엘리야가 로뎀 나무 밑에 갔는지 말하기가 쉽지 않을
것입니다. 우리는 갈멜 산에서 그의 태도를 이해할 수 있고, 그가 바알 선지자들
을 모두 베어버린 것을 이해할 수 있습니다. 그런데 우리는 당황해서 이렇게 묻
습니다. "엘리야 선지자여, 여기 로뎀 나무 아래에서 혹은 거기에서 조금 떨어
진 곳에 있는 산 중턱의 동굴에서 무엇을 합니까?" 그러나 우리가 로뎀 나무 아

래 있을 때는 엘리야도 한때 거기에 앉아 있었다는 사실을 생각하게 되어 기쁩니다. 우리가 동굴에 숨어 있을 때, 이스라엘의 이 위대한 선지자와 같은 사람이 우리 앞서 거기에 있었다는 것을 기억하는 것은 우리에게 위로의 원천이 됩니다. 한 성도의 경험이 다른 성도들에게는 교훈이 됩니다. "마스길"이라는 표제어가 붙은 시편들이나 교훈적인 시편들 가운데 많은 시가 그 저작자의 경험을 기록하고 있고, 따라서 다른 사람들에게 교과서가 됩니다.

이 시간 내 설교를 듣는 주님의 자녀들 가운데 엘리야가 드린 기도를 드려온 사람들이 있을 수 있습니다. 정신적인 괴로움을 겪는 가운데서도 종종 그 기도를 드린 한 사람을 알고 있습니다. 위로의 하나님께서 나를 인도해 주시면, 시련을 겪고 있는 사람에게 도움이 되는 말을 할 수 있을 것입니다. 내가 하나님의 천사처럼, 잠자고 있는 사람에게 가서 그 옆구리를 쳐서 깨워 그의 슬픔을 잊게 만들 영적인 음식을 먹게 할 수 있다면, 좋을 것입니다. 나는 먼저 엘리야의 약함에 대해 말하고, 두 번째는 그에게 보이신 하나님의 다정함에 대해 이야기하겠습니다.

1. 먼저 엘리야의 약함에 대해 이야기하도록 하겠습니다.

불과 며칠 전만 해도 그는 갈멜 산에 하나님의 위대한 선지자로 서서 처음에는 하늘에서 불을 내렸고, 그 다음에는 물이 내리게 하였습니다. 그래서 마치 하늘의 열쇠들을 갖고 있고 거의 전능한 능력을 두르고 있다시피 하여 목소리를 높여 기도할 때는 그가 원하는 것은 무엇이든지 할 수 있는 것처럼 보였습니다. 그런데 바로 그 뒤에 얼마 되지 않아 그는 이세벨이 자기를 잡아 처형시킬까 두려워 이세벨의 얼굴을 피하여 도망하고 있었습니다. 여기서 우리는 그가 광야에서 오랫동안 도망친 후 로뎀 나무 수풀 아래 앉아 조금이라도 몸을 숨기기를 바라고 거기서 죽기를 하나님께 청하는 것을 봅니다. 어떻게 이런 일이 벌어진 것입니까?

첫 번째 이유는 그가 우리와 성정이 같은 사람(약 5:17)이었다는 것입니다. 야고보 사도가 이 특별한 경우에서 그 진리를 깨닫지 못하였다면 엘리야에 관해 그와 같은 말을 하지 못했을 것이라고 생각합니다. 영국에는 지금도 "철의 공작"(The Iron Duke: 영국 장군 웰링턴 공작의 별명 - 역주)이라고 불리는 위대한 지도자가 있었습니다. 우리는 엘리야를 가리켜 "철의 선지자"라고 부를 수 있을 것이라고 생각합니다. 그는 숲에서 나온 사자처럼 전쟁의 싸움터에 뛰어든 것처럼 보였습니다. 그가 얼마나 놀라운 힘과 용기를 지녔었는지요! 그에게는 보통 사람이 갖고 있는 겁이나 떠는 것, 약함이라곤 눈곱만큼도 없는 것 같았습니다. 그는 하나님을 섬기는 일에 있어서 마치 운동선수처럼 허리를 묶고 아합의 전차 앞에서 달렸습니다. 그런데 여기서 우리는 그가 정말로 우리와 성정이 같은 사람이었음을 봅니다. 그도 조급해하고 화를 잘 내며, 맡은 봉사에 지쳐서 죽기를 구할 수 있는 사람이었습니다. 여러분은 내가 최고의 사람들이라 하더라도 고작해야 사람에 지나지 않는다고 말한 것을 자주 들었을 것입니다. 일전에 어떤 사람이 내게 편지를 써 보냈는데, 그 말이 사실이 아니라는 것입니다. 나는 그 사람에게 이렇게 밖에 답할 수 없었습니다. "친구여, 아마도 그대는 그대 자신을 알 것입니다. 그대가 최선의 상태에 있을 때 사람이 아니라면, 나는 그대가 어떤 존재인지 모르겠습니다. 그대가 사람이 아니라면 훨씬 더 나쁜 존재임에 틀림없을 것입니다." 거기까지만 말하고 말았습니다. 그러나 사람은 최선의 상태에 있을 때에도 겨우 사람에 지나지 않는다고 나는 믿습니다. 사람으로서 이 땅에 있는 동안에 그는 연약에 둘러싸여 있는 것입니다. 엘리야는 격정이 있는 사람이었을 뿐만 아니라 또한 우리와 성정이 같은 사람이었습니다. 괴로워하되 심하게 괴로워할 수 있는 사람이었습니다. 우리 가운데 누구나 그럴 수 있듯이 그 정신이 바닥으로 가라앉아 완전히 기운을 잃을 수 있는 사람이었습니다. 그는 하나님의 모든 백성들이 그랬듯이 실패하였습니다. 나는 신구약의 모든 인물들 가운데서 이에 대해 어떤 예외가 있는지 모르겠습니다.

　엘리야는 지극히 강한 면모를 보였던 바로 그 점에서 실패하였습니다. 그리고 그것은 모든 사람들이 실패하는 점입니다. 성경에서는 자신이 지극히 미련한 바보임을 드러내는 사람이 지극히 현명한 사람입니다. 그것은 마치 모세가 지극히 온유한 사람이었지만 성급하고 신랄한 말을 내뱉은 것과 같습니다. 아브라함은 믿음에서 실패하였고 욥은 인내에서 실패하였습니다. 그와 같이 모든 사람들 가운데 가장 용맹한 엘리야가 성난 여자를 피하여 도망하였습니다. 그는 그 여자의 남편을 대면하여 그의 그릇된 비난에 "내가 이스라엘을 괴롭게 한 것이 아니라 당신과 당신의 아버지의 집이 괴롭게 하였으니 이는 여호와의 명령을 버렸고 당신이 바알들을 따랐음이라"고 대꾸할 수 있었습니다. 그러던 그가 이세벨을 두려워하였고, 그녀를 피하여 도망하였으며 얼마나 용기를 잃었던지 심지어

"자기가 죽기를 원하기"까지 하였습니다. 이 사실에서 우리는 엘리야가 본래 강하였던 사람이 아니고 오직 하나님께서 그에게 주신 힘이 있을 때만 강하였다는 것을 알 수 있다고 봅니다. 그래서 하나님께서 주신 힘이 사라졌을 때 그는 다른 모든 이와 마찬가지로 하찮은 사람이었던 것입니다. 잠시 은혜가 거두어지자, 본래의 엘리야는 다른 자연인과 마찬가지로 약합니다. 그가 자신을 초월하여 일어서고 하나님의 은혜가 그의 안에서 영광스럽게 되는 것은 오직 초자연적인 능력이 그를 통해 역사할 때뿐입니다.

육신의 연약함 때문에 실패한 사람들이 우리만이 아니라는 것을 알 때 그것은 우리에게 적지 않은 위로가 됩니다. 나는 엘리야가 격정에 빠졌다는 사실이 우리도 그런 격정들에 빠져도 된다는 구실을 제공한다고 생각하지 않습니다. 누구든지 그런 격정들에 사로잡히는 바람에 거의 절망에 빠지다시피 될지라도, 그 절망감을 떨어내버리도록 하시기 바랍니다. 엘리야가 하나님의 자녀였다는 것을 부인하는 사람은 아무도 없습니다. 하나님께서 그가 낙담하여 로뎀 나무 아래 앉아 있었을 때에도 그를 사랑하셨다는 사실을 의심하는 사람은 아무도 없습니다. 왜냐하면 하나님께서 바로 그때 그에게 특별한 사랑을 나타내 보이셨기 때문입니다. 그러니 의기소침한 마음이나 상한 심령, 낙심한 영혼, 그 누구든지 이같이 말하지 않도록 합시다.

"내 하나님께서 나를 아주 버리셨어.
내 하나님께서 더 이상 은혜를 베푸시지 않을 거야."

그것은 사실이 아니기 때문입니다. 하나님께서는 엘리야를 버리지 않으셨습니다. 그리고 여러분이 하나님을 신뢰한다면 하나님은 여러분을 버리시지 않을 것입니다. 그렇지만 여러분이나 엘리야나 모두 하나님께서 찬성하시지 않는 격정들을 품고 있었기 때문에 실패하였을 수 있습니다.

다음으로, 우리는 엘리야의 마음이 이렇게 약해진 것은 분명 그에게 닥친 무서운 반응의 결과였다는 점을 살펴봅시다. 잊지 못할 그 날, 곧 온 이스라엘이 함께 모였고, 엘리야가 홀로 여호와의 대의를 옹호하기 위해 나섰으며, 바알 선지자들 450인과 아세라 선지자들 400인이 그와 맞섰을 때, 틀림없이 그에게 강한 흥분이 일어났을 것입니다. 여러분은 두 제단이 나란히 세워져 있을 때 엘리야가 별로 조용히 있지 않았다는 것을 알 수 있습니다. 바알의 선지자들이 아침부터 낮까지 "바알이여 우리에게 응답하소서" 하고 소리쳤으나 아무 응답이 없었습니다. 어쩐지 나는 엘리야가 기분 좋은 흥분 가운데서 그들을 조롱하여 이같이 말하는 모습을 생각하는 것이 좋습니다. "큰 소리로 부르라 그는 신인즉 묵상하고 있는지 혹은 그가 잠깐 나갔는지 혹은 그가 길을 행하는지 혹은 그가 잠이 들어서 깨워야 할 것인지." 그러자 그들은 열광적인 상태에서 큰 소리로 외치고 자기들의 방식을 따라 칼과 작은 창으로 몸에 상처를 내었습니다. 엘리야의 피는 신열이 날 정도까지 뜨거워졌고, 그의 온 영혼이 흥분하게 되었습니다. 그래서 그는 유일하신 참 하나님 외에 어떤 것을 예배하는 그들을 비웃고 경멸하였습니다. 그런데 그가 백성들에게 가서 물을 가져와 여호와의 제단 위에 놓은 수소와 나무 위에 부으라고 명령하였을 때가 흥분이 최고조로 올라갔던 시간이었을 것입니다. 백성들이 그가 시키는 대로 하였을 때, 그는 "다시 그리하라"고 하였고, 그 다음에 "세 번 그리하라"고 하였습니다. 그리고 물이 단 주변에 두루 흐르고 도랑에도 가득 찼을 때, 엘리야가 이렇게 기도하였습니다. "아브라함과 이삭과 이스라엘의 하나님 여호와여 주께서 이스라엘 중에서 하나님이신 것과 내가 주의 종인 것과 내가 주의 말씀대로 이 모든 일을 행하는 것을 오늘 알게 하옵소서 여호와여 내게 응답하옵소서 내게 응답하옵소서 이 백성에게 주 여호와는 하나님이신 것과 주는 그들의 마음을 되돌이키심을 알게 하옵소서." 그러자 여호와의 불이 내려서 번제물과 나무와 돌과 흙을 태우고 또 도랑의 물을 핥았고, 모든 백성이 보고 엎드려 말하되 여호와 그는 하나님이시로다 여호와 그는 하나님이시로다 하였습니다.

엘리야는 이 싸움의 결말이 아직 나지 않은 동안에 전혀 떨지 않았다고 생각합니다. 그는 틀림없이 불이 내릴 것이라고 절대적인 확신을 느꼈을 것입니다. 그러나 그 같은 확신을 가지고 있을 때에도 그가 서서 하늘을 뚫어져라 쳐다보면서 하나님께서 그의 기도에 응답하시는 표시로 하늘에서 불을 내려 보내주시기를 큰 소리로 외치고 있는 동안에 마음속으로 말할 수 없는 흥분을 느꼈을 것이라고 생각합니다. 나는 또한 불이 내렸을 때 이 선지자가 느꼈을 강렬한 기쁨과 거룩한 승리감을 충분히 상상해 볼 수 있습니다. 엘리야가 "바알의 선지자를 잡되 그들 중 하나도 도망하지 못하게 하라"고 외쳤을 때, 선지자로서 강력한 의분이 일어나자 그가 재판관과 형 집행자가 되어서 그 같이 하였다는 것을 충분히 생각할 수 있습니다. 그 다음에 그가 바알 선지자들에게 하나님의 단호한 보복을 실행하고 났을 때, 갈멜 산 꼭대기로 올라가 비가 오기를 기도하지 않으면 안 되었습니다. 그것은 엘리야가 또 한 번 팽팽한 긴장감을 느낀 순간이었습니다. 그리고 아합에게 "비에 막히지 아니하도록 마차를 갖추고 내려가소서"라는 말을 전해야 했을 때, 나이든 이 선지자는 그 나이와 위치에 있는 사람에게는 틀림없이 아주 기이한 일을 하였습니다. 왜냐하면 그가 자신의 충성심을 증명하기 위해 왕 앞에서 마치 종복처럼 허리를 묶고 달렸기 때문입니다. 그래서 나는 그 날의 일이 다 끝났을 때 그가 몹시 지쳤고, 이세벨이 자기를 죽이기로 결심하였다는 소식이 들렸을 때, 그가 낙심하였다는 것을 이상하게 생각하지 않습니다. 그는 높이 올라간 만큼 낮게 아래로 떨어졌습니다. 높이 날아올랐으므로 그는 내려가지 않으면 안 됩니다. 이것은 우리 모두에게 해당되는 길인 것 같습니다. 우리는 무엇이든지 기쁨을 경험하면 그에 대해 값을 치러야만 합니다. 우리는 크게 흥분한 뒤에는 어느 정도 의기소침을 경험하지 않을 수 없습니다. 이것이 여러분의 경우라면 자신을 나무라지 마십시오. 여러분의 의기소침해진 마음에 어느 정도 불신앙이 섞여 있다면, 변명해서는 안 됩니다. 그러나 파도가 절벽에 부딪힌 후에 바다가 물러나는 것과 같이 정말로 자연적으로 발생한 결과에 대해서는 자신을 비난해서는 안 됩니다. 그렇게 될 수밖에 없습니다. 낮 뒤에는 반드시 밤이 오고, 여름이 지나면 반드시 겨울이 오게 되어 있습니다. 높이 올라가는 즐거운 기분은 반드시 다시 가라앉을 수밖에 없습니다. 우리는 때로 사랑하는 어떤 친구들이 살고 있는 같은 기반 위에 항상 머물러 있기를 바랄 수 있습니다. 나는 종종 그 친구들이 부러웠는데, 특별히 내가 우울해 있을 때 그랬습니다. 그러나 내가 다시 높은 고지에 올라갔을 때는 그들이 전혀 부럽지 않았습니다. 그런 때, 가능했다면 나는 그들을 나 있는 곳으로 끌어당겼을 것입니다. 그러나 그렇게 할 수 없었습니다. 사랑하는 친구 여러분, 이와 같이 여러분이 갈멜산 위의 엘리야가 되면, 필시 오래지 않아 로뎀 나무 아래의 엘리야와 같이 될 것입니다. 이 위대한 불의 선지자는 자신이 결국 사람에 불과하다는 것을 입증합니다. 시험의 때에는 여러분도 다른 사람들과 마찬가지로 약해질 것입니다.

　이 선지자가 의기소침해진 또 한 가지 이유는 하나님께 대한 그의 뜨거운 사랑과 백성들에 대한 그의 고통스러운 실망이었던 것이 분명합니다. 그는 자신이 제안한 시험이 큰 문제를 해결할 것이라고 기대하였습니다. "여호와가 만일 하나님이면 그를 따르고 바알이 만일 하나님이면 그를 따를지니라." 그는 "불로 응답하는 신 그가 하나님이니라"는 이 한 가지 결과에 모든 것을 걸었습니다. 그리고 그는 여호와가 하나님이시라는 것을 명확하게 입증하였습니다. 이스라엘 백성은 언약을 갱신해야 했고, 그때 그 자리에서 자기 조상들의 하나님께로 돌이켜야 마땅했습니다. 그런데 저 악한 여자 이세벨이 백성들을 마음대로 주물렀습니다. 그녀가 궁정을 장악하고 궁정이 백성들을 지배하는 한, 하나님의 대의가 전면에 나올 수 없었습니다. 엘리야는 그 사실을 참을 수 없었습니다. 정말로 애정 어린 마음에 가장 무거운 슬픔은 그 시대의 죄, 곧 많은 사람들의 범죄, 다시 말해 독사처럼 진실한 영혼을 물어뜯는 민족의 죄라고 생각합니다. 특별히 여러분이 토론을 끝내고 단번에 문제를 해결하게 되어 있는 대단한 일을 행했거나 다른 사람들이 그 일을 하는 것을 보았다면, 그로 인한 슬픔은 더욱더 컸을 것입니다. 때로 우리가 하나님을 신뢰하였고 그래서 하나님께서 큰 구원을 일으키셨을 때, 그리고 이 구원이 일어나지 않았다면 하나님의 살아계심이나 그 능력을 부인했을 사람들이 보는 앞에서 이 구원이 행해졌을 때, 우리는 그들이 거리낌 없이 가던 길을 돌이키고 "하나님께서 이 일을 행하셨으니 기도에 능력이 있고, 성경에 나오는 하나님의 약속들은 죽은 문자가 아니라는 것을 인정하지 않을 수 없다"고 말하지 않는 것을 보고 실망하였습니다.

형제 여러분, 실망하지 마십시오. 그들은 하나님께서 사람들이 볼 수 있게 푸른 하늘을 가르고 그의 오른손을 내미실지라도 확신하지 않을 것입니다. 그들은 여전히 "하나님이 없다"고 말하며, 자기들이 본 현상에 대해 이야기하고, 틀림없이 그 현상을 자연적인 원칙이나 과학적인 원칙에 의거하여 해석함으로 전체 일을 아무 소용없게 만들어 버릴 것입니다. 이러한 행동은 경건한 사람의 영혼을 먹어 들어갑니다. 따라서 "내가 만군의 하나님 여호와께 열심이 유별하였다"고 말할 수 있는 사람이 몰래 광야로 들어가 다시는 아무도 보고 싶어 하지 않는 마음 상태에 처하게 되는 것은 이상한 일이 아닙니다. 여러분은 시인 쿠퍼(William Cowper)처럼 이렇게 탄식한 적이 없습니까?

"막막한 광야에서 오두막집을 찾을 수 있으면 좋겠네.
항상 그늘에 가려
압박과 속임의 풍문이

실패한 전쟁이나 성공한 전쟁의 풍문이
더 이상 내게 들리지 않는 오두막집을 찾을 수 있으면 좋겠네."

혹은 다윗처럼 "만일 내게 비둘기 같이 날개가 있다면 날아가서 편히 쉬리로다"(시 55:6)고 말한 적이 없습니까?

엘리야가 크게 낙심한 데에는 사소한 것이지만 또 한 가지 이유가 있었을지 모릅니다. 즉, 그가 매우 지쳤다는 것입니다. 그는 아주 먼 길을 전혀 쉬지 않고 갔을 것입니다. 잔인한 이세벨을 피하여 서둘러 도망하느라 그는 이스라엘과 유다 땅의 광대한 지역을 허겁지겁 통과하여 홀로 광야로 들어갔기 때문에 필시 몹시 지쳤을 것입니다. 그리고 그 일 자체가 그의 기분을 가라앉게 만드는 경향이 있었을 것입니다. 여러분 자신을 평가할 때, 날씨의 조건과 여러분 몸의 상태, 그 밖의 중요한 많은 일들을 고려하지 않는다는 것은 언제나 유감스러운 일입니다. 그런 것들이 작게 보일 수 있지만, 그럴지라도 그런 사실들이 눈에 보이는 것 이상으로 중요할 수가 있습니다. 나는 어떤 사람이 기분이 아주 나빠지면 자기가 하나님의 자녀가 아닐 수 있다고 생각했다는 것을 압니다. 그때 정말로 중요한 문제는 그에게 저녁 식사가 필요하였다는 것이었습니다. 왜냐하면 그가 적당한 음식물을 섭취하자마자 바로 기운을 회복하였기 때문입니다. 이 장이 우리에게 가르치는 교훈들 가운데 한 가지는 확실히 우리가 지치거나 어떤 병에 걸려서 몸의 힘이 쇠약해지기 시작하면 우리가 이렇게 말하는 경향이 있다는 것입니다.

"내가 꼭 알고 싶은 점이 한 가지 있는데
종종 내게 근심을 일으키는 것이니,
곧, 내가 주님을 사랑하는가 하지 않는가,
내가 주님의 것인가 아닌가 하는 것이네."

이러한 근심은 충분히 생각할 만한 것입니다. 그러나 때로 그 근심의 원인이 영적인 영향력과는 완전히 상관이 없는 하찮은 일, 하지만 마귀가 우리를 몹시 괴롭게 하는데 사용할 수 있는 일에 있는 경우가 있습니다. 여러분은 어떻게 바울이 일찍이 매우 고통스럽고 견디기 힘든 방식으로 사탄에게 괴롭힘을 당했

는지 압니다. 그에게 마귀가 직접 온 것이 아니었습니다. 그에게 온 것은 "사탄
의 사자"(고후 12:7), 곧 사탄의 심부름꾼 중의 하나였습니다. 그가 와서 칼로 이
사도를 상하게 하지 않았고, 다만 그를 "농락하였을" 뿐입니다. 말하자면 장갑
을 낀 채로 그를 때렸을 뿐입니다. 사탄의 사자가 사도를 찔렀을 때에도 "육체
의 가시"로 찔렀을 뿐입니다. 그렇지만 그 하찮은 것이 어찌나 사도를 괴롭게 만
들었든지 사도가 참을 수가 없어서 그 일에 관해 하나님께 부르짖을 수밖에 없
었습니다. 사도는 "이것이 내게서 떠나가게 하기 위하여 내가 세 번 주께 간구
하였다"(12:8)고 말합니다. 이와 같이 하찮은 일, 정말로 다른 때는 분명히 우리
가 완전히 무시할 하찮은 일이 우리 영혼을 완전히 낙심시키는 원인이 될 수 있
는 경우가 종종 발생합니다. 그렇다는 것을 알기 때문에 나는 하나님의 자녀들
에게 간절히 권합니다. 이 조언이 아무리 이상하게 보일지라도 그것을 중요하
게 생각하라고 말입니다. 그렇지 않으면 그들이 비난할 것이 아무것도 없는 때
자신들을 나무라기 시작할 수 있고, 또 사실 자기가 하나님과 바른 관계에 있고,
모든 일이 잘 진행되고 있는 때에 자신들을 비난하고 있을 수가 있습니다. 여러
분은 눈에 작은 먼지 알갱이 하나가 들어간 것 때문에 참으로 끔찍한 고통을 겪
을 수가 있습니다! 여러분이 그 알갱이를 보지는 못하지만 느낄 수는 있습니다.
신발에 아주 작은 돌멩이 하나만 들어가도 걷기가 얼마나 힘들어지는지 모릅니
다! 이 선지자가 피로해서 그랬던 것처럼 다른 작은 일들이 괴로울 정도로 마음
을 의기소침하게 만듭니다.

　그러나 나는 죽기를 구하는 엘리야의 기도가 지극히 어리석은 것이었음을 지적
하지 않을 수 없습니다. 조금만 그 기도를 살펴보면 그 어리석음이 금방 드러날
것입니다. 엘리야는 자기가 죽기를 기도하였습니다. 왜 그런 기도를 드렸습니
까? 자신이 죽을 것을 두려워하였기 때문입니다! 그것이 그의 요구에 있어서 묘
한 사실입니다. 그는 이세벨이 자기를 죽이겠다고 위협해서 그녀를 피해 도망하
는 중인데, 이제 와서 죽기를 원하였습니다! 이것은 그의 입장에서 전혀 앞뒤가
맞지 않는 일이었습니다. 그러나 우리가 믿음이 약해질 때는 언제나 앞뒤가 맞
지 않게 행동합니다. 정말로 세상에서 의심 많은 두려움만큼 어리석은 것은 없
습니다. 우리가 믿음이 튼튼하고 더 밝은 빛에 들어갈 어느 날에 볼 것처럼 그
두려움을 볼 수만 있다면, 우리는 자신들을 비웃을 것이고, 그 다음에는 우리가
그처럼 어리석은 것을 생각하고 자신에 대해 슬퍼할 것입니다. 여러분이 죽음을

피해 도망하다가 그 다음에는 죽기를 구하는 것입니다. 바로 그것이 엘리야가 한 행동입니다. 그래서 우리 같은 보잘것없는 평범한 죽을 인생들이 이 위대한 하나님의 선지자가 했던 것과 똑같이 행동한다고 해도 이상하게 생각할 까닭이 하나도 없습니다.

그 다음에, 그가 죽기를 바란 것은 크게 어리석은 일이었습니다. 그것은 엘리야 자신의 판단에 따를지라도, 그가 이전 어느 때보다도 계속해서 살아야 할 필요가 더 있었기 때문입니다. 그가 무엇이라고 말했습니까? "오직 나만 남았거늘 그들이 내 생명을 찾아 빼앗으려 하나이다." 그런데 엘리야여, 그대의 계산이 정확하다면, 그대가 죽을 경우에 하나님의 백성은 끝이 날 것입니다. 확실히 그대 혼자만 남았다면, 그대는 하나님의 일을 실행할 사람들이 더 생길 때까지 그대가 계속해서 살 수 있도록 기도하는 것이 마땅합니다. 이스라엘의 숯불이 완전히 사그라지고 마지막 등불이 꺼진다는 것은 유감천만입니다. 이 선지자가 죽기를 바란 그 이유가 사실은 그가 살기를 바라야 할 최상의 이유였습니다. 그것이 이상한 일이지만, 우리가 바로 이상한 피조물들입니다. 이 자리에 때때로 어리석게 굴지 않는 사람은 없습니다. 강단에 서 있는 이 사람이 그 점에서는 여러분 모두보다 앞서 있는 것은 확실합니다. 우리 모두는 속에 있는 어리석음을 언젠가는 드러냅니다. 엘리야가 그랬던 것처럼 우리도 궁지에 몰아넣기만 하면, 그의 경우처럼 우리의 어리석음도 나타날 것입니다. 그는 살기를 기도했어야 하는데, 죽기를 구했습니다.

그의 어리석음을 보여주는 또 한 가지 사실은 그가 결코 죽게 되어 있지 않았고, 실제로 죽지 않았다는 것입니다. 그는 회오리바람을 타고 하늘로 올라갔기 때문입니다. 죽기를 기도하였던 사람이 죽음의 도랑을 건너뛰어 죽음을 보지 않고 생명에 들어간 두 사람 중의 하나가 되었다는 것은 놀라운 사실입니다. 나는 엘리야가 불 병거를 타고 하늘로 올라가면서 속으로 "아니, 나는 죽기를 구했던 사람인데!" 하고 말했을지 궁금합니다. 그렇게 말했다면, 틀림없이 그는 하나님께서 자기 말에도 불구하고 자신을 데려가시지 않은 것을 기이히 여기고, 자신의 기도를 들어주시지 않은 것에 신성한 기쁨을 느끼면서 미소를 지었을 것입니다. 그것은 결코 드리지 않았어야 할 기도였습니다. 사랑하는 여러분, 많은 경우에 여러분과 나는 하나님께서 우리 기도에 응답하시지 않는 것에 감사해야 마땅합니다. 그래서 우리는 청교도인 랄프 어스킨(Ralph Erskine)처럼 이렇게 노래할 수 있을 것입니다.

> "조만간 응답하셨을 때 내 말을 들으셨고
> 내가 전혀 응답을 받지 못했을 때도 내 말을 들으셨습니다.
> 그렇습니다. 내 기도를 거절하셨을 때도 친절하게 응답하신 것이고
> 내 기도를 거칠게 대하실 때도 나를 친절하게 대하시는 것입니다."

엘리야 선지자에게 그와 같이 하신 것입니다. 하나님은 그의 기도에 응답하시지 않는 것으로 그의 기도를 들어주셨습니다. 이는 하나님께서 그를 위해 그가 구한 것보다 더 나은 것을 준비해 두셨기 때문입니다.

그 다음에, 엘리야가 자기 기도에 대해 제시한 이유는 진실이 아니었다는 점도 살펴보도록 하겠습니다. 그는 "여호와여 충분하오니 지금 내 생명을 거두시옵소서"(개역개정은 "여호와여 넉넉하오니 지금 내 생명을 거두시옵소서" - 역주). 그러나 사실 충분하지 않았습니다. 그는 자기 하나님을 위하여 충분히 일하지 않았습니다. 그는 자기가 충분히 했다고 생각했습니다. 자기에게 있는 모든 능력을 다 쏟았다고 생각했습니다. 그는 백성들 가운데서 하나님의 명예를 높였고, 온 민족으로 결정적인 시험을 치르게 하였습니다. 그래서 그는 "이것으로 충분합니다. 더 이상은 못하겠습니다" 하고 말했습니다. 그러나 그에게는 할 일이 아직도 많이 있었습니다. 그는 나봇의 포도원으로 내려가서 아합에게 나봇의 죽음에 대해 죄가 있다고 고발해야 했습니다. 아하시야에게 우상 숭배에 대해 책망해야 했습니다. 무엇보다 그는 이스라엘 한가운데서 여전히 타고 있는 선지자의 등불을 지킬 그의 후계자를 불러내는 일을 해야 했습니다.

엘리야는 "충분하다"고 말했으나, 그 자신이 누릴 즐거움을 위해서도 충분하지 않았습니다. 하나님은 그를 위해 더 많은 복을 예비해 두셨기 때문이었습니다. 사랑하는 여러분, 여러분과 나는 우리가 그동안 납달리처럼 "은혜가 풍성하고 여호와의 복이 가득하였다"(신 33:23)고 생각한 때가 종종 있었습니다. 그러나 주님께서는 우리에게 그보다 훨씬 더 풍성한 은혜와 더할 수 없이 좋은 복들을 주셨습니다. 엘리야의 경우가 그랬습니다. 왜냐하면 그는 호렙 산에서 하나님에 대한 놀라운 계시를 받게 되어 있었기 때문입니다. 그는 누릴 것이 더 있었고, 엘리야의 이후 생활은 하나님과 평온하게 교제를 나누며 지냈던 것으로

보입니다. 그는 이후로 또다시 갑작스럽게 용기를 잃는 일을 겪지 않았고, 마지막까지 그의 해는 구름 한 점 없이 밝게 비쳤던 것으로 보입니다. 이와 같이 이때 엘리야는 충분하지 않았습니다. 자기 사정이 충분하다는 것을 그가 어떻게 알 수 있었겠습니까? 우리가 충분히 일했고 충분히 누린 때를 아시는 분은 하나님밖에 안 계십니다. 우리는 모릅니다.

엘리야는 또한 "지금 내 생명을 거두시옵소서 나는 내 조상들보다 낫지 못하니이다" 하고 말했습니다. 그러나 이것은 그가 죽기를 원하여 제시한 다른 이유와 마찬가지로 사실이 아니었을 것입니다. 우리는 그의 아버지나 그의 조상들 가운데 어느 누구에 대해서 아무것도 알지 못합니다. 그러나 어쨌든 그들 가운데 어느 누구도 그와 필적할 만한 인물이 있었을 것 같지 않습니다. 엘리야는 대단한 인물이었습니다. 정말로 위대한 사람이었습니다. 하나님께서는 그의 조상들과는 비교할 수 없게 많은 은혜를 그에게 베푸셨고, 여전히 더 은혜를 베푸실 뜻이 있었습니다. 그는 다른 사람들이 걷지 못한 아주 높은 길을 걸은 사람이었습니다. 그래서 그가 겸손하게 처신하는 것은 잘하는 일이지만, 하나님께서 그를 위해 행하신 위대한 일들을 잊어버릴 만큼 낮아지는 것은 잘하는 일이 아니었습니다.

자, 사랑하는 형제자매 여러분, 만일 여러분이 지금 로뎀 나무 아래 앉아서 "이제 충분하니 저를 죽게 해 주십시오"라고 말하고 있다면, 여러분의 어리석은 요청을 바로잡고, 그같이 요청하는 이유를 조사해 보십시오. 그러면 그런 바람을 정당화하기에는 그 요청이 너무 약하다는 것을 알게 될 것입니다. 따라서 하나님께서 여러분이 그 요청을 즉시 버리도록 도와주시기를 구합니다!

2. 둘째로, 하나님께서 엘리야가 약해졌을 때 그를 다정하게 대하신 점에 대해 잠시 생각하는 것은 즐거운 일입니다.

목회자들과 영혼을 돌보는 모든 사람들이 마치 젊은 외과의사가 병원 회진을 할 때 치료하는 기술에 대가인 스승이 환자들을 대하는 방식을 유심히 보듯이 하나님께서 곤경에 처한 사람들을 어떻게 대하시는가를 지켜보는 것은 언제나 잘하는 일입니다. 하나님께서 엘리야에게 행하신 첫 번째 일은 아주 간단한 것이었습니다. 하나님께서는 그를 잠자게 해 주셨습니다. 우울하게 앉아 있는 불쌍한 선지자가 있습니다. 그는 죽기를 바라지만 하나님께서는 그 대신에 그를 잠재우십니다. 엘리야도 아주 깊이 잠들었습니다. 그를 깨우기 위해 천사가 필요했고, 깬 후에는 다시 곧바로 잠들었습니다. 그리고 두 번째도 그를 흔들어 깨워야 했습니다. 휴식이 그에게 정말로 필요한 한 가지였습니다. 그래서 하나님께서는 자기 종에게 "지친 본성의 달콤한 회복제인 기분 좋은 잠"을 통해 휴식을 주셨던 것입니다. 어떤 분들은 하나님의 종들은 휴식이 필요하다고 생각하지 않는 것 같습니다. 그분들은 우리 목회자가 이 일도 하고 저 일도 하며, 항상 일하기를 바랍니다. 그러나 그것은 우리 목회자들을 빨리 무덤으로 보내는 길입니다. 우리는 혹독한 주인을 섬기고 있지 않습니다. 교회는 종종 분별이 없고 몰인정합니다. 그러나 주님은 결코 그러시지 않습니다. 그래서 주님은 자기 종 엘리야에게 바로 그때 그에게 가장 절실히 필요한 잠을 주셨습니다.

하나님께서 행하신 그 다음 일은 무엇이었습니까? 그것은 매우 하찮은 것처럼 보이지만, 하나님께서 엘리야를 위해 행하실 수 있는 최상의 일이었습니다. 즉, 하나님은 그를 먹이셨습니다. 천사가 그를 깨웠을 때 그가 "본즉 머리맡에 숯불에 구운 떡과 한 병 물이 있더라 이에 먹고 마시고 다시 누웠습니다." 그런데 만일 여러분과 내가 그 자리에 있었다면, 우리는 틀림없이 엘리야에게 말을 걸기 시작했을 것이고, 그가 얼마나 잘못된 행동을 했는지를 말해서 이 불쌍한 사람을 근심하게 만들었을 것이라고 생각합니다. 그러나 천사는 그렇게 하지 않고 그에게 구운 떡을 주고, 그 다음에는 다시 잠을 자도록 하였습니다. 그것이 그를 보살피는 최선의 길이었습니다. 하나님의 자녀들 가운데는 다른 무엇보다 음식과 휴식을 필요로 하는 굶주리고 지친 사람들이 많이 있습니다. 영혼도, 몸도 다 같이 먹을 것이 필요합니다. 이런 문제들을 잊어버리지 마시기 바랍니다. 어떤 사람들은 내가 음식과 휴식 같은 작은 문제들은 언급할 필요가 없는 것처럼 생각할 수 있습니다. 그러나 이런 것들이 풀이 죽은 하나님의 불쌍한 종을 정말로 돕는데 가장 먼저 필요한 요소들일 수가 있습니다. 하나님께서 자기 자녀들에게 떡 굽는 사람이 되는 것이 놀라운 일이 아닙니다. 우리는 하나님께서 그 자녀들의 침상을 만드는 분이시라는 것을 알기 때문입니다. 다윗은 불쌍한 자들을 염려하시는 이에 대해 이같이 말했습니다. "여호와께서 그를 병상에서 붙드시고 그가 누워 있을 때마다 그의 병을 고쳐 주시나이다"(시 41:3). 하나님께서 자기 자녀들을 위해 해주시지 않는 것 가운데 정말로 필요하거나 유익이 되는 것은 아무것도 없습니다. 하나님의 자녀들이 너무 열성적으로 하나님을 섬겨서 그 일에 몹시 지치게 되었다면 하나님께서 그들을 돌보시고 다시 기운을 차리게 하실 것입니다. 하나님께서 어떻게 그 일을 해야 할지 아시기 때문입니다. 필시 엘리야처럼 그들도 먼저는 잠을 자고, 그 다음에는 음식을 받게 될 것입니다.

엘리야가 받은 그 다음의 위안은 복된 간호였습니다. 그는 그의 말벗이 되기 위해 온 천사의 방문을 받았습니다. 천사가 그에게 와서 "일어나 먹으라"는 하나님의 메시지를 전달해 주었습니다. 그는 단 두 마디밖에 하지 않았지만, 천사에게서 나온 그 두 마디는 다른 사람들이 하는 아주 많은 말보다 나았습니다. "일어나 먹으라." 이것이 엘리야에게 전하는 하나님의 메시지였습니다. 사랑하는 여러분, 하나님께서 그의 종들에게 하나님의 천사들이 그들을 에워싸고 있으며 그들을 돌본다는 것을 알게 하실 때, 매우 즐거운 위로가 됩니다. 그것은 마치 야곱이 형 에서를 만나기 전에 마하나임에서 하나님의 군대를 만나고 위안을 얻었던 것과 같습니다. 그리고 지친 많은 사람들이 하나님의 사자들이 자기들을 두르고 있으며, 그래서 자기들이 시련의 때에 홀로 버려져 있지 않다는 사실을 지금도 발견합니다.

하나님께서 엘리야가 그의 여행을 마치도록 놔두어 호렙 산에 이르게 하신 후에 그를 위해 행하신 다음 일은 그에게 자신의 슬픔을 이야기하도록 허락하신 것이었습니다. 여러분은 엘리야가 이 이야기를 두 번 말하는 것을 알아차렸을지 모릅니다. 그는 자신이 무엇 때문에 슬퍼하고 있는지 알았고, 그래서 그 이야기를 아주 분명하게 진술하였습니다. 하나님께서는 그가 그 이야기를 하도록 내버려 두셨습니다. 사람이 자신의 슬픔을 털어놓을 수 있는 것이, 다시 말해 수문을 열어 슬픔의 물을 흘려보내도록 하는 것이 마음을 놀랍게 편하게 해주는 경우가 종종 있습니다. 하나님 외에는 아무도 여러분의 슬픔을 들어줄 사람이 없을지라도, 아무도 여러분의 하소연에 귀를 기울이지 않을지라도, 여러분 마음의 무거운 짐을 더는 것은 아주 즐거운 일입니다. 한 찬송가 작사가는 이렇게 말합니다.

> "참고 또 참고 아무 소리도 하지 마라.
> 그대의 고통을 아무에게도 말하지 말라."

그런데 나는 이 조언이 지혜로운 것인지 잘 모르겠습니다. 어쨌든 여러분의 슬픔을 하나님께 말씀드리십시오. 왜냐하면 하나님께서는 자신의 불쌍한 종 엘리야가 고뇌하는 자신의 슬픈 이야기를 하나님의 귀에 이야기하도록 내버려두셨기 때문입니다.

이렇게 하고 나서, 하나님은 자기 종에게 자신을 계시하시고 또 자신의 방법들을 계시하심으로써 그가 본래 지위에 복귀하도록 도우셨습니다. 하나님께서는 엘리야가 이 사실을 알도록 하셨습니다. 하나님은 무시무시한 힘들을 통해서보다는 오히려 좀 더 조용한 형태를 통해서 더 분명하게 나타나신다는 것입니다. 즉, 하나님께서 언제나 지진과 불로써 자신의 뜻을 이루시는 것이 아니라는 것입니다. 이 선지자가 자신의 증거에서는 아무 결과도 나오지 않았다고 생각했지만, 하나님께서는 "세미한 소리"가 이스라엘 온 땅에 전해지고 있다는 것을 알게 하셨습니다. 그리고 이렇게 해서 그가 위로를 받도록 하셨습니다.

다음으로, 하나님은 그에게 좋은 소식을 알려주셨습니다. 하나님께서는 이스라엘에 아직도 바알에게 무릎을 꿇지 않은 7천 명이 있다고 그에게 말씀하셨습니다. 그리고 그 계시는 선지자의 마음을 훨씬 더 기쁘게 하였습니다. 그러고 나서 하나님은 아마도 엘리야로서는 제일 마음에 들었을 일을 하셨는데, 그에게 할 일을 몇 가지 주셨습니다. 하나님께서는 다시 그에게 일을 맡겨 보내셨습니다. 엘리야가 왔던 길을 되돌아갈 때, 브엘세바까지 갔던 걸음과는 전혀 다른 걸음걸이로 갔을 것이 분명합니다. 전에는 놀라고 슬픈 마음으로 왔는데, 이제는 디셉 사람다운 위엄을 가지고 돌아갑니다. 그는 이제 이세벨을 전혀 두려워하지 않습니다. 그는 엘리사를 불러내어 자신의 후계자로 삼고, 아합을 비난합니다. 그는 용감하고 담대하게 그 일을 하며, 다시는 숨으려 하지 않습니다. 하나님께서는 내가 지금까지 설명했던 방식으로 자기 종을 의기소침한 데서 이끌어내셨고, 그는 다시는 그 슬픈 상태로 돌아가지 않았습니다.

이제 나는 이 문제의 실제적인 결론에 도달하였는데, 그 결론은 이것입니다. 엘리야의 경험에서, 첫째로, 우리가 죽기를 바라고 기도하는 것이 옳은 일이 아니라는 것을 배웁시다. 그것은 엘리야에게 옳은 일이 아니었고, 모든 사람에게도 옳지 않은 일입니다. 여러분 가운데 한 번 죽으면 영원히 멸망하게 될 사람이 죽기를 바라는 것은 절대로 옳은 일이 아닙니다. 어쩌면 회심하지 않은 사람으로서 지금 내 설교를 듣고 있는 분들 가운데는 하나님께 대한 조급한 심정으로 죽기를 바란 분들이 있을 것입니다. 여러분이 그때 죽었다면 무엇을 얻었겠습니까? 그날이 여러분에게 빛은 전혀 없고 온통 흑암뿐이었을 것입니다. 그날이 여러분을 삼켜버렸을 것입니다. 사람이 근심에서 벗어나기 위해 주먹으로 자기를 마구 때리는 것은 가장 미친 짓입니다. 그것은 불꽃을 피하기 위해 불속으로 뛰어들어가는 것이고, 일시적으로 우울한 기분을 피하기 위해 지옥에 몸을 던지는 것입니다. 여러분이 그런 식으로 시험 받는 일이 있다면, 하나님께서 여러분에게 은혜를 주시어 즉시 "사탄아 내 뒤로 물러가라!"고 말할 수 있기를 바랍니다. 비록 여러분이 비참한 이 세상을 벗어나기 위해 죽고 싶은 마음이 들지라도, 그 심정을 밟아 뭉개버리십시오. 여러분이 회심하지 않은 사람이라면, 이 세상의 비참함이 아무리 클지라도 그것은 오는 세상의 비참함에 비하면 아무것도 아닙니다. 여러분이 전혀 알지 못하는 불행에 뛰어드는 것보다는 현재 당하고 있는 불행을 견디는 것이 훨씬 더 낫습니다. 상식도 그 점이 맞는다고 여러분을 가르칠 것입니다.

하나님의 사람에게는, 그런 일이 있다고 할지라도 죽기를 바랄 정도의 마음 상태에까지 들어가는 일은 좀처럼 없습니다. 사랑하는 여러분, 우리가 때로는 정말로 죽기를 바랄 수도 있다는 것을 압니다. 우리가 보통 때 그리스도를 보는 것보다 더 밝히 보게 되었을 때, 그리스도와 함께 있기를 간절히 바랐습니다. 신부가 언제까지나 신랑과 함께 지내기를 바랄 수 있지 않습니까? 때로 거룩한 노래가 우리를 찬란한 은빛 날개에 태워 천국 문 근처의 맑은 대기까지 데리고 올라갔을 때, 우리는 그 안에 들어가기를 바랐습니다. 우리는 하나님을 뵐 수 있기를 간절히 바랐습니다. 나는 우리가 지쳤을 때 영원한 휴식을 바라는 것은 충분히 옳은 일이라는 것을 의심하지 않습니다. 우리가 죄의식을 느낄 때, 죄가 더 이상 침투할 수 없고 시험이 더 이상 우리를 괴롭힐 수 없는 곳에 있기를 바라는 것은 충분히 옳은 일입니다. 그런 소원은 있어야 하고, 그런 열망은 있을 수밖에 없습니다. 왜냐하면 떠나서 그리스도와 함께 하는 것이 이 땅에 머무는 것보다 훨씬 더 좋기 때문입니다. 그러나 이 땅에서 우리의 시간을 견디기가 싫어서 천국에 들어가려는 그런 열망에 빠져서는 안 됩니다. 우리는 우리를 위해서 일하는 사람들 가운데서 언제나 토요일 밤이 오기만을 학수고대하는 사람들을 좋아하지 않습니다. 그런데 언제나 토요일 밤이 오기를 바라는 그리스도인들이 있습니다. 하루의 일을 기꺼이 충실히 하고, 한 주간의 일을 기꺼이 충실히 하십시오. 그러면 여러분이 "회중이 결코 흩어지지 않고 안식일이 끝이 없는 곳에서" 일어날 때, 안식일이 여러분에게 한결 더 즐거운 날이 될 것입니다. 여러분과 내가 이 땅에 얼마나 오랫동안 있느냐 하는 것은 전혀 우리의 관심사가 아닙니다. 뭐라고 해도 우리는 자신의 주인이 아닙니다. 우리는 하나님의 종들입니다. 우리가 저 세상보다는 여기서 하나님을 더 영광스럽게 할 수 있다고 하나님께서 생각하신다면, 여기에 남아 있는 것이 우리의 선택이 되어야 합니다.

병이 아주 깊이 들었고 온몸이 아플 때 "죽고 싶으세요 아니면 살고 싶으세요?"라는 질문을 받았던 훌륭한 한 부인이 생각납니다. 그 부인은 이렇게 대답했습니다. "그 문제에 관해서는 아무 소원이 없어요. 다만 하나님의 손에 맡겨둘 뿐입니다." 만일 우리가 죽어가면서 "이것은 내 자신의 선택이야"라고 말한다면, 우리는 그렇지 않았을 경우에 얻었을 수 있는 위로를 받지 못하게 될 것입니다. 그러나 우리가 "이것은 내가 선택한 것이 아니었어. 내가 죽는 것은 하나님의 선택이었어"라고 느낄 때, 그 죽음은 즐거운 것입니다. 그리고 여러분이 산다면 이렇게 말할 수 있습니다. "나는 지금 나의 성급한 부르짖음에 대한 응답으로 살고 있는 게 아니야. 내가 지금 살고 있는 것은 하나님께서 그렇게 정하셨고, 그렇게 삶으로써 이루어야 할 목적이 있기 때문이야." 그때는 사는 것이 즐겁습니다. 그러니, 사랑하는 친구 여러분, 그 문제는 내버려두십시오. 하나님께서 여러분에 대해 뜻하시는 대로 하시도록 하십시오. 엘리야는 죽기를 바라서 분별없는 기도를 드렸습니다. 그러나 찬송받으실 우리 주님께서는 아버지 하나님께 "그러나 나의 원대로 마시옵고 아버지의 원대로 하옵소서"(마 26:39)라고 말씀드렸습니다. 죽음의 모든 고통을 겪는 가운데서도 조급한 마음에 내뱉는 말이 단 한 마디도 없었고, 하나님의 뜻에 완전히 자기를 맡기셨습니다. 이것이 우리가 첫 번째로 배워야 할 실제적인 교훈입니다.

두 번째 교훈은, 우리가 죽기를 바랄 때는 언제든지 그 바람이 최선의 동기에서 나오고, 거기에는 이기심이 없도록 주의해야 한다는 것입니다. 즉, 고난을 피하기 위해서나 봉사를 면하고 싶어서가 아니라 그리스도와 함께 있는 것이 훨씬 더 좋기 때문에 세상을 떠나기를 바라야 한다는 것입니다.

> "주께서 계시는 곳에 내가 주와 함께 있게 하소서,
> 내 구주, 내 영원한 안식이시여!
> 그때만이 이 갈망하는 마음이
> 온전히 그리고 영원히 복을 받을 것입니다."

끝으로, 우리가 배워야 할 실제적인 교훈이 한 가지 더 있습니다. 그것은 여러분과 내가 땅에서 우리를 위해 준비되어 있는 것이 무엇인지를 전혀 알지 못한다는 것입니다. "하나님이 자기를 사랑하는 자들을 위하여" 저기 위에 "예비하신 모든 것은 눈으로 보지 못하고 귀로 듣지 못하고 사람의 마음으로 생각하지도 못하였다 함과 같으니라"(고전 2:9). 그리고 여러분은 하나님께서 이 땅에서도 여러분을 위하여 준비하신 것이 무엇인지 알지 못합니다. 엘리야는 "나로 죽게 하소서"라고 말합니다. 그런데 엘리야야, 너는 살아서 호렙 산에서 여호와 앞에서 얼굴을 가리고 서 있고 싶지 않으냐? 그는 이렇게 말했을 것입니다. "예, 그렇게 하고 싶습니다! 제가 그때까지 살게 해 주십시오." 그러면 엘리야야, 너는 살아서 나봇에게 지은 죄로 아합을 책망하고 싶지 않으냐? "예, 그렇게 하고 싶습니다! 그때까지는 살고 싶습니다." 너는 네 뒤를 이을 하나님의 복된 종인 엘리사에게 네 외투를 입혀줄 때까지 살고 싶지 않으냐? 그는 이렇게 말했을 것입니다. "예, 그러고 싶습니다. 제가 그때까지 살게 해 주십시오." 너는 살아서 네 영향으로 인해 세워졌고, 너와 엘리사가 다 떠난 후에도 남아서 계속해서 하나님의 일을 할 선지자 학교를 보고 싶지 않으냐? 나는 이 노인이 이렇게 말하는 소리가 들리는 것 같습니다. "그러고 싶습니다. 제가 그때까지 살게 해주십시오. 제가 하나님의 이름으로 가서 설교할 목회자들을 훈련하기 위해 세워진 학교들을 볼 수 있다면 행복할 것입니다. 예, 제가 그때까지 살게 해 주십시오."

형제 여러분, 여러분이 아직도 살아서 해야 할 일이 얼마나 많이 남았는지 여러분은 모릅니다. 자매 여러분, 여러분은 죽는 것에 대한 이야기를 하지 마십시오. 여러분도 천국에 가기 전에 여러분의 구주를 위해 해야 할 봉사가 훨씬 더 많기 때문입니다. 그리고 여러분이 천국에 이를 때는 이 봉사로 인해 천국이 그만큼 더 좋아질 것입니다. 하나님께서 여러분들을 위해 준비하신 복들은 참으로 놀라운 것이어서 그 복들이 여러분에게 임할 때 여러분은 꿈꾸는 것 같을 것이며, 여러분의 입은 웃음으로 가득 차고, 여러분의 혀는 노래할 것이며, 여러분은 이렇게 말할 것입니다. "여호와께서 우리를 위하여 큰 일을 행하셨으니 우리는 기쁘도다"(시 126:3). 그러므로 용기를 내고 힘을 내십시오. 그리고 주님이 오실 때까지 계속해서 주님의 심부름을 하십시오. 하나님의 복이 여러분에게 영원히 있기를 바랍니다! 아멘.

제
10
장
—

세미한 소리

—

"또 지진 후에 불이 있으나 불 가운데에도 여호와께서 계시지 아니하더니 불 후에 세미한 소리가 있는지라 엘리야가 듣고 겉옷으로 얼굴을 가리고 나가 굴 어귀에 서매 소리가 그에게 임하여 이르시되 엘리야야 네가 어찌하여 여기 있느냐." — 왕상 19:12,13

엘리야는 갈멜 산에서 하나님의 능력이 놀랍게 나타난 후에는 민족이 우상들을 버리고 살아계시고 참되신 한 분 하나님께로 돌이킬 것으로 기대했던 것이 확실합니다. 백성들이 우레 같은 소리로 "여호와 그는 하나님이시로다 여호와 그는 하나님이시로다"(왕상 18:39) 하고 고백하지 않았습니까? 선지자는 아합의 마음이 아마도 감동을 받았을 것이고, 어쩌면 그를 통해서 이세벨의 마음도 움직일 것이라고 믿었습니다. 그녀가 회심하게 되지는 않을지라도, 적어도 여호와의 명백한 개입이 그녀의 손을 제지하여 장래의 박해는 없게 만들 것이라고 기대하였을 것입니다. 선지자는 이렇게 왕과 왕비에게 끼친 영향으로 말미암아 온 나라가 여호와께 충성을 바치는 데로 신속히 돌아갈 것이라고 기대하였습니다. 그때는 엄격한 그의 마음도 하나님 앞에서 기뻐하였을 것입니다.

그런데 사정이 그렇지 않다는 것을 깨달았을 때, 그의 영이 속에서 기운을 잃었습니다. 다음 날 아침에 그를 죽이겠다는 이세벨에게서 온 전갈이 그에게는 아마도 바알을 상대로 보인 그의 대단한 시위가 실패로 끝나게 되었다는 사실만큼 무섭지 않았을 것입니다. 오만한 시돈 사람인 이 여왕은 우유부단한 아합을 여전히 지배하려고 하였고, 아합을 통해서 이스라엘 백성을 여전히 통치하려고 하였으며, 우상의 신상들이 그들의 보좌에 안전하게 앉아 있도록 하였습니다. 이 생각은 우상을 미워하는 이 선지자에게는 쓸개즙과 쓴 쑥과 같았습니다. 그는 워낙 낙담을 하게 되어 당장에라도 싸움을 포기하고 전쟁터를 떠나야 할 것 같았습니다. 엘리야는 백성들이 그처럼 맹목적으로 얼이 빠져서 바알에게 명예를 주고 여호와께는 굴욕을 안긴 땅에서 사는 것이 견딜 수가 없습니다.

그는 즉시 떠나기로 결심합니다. 그런데 그가 어디로 가야 하겠습니까? 그는 황급히 서둘러 그 땅을 통과하여 광야로 들어갑니다. 그는 사람의 발이 더럽힌 적이 없는 황야에 이르기까지는 누우려고 하지 않습니다. 그런데 그는 서둘러 어디로 가고 있는 것입니까? 율법을 옹호하는 위대한 인물인 그는 일찍이 위대한 입법자가 섰던 그 지점을 생각하고, 서둘러 하나님의 산 호렙으로 갑니다. 그가 한 동굴에서 유숙하는데, 아마도 그 동굴은 바위가 갈라진 틈으로, 이전에 하나님께서 모세 앞으로 그의 모든 영광이 지나가도록 하시는 동안에 자기 종 모세를 숨겨둔 곳이었을지 모릅니다.

그러나 이것은 기진맥진한 적 앞에서 보인 참으로 어처구니없는 퇴각이었습니다! 수천 대 일로 온 이스라엘에 맞선 그 불굴의 용기는 이제 어디로 갔습니까? 이 위대한 인물이 어떻게 넘어졌습니까? 동굴에 웅크리고 앉아 있는 이 사람이 내 주 엘리야입니까? 이 사람이 먹이를 보고 으르렁거리는 사자처럼 이스라엘 역사 속으로 뛰어들어간 것으로 보인 그 사람입니까? 이 사람이 하늘에서 불과 물이 내리게 한 디셉 사람 엘리야입니까? 맞습니다. 바로 그 사람입니다. 그는 나약해지고 지쳤습니다. 그래서 자기 주님이 맡긴 봉사에서 도망쳤습니다. 강한 자들은 하나님께서 그들을 강하게 만드시기 때문에 강할 뿐이라는 것을 아주 분명하게 볼 수 있는 것이 언제나 약한 우리에게는 좋은 일입니다. 강한 자들이 이따금 보이는 약한 모습은 그들도 본래는 우리처럼 약한 사람이라는 것을 증명하는 것입니다. 그들이 위대한 인물이 되는 것은 오직 하나님의 힘에 의해서만 이루어지는 것입니다. 그리고 이 하나님의 힘은 또한 언제나 우리가 전투에 나갈 수 있도록 준비시키기도 합니다. 우리는 이 사실에서 위로를 받습니다. 물론 우리는 이 사실에서 우리 자신의 허약함에 대한 구실을 찾지 않습니다. 엘리야의 하나님 여호와는 우리 하나님이십니다. 하나님께서 우리와 성정이 같은 사람을 부양하셨듯이, 우리가 하나님께 부르짖는다면 우리를 부양하실 수 있고 또 하려고 하실 것입니다.

하나님께서 기가 꺾인 자기 종을 어떻게 대하셨는지 아주 주의 깊게 그리고 즐거이 살펴봅시다. 하나님께서는 자기 종이 마음속으로는 믿음이 굳건하다는 것을 아셨습니다. 엘리야가 자기 하나님을 사랑하고 경외하며 하나님의 명예를 위하는 열심이 아주 뜨겁다는 것을 아셨습니다. 그러므로 하나님은 화를 내며 자기 종을 버리지 않으셨습니다. 오히려 그를 소생시키고 회복시켜서 다시 거룩한 싸움에 나서게 하기로 결심하셨습니다. 이제 엘리야는 "내 영혼을 소생시키시고 자기 이름을 위하여 의의 길로 인도하시는도다"(시 23:3)라는 다윗의 노래의 의미를 배워야 합니다. 하나님께서는 아주 애정 어린 손길로 그의 몸을 쉬게 하는 일부터 시작하셨습니다. 하나님께서는 그가 깊이 잠들도록 하셨고, 깨어났을 때는 그가 먹도록 구운 떡과 물 한 병을 준비해 놓으셨습니다. 그러고 나서 주님은 다시 그가 잠을 자도록 두셨는데, 이는 그에게 잠이 절실히 필요하였기 때문입니다. 우리가 피곤으로 지쳤을 때 잠을 자는 것은 시간을 낭비하는 것이 아닙니다. 몸이 자연의 달콤한 회복제인 기분 좋은 잠을 충분히 취하도록 하는 것은 생활의 최선의 절약입니다. 하나님께서는 자기 종에게 두 번째 잠을 잔 뒤에 두 번째로 먹을 것을 주셨고, 이렇게 해서 기운을 차린 그는 사물을 좀 더 기분 좋은 관점에서 바라볼 수 있었습니다.

그리스도인들이 몸을 아주 경시하던 때가 있었습니다. 그들은 자기 신체를 무가치한 몸이라고 불렀는데, 사실 몸이 어떤 의미에서는 무가치하다고 할 수 있지만 모든 의미에서 그런 것은 아닙니다. 그들이 의심이나 두려움, 떨리는 마음이 생기면 우리의 훌륭한 선조들은 그 모든 것을 마귀의 등에 지우거나, 아니면 그것들을 자기의 불신앙 탓으로 돌렸습니다. 그런데 많은 경우에 그들의 의기소침은 음식이나 신선한 공기가 부족해서 혹은 무력한 간이나 약한 위 때문에 생긴 것이었습니다. 우리를 낙담시킬 수 있는 것들은 수천 가지나 됩니다. 우리는 몸을 멸시해서는 안 됩니다. 수천 가지의 것들이 몸을 통해서 우리에게 영향을 미칩니다. 그보다 우리는 자연 법칙들에 주의하고, 그 법칙들을 내신 하나님께서 우리를 도우시기를 바라보아야 합니다. 몸을 지으셨고, 몸이 마음과 아주 긴밀히 연결되도록 하신 하나님께서는 영혼이 몸에 많이 의존되어 있는 것을 아시고, 하나님의 일을 회복하실 때 우리 몸의 질병을 치료하는 일부터 시작하시는 경우가 종종 있습니다. 진흙 집에 살고 있는 우리는 영혼이 굳게 결합되어 있는 이 티끌 때문에 좁은 데 갇혀서 더욱 고상한 일들을 하지 못하는 경우가 많이 있습니다. 자기 백성을 치료하시는 하나님께서는 엘리야의 경우에 그의 기력 없는 몸을 쉬게 하는 것부터 시작하셨습니다. 잠과 음식으로써 엘리야를 회복시키셨습니다.

이 자리에 계신 분들 가운데 우울하고 정신적인 고통을 겪고 계신 분들이 있다면, 여러분에게 자신의 건강을 살펴보고, 먼저 여러분의 슬픔이 질병 때문에 생기는 것인지 아니면 죄에서 오는 것인지, 연약한 몸 때문인지 아니면 반역하는 마음 때문인지 확인하기 전까지는 자신을 책망하지 마시라고 부탁드립니다. 여러분이 몸을 가지고 있다는 사실을 기억하는 것이 비성경적이라고 생각하지 마십시오. 왜냐하면 여러분은 분명 몸을 가지고 있고, 따라서 몸의 존재를 무시해서는 안 되기 때문입니다.

여러분의 하늘 아버지께서 여러분의 몸을 생각하신다면, 그 점에서 하나님은 여러분에게도 그 같이 하라는 암시를 주시는 것입니다. 지혜로운 하나님께서 괄괄한 엘리야에게 그의 죽을 몸을 먹이고 쉬게 하는 일부터 하셨다면, 우리는 우리의 외적인 부분들을 돌보는 것을 지혜로 여겨야 합니다. 우리는 이단들이 몸을 무시하라고 가르친다는 것을 압니다. 지혜로운 사람들은 몸을 성령의 전으로 알고 귀하게 여깁니다. "마음에는 원이로되 육신이 약하도다"(마 26:41)는 말씀이 우리에게도 종종 해당됩니다. 육신을 건강하게 만드는 것이 작은 일이 아닙니다. 의사가 목사만큼 필요한 경우가 종종 있는 것입니다.

이 하나님의 사람이 위대하신 의사이신 하나님의 손에 기운을 차렸을 때, 그는 하나님의 인도를 받아 혼자 조용히 있을 호렙 산에 이르렀습니다. 하나님께서는 엘리야가 잠과 음식뿐 아니라 조용히 지내는 것도 필요하다는 것을 아셨습니다. 철저히 외로움만 감도는, 인적이 드문 험한 바위산들에서 엘리야는 다소 편안함을 느꼈습니다. 그 조용함이 엘리야의 마음을 어느 정도 진정시켰을 때, 하나님께서 그와 이야기하기 시작하셨습니다. 하나님께서 그에게, 나가서 산에서 여호와 앞에 서라고 명하셨습니다. 이 선지자가 굴 입구에 서자마자 무시무시한 폭풍이 골짜기를 엄청난 힘으로 쓸고 가며 산들을 가르고 산꼭대기에 있는 엄청난 화강암 덩어리들을 떨어뜨렸습니다. 크고 강한 바람이 산들을 뿌리까지 흔들었던 것으로 보입니다. 오랜 세월 동안 일반 폭풍들에 끄떡없이 맞섰던 거대한 기둥들이 외로운 관찰자 앞에서 흔들리고 비틀거리며 엄청난 굉음과 함께 쓰러지기 시작했습니다. 그런데 이 선지자는 전혀 놀라지 않았습니다. 그는 폭풍의 아들이었습니다. 사나운 비바람이 치는 가운데서도 호통을 칠 수 있는 사람이었습니다. 주변에서 일어나는 무서운 광경을 보고서도 그는 마음이 들뜨는 것을 느꼈을 가능성이 충분합니다. 그가 지금까지 백성들 가운데서 살면서 겪은 소동이 이제 그의 앞에서 자연 세력들의 투쟁으로 생생하게 묘사되었습니다. 무시무시한 돌풍이 산마루를 휩쓸고 지나갈 때 그가 즐거운 흥분을 느끼고 심지어 편안하게 느꼈다고 할지라도 나는 전혀 이상하지 않습니다.

그가 굴 입구에 섰을 때 땅이 그의 발밑에서 무너졌습니다. 그래서 그가 산에 몸을 기댔습니다. 그런데 자, 산이 흔들리고 떨었습니다. 이때 지진이 지나가고 있었기 때문입니다. 그 주변에 안정되게 서 있는 것이라곤 아무것도 없는 것처럼 보였습니다. 자연계의 격동이 그치기가 무섭게 불이 환하게 빛났습니다. 번개가 하늘 전체에서 번쩍였고, 이어서 하나님의 사람이 전에 들어본 적이 없는 큰 우렛소리가 들렸습니다. 생생한 번개가 바위 산 여기저기에 꽂혀서 하늘 전체가 하나님의 불로 이글거렸습니다. 그런데도 우리는 선지자가 조금이라도 겁을 먹거나 당황하는 것을 보지 못합니다. 그는 용감한 사람이었습니다. 폭풍 가운데서도 침착하였습니다. 독수리가 번개 한가운데로 올라가고 폭풍처럼 빨리 위로 치솟듯이 엘리야의 심령이 그랬던 것으로 보입니다. 그는 자연 세력들이 맹렬하게 날뛰는 것을 보고 두려워하지 않았고 오히려 흥분이 되었던 것입니다. 그리고 이제 우레가 그쳤고 번개도 사라졌습니다.

죽은 듯한 고요함이 찾아왔고, 조용한 공중으로부터 마치 침묵이 들릴 수 있게 된 것처럼 히브리어로 "부드러운 침묵의 소리"라고 하는 것이 나왔습니다. 두려운 소동 뒤에 오는 공포스러운 정적만큼 무서운 것은 없습니다. 엘리야를 겁줄 수 없었던 바람과 폭풍의 소리조차도 여호와께서 자기 종을 가까이 부르는 데 사용하신 세미한 소리만큼 두렵지 않았습니다. 그때 선지자는 얼굴을 가리고 굴 입구로 가서 듣기 위해 섰습니다. 그 세미한 소리가 진지하게 들도록 그의 마음을 끌어당겼기 때문입니다. 무시무시한 자연의 세력들이 엘리야에게 할 수 없었던 일을 이 세미한 소리가 하였습니다. 이처럼 여호와는 바람 가운데 계시지 않았고, 지진 가운데, 불 가운데도 계시지 않았으며 오히려 세미한 소리 가운데 계셨습니다. 엘리야는 그 사실을 알았고, 두려운 마음이 생겨서 여호와 하나님께서 말씀하시려는 것을 들을 준비를 하였습니다.

이 사실이 주는 교훈이 무엇입니까? 성령 하나님께서 오늘 아침 우리가 이 교훈을 배우고 또 가르칠 수 있게 도와주시기를 구합니다.

1. 첫째로, 나는 여러분에게 하나님께서 택하신 수단에 주목하라고 말씀드립니다.

먼저, 그것이 무엇이었는지부터 살펴봅시다. 그것은 무시무시한 것이 아니었고 굉장한 것도, 압도적인 것도 아니었습니다. 오히려 이 모든 것에 정반대되는 것이었습니다. 그것은 힘을 굉장하게 보여주는 것이 아니었습니다. 하나님은 엘리야가 보고 들었던 대단한 것들 중 어디에도 계시지 않았기 때문입니다. 엘리야의 용감한 심장을 정복한 것은 회오리바람도, 지진도, 불도 아니었습니다. 그것은 세미한 소리였습니다. 사람들의 마음을 하나님과 그리스도께 효과적으로 인도하는 것은 능력을 비상하게 나타내 보여주는 것이 아닙니다. 하나님께서 역병과 기근, 불, 그 밖의 무서운 심판들을 보내실 때는 사람들이 떨게 될 수 있습니다. 그러나 이런 일들은 보통 사람들의 마음이 완고해지는 것으로 끝나고 그들을 하나님께로 인도하지 못합니다. 하나님께서 바로와 그의 나라에 어떤 일을 행하셨는지 보십시오. 그와 같은 일들은 이전에 본 적이 없는 것이었습니다. 그렇지만 그 결과는 무엇이었습니까? "바로의 마음이 완악하여졌습니다." 일이 보통 그와 같이 됩니다. 이런 일들은 거룩한 복음의 준비 단계로 충분합니다. 복음은 마음을 조용히 정복하지만, 이런 일들은 그 자체로 영혼에 영향을 끼치지 못합니다.

> "율법과 두려움은 마음을 완고하게만 할 뿐이네.
> 그것들만 작용하는 동안에
> 돌 같던 마음을 녹이는 것은
> 피로 사신 용서를 아는 것이네."

"의의 두려운 일들"(시 65:5, 개역개정은 "의를 따라 엄위하신 일")이 거의 쓸모가 없는 곳에서 이 세미한 소리가 성공을 거듭니다. 엘리야가 이 무서운 심판이 자기 동포들에게 효과가 있을 것으로 기대했다는 것이 놀랄 일이 아닙니다. 이 무서운 일들이 악을 이기는데 거칠지만 당장에 효과가 있는 방법으로 보입니다. 사람들의 마음이 그처럼 "만물보다 거짓되고 심히 부패하지" 않았다면 그 일들이 효과가 있을 것입니다. 하나님께서 생각이 없는 이 도시에 역병을 보내신다면, 아마도 그 일이 많은 사람들에게 깊은 인상을 줄 수 있고, 평소에 안식일을 지키지 않는 사람들이 이 기도의 집으로 몰려오게 만들 수도 있다는 것을 여러분은 이미 알지 않습니까? 콜레라나 전쟁 혹은 기근이 태평한 사람들의 양심에 경보를 발할 수 있고, 불경건한 자들이 기도하게 만들 수도 있지 않습니까? 여러분은 하나님께서 우리를 전쟁의 재앙들로부터 그리고 헤아릴 수 없이 많은 악들로부터 구원하시면서 우리에게 베푸셨던 보호가 사람들의 마음에 뻔뻔함과 경솔함, 무관심을 키우는데 이바지했을 수 있다고 생각하지 않습니까? 다른 사람들의 죄를 생각할 때 우리는 그리스도께 거의 이렇게 말하다시피 할 수 있을 것입니다. "엘리야가 그랬듯이 우리가 하늘로부터 저들에게 불을 내리게 하기를 원하시나이까?" 우리는 하나님의 두려운 일들이 사람들을 설득시키고 하나님의 품에서 안식을 찾도록 만들 것이라고 흔히 생각합니다.

감사하게도 무한한 자비로 하나님은 이제 그 두려운 행동 방식을 택하시지 않습니다. 하나님은 이제 바람을 놔두고, 지진도, 불도 놔두시고, 사람들에게 고요한 영혼 속에서 목소리로 말씀하십니다. 그 목소리는 "침묵에 가까운 소리" 같을지라도, 구원에 이르게 하는 하나님의 능력입니다. 그러나 우리는 그것이 사실이라는 것을 납득시키기가 어렵습니다. 사람들은 외적으로 화려한 굉장한 능력이 하나님의 나라를 전진시킬 것이라는 생각을 여전히 굳게 붙들고 있습니다. 우리는 주님께서 그러셨던 것처럼 열두 영 되는 천사들 없이 지낼 준비가 되어 있지 않습니다. 우리 자신의 행동에 관한 한, 우리는 "그는 다투지도 아니하며 들레지도 아니하리니 아무도 길에서 그 소리를 듣지 못하리라"(마 12:19)는 말을 들으시는 분의 형편없는 제자들입니다.

종교 활동에서 우리는 육체적인 힘과 에너지를 지나치게 의존하는 경향이 있습니다. 우리가 떠들고 흥분하며 소동을 일으키고 선동할 수 있다면 우리는 희망에 가득 찹니다. 사람들을 흥분시키기 위해 새롭게 고안된 것으로 대중의 마음을 들썩이게 하는 것을 보면 우리는 아주 쉽게 그것을 하나님의 능력과 관계있는 것으로 생각하는 경향이 있습니다. 새로운 것들을 추구하는 이 시대는 금관 악기들과 탬버린에서 영적 능력을 발견한 것처럼 보입니다. 교회가 구원할 수 없는 사람들의 마음을 군대가 움직일 수 있고, 복음의 주장들에 무감각한 마음들이 군대 깃발에 매혹당할 수 있다고 기대하는 것입니다. 사도의 가르침은 인기가 떨어지고, 사람들의 마음을 끌려고 좀 더 선정적인 방법들이 제시됩니다. 이 시대의 경향은 큰 것, 퍼레이드, 권력의 과시를 추구합니다. 마치 이런 것들이 좀 더 일반적인 수단들이 성취하지 못한 것을 확실히 이룰 수 있을 것처럼 말입니다. 그러나 사실은 그렇지 않습니다. 만약에 그렇다면 사람들이나 하나님이나 모두 크게 변해버린 것입니다.

바로 이 경향이 흔히 하는 다음과 같은 말에서도 나타납니다. "어쨌든 우리는 설교 잘하는 사람이 있어야 해요. 아주 정선된 말로 주장할 수 있는 사람, 웅변술의 대가를 모시도록 합시다. 확실히 이런 사람은 우리가 믿을 수 있어요. 성실한 변론, 정신이 나게 하는 열정적인 연설은 믿을 수 있어요." 하지만 하나님께서는 아마도 이런 형태의 힘을 택하시지 않을 것입니다. 지금도 하나님께서는 우리의 믿음을 말의 지혜로 세우려고 하시지 않고 우리에게 이 교훈을 배우게 하려고 하시기 때문입니다. "이는 힘으로 되지 아니하며 능력으로 되지 아니하고 오직 나의 영으로 되느니라"(슥 4:6). 연설자의 입에서 말 한 마디 한 마디가 요란한 소리를 내며 이어집니다. 참으로 굉장한 연설입니다! 청중들은 확실히 깊은 인상을 받았을 것이 틀림없습니다. 바람입니다!

그런데 주님은 거기에 계시지 않습니다. 제2의 세례자 요한처럼 목사가 재난과 공포를 선언하며 독사와 같은 세대에게 하나님의 저주를 퍼붓는 동안에는 모든 것이 떠는 것처럼 보입니다. 이것이 완고한 마음을 깨트리겠습니까? 그렇지 않습니다. 아무것도 이루는 것이 없습니다. 그것은 지진입니다. 그러나 주님은 지진 가운데도 계시지 않습니다.

또 다른 형태의 힘이 남아 있습니다. 열정적으로 호소하는 사람이 있습니다. 그는 아주 뜨겁게 타오르고 번쩍입니다! 그가 사용하는 선정적인 은유와 예화들을 보십시오. 맞습니다. 그것은 불입니다. 그것을 두고 불꽃놀이라고 말할 수도 있지 않겠습니까? 그러나 주님은 그런 불꽃놀이를 가지고 일하시지 않습니다. 주님은 불 가운데도 계시지 않습니다. 제멋대로 날뛰는 열광의 격렬한 에너지를 하나님은 사용하시지 않습니다. 하나님께서는 영혼을 구원하는 일의 준비 단계로서 이런 크고 무서운 일들을 사용하실 수 있습니다. 그러나 그것은 어디까지나 준비 단계일 뿐입니다.

구원하는 일은 마음의 은밀한 침묵 가운데서 이루어집니다. 크고 무서운 일들이 엘리야의 경우에 그랬듯이 다른 사람들의 경우에서도 영혼을 구원하는 일에 아무 효과가 없습니다. 그 일들이 사람을 놀라게 하고 정신 차리게 만들지만 설득하고 회심시킬 수는 없습니다. 살아나게 하고 빛을 비추며 거룩하게 하고 정말로 복을 주는 것은 온화한 침묵 가운데서 들리는 세미한 소리입니다. 이 말이 역설적으로 들리지만, 경험으로 그 진리를 아는 사람은 그 의미를 분명하게 이해합니다. 밖에서 들리지 않는 목소리가 속에서는 전능한 힘을 발휘하는 것입니다.

그동안 나는 이 점의 부정적인 면을 충분히 설명하였습니다. 그러면 하나님은 사람의 마음을 움직이기 위해서 무엇을 사용하십니까? 우리 하늘 아버지께서는 대체로 부드럽고 다정하며 온순하고 조용하며 평온하고 평화로운 것, 곧 세미한 음성을 사용하십니다. 실제로 회심시키는 일, 곧 영혼이 결단을 내리고 하나님께 완전히 순종하게 만드는 일에서, 부르시는 목소리는 종종 너무 조용하여서 다른 사람들이 그 결과를 보지 않고서는 잘 인식하지 못합니다. 그렇습니다. 많은 경우에 그 목소리는 너무 조용하여서 그 소리를 듣는 당사자조차 거의 인식하지 못할 정도입니다. 그래서 들은 사람이 그 목소리가 언제 들렸다가 언제 사라졌는지 정확히 말하지 못할 수도 있습니다. 부드러운 솔바람은 열이 난 이마를 식혀줍니다. 그러나 정작 그 환자는 솔바람이 병실을 지나갔다는 것을 거의 알아차리지 못합니다. 하늘이 보낸 미풍은 그와 같이 부드럽습니다. 하나님과 화목시키는 일에는 강풍이 없고 북 치는 소리도 없으며, 사나운 비바람의 번개도 없습니다. 피 흘리지 않는 이 전쟁의 사령관은 사랑입니다. 물질적인 힘이나 정신적인 힘을 나타내 보이는 일은 거의 없지만, 힘이 사용된 경우보다 더 실제적으로 존재하는 능력이 있습니다. 바람이나 지진, 불과 같은 힘이 나타난 곳에서, 우리는 후에 "하나님이 거기에 계시지 아니하니라"는 말씀을 보게 됩니다. 그러나 하나님은 여기에서, 곧 힘이 전혀 나타나지 않은 세미한 소리 가운데서 일하십니다. 그 다음에 우리는 여기서 힘의 무력함을 보고, 약함의 권능을 또한 배웁니다. 어떻게 하나님께서 아주 쉽게, 저항할 수 있을 것으로 보이는 것을 저항할 수 없는 것으로 만드시고, 또 쉽게 떨어버릴 수 있을 것으로 생각하는 것을 가지고 사람을 얽어서 도무지 빠져나갈 수 없게 하시는 일을 종종 행하시는지 배웁니다. 빙산을 녹이고 빙하가 풀어지게 만드는 봄의 미풍처럼 성령께선 부드럽고 조용하게 일하십니다. 추운 날씨가 모든 개울의 목을 꽉 움켜쥐었지만 봄이 움켜쥔 그 손을 다 풀어놓습니다. 차꼬를 풀 때 망치 소리나 줄 톱 켜는 소리가 전혀 들리지 않지만, 부드러운 남풍이 불면 모든 것이 살아나고 자유로워집니다. 성령께서 실제로 오셔서 죄인을 자유롭게 하실 때 영혼 속에서 행하시는 성령님의 활동이 그와 같습니다.

부드럽고 조용한 수단이 무엇이든지 간에, 그것이 영혼을 구원한다면, 모든 경우에 성령님께서 임재하여 그 수단을 사용하신 것입니다. 성령께서는 원하시면 "급하고 강한 바람"(행 2:2)처럼 오실 수 있습니다. 성령께서는 당신의 기쁘신 뜻대로 오시기 때문입니다. 그러나 보통 사람에게 하나님의 평안을 가져다주기 위해 오실 때는 비둘기처럼, 하늘의 이슬처럼 내려오십니다. 아주 평화롭고 부드러우며 조용하게 내려오십니다. 사람은 영혼에 불을 질러 고통스럽게 만들 수 있습니다. 의심과 두려움과 공포는 무서운 지진처럼 영혼을 찢습니다. 사람 전체가 곤경에 빠지고, 혼란이 율법의 회오리바람처럼 영혼을 휩쓸고 지나갑니다. 그러나 성령께서는 지극히 다정한 사랑 가운데 오시고, 온유하신 그리스도를 계시하며, 죄인의 눈물 어린 눈앞에 구주의 십자가를 세우고 평화와 용서와 구원을 말씀하십니다. 형제 여러분, 바로 이것이 우리가 바라는 바, 성령께서 자기 방식대로 행하시는 활기찬 사랑의 역사입니다.

나는 성령께서 영혼을 구원하실 때 보통 그리스도의 사랑을 계시하심으로써 그 일을 하신다고 말씀드렸습니다. 그런데 그것은 우리가 처음 회심할 때뿐만 아니라 그 후에도 마찬가지입니다. 성령님의 활동은 내내 그와 같이 조용하고 효과적인 방식으로 이루어집니다. 우리가 점점 더 성화되어 갈 때, 그것은 아버지의 사랑에 대한 친절한 계시들을 통해서 이루어집니다. 우리 주 예수 그리스도 안에 나타난 하나님의 무한히 넘치는 은혜만큼 우리 각 사람에게 영향을 끼치는 것이 무엇이 있습니까? 여러분은 모노(M. Monod)가 어떻게 그의 즐거운 찬송에서 성화에서 우리의 성장을 이야기할 뿐만 아니라 그 성장을 가져오는 유순한 도구에 대해서도 이야기하는지도 압니다.

"그럼에도 주께서 나를 찾으셨네.
내가 주께서 저주 받은 나무에서 피 흘리시는 것을 보았고
주께서 '아버지여 저들을 사하여 주옵소서'

하고 기도하시는 소리를 들었네.
그리고 꿈꾸는 듯한 내 마음이 분별없이 말했네.
'나를 조금 생각하고 주님도 조금' 생각하면 좋겠네.

날마다 주의 애정 어린 자비가,
치료하고 도우며, 충만하고 자유로운,
달콤하고 강하며, 오래 인내하는 주의 자비가
나를 더 겸손케 만들었으니,
내가 작은 소리로
'나를 좀 덜 생각하고 주님을 더 많이'
생각하면 좋겠다고 말하는 동안."

그럼에도 여러분은 이 모든 일을 일으키는 것은 영혼에 미치는 사랑의 작용이라는 것을 압니다.

"가장 높은 하늘보다 높은 하늘을
가장 깊은 바다보다 깊은 바다를
마침내 주의 사랑이 정복하였으니, 주여
이제 내 영혼에게 이 갈망을 주소서.
'나는 전혀 생각하지 않고 오직 주님만'을 생각하겠다는."

이렇게 은혜는 조용한 아침빛처럼 사람에게 작용합니다. 그 과정을 사랑으로 진행합니다. 마음속에서 이루어지는 화해시키는 이 중대한 행위에는 공포나 굴종의 기미가 전혀 없습니다. 기쁜 소식이 들어 있는 이 복음은 하나님의 마음에서 튀어나와 사람들의 마음으로 들어가고, 그 뒤를 안식과 거룩한 감사가 따라갑니다. 하나님께서 원수들은 사자들을 풀어 삼켜버리지만 친구들은 사랑으로써 설득하실 수 있습니다. 완고한 자들은 쇠막대기로 치듯이 쳐서 토기장이의 그릇처럼 산산이 부수지만, 자기 백성들에 대해서는 그들을 구원하러 오실 때, 자비의 은 규(圭)를 가지고 그들을 움직이십니다. 은혜는 기름칠한 깃털처럼 부드럽게 작용합니다. 하나님의 전능하신 능력이 사람의 마음속에 들어올 때 그 능력을 이끄는 전차는 사랑입니다.

사랑하는 친구 여러분, 우리에게 조용하지만 충분히 느껴지는, 다시 말해 동물적인 흥분은 없지만 우리 개인 한 사람 한 사람에게 충분히 느껴지는 이 세미한 소리야말로 믿음으로 우리를 예수님과 연합시키는 것입니다. 엘리야는 하나님의 세미한 음성을 들었을 때 차분하고 조용했습니다. 그는 두려워서 엎드리지 않았고 기뻐서 춤을 추지도 않았습니다. 그렇지만 그의 본성 전체가 감동을 받았고 그의 가장 깊은 내면이 진동하였습니다. 하나님께서 그 소리를 듣도록 엘리야의 속에 일으킨 고요함이 그의 영혼을 녹였습니다. 이것이 사람들에게 격변이 일어나는 방식입니다. 진리가 사람의 마음에 와 닿을 때, 은혜의 메시지가 자기에게 전달되고 있다는 것을 사람이 깨달을 때, 진리를 굳게 붙잡고 진리와 씨름할 때, 밖에서 오는 도움이 없을지라도 그에게 진리가 있을 때, 그는 영생을 찾고 또 영생을 얻습니다. 양심 속에서 들리는 세미한 소리는 사람들의 영혼을 효과적으로 회심시키고 위로하기 위해 하나님이 택하신 도구입니다. 하나님의 나라는 볼 수 있게 오지 않고, 은밀한 방에서 사람을 하나님 가까이 데려갑니다.

2. 하나님의 택하신 이 실행 방식의 최고의 효과들을 살펴봅시다.

이 방식이 엘리야에게 일으킨 첫 번째 효과는 그 사람이 진압되었다는 것이었습니다. 미친 듯이 날뛰는 바람을 마주할 수 있는 그가, 번개에 두려워하지 않고 지진에도 떨지 않았던 그가, 정적 가운데서 조용한 소리를 듣는 순간, 양가죽 옷으로 얼굴을 감싸고 어린아이처럼 하늘 아버지의 부르심에 순종하여 굴 밖으로 나갔습니다. 성령께서 유순한 힘으로 여러분 가운데 오실 때는 여러분이 더 이상 저항하지 않을 것입니다. 즉, 여러분은 부드럽고 애정 어린 손길에 제압되고 정복될 것입니다.

엘리야가 맨 처음 한 일은 외투로 얼굴을 감싸는 것이었다고 말씀드렸습니다. 이것은 두려우신 하나님 앞에서 얼굴을 내놓고 서 있을 수 없는 천사들의 본을 따르는 것이었습니다. 그는 마치 부끄러워하는 사람처럼, 다시 말해 자기 하나님을 의심한 것이 부끄럽고, 겁쟁이처럼 행동한 것이 부끄럽고, 일할 위치에서 떠나 있는 것이 부끄러워서 어떻게 해서든지 얼굴을 가리려고 했던 것입니다. 성령께서 사람들을 대하실 때, 초기에 그들의 마음에 나타나는 효과가 이런 것입니다. 부끄러움과 수치스러움이 그 얼굴을 덮는 것입니다.

"주여, 당혹스러워 내 얼굴을 가리나이다.
죄 많은 머리를 숙이니
내 모든 악한 행실이 부끄럽고
지금까지 산 혐오스러운 인생이 부끄러워서."

이렇게 되면 사람들은 이전에 곧잘 그랬던 것처럼 더 이상 뻔뻔스러운 어조로 말할 수가 없습니다. 자랑하는 말을 일체 버립니다. 어쨌든 한동안 그들은 하나님 앞에서 처신하는 법을 배워야 합니다. 하나님께서 빛 가운데 계실 때 빛 안에서 행하는 일이 이제 막 회심한 죄인들에게는 쉽지 않기 때문입니다. 그들의 눈은 약하고 무르기 때문에, 영원한 빛의 광채로 인해 상하지 않도록 눈을 가려야 합니다. 사랑은 승리하는 능력입니다. 단순한 힘과 우레는 실패하지만, 사랑은 마음을 인도하여 즐거운 포로가 되도록 만듭니다. 이미 말했듯이, 바람도 폭풍우도 엘리야에게 이 마음을 일으키지 못하였지만, 하나님의 세미한 음성은 즉시 그 일을 해냈습니다.

"주여, 주께서 이기셨사오니, 마침내 내가 굴복하나이다.
크신 은혜로 말미암아 내 마음을 모두
주께 드리지 않을 수 없나이다.
내가 오랫동안 주의 두려우신 일들과 싸웠으나
주의 사랑에 맞설 수 있는 자가 누구리이까?
사랑이 나까지도 정복하나이다.

주께서 나를 치기 위해 우레가 울리도록 하시고
번개가 번쩍이도록 하셨을지라도
나는 늘 완고하게 버텼나이다.
그러나 자비가 내 마음을 정복하였고
피 흘리시는 구주를 본 지금
내 죄를 미워하나이다."

이 장을 읽어보면 마치 선지자가 이 세미한 목소리를 듣기 전까지는 굴에

서 나오지 않은 것처럼 보입니다. 그는 하나님의 요구를 받고 나와서 밖에서 지
존하신 분 앞에 섰습니다. 그런데 이 장을 읽어보면, 세미한 소리가 그를 부르고
명령하시는 식으로 그를 끌어낼 때까지 그는 나오지 않았던 것입니다. 그래서
여기서 알 수 있듯이, 순종이 복된 두 번째 효과입니다. 자신의 잘못들 때문에 부
끄러워진 그는 이제 하나님의 말씀을 즉각 따르기로 결심하고, 여호와 하나님께
서 하실 말씀을 듣기 위해 굴 입구에 섭니다. 하나님의 성령께서 우리 중 누구에
게든지 효과적으로 작용하면, 그로 인해 나타나는 첫 번째 표지들 가운데 한 가
지는 우리가 죄 때문에 겸손해지는 한편, 의를 행하는 일에는 더욱더 열심을 보
이게 되리라는 것입니다. 은혜는 우리가 순종을 잘하도록 유순하게 만듭니다.
하나님의 음성을 듣는 사람들은 반드시 이렇게 말합니다. "주여, 제게 시키실 일
을 가르쳐 주옵소서." 하나님의 음성을 기꺼이 들으면, 그 사람은 하나님께서 명
하시는 곳은 즉각 달려갈 마음이 생깁니다. 우리의 바라는 바는 하나님의 뜻을
알아 그 뜻을 즉각 이행하는 것입니다. 하늘의 음성의 취지는 "나를 따르라"는
것이기 때문입니다.

　이제 엘리야가 맑은 공기 가운데로 나오게 되었으니, 그에게 미친 세 번째
효과는 그가 하나님과 직접적인 교제를 갖는다는 것입니다. 그에게 임하는 소리는
"엘리야야 네가 어찌하여 여기 있느냐?"라는 것입니다. 그것은 그에게만 묻는
급소를 찌르는 질문입니다. 그는 하나님께서 지금 자기에게 말씀하고 계시다는
것을 알고 있습니다. 그래서 말씀 한 마디 한 마디가 자기 속을 살피는 힘이 있
는 것을 느낍니다. 그때 엘리야는 자신의 비통한 슬픔을 털어놓고, 자신을 괴롭
히는 것이 무엇인지 여호와께 말씀드립니다. 여러분이 오직 주님과만 대화할 때
는 성령께서 확실히 여러분에게 작용하고 계시는 것입니다. 여러분이 말하는 것
을 어느 누구도 듣기를 원치 않고, 골방에 들어가 문을 닫고 은밀한 중에 보시는
아버지께 기도하고자 한다면, 이것은 정말로 하나님의 역사인 것입니다. 여러분
이 하나님의 말씀을 읽을 때 말씀 한 줄 한 줄이 마치 여러분을 위해서, 오직 여
러분만을 위해서 쓰인 것처럼 느낀다면, 그것은 이 세미한 소리가 그 신성한 직
무를 수행하고 있는 것입니다. 하나님 말씀의 이 문장들은 여러분을 위해 쓰였
기 때문에 세상의 다른 어느 누구도 여러분이 지금 경험하는 것처럼 그렇게 하
나님 말씀을 충분히 경험할 수 없다고 생각하고, 그처럼 정확하게 여러분에게
적용되는 경고와 약속의 말씀은 없다고 생각이 든다면, 그것은 세미한 소리가

그 신성한 직무를 수행하고 있는 것입니다. 중요한 점은 이것입니다. 영혼이 하나님과 접촉하는 것, 다시 말해 보이는 것들의 장벽을 치워버리고 오직 하나님과만 대면하는 것입니다. 사람이 지존하신 하나님 앞에 엎드리고 크신 아버지 하나님의 음성을 귀 기울여 듣고 나서 하나님께 아무것도 숨기지 않고 자기 마음을 분명하게 말씀드릴 때, 그것은 천사들이 즐겁게 보는 광경입니다. 이런 장면은 회오리바람이나 불이나 지진이 만들어내지 못합니다. 이것이 조용한 정적 가운데서 들리는 소리의 효과입니다. 그 소리가 효과가 있는 것은 그 가운데 하나님이 계시기 때문입니다. 웅변, 논증, 음악, 선정주의(sensationalism)는 무익합니다. 성령께서, 오직 성령께서만 거룩한 모든 일을 행하십니다. 사랑에 의해 진압된 영혼의 엄숙한 침묵 가운데서 성령님이 이 일을 행하십니다.

3. 셋째로, 엘리야가 행동으로 표현된 이 우화로부터 배운 교훈에 대해 조금 말씀드리도록 하겠습니다.

엘리야 자신이 백성들을 말보다는 행동으로 가르쳤었는데, 이제 그 자신이 마찬가지로 그렇게 가르침을 받습니다. 그는 반드시 알아야 할 몇 가지 사실을 배웠습니다. 그 가운데서 첫 번째는, 하나님께서 쓰실 것이라고 보이는 수단들을 언제나 사용하시는 것은 아니라는 사실입니다. 우리는 앉아서 어떻게 한 민족이 복을 받을 수 있을지 생각합니다. 그리고 우리 나름대로 아주 탁월한 생각을 끌어냅니다. 그러나 하나님의 생각은 우리의 생각과 다릅니다. 그것은 하늘이 땅보다 높은 것 같이 하나님의 생각은 우리의 생각보다 높고, 하나님의 방식은 우리의 방식보다 높기 때문입니다. 낙천적인 형제 여러분, 어쩌면 여러분은 꼭 이루어지는 것이 보고 싶은 잘 짠 계획을, 곧 복음을 이방 나라들에 아주 신속하게 전파할 수 있는 계획을 마음속에 품고 있을 것입니다. 한 부류의 아주 많은 일꾼들은 상위 계층의 사람들을 돕도록 하고, 노동자와 구역을 현명하게 구분하고 분할해서 일이 체계적으로 돌아가게 만듭니다. 여러분이 애지중지 하는 방법들을 너무 좋아하지 마십시오. 그렇지 않으면 크게 실망할 수가 있습니다. 대개 하나님은 우리의 계획을 사용하시지 않기 때문입니다. 무한하신 하나님의 큰 걸음걸이를 어린아이 같은 우리의 걸음으로 잴 수 없습니다. 하나님께 무엇을 언제 어떻게 하셔야 한다고 하나님께 제안하는 것은 우리의 할 일이 아닙니다. 그런 것은 선택하고 명령하시는 하나님의 주권적인 뜻에 맡겨야 합니다. 그러면 머지 않아 우리는 하나님께서 참으로 놀랍게 일하시는 것을 보게 될 것입니다.

엘리야의 생애는 계속해서 폭풍우가 치는 삶이었습니다. 처음 불의 선지자로 나타나는 때부터 이세벨을 피해 도망하였을 때까지 회오리바람처럼 거침없이 말하였고, 주님의 심판을 경고하고 실행하기도 하였습니다. 그는 이런 형태의 사역을 지나치게 신뢰하였을 수 있습니다. 이렇게 범죄하고 완고한 백성들을 책망하는 것이 그로서는 분명히 옳은 일이었습니다. 그럼에도 불구하고 하나님께서는 시내를 피로 붉게 물들이기까지 바알 제사장들에 대해 완벽한 승리를 거둔 갈멜 산이 하나님께서 원수들을 정복하는데 쓰시는 방법이 아니었음을 그가 알기를 바라셨습니다. 사람들이 단지 흥분한 순간에 사기꾼 무리들을 죽였다는 이유로 하나님을 바르게 예배하려고 하지는 않았습니다. 예배를 사랑하는 마음은 살육을 통해서 얻을 수 있는 것이 아닙니다. 사람들이 세례를 받고 영적 예배를 드리는 것은 혈통으로 되는 일이 아닙니다. 이 교훈은 우리 모두가 몇 번이고 다시 배워야 합니다. 이 말씀을 같이 한 번 따라 해 봅시다. "여호와께서 말씀하시되 이는 힘으로 되지 아니하며 능력으로 되지 아니하고 오직 나의 영으로 되느니라"(슥 4:6). 신자라고 하는 사람들 대부분이 어떻게 해서든지 이런저런 능력을 나타내 보이기를 바라는 치명적인 잘못을 고집스럽게 붙들고 있는 점을 우리는 슬퍼해야 할 것입니다.

어떤 교회가 매우 똑똑한 사람을 찾고 있다는 이야기가 들립니다. 그 교회는 하나님이 바람 가운데 계신다고 생각하는 것입니다. 집사들이 이렇게 말한다는 소리도 들립니다. "우리는 최고의 사람을 골라야 해. 무슨 대가를 주든지 간에, 어떤 교회에서 목사를 빼내오든지 간에, 우리는 일류 목사를 데려와야 해. 그러면 예배당에 사람이 꽉 들어찰 것이고 신자도 많이 생길 거야." 그런 것은 아무 소용이 없습니다. 똑똑한 사람들, 말의 아름다움을 추구하는 사람을 데리고 일하시는 것은 하나님의 방법이 아닙니다. 하나님께서는 원하신다면 이 예배당에 경청하는 청중들이 떼 지어 몰려오게 하실 수 있습니다. 그러나 사람들이 똑똑한 얘기를 듣기 위해서 온다면 회심자는 거의 생기지 않을 것입니다. "우리는 최고의 조직을 갖추어야 해. 부흥집회를 많이 열어서 교회를 부흥시켜야 해." 좋습니다. 그렇게 하십시오. 다시 말하지만, 여러분이 원하신다면 그렇게 하십시오. 여러분이 그 일을 겸손히 할 수 있다면 결과가 좋을 수도 있습니다. 그러나 여러분이 사용하는 수단을 조금이라도 의지한다면, 성령께서 떠나실 것이고, 그러면 여러분의 어리석음밖에는 아무것도 보지 못할 것입니다. 여러분의 지혜를 자랑하는 목소리가 울부짖는 바람처럼 혹은 비를 동반하지 않은 우레처럼 울려 퍼지는 동안에 세미한 소리는 잠잠해지고 침묵하게 될 것입니다.

우리가 알아야 할 점은 이것입니다. 즉, 하나님께서는 당신이 원하는 수단으로 일하시고자 한다는 것입니다. 그리고 어떤 수단이든지 하나님을 떠나서는 모두 소용이 없다는 것입니다. 모든 바람, 불, 지진, 능력, 멋진 것, 이 모든 것이 세미한 소리가 없고, 그 가운데 하나님이 계시지 않으면 실패합니다. 교회는 그동안 이 사실을 귀에 못이 박히도록 이야기해 왔고, 또 그 점을 교리로 믿습니다. 그런데 슬프게도 교회는 마치 그 반대 이론이 사실인 것처럼 말하고 행동합니다. 교회는 인간적인 원인들을 심어놓고 거기에서 거룩한 결과들이 나타나기를 기대합니다. 그래서 교회가 속는 일이 아주 많습니다. 교회가 육신의 힘을 의지하는 일이 지나칩니다. 교회가 이런 상태에 있는 한, 우리는 진 가운데서 영원하신 하나님의 팔이 나타나는 것을 보기를 기대할 수 없습니다.

하나님께서는 엘리야가 또 한 가지 사실을 알기를 바라셨고, 또 우리도 그 사실을 알기 바라셨습니다. 그것은 우리의 약함이 우리의 장점이 될 수 있다는 것입니다. 엘리야는 그의 헌신적인 생활이 전하는 말없는 소리에 의해 회심한 7천 명에 대해서는 아무것도 몰랐습니다. 갈멜 산의 성공이 아침 안개처럼 스러져버렸기 때문에, 그는 자신의 생애가 완전히 실패하였고, 아무도 여호와를 공경하도록 만들지 못했다고 생각했습니다. 그는 불신앙의 눈으로 상황을 읽고 있었고, 그의 상상력은 실제 사실들을 벗어나 엉뚱한 데로 그를 이끌어 가고 있었습니다. 하나님께서 엘리야의 증거를 복되게 사용하여 회심시키신 7천 명의 사람들이 그 나라 여기저기에 흩어져 있었습니다. 하나님께서 엘리야가 바라던 대로 그의 큰 일들에는 복을 베푸시지 않았지만, 그의 작은 일들은 크게 성공을 거두었습니다. 이 7천 명의 사람들에게 감동을 주고 그들이 믿음을 굳게 지키도록 만든 것은 엘리야가 행한 표적들이 아니라 그의 일상의 행위였습니다. 하나님께서는 우리의 힘보다는 오히려 약함을 사용하여 일하시고, 우리가 약함밖에는 아무것도 보여준 것이 없다고 생각할 그때 흔히 우리를 사용하신다는 사실을 우리가 알기를 바라셨습니다.

그뿐 아니라 하나님께서는 여러분이 다른 약한 사람들의 힘을 알아보기를 바라셨습니다. 우리가 이 교훈을 앞의 경우처럼 언제나 금방 붙잡는 것은 아닙니다.

우리가 약할 때 강하다는 교훈을 우리는 기쁘게 배웁니다. 그것은 대개 우리가 약하기 때문에 평소에 우리가 강하다는 것을 알게 되는 것이 기분 좋기 때문입니다. 그러나 우리는 어떤 면에서 우리보다 열등할 수 있는 사람들에 대해서는 그렇게 말하지 않습니다. 어떤 사람이 평소보다 좀 더 정력적으로 일하는 것을 보면, 우리는 못마땅한 듯이 이렇게 말합니다. "주님, 이 사람이 대체 뭘 하겠습니까?" 신앙심 깊은 어떤 부인이 길게 신앙 간증을 하면, 우리는 이렇게 말합니다. "저 여자는 조용히 있는 게 낫겠어. 그 얘기에서 유익한 것이라곤 아무것도 나오지 않겠어." 저쪽에서 일이 잘 진행되고 있습니다. 우리는 그 방법들을 별로 인정하지 않습니다. 그래서 "바보 같으니라고!" 하고 말합니다.

하지만 형제 여러분, 여러분은 여러분 자신의 강점뿐 아니라 다른 약한 사람들의 강점도 배워야 합니다. 여러분이 약한 만큼 다른 사람들도 약하다는 것을 여러분은 압니다. 여러분은 그 사실을 알면 아주 기뻐하며 가서 그 사실을 말합니다. 그런데 그들도 여러분만큼 강합니다. 그들은 약하기 때문에 하나님께서 여러분을 대하시는 것과 똑같이 인자로 그들을 대하여 강하게 만드십니다. 여러분이 이 교훈을 배우면 좋겠습니다. 그러면 충성스러운 일꾼들이 한두 명만 있는 것이 아니라 자기 하나님께 신실하며 이 땅에서 진리를 위해 용감히 싸우는 7천 명이 있다는 것을 알게 될 것입니다. 하나님께는 여러분만큼 충성스럽게 하나님을 섬기는 남은 자들이 여전히 있습니다. 그들은 바알에게 무릎을 꿇지 않고 송아지 우상에게 입을 맞추지도 않았으며, 여전히 똑바로 서서 하나님을 증거합니다. 이 사실을 믿고 기뻐하시기 바랍니다. 하나님은 여러분이 이 사실을 믿기 바라시기 때문입니다. 하나님께서 언제나 우리의 능력 있는 설교자들과 학식 있는 대성당 참사회원들, 귀하신 감독들, 지체 높은 장군들과만 함께 하시는 것이 아닙니다. 하나님께서는 거리 모퉁이에 서서 더듬거리며 말하는 보잘것없는 청년과 함께 계실 수 있고, 열두 명이나 혹은 두 명의 여자 아이들을 데리고 그들에게 구주님의 사랑을 가르치는 귀한 자매와 함께 계실 수 있습니다. 여러분은 이들이 도대체 무엇을 가르칠 수 있을지 모르겠다고 생각하지만, 주님께서는 그들의 온유한 목소리를 통해서 조용하지만 효과적으로 말씀하고 계십니다.

우리는 비판하는 일에 아주 능합니다. 주님의 종들을 끌어내려 갈기갈기 찢는데 재빠르고 예리합니다. 그런데 감사하게도 주님께서는 그들에게 한결 더 큰 복을 주심으로써 그들을 대신하여 우리에게 즐거운 복수를 하십니다. 그렇게 해서 주님은 우리의 판단을 한쪽으로 치워버릴 수 있게 하시고, 하나님께서는 여전히 자기가 원하시는 사람들을 통해서 말씀하시고 자신이 택하시는 사람들을 사용하신다는 것을 알게 하시며, "여호와께서 말씀하시되 이는 힘으로 되지 아니하며 능력으로 되지 아니하고 오직 나의 영으로 되느니라"는 이 진리가 영구히 확실하다는 것을 알게 하십니다. 시시하고 눈에 띄지 않는 그리스도인의 조용한 목소리가 하나님의 섭리 하에서는, 항상 그리스도를 위해 변론하는 아주 대단한 연설가의 모든 우레와 번개보다 더 큰 능력을 지닐 수 있습니다.

4. 끝으로, 오늘 아침 우리는 귀를 기울이도록 합시다.

즉시, 그리고 아주 공손하게 귀를 기울이도록 합시다. 사람이 너무 많아 이 자리에서 그렇게 할 수 없다면, 집에 가서 자기 방에 들어가 귀를 기울이도록 합시다. 저는 특별히 주님을 알지 못하는 분들에게 말씀드립니다. 여러분이 그 세미한 소리가 들리게 할 수는 없습니다. 그러나 많은 경우에 입을 다물고 조용한 가운데 앉아 있으면 여러분은 부드러운 그 사랑의 음성을 들을 수가 있습니다. 그 세미한 소리가 회심하지 않은 여러분에게 무엇이라고 말합니까? 그 소리가 여러분의 양심에 이렇게 말합니다. "네가 그토록 오랫동안 빛 가운데 살았으면서도 어떻게 아직까지 그 빛을 보지 못한 것이냐? 네가 그토록 오랫동안 사랑의 분위기 가운데 거하였으면서도 어떻게 아직까지 그 사랑을 느끼지 못한 것이냐? 그동안 예수 그리스도가 네게 전파되었고 그래서 네가 그리스도가 유일한 구주시라는 것을 아는데, 어떻게 여전히 그를 거절한 것이냐?"

세월이 지나가고 있고, 여러분의 머리는 희끗희끗해지고 있습니다. 여러분은 언젠가 자신이 바뀔 때가 틀림없이 있을 것이라고 항상 생각하였고, 그렇게 할 결심도 어느 정도 했습니다. 그렇지만 여러분은 여전히 똑같은 상태에 있습니다. 나는 여러분의 양심을 대신해서 말할 생각이 없습니다. 그보다는 여러분 자신에 대해 다음과 같이 물어보라고 여러분의 양심에게 요구하는 바입니다. "너는 왜 너의 가장 좋은 친구를 그처럼 학대하는가? 너는 왜 그의 피 흘리는 사랑을 멸시하는가? 왜 너는 주님보다 하찮은 것을 앞세우며, 언제나 '이번에는 그냥 가라. 좀 더 편한 때가 오면 그대를 부르러 사람을 보내겠다'고 말하는가?"

이에 대해 양심이 말하기를 다 마쳤으면, 이제는 예수님께서 말씀하시도록 해 보십시오. 그러면 주님께서 무엇이라고 말씀하시겠습니까? "나는 너를 사랑하였고, 너에게 나를 주었다. 그런데 너는 무엇 때문에 나를 멸시하느냐? 나는 너에게 와서 분명히 사랑의 어조로 이야기했고, 너에게 나를 믿으라고 말했다. 네가 내게 오려고 하면 결코 너를 내쫓지 않겠다고 말했다. 그런데 왜 와서 믿지 않느냐?"

주님의 부드러운 음성을 들읍시다. 베들레헴 구유에 누였던 어린 아기의 음성, 골고다에서 죽으신 어린 양의 음성을 들읍시다. 그분이 여러분에게 초청하는 목소리를 들읍시다. "내게 오라. 내가 너희를 쉬게 하리라"(마 11:28). 주님의 음성을 들으십시오. 그 목소리를 들을 수 있도록 다른 모든 소리는 잠재우도록 하십시오. 집에서 조용히 있으면서 귀를 기울여 피 흘리시는 하나님의 아들에게서 오는 자비의 목소리를 열심히 들으십시오.

그 다음에는 크신 하나님 아버지께서 말씀하시는 것을 들어보십시오. "얘야, 내게로 오너라. 네가 그동안 방황했지만, 나는 여전히 너를 언제든지 받아들일 준비가 되어 있다. 네가 진심으로 네 죄를 고백하면서 온다면, 나는 신실하고 의로워서 네 죄를 용서하고 너를 모든 불의에서 구원할 것이다. 내게로 오너라. 그러면 네가 내 가족이 되어 살고, 자녀의 모든 특권을 누릴 것이다."

마찬가지로 성령님의 가르침에도 부지런히 귀를 기울입시다. 앉아서 "말씀하소서. 찬송 받으실 성령님이여, 제게 말씀하소서" 하고 말하십시오. 여러분이 오늘 오후에 은혜의 성령께 귀를 기울일 수 있기 위해 조용한 시간을 따로 챙겨 두는 것만큼 잘하는 일은 없을 것입니다. 한 시간 동안 순전히 혼자 있는 시간을 내십시오. 그리고 조용히 앉아 이렇게 말하십시오. "주님, 복되신 성령이시여, 죄로 인해 부끄러워하는 내 상한 심령에 말씀하소서. 내가 예수님을 믿으오니, 말씀하셔서 내 심령을 고쳐 주소서. 내가 주님을 기다리오니 내게 말씀하소서." 여러분이 이렇게 하기만 한다면, 얼마나 많은 복을 받을지 알 수 없습니다!

끝으로, 여호와께서 엘리야에게 물으셨던 질문을 지극히 애정 어린 마음으로 아직 회심하지 않은 여러분 한 사람 한 사람에게 묻겠습니다. "엘리야야 네가 어찌하여 여기 있느냐?" 여러분은 지금까지 아침 내내 무엇을 했습니까? 교인들이 목소리를 높여 찬송을 드렸을 때, 여러분은 찬송을 했습니까? 아니면 조롱을 했습니까? 기도가 드려지고 있었을 때, 여러분은 함께 기도하였습니까? 아니면 이 자리에 앉아서 마음은 하나님에게서 멀리 떨어져 있으면서 경건의 모양만 드려서 지존하신 하나님께 무례한 짓을 범하고 있었습니까? "엘리야야 네가 어찌하여 여기 있느냐?" 여러분이 이렇게 대답하면 좋겠습니다. "지금까지 제가 한 일과 하지 않은 일에 대해 정말로 회개합니다. 아버지 하나님 발 앞에 제 자신을 내려놓고, 예수님을 인해서 제게 자비를 베푸시고 제 죄를 용서하여 주시기를 아버지께 간청합니다."

여러분이 그리스도 예수님을 믿는다면, 여러분은 이미 용서받았습니다. 여러분이 정말로 예수님께 영혼을 맡긴다면, 편히 가십시오. 하나님의 책에 여러분을 고발하는 죄가 이제는 없습니다. 하나님께서 여러분의 죄를 다 지워버리셨고, 더 이상 기억하시지 않을 것입니다. 오늘은 행복한 날이 될 것입니다. 주님의 음성이 오늘 아침 여러분에게 말씀하실 것이고, 그리스도께서 영광 가운데 오셔서 여러분을 그의 오른편에 앉힐 때까지 말씀하시기를 그치지 않으실 것이기 때문입니다. 사랑하는 친구 여러분, 주님께서 성령님으로 말미암아 여러분에게 복 주시기를 구합니다. 아멘.

제
11
장
—

여호와는 산의 신이요 골짜기의 신이시라

—

"그 때에 하나님의 사람이 이스라엘 왕에게 나아와 말하여 이르되 여호와의 말씀에 아람 사람이 말하기를 여호와는 산의 신이요 골짜기의 신은 아니라 하는도다 그러므로 내가 이 큰 군대를 다 네 손에 넘기리니 너희는 내가 여호와인 줄을 알리라 하셨나이다 하니라." — 왕상 20:28

아람 사람들이 자기들이 멸시했던 이스라엘 사람들에게 패하였습니다. 이 승리는 아주 적은 수의 사람들이 막대한 수의 군대와 싸워서 획득한 것이었습니다. 그래서 아람 사람들은 이 일에는 초자연적인 것이 있었고, 그래서 자기들의 실패 원인이 이스라엘 하나님께 있다고 결론을 내리지 않을 수 없었습니다. 그들이 그렇게 결론을 내린 것은 잘한 일이었습니다. 형제 여러분, 우리는 이 이교도들보다도 못한 부끄러운 일을 하지 않도록 합시다. 그들은 이 승리의 영광이 누구에게 돌아가는지 알았습니다. 여호와를 거의 알지 못했지만, 그래도 그들은 여호와의 오른손과 거룩한 팔이 자기 백성에게 승리를 가져다주었다고 인지하였습니다. 자, 하나님께서 지금까지 여러분에게 성공을 주셨다면, 여러분 영혼 속에 평안과 기쁨이 넘치고 있다면, 혹은 여러분이 신자로서의 봉사에 성공을 거두었다면, 마음이 높아져서 스스로 영예를 취하지 않도록 주의하십시오. 모든 영광을 하나님께 드리십시오. 하나님은 모든 영광을 받으시기에 지극히 합당하신 분입니다. "여호와여 영광을 우리에게 돌리지 마옵소서 우리에게 돌리지 마옵소서 오직 주의 이름에만 영광을 돌리소서"(시 115:1)라는 시편을 항상 마음속에 품고 있으며, 종종 말로 표현하도록 합시다.

교만으로 기울어지기 쉬운 인간 마음의 경향은 참으로 강합니다. 그리고 하나님의 왕위를 찬탈하려고 하는 대(大) 반역자인 사탄은 언제나 우리를 선동하여 하나님에게서 그 영광을 빼앗으려고 안달합니다. 하나님에게서 그의 영광을 빼앗으려고 하는 것만큼 평화를 깨트리는데 치명적인 것은 없으며, 하나님을 확실하게 노여우시게 하는 것은 없고, 이것만큼 우리에게 재난과 고통의 시간을 확실하게 가져올 수 있는 것은 없습니다. "여러분의 하나님 여호와는 질투하시는 하나님이십니다"(신 6:15). 하나님께서는 다른 무엇보다 이 일에 질투심이 강하셔서 자기의 영광을 다른 이에게 주려고 하시지 않습니다. 하나님께서는 자기의 뜻을 위하여 쓰시는 사람들이 승리의 원인을 자기들에게 돌리는 것을 허락하려고 하시지 않습니다. 오직 하나님만 높임을 받으셔야 합니다. 우리가 무슨 일을 행했든지, 우리를 쓰신 이 큰 일꾼께서 찬양을 받으셔야 합니다. 우리가 백향목을 베어 넘겼을지라도 우리는 하나님의 손에 들린 도끼 외에 아무것도 아닌 것입니다. 물고기를 바닷가로 끌어왔을지라도 우리는 하나님의 손에 쓰인 그물에 지나지 않은 것입니다. 그러므로 영원히 하나님께 찬송을 드립시다. 이 이방 아람 사람들에게서 배우는 일은 이만큼 하기로 하겠습니다.

이 아람 사람들이 자기들의 패배 원인을 여호와께 돌리면서, 하나님의 성격을 크게 잘못 생각하는 일을 하였습니다. 그들은 하나님을 자기들이 상상해서 만든 신들처럼 한 지역의 신으로 생각하였던 것입니다. 그들에게는 산의 신이 있었고, 언덕의 신, 강의 신, 들판의 신, 집의 신, 마당의 신이 있었습니다. 소위 이 신들은 자기 영역을 벗어나면 힘이 없었습니다. 그들은 살아계신 유일한 참 하나님이 자기들 우상과 같은 신이라고 생각했습니다. 우리는 이처럼 하나님의 이름을 더럽히는 일을 혐오하고, 감히 자신의 생각을 따라 우리를 위한 신을 만드는 일을 하지 않음으로써 그 죄를 피하도록 합시다. 사람들은 하나님이 어떤 분이신지 알기 위해 하나님의 계시를 들여다보고, 하나님께서 자신을 계시하시는 대로 겸손히 하나님을 믿지 않고 가만히 앉아서 신이 틀림없이 어떤 존재일 것이라고 생각합니다. 그런 점에서 그들은 진흙이나 나무 혹은 돌로 신을 만드는 사람보다 하등 나을 것이 없습니다. 만일 우리가 자신의 생각을 따라 신을 고안해 낸다면, 사실상 우리는 어떤 피조물로도 비유될 수 없는 하나님을 피조물과 비슷하게 만든 것이고, 다 이해할 수 없는 분을 이해하려고 하며, 무한하신 분을 제한하려는 것입니다. 그리고 그렇게 하는 데서 우리는 우상 숭배자 노릇을 한 것입니다. 왜냐하면 우리는 마음속에 있는 어떤 것을 형상으로 만든 것이고, 따라서 그것은 땅 아래 있는 것으로 형상을 만든 것이기 때문입니다. 비록 그것이 물질적인 형상은 아니라 할지라도 우리는 마음으로 첫 계명과 둘째 계명을 어긴 것입니다. 하나님께서 자신을 계시하신 대로 아는 것 외에는 아무도 하나님이 어떤 분이신지 알지 못합니다. 따라서 이 계시를 떠난 생각과 상상은 우상 숭배에 해당됩니다. 여러분은 하나님께서 계시하시는 바를 믿고, 아람 사람들의 방식대로 여러분의 박약하고 어리석은 어두운 마음을 따라 하나님을 생각하기 시작하는 일을 하지 마십시오. 벤하닷의 고문들이 잘못 생각하여 하나님을 모독하는 말을 하게 되었습니다. 그들은 "여호와는 산의 신이요 골짜기의 신은 아니라"고 하였습니다. 나는 사람들이 교만한 생각 때문에 얼마나 신성모독적인 언행을 하게 될 수 있을지 다 알 수 없습니다.

이 아람 사람들의 불경한 발언 때문에 하나님께서 자기 백성 이스라엘을 구원하기를 기뻐하셨다는 사실은 주목할 만한 가치가 있습니다. 적의 모독적인 발언이 하나님 백성들에게 좋게 작용한 것이 이번만이 아닙니다. 여러분은 하나님께서 그 발언을 듣고 이렇게 말씀하셨을 것이라고 생각했을지 모릅니다. "이 무지한 이방인들이 무슨 말을 하든지 그것은 전혀 중요하지 않다. 그들의 중상하는 거짓말에 누가 신경을 쓰겠느냐?" 그러나 우리 하나님은 질투하시는 하나님이십니다. 하나님은 성경에서 자신의 영광에 대해 민감하신 분으로 늘 묘사됩니다. 그러므로 비록 이스라엘이 범죄하였고, 그들의 왕 아합이 아주 혐오스러운 인물이었지만, 그럼에도 하나님께서는 아람 사람이 말한 것 때문에 아합과 이스라엘이 벤하닷과 아람 사람들을 치도록 정하십니다. 나는 여러분 가운데 하나님의 언약궤를 인하여 떠는 모든 분들에게 불신자들의 되지 못한 말에서 용기를 이끌어내라고 권하고 싶습니다. 믿음 없는 자가 하나님을 비웃으면, 여러분은 그의 죄로 인해 마음이 슬픕니다. 그러나 하나님께서 이제 필시 개입하실 것이라는 소망으로 용기를 낼 수 있을 것입니다. "그들이 주의 법을 폐하였사오니 지금은 여호와께서 일하실 때니이다"(시 119:126). 여러분이 오늘날과 같이 회의론적인 철학이 자라며 점점 더 대담하게 하나님의 진리에 무례한 짓을 행하는 것을 볼 때, 그 때문에 기가 죽지 말고 오히려 이렇게 말하십시오. "저들이 하나님을 노여우시게 할 것이고, 그러면 머지않아 하나님께서 품에서 오른손을 빼고, 하늘을 가르고 내려오셔서 산들을 그 발 앞에 물처럼 흐르게 하실 것이다. 하나님께서 그의 복음에 큰 권능을 주실 것이고, 그래서 그의 진리가 승리할 것이며, 하나님의 대적들이 진실로 이스라엘에 하나님이 계시는 것을 알도록 하실 것이다." 고급 향료가 유독한 물질로부터 적절한 화학작용에 의해 추출되듯이, 우리는 랍사게의 하나님을 모독하는 편지로부터 그리고 벤하닷의 불경한 말에서 위로를 끌어낼 수 있습니다. 왜냐하면 하나님께서 그들로 인해 노여워하며 오셔서 자기 백성들의 원수를 갚고, 하나님의 의를 확고히 세우실 것이기 때문입니다.

오늘 아침, 여러분에게 전할 교훈이 한 가지 있는데, 그것은 이것입니다. 아람 사람들이 하나님이 한 지역의 신이라고, 곧 산의 신이요 골짜기의 신은 아니라고 생각함으로써 큰 불경죄를 범하였듯이 우리도 그와 비슷한 생각을 함으로써 큰 악에 빠질 수가 있습니다. 오늘 아침 설교의 주제는 아람 사람들의 본을 받아 이스라엘의 거룩하신 이를 어떤 특정한 환경 아래에서만 활동하시는 분으로 생각하는 것에 대한 경고가 될 것입니다. 우리는 여러 경우에, 여러 방식으로 그런 잘못을 저지를 수가 있습니다.

1. 우리는 하나님 대의의 성공을 의심함으로써 하나님을 제한할 수 있습니다.

우리는 하나님의 언약궤를 인하여 떨고, 웃사가 그랬듯이 언약궤가 흔들리지 않도록 주제넘게 손을 뻗치려고 하는 시험을 종종 받습니다. 우리 아버지들이 우리가 악한 때를 만났고 타락한 시대를 만났다고 말하는데, 우리는 그들의 사고방식에 별로 관심을 갖지 않습니다. 우리의 아버지들이 머리를 흔들며 이 시대를 신성모독과 비난의 시대라고 불렀습니다. 물론 우리는 전혀 그렇게 생각하지 않았습니다. 왜냐하면 우리에게는 아직도 사물을 좀 더 희망적으로 볼 젊음이 충분히 남아 있었기 때문입니다. 또 우리는 이 시대가 희망적이고 좋은 시대이며, 그리스도인들이 기분 좋은 얼굴을 하고 좀 더 나은 시대에 대한 희망으로 기뻐해야 할 일들이 많다고 말했고, 이 말이 틀렸다고 생각하지 않았기 때문입니다. 그럼에도 불구하고 우리에게도 아버지들이 느꼈던 두려움이 어느 정도 있습니다. 때때로 그 시험이 우리를 무겁게 누를 때는 복음이 세상을 정복할 수 없고, 예수님의 진리가 우리를 두르고 있는 짙은 어둠 속에서 퍼져나갈 수 없으며, 오래 전부터 이어온 훌륭한 대의가 절망적인 상태에 떨어지고 있고, 그래서 아마도 우리가 기대해 왔던 승리는 결국 오지 못할 것이라는 생각을 하게 됩니다. 여기서 우리는 하나님을 산의 하나님이요 골짜기의 하나님은 아니시라고 생각한 죄를 깨닫도록 합시다. 이는 우리의 두려움이 대체로 전선(戰線)이 바뀌었다는 생각에서 나왔기 때문입니다. 옛날에 하나님의 교회는 혹독하게 박해를 받았습니다. 풀무 불은 일곱 배나 뜨겁게 달구어졌습니다. 하나님의 교회의 박멸이 세상이 받은 지시 사항이었습니다. 로마의 황제들은 마치 질병이라도 되는 것처럼 기독교를 박멸하기로 결심하였습니다. 그들은 기독교를 그 이름까지 없애버리겠다고 맹세하였습니다. 그러나 하나님의 교회는 이 모든 반대를 물리치고 승리하였습니다. 폭풍이 이는 바다를 능숙하게 항해하는 배처럼, 교회는 교회를 삼키려고 하는 파도를 올라탔고, 교회 주위에서 윙윙거리는 바람을 이용하여 앞으로 나아갔습니다.

하나님께서 그처럼 사나운 비바람이 치던 시대에 그의 교회와 함께 계셨다는 것을 우리 모두 압니다. 그런데도 우리는 동네 교회들이 겪는 작은 박해와 그리스도인들에게 종종 쏟아지는 차가운 경멸이 신자들로서는 감당하기에 너무 힘들 것이라고 두려워하는 경향이 있습니다. 하나님께서 로마의 원형경기장에서 그리스도인들이 장부답게 서도록 도우실 수 있었고, 그들이 화형주나 석쇠 위에서 담대히 죽을 수 있도록 도우실 수 있었는데, 그럼에도 불구하고 우리는 그 하나님을 믿지 못하고, 또 마을에서 보잘것없는 소작농 몇 사람이 천주교의 사제와 박해하는 시골 유지와 싸우는 전투에서 하나님이 승리를 얻지 못하시지 않을까 의심합니다. 부끄럽지도 않습니까! 정말로 우리는 하나님은 산의 신이시요 골짜기의 신은 아니라고 생각하는 것이 아닙니까?

나는 훌륭한 사람들이 믿지 않고서 또 다른 관점에서 주장하는 얘기를 들었습니다. 그들은 박해가 어쨌든 교회를 다치게 하지 못한다고 말합니다. 박해는 교회를 키질하여 겨를 날려 보내기만 할 뿐이라고 합니다. 그러나 지금은 훨씬 더 악한 시대입니다. 번영이 경건을 몰래 손상시키기 때문입니다. 그리스도인들은 일을 태평하게 생각합니다. 거짓 신앙인들이 너무나 많고, 살았다고 하는 이름은 가졌으나 영적으로 죽은 자들이 너무도 많습니다. 이 모든 것이 하나님의 교회에는 치명적입니다. 사탄은 사자처럼 으르렁거려서는 교회를 죽일 수 없었기 때문에 이제는 곰처럼 앞발로 교회를 끌어안아 부서뜨리려 하고 있습니다. 그 말에 일리가 있지만, 그 말이 전부 진리는 아닙니다.

형제 여러분, 정말로 여러분은 하나님께서 교회가 지금 겪고 있는 특정한 시련에서 자기 교회를 보존하실 수 없다고 생각하십니까? 하나님께서 박해라는 작은 산의 신이시고, 번영이라는 골짜기의 신은 아니십니까? 그런 생각은 쫓아버리십시오. 게다가, 형제 여러분, 여러분은 새로운 이단이 일어났거나 과거의 이단이 다시 살아났기 때문에 큰 두려움에 사로잡혀 있습니다. 이단의 무서운 교리에 여러분은 당황하고 있고, 기독교의 중요한 진리들을 공격하는 이단의 가르침 때문에 슬퍼하고 있습니다. 이단의 그 가르침은 너무 교활하여서 거기에 맞서기가 어렵기 때문에 여러분은 이렇게 말합니다. "이것 말고 다른 모든 교훈은 교회가 격퇴시킬 수 있었는데, 이 교훈은 교회의 영혼을 죽일 것이다. 암처럼 교회를 먹어치울 것이다." 형제 여러분, 여러분이 지금 두려워하는 것이 무엇입니까? 여러분은 교회에 영지주의 이단이 가득했고, 후에는 아르미니우스주의가 교회를 괴롭혔던 때를 기억하십니까? 여러분은 그리스도의 신성이 거의 보편적으로 부인되었던 시대가 있었다는 것을 알지 않습니까? 그럼에도 불구하고 복음은 계속해서 살아남았습니다.

거의 모든 진리가 돌아가며 차례로 공격을 받았고, 믿는다고 고백하는 교회 자체가 수 세기 동안 거의 모두 신앙을 버리다시피 지냈습니다. 그렇지만 복음은 죽지 않았고 그 목소리가 잠잠하지도 않았습니다. 여호와는 산들의 신이셨고, 그래서 거름더미를 만들기 위해 짚을 밟듯이 이 이단들을 내려놓고 발로 밟으셨습니다. 새로운 이단들이 나오도록 내버려두십시오. 사람들이 복음을 공격하여 새로운 공포를 일으키게 두십시오. 하나님은 산의 신이실 뿐 아니라 골짜기의 신이시기도 하므로 이단들이 일어날 때마다 하나씩 쳐부수실 것입니다. 의식주의, 심령주의(Spiritualism), 물질주의는 주님의 다른 모든 적들의 전철을 밟을 것입니다. 곧, 그들은 연기처럼 사라질 것입니다.

사람들은 이렇게 말합니다. "하지만 지금은 불신앙이 무성하고, 과학과 철학의 형태를 띠고 나타나며, 한때 복음의 편에 있었던 것으로 보였던 아주 생각이 깊었던 사람에게 도움을 청하고 있다. 그러므로 크게 두려워하지 않을 수 없다." 그렇지만 나는 두려워하지 않습니다. 왜냐하면 그동안 불신앙이 여러 가지로 많이 나타났다가 밤의 별똥별처럼 사라졌기 때문입니다. 그 불신앙들은 환영처럼 왔다가 그림자처럼 사라집니다. 여름이 오면 숲의 나무들에 새 잎이 무성하게 자랐다가 가을이 오면 그 잎들이 시들어 사라졌듯이, 이제도 새로운 불신앙들이 번성하였다가 쇠퇴하였습니다. 그러나 하나님의 영원한 진리는 변함도 없이 회전하는 그림자도 없이 하늘에 떠 있는 해처럼 언제까지나 동일하게 빛납니다. 하나님의 거룩한 대의에 대하여 불경한 언사를 보였던 첫 종족들의 의도를 좌절시키셨고, 그들의 교활함을 어리석게 만드시고 지혜롭다고 하는 자들을 미련하게 만드신 하나님은 지금도 그 일을 하실 수 있고, 세상 마지막 날까지 그같이 하실 것입니다. 교회가 새로운 사탄적 영향력이나 새로 고안된 인간의 술책과 철학에 의해 새로운 방식으로 공격을 당할지라도, 우리는 그리스도께서 심장의 피를 흘려서 그 기치를 지키셨고, 전능하신 하나님의 영원한 능력과 신성으로 그 명예를 지키겠다고 맹세한 그리스도의 대의에 관해 의심을 품지 않도록 합시다. 시대는 지나가고 변할 수 있지만 하나님은 시대의 주인이십니다. 환경이 상황을 변화시키지만 하나님을 바꾸지는 못합니다. 새로운 공격 방식들이 위협하며 새로운 두려움을 안길 수 있지만, 사실 그 공격들에 새로운 위험이 따르는 것은 아닙니다. 왜냐하면 만사를 아시는 하나님께서 새로운 적을 맞아 옛 적들에게 하셨듯이 그들을 격퇴하실 수 있기 때문입니다.

　나는 이 마음의 의기소침이 또 다른 원인에서 일어난다는 것을 알았습니다. 어떤 사람들은 말합니다. "아, 나는 교회가 어떻게 될지 모르겠어요. 목사님이 말한 그 옛날에는 사실 큰 대적들이 있었지만 또한 교회 가운데 위대한 인물들도 있었기 때문이에요. 교부들을 보세요. 그들이 얼마나 잘 싸웠습니까. 종교개혁자들과 그들의 뒤를 이은 사람들, 곧 경건하고 학식 있는 청교도들을 생각해 보세요. 교회 역사의 위대한 인물들을 생각해 보세요. 그런데 이 시대에는 그런 사람들을 어디에서 볼 수 있는지 말해 보세요. 우리가 시시하고 하찮은 사람들의 시대를 만나지 않았습니까?" 그렇다고 생각합니다. 그렇지만 그로 인해 어떤 악한 결과들을 당할 것이라고 생각하지는 않습니다. 위대한 인물들도 사람일 뿐이고, 하찮은 사람들도 여전히 사람이기 때문입니다. 우리가 위대하다고 말하는 사람들을 쓰신 하나님께서 먼저 그들을 위대하게 만드신 것이지 그들 자체로는 아무것도 아니었기 때문입니다. 그리고 하나님께서는 우리가 하찮다고 말하는 그 사람들을 그와 똑같이 쓰실 수 있고, 다음 세대가 그들을 그들보다 먼저 간 사람들만큼 위대하다고 생각할 정도로 유능하게 만드실 수가 있습니다. 소위 사람들의 위대함이나 하찮음은 결국 하나님께서 그들 가운데 나타난 하나님의 능력에 좌우되는 것임에 틀림없습니다. 도구가 되는 사람들이 성공의 영예를 자기가 취해야 할 것으로 생각하는 일을 점점 더 하지 않는다면, 그들은 주 하나님이 쓰시기에 그만큼 더 적합하게 될 것이라고 생각합니다. 바로 이 이유 때문에 나는 쇠퇴하고 있다고 생각되는 이 시대에 하나님의 능력이 훨씬 더 크게 나타날 것을 기대합니다. 여호와는 진실로 산들의 신이십니다. 즉, 아우구스티누스와 루터의 하나님이시고, 녹스와 휫필드의 하나님이십니다. 뿐만 아니라 또한 골짜기의 신이시며 따라서 우리의 하나님이십니다. 이것이 우리가 확신하는 바입니다. 하나님께서는 우리 시대의 사람들을 쓰셔서 하나님의 교회를 세우시고, 민족들을 돌이키게 하실 수 있습니다.

어떤 사람은 말합니다. "아, 그렇지만 나는 오늘날 뛰어난 사람들이 없다고 해서 초대 교회의 그 위대한 정신이 없다고 생각하지는 않습니다." 그대는 그 위대한 정신이 무엇이었다고 생각하십니까? 초대 교회 그리스도인들에게는 오늘날에는 보지 못하는 신선함과 열의와 영웅적인 자질이 있었습니다. 그런 것이 있었다는 그대의 말을 나도 인정합니다. 그러나 그것이 진정한 능력이었다면, 그 능력이 성령님 외에 어디서 왔으며, 성령께서는 사람들의 마음을 밝게 하고 소생시키며 그 마음에 힘주시는 일을 이제 그치셨습니까? 하나님의 성령께서 제한을 받으십니까? 하늘이 더 이상 이슬을 내리지 않습니까? 기름병에 기름이 끝났습니까? 교회에 은혜로운 불길을 불러일으키는 신성한 바람이 더 이상 불지 않습니까?

형제 여러분, 그렇지 않습니다. 성령께서는 일을 그만 두시지 않았습니다. 교회의 젊은이들에게서 열의를 찾아볼 수 없다면, 우리는 교회의 장년들이 시들지 않는 인내력을 기르게 하고, 하나님이 우리를 도우시므로 주님께서 나타나실 때까지 계속해서 노력하고 힘쓰도록 합시다. 진리가 이기고 진리의 하나님께서 찬양을 받으시며, 귀신들과 그들의 형상들이 두더지와 박쥐에게 던져질 그 날이 반드시 올 것이기 때문입니다. 불신앙 때문에 여러분의 하나님의 이름을 더럽히지 않도록 하십시오. 주눅 들린 병사들이여, 여러분의 소심한 두려움 때문에 스스로 패배를 자초하지 마십시오. 하나님을 믿으십시오. 그러면 여러분이 굳게 서게 될 것입니다. 여러분이 하나님을 믿을 때까지 하나님은 기다리십니다. 하나님의 전 교회가 용감하게 승리를 확신할 때, 틀림없이 교회가 승리를 거둘 것입니다. 주님께서 우리 믿음을 더 굳세게 해 주시기를 구합니다. 그래서 이제부터는 우리가 여호와는 산들의 신이시고 골짜기의 신은 아니시라는 생각을 꿈에도 하지 않도록 합시다.

2. 우리는 하나님께서 우리에게 도움을 주시리라는 것을 의심함으로써 이아람 사람의 죄를 범할 수 있습니다.

때로 지독한 곤경에 처하게 되면, 우리는 하나님께서 성경에서 보는 옛 성도들을 도우셨던 것과 다르게 우리를 도우시지는 않을 것이라고 생각합니다. 우리는 아브라함과 모세, 다윗에 관한 것은 다 믿을 수 있습니다. 그러나 주님이 우리를 도우실 것인지에 대해서는 의문으로 여깁니다. 우리는 그들을 큰 산들로 여기고 우리 자신은 골짜기로 생각합니다. 그래서 하나님께서 옛적에 자기 종들을 대하셨듯이 우리를 대하실 것이라는 기대는 감히 하지 않습니다. 그런데 이렇게 생각하는 것이 하나님을 한 지역의 신으로 만드는 일이라고 생각하지 않습니까? 우리는 아브라함과 이삭과 야곱이 가졌던 것과 동일한 믿음을 가져야 마땅하지 않습니까? 그들과 같은 확신을 가진다면, 우리도 기이한 일들을 보지 않겠습니까? 기적들은 아니라도 아주 놀라운 일을 보지 않겠습니까? 하나님께서는 일반적인 섭리들을 통해서 당신의 뜻을 이루실 것입니다. 그러나 하나님의 뜻은 기적들을 행하신 것만큼이나 확실하게 이루어질 것입니다. 하나님의 약속들은 이제 허구이고, 하나님의 도움은 주어지지 않을 것이라는 생각을 결코 용인하지 맙시다. 족장들과 선지자들의 하나님은 기운이 약해지지도 지치지도 않으십니다. 그 하나님은 대대로 우리의 하나님이시고, 어제나 오늘이나 영원토록 동일하신 분입니다. 예수 그리스도께서 육신을 입고 오셨으므로 하나님께서 이제는 은혜를 덜 베푸시는 것이 아닙니다. 하나님께서는 자기를 믿는 자들을 위하여 지금도 강한 분으로 나타나십니다. 그 점을 의심할 아무 이유가 없습니다.

깊은 곤경에 처하게 되면, 우리는 옛날을 잊어버릴 뿐만 아니라 하나님께서 우리에게 베푸신 이전의 인자들을 보지 못하거나 그것들을 예외적인 경우로, 우리가 다시 기대할 수 없는 것으로 생각하기가 쉽습니다. 우리는 이같이 믿음 없는 생각을 합니다. "내가 처음에 주님을 신뢰했을 때는 주께서 나를 도우셨어. 하지만 지금은 하나님께서 나를 도우실 것이라고 기대할 수 없어. 젊은 날에는 활기가 넘쳤지. 주님께서 내게 많은 은혜를 베푸셨고 기이한 일들을 행하셨어.

그러나 이제는 그만큼 활기차지 못해. 젊은 날의 정력은 약해지고 있고, 예전과 다르게 어려운 일들을 극복할 수가 없어. 주님께서 이제 나를 도우실 것이라고 생각할 수가 없어."

　나는 그런 두려움을 말하는 것이 부끄럽기조차 합니다. 그런 두려움은 그리스도인에게는 전혀 어울리지 않기 때문입니다. 그런 두려움에 빠진 사람은 그 일에 대해 아주 진심으로 회개해야 합니다. 주님께서 변하셨습니까? 여러분이 나이가 들고 약해졌기 때문에 주님께서도 약해지셨습니까? 주님은 우리가 스스로 헤쳐 나올 수 있을 때에만 우리를 도우시고, 지극히 어려운 처지에 떨어졌을 때에는 우리를 그냥 내버려 두십니까? 절대로 그렇지 않습니다. 하나님은 말씀하십니다. "나 여호와는 변하지 아니하나니"(말 3:6) "너희가 노년에 이르기까지 내가 그리하겠고 내가 지었은즉 내가 업을 것이요 내가 품고 구하여 내리라"(사 46:4). 그런데 우리는 그렇게 생각하지 않습니다. 우리는 시대가 변하면 하나님의 구원에 대한 소망도 바뀐다고 쉽게 생각합니다. 어리석은 사람들이여, 여러분은 마음이 둔하여서 변치 않는 사랑과 절대 틀림없는 지혜를 이렇게 의심합니다. 곤경에 처할 때마다 하나님은 우리를 구원하는 일을 하실 것입니다. 주님은 자기 사람들을 사랑하셨고 또 끝까지 사랑하실 것이기 때문입니다.

　믿음이 약할 때는 우리가 처한 어려운 상황이 또한 우리에게 불신앙을 일으키는 기회가 되기도 합니다. 사람들은 이렇게 말합니다. "내가 아주 가난했을 때는 하나님이 나를 도우셨어. 그리고 내가 다시 가난해진다면 그 일에 관해서는 하나님이 도우실 것을 믿을 수 있어. 하지만 지금 나는 비방과 비난을 겪고 있는데, 그것은 나로서는 훨씬 더 견디기가 힘들다." 여러분은 이제 적의 손에 넘어질 것이라고 믿음 없는 생각을 하십니다. 사랑하는 형제 여러분, 정말로 여러분은 하나님께서 몇 가지 어려움들에서만 우리를 도우실 수 있을 뿐이고, 우리가 새로운 시련을 만나면 돕지 못하실 것이라고 생각하십니까? "아, 사정이 아주 바뀌면 좋겠는데. 내가 전에 겪었던 것과 같은 일을 겪는다면 주님을 믿을 수 있을 텐데. 하지만 이 일은 나로서 너무 뜻밖의 일이야." 그것이 하나님께도 뜻밖의 일입니까? 여러분은 당황하고 있습니다. 그러면 하나님도 당황해 하십니까? 여러분은 지금 진퇴양난에 처해 있습니다. 그러면 하나님께서도 어찌할 바를 모르십니까? 이 점을 깊이 생각하십시오. 어제 여러분을 도우실 수 있었던 분이 오늘과 내일에는 여러분을 그냥 내버려 두실 것이라고 생각하지 마십시오. 여러분의 사정이 천 배나 악화된다고 할지라도, 여러분이 변치 않으시는 하나님을 믿음으로 굳게 붙잡을 수만 있다면 그것은 아무 문제가 되지 않을 것입니다.

나는 그리스도인들이 이렇게 말하는 것도 알고 있습니다. "나는 내 골칫거리들을 가지고 하나님께 갈 수 없어. 그 문제들은 너무 평범하고 하잘것없는 것들이야. 내가 영적인 것들에 관해서는 기도할 수 있겠지만 현세적인 일들에 대해서도 기도할 수가 있는가?" 여러분이 어떻게 그런 질문을 할 수가 있습니까? 하나님은 여러분의 머리털까지도 다 세신다고 말씀하십니다. 그런 것들은 영적인 일이 아닌 것이 확실합니다. 여러분은 여러분의 **모든** 염려를 하나님께 맡기라는 말을 듣습니다. 하나님께서 자기 자녀들의 좀 더 고귀한 영적인 관심사인 산들의 신이시고, 자녀들이 빈번하게 만나는 고민거리들인 골짜기의 신은 아니십니까? 주님께서는 우리에게 날마다 일용할 양식을 구하라고 요구하시지 않습니까? 주님께서 그의 천사들에게 우리의 발이 돌에 부딪히지 않도록 우리를 떠받치라고 명령하시지 않았습니까? 하나님께서 자기 백성들에게 좋은 것에 부족함이 없을 것이라(시 34:10)고 말씀하시지 않았습니까? 우리가 불신앙 때문에 하나님에 관해 얼마나 잘못된 생각을 하고, 결코 제기해서는 안 될 질문을 하는지 모릅니다.

근심하는 이여, 여러분은 어떤 일에 대해서든지, 곧 모든 일에 대해서 여러분의 천부께 가서 말씀드릴 수 있습니다. 여러분이 어디에 있든지 간에 하나님은 모든 곤경에서 여러분을 도우실 것입니다. 그 일이 하찮을지라도, 하나님께는 모든 일이 하찮다는 것을 기억하십시오. 천사장과 참새 한 마리 사이의 차이가 하나님께는 그리 큰 것이 아닙니다. 한 나라를 다스리는 것과 여러분이 주일학교 반을 인도하는 것 사이의 차이가 여러분에게는 크게 보일 수 있지만, 나라들이 양동이의 물 한 방울과 같은 하나님께는 거의 보이지 않을 정도입니다. 여러분이 하나님께 큰 걱정거리들을 맡길 수 있겠다고 느끼듯이, 작은 일들에 대해서도 하나님을 의지할 수 있다는 것을 확실히 아시기 바랍니다. 그렇습니다. 여러분의 모든 슬픔을 하나님께 아뢰고, 여러분의 모든 짐을 하나님께 던지십시오. 진실로 하나님은 산들의 신이시며, 또한 골짜기의 신이시기도 합니다.

하나님께서 우리를 돕지 않으실 것이라는 이 두려움이 때로는 우리의 내적 경험이 바뀐 데서 생기기도 합니다. 사람들은 말합니다. "나는 이제까지 깊은 근심 가운데 지냈는데, 하나님께서 나를 도우셨어. 나는 용들과 싸웠고, 사망의 음침한 골짜기에서 어둠의 임금과 싸움을 치렀어. 예수께서 나와 함께 계셨어. 그 점을 이상하게 생각하지 않아. 그 싸움은 하나님께서 싸우실 만한 것이었기 때문이지. 그러나 지금 나를 괴롭히는 것은 육체의 작은 가시에 불과해. 나는 주님께 그 가시를 제거해 주시라고 하거나 그것을 견딜 수 있게 도와주시라고 구할 생각이 좀처럼 나지 않아. 예전에 겪었던 것과는 전혀 다른 경험이야. 마음이 점점 더 냉랭해지고 무뎌지며 관심이 줄고 조심성이 없어져. 내가 한때 늘 큰 영적인 어려움들을 겪고 고양된 기쁨을 맛보며 살던, 대단히 분투노력하던 생활을 이제는 하고 있지 않는 것 같아. 지금도 하나님께서 나를 도우실 것이라고 기대할 수 있을까? 주님께서 나를 이 무기력한 상태에서 일으켜 주실까? 기도할 수 없을 것 같은데, 주님께서 내게 기도할 마음을 일으켜 주실까? 고통 외에는 아무것도 느낄 수가 없는데, 주님께서 내게 다시 영적인 느낌을 돌려주실까? 주님께서는 라오디게아 교회를 되살아나게 하실 수 있을까? 주님께서 미적지근한 사람들을 다시 뜨겁게 데우실 수 있을까? 주님께서 그처럼 죽어버린 멍청이를, 나 같이 생명 없는 살덩어리를 소생시키실 수 있을까?"

형제 여러분, 그런 질문을 하지 마십시오. 신자가 한 번 빠져 들어가면 하나님께서 건져내실 수 없고 또 건져내려고도 하시지 않는 처지란 없습니다. 여러분이 겪는 시련이나 시험이 낮고 불명예스럽고 천한 것일 수 있을지라도, 여러분이 그 시험 아래에서 애쓰고 있을 때 주님께서 지극히 고귀한 인생의 더 숭고한 씨름에서 도우시는 것만큼 여러분을 도우실 수 없는 시련이나 시험은 없습니다. 하나님께 여러분을 맡기고, 하나님의 충족하심과 신실하심에 대해 조금도 두려움을 품지 마시기 바랍니다.

그러나 여러분은 또 이렇게 말합니다. "내가 뛰어난 성도들 같다면 이런 두려움들을 전혀 갖지 않을 것입니다. 그러나 나는 읽고 들어서 아는 경건한 사람들에게 한참이나 미치지 못합니다. 나는 이름 없는 하찮은 사람입니다. 재능이라곤 거의 없으며 미점은 더더구나 없습니다. 나는 보잘것없는 사람입니다." 그렇다고 합시다. 그러면 우리 하나님은 산들의 신이고 골짜기의 신은 아닙니까? 하나님께서 올리버 크롬웰은 도우시고 하나님을 신뢰하고 만일에 대비하는 일개 사병은 돕지 않으려고 하십니까? 하나님께서 횟필드는 도우시고 풀밭에서 복음을 전하는 보잘것없는 시골 설교자는 돕지 않으려고 하십니까? 하나님께서 수천 명에게 설교하는 열성적인 목회자는 도우시고, 어린아이들 열두 어명에게 아주 오래된 십자가 이야기를 가르치는 순박한 소녀는 안 돌아보시겠습니까? 유명한 사람들은 후원하고 신분이 낮은 사람들은 무시하는 이것이 하나님의 방식을 따르는 것입니까? 예수께서 작은 일의 날(슥 4:10)을 멸시하십니까? 여러분이 그렇게 생각한다면 성경을 잘못 읽은 것이 확실합니다. 복음서에 나오는 그리스도께서는 과부의 두 렙돈에 주목하셨고, 어린아이들의 호산나 소리를 기뻐하셨기 때문입니다. 예수께서는 성부 하나님께서 그의 큰 일들을 지혜롭고 슬기로운 자들에게 계시하시지 않고 어린아이들에게 계시하신 사실을 기뻐하셨습니다. 주님은 자신의 일에 대제사장들과 철학자들을 부르지 않고, 어부와 세리들을 부르셨습니다. 이와 같이 여러분은 자신과 다른 사람들 사이에 차이가 있고, 여러분이 겪는 시련의 환경에 색다른 점이 있다고 생각해서, 하늘 아버지께서 여러분을 돌보지 않으실 것이라고 생각하지 마십시오. 그렇지 않으면 내가 또다시 여러분에게 하나님은 산들의 신이실 뿐 아니라 또한 골짜기의 신이시기도 하다는 말을 해야 할 것입니다.

3. 우리 자신과 다른 사람들의 경험을 비교하고 대조하면 이 죄에 빠지기가 매우 쉽습니다.

어떤 사람들은 낭패를 당하고 몹시 시달려서 마음이 까다롭고 딱딱해질 수가 있습니다. 그런 마음 상태에 있으면 여러분은 갈등의 큰 틈과 불신앙의 무서운 구렁을 볼 때 깜짝 놀라게 됩니다. 시련이라는 사나운 비바람이 그들 앞에 있는 모든 것을 쓸어가 버리고 그들 존재의 뿌리를 드러냈을 때는 그들의 마음에 무서운 흉터가 남습니다. 또 다른 한편으로 그들은 생각이 아주 높은 데로 올라가고, 그들의 영혼은 구름 너머로 높이 올라가 하나님이 계시는 푸른 하늘 속으로 들어가 사람으로서는 말할 수 없는 것들 사이에 거합니다. 그들 주위에 있는 것은 모두가 굉장하고 위엄이 있으며 장엄하고 대단한 것들뿐입니다.

하찮은 사람들은 경외심을 일으키는 그들의 경험에 대해서 들으면 그런 경험과 갈등이 하나님의 은혜와 양립할 수 있는지 의심스런 마음으로 묻습니다. 그렇지만 황량하고 쓸쓸한 산들에 대해서 누가 거기에 하나님이 계시지 않다고 말할 수 있겠습니까? 하나님께서 시내 광야에 계시지 않았습니까? 하나님이 바란 광야로부터 오시지 않았습니까? 산들의 힘이 하나님의 기업이 아닙니까? 구름을 머리에 인 알프스 산맥 가운데서 종종 하나님의 음성이 들리고, 바위들이 하나님의 불꽃으로 쪼개집니다. 생각이 깊은 영혼은 인적이 드문 산들의 정적 속에서 종종 여호와의 옷자락이 스치는 소리를 들을 수 있습니다. 하나님은 괴로운 영혼 속에 계시고 상한 마음의 골짜기에, 무서운 절망의 굴속에 계십니다. 하나님은 시험이라는 회오리바람과 사탄적인 불경한 언행이라는 사나운 비바람을 눌러버리십니다. 그러면 머지않아 희망이라는 무지개와 충만한 확신이라는 햇빛 속에서 하나님을 볼 수 있게 됩니다. 주님은 죄와 싸우는 모든 영웅적인 투쟁 속에 계시고, 시험당하는 수많은 영혼들에게서 볼 수 있는 하나님 말씀을 굳게 붙드는 마음에 계십니다. 그렇지만 사람들은 다른 사람을 판단하고, 하나님께서 아주 힘차게 일하고 계시는 곳에 대해서조차 "주님이 거기 계실 리가 없어."라고 말합니다. 또 다른 한편으로 나는 이렇게 성격이 거친 사람들이, 다소 생각이 깊지 않고 어쩌면 지력도 조금 부족하지만 유용한 그리스도인, 곧 골짜기와 같은 사람의 온순하고 조용한 생활을 깔보는 것을 보았습니다. 그들은 이렇게 말했습니다. "주여, 이 사람이 무얼 하겠습니까? 그는 내 영혼의 수고를 공감하지 못하고, 할 일이 거의 없거나 전혀 없습니다. 그는 진리에 대한 나의 원대한 개념을 이해하지 못하고 하나님의 깊은 것들을 알지 못합니다."

　　이것이 사실일 수 있지만, 그럼에도 그 형제가 여러분보다 훨씬 더 나은 사람일 수 있다는 것을 기억하시기 바랍니다. 그는 하나님께서 복을 베푸신 밭 중의 하나일 수 있습니다. 많은 사람들이 먹고 살 수 있는 황금 곡식 단을 내놓기까지 성령님께서 경작하신 낮게 누워 있는 골짜기일 수 있습니다. 그가 조용하고 다정한 생활로 많은 사람에게 복을 베푼다면, 그를 비난하는 여러분은 누구입니까? 골짜기 출신의 형제여, 그대는 산에 사는 사람과 험한 바위산에 거주하는 이를 잘못 판단하지 말고, 평지에 사는 소작인을 깔보지 마십시오. 하나님은 여러분 두 부류의 삶에 모두 계시기 때문입니다. 하나님은 괴로움을 당하는 사람들의 폭풍우 같은 생활 속에 계시고, 겸손하고 만족한 사람들의 평온함 가운데도 계십니다. 하나님께서는 지친 사람의 생활과 유용한 사람의 생활 속에 각각, 그러나 동등하게 계심을 알 수 있습니다. 나는 여러분이 하나님을 볼 수 있는 한 언제나 하나님의 모든 백성들에게서 하나님을 보기를 바랍니다. 여러분에게 부족한 장점들이 여러분의 형제에게 있는 것을 인정하고, 그에게 없는 미덕들을 알아내려고 하지 마십시오. 하나님께서 인정하신 사람을 비난하지 마십시오. 하나님은 산들의 신이시고 또한 골짜기의 신이십니다. 여러분은 그 두 가지 사실을 모두 기뻐하십시오.

그 다음에, 사랑하는 친구 여러분, 여러분은 자신에 대해서 울적한 마음으로 이렇게 불평하지 마십시오. "아, 나는 주 안에서 내 형제가 겪은 경험을 전혀 알지 못해. 그는 여러 차례 마귀와 싸우고, 자신의 타락과 싸운 깊고 거칠며 무서운 경험을 하였어. 그런데 나는 이런 문제에 대해 아는 게 거의 없어." 그런 문제들을 알려고 하지 마십시오. 여러분이 그리스도를 알고 있다면 그것으로 충분할 것이기 때문입니다. 혹은 이와 반대로 여러분이 많이 싸우고 괴로움을 많이 당했다면, 다른 신자들에게서 항상 보이는 기쁨과 상냥함, 평안이 여러분에게 없다고 해서 자신을 비난하고 여러분이 하나님의 자녀가 아니라는 말을 하지 않도록 하십시오. 그리스도가 여러분의 것이면, 그것으로 여러분은 충분합니다. 여러분이 험한 바위산 같은 그리스도인이라면, 여러분의 발이 높은 곳을 밟고 있는 것에 만족하십시오. 하나님은 골짜기의 신이신 것만큼 확실히 또한 산들의 신이십니다. 이렇게 해서 나는 지금까지 우리가 이 잘못을 범하는 세 번째 방식에 대해 설명하였습니다. 시간이 부족하기 때문에 제가 더 자세히 설명할 수는 없습니다. 성령님께서 그 점에서 아주 지혜롭고 슬기롭게 여러분을 더 가르쳐 주시기를 바랍니다.

4. 매우 흔한 형태의 이 죄가 복음의 능력을 제한하고 있습니다.

구원받기를 몹시 바라지만 구원받을 수 없을까봐 염려하는 여러분, 이 말을 잘 들으십시오. 여러분은 복음이 어떤 죄인들만 구원할 것이라고 생각함으로써 복음의 능력을 제한한 것입니다. 여러분은 소문난 술주정뱅이가 회심하였고, 걸핏하면 하나님을 모독하는 욕을 하는 사람이 하나님께로 돌아왔다는 소식을 들었습니다. 그래서 속으로 이렇게 말합니다. "술주정뱅이나 욕쟁이가 되고 싶은 생각은 없지만, 그런 부류의 사람들이 많이 구원 얻는 것을 보았어. 나는 그동안 도덕적인 생활을 해왔지만 마음이 새롭게 되지 못했어. 그 점을 생각하면 그 사람들이 부러워."

사랑하는 친구 여러분, 어째서 여러분도 구원 얻을 수 있다고 생각하지 않습니까? 예수께서 공공연하게 죄를 범하는 막돼먹은 죄인들의 구주는 되시고, 은밀히 죄를 범하는 사람들의 구주는 되지 못하십니까? 죄의 더러움 자체가 구원에 도움이 됩니까? 그럴 수 없습니다! 복음에는 천성적으로 도덕적이고 뛰어난 사람들의 경우에 대처할 능력이 부족하지 않은 것이 확실합니다. 여러분은 복음에 그런 능력이 부족하다고 생각해서는 안 됩니다. 세리와 창기들을 구원하시는 예수께서는 또한 진리를 추구하는 자에게도 복을 베푸시고, 정직하고 좋은 땅에도 씨를 뿌리십니다. 아주 큰 죄인이었던 그렇고 그런 사람이 갑작스럽게 한 대 맞고 쓰러져 하나님께로 돌아왔다는 얘기를 들을 때, 여러분은 그 사람처럼 죄를 짓고 싶은 마음은 없지만, 그 사람에게서 볼 수 있는 명백한 변화가 여러분에게서도 나타날 수 있다면 그런 악을 경험할 수 있기를 바랍니다. 나는 그 느낌을 압니다. 그러나 그것은 잘못된 생각에서 나온 것이고, 하나님의 은혜가 어떤 경우에서 더 많이 나타난다는 생각을 조장하는 경향이 있습니다. 참된 회심은 모든 경우에 하나님의 역사이고, 따라서 전능하신 능력이 나타난 것입니다. 주님께서는 모든 사람에게 복음을 제시하십니다. 그래서 예수님을 믿는 자는 누구든지 그가 큰 죄인이었든지 아니면 평범한 죄인에 불과하였든지 상관없이 모두 구속의 보혈로 말미암아 구원을 얻을 것입니다. 예수님은 어떤 한 계층의 구주가 아니십니다. 주님의 능력은 믿는 모든 사람들에게 미칩니다. 주님의 은혜는 모든 부류의 사람들에게 미칩니다. 주님은 산들뿐 아니라 골짜기에도 복을 베푸십니다.

또 어떤 사람은 이렇게 말합니다. "아, 나는 내 죄가 어떠했든지 어떠하지 않았든지 간에 어떤 사람들이 경험한 무서운 양심의 가책과 고통스러운 죄의식을 알았다면 예수님을 믿을 수 있었을 것입니다. 양심 때문에 괴로워지면 자신을 마구 때릴 것 같았다고 한 사람의 이야기를 읽었습니다. 나는 그런 느낌을 느껴본 적이 없습니다. 나는 죄가 무서운 것이라는 사실은 알지만 다른 사람들의 말처럼 죄 때문에 절망할 수밖에 없다는 느낌은 들지 않습니다. 그런 느낌이 들기만 하면 믿을 수 있을 것입니다."

친구 여러분, 여러분은 그리스도의 구원하는 능력이 죄에 대한 여러분의 두려운 이해에 좌우된다고 생각하지 마십시오. 여러분, 그리스도는 산들의 신이실 뿐만 아니라 또한 골짜기의 신이시기도 합니다. 주님은 다소의 바울을 구원하시는데, 주님께서는 당당한 산 같은 죄인인 그를 때려 눕혀서 구원하십니다. 그러나 또한 주님은 루디아를 구원하시는데, 평지에 거하는 사람들 중의 하나와 같은 그녀의 마음을 열어 진리를 깨닫게 하심으로 구원하십니다. 점잖게 그리스도께 오는 사람들이 그리스도를 의지하기만 한다면, 그들은 장차 올 진노에 대한 격심한 공포와 무서운 예감 때문에 그리스도께 올 수밖에 없는 사람들만큼이나 참되게 구원을 받는 것입니다. 예수님은 구원을 얻는 모든 경험에 반드시 필요한 분이지만, 경험의 형태는 사람이 예수님을 영접하도록 만드는데 결코 중요한 것이 아닙니다.

또 어떤 사람은 소리칩니다. "하지만, 나는 주 예수님께서 내 영혼을 지배하고 있는 그 죄를 정복하실 수 없을까봐 두렵습니다. 예수님께서 사람들 속에서 울부짖는 큰 죄들을 쫓아내실 수 있다고 믿습니다. 하지만 내 죄는 더 교묘하고 해로운 경향이 있습니다. 내 영혼에 무서운 무관심이 슬며시 침투하고 있는 것 같습니다. 내가 어디 가야 정신을 차리고 생기를 얻을 수 있겠습니까?"

말씀드리겠습니다. 하나님을 욕하던 사람들과 술주정뱅이들이 도움을 발견하는 바로 그곳에서, 즉 그리스도 예수 안에서 그리고 성령님의 거룩케 하시는 능력에서 여러분의 죄를 이길 도움을 얻을 수 있을 것입니다. 예수께서는 이 죄뿐 아니라 또 다른 죄도 이기실 수 있습니다. 죄의 목록 가운데서 그리스도의 피가 그 죄책을 씻어낼 수 없는 죄는 없고, 피와 함께 흐르는 물이 영혼에 대한 그 지배력을 제거할 수 없는 죄는 없습니다. 예수께서는 우리의 죄가 산에 속하는 것이든 골짜기에 속한 것이든 간에 우리에게 이중의 구원을 제공하실 수 있습니다. 즉, 범죄 행위에서 구원할 뿐 아니라 죄의 속박에서도 구원하실 수 있습니다. 오직 그리스도를 믿으십시오. 그러면 죄의 지배력이 깨어질 것입니다.

그리스도인 여러분, 여러분은 예수님과 그의 사랑에 대해서 이야기하려고 할 때 여러분의 마음에 드는 사람을 청중으로 선택하고 싶은 생각이 너무 자주 들지 않습니까? 마음속으로 여러분은 어떤 사람들은 다른 사람들보다 하나님의 능력에 좀 더 쉽게 정복된다고 생각합니다. "아무개 씨의 회심을 따라서 해 보는 것은 소용없는 일이라"고 여러분은 말합니다. 여러분은 어떤 사람들은 블랙 리스트에 적어두고 가망 없다고 생각하는 반면에 또 어떤 사람들에 대해서는 좀 더 희망적으로 생각하며 그들 가운데서는 더 열심히 일을 합니다. 여러분은 어느 정도 아람 사람들이 범한 죄에 빠진 것이 아닙니까? 여러분의 그리스도는 산들의 신이고 골짜기의 신은 아닌 것이 아닙니까? 여러분이 할 일은 온갖 사람에게 복음을 전하는 것입니다. 마음이든 신분이든 아무 상관 없이 모든 계층의 사람들에게 전하는 것입니다. 복음이 성령의 손안에서 전능한 능력을 발휘하고 모든 면, 모든 계층의 사람들 가운데서 작용한다는 것을 믿고 그렇게 할 때, 하나님의 손이 여러분에게 강력하게 작용하는 것을 볼 것입니다.

마지막 요점에 대해서는 한두 가지 암시만을 말하고 끝내지 않을 수 없습니다.

5. 우리는 하나님을 섬기는 일에 하나님의 도움이 주어질 것으로 기대하지 않음으로써 아람 사람들이 하듯이 하나님의 능력을 제한할 수 있습니다.

하나님을 위하여 일하라는 권유를 받으면 우리는 여러 가지 이유로 변명하고 싶은 생각이 들어 마치 하나님의 도우심을 기대할 수 없는 것처럼 말합니다. 흔히 들먹이는 구실이 우리에게는 은사와 재능이 부족하다는 것입니다. 그 핑계가 정말로 사실일 수 있습니다. 그러나 그 사실이 주님께서 당신의 은혜로운 목적을 위해 우리를 쓰시는 일을 막지 못합니다. 하나님은 은사가 많고 품위 있는 사람의 신이시지만 또한 은사가 한 가지 밖에 없지만 하나님을 영화롭게 하려고 하는 사람의 신이시기도 합니다. 하나님께서는 우리에게 있는 것을 받으시고, 우리에게 없는 것을 내놓으라고 하시지 않습니다. "하지만 나는 성격이 좀 별납니다. 너무 내성적이어서 복을 받으리라 기대할 수 없습니다."

형제 여러분, 그것이 이치에 맞는 주장이라고 생각하십니까? 하나님께서 나대고 과감한 사람들의 하나님이시고 얌전한 사람들의 하나님은 아니십니까? 얼굴이 뻔뻔한 사람들에게는 은혜를 주시고 겸손하고 온유한 사람들에게는 안 주십니까? 그렇지 않다고 확신합니다. 그런 쓸데없는 핑계 대는 일은 그만 하시기 바랍니다. "아, 하지만 내 생활 처지가 아주 힘듭니다. 주변에는 모르는 사람들뿐입니다. 나를 이해해 주는 사람은 아무도 없고, 내가 하려고 하는 일을 지지하는 사람은 거의 없습니다." 아, 그러면 여러분은 특별히 여러분을 위해서 조성된 영역에서 살고 싶어 하는군요. 그렇지 않습니까? 여러분이 그런 곳을 만난다면, 거기에 들어갈 필요가 전혀 없을 것입니다. 여러분이 해야 할 선한 일은 이미 다 끝났을 것이기 때문입니다.

여기 불을 켜놓은 등불이 있습니다! 그런데 그 등불이 어두운 곳에 놓이기를 싫어합니다. 햇빛 속에 매달아 두기를 바랍니다. 하지만 대낮에 등불이 무슨 소용이 있습니까? 그렇듯이 모든 것이 자기가 바라는 대로 이미 다 이루어진 곳에서 그리스도인이 무슨 소용이 있겠습니까? 하나님의 종이 지혜로운 사람이라면, 그는 사람들의 필요를 볼 때 그것을 자기의 수고를 요구하는 부름이라고 생각할 것입니다. 그는 불리한 사정을 이점으로 보고, 어려운 일들을 극복해야 할 것으로 생각할 것입니다. 사실 신자에게는 불가능한 일조차도 하나님의 능력이 믿음의 기도에 대한 응답으로 비상하게 나타나게 되어 있는 문제를 일컫는 또 다른 이름일 뿐입니다. 자기 하나님을 아는 사람은 강하고, 위대한 일들을 수행합니다. 그는 모든 일들이 하나님께는 똑같이 다 쉬운 것이라고 생각하고, 하나님은 산들의 신이실 뿐만 아니라 또한 골짜기의 신이시기도 하다는 것을 압니다.

어떤 사람은 말합니다. "아, 하지만 나는 하나님께서 내게 복을 주실 것이라고 기대할 수 없어. 복을 받기에는 내가 너무도 하찮은 사람처럼 느껴져요." 그렇다면 여러분은 하나님께서 크게 복을 베푸시는 사람들은 복을 받을 만한 자격이 있다고 생각하십니까? 만약에 여러분이 자신이 복을 받을 만한 사람이라고 생각하는 사람을 만난다면, 그 사람이야말로 하나님께서 전혀 복을 베푸시지 않는 사람입니다. 지극히 큰 은혜를 받은 사람들은 자신들이 그런 은혜를 받을 만한 가치가 전혀 없다고 생각합니다. 여러분이 스스로를 무가치한 존재로 느낀다고 해서 그것을 하나님께서 여러분에게 복을 베푸실 수 없는 이유로 생각해서는 안 됩니다. 오히려 그런 생각 자체를 복으로 여겨야 합니다.

또 여러분은 말합니다. "그런데 어찌 된 일인지 모르겠지만, 내 일을 생각하거나 내가 사는 처지, 내가 함께 일하는 사람들을 생각하면 몹시 떨립니다." 자, 간단히 말해서 그 느낌은 여러분에게 큰 장애물입니다. 그 장애물을 치워버려야 합니다. 여러분이 그 문제를 똑바로 바라보면 떨 이유가 전혀 없습니다. 하나님께서 여러분을 보내셨습니까? 그렇다면 하나님께서 여러분과 함께 계시는데, 여러분이 왜 두려워해야 합니까? 여러분이 정확히 하나님께서 기뻐하시는 대로, 기뻐하시는 곳에 여러분의 모든 것을 쓰시기를 바라고 전적으로 하나님께 자신을 맡기면, 두려워할 까닭이 있을 수 없습니다. 하나님께는 모든 일이 똑같이 다 가능하고, 하나님께서 길을 인도하시면 모든 영역이 똑같이 희망이 있습니다. 모든 시간, 모든 나이, 모든 사람이 다 전능하고 영원하신 하나님의 손에 있습니다. 하나님께서 여러분을 에스겔처럼 마른 뼈들에게 예언하라고 보내신다면 혹은 요나처럼 니느웨 사람들에게 설교하라고 보내신다면, 하나님께서 어느 경우든지 여러분과 함께 하실 것이고, 여러분은 마치 하나님께서 여러분을 베뢰아 사람들에게 보내어 성경을 풀어 가르치도록 하신 것처럼 혹은 경건한 귀

부인들에게 예수님에 대해 말하도록 보내신 것처럼 아주 기쁘게 복음을 전할 수 있을 것입니다. 여러분이 주위 상황 때문에 두려워해서는 안 됩니다. 주위 상황이라는 것이 저울에 달면 그리 무게가 나가지 않기 때문입니다.

성부 하나님께서 여러분과 함께 계십니까? 예수님께서 여러분과 함께 계십니까? 성령님께서 여러분과 함께 계십니까? 비록 여러분이 외로운 전사(戰士) 삼손처럼 혼자이고, 여러분의 적들이 나귀의 턱뼈에 비기는 것밖에 가지고 싸울 무기가 없을지라도, 그것을 단단히 쥐고 적의 군대를 공격하십시오. 그러면 여러분 앞에서 적들이 쓰러져 무더기로 쌓일 것입니다. 여러분을 위하시는 분은 여러분을 대적하는 모든 원수들보다 크십니다. "큰 산아 네가 무엇이냐 네가 스룹바벨 앞에서 평지가 되리라"(슥 4:7). 여러분이 한숨을 쉬며 "내가 그런 믿음에 이르고, 그 믿음을 유지할 수 있으면 좋겠는데"라고 말하는 소리가 들리는 것 같습니다. 하나님께서 여러분을 도와주시기를 구합니다. 여러분이 하나님께 관하여 더 이상 기대할 수 없을 만큼 큰 것을 믿는다고 할지라도, 그것이 하나님께는 조금도 큰 일이 되지 않을 것입니다. 여러분이 하나님을 아무리 절대적으로 믿는다고 할지라도, 그것이 어리석은 일이 되는 일은 결코 없을 것입니다. 여러분이 자신의 불신앙 때문에 부끄러워할 일은 종종 있을 것이지만 하나님께 대한 소망 때문에 부끄러워할 일은 없을 것입니다. 여러분이 의심했던 일을 생각하고서 얼굴을 붉힐 일은 많겠지만, 하나님을 신뢰한 것 때문에 그럴 일은 없을 것입니다. 여러분을 만나서 이렇게 말할 사람은 아무도 없을 것입니다. 심지어 마귀조차도 그렇게 하지 않을 것입니다. "바보 같은 사람아, 너는 하나님을 너무 지나치게 믿었어." 시간이 지나면 그 말이 틀렸다는 것이 증명될 것입니다. 그러므로 골짜기의 신이요 산들의 신이신 하나님을 믿고, 영원히 하나님을 자랑하십시오.

회심하지 않은 사람들이 내가 지금 말하고 있는 죄에 빠질 수가 있습니다. 그분들을 보내기 전에 그분들에게 이 점을 주의하라고 말씀드리고 싶습니다. 회심하지 않은 여러분들 가운데 하나님께서 믿지 않는 사람들에게 내리실 형벌을 피할 것이라고 믿는 분이 있습니까? 여러분이 그렇게 생각한다면, 여러분이 대는 이유들은 무익하고 결국 거짓말인 것이 드러날 것입니다. 하나님께서는 바로와 그 밖의 사람들을 이 세상에서 벌하셨고, 또 믿지 않는 모든 자들을 오는 세상에서 벌하실 것입니다. 하나님께서 옛적에 죄인들을 치신 것처럼 확실히 오래지 않아 여러분을 치실 것입니다.

여러분이 이렇게 말할 수 있습니다. "나는 도둑도 아니고 술주정뱅이도 아닙니다." 좋습니다. 그러나 산들의 신이신 하나님은 또한 골짜기의 신이시기도 합니다. 여러분이 거듭나지 않은 채로 있다면, 비록 여러분이 지금까지 드러내 놓고 죄를 지으며 살지 않았을지라도 여러분은 마음으로 지은 죄들을 인해서 벌을 받을 것입니다. 하나님은 산에 있는 죄인들뿐 아니라 골짜기에 있는 죄인들도 치실 것입니다.

여러분이 "나는 항상 하나님의 전에 출석하였고, 외적인 수단들을 사용했다"고 말할지라도, 예수님을 믿지 않는 한, 자기 멋대로 행하는 이교도들을 치시는 하나님께서 하나님의 말씀을 들으면서도 그리스도의 보혈을 거절하는, 따라서 훨씬 더 죄가 큰 사람들을 반드시 치실 것입니다. 하나님께서는 모든 인류에게 똑같이 공의를 시행하실 것입니다. 하나님은 산들의 신이시고 또한 골짜기의 신이십니다. 회개하지 않는 죄인은 아무도 하나님의 공의의 징계를 피하지 못할 것입니다. 여러분이 그리스도를 믿지 않는다면 여러분이 누구이든지 간에 여러분은 망하고 말 것입니다. 여러분이 지금 예수님을 믿는다면, 산에 거하든지 아니면 골짜기에 살든지 상관없이 여러분은 구원을 받을 것입니다. 하나님께서 여러분에게 지금 즉시 믿는 은혜를 주시기를 구합니다. 아멘.

제

12

장

—

없어졌나이다. 영원히 없어졌나이다

—

"종이 이리 저리 일을 볼 동안에 그가 없어졌나이다." — 왕상
20:40

선지자가 아합 앞에서 행동으로 표현한 그 우화는 단순하고 자연스러웠습니다. 치열한 전쟁 중에 한 병사가 장교로부터 중요한 포로를 돌보라는 명령을 받았습니다. 장교가 말했습니다. "이 사람을 지키라. 만일 그를 잃어버리면 네 생명으로 그의 생명을 대신하거나 그렇지 아니하면 네가 은 한 달란트를 내어야 하리라." 이 병사가 그 순간부터 해야 할 일은 넘겨받은 포로를 돌보는 것이었습니다. 그는 자기 위에 있는 장교로부터 그렇게 하라는 명령을 받았습니다. 따라서 그의 가장 중요한 일은 그 포로를 안전하게 지키는 것이었습니다. 그런데 그에게는 처리해야 할 다른 일들도 있었습니다. 자신에 관한 일, 가족에 관한 일, 그와 같은 일들이 있었습니다. 그런 일에 신경을 쓰느라 그가 자신의 임무를 잊어버렸고, 포로는 아주 당연히 기회를 잡아 도망하였습니다. 그래서 병사가 큰 소리로 외칩니다. "종이 이리 저리 일을 볼 동안에 그가 없어졌나이다." 임무를 소홀히 한 이 호송병은 일이 그렇게 된 것을 두고 놀랄 아무 이유가 없었습니다. 그러나 그는 처벌을 받을 준비가 되어 있지 않았고, 그래서 왕 앞에 와서 자신의 임무 태만에 대해 용서해 주기를 구하였습니다. 왕이 즉시 대답하였습니다. "네가 네 입장을 설명했고, 그렇게 하기로 결정하였다. 그런데 네가 부주의해서 포로를 잃어버렸으니 네가 벌을 받아라."

이 이야기는 본래 아합 왕의 양심을 건드리기 위해 말한 것이었습니다. 아합은 하나님께서 잔인한 군주인 아람 왕 벤하닷이 하나님의 판결을 따라 죽음에 처하도록 하기 위해 섭리 가운데서 그를 아합의 손에 넘기셨을 때 벤하닷이 도망하게 두었습니다. 아합은 더 이상 존재하지 않습니다. 그러나 이 성경 말씀은 다 써버린 포탄처럼 소용없는 것이 아닙니다. 이 성경 말씀에는 여전히 진리와 효력이 있습니다. 이 이야기의 교훈은 우리에게도 적용될 수 있습니다. 아합은 죽었고, 개들이 그의 피를 핥았습니다. 우리는 이 군주를 잊어버리고, 이 우화가 우리에게 말해 주는 것에 마음과 귀를 기울일 수 있습니다. 우리도 임무를 받았는데, 그 임무를 소홀히 하지 않았습니까? 우리는 시간과 기회를 받아 가지고 있었는데, 그것들이 사라져버렸습니까? 그런지, 그렇지 않은지 살펴봅시다. 완고한 왕은 이 경고를 듣고서 무겁고 불쾌한 마음으로 왕궁으로 돌아갔습니다. 오늘 아침의 주제가 많은 분들에게는 전혀 유쾌하지 않을 것입니다. 그렇지만 영혼이 회개의 짐으로 무겁고 자기 자신에 대해서 불쾌하게 생각하게 된다면 그 영혼에게는 좋은 일일 것입니다. 성령님께서 우리 모든 사람의 마음에 사무치게 말씀을 하셔서, 우리로 비통한 후회를 치르게 만들 수 있을 수많은 인생행로에서 우리를 건져주시기를 구합니다.

1. 첫째로, 본문에서 제시하는 의무에 대해서 생각해 봅시다.

그래서 우리가 지금도 더 고귀한 의무를 지고 있다는 점을 엄숙하게 인정할 수 있도록 합시다. 이 사람은 전투에 참가하고 있는 중이므로 상관의 명령에 복종해야 했습니다. 장교가 그에게 포로를 맡기며 "이 사람을 지키라"고 말합니다. 그 순간부터 그 사람은 의무를 졌고, 그 의무에서 아무것도 그를 풀어줄 수 없었습니다. 사람이 정당한 권위에 의해 하라고 명령받은 것은 반드시 해야 하는 것이 군대 규율의 법입니다. 그러므로 이 사람의 주된 임무는 그 포로를 관계자에게 인계할 수 있을 때까지 안전하게 붙들고 있는 것이었습니다. 사랑하는 친구 여러분, 여러분과 나는 책임질 수 있는 나이에 들어가는 순간부터 개인적인 의무를 지고 있는 것이고, 그 의무는 이것입니다. 즉, 하나님을 섬기고 공경하며 영화롭게 하는 것입니다. 사람은 다 자신의 창조주를 섬겨야 하고 그의 영광을 위해 살아야 합니다. 이것이 지극히 정당하다는 사실은, 우리가 조금만 생각해 보면 하늘에 있는 해처럼 분명한 일입니다. 슬프게도 이것이 어떤 사람들은 한 번도 생각해 본 적이 없고 생각하려고 마음도 먹지 않는 주제입니다. 그들이 자기 자신에 대해서는 적지 않게 생각하였으며, 이웃에 대한 의무도 어느 정도 고려하였습니다. 그러나 하나님께 대한 자신의 의무에 대한 생각은 마음속에 스쳐가지도 않은 것처럼 보입니다. 그들은 하나님을 잊고 삽니다. 사실 하나님이 없는 것처럼, 하나님을 섬길 필요가 없는 것처럼 삽니다. 그들이 생활로써 실제로 하는 말은 "여호와가 누구이기에 내가 그의 목소리를 듣겠느냐?"(출 5:2)는 바로의 말과 같습니다. 그들은 이웃에게 부당하게 대하려고 하지 않지만 그들의 창조주에 대해선 끊임없이 불의를 행합니다. 말라기 선지자는 "사람이 어찌 하나님의 것을 도둑질하겠느냐"(말 3:8)고 묻습니다. 그러나 슬프게도 수많은 사람들의 삶이 전능자의 것을 오랫동안 강도질하는 인생이고, 영원한 공의에 기초한 요구들을 계속해서 무시하는 인생인 것입니다.

우리의 존재가 하나님에게서 나온 것이기 때문에 우리가 하나님을 섬겨야 한다는 것은 분명한 사실입니다. 하나님의 능력이 없었다면 우리는 결코 존재할 수 없었을 것입니다. 그리고 그 능력이 우리가 존재하도록 떠받치지 않는다면 그 순간 즉시 우리는 더 이상 존재하지 않을 것입니다. 확실히 하나님에 의해 시작된 존재는 하나님의 명예를 위해 쓰여야 하고, 매 시간 하나님께 의존하고 있는 존재는 하나님의 영광을 위해 사용되어야 마땅합니다. 자녀들은 부모에게 순종할 의무를 지고 있습니다. 피조물들은 자기의 창조주에게 훨씬 더 많은 빚을 지고 있습니다. 그 빚은 하나님께 헌신하는 생활입니다. 생명이 매일 하나님의 능력이 새롭게 나감으로써 유지되고 있으므로 그 빚은 언제나 마땅히 갚아야 하는 빚입니다.

전능하신 하나님께서 우리를 지으신 것은 바로 이 목적을 위해서였습니다. 즉, 우리가 하나님을 영화롭게 하고 하나님을 영원토록 즐거워하도록 하기 위함이었습니다. 사람이 그릇이나 도구를 만드는 것은 그것을 만드는 목적을 이루기 위해서입니다. 그래서 그릇이나 도구가 만드는 사람의 목적에 부응하지 못하면 그는 그것을 버립니다. 말이나 소가 기르는 사람에게 아무 유익을 주지 못한다면 누가 그 짐승을 기르려고 하겠습니까? 개가 여러분을 자기 주인으로 인정하지 않는다면, 여러분 가운데 누가 그 개를 여러분의 것이라고 부르겠습니까? 하나님께서 우리를 지으신 것은 우리가 하나님을 영화롭게 하도록 하시려 함이었습니다. 그런데 우리가 하나님께 명예를 드리지 못한다면 우리는 존재의 목적과 목표를 이루지 못하는 것입니다. 나는 여러분의 직업이 무엇인지, 어떤 사람인지에 관심이 없습니다. 여러분이 20개 군(郡)의 소유자라고 할지라도 여러분이 하나님을 사랑하지 않는다면, 여러분의 영혼은 불쌍하고 타락한 것입니다. 사람들이 여러분을 공중에 높이 세운 기둥 위에 올려놓고 영웅으로 간주할지라도 여러분이 하나님을 위해서 살지 않았다면, 여러분은 인생을 헛되이 산 것입니다. 포도를 맺지 않는 포도나무는 쓸모없듯이 하나님께 영광을 드리지 않은 사람도 쓸모가 없습니다. 하나님을 섬기지 않은 사람은 과녁을 맞히지 못하는 화살 같고, 열매를 맺지 못하는 무화과 같으며, 연기만 내고 불을 키지 못하는 촛불 같고, 비 없는 구름이요 물 없는 샘 같습니다. 그는 헛된 인생을 산 것입니다. 존재의 꽃과 영광이 없는 생을 산 것입니다. 그런 인생을 결코 생명이라 부르지 말고, 거기에 살아있는 것처럼 보이는 죽음이라고 쓰십시오.

수많은 목소리가 우리 모두에게 하나님을 섬기라고 부릅니다. 우리는 어디를 가든지 그 인상적인 부르심을 듣지 않을 수 없습니다. 여러분은 눈을 들어 한밤중의 하늘을 보십시오. 별마다 이렇게 외칩니다. "우리는 여호와를 찬양하기 위해 빛을 내는데 너희는 무엇을 하느냐?" 살아있는 보석들로 장식된 들판을 보십시오. 꽃마다 이렇게 속삭입니다. "나는 위대하신 창조주를 찬양하기 위해 꽃을 피우는데, 너희는 무엇을 하느냐?" 새들의 소리를 들어보십시오. 선율이 아름다운 이 합창단은 여호와를 찬양하는 일에 종사합니다. 새들이 여러분에게 묻습니다. "너희는 하나님을 위한 음악이 있느냐?" 바람 때문에 일어나는 먼지조차도 하나님의 법칙에 따라 움직이며 우리에게 왜 불순종하느냐고 묻습니다. 위나 아래, 둘레에 있는 모든 것, 장엄한 것이든 하찮은 것이든, 우리가 귀를 기울이기만 한다면 모든 것이 우리에게 말합니다. "우리는 모두 지존하신 하나님의 종들인데, 너희는 왜 여호와의 궁정에서 기다리지 않느냐?" 자신의 창조주를 섬겨야 하는 사람의 의무는 사람 주위에 있는 다른 어떤 피조물의 의무보다 훨씬 더 큽니다. 왜냐하면 사람은 하나님의 솜씨가 완전하게 나타난 창조주의 걸작이기 때문입니다. 사람의 몸은 무한하신 지혜자의 손에 의해 진기하게 만들어졌고, 사람의 영혼에 대해서 말하자면, 그것은 피조물들 가운데 가장 높은 질서에 속한 것으로 천사와 비슷합니다. 그래서 피조물들 가운데 자기를 살게 하시는 하나님을 마땅히 섬겨야 하는 것이 있다면, 사람이 바로 그 피조물입니다. 사람이 보이는 존재들의 계급에서 제일 앞에 서고, 하나님의 손의 모든 수공물들을 다스리기 때문에 위대하신 이 왕께 충성하는 일에서도 마땅히 제일 앞장서야 합니다. 일 잘하는 소는 사람에게 기꺼이 복종하고, 말은 사람을 위하여 평원을 거침없이 달리며, 양은 사람들의 덮개를 위해 양털을 제공하고 사람의 음식을 위해 자기 살을 내놓습니다. 물고기는 사람을 위하여 개울에서 뛰어오르고, 새들은 사람을 위하여 하늘에서 떨어집니다. 사람은 바다의 모든 물고기와 하늘의 모든 새를 다스리고, 하나님의 대리자로서 짐승들을 다스립니다. 이 모든 사실에도 불구하고, 존귀함을 받은 이 존재는 자신에게 하나님의 권위를 빌려주신 주권자를 잊어버리고, 자신의 군주에게 마땅히 드려야 할 경의를 거절합니다. 형제 여러분, 그렇게 해서는 안 됩니다. 그처럼 고귀한 은혜를 받은 존재의 반역에 대해서 우리는 감사하는 마음으로 크게 비난해야 합니다.

하나님을 영화롭게 해야 하는 우리의 의무를 지지하는 중요한 논증은 이 봉사에서 사람들이 가장 고귀한 명예와 참된 행복을 발견한다는 사실에서 찾을 수 있습니다. 어떤 사람들을 섬기는 것은 자존심이 상하는 일이 될 것입니다. 마귀의 도구가 되는 것은 치욕과 슬픔을 자초하는 일이 될 것입니다. 그러나 여호와를 섬기는 것은 군주의 의복을 입는 것보다 명예로운 일입니다. 그리고 행복에 대해서 말하자면, 천사들은 하나님을 섬기는 것이 천국임을 발견하고, 구속받은 영들은 하나님을 섬기는 것이 자기의 지극한 복이라고 인정합니다. 한편으로 땅에서 하나님의 뜻을 온전히 행하는 사람들은 자기가 사람들 가운데서 가장 행복한 사람이라고 고백합니다. 하나님께 찬미를 드리는 것이 스랍의 영광인데, 우리의 영광도 그 점에서 찾아야 합니다. 친구 여러분, 여러분과 나는 위대하신 제일 원인자에 대한 순종이라는 길을 따라 움직이는 것을 제외하고는 결코 바르게 갈 수 없도록 지어졌습니다. 바로 그 길이 우리가 안전하게 움직일 수 있는 궤도입니다. 다른 모든 길은 혼돈이고 우리를 비참한 데로 인도합니다. 하나님을 명예롭게 하는 길에서 나와 보십시오. 여러분은 어두운 산지에서 걸려 넘어지고 얽혀 있는 찔레와 찌르는 가시나무들 가운데서 길을 잃습니다. 하나님을 섬기는 것이 사람의 건강과 행복과 명예가 된다면, 사람의 의무가 그 방향에 놓여 있고, 따라서 그 의무를 소홀히 하는 것은 지극히 어리석은 일임이 확실합니다.

또한 우리는 이 점을 결코 잊지 않도록 합시다. 즉, 우리 모두 인생에 대해 설명해야 하는 날이 오고 있고, 그 설명은 우리가 어떻게 하나님을 섬기고 영화롭게 하였느냐는 질문에 근거해서 하게 되리라는 점을 잊지 말아야 합니다. 그 두려운 광채 때문에 왕국들의 화려함이 창백하게 변할 그 무시무시한 날에, 이 중대한 한 가지 질문이 있을 것입니다. "너는 하나님과 관련해서 어떻게 살았느냐?" 우리 주님 께서 그 심판에 대하여 친히 설명하신 말씀을 기억하시기 바랍니다. 주님께서는 사람들이 자신에게 드린 봉사를 시험과 표준으로 삼으십니다. "내가 주릴 때에 너희가 먹을 것을 주었고 목마를 때에 마시게 하였다"(마 25:35). 여러분이 그리 스도께 한 일이나 하지 않은 일이 여러분에 대한 심판을 결정할 요체가 될 것입 니다. 사실 여러분이 다른 사람들에게 행한 일들이 계산에 들어갑니다. 헐벗은 자들에게 옷을 입힌 일과 목마른 자들에게 물을 준 일이 주님께 드린 봉사의 증 거로 소개되기 때문입니다. 그러나 이 일들은 그때 주님께 하듯이 행한 것들이 고 따라서 주께서 마땅히 받으셔야 하는 봉사의 중요한 부분이었습니다. 주님을 위해 행한 일이 아무것도 없다면, 주님께 전혀 경배 드린 적이 없다면, 주님께 대한 보답으로 사랑을 드린 적이 없다면, 여러분에게는 이 선고밖에 내려질 것 이 없습니다. "이 무익한 종을 바깥 어두운 데로 내쫓으라 거기서 슬피 울며 이 를 갈리라"(25:30).

　이 점에 대해서는 이만큼 말씀드리겠는데, 이런 질문이 들리는 것 같습니 다. "그러면 우리는 사업을 그만두고 가게 문도 닫고 가족을 버리고서 사람 없 는 곳으로 가서 기도하고 예배드리는데 시간을 써야 합니까?" 나는 그렇게 말하 지 않았습니다. 그런 어리석은 일을 하라고 암시조차 하지 않았습니다. 나는 여 러분이 하나님을 섬겨야 하는 의무를 지고 있다고 말했습니다. 이렇게 말한다고 해서 여러분이 다른 일들은 그만두어야 한다는 뜻입니까? 결코 그렇지 않습니 다. 여호와께서 요나에게 니느웨에 가서 자기를 섬기라고 명하셨을 때, 그가 다 시스로 도망한 것은 노골적인 반항이 아니었습니까? 확실히 그것은 명령을 지 키는 방식이 아니었습니다. 여러분의 직업은 하나님께서 여러분을 불러 놓아두 신 곳인데, 그곳에서 하나님을 영화롭게 해야 합니다. 사람이 자기 일자리에서 도망하는 것, 다시 말해 일자리에서 발생하는 싸움과 시련을 피하는 것은 전투 를 하지 않는 것입니다. 그런데 남자가 수도원에 들어가거나 여자가 수녀원에 들어갈 때 바로 그런 일을 하는 것입니다. 이렇게 해서 사람들은 의무를 좀 더 쉽게 달성할 수 있는 핑계로 의무를 회피하고, 하나님의 영광을 증진시킨다는 구실로 그 영광을 희생시킵니다. 하나님께서 남자들을 수도원 독방에 감금되도 록 하고 여자들은 종교 감옥에서 산 채로 매장되도록 하기 위해 그들을 지으셨습니까? 이것은 지적인 존재를 남용하는 것이고, 창조주의 수입을 순전히 낭비하는 것입니다. 여러분이 현장을 떠나서는 전투에 이길 수 없습니다. 여러분의 사령관이 여러분을 배치한 곳에 서 있으면서 그분의 힘으로 싸우고, 승리의 영광을 얻을 때까지 견디십시오. 여러분의 현재 위치가 어떤 것이든, 그 위치에서 하나님을 영화롭게 할 수 있는 길이 있습니다. 장사꾼이나 노동자, 주부나 간호사, 왕이나 극빈자, 모두 각각 저마다 할 일이 있습니다. 우리는 모두 한 큰 집에서 주인이 시키는 대로 이것저것을 하고, 하나님의 은혜로 능력을 얻는 대로 모두 같이 하나님을 영화롭게 하는 종들이고, 종들이 되어야 마땅한 자들입니다. 우리가 하나님을 섬기는 길은 매일의 생활을 벗어나는데 있는 것이 아니라 매일의 생활에 있습니다. 그러니 여러분은 매일의 생활에 부지런해야 합니다.

"그러면 우리는 다른 사람들에게 봉사를 해서는 안 됩니까?" 누가 여러분에게 그렇게 말했습니까? 율법에는 두 돌판이 있습니다. 첫 번째 돌판에는 하나님께 대한 계명이 들어 있고, 두 번째 돌판에는 사람들에 대한 명령이 들어 있습니다. 하지만 두 돌판 모두 하나님의 율법입니다. 하나님을 위해서 다른 사람들에게 선을 행하는 사람이 하나님을 섬기고 있는 것입니다. 사실 이것이 사람들이 하나님을 섬기는 지극히 고상한 방식들 가운데 하나입니다. 사람들이 다른 사람의 선을 추구할 때, 그렇게 함으로써 하나님께서 영광을 받으시도록 하는 것입니다. 그러나 사람은 우리의 주인이 아니라 동료 종입니다. 하나님은 우리에 대해 완전한 권리가 있으십니다. 우리 몸의 모든 부분에 대해, 우리 마음의 모든 기능에 대해, 우리 전 본성의 모든 능력에 대해 절대적인 권한이 있으십니다. "여호와는 우리를 지으신 이요 우리는 그의 것이니 그의 백성이요 그의 기르시는 양이기"(시 100:3) 때문입니다.

2. 둘째로, 본문에는 고백이 들어 있습니다.

"그가 없어졌나이다." 그는 포로를 돌보는 의무를 졌는데, 포로가 사라졌다고 고백하지 않을 수 없었습니다. 우리 가운데 하나님께 대한 의무들이 있지만 그 의무들을 이행하지 않았다고 고백할 수밖에 없는 사람들이 얼마나 많은지 물으면서 내 양심을 살펴보듯이 여러분의 양심도 살펴볼 수 있기를 간절히 바랍니다. 슬프게도, "그가 없어졌나이다"라는 말이 하나님을 영화롭게 할 수 있는 많은 기회에 대해 적용될 수가 있습니다.

첫째로, 우리는 사는 동안에 생기는, 하나님을 영화롭게 할 수 있는 기회들을 많이 잃어버렸습니다. 우리가 어린아이였을 때가 있었습니다. 어린아이가 예수님께 "호산나" 하고 부를 때, 어린아이의 찬양을 주님은 매우 기쁘게 들으십니다. 이 자리에 남자 아이들과, 내 주변에 있는 모든 자녀들 여러분, 나는 여러분이 이렇게 말할 필요가 없기를 바랍니다. "내 어린 시절은 없어졌어. 나는 이제 어린아이의 목소리나 말로 예수님을 찬양할 수 없어. 내 어린 시절이 불순종과 어리석음 가운데 지나가버렸기 때문이야. 내가 어렸을 때 그리스도를 섬겼더라면 그리스도께서 보시기에 참으로 사랑스러웠을 텐데. 하지만 이제는 너무 늦었어. 꽃봉오리는 시들었고, 아침 이슬은 말랐어. 나는 아침 제사를 드리지 않았어."

젊은이 여러분, 젊은 시절에 하나님을 섬기는 것은 중요한 일입니다. 사람이 장년의 때가 되면 인생 초년의 열정과 활기, 생명의 쾌활함을 잃어버립니다. 예수님은 최선의 상태에 있을 때의 우리를 가지실 만한 분이십니다. 우리의 가장 빛나는 날들을 예수님께 드리는 것은 영광스러운 일입니다. 이 자리에는 이미 헛되이 사라져버린, 영원히 사라져버린 젊은 날을 돌아보아야 하는 분들이 있다는 것을 압니다. 슬하에 자녀들을 두고 있었던 때를 내내 하나님 없이 살았고, 그래서 이제 아이들이 하나님을 두려워할 줄 모르고 다 자라버린 사람들이 있습니다. 여러분은 기회들을 붙잡지 못하고 놓쳐버린 것을 참으로 크게 슬퍼하며 고백하지 않을 수 없을 것입니다! 이제 여러분은 자녀들에게 영향을 끼칠 수 없습니다. 그 기회는 사라져버려서 되부를 수 없습니다. 여러분이 머리가 고불고불한 남자 아이를 무릎에 앉히고 볼에 입을 맞추며 아이에게 예수님에 대해 이야기할 수 있었을 때라면 하였을 것처럼 지금은 아들에게 그렇게 이야기할 수 없습니다. 여러분의 딸은 이제 그 자신이 엄마입니다. 딸이 집에 어린아이로 있었던 때라면 했을 수 있었을 것처럼 이제는 딸에게 말할 수 없습니다. 가르치고 설득할 수 있는 시절은 없어졌습니다.

지금 내 설교를 듣는 분들 가운데는 한때 사업을 하였고 그래서 많은 직원들과 그 밖의 사람들에게 적지 않은 영향을 끼친 분들이 있는데, 그분들이 이제는 적극적인 활동에서 물러났습니다. 나이의 쇠약함이 그들에게 찾아왔기 때문입니다. 그들이 과거를 회고할 때 이렇게 말하지 않을 수 없다면 슬픈 일입니다. "선을 행할 수 있는 수많은 기회가 사라졌어. 이제는 유용한 수단들을 활용할 수 있었던 상태와 처지에 있지 않아. 그런 수단들을 이용해서 선을 행하지 못한 것이 한탄스러워." 친구 여러분, 여러분이 지금까지 살아온 것을 돌아볼 때 은사를 땅에 묻어두었고 예수님을 위해 아무 이익을 가져다 드리지 못했다고 인정할 수밖에 없다면 슬픈 일입니다.

또 다른 형태의 후회는 우리의 사정이 바뀐 데서 생길 수 있습니다. 사람이 한때는 상당한 부를 소유했으나 섭리의 변화로 가난하게 되었습니다. 그 사람이 이렇게 고백해야 한다면 참으로 불행한 일입니다. "나는 재산이 있었을 때 그 재산을 하나님을 위해 쓰지 않았어. 나는 불의한 청지기로 주인의 재산을 허비하였어. 이제 나는 더 이상 주님의 신임을 받지 못해. 내 소유물이 없어졌어." 또 어떤 사람은 상당한 지적 능력이 있었는데, 병 때문이거나 기력이 쇠하여져서 예전에 하였던 일을 이제는 할 수 없게 될 수가 있습니다. 그 사람이 이렇게 말해야 한다면 통탄스러운 일입니다. "내가 말을 할 수 있었을 때 그리스도를 변호했었더라면 좋았을 텐데. 내 생각이 분명하고 머리가 총명한 동안에 주님을 위해 내 머리를 사용하였더라면 좋았을 텐데. 이제는 슬프게 그 역량이 없어졌어." 여러분이 사정이 바뀐 것을 한탄하며 기회를 사용하기를 소홀히 했다는 것을 기억하는 것은 틀림없이 아주 고통스러운 일일 것입니다. 그렇지만 그것이 아주 많은 사람에게 임하는 운명입니다. 한때 부자였지만 부를 하나님을 위해 사용하지 못한 사람이 정말로 가난한 사람입니다. 높은 위치에 있었을 때 자기의 창조주를 찬양하는 일에 지위를 사용하지 못한 사람이야말로 정말 망한 사람인 것입니다.

사랑하는 친구 여러분, 여러분은 이 점을 또 기억하시기 바랍니다. 나는 사람마다 이 점을 마음에 꼭 새기라고 부탁드리지 않을 수 없습니다. 그것은 그리스도를 섬기는 일에 사용하지 않은 시간은 이제 없어졌다는 것입니다. 여러분이 지금까지 하나님을 위해 살지 않았다면, 여러분 가운데 어떤 분들에게는 참으로 많은 세월이 사라져버렸을 것입니다! 나는 여러분이 굴러가버린 세월이 얼마나 되는지 세어보기를 바랍니다. 여러분의 초는 심지가 낮게 타들어가고 있는데, 여러분은 아직까지 일을 시작도 하지 않았습니다! 시간은 지나가고 있고 영원이 가까이 다가오고 있습니다. 여러분은 깨어 일어날 생각이 없습니까?

시간이 없어졌듯이 우리가 유익을 끼쳤을 수 있을 많은 사람들도 없어졌습니다. 우리의 짧은 인생 동안에 많은 사람들이 가버렸습니다. 여러분은 이렇게 말할 수밖에 없지 않습니까? "내가 아무개에게 말을 했어야 하는데 하지 못했어. 내 밑에서 일하던 사람인데, 그에게 경고의 말을 하기 전에 그 사람이 죽었어. 내 말을 한 마디도 들을 수 없는 곳으로 가버렸어." 내가 처음으로 이 회중에게 설교를 시작한 이래로 참으로 많은 사람들이 세상을 떠났습니다. 내가 하나님 말씀을 전하는 일에 여러분에게 불성실한 것에 대해 제 자신을 책망할 수 있다면, 참으로 나는 장례식마다 유감으로 생각하며 무덤을 볼 때마다 나의 불성실을 기억하고 이렇게 말하지 않을 수 없을 것입니다. "내가 마지막에 가서 마음에 드는 말을 해줄 수 없는 사람이 있습니다. 나는 그동안 불성실하였고 진리를 다 전하지 못했기 때문입니다." 감사하게도 나는 이것을 마음의 짐으로 갖고 있지 않습니다. 여러분 가운데서 아무도 이것이 마음의 짐이 되는 일이 없도록 하시기 바랍니다.

　그런가 하면 사라진 것을 고백하는 일이 때로는 고상한 생각과 결심들에 대한 것인 경우가 있습니다. 여러분에게 중요한 생각들이 있었습니다. 그 생각들이 행동으로 구체화되기만 했다면 그 생각들에서 좋은 것이 나왔을 것입니다. 그러나 지금은 그 생각들이 어디에 있습니까? 그 생각들이 태어나면서 숨 막혀 죽어버리지 않았습니까? 여러분이 중대한 일들을 행하기로 결심하였고, 계획을 철저히 세웠으며 그 계획을 실행하기를 온 마음으로 바랐습니다. 그런데 실행을 미루는 바람에 그 훌륭한 목적이 식게 되었고, 마침내는 그 목적이 추위로 죽었고 이제는 망각 속에 묻혀 있습니다. 여러분은 좋은 꿈을 꾸었지만, 거기서 그치고 말았습니다. 주님을 위해 실제로 일하는 것에 대해서 말하자면, 여러분에게는 더욱 중요한 다른 일이 있었고, 그래서 여러분은 주님을 위해 그물을 던지지 않았습니다. 여러분은 일할 수 있는 때가 지나가게 내버려 두었습니다. 그래서 여러분의 뛰어난 생각과 결심들이 녹아서 자취도 없이 사라졌습니다. 없어져버렸습니다.

　그렇습니다. 이 자리에는 엄청나게 많은 기회를 헛되이 보내버린 사람들이 있을 수 있습니다. 그들은 중요한 수단들과 많은 자산을 복으로 받았습니다. 이 수단과 자산들을 해마다 예수 그리스도를 위해서 내놓았다면, 더디게 진행되는 많은 일들이 속도를 내게 되었을 것이고, 수단이 부족해서 일시 중단될 수밖에 없었던 많은 거룩한 사업들이 영광스럽게 진척되었을 것입니다. 그들이 돈으로 군자금을 제공할 수 있었지만 주님의 국고에 돈을 내기 아까워하였고 일을 소규모로 지지부진하게 진행시켰습니다. 그들의 고백에 따르면 그들의 금과 은은 그리스도께 속하였지만, 그들은 금과 은을 내놓지 않았습니다. 이에 대해 그들은 무엇이라고 설명할 것입니까? 나는 말할 수 없을 것 같습니다. 그들은 그 점에 주의하도록 해야 합니다. 또 어떤 사람들은 정신적인 재능을 소유하였습니다. 그들은 명석한 두뇌와 유창한 언변이 있는 사람들이었습니다. 그들은 훌륭한 많은 일들에서 앞장 설 수 있었는데, 계속 뒤에 물러나 있었고 나태하게 살았습니다. 그들은 이 점에 대해 어떻게 답변할 것입니까? 나는 그들을 대신해서 말하고 싶지 않습니다. 나의 하나님, 만일 내게 머리카락 하나라도 주님께 드리지 않은 것이 있다면, 내가 내심으로는 주님께 반역하는 자로 발견될까봐 감히 살 생각을 할 수 없습니다. 그런데 자칭 그리스도인이라고 하면서 그 헌신이 너무도 얕아서 여러분이 손톱을 가지고서도 벗겨낼 수 있을 정도밖에 안 되는 사람들이 많이 있습니다. 나는 그들을 판단해서는 안 됩니다. 그들의 주인께서 마지막에 그들을 판단하실 것입니다. 겉 다르고 속 다르다는 말이 있습니다. 그와 같이 신자라고 하는 사람들 가운데는 조금만 솔질을 해 보면 그 밑에서 헌신하지 않은 본 모습이 드러날 사람들이 있습니다. 그들은 사실 하나님께 완전히 항복하지 않은 것입니다. 재산이 수백억 대나 되었고, 내 손을 진지하게 붙잡으며 내가 전한 복음에 감사해 하고 주님의 일에 아주 깊은 관심을 표현하였지만, 그 일의 필요를 알았으면서도 그 일을 진행시키는 데에는 아무것도 내놓지 않았으며, 심지어 영원으로 들어가면서도 자기가 사랑한다고 말한 그 대의를 돕는 일에 재산을 조금도 남겨두지 않은 사람들을 기억하는 것이 나로서는 몹시 가슴 아픈 일입니다. 부자인 신자들이 조금밖에 헌금을 하지 않는 것을 보면 나로서는 말할 수 없이 혼란스럽습니다. 나는 그들을 어떻게 이해해야 할지 모르겠습니다. 그 사람들이 위선자들입니까? 아니면 그들은 자기의 위치를 잘못 생각하고 있는 것입니까? 큰 기사를 행하시는 분은 구원하는 법을 아십니다. 그러나 나는 또한 손에 키를 들고서 마루를 철저히 치우려고 하시는 분께서 위선적인 신앙고백과 하나님의 일에 대한 실제적인 헌신을 구별해내는 법을 아시는 것을 기억합니다. 오늘 아침 우리가 읽은 열매 없는 무화과나무의 비유와 자기 재능을 수건에 싸놓은 종의 비유는 상당히 중요한 점을 의미합니다. 이 두 비유는 여러분 가운데서 많은 은사를 받았으면서도 주님께 대한 봉사에는 거의 아무 일도 하고 있지 않은 분들에게 많은 것을 의미합니다.

형제 여러분, 무엇보다 나쁜 것은, 사람이 죽게 될 때, 죽어가면서 자기 인생을 돌아보며 "나는 이런저런 일로 바빠서 그리스도를 위해서는 아무 일도 하지 못했어. 내 인생이 사라졌어"라고 말할 때, 그 부르짖음이 어떠하겠습니까? 그 다음에 그는 희미한 미래를 들여다보고, 거기에 아무 빛이 없는 것을 알고서 이렇게 소리칩니다. "아, 슬프다. 내 영혼이 망했구나. 나는 세상을 얻으려고 애쓰다가 영혼을 잃어버렸구나. 내가 그토록 많이 애쓰고 수고하며 했던 모든 일이 이제 보니 그저 하찮은 것이구나. 내 영혼이 영원히 망했고, 모든 것을 영원히 잃어버리고 말았으니 말이다. 내가 차라리 태어나지 않았으면 좋았을 텐데. 태어나 지금까지 살면서 내가 지어진 목적을 이루지 못하고 만 것이 너무도 두려운 일이니 말이다." 영혼과 생명과 모든 것의 두려운 파멸이 여러분 가운데 아무에게도 일어나지 않기를 구합니다. 그럼에도 불구하고 그런 일이 일어날 수 있습니다.

3. 세 번째, "종이 이리 저리 일을 볼 동안에 그가 없어졌나이다"라는 변명을 살펴봅시다.

그 종이 댄 핑계는 "제가 몹시 바빴다"는 것입니다. 그러나 무엇보다 그것은 이유가 되지 않습니다. 병사는 자기 상관이 자기에게 맡기는 임무 외에는 다른 할 일이 없기 때문입니다. 그가 받은 유일한 의무는 포로를 감시하는 것이었습니다. 그리고 이 자리에 계신 모든 사람의 중요한 한 가지 임무는 하나님을 영화롭게 하는 것입니다. 그러면 여러분은 이렇게 말합니다. "하지만 우리에게는 세상적인 일이 없습니까?" 내가 이미 말씀드렸듯이 여러분은 매일의 일에서 그리고 그 일로 말미암아 하나님을 영화롭게 해야 합니다. 여러분은 하나님을 영화롭게 해야 한다는 이유로 옷감이나 설탕을 그만큼 덜 팔아야 할 필요가 없습니다. 하나님을 섬기기 위해서 여러분의 세상적인 일에 시간을 5분이라도 덜 써야 할 필요가 없을 것입니다. 여러분이 행하는 모든 것을 하나님을 위하여 행함으로써 신성하게 만드십시오. 그런 태도로 여러분이 원하는 것을 무엇이든지 행하십시오. 그렇게 하면 여러분의 일하는 방식에 차이를 낼 수 있습니다. 여러분이 그렇게 하지 않는 분야에서 그런 태도를 취하면 틀림없이 변화가 일어날 것입니다. 여러분은 평범한 직업 안에서, 그 직업으로 말미암아 하나님을 섬길 수가 있습니다. 신앙은 일과 충돌하는 것이 아니라 일을 거룩하게 만듭니다. 그러므로 바쁘다는 것이 경건하게 살지 못하는 것에 대한 이유가 될 수 없습니다.

그 종이 자신이 "이리 저리 일을 보았다"고 말했을 때, 그는 자신이 내놓을 수 있었던 유일한 핑계를 잘라버렸습니다. 그 말은 그에게 능력이 있었다는 것을 표시하는 것이었기 때문입니다. 그가 이렇게 말했더라면 다소 구실이 되었을 것입니다. "몸이 아파서 움직일 수가 없었습니다. 팔을 하나 잃어버려서 포로를 붙잡고 있을 수가 없었습니다. 갑자기 졸도를 해서 의식 없이 쓰러져 있었습니다." 그런데 그는 "이리 저리 일을 보았다"고 했습니다. 그가 한 가지 일을 할 수 있었다면 다른 일도 할 수 있었을 것입니다. 그가 한 가지 점에서 충분한 능력이 있었다면 왜 그는 자기 의무를 이행하는 점에 그 능력을 사용하지 않았습니까?

그 다음에 또 한 가지 생각할 것은, 그가 행한 일은 자신을 기쁘게 하기 위해서 한 것이 분명하였습니다. 그는 "이리 저리 일을 보았습니다." 누가 그에게 "이리 저리 일을 보라"고 말했습니까? 그는 자기에게 맡겨지지 않은 일에 손을 댔습니다. 그렇다면 그는 자기 주인을 섬긴 것이 아니라 자신을 섬기고 있었고, 자기 주님에게서 주님의 시간과 능력을 빼앗아 자기에게 사용한 것이고, 스스로 왕이 되어 자기 주님께 대한 충성을 버린 것입니다.

여전히 그는 자기가 "바빴다"고 말합니다. 그가 성취한 일을 한 번 봅시다. 평생 바쁘게 산 사람이 있습니다. 그런데 그가 한 일이 무엇입니까? 일이 다 끝났습니까? 그는 돈을 많이 벌었습니다. 대단한 일이 아닙니까? 그는 자신을 위하여 아주 많은 것을 모았습니다. 주님을 섬기지 않고 돈을 벌기 위해 살았기 때문에, 그는 하나님보다 돈을 더 중요하게 생각한 것이 분명합니다. 따라서 그는 우상 숭배자였고, 자기의 창조주를 자신의 주머니보다 못하게 생각하였습니다. 그는 하나님을 멸시하였고 돈벌이를 더 좋아하였습니다. 사정은 분명합니다. 이것이 지존하신 하나님께 반항하는 것이 아니고 무엇이겠습니까? 돈을 모으는 것이 얼마나 보잘것없는 일입니까! 여러분이 죽으면 재산이 여러분을 위해 무엇을 할 수 있습니까? 물론 부자로 죽으면, 영구차를 끄는 말들의 머리에 깃털이 더 많이 장식될 것이고, 추레한 상복(喪服)을 입고서 영구차에서 내릴 사람들이 더 많을 것이며, 장례식을 끝내고 집으로 돌아가는 길에 술집에서 술 마실 사람들이 더 많을 것입니다. 여러분이 가난한 시골 사람으로 사람들 어깨 위에서 관에 실려 무덤까지 갔다면 행해졌을 것보다 좀 더 많은 바보짓이 여러분에게 행해질 것입니다. 여러분의 상속자들 사이에 다툼이 더 많을 것이고, 아마도 여러분의 재산에 대한 소송이 더 길어질 것입니다. "많은 재산을 가지고 죽었다"는 말을 최종적인 평가로 듣는 사람들이 아주 많습니다. 하지만 그것이 무슨 의미가 있습니까? 죽은 사람이 백만장자였다는 사실로 인해 그에게 더 나은 점이 무엇입니까? 돈을 바르게 쓰는 것은 즐거운 일입니다. 하지만 그 모든 돈을 쓰지 않고 남겨두고 죽는 것은 지극히 불행한 일입니다. 돈을 쌓아서 다른 사람들이 허비하도록 하는 것은 불쌍한 일입니다. 그런데 이것이 많은 사람들의 이야기입니다. 그들은 이기적인 목적을 위해 이리저리 바쁘게 돌아다닙니다. 그러는 가운데 하나님을 섬길 수 있는 모든 소망은 사라졌습니다.

여러분 가운데 어떤 사람은 이렇게 말합니다. "고인이 된 내 친구는 돈 버는데 바쁘지 않았고 다른 사람들의 사랑과 명예를 추구하였고 명예 얻기를 간절히 바랐습니다." 좋습니다. 그러나 그가 하나님을 섬기지 않았다면, 그는 하나님의 칭찬보다 사람의 칭찬을 좋아한 것이 분명합니다. 그리고 이제는 그가 차가운 무덤에 누워 있으니 사람의 칭찬이 그에게 무엇을 해줄 수 있습니까? 그의 이름이 타임스신문(The Times)에 실리기도 했습니다. 그래서 많은 사람들이 "유명한 사람이 또 한 명 사라졌다"고 말했습니다. 하지만 그것이 어쨌다는 것입니까? 사람이 수의에 감싸여서 뻣뻣하게 누워 있을 때 명예가 무슨 소용이 있습니까?

또 어떤 사람은 이렇게 말합니다. "하지만 나는 지금까지 학문을 위해서 살았습니다. 숨겨진 보물을 찾듯이 지식을 추구하였습니다." 그러나 사랑하는 친구 여러분, 하나님을 위해 살지 않았다면, 여러분은 지존하신 하나님에 대한 지식을 빼놓고 다른 모든 지식이 가질 만한 가치가 있다고 생각한 것입니다. 여러분은 그동안 파리와 딱정벌레의 다른 종(種)들을 정리하고 분류하였으며, 들판의 꽃들과 하늘의 별들을 과학적으로 해명하였습니다. 나는 여러분의 지식을 비난하는 것이 아닙니다. 오히려 그 반대로 그 지식을 가치 있게 생각합니다. 그런데 여러분이 최고의 지식을 소홀히 하는 것은 어떻게 된 것입니까? 여러분이 온갖 과학을 지혜롭게 추구할 수 있지만, 하나님을 섬기는 것을 희생해가면서 추구해서는 안 됩니다. 박물학자는 자신의 연구와 발견 과정에서 하나님을 쉽게 섬길 수 있습니다. 모든 과학은 하나님의 영광을 위해 사용될 수 있습니다. 그러나 하나님을 영화롭게 하는 일은 제쳐두고 과학을 추구한다면, 그것은 마치 사람이 "크신 하나님, 나는 당신의 피조물들을 이해하고 싶습니다. 그러나 하나님에 대해서 말하자면 나는 하나님을 알거나 명예롭게 하는 일에는 관심이 없습니다" 하고 말하는 것처럼 무례한 일입니다. 그것은 중대한 과실이 아닙니까?

자기 하나님을 잊어버린 사람이 지금까지 무슨 일을 하였습니까? 어떤 사람들은 내가 이미 제시했던 이유들의 절반만큼도 좋은 이유를 댈 수 없을 것입니다. 그동안 무엇을 했겠습니까? 그들 가운데 어떤 이들은 단지 쾌락을 추구하고 시간을 허비하면서 살았습니다. 이 호사스런 도시에서는 그저 양복점과 양장점의 재단사를 위해 몸치장을 하고 다닌다고 밖에 말할 수 없는 사람들이 너무나 많습니다. 아니면 그들을 매일 엄청난 양의 음식을 분해하는 신기한 소화제라고 불러야 할지 모르겠습니다. 아침이면 그들이 생각하는 한 가지 질문은 "오늘은 어떻게 하면 즐겁게 보낼까?"라는 것입니다. 차라리 쥐가 아무 하는 일이 없이 도시를 어슬렁거리기만 하는 그 신사보다 더 낫게 생활합니다. 적어도 쥐는 시간이나 돈을 너무 많이 낭비하지 않고, 양심이 없긴 하지만 벌 받을 일도 별로 하지 않습니다. 목이 긴 구두를 신고 다니는 약 180센티미터 키의 이 피조물은 칭찬받을 만한 선한 것이라곤 행하는 것이 아무것도 없습니다. 그의 영혼은 소금처럼 그의 몸을 썩지 않게 작용하는 것 외에는 그에게 아무 소용이 없는 것처럼 보입니다. 남자가 되어서 전혀 남자 구실을 하지 못하는 것은 두려운 일입니다. 그런 사람이 참으로 많이 돌아다닙니다. 그들이 아무리 좋다고 하더라도 차라리 종이에서 오려낸 사람들이 그들보다 나을 것입니다. 그들은 모두 가짜이고 겉치레일 뿐입니다. 슬프게도 이 사실은 남자들뿐 아니라 여자들에게도 해당됩니다. 성경이 "향락을 좋아하는 자는 살았으나 죽었느니라"(딤전 5:6)고 말하기 때문입니다.

그런데 그들은 무슨 일로 바쁩니까? 그들은 내가 방금 전까지 설명한 불쌍한 바보들보다 훨씬 더 나쁩니다. 그들은 악에서 즐거움을 찾기 때문입니다. 그들은 비천한 격정을 만족시키느라 바쁩니다. 그들의 악함 때문에 어떤 사람들이 망하고 어떤 인생이 결딴났는지는 영원에 가서야 드러날 것입니다. 여러분이 알다시피 그래도 그들은 신사이고, 돈이 많습니다. 그래서 어떤 사람의 딸과 혼인할 수 있습니다. 현실이 그렇다는 것이 부끄러운 일입니다. 타락한 인생을 살았고, 다른 사람들의 영혼을 희생시켜서 비천한 열정을 만족시키는 방법에만 골똘하였다는 것이 그들에게는 참으로 견딜 수 없는 일이 될 것입니다.

자신을 더 나은 부류라고 생각하는 사람들은 다른 사람들을 비판하였습니다. 곧, 성실한 사람들이 하나님을 섬기는 방식에 대해 흠을 잡았고, 자기들은 아무 일도 하지 않으면서 일을 어떻게 해야 하는지를 말하고, 덕이 있고 성공한 사람들의 실수들을 지적하며, 자기들은 전혀 실행하지 않는 계획과 사업들을 늘어놓았습니다. 그들이 미래를 내다보며 앞으로 일어날 일을 이야기하고, 과거를 돌아보고 마땅히 일어났어야 하는데 일어나지 않은 일을 들먹이며, 멋진 이론들을 장황하게 이야기하는 것, 이 모든 것이 도대체 어디에 유익하게 쓰일 수 있을지 나는 모릅니다. 그런데도 그런 일을 하는데 많은 사람들의 인생이 조금씩 허비되어 왔는데, 전혀 아무 일도 하지 않는 방법을 애써 궁리하는데 인생이 허비되었던 것입니다. 여러분은 이리 저리 일을 보고, 그렇게 하느라 아무 일도 하지 않는 동안에 인생이 새어나가도록 하는 일은 결코 하지 않기를 바랍니다.

내가 모든 사람의 마음을 움직일 수 있는 목소리로 말할 수 있으면 좋겠습니다. 나는 좀처럼 웃는 표정을 잘 짓지 않는데, 방금 전에 웃는 표정을 지었습니다. 내가 웃는 표정을 짓는 것은 다만 여러분의 마음에 좀 더 중요한 사상을 집어넣고자 할 때 내게 도움이 되도록 하려는 것뿐입니다. 형제 여러분, 인생에서 중요한 것이 분명한 임무를 소홀히 하는 것은 슬픈 일이 아닙니까? 내가 하나님의 피조물이라면 나는 하나님을 섬기도록 지어진 것이 틀림없습니다. 그런데 단지 피조물로서도 하나님을 섬기지 않았다면 나는 내가 지어진 목적을 행하지 않은 것입니다. 그런데 내가 그리스도인이라고 고백한다면, 그 일은 좀 더 심각해집니다. 내가 예수님의 피로 값 주고 사신 바 되었고, 따라서 내가 내 자신의 것이 아니라고 고백했으면서도 내가 마치 내 자신인 것처럼 살지 않았습니까? 내가 중생함으로 말미암아 하나님의 성령으로 충만해졌다고 고백했는데, 그동안 거듭난 사람답게 살았습니까? 내가 믿음을 고백하고 세례를 받았다면, 나는 물속에 잠기도록 내 자신을 내어주고 세상에 대해 죽었다고 고백한 것인데, 내가 세상에 대해 죽었습니까? 내가 죽은 자들 가운데서 일어난 자로서 새로운 생명 가운데 살아가게 되었다고 말했는데, 그렇게 살았습니까? 스스로 그리스도인이라고 하는 여러분, 여러분은 자신의 신앙고백에 맞게 살았습니까? 아니면 그 고백들이 단지 거짓말에 불과한 것이었습니까? 내 물음에 양심적으로 대답해 보십시오! 성령님이시여, 이 자리에 참석한 모든 사람의 양심을 살리셔서 아무도 죄에 속아 마음이 완고해지는 일이 없게 하여 주시기를 바랍니다. 하나님을 섬기는 것이야말로 살 가치가 있는 유일한 일입니다. 병상에 누워 미래를 내다보기 시작할 때가 되면, 우리는 그것이 사실임을 알게 됩니다. 사람이 자신의 인생이 얼마 있지 않아 끝나게 될 것을 생각하면 하나님을 섬기기를 간절히 바라게 됩니다. 그는 낭비한 모든 시간에 대해 자신을 책망하고, 자기를 피 흘려 사신 분을 섬기는 일에 자신의 모든 역량을 최대한 발휘하지 못한 것을 애석해 합니다. 나는 지금까지 죽어가는 사람이 자기가 그리스도를 위해 너무 많은 일을 하였거나 그리스도를 위해서 지나치게 열심히 살았다고 혹은 하나님의 대의를 위해 너무 많은 물질을 바쳤다고 후회하는 말을 들어본 적이 없습니다. 모든 후회는 그와 반대되는 입장에서 나왔습니다. 하나님께서 자비를 베풀어 우리를 그런 후회에서 건져주시기를 구합니다.

4. 넷째로, 여전히 변치 않는 사실이 있습니다.

"종이 이리 저리 일을 볼 동안에 그가 없어졌나이다." 과거의 태만을 벌충할 수 있는 길은 없습니까? 없어진 것을 다시 찾을 수 있는 길은 없습니까? 없습니다. 그는 가버렸습니다. 깨끗이 사라졌습니다. 오늘 아침 여러분 모두에게 이 점을 기억하라고 말씀드리고 싶습니다. 여러분 인생의 어떤 부분이 하나님을 섬기는데 쓰이지 않았다면, 그 부분은 사라져버렸다는 것입니다. 지나간 시간은 없어진 것입니다. 여러분은 그 시간을 결코 되찾을 수 없습니다. 바로 조금 전에 지나간 순간조차도 다시 찾을 길은 없습니다. 가서, 햇빛에 증발된 아침 이슬을 모아보십시오. 가서, 어제 비를 퍼부었던 구름을 모아보십시오. 가서, 지난 여름에 땅에 쏟아졌던 햇살을 모아보십시오. 설사 여러분이 그런 일을 할 수 있다고 할지라도, 지나간 시간을 되찾는 일은 기대조차도 하지 마십시오. 그 시간은 없어졌습니다. 전능한 힘조차도 그 시간을 여러분에게 돌려줄 수 없습니다.

시간이 지남에 따라 여러분의 인생도 사라졌고, 지나간 시간을 다시 살 수 있는 길은 없다는 점을 기억하시기 바랍니다. 때로 우리는 아주 어리석게도 이렇게 말하곤 하였습니다. "아, 내가 인생을 다시 살 수 있다면!" 왜 그런 말을 합니까? 여러분은 인생을 다시 살 수 없습니다. 그 시간은 없어졌습니다. 전능한 은혜가 무슨 일이든 할 수 있다고 할지라도, 여러분의 지나간 인생을 바꿀 수는 없습니다. 여러분이 살아온 인생은 영원히 그대로 있을 것입니다. 순간들이 뜨거운 밀랍과 같았을 때 여러분이 그 위에 여러분의 도장을 찍으면, 찍힌 도장은 영원히 갑니다. 여러분이 어떤 인생을 살았는지는, 진실이 그 점을 영원히 보고합니다. 영원토록 여러분은 살아온 인생에서 단 한 순간도 그 양상을 고칠 수 없습니다. 여러분이 영원히 한숨을 쉰다고 할지라도 과거를 바꿀 수 없습니다.

"아, 내가 그 기회를 사용했었더라면! 내가 그때 자신을 부인했더라면! 아, 그리스도께 영광을 돌리는 일을 많이 했더라면." 여러분은 저지른 행동을 철회할 수 없고, 내뱉은 말을 취소할 수 없으며, 태만을 무효로 돌릴 수 없습니다.

또한 여러분이 앞으로 노력을 한다고 해도 낭비해버린 시간을 되찾을 수 없을 것입니다. 여러분이 또 다른 포로를 붙잡을 수는 있겠지만, 이미 여러분에게서 도망간 포로들은 되찾을 수 없습니다. 젊은이, 그대는 아직 25세가 되지 않았습니다. 그대 앞에는 아주 많은 시간이 있습니다. 그 시간을 사용하되, 잘 사용하십시오. 그러나 여러분이 15세에서 25세까지의 시간을 되찾을 수는 없습니다. 그 시간은 없어졌습니다. 잘못 사용하였다고 할지라도, 이미 영원히 사라져버렸습니다. 60세가 된 사람도 아직 무슨 일인가를 할 수 있습니다. 그러나 이미 오랫동안 허비해버린 시간은 어떻게 할 것입니까? 루터는 40세가 넘어서 필생의 일을 시작하였습니다. 그렇지만 그리스도를 위해 대단한 결과를 이루어냈습니다. 그러나 루터조차도 중생하지 않은 채 미신적으로 산 세월을 돌이킬 수는 없었습니다. 시간은 날아갑니다. 지금 시간을 사용하십시오. 늑장을 부리지 마십시오. 여러분이 시간도 늑장을 부리도록 하기 위해 시간의 날개에서 깃털을 뽑을 수 없기 때문입니다. 시간은 날아갑니다. 여러분이 시간을 사용하려고 하면, 지금 사용하십시오. 깨어 일어나고 더 이상 자지 마십시오. 여러분이 여러분을 지으신 하나님께, 그리고 보혈로 여러분을 사신 그리스도께 정말로 충실하고자 한다면, 주 하나님의 영광을 위해 최대한 분발하십시오.

어떻게 결론을 내야 하겠습니까? 이 설교는 거친 북풍처럼 우리 모두에게 몰아칩니다. 우리가 어떻게 해야 하겠습니까? 여러분이 할 일을 말씀드리겠습니다. 우리는 모두 과거의 죄를 사하실 수 있는 예수님께 달려갑시다. 이 자리에 "나는 고백할 게 아무것도 없어. 아무도 나를 태만으로 책잡을 수 없어" 하고 말할 수 있는 분이 있습니까? 나는 그런 사람이 아니라고 분명히 밝히지 않을 수 없습니다. 나는 슬퍼할 일이 많을 것입니다. 친구 여러분, 나는 누구보다 슬퍼할 일이 많고, 앞장서서 십자가로 갈 사람입니다. 십자가에 가서 우리 구주 앞에서 슬퍼하도록 합시다. 주님의 보혈이 우리를 깨끗이 씻을 수 있습니다. 우리는 그리스도의 보혈을 봅시다. 보혈의 공로를 의지합시다. 그리스도를 믿으면 우리는 깨끗합니다. 흠없는 그리스도의 의가 우리를 덮을 수 있습니다. 그리스도의 의를 입고, 그리스도 안에서 하나님의 용납하심을 받아 서도록 합시다.

이렇게 하고 나면, 다음에 무엇을 해야 합니까? 다시 그리스도께 가서 그토록 오랫동안 우리를 붙잡고 있었던 불순종의 혼수상태에서 우리를 고쳐달라고 구합시다. 우리 가운데 어떤 이들은 우리 하나님을 잊어버렸습니다. 우리는 마치 하나님께 대해 아무 의무도 지고 있지 않은 것처럼 살았습니다. 심지어는 우리 가운데 성령으로 말미암아 소생함을 받고서도 하나님을 섬기지 않은 사람들이 있습니다. 주여, 이제 주의 보혈로 우리를 고치시어 우리가 하나님과 하나님의 영광만을 생각하고, 이제부터는 오직 하나님만을 위해 살게 하여 줍소서.

우리가 새로운 동기를 느끼고 새로운 영감을 받기 위해 다시 한번 그리스도께 가도록 합시다. 여러분은 대단한 변화를 보인 사람들에 대한 이야기를 들은 적이 없습니까? 여러분이 아주 잘 알고 있었는데, 다음에 다시 만났을 때는 완전히 달라진 사람들이 있습니다. 그들은 여러분을 만나자마자 이야기를 시작한 주제에 의해 완전히 다른 사람으로 변해 있었고, 그 주제에 열중해 있었습니다. 여러분은 그들이 이상하다고 생각했습니다. 하지만 나는 우리 각 사람이 그런 식으로 이상하게 되기를 바랍니다. 내 주님께서 오늘 저녁에 여러분 한 사람 한 사람을 만나시고 여러분에게 주님 자신을 계시하여 주시기를 바랍니다. 나는 여러분에게 육신의 눈으로 주님을 보라고 말씀드리는 것이 아닙니다. 여러분의 영적인 눈이 열려서 주님을 볼 수 있기를 바라고, 주님께서 여러분에게 당신의 손과 발, 그리고 옆구리를 보여주시며 이렇게 말씀하시기를 바라는 것입니다. "나는 너를 영원한 사랑으로 사랑하였고, 내 자신을 너에게 주었다. 자, 내가 못 박힌 손으로 너를 붙잡는다. 너는 내 것이다. 그러므로 너에게 죽은 자들 가운데서 살아난 자로서 살라고 명령한다. 이후로는 내 아버지께서 나를 세상에 보내셨듯이 내가 너희를 세상에 보낸다." 이 일이 우리 각 사람에게 일어나기를 바랍니다. 그러면 우리는 새로운 삶을 살 것이고, 그 삶은 그만큼 하나님의 영광을 나타낼 것입니다. 그렇게 되면 사람들이 우리에 대해서, 우리가 새롭고 기이한 방식으로 예수님과 함께 지내며 예수님을 배웠다는 사실을 알게 될 것입니다. 하나님께서 이 목적을 위해 여러분에게 복 주시기를 바랍니다. 아멘.

열
왕
기
하

제
1
장

—

떠날 준비

—

"두 사람이 길을 가며 말하더니 불수레와 불말들이 두 사람을
갈라놓고 엘리야가 회오리 바람으로 하늘로 올라가더라." —
왕하 2:11

엘리야가 "죽은" 것이 아니지만 그가 세상을 떠나는 모습은, 성도들 가운데 갑작스럽게 데려감을 당하지만 그런 식으로 데려갈 것이라는 사전의 암시가 전혀 없지 않았던 사람들의 죽음에 대해 좋은 모범을 보여주는 것 같습니다. 이 자리에 그런 분이 있을 수 있습니다. 그들은 자기에게 필시 갑작스럽게 치명적인 최후를 가져올 질병이 있다는 것을 알 수 있습니다. 우리 가운데 어떤 이들은 자기에게 갑작스런 죽음과 영광이 준비되어 있다는 것을 현재로서는 전혀 알지 못할 수가 있습니다. 그런 죽음을 맞이하는 것이 주님의 뜻이라면 나는 그런 죽음을 피하지 않을 것입니다.

아니, 오히려 어떤 분들은 기쁘게 손을 내밀어 그렇게 떠나는 방식을 즐거이 붙잡을 것입니다. 오랫동안 병들어 무력하게 누워서 우리를 돌보는 사람들을 지치게 만들고 자신도 고통을 받는 것보다는 땅에서 갑작스럽게 눈을 감았다가 떠서 천국의 광채를 보는 것이 언제나 더 나은 방식으로 생각되었습니다. 그러면 죽는 것이 우리의 수고를 쉬고 주님 앞으로 가는 복된 방식이 될 것이라고 우리는 생각합니다.

1. 엘리야의 경우를 지침으로 삼아 우리의 떠나감을 준비하는 일에 관해 한두 마디 하도록 하겠습니다.

세상을 떠나는 일은 우리가 생각하는 것보다 훨씬 더 가까이 있습니다. 여러분 가운데 나이가 50세, 60세 혹은 70세를 넘기신 분들에게는 이 일이 당연히 아주 가까이 와 있음에 틀림없습니다. 우리 가운데 장년에 이른 분들에게는 이 일이 멀리 있지 않습니다. 이제는 시간이 전보다 더 빨리 날아간다는 것을 모두가 알 것이라고 생각합니다. 젊은 날의 시간은 장년이 된 지금의 세월보다 배나 길었던 것처럼 보입니다. 꽃봉오리가 부풀어 오르고 벌어지기 시작한 지가 엊그제 같은데, 이제 잎이 지기 시작하고 있고, 얼마 있지 않으면 늙은 겨울이 익숙하게 자리를 차지하는 것을 보게 될 것입니다. 한 해 한 해가 얼마나 빨리 돌아가는지, 말하자면 한 해라는 바퀴의 살을 구성하는 달을 볼 수가 없을 정도입니다. 일 전체가 얼마나 빨리 굴러가든지 그 굴대가 달리는 속도 때문에 뜨거워질 정도입니다. 우리는 거대한 독수리의 날개를 타고 영원을 향하여 빠르게 날아가고 있습니다. 그러니 죽음을 준비하는 일에 관해 이야기해 봅시다. 죽음을 준비하는 것은 우리가 해야 하고, 또 얼마 있지 않으면 하지 않을 수 없는 지극히 중요한 일입니다.

우리는 죽을 준비를 하려고 할 때 무슨 일을 해야 합니까? 우리는 작별하는 데 시간을 조금 쓸 수 있습니다. 매우 사랑한 친구들이 있습니다. 우리는 친구들에게 "안녕"이라고 말하기 시작할 수 있습니다. 죽음이 정말로 오고 있다고 느낄 때는, 시간이 얼마 남지 않았으면 친구에게 "제발 이제는 나를 놓아줘"라고 말할 수도 있습니다. 엘리야와 엘리사처럼 평생 우리와 함께 지냈고, 그래서 죽는 마지막 순간까지 우리를 놓아주려고 하지 않는 사람들이 있을 것입니다. 그렇지만 떠나갈 것을 생각할 때 우리는 모든 것을 느슨하게 붙잡는 법을 배워야 합니다. 죽음이 틀림없이 우리에게서 떼어낼 것을 왜 그처럼 굳게 붙잡아야 하겠습니까? 죽어서 눈앞에서 사라질 것에 왜 그처럼 뜨거운 애정을 품어야 하겠습니까? 떠나라고 부름을 받으면 우리는 그것을 가지고 갈 수가 없습니다. 우리를 떠나지 못하고, 우리 마음속에 살고 또 마지막 순간이 올 때까지 우리를 마음에 품고 있는 사랑하는 사람들이 있습니다. 그러나 우리는 지금부터라도 그들에게 다음의 사실을 상기시키고 우리 스스로도 기억함으로써 떠날 준비를 시작해야 합니다. 즉, 이 우정은 반드시 끊어지게 되어 있고, 우리가 요단강 저편에서 다시

이 연합을 누리게 될 것이라는 소망을 가질 수 있지만 잠시 동안은 이 연합이 꺾어지게 되어 있다는 사실을 상기시키도록 해야 합니다.

　내가 볼 때는, 우리가 해야 할 훨씬 더 중요한 다음 일은, 가서 우리의 일을 검토하는 것입니다. 우리가 본향으로 갈 것이라는 느낌이 든다면, 집을 정리하도록 합시다. 엘리야는 어떤 일을 했습니까? 그는 벧엘과 여리고에 세운 두 학교에 갔습니다. 두 학교에서 그는 교장으로 있었는데, 떠나기 전에 젊은이들에게 다시 한번 연설을 하였습니다. 나는 그 학교의 학생이 되어서 이 위대한 교수의 마지막 강연을 들었으면 좋겠습니다. 틀림없이 그것은 보통 강연이 아니었을 것입니다. 그 강연에 무미건조하고 하찮으며 무감각하고 따분한 것은 일절 없었을 것입니다. 친구 여러분, 나는 이 선지자가 마치 하나님 앞에서 그리고 하나님의 거룩한 천사들 앞에서 하듯이 젊은이들을 책망하며 그들이 살던 시대의 죄를 꾸짖는 소리가 들리는 것 같습니다. 그는 아마 이렇게 말하였을 것입니다. "나는 갈멜 산 꼭대기에 갔었다. 바알 제사장들이 내 주위에 모였고, 나는 그들을 비웃었다. 그들에게 비꼬는 말을 퍼부었다. 바알에 대해 '그는 신이니 큰 소리로 부르라'고 말했다. 또 그들이 칼과 창으로 몸을 상하게 하는 동안에 그들을 조롱하며 이렇게 말했다. '그가 길을 행하는지 혹은 그가 잠이 들었을지 모르니 더 큰 소리로 깨워야 할 것이라.' 나는 그들이 제단 위에서 껑충껑충 뛰는 것을 비웃었다. 그 다음에 내가 무릎을 꿇고 하늘로부터 불이 내려오기를 구하자, 내 믿음에 따라 닫혀서 죄 범한 이스라엘 백성의 땅에 비 한 방울 떨어트리지 않던 하늘이 내 말에 불을 내렸다. 그 다음에 나는 바알 선지자들을 잡되 한 사람도 도망하지 못하게 했다. 나는 기손 시냇가에서 그들을 죽여 시냇물이 그들의 피로 붉게 만들었다. 이는 그들이 하나님의 백성들을 미혹하고 지존하신 하나님의 이름을 더럽혔기 때문이다. 자, 젊은이여, 죽도록 충성하라. 백성들이 듣든지 듣지 않든지 간에 너희는 가서 백성들을 가르치라. 그들의 우상들을 허물어뜨리고, 여호와를 높이며 하나님의 보냄을 받은 자들로서 말하라."

　친구 여러분, 여러분은 나처럼 학생들을 가르치도록 부름을 받지 않았습니다. 그래서 내가 강단에서 죽는 것 다음으로 바라는 것은, 내가 종종 주님의 일에 충성하게 만들려고 애쓰는 형제들 가운데서 죽는 것이라고 말할 때 여러분의 심정을 깊이 공감하면서 말하는 것입니다. 여러분이 세상을 떠나기 전에 자신이 행하고 있는 여러 일들을 검토해 보고 싶어 할 수 있는데, 당연한 일입니다.

주일학교 교사 여러분, 여러분 반의 아이들을 불러 모으고 마치 죽는 사람이 말하듯이 그들을 가르치십시오. 성경공부 반을 인도할 수 있고 또 실제로 인도하는 여러분, 존경하고 사랑하는 형제자매 여러분, 여러분이 항상 맡아 돌본 영혼들이 많이 있습니다. 그들의 피에 깨끗하도록 하십시오. 여러분이 마치 무덤에 갈 것처럼 오늘 밤과 매일 밤 잠자리에 들 수 있도록 하고, 마치 마지막으로 잠잘 시간이 왔을 때 편안히 침상에 잠들 수 있을 것처럼 그들의 피에 깨끗하도록 하십시오. 우리 각 사람은 관여하고 있는 여러 일들을 정리해서 아무것도 부적절한 상태로 놓아두지 않도록 합시다. 말을 했어야 하는데 아직까지 주님을 믿으라고 권하지 못한 사람이 있습니까? 지금 그 일을 하십시오. 갈아 일구었어야 하는데 아직까지 손대지 못한 유용한 분야가 있습니까? 오늘 밤에, 아니면 적어도 내일 아침 해가 뜨기 전에 가서 그 일을 시작하십시오. 살 시간이 얼마 없으니 죽어가는 사람처럼 살도록 합시다.

　헌신적인 세실 목사(Mr. Cecil)의 교구에 사는 한 여성이 목사에게 어떤 일을 맡아달라는 부탁을 받았습니다. 그 여성이 이렇게 대답을 했습니다. "목사님, 그 일을 하게 되면 정말 기쁘겠습니다. 하지만 제가 이 교구에 세 달 이상 있을지 잘 모르겠습니다." 그러자 목사가 말했습니다. "아, 나도 이 교구에 세 달 이상 있을지 잘 모릅니다. 그렇지만 내 의무를 계속 행하고 있습니다. 부인도 맡은 일을 계속 하시기 바랍니다." 우리 시간을 검토하되, 시간이 많은 것처럼 보지 말고 시간이 거의 없는 것처럼 봅시다. 베자(Beza)는 요한복음을 번역하면서 서기에게 이렇게 말했습니다. "빨리 쓰세요. 빨리 써요. 내가 지금 죽어가고 있어요." 서기가 마지막 구절을 쓰게 되었을 때, 베자가 말했습니다. "이제 책을 덮어두고, 잠시 혼자 있게 두세요." 그리고 벌렁 누운 다음 영광에 들어갔습니다. 열심히 일하십시오. 촛불이 거의 타 들어갔고, 여러분은 아직 옷 만드는 일을 마무리 짓지 못했습니다! 열심히 일하십시오. 기름이 떨어지면 불을 밝힐 초가 더 없기 때문입니다.

　엘리야가 학생들에게 연설을 마치고 나서 다음에 한 일은 요단강을 건너는 것이었습니다. 엘리야는 겉옷으로 물을 치고 물 사이로 지나갔습니다. 그때, 말하자면 물이 엘리야를 엘리사를 제외한 모든 세상으로부터 막아 혼자 있게 한 것입니다. 내가 죽을 날을 알 수 있다면 혼자 세상을 떠나고 싶다는 생각이 듭니다. 죽어가는 사람에게 필요한 일이 무엇입니까? 죽어가는 사람은 회계 장부는 덮어두고 사망의 음침한 골짜기에서 하나님의 지팡이와 막대기로서 나를 위로할 이 복된 성경을 펼칠 필요가 있습니다. 내 친구들 가운데 몇몇은 내가 아주 부러워하는 복된 환경에 있습니다. 그들은 죽기 전에 인생의 활동들을 끝냈고, 이제는 말하자면 요단강 가에 이르러서 주님의 일을 부지런히 하는 것 외에는 잠시 쉬는 시간을 지내고 있습니다. 즉, 세상일을 그치고 영광에 들어갈 준비를 하고 있는 것입니다.

존 번연은 「천로역정」에서 이 상태를 아주 생생하게 묘사합니다. 이때 그는 "뿔라의 땅"이라고 부르는 것에 대해 이같이 말합니다. "뿔라의 땅, 그곳의 공기는 매우 향기롭고 상쾌하였고, 그 길은 그 땅을 지나 똑바로 나 있었다. 그래서 순례자들이 잠시 동안 쉬었다. 그렇다. 여기에서 순례자들은 항상 새들의 노랫소리를 들었고, 매일 땅에서 피어나는 꽃들을 보았으며 산비둘기 소리도 들었다. 이 땅에서는 해가 밤낮으로 빛을 비춘다. 이 땅은 사망의 음침한 골짜기 너머에 있었고, 또한 절망 거인의 손이 미치지 않는 곳에 있었다. 이곳에서는 의심의 성도 보이지 않았다. 여기서는 그들이 향하여 가고 있는 천성이 훤히 보였다. 또한 그들은 그 땅 주민들도 만났다. 이 땅은 천국의 가장자리에 있었기 때문에 이 땅에는 빛나는 사람들이 보통으로 다녔기 때문이다." 그들은 여전히 여기 아래에 있으면서 하늘의 선율을 들었습니다. 이곳은 우리 지상 생애의 복된 종착역입니다. 스가랴 선지자가 "어두워 갈 때에 빛이 있으리로다"(14:7)고 말하였을 때 바로 그 점을 가리킨 것이 아니겠습니까?

여러분은 일을 마치고 늦게 집에 돌아왔을 때, 우리가 그동안 맞이한 찬란한 저녁 시간을, 곧 그처럼 아름답고 조용하며 그처럼 빛나는 저녁 시간을 어떻게 지냈습니까! 여러분은 낮이 반드시 사라지고, 이슬이 낮의 사라짐을 슬퍼하리라는 것을 압니다. 그러나 낮이 스러져가는 그 시간은 매우 유쾌하였습니다! 여러분을 불에 굽듯이 태우는 열기가 없었고, 여러분을 짜증나게 하는 근심의 소란과 혼란이 없었습니다. 그 저녁은 여러분이 잠자리에 들 수 있도록 아름답게 준비시키는 시간처럼 보였습니다. 사람이 선택할 수 있다면, 사람들은 바로 그와 같은 시간을 누리고 싶어 할 것입니다. 우리 가운데 흰 머리칼이 거의 없는 분들이 있지만, 나는 그분들이 대부분의 사람들보다 이 행복한 시간을 더 빨리 시작할 수 없을 것이라고 생각하지 않습니다. 나는 지금 일을 제쳐 놓으라는 뜻으로 말하는 것이 아닙니다. 불신앙을 치워버리라는 말입니다. 수고하기를 포기

248 열왕기하

하라는 것이 아니라 마음 졸이는 근심을 버리라는 뜻입니다. 내가 나이 들었을
때보다 지금 조금이라도 더 젊은데 왜 조바심을 내고 근심해야 하겠습니까? 아
버지의 하나님께서 내 하나님이십니다. 내가 죽을 때 이 땅을 뽈라처럼 만드실
하나님께서, 내가 이같이 노래할 수 있는 어린아이 같은 확신을 갖고 있기만 한
다면, 바로 지금 이 땅을 그렇게 만드실 수 있습니다.

> "내 모든 시간이 주님의 손에 있고
> 내 모든 일들이 주의 명령에 따르네."

나무에 앉아서 루터에게 노래를 불러주곤 하던 루터의 작은 새를 본받으십
시오. 루터 말고는 아무도 그 새의 선율을 해석하거나 새가 무슨 말을 했는지 해
석할 수 없었지만, 새는 루터에게 이렇게 노래했던 것입니다.

> "죽을 인생이여, 근심과 슬픔을 그치라.
> 하나님께서 내일을 준비하시니."

엘리야는 우리가 세상을 떠날 준비를 할 수 있게 만드는 또 한 가지를 우리
에게 가르쳐 줍니다. 그는 자기를 따르는 엘리사에게 이같이 말했습니다. "내가
네게 어떻게 할지를 구하라." 빨리 구하십시오. 그렇다면, 형제 여러분, 빨리 구하
십시오. 여러분이 친구들을 위해 할 수 있는 것이 있다면, 지금 그 일을 하십시
오. "네 손이 일을 얻는 대로 힘을 다하여 할지어다"(전 9:10). 여러분이 할 일을
친구에게 묻지 않는다면, 여러분이 친구를 위해 할 수 있는 일이 무엇인지 생각
해 보십시오. 어머니 여러분, 여러분은 사랑하는 자녀와 함께 기도하고 싶을 것
입니다. 그렇다면 빨리 그렇게 하십시오. 여러분이 떠날 시간이 가까이 왔기 때
문입니다. 친구 여러분, 여러분은 고생하고 있는 친구에게 친절하게 대하고 싶
은 마음이 있을 것입니다. 그렇다면 바로 그렇게 하십시오. 여러분이 내일은 세
상에 없을 수도 있기 때문입니다. 여러분이 그리스도를 위해서 하고 싶은 어떤
일을 생각하였습니다. 어쩌면 여러분이 복음을 전파하고 싶은 가난한 마을이 있
고, 또 그 마을에 양식을 전해주고 싶은 생각이 있을 수 있습니다. 그런 생각이
있다면 빨리 그 일을 하십시오. 빨리 그 일을 실행하십시오. 그렇지 않으면 그

결심이 결코 행동으로 옮겨지지 않을 수 있기 때문입니다. 영적 거인으로 자랐을 수도 있었을 어린 아기가 우리가 꾸물거림으로 말미암아 질식하여 죽어버린 일들이 얼마나 많습니까! 여러분은 결심이라는 어린아이를 기릅니다. 그렇지만 그 어린아이가 실천적 행동이라는 성인으로 자라는 경우는 좀처럼 없습니다. 그 일에 힘을 쏟으십시오. 지금 그 일에 힘을 쏟으십시오! 여러분이 일단 불 수레를 타고 올라가버리고 나면 친구를 도울 수 없습니다. 그러니 지금 친구를 도우십시오. 여러분이 친구를 위해 어떻게 해주었으면 좋겠는지를 친구에게 물어보십시오.

그 다음에, 엘리야와 엘리사가 계속 길을 가면서 이야기하고 서로 교제를 나누었다는 점에 주목하시기 바랍니다. 나이든 홀 주교(Old Bishop Hall)는 그 두 사람이 틀림없이 매우 진지한 천상적인 주제들에 대해 이야기하였을 것인데, 다른 사람은 그들이 이야기하기보다는 무릎을 꿇고 기도하였을 것이라고 말합니다. 그러면서 홀 주교는 "묵상이 최선일 때가 있고 대화가 최선일 때가 있다"는 말을 덧붙이는데, 매우 타당한 말입니다. 그들의 경우가 그러했습니다. 엘리야는 엘리사에게 말할 것이 참으로 많았습니다. 엘리야는 매우 위태로운 시대에 국가와 교회를 이제 곧 떠날 형편이었습니다. 그래서 그는 그 시대의 짐과 열기를 지게 되어 있는 사람에게 빠르게 이야기하였고, 전체 사정을 퍼붓듯이 말해 주었습니다. 분명히 엘리사는 엘리야에게 질문을 많이 하였을 것이고, 해결이 곤란한 여러 가지 점에 대해 그에게 들었을 것입니다. 그래서 "두 사람이 길을 가며 말하였습니다." 우리도 언제나 그들과 같은 대화를 하도록 합시다. 그러면 이야기하다가 죽어도 좋을 것입니다. "여호와를 경외하는 자들이 피차에 말하매 여호와께서 그것을 분명히 들으시고"(말 3:16).

형제 여러분, 나는 우리 대화 가운데 많은 것이 하나님께서 들으실 만한 것이 되지 못한다는 사실을 유감스럽지만 눈물을 머금고 말하지 않을 수 없다고 생각합니다. 하나님께서 들으신다면 그것은 기념책에 쓰기에 충분하지 않을 것입니다. 지워버리는 것이 훨씬 더 나을 것입니다. 마지막 엄숙한 시간이 올 때 우리가 여기 이 땅에서 "고귀한 묵상 가운데 위대하신 창조주를 찬송하고" 있거나, 그렇지 않으면 형제들과 대화하고 있기를 바랍니다. 그래서 우리가 전투하는 교회의 교제를 떠나 승리하는 교회의 교제에 들어가고, 사람의 귀에 말하기를 그치고 별이 총총한 보좌 앞에서 불멸의 존재들에게 이야기를 시작할 수 있기 바랍니다.

이런 것이 우리가 죽을 준비를 할 수 있는 다른 방법들입니다. 어떤 사람들은 자기가 곧 죽게 될 것이라고 생각하면 죽을 준비라는 것이 자기 방에 들어가서 커튼을 치고 아무도 보지 않고 소위 말하는 "성사를 받기 위해" 교구 신부를 부르러 사람을 보내는 것뿐이라고 생각합니다. 그리스도인이 죽음을 준비하는 가장 좋은 방법은 평소에 하던 일을 그대로 하는 것입니다. 내가 군인이라면 참호 속에서 아무 일도 하지 않고, 할 일이 없어 빈둥거리며 죽기보다는 차라리 승리의 시간에 싸우다 죽는 것이 낫다고 생각합니다. 우리는 힘차게 나아갑시다. 그래서 우리가 세상을 떠났을 때 사람들이 우리에 대해 그는 "몸이 땅에 누이기 직전까지 자기 임무를 붙들고 일하며 살았다"고 말할 수 있게 합시다. 엘리야가 그같이 하였습니다. 그러니 우리도 그와 같이 합시다!

2. 엘리야의 떠나는 모습이 내게는 어느 정도 신자의 죽음을 상징적으로 나타내 보입니다.

엘리야가 떠나가는 것은 비록 예상되었던 일이지만 갑작스럽게 이루어진 일이었습니다. 두 사람이 이야기를 하고 있었는데, 아마도 이야기하고 있는 중간에 갈라진 것 같습니다. 그 직전에는 아무 소리도 나지 않았습니다. 엘리야를 데려갈 수레의 바퀴가 땅 위를 달리지 않았기 때문입니다. 그렇지만 불 수레의 밝은 빛이 두 사람의 주위를 비추었습니다. 두 사람이 돌아보니 거기에 이상하게 생긴 군마들이 있었습니다. 말의 눈은 불꽃으로 번쩍였고 목은 우레로 덮여 있었습니다. 말 뒤에는 전차가 매달려 있었는데, 카이사르가 탔던 금 전차보다 더 빛났습니다. 불의 전차였기 때문입니다. 엘리야는 그것이 2만대가 되는 하나님의 전차들 가운데 하나로, 하나님께서 은총을 베푸신 자기의 종을 하나님 나라 왕이 친히 거하시는 상아 궁으로 올려오기 위해 보낸 전차라는 것을 알았습니다. 그것은 갑작스러운 일이었습니다. 갈라지는 일이 순식간에 발생하였습니다. 비록 사람들이 죽어가는 과정은 길 수 있지만, 실제로 떠나는 순간은 갑작스럽게 옵니다. 사발이 쨍그랑하는 소리와 함께 깨어지고, 은줄이 풀어지며, 사슬이 딱하고 끊어지면 독수리는 하늘로 올라가 태양 속에 거합니다.

불 수레, 불 말이라니, 참으로 두려운 장면입니다! 그리스도인에게조차 죽음은 부드럽고 고상한 일이 아닙니다. 죽는다는 것은 어린아이 장난이 아닙니다. 우리는 죽음을 잠이라고 말합니다. 그러나 죽음은 저기 있는 어린아이가 햇볕이 잘 드는 둑에 누워 잠들었다가 다시 깨어나는 그런 잠이 아닙니다. 말이 있고 수레가 있습니다. 여기까지는 우리에게 위안이 되는 사실입니다. 그런데 말이나 수레나 모두 불이 붙어 있습니다. 불 말과 불 수레를 보는 사람은 엘리야의 눈이 필요할 것입니다. 그렇지 않으면 눈을 가늘게 뜨고 보아야 할 것입니다. 엘리야는 전에 불을 본 적이 있습니다. 그가 그의 원수들에게 하늘로부터 불이 내리기를 구하였고, 그의 제물에 하늘로부터 불이 내리게 하였습니다. 그는 호렙 산에서 하늘이 온통 갈라진 불꽃으로 대낮같이 밝아지기까지 불이 번쩍이는 것을 보았습니다. 그러나 하나님은 지금처럼 그 불 속에 계시지 않았습니다. 예전에 그 불을 보고 두려워하지 않았던 그는 하나님이 보내신 불 말과 불 수레를 볼 수 있었습니다.

두려운 장면이었지만 참으로 승리의 모습이었습니다! 전차를 타고 하늘로 올라간다는 것은 참으로 멋진 광경입니다! 일반 사람으로 요단강을 걸어서 건너가 물을 뚝뚝 떨어트리며 맞은 편 둑에 올라가 번쩍이는 존재들을 만난 사람은 아무도 없습니다. 그것은 찬란하고 영광스러운 광경입니다. 베드퍼드 감옥(Bedford Gaol)의 그 훌륭한 몽상가(존 번연을 가리킴 - 역주)가 그것을 꿈꾸었을 때, 좋은 꿈을 꾼 것입니다. 그러나 전차에 올라타 꼿꼿이 서 불 말에 이끌려서 하나님의 보좌 앞으로 올라가는 이것은 훨씬 더 당당한 광경입니다! 이런 경험을 할 수 있는 사람은 극소수입니다. 그러면 내가 무슨 말을 하겠습니까? 우리는 모두 이와 비슷한 경험을 하지 않습니까? 우리가 그리스도 예수의 형상을 입고 그리스도와 함께 영원한 안식에 이를 때 모두 그와 같은 경험을 하지 않겠습니까? 그렇습니다. 그리스도께서 다시 오시면, 그의 모든 백성들이 그리스도와 함께 있을 것입니다. 예수께서 승리의 흰 말을 타시면, 그의 성도들도 흰 말을 타고 환호 소리가 울려 퍼지는 가운데 천성 문으로 들어갈 것입니다. 그렇습니다. 죽는 것이 그리스도인에게는 승리하는 것입니다. 내가 생각할 때, 엘리야의 입장에서는 불 병거에 오르는 것이 믿음의 행위였습니다. 그래서 우리는 에녹에게 했던 말을 엘리야에 대해서도 할 수 있을 것입니다. "믿음으로 에녹은 죽음을 보지 않고 옮겨졌으니 하나님이 그를 옮기심으로 다시 보이지 아니하였느니라"(히 11:5).

그렇습니다. 복 받은 사람들이 주님의 즐거움에 참예하라고 부름을 받을 때

불 말과 불 수레가 그들의 떠남을 나타내는 표상으로 나쁘지 않습니다. 우리는 아직 천국에 가지 않았습니다. 우리 차례는 아직 오지 않았지만, 우리는 이렇게 말할 준비가 되어 있습니다.

> "이제 우리가 안내자를 붙잡을 수 있으면 좋겠네!
> 기별을 받을 수 있으면 좋겠네!
> 자, 만군의 여호와여 파도를 보내어 우리 모두를 떼어서
> 천국에 무사히 안착하게 하소서!"

3. 뒤에 남아 있는 우리는 누군가가 이렇게 죽는 모습을 보고 나서 어떻게 해야 하겠습니까?

우리가 아내나 남편, 혹은 아이나 친구를 갑작스럽게 잃었다면 어떻게 해야 하겠습니까? 여러분은 엘리사가 어떻게 했는지 압니다. 우선 무엇보다도 그는 자기 옷을 찢었습니다. 이것은 슬픔을 표시하는 동양 사람들의 방식이었습니다. 여러분은 울 수 있습니다. "예수께서 우셨기"(요 11:35) 때문입니다. 세상을 떠난 친구들에 대해 슬퍼하는 것이 무슨 죄가 된다고 생각하지 마십시오. 주님께서는 악한 것이 아니라 오히려 인정 많은 것이라고 할 수 있는 사람의 감정들을 우리에게 부정하시지 않습니다. 타락 전에도 죽음이 있었다면, 온전한 아담도 하와를 잃고서 울었을 것이라고 생각할 수 있습니다. 아니, 아담이 배우자를 잃고서도 울지 않을 수 있었다면 그는 결코 온전한 사람이 아니었을 것입니다. "예수께서 우셨습니다." 우리는 예수님께서 우셨기 때문에 예수님을 한결 더 예수님답게 생각합니다. 따라서 여러분도 울지 않는 한 예수님을 닮지 못할 것입니다. 복음은 우리를 금욕주의자로 만들지 않고, 그리스도인이 되게 합니다. 그렇지만 여러분은 슬퍼하더라도 적당히 슬퍼해야 한다는 점을 기억하시기 바랍니다. 한 퀘이커교도가 어떤 부인이 남편이 죽은 지 몇 년 뒤에도 전혀 단념하는 기색이 없이 계속 슬퍼하면서 소파에 앉아 괴로워하고 있는 모습을 보고 말했습니다. "부인, 제가 보기에 부인은 하나님을 용서하지 않은 것 같군요." 때로는 슬픔이 신성한 감정이 아니라 지존하신 하나님께 반항하여 불평하는 심정에 지나지 않는 경우가 있습니다.

예, 여러분이 옷을 찢을 수 있습니다. 여러분이 원한다면 그보다 좀 더 심한

일도 할 수 있습니다. 엘리사는 옷을 찢었을 뿐만 아니라 "내 아버지여 내 아버지여 이스라엘의 병거와 그 마병이여" 하고 큰 소리를 질렀습니다. 이렇게 함으로써 그는 떠나간 선생을 기렸습니다. 그는 이렇게 말하는 것처럼 보였습니다. "그는 내게 아버지와 같은 분이셨다. 내게 무척 다정하셨던 분, 나를 훈련시키고 감독하며 아버지처럼 나를 기르셨던 분을 잃었다." 세상을 떠난 사람들을 좋게 말하도록 하십시오! 여러분은 죽은 친구들에 대해 친절한 말을 아낄 필요가 없습니다. 우리는 살아 있는 동안에 서로에게 좋은 말은 정말로 거의 하지 않습니다. 나는 사람들이 때로 말을 좀 더 했으면 좋겠는데, 아첨하는 것이 아니라 무겁게 눌린 우울한 마음에 기운을 북돋울 수 있는 칭찬의 말을 더 했으면 좋겠습니다. 여러분이 이미 영광 가운데 들어간 죽은 자들에 대해서는 아무리 발림 말을 한다고 해서 그들이 불쾌하게 생각할까봐 두려워할 필요가 없습니다. 그들은 여러분의 말에 마음이 상하지 않을 것이기 때문입니다. 세상을 떠난 사람들이 하나님의 교회에 가치 있는 자들이라면 여러분은 그들에 대해 "이스라엘의 병거와 마병이여!" 하고 말할 수 있습니다. 여러분은 이제 하나님의 교회를 누가 이끌지 궁금해할 수 있습니다. 앞으로 일들이 어떻게 될지, 누가 교회라는 전차를 이끄는 말이 될지, 혹은 지친 영혼들이 타고 갈 수레를 이제 어디서 발견하게 될지 물을 수 있습니다.

그렇습니다. 여러분은 몹시 슬퍼하기도 하고 또한 칭송할 수도 있습니다. 잘 울고 또 잘 말하십시오. 그러나 그 다음에는 어떻게 해야 하겠습니까? 그 자리에 서서 시간을 낭비하지 마십시오. 거기에서 멈춰 서서 그냥 멍하니 있지 마십시오. 자, 무엇인가가 떨어지고 있습니다. 하늘에서 떨어지고 있는 것이 무엇입니까? 그것은 별똥별이 아닙니다. 엘리사가 그것을 뚫어져라 보고 있습니다. 그가 보니, 그것은 엘리야 선지자가 어깨에 걸치고 다니던 오래된 망토였습니다. 그는 망토를 기쁘게 집어 듭니다. 우리를 떠난 친구들도 그들의 망토를 남겨주었습니다. 이 망토는 무엇입니까? 때로 훌륭한 사람들은 책과 설교들을 뒤에 남기지만 모든 그리스도인들은 훌륭한 모범을 남깁니다. 떠나간 자들의 미덕을 잊을 때까지 서서 울지 말고, 여러분은 가서 그들의 망토를 집어 드십시오. 그들이 성실한 사람들이었습니까? 여러분도 성실하도록 하십시오. 그들이 겸손한 사람들이었습니까? 여러분도 겸손하도록 하십시오. 그들이 기도를 잘하는 사람이었습니까? 여러분도 기도를 잘하도록 하십시오. 이와 같이 모든 일에 그들을 본받으십시오. 그들은 여러분이 따를 모범을 남겼습니다. 그들은 여러분이 그들을 미신적으로 숭배하도록 하기 위해 떠난 것이 아니라 그들을 진심으로 본받도록 하기 위해 떠난 것입니다. 그들이 그리스도를 따르는 한, 여러분도 그들을 따르고, 그와 같이 그들의 망토를 입도록 하십시오.

여러분이 그들의 망토를 받았으면, 그들에 대해 슬퍼하는 일에 더 이상 귀한 시간을 허비하지 마십시오. 여러분의 할 일을 시작하십시오. 여러분이 가는 길에 강이 있습니다. 그러면 어떻게 합니까? 선지자 엘리사가 그랬듯이 요단강으로 가서 강을 건너가려고 노력하십시오. "엘리야가 어디 있지?"라고 말하지 말고 "엘리야의 하나님이 어디 계시지?"라고 말하십시오. 엘리야는 떠나갔어도 여호와께서는 그대로 계십니다. 그리스도인 여러분, 그러면 이제 여러분은 떠난 자들의 일을 맡아야 합니다. 그들을 위대하게 만드셨던 바로 그 하나님의 힘으로 그 일을 맡고, 그들이 행했던 그 일들을 하려고 노력하십시오. 그들이 요단강의 물을 갈랐다면 여러분도 요단강의 물을 가르십시오. 여러분에게는 그 일을 하는 방법을 보여주는 그들의 모범이 있습니다. 그들의 하나님은 "어제나 오늘이나 영원토록 동일하십니다"(히 13:8).

이제 여러분에게 묻습니다. "엘리사는 요단강의 물을 갈라 건넌 후에 어디로 갔습니까?" 그는 엘리야를 찾으러 갔습니까? "막막한 광야, 그늘이 끝없이 이어진 곳, 사별과 죽음의 풍문이 더 이상 그에게 들리지 않는 곳"으로 갔습니까? 엘리사는 그렇게 하지 않았습니다. 그는 떠나서 곧바로 엘리야가 학교의 교장으로 있던 곳으로 가서 엘리야의 일을 떠맡았습니다. 내가 마음의 갑주를 갖춤으로 인해 용기를 내고 필생의 사업으로 인해 용맹을 갖춘 군인이라면, 백스터(Baxter)가 목숨을 손에 쥐고 마음에는 하나님의 은혜를 품고 다니는 것으로 묘사하는 그런 군인이라면, 틀림없이 어떤 사람이 내 앞에서 쓰러지면 나는 앞으로 나가서 그 사람의 자리를 대신할 것입니다. 이것이 바로 여러분이 해야 할 일입니다. 죽은 선한 사람이 있으면, 그 빈 곳을 채우십시오. 떠나간 성도가 있으면, 여러분은 말하자면 "죽은 자를 위하여 세례를 받도록" 하십시오. 하나님의 복을 받기를 구하십시오. 성령을 배나 받아, 떠나간 사람이 비워둔 군대의 대열이나 회의에서 자리를 대신 차지할 수 있도록 하십시오. 여러분의 할 일은 슬퍼하는 골방에 있지 않고 봉사하는 현장에 있습니다. 아직도 해야 할 일이 있습니다. 아직도 처리해야 할 일이 남아 있습니다. 일어나서 그 일을 하십시오! 그것은 리처드 코브던(Richard Cobden: 19세기 영국의 정치가 - 역주)의 생애에서 기억할 만한 용감한 일이었습니다. 코브던이 자유 무역이라는 주제와 거래의 속박을 끊어버리는 일에 온통 마음이 사로잡혀 있었을 때, 그의 친구 존 브라이트(John Bright)의 아내가 젊은 나이로 죽었습니다. 그러자 코브던은 친구에게 가서 이렇게 말했습니다. "자, 친구, 자네는 방금 아내를 잃었네. 나는 이 국가적인 싸움에 자네를 참여시킴으로써 자네의 슬픔을 치료하고 싶네." 그 제안은 정말로 바람직하고 용감한 일이었습니다.

그와 같이, 여러분이 사랑하는 친구를 잃었다면, 하나님의 일에 그리고 "예수 안에 있는 진리"(엡 4:21)를 전파하는 일에 지금까지보다 더 열심히 몰두함으로써 여러분의 슬픔을 치료하도록 하십시오. 마음을 밝게 유지하고 기분을 즐겁게 유지하는 데는 활동만큼 좋은 것이 없고, 두 손을 부지런히 움직이는 것만큼 좋은 것이 없습니다. 할 것이 아무것도 없으면 여러분은 멍청해집니다. 여러분은 주님을 위해 싸우기보다는 초조해하고 화를 내며 반항합니다. 만일 여러분이 올라가서 "여호와를 도와 용사를 치려고" 하고, 주님의 짐을 지려고 한다면, 주님께서 여러분이 여러분의 짐을 질 수 있도록 도우실 것이고, 지금은 마치 여러분의 뼈를 찌르는 것 같은 슬픔이 여러분의 활동을 자극하는 박차가 될 것입니다.

어떤 사람은 이렇게 말했습니다. "나는 죽음이 내게 가한 그 모든 손해를 인하여 죽음에게 복수하겠다고 맹세하였다. 그래서 나는 하나님의 말씀인 맹렬한 성령의 검으로 사방에서 죽음을 쳤다. 나는 그리스도 예수 안에 있는 영생을 설교하였고, 그래서 죽음에게 앙갚음을 하였고, 죽음을 이겼다는 것을 느꼈다." 여러분도 그와 같이 하십시오. 가서 계속해서 여러분의 주님을 섬기십시오. 비록 엘리야가 떠나갈지라도, 여러분이 그의 자리를 메우십시오. 하나님의 기수(騎手)와 전차는 부족하지 않을 것입니다.

자, 사랑하는 친구 여러분, 밤에 헤어질 때 우리는 이렇게 말하는 것이 합당합니다. "내일 아침에 다시 만날 때까지 오늘 밤 동안 안녕." 그러나 때로는 이 헤어짐이 매우 심각해질 수 있습니다. 그러므로 우리 가운데 어떤 이들은 다시는 대면하여 서로를 볼 수 없다는 점을 생각하고 "안녕"이라고 말하도록 합시다. 나는 우리가 진정으로 "안녕!"이라고 말하고서 아침에 다시 만날 수 있기를 바랍니다. 밤이 끝나고 죽음의 이슬방울이 더 이상 떨어지지 않을 때, 한밤중의 차디찬 서리가 영생이라는 떠오르는 태양에 다 녹아버린 그 아침에 다시 만날 수 있기를 바랍니다. 그렇습니다. 우리는 만날 것입니다. 만나서 다시는 헤어지지 않을 것입니다. 지금 우리는 그때 서로 만나기로 약속합시다. 우리가 이전에 믿음으로 종종 만났던 곳에서, 곧 우리를 그의 피로 씻어 깨끗하게 하신 분의 보좌 앞에서 만나기로 약속합시다. 그러므로 그날 아침까지 안녕이라고 말합시다!

그런데 여러분 가운데 몇몇 분들은 어떠합니까? 여러분은 거기에서 만나자는 약속을 할 수 없습니다. 여러분의 길은 그쪽으로 향해 있지 않기 때문입니다. 여러분에게는 하늘을 향해 가는 불 말이 없고, 지옥으로 내려가는 불 수레가 있을 뿐입니다. 내려가고, 내려가고 영원히 슬픔의 심연으로 내려가는 불 수레가 있을 뿐입니다. 나는 거기에서 여러분을 만나지 않을 것이라고 감히 말씀드립니다. 여러분이 거기에 가려고 한다면 여러분 혼자 가야 할 것입니다. 여러분이 멸망하려고 한다면 여러분 혼자 망해야 할 것입니다. 여러분이 구주님 없이 살다가 죽으려고 한다면, 여러분은 친구들이 여러분을 따라 그 서글픈 비통의 세계까지 따라갈 것으로 기대할 수 없습니다. 그런데 외로운 여행자여, 그대는 왜? 그대는 왜 친구가 따라가려고 하지 않는 곳으로 갑니까? 여러분은 자녀가 저주받는 것을 보려고 하지 않습니다. 엄숙한 두려움으로 여러분에게 이렇게 말하겠습니다.

여러분은 자녀가 저주 받는 것을 보려고 하지 않습니다. 그렇지 않습니까? 그렇지 않다면 여러분은 왜 스스로 정죄 받으려고 하십니까? 여러분은 이렇게 말합니다. "그러면 나는 반드시 정죄 받게 되어 있습니까?" 죄인이여, 그렇지 않습니다. 그 일에 "반드시 정죄 받게 되어 있는" 것은 없습니다.

저기에 내 주님, 십자가에 못 박히신 구주께서 달려 계십니다. 여러분이 그를 본다면, 그대에게 또 다른 "반드시"가 있을 것입니다. 즉, 여러분은 반드시 구원받을 것입니다. 천국에 이르는 길은 골고다의 십자가를 거치게 되어 있습니다. 그리스도 예수께서는 못에 찔린 손과 발에서 흘러나온 진홍색 핏방울로 영광에 이르는 길을 표시해 놓으셨습니다. 예수님을 의지하십시오. 온전히 그를 의지하십시오. 지금 예수님을 의지하십시오. 영원히 그를 의지하십시오. 그러면 우리는 만날 것입니다. 그 아침에 다시 만날 것입니다. 그러니, 안녕히 가십시오!

제
2
장
—

엘리야의 하나님은 어디 계시니이까

—

"엘리야의 몸에서 떨어진 그의 겉옷을 가지고 물을 치며 이르
되 엘리야의 하나님 여호와는 어디 계시니이까 하고 그도 물
을 치매 물이 이리 저리 갈라지고 엘리사가 건너니라." ― 왕하
2:14

　　우리가 마음으로 추구해야 하는 중요한 대상은 우리 하나님이십니다. 우리
는 하나님의 집을 사랑합니다. 늘 기도가 드려지는 그곳은 우리에게 매우 소중
한 곳입니다. 그러나 하나님이 거기에 계시지 않는다면, 하나님 집의 뜰은 재미
없고 황량한 곳입니다. 따라서 우리가 물어야 할 질문은 "하나님의 뜰이 어디 있
느냐?"라기보다는 오히려 "여호와께서 어디에 계시느냐?"라는 것입니다. 우리
는 하나님 말씀의 봉사를 말로 다할 수 없이 사랑합니다. 그 말씀의 봉사가 우리
영혼에 이루 다 말할 수 없이 소중했습니다. 그 봉사로 말미암아 우리가 영적인
생명을 받았고, 그 봉사로 말미암아 우리 생명이 양식을 얻고 살지게 됩니다. 그
러나 그 말씀의 봉사에 하나님께서 계시지 않는다면, 우리가 거기에서 무슨 유
익을 얻겠습니까? 우리 영혼은 성령님의 양육을 받아야 합니다. 그렇지 않으면
우리 영혼이 기운을 잃고 죽게 됩니다.
　　경건 서적을 읽든지 아니면 개인 기도에 힘쓰든지 혹은 하나님 집의 큰 집
회에 오든지 간에, 우리가 물어야 할 중요한 질문은 "엘리야의 하나님은 어디에
계십니까?"라는 것입니다. 이 모든 일에서 하나님을 찾지 못했다면, 우리가 무

엇을 얻었습니까? 아무것도 없습니다. 그렇지 않으면 우리가 얻은 것은 껍데기 뿐이고, 돈으로 살 수 없는 귀중한 것을 잃어버린 것입니다. 나는 우리가 기도할 때는 언제든지 기도의 하나님을 만나기 전에는 기도를 그치지 않겠다고 생각했으면 좋겠습니다! 나는 우리가 찬송을 부를 때는 언제든지, 우리의 찬송이 하나님을 발견하지 않은 한, 찬송의 음표 하나하나가 하나님의 속성들 가운데 어느 하나를 노래하지 않는 한, 진정으로 하나님을 찬송한 것이 아니라고 느꼈으면 좋겠습니다. 하나님을 붙잡는다는 것이 때로는 정말로 힘든 일입니다! 우리는 언제든지 이 시인처럼 부르짖을 수 있어야 합니다.

> "주께로 가까이 가겠습니다. 어떻게 해서든지
> 장애물들을 헤치고 주께로 가겠습니다."

"나는 놋쇠 문을 깨트리고 가겠습니다. 아무리 높은 벽이라도 뛰어넘어 가겠습니다. 하지만 나는 반드시 내 하나님, 곧 살아계신 하나님께 이르러야 합니다. 아, 내가 어느 때에 나아가서 하나님의 얼굴을 뵈올 수 있겠습니까?" 나는 우리가 언제나 이런 마음 상태로 끊임없이 이렇게 외칠 수 있으면 좋겠습니다. "하늘에서는 주, 곧 엘리야의 하나님 여호와 외에 누가 내게 있으리요 땅에서는 주 밖에 내가 사모할 이 없나이다"(시 73:25). 우리는 이 하나님을 얻어야 합니다. 우리는 이 하나님 없이 살 수 없고, 이 하나님이 계시지 않으면 천국에 있는 것조차 바라지 않습니다. 하나님이 천국에서 사라지신다면 그곳은 우리에게 전혀 천국이 아닐 것입니다.

우리의 가장 중요한 목적은 하나님을 얻는 것이라는 이 중요한 진리는 우리가 지금까지 알지 못했던 새로운 직분이나 일을 맡게 될 때 특별히 더 우리에게 적용됩니다. 예를 들면, 그동안 엘리사는 엘리야의 시중을 들며 그의 종자로 지냈습니다. 그런데 엘리야가 회오리바람에 쓸려 하늘로 데려감을 당했고, 이제 엘리사가 엘리야 대신에 이스라엘의 선지자가 되어야 했습니다. 막중한 책임이 그에게 지워졌습니다. 그는 이제까지 어느 여인의 아들도 거의 해 본 적이 없는 일을 해야 했습니다. 그는 거의 흉내 낼 수 없는 사람을 따라가야 했고, 불의 선지자, 곧 하나님의 사람 엘리야의 후계자가 되어야 했습니다. "그럼요, 그에게는 엘리야의 망토가 있어요" 하고 여러분은 말합니다. 그렇습니다. 그에게는 엘리야의 망토가 있고, 그 망토에는 특별한 점이 있습니다. 정말로 유물들에 대해 조금이라도 경의를 표할 수 있다고 한다면, 나는 엘리야의 망토를 갖고 싶습니다. 엘리사는 그 망토를 가지고 있었습니다. 그렇지만 엘리사가 엘리야의 하나님을 또한 얻을 수 없다면 그가 엘리야의 망토를 가졌다는 것이 무슨 소용이 있었겠습니까? 비록 그가 엘리야의 망토를 집어 들고 그것으로 물을 치라고 요구를 받을지라도, 그는 그의 힘이 어디에 있는지 알고 있습니다. 그래서 그의 기도, 그의 부르짖음은 이것입니다. "엘리야 선지자의 망토를 얻었습니다. 그러나 엘리야의 하나님 여호와는 어디 계십니까?" 만일 그가 엘리야의 하나님을 얻을 수 있다면, 그 망토가 중요한 의미를 지닐 것입니다. 그러나 그렇지 못하다면, 그 망토는 엘리사가 입을 때 그에게 불 옷처럼 되어서 입고 있을 수 없게 될 것입니다. 사람들은 그에게 엘리야의 망토가 있는 것을 보지만 "엘리야의 능력은 어디에 있지?" 하고 이야기할 것입니다.

자, 사랑하는 형제 여러분, 여러분은 이제 막 하나님의 사람의 뒤를 이으려고 합니다. 여러분에게는 하나님의 사람의 망토가 있습니다. 사람들이 여러분을 선택했습니다. 그래서 여러분은 정식으로 문을 통해서 들어가고 있고, 부름 받지 않은 직무를 억지로 꿰찬 것이 아닙니다. 여러분은 잠든 사람의 뒤를 잇기에 적합한 사람임에 분명합니다. 그러나 여러분은 자신이 그 직무를 이어받게 되었다는 것에 만족해서는 안 됩니다. 여러분의 전임자가 여러분에게 남긴 것이 무엇이든지 간에, 남긴 것을 받았다는 것으로 만족하지 마십시오. 다른 무엇보다도 여러분에게는 전임자의 하나님이 필요합니다. 여러분이 전임자의 하나님을 얻었다면, 비록 그의 망토를 갖지 못했을지라도 일을 아주 잘 할 수 있을 것입니다. 엘리사가 엘리야와 달랐듯이 여러분이 먼저 간 사람과 전혀 다른 사람이라는 것이 판명될지라도, 여러분의 거룩한 전임자가 확신을 두었던 곳에 여러분도 확신을 둔다면, 일을 잘 해낼 수 있을 것입니다.

선량한 자매 여러분, 여러분은 한 반을 책임지게 되었거나 그리스도를 위한 특별한 봉사를 맡았습니다. 여러분 앞에 갔던 사랑하는 자매는 유명한 사람이었습니다. 그 자매의 죽음으로 교회에 빈 자리가 크게 생겼습니다. 그리고 여러분은 자신이 그 빈 자리를 채울 수 있는 적임자라고 생각하지 않습니다. 하지만 여러분이 그 자매의 하나님을 얻을 수 있다면, 그 점에 대해서는 조금도 걱정하지 마십시오. 여러분이 단순한 믿음으로 하나님을 의지할 수 있다면, 조금도 두려

위하지 않고 나아갈 수 있습니다. 여러분이 그 자매의 하나님을 모시고 있고, 동일하게 그 하나님을 믿는다면, 비록 그 자매와 똑같은 방식으로 일하지는 않을지라도 하나님께 영광을 드릴 것이고, 여러분 주위 사람들에게 복이 될 것입니다.

아직 가보지 않은 길에 들어서고 있는 모든 젊은이들에게 스스로에게 이렇게 말해보라고 권합니다. "내 아버지의 하나님은 어디 계십니까? 사랑하는 그 노인은 잠들었고, 나는 '내 아버지여 내 아버지여 이스라엘의 병거와 그 마병이여' 하고 소리치고 싶습니다. 하지만 나는 이제 하나님을 따르지 않으면 안 됩니다. 내 아버지 위에 계시던 그 성령께서 내 위에도 계시며, 내 아버지의 하나님께서 오시어 나를 도우시면 좋겠습니다! 그러면 내가 충분히 일을 해낼 수 있을 것입니다." 사랑하는 친구 여러분, 여러분도 알다시피 엘리사의 이 질문은 중요한 물음입니다. 그러나 무엇보다도 여러분이 해 보지 않은 일을 시작할 때 특별히 중요한 질문입니다. "엘리야의 하나님 여호와는 어디 계시니이까?"

여러분의 길에 큰 어려움이 놓여있을 때 또한 이 질문을 하는 것은 매우 적절한 일입니다. 엘리사 앞에 깊고 물살이 빠른 요단강이 흐르고 있습니다. 그가 어떻게 이 강을 건널 것입니까? 엘리사는 망토를 집어 듭니다. 요단강의 물은 이 망토가 어떤 것인지 이미 알고 있었습니다. 엘리야가 그 길을 지나갈 때 그 망토로 물을 쳤기 때문입니다. 엘리야는 그 망토를 집어 들고 "엘리야의 하나님 여호와는 어디 계시니이까?" 하고 소리칩니다. 그러자 물이 즉시 갈라지고 선지자는 강 가운데를 걸어 지나갑니다.

사랑하는 친구 여러분, 여러분은 큰 난관에 봉착한 적이 있습니까? 여러분은 그 난관을 넘어갈 수 없습니까? 그 어려움 때문에 근심하고 있습니까? 그것이 제거해야 할 어려움이라면, 그 어려움을 제거하는 가장 빠른 길은 그 문제를 들고 하나님께 가는 것입니다. 그것이 제거할 필요가 없는 어려움이라 할지라도 여러분이 하나님께 간 것은 마찬가지로 잘한 일입니다. 왜냐하면 하나님께서 그 어려움을 제거하시지는 않을지라도 적어도 여러분이 다른 어떤 방식으로 하나님을 영화롭게 할 은혜를 주실 것이기 때문입니다. 모든 근심과 시련의 때에 우리가 할 수 있는 최상의 일은 그 문제를 하나님 앞에 가져다 놓는 것입니다. 곤경에 처한 교회가 있습니다. 교회는 무엇을 해야 할지 혹은 어디를 보아야 할지 알지 못합니다. 그 교회의 교인들이 물어야 할 질문은 이것입니다. "엘리야의 하나님 여호와는 어디 계시니이까?" 큰 곤경에 처한 그리스도인 남성이 있습니다. 그가 그 어려움을 자초한 것이 아닙니다. 그러나 그 시간의 압박 때문에 그는 몹시 큰 슬픔에 빠졌습니다. 그가 해야 할 일이 무엇입니까? 그는 자기 하나님을 바라보고, 하나님께서 어떻게 하시는지 보아야 합니다. 또한 "엘리야의 하나님 여호와는 어디 계시니이까?" 하고 부르짖어야 합니다. 누구든지 진정으로 하나님을 의지하였는데도 당혹스러운 처지에 떨어진 사람이 있을 것으로 나는 생각하지 않습니다. 지존하신 하나님께 내놓고 그의 손에 맡긴 곤경 가운데 오래도록 해결되지 않은 채 남아 있는 것은 아무것도 없습니다. 하나님은 우리의 모든 문제들에 대해 해결책을 갖고 계시고, 우리의 모든 난제(難題)들에 대해 답을 갖고 계십니다. 하나님은 우리의 모든 곤경을 잘 해결하여 복된 결과를 낳게 하실 수 있습니다. 그 이름이 여호와, 곧 모든 것이 충족하신 하나님이신 그분의 능력을 넘어설 수 있는 일은 아무것도 없습니다.

이와 같이 우리는 엘리사의 이 질문에서 우리가 새로운 어떤 일을 시작하거나 가는 길에 큰 어려움을 만날 때 특별히 하나님께 물어야 한다는 점을 배웁니다.

이렇게 해서 본문의 서론을 말씀드렸습니다. 이제는 두 가지 사실에 대해서 말씀드리고자 합니다. 첫째는, 이 질문이 기도가 되었다는 것입니다. "엘리야의 하나님 여호와는 어디 계시니이까?" 이 말을 읽을 때 질문처럼 들리지만, 바르게 해석한다면 그것이 기도, 곧 기원이라는 것은 분명한 사실입니다. "여호와, 곧 엘리야의 하나님은 어디 계십니까?" 둘째로, 시간이 있으면, 우리는 이 질문의 답변에 대해서 몇 마디 하도록 하겠습니다. "엘리야의 하나님 여호와는 어디 계시니이까?"

1. 첫째로, 이 질문이 기도가 되었다는 점에 대해서 생각해 봅시다.

그리고 이 질문에 대해 묵상하면서 우리도 그 같이 기도하도록 합시다. "엘리야의 하나님 여호와는 어디 계시니이까?"

이 질문은 첫째로, 이스라엘의 다른 모든 백성이 옆으로 빗나갔을 때에도 하나님께서 엘리야를 신실하게 지키셨음을 의미하는 것입니다. 엘리야는 조금도 과장하지 않고 이렇게 말할 수 있었습니다. "오직 나만 남았거늘 그들이 내 생명을 찾아 빼앗으려 하나이다"(왕상 19:14). 시돈 출신의 오만한 왕비 이세벨은 아합을 완전히 손아귀에 쥐고 있었고, 여신 아스다롯에 대한 예배를 시행했습니다. 그리고 이 예배는 더럽고 추잡한 의식(儀式)들이 따랐음에도 불구하고 곧바로 나라 전역에 유행하게 되었습니다. 그리고 그와 더불어 바알 숭배도 시행되었습니다. 지존하신 하나님에 대한 예배는 신실한 극소수의 사람들에 의해서만 유지되었습니다. 그런데 그들은 대체로 그 땅에서 지극히 가난한 사람들이었고, 이세벨의 잔인하고 우상 숭배적인 열심 때문에 괴로움을 당하고 박해를 받았으며 추적당하여 사형에 처해지기도 했습니다. 그러나 적어도 아합과 이세벨이 건드릴 수 없는 한 사람이 있었습니다. 그는 아합의 선생이었고, 왕의 면전에서도 여호와를 위하여 거리낌 없이 말하였으며 홀로 서서 "불로 응답하는 신 그가 하나님이니라"고 외친 사람이었습니다. 불의 응답이 내리자 그는 백성들에게 "바알의 선지자를 잡되 그들 중 하나도 도망하지 못하게 하라"고 소리쳤습니다. 그는 사방에서 물이 사납게 날뛸 때에도 바위처럼 움직이지 않고 확고하게 서 있었습니다. 그는 생의 대부분을 확고부동하고 견고하게 지냈습니다.

이는 오늘날 우리가 필요로 하는 바로 그런 사람입니다. 온 세상이 어떻게 흔들리고 비틀거리고 있는지 보십시오. 사람들은 끊임없이 새로운 것을 찾고 있습니다. 새로운 것을 찾는 이 외침은 결국 하나님에 대한 예배를 내팽개치는 데까지 이르렀습니다. 여러분은 "그렇지 않다"고 말합니다. 나는 "그렇다"고 말합니다. 오늘날 사람들은 많은 신과 많은 주를 예배합니다. 우리 조상들은 알지 못한 새로운 신들이 등장하였습니다. 그러나 여호와, 곧 아브라함과 이삭과 야곱의 하나님은 우리 가운데 거의 알려져 있지 않습니다. 사람들은 할 수 있는 한 하나님을 왕위에서 쫓아냈습니다. 사람들은 자기들이 신이라고 부르는 나약한 존재를 세워놓았습니다. 공의가 없는 신, 여호와라는 이름이 갖고 있고, 우리가 구약의 기사에서 읽어 알고 있는 두려움이 그 이름에 들어 있지 않은 신을 세워놓았습니다.

오늘날 우리는 이렇게 말할 사람들이 필요합니다. "우리는 새로운 신을 예배하지 않는다. 구약의 하나님이며 또한 신약의 하나님이신 이 하나님이 영원히 우리의 하나님이시다. 이 하나님을 죽을 때까지 우리의 인도자로 삼을 것이다." 여러분은 사람들이 어떻게 여호와께 야유를 퍼붓는지 압니다. 그들은 여호와를 모시려고 하지 않습니다. 적어도 그들은 하나님을 왕위에 세우려고 하지 않습니다. 하나님의 주권은 거의 모든 곳에서 사람들이 비웃고 조롱하는 사실입니다.

그러나 사랑하는 여러분, 지금 여호와께서 통치하고 계십니다. 그는 큰 물 위에 앉아 계십니다. 그는 영원히 왕으로 통치하십니다. 다른 사람들은 어떻게 하든지 상관없이 우리는 그의 복되신 이름에 찬양을 드립시다.

오늘날 우리는 모든 진리를 위해, 곧 교리로서 뿐만 아니라 실제에서도 진리인 것을 위하여 확고하게 싸울 수 있는 사람들이 또한 필요합니다. 우리는 여러분 젊은이들이 주변의 그토록 많은 장사꾼들이 이익을 얻기 위해 온갖 악한 일들을 하는 때에 장사에서 청렴하고 정직하기를 바랍니다. 우리는 여러분 젊은이들이 일터에서 그리스도를 고백하고, 안식일을 지키지 않고 하나님께 대한 예배를 전혀 고려하지 않는 동료들 가운데서 그리스도를 변호하기를 바랍니다. 여러분은 묻습니다. "어떻게 해야 우리가 확고해질 수 있습니까?" 그 답변은 "여호와, 곧 엘리야의 하나님은 어디 계십니까?"라는 질문에 있습니다. 왜냐하면 엘리야를 굳게 붙드신 하나님께서 우리도 붙드실 수 있기 때문입니다. 우리에게 스코틀랜드의 존 녹스 같은 사람들, 곧 진리를 외면하게 만들 수 없는 사람들, 진리의 능력을 마음속으로 알고 있는 사람들, 그러므로 "견실하며 흔들리지 않고 항상 주의 일에 더욱 힘쓰는"(고전 15:58) 사람들이 1만 명쯤 있으면 좋겠습니다. 그런 사람들이 엘리야의 하나님 여호와를 찾지 않는 한, 우리는 결코 그런 사람들을 얻지 못할 것입니다. 그러니 우리 모두 엘리야의 하나님 여호와를 찾읍시다.

그 다음에, "엘리야의 하나님 여호와는 어디 계시니이까?"라는 이 질문을 보면 나는 엘리야의 위대한 기도의 능력이 생각납니다. 이 엘리야는 우리와 성정이 같은 사람이었습니다. 그렇지만 하나님께서는 그에게 기도의 열쇠를 주셨고, 그는 손을 돌려 하늘을 잠그었습니다. 그리고 때가 오자 그는 갈멜산 꼭대기에 올라가서 무릎 사이에 머리를 집어넣고, 다시 한번 하늘이 구름으로 뒤덮이고, 비가 홍수처럼 쏟아질 때까지 하나님께 기도하였습니다. 이는 방에서 아이의 영혼이 돌아오도록 기도한 그 사람이었습니다. 이는 옛적에 루터처럼 자기가 원하는 것은 무엇이든지 하나님에게서 얻어낼 수 있었던 그 사람이었습니다. 여러분 가운데 이렇게 말하는 사람들이 없기를 바랍니다. "나도 기도에서 엘리야와 같은 능력을 가졌으면 좋겠어! 어떻게 해야 그 능력을 얻을 수 있지?" 엘리야는 그 능력을 그의 하나님에게서 얻었습니다. 엘리야의 하나님 여호와께서 여러분이 엘리야처럼 기도하도록 도우실 수 있습니다. 하나님께서 여러분을 도우신다면,

엘리야에게 하셨듯이 여러분에게도 응답을 주실 것입니다. 여러분이 비를 내리게 하거나 억제하는 일과는 아무 관계가 없지만, 사람들의 내적 생명을 움직이고 사람들에게 하늘로부터 내리는 양식을 가져다주며 성령의 축복과 이슬을 내리게 하는 것과 같은 아주 중요한 일에 관여할 수가 있습니다. 하나님께 가십시오. 담대하고 용감한 믿음으로 하나님을 붙잡으십시오. 먼저 약속들을 굳게 붙드십시오. 그 다음에, 그 약속들을 주신 하나님께 곧바로 기도하십시오. 그러면 여러분은 바라는 복을 얻을 것입니다. 여러분과 나는 이것저것을 좇아서 돌아다니고 있으며, 결국 바다와 육지 주위를 돌다가 복을 놓치고 맙니다. 똑바로 가는 것이 가장 잘 달리는 길입니다. 하나님께 대해 단순한 믿음을 가지고 기도에서 곧바로 하나님께 갑시다. 우리는 "엘리야의 하나님 여호와는 어디에 계십니까?"라고 묻는데 오랜 시간이 걸리지 않을 것입니다. 하나님께서 이 선지자의 시대에 그렇게 하셨듯이 지금도 기도에 응답하신다는 것을 내가 입증할 것이기 때문입니다.

본문의 세 번째 해석은 이것입니다. 즉, 하나님께서 그릿 시냇가와 사르밧에서 엘리야를 부양하셨듯이 우리도 부양하실 수 있다는 것입니다. 나는 여러분이 이렇게 말하는 소리가 들리는 것 같습니다. "저장해 놓은 식량이 거의 바닥이 나고 있고, 기름병은 거의 비었어." "엘리야의 하나님 여호와는 어디 계시니이까?" 하나님은 지금도 그의 엘리야와 함께 계시고, 여전히 사르밧 과부와 같은 이들과 함께 계십니다. 여러분은 하나님이 죽었다고 생각하십니까? 하나님의 섭리는 고장이 났고, 하나님께서는 더 이상 자기 백성들을 부양하시지 않을 것이라는 생각이 마음에 스친 적이 있습니까? 그렇게 생각하지 마십시오! 그렇게 생각한다면, 그 불신앙 때문에 여러분에게 하늘의 응징이 내릴 것입니다. 여러분의 불신앙이 밀가루 통을 깨트리고 기름병을 박살낼 것입니다. 여러분이 흔들리면 주님에게서 아무것도 얻지 못할 것입니다. 그러나 여러분이 믿음을 굳게 지키면, 여호와 이레, 곧 "여호와께서 준비하심"(창 22:14)이 여전히 하나님의 이름인 것을 발견하게 될 것입니다. "여호와께서 정직하게 행하는 자에게 좋은 것을 아끼지 아니하실 것임이니이다"(시 84:11). 하나님께서는 우리가 하나님을 그처럼 신뢰하도록 도우실 수 있습니다. 그러면 우리는 엘리야의 하나님 여호와께서 매일 필요한 것들을 우리에게 공급하시며 더 이상 필요 없을 때까지 우리를 먹이실 수 있다는 것을 발견하게 될 것입니다. 여러분, 이 노래를 부르십시오. 시련을 견려낸 이들이여! 지금 이 순간 이 노래를 부르십시오.

> "여호와는 나의 목자이시니
> 내게 부족함이 없겠네.
> 그는 나의 것이고 나는 그의 것이니
> 달리 무엇이 필요하겠는가?"

　"엘리야의 하나님 여호와는 어디 계시니이까"라는 이 위대한 본문에서 나는 엘리야를 시켜서 죽은 자를 일으키신 하나님께서 바로 내가 원하는 하나님이시라는 것을 또한 봅니다. 그동안 나는 이곳에서 죽은 자를 일으키려고 많이 애썼습니다. 그리고 그 일이 또한 이루어졌습니다! 사람이 하나님을 대신해서 명령을 내렸습니다. "나사로야 나오라"는 명령을 하였을 때, 많은 나사로가 무덤에서 나왔습니다. 형제자매 여러분, 여러분은 온유하고 친절한 가르침을 통해서 죽은 자들을 풀어주었고, 그들이 죽은 자들 가운데서 일어난 자들로서 일상의 일이나 거룩한 봉사에 전념하도록 하였습니다. 그런데 내가 그동안 위하여 자주 기도하였지만 여전히 죽어 있는 사람들이 있고, 또한 그들을 사랑하여 기도해 온 다른 사람들도 있습니다. 우리는 계속해서 그들을 간절한 기도의 제목으로 삼고 있지만, 그들은 수년 전이나 똑같이 여전히 죽어 있습니다. 그들이 여전히 죽은 채로 있어야 하겠습니까? 그들이 마침내 완전히 부패할 때까지 그대로 누워 있어야 할까요? 그들에 대해 "죽은 자들을 보이지 않게 묻어버리라"고 말해야 할까요? 하나님께서 죽은 영혼들에게는 모두 그런 말을 하실 것입니다. 하나님께서는 죽은 자들을 천국에 두려고 하시지 않기 때문입니다. 그들은 반드시 눈에 띄지 않게 치워질 것입니다. 그들은 틀림없이 그리스도 앞에서 그리고 그의 능력의 영광으로부터 내쫓길 것입니다. 즉, 평안과 사랑이 거하는 그리스도의 영광스러운 거처로부터 멀리 내쫓길 것입니다. 형제자매 여러분, 이 죽은 자들을 위하여 뜨겁게 기도하십시오. 엘리야의 하나님 여호와께서는 지금도 그들을 일으키실 수 있기 때문입니다! 어느 누구도 단념하지 마십시오. 나사로가 아주 오랫동안 죽어 있어서 고약한 냄새가 났을 때조차도 그가 살아났다는 것을 기억하십시오. 사람들이 아주 악에 깊이 빠져서 퇴폐적인 죄를 저지르며 더럽고 혐오스러운 생활을 하게 될지라도, 그때조차도 소생시키시는 성령께서 그들을 살리실 수 있습니다. 우리는 이 죽은 영혼들을 위해 끈질긴 사람이 되도록 합시다! 계속해서 그들을 위하여 기도합시다. 진심으로 인내심을 가지고 간구를 드리도록 합시다. 죄 가운데 죽은 자들이 시온에서 산 자들이 되기까지 그들을 위해 하나님께 부르짖는 것을 그치지 않도록 합시다. 그들을 위한 위대한 소망이 여기 있습니다. 죽은 자들을 일으키시는 하나님이 그의 교회 가운데 여전히 계신다는 이 사실에만 소망이 있습니다.

또한 우리는 "엘리야의 하나님 여호와" 곧 불로써 응답하시는 하나님이 여전히 필요합니다. 오늘날 이 나라에서 우리는 엘리야가 견뎌야 했던 것과 같은 혹된 시련을 많이 겪고 있습니다. 현대의 바알 제사장들과 산당의 제사장들이 도처에 꽉 차 있습니다. 가톨릭교회의 미사와 그 밖의 모든 우상들이 이 땅에 다시 세워졌습니다. 이 우상들이 우리 교구 교회들에서조차 경배의 대상으로 여길 수가 있습니다. 래티머(Hugh Latimer, 1485-1555. 잉글랜드의 종교개혁자)가 불을 밝혔고, 결코 끌 수 없는 이 촛불이 지금은 이 땅에서 아주 희미하게 타고 있는 것처럼 보입니다. 루터와 칼빈, 그리고 우리 주님과 주님의 사도들이 전파한 복되신 하나님의 오래되고 영광스러운 복음이 진부한 것으로 내버려야 할 것이 되었습니다. 엘리야의 하나님께서 다시 한번 불로써 응답하셨으면 좋겠습니다! 영적으로 살아 있는 모든 사람에게는 성령 세례가 필요하고, 하나님을 알지 못하고 하나님의 진리에 복종하지 않는 사람들에게는 성령을 부어주심이 필요합니다. 우리가 주님께서 이 땅 한가운데에서 팔을 다시 한번 뻗으시는 것을 볼 수 있으면 좋겠습니다! 하나님께서 어떻게 바로에게 재앙에 재앙을 내려 마음이 완고한 그 반역자를 치심으로써 당신의 힘을 크게 나타내셨는지를 생각할 때, 내 영혼은 이렇게 소리칩니다. "하나님이여, 주께서 하늘을 가르고 내려 오셔서 마치 철장으로 토기장이의 질그릇을 쳐서 깨트리듯이 그토록 오랫동안 주님의 은혜를 거부한 자들을 쳐서 깨트리시지 않으시겠습니까? 주님의 참으심이 오래도록 지속되는 것처럼 보이자 사람들이 죄악을 행하는 일에 더욱더 담대해집니다."

나는 요나가 니느웨 성읍이 막대한 죄 때문에 마땅히 하나님의 치심을 받아야 한다고 느꼈을 때의 그 심정에 떨어지고 싶지는 않지만 그 심정을 이해할 수 있을 것 같습니다. 오늘날 세상은 여전히 그 악한 자 가운데 누워 있으며, 십자가에 못 박히신 그리스도의 권위를 인정하지 않고, 그를 비웃습니다. 어쩌면 지금 런던은 야만인이 처음으로 그 숲을 지나간 이래로 그 어느 때보다 더 이교적인 상태에 있을지 모릅니다. 사람들은 많은 면에서 더욱더 악해지고, 지존하신 하나님을 찾는 절대로 필요한 경건은 갈수록 줄어들고 있습니다. 하나님이시여, 어느 때까지입니까? "주의 품에서 오른손을 빼내시어"(시 74:11) 갈멜산에서 불이 내렸던 것처럼 다시 한번 신성한 불길이 주의 참된 교회에 내리게 하소서. 그래서 우리가 더 이상 "엘리야의 하나님 여호와는 어디 계시니이까?" 하고 물을 필요가 없게 하소서. 우리는 그분, 곧 엘리야의 하나님이 필요합니다. 이 생명이 없는 시대에 무엇보다 엘리야의 하나님이 필요합니다.

다시 한번 본문을 살펴봅시다. "엘리야의 하나님 여호와는 어디 계시니이까?" 나는 엘리야의 하나님을 만나고 싶습니다. 엘리야에게 그처럼 놀라운 음식을 주신 하나님을 알고 싶습니다. 그 음식의 힘으로 엘리야는 40일 동안 걸어갔습니다. 나는 그런 음식을 먹고 살아가고 싶습니다! 곡물은 아주 조금 넣고 물은 한 솥 가득히 부은 것이 오늘날 어떤 설교자들이 제공하는 음식입니다. 그 음식에는 영혼을 만족시키거나 부양할 것이 아무것도 없습니다. 그런데 하나님께서는 엘리야에게는 한 끼 식사에 40일간의 음식을 주셨습니다. 사랑하는 친구 여러분, 여러분은 그런 음식을 받아먹습니까? 나는 어떤 책들을 읽을 때 그런 음식을 먹습니다. 현대 사상 서적들은 그런 음식을 주지 않습니다. 나는 오늘날 별로 높은 평가를 받지 못하는 견실하고 훌륭한 청교도 서적들 가운데 한 권을 택한다면, 그 책을 양식으로 삼을 수 있습니다. 여러분도 그렇게 하십시오. 청교도들의 책에서 단지 40일간만 지속되는 것이 아니라 하나님의 산에 이르기까지, 그곳에서 영원히 하나님을 찬미하고 경배할 때까지 하나님 앞에서 행하도록 여러분을 강건하게 만들어 주는 양식을 발견하는지 못하는지 알아보십시오. 그런데 오늘날은 하찮은 음식이 제공되는 일이 너무도 흔합니다! 그러니 우리가 "엘리야의 하나님 여호와는 어디 계시니이까?" 하고 외치는 것이 당연한 일입니다. 차별하는 은혜의 교리를 다시 한번 양식으로 먹을 수 있으면 좋겠습니다! 시작이 없는 사랑, 변치 않는 사랑, 끝이 없는 사랑을 계속해서 들을 수 있으면 좋겠습니다! 지금도 속죄를 이루어 정말로 죄를 없애는 속죄에 대해 들을 수 있으면 좋겠습니다. 오늘날 많은 사람들이 이야기하는 아주 희미하고 모호한 속죄, 사람들이 그것을 허락하는 여부에 따라 무엇인가를 이루기도 하고 아무것도 이루지 못하는 그런 속죄는 듣고 싶지 않습니다! 우리는 영생에 이르게 하는 양식이 다시 필요하고, 그리스도와 연합하여 그리스도 안에 거하며 따라서 하나님 앞에서 안전하며 지극히 높으신 하나님을 기쁘시게 한다는 중요한 진리를 다시 한번 알 필요가 있습니다. 하나님께서는 우리에게 이 음식을 돌려주십니다! 형제자매 여러분, 여러분은 이 음식을 얻기까지 만족해서는 안 됩니다. 다른 모든 식탁은 돌아보지 말고 이렇게 말해야 합니다. "'엘리야의 하나님 여호와는 어디 계십니까?' 참된 고기인 살이 어디 있고, 참된 음료인 피가 어디 있습니까?" 그리스도 외에는 어떤 것에도 만족하지 마십시오. 예수 그리스도와 그리스도께서 십자가에 못 박히신 것 외에는 어떤 복음도 받지 마십시오. 하나님께서 그의 성도들의 영혼을 아주 만족케 하셔서 그들이 봉사를 잘하거나 고통을 잘 견딜 수 있게 해주시기를 바랍니다! 엘리야의 하나님 여호와께서 우리를 하늘에서 내린 떡, 생명의 떡, 바로 그리스도 예수님으로 부양하실 때에만 우리가 실제 생활에서나 열심에서 튼튼해집니다. "주여 이 떡을 항상 우리에게 주소서!"(요 6:34).

우리는 엘리야를 불 수레로 데려가신 하나님이 다시 필요합니다. 나는 이 점에 대해 말씀을 드리고 설교를 마치겠습니다. 아마도 여러분 가운데 많은 분들은 그런 방식으로 하늘에 갈 것으로 생각하지 않을 것입니다. 내가 그런 식의 승천과 죽음 사이에서 선택할 수 있다면 나는 그냥 죽는 것을 택할 것 같습니다. 나는 어떤 형제들이 자기는 결코 죽지 않을 것이라고 기대하면서 갖는 큰 기쁨에 동조할 수 없었습니다. 왜 죽지 않으려고 합니까? 만일 여러분이 죽지 않는다면 여러분은 영원히 손해를 보는 사람이 될 것입니다. 왜냐하면 여러분은 잠든 사람들만큼 죽음 가운데 계신 그리스도와 교제를 충분히 나누지 못할 것이고, 무덤에 계신 그리스도와도 충분한 교제를 나누지 못할 것이기 때문입니다. 우리가 다른 어떤 방식으로 무엇을 놓치든지 간에 그리스도를 만나는 것은 큰 기쁨이 될 것입니다. 그리스도를 보고 그리스도와 함께 있는 것이야말로 우리 영의 최고의 소망입니다. 그렇지만 나는 죽음에 있어서 그리스도와 나누는 교제를 놓치고 싶지 않습니다. 죽을 때 두려워할 것이 무엇입니까? 사람들은 "고통"이라고 말합니다. 무슨 고통입니까? "죽는 고통"이라고 말합니다. 죽음에는 고통이 없습니다. 아무것도 있을 수 없습니다. 고통은 살아있을 때에만 있는 것입니다. 죽음은 중요한 최후의 해제(解除)입니다. 죽음이 신자에게 임했을 때는 슬픔이나 한숨 쉬는 일이 없을 것입니다. 그러면 여러분이 두려워하는 것이 무엇입니까? 죽음을 두려워합니까? 그런데 그리스도께서는 여러분이 결코 죽지 않을 것이라고 말씀하시지 않았습니까? 여러분은 이 세상을 떠나 아버지 하나님께 갈 것입니다. 그런데 여러분이 언제 가게 될 지는 전혀 알지 못할 것입니다. 죽는 것을 항상 두려워한 몇몇 친구들이 있었습니다. 나는 그들이 죽음에 관해 아무것도 알지 못했다는 것을 확실히 압니다. 왜냐하면 그들은 어느 날 밤에 분명히 건강한 상태로 잠자리에 들었는데, 아침에 깨우려고 그들을 불렀을 때, 주님께서 그 전에 그들을 부르셔서 그들이 "주와 함께 영원히" 지내기 위해 하늘에 올라갔다는 것을 알았기 때문입니다. 그들의 평온한 얼굴을 보면 조금이라도 발버둥치는 일이 없었고, 심지어 한숨을 쉬거나 헐떡거리는 일조차 없었으리라는 것을 알 수 있었습니다. 그들은 눈을 감고 천국을 꿈꾸었는데 깨어보니 자기들이 천국에 있는 것을 발견했을 것입니다. 그들은 철문을 지나가지 않았고 차가운 시냇물을 힘들게 통과하지도 않았습니다. 그러나 그들은 천국에 있었습니다. "아, 하지만 나는 여전히 죽는 게 두려워요" 하고 어떤 사람은 말합니다. 그와 똑같은 말을 한 사람에 대해서 말씀드리도록 하겠습니다.

　몇 년 전에 나는 요양차 프랑스 남부에 가 있었습니다. 그곳에서 나는 많이 아팠고, 내 방에 혼자 앉아 있었습니다. 친구들이 모두 점심 식사를 하러 내려갔기 때문이었습니다. 그때 갑작스럽게 내가 집 밖에서 할 일이 있다는 것이 생각났습니다. 그 일이 무엇인지 알지 못했지만 나는 걸어서 밖으로 나와 의자에 앉았습니다. 폐병의 마지막 단계에 있는 창백하고 메마른 불쌍한 한 부인이 와서 내 곁 의자에 앉았습니다. 그녀가 나를 보고 말했습니다. "아, 스펄전 목사님, 저는 지난 수년 동안 목사님의 설교를 읽어왔어요. 그리고 주님을 신뢰하는 법을 배웠습니다! 저는 제가 오래 살 수 없다는 것을 압니다. 그리고 그 점을 생각할 때는 몹시 슬퍼요. 저는 죽는 것이 너무나 무섭기 때문이에요." 그때 나는 왜 내가 밖으로 나가게 되었는지를 알았습니다. 그리고 그녀의 마음을 유쾌하게 하려고 애쓰기 시작했습니다. 그런데 막상 해 보니, 그것은 참으로 힘든 일이었습니다. 얼마 동안 그녀와 이야기를 주고받은 후에 그녀에게 말했습니다. "그러면 부인은 천국에는 가고 싶지만 죽고 싶지는 않은 것입니까?" "예, 바로 그렇습니다" 하고 그녀가 답을 하였습니다. "그러면 어떻게 천국에 가기를 바라십니까? 부인은 불 수레를 타고 올라가고 싶으십니까?" 그동안 그 방법이 그녀에게 일어나지 않았습니다. 그런데도 그녀는 "맞아요. 예, 그랬으면 좋겠어요!" 하고 대답했습니다. 내가 말했습니다. "그러면, 바로 이 모퉁이 둘레에 온통 불이 붙은 말들이 서 있고, 불타는 듯한 수레가 부인을 태우고 천국에 올라가기 위해 기다리고 있다고 생각해 봅시다. 부인은 그런 수레를 타기 위해 즉시 앞으로 나갈 수 있을 것 같습니까?" 부인은 나를 보더니 말했습니다. "아니요, 틀림없이 그렇게 하기가 무서울 거에요." 그래서 내가 말했습니다. "아! 그렇지요. 나도 무서울 것입니다. 틀림없이 나는 죽는 것보다 그런 불 수레에 올라타는 것이 훨씬 더 무서워 많이 떨 것입니다. 나는 그런 불 말 뒤에 있는 것을 좋아하지 않습니다. 차라리 그런 불 수레를 타고 가는 일을 면제받는 것이 낫겠어요." 그 다음에 부인에게 말했습니다. "앞으로 부인에게 일어날 수도 있을 일을 말씀드리겠습니다. 필시 부인은 어느 날 밤 잠자리에 들었다가, 그 다음에 천국에서 깨어날 것입니다."

그리고 그 후에 얼마 안 되어 바로 그 일이 그녀에게 일어났습니다. 그녀의 남편은 내게 말하기를, 그 대화 후로 그녀는 죽는 일에 관해 다시는 걱정하지 않았다고 하였습니다. 그 부인은 죽는 것이 결국 천국에 가는 가장 쉬운 길이고, 불 말과 불 수레와 함께 회오리바람을 타고서 올라가는 것보다 훨씬 더 낫다는 것을 느꼈던 것입니다. 그리고 그녀는 하늘 아버지께 자신을 하나님의 방법대로 본향으로 데려가시는 일을 완전히 맡겼습니다. 그리고 내가 예상했듯이 그녀는 잠을 자다가 세상을 떠났습니다.

사랑하는 친구 여러분, 나는 여러분이 꼭 죽어야 할 필요가 있는 것은 "엘리야의 하나님 여호와"께서 여러분과 함께 계시도록 하기 위함이라는 것을 알았으면 좋겠습니다. 여러분이 엘리야의 하나님을 모시고 있다면 이렇게 외칠 수 있습니다. "불 말과 불 수레여, 오라. '엘리야의 하나님 여호와'께서 나와 함께 계신다면 나는 불 말 뒤에 타고 가는 것이 무섭지 않다." 아, 그렇습니다! 혹은 이렇게 말할 수도 있습니다. "조용한 방이여, 오라. 몇 주간에 걸친 진저리나는 고통으로 괴로운 침대여 오라. 마침내 바퀴가 우물 위에서 깨지고(전 12:6) 우리가 떠나야 한다는 메시지여 오라. 죽음이여 오라. 내 영혼을 데려갈 하늘의 무리여 오라."

이렇게 여러분은 "엘리야의 하나님 여호와"께서 여러분과 함께 계시다는 것을 아주 즐겁게 깨닫게 될 것이고, 그러면 여러분은 전혀 두려워하지 않을 것입니다. 겁 많은 여러분이 죽게 될 때는 확실히 "남자답게 행동할" 수 있을 것입니다. 가장 많이 떠는 성도들이 마지막에는 가장 용감한 성도가 되는 경우가 흔히 있습니다. 내가 아는 사람들 가운데 거의 다른 사람에게 좌지우지 당하다시

피 하는 사람들이 있는데, 의심과 두려움이 가득한 이들이었습니다. 그런데 그들이 요단강을 건너게 되었을 때는 누구보다 용감하였습니다.

여러분은 존 번연이 낙심 씨(Mr. Despondency)의 딸인 불쌍한 질겁 양(Miss Much-afraid)에 대해서 어떻게 말하고 있는지 아십니다. 그녀가 노래를 부르며 그 강을 건넜다고 했습니다! 하나님의 담대 씨들(Great-hearts) 가운데 어떤 이들은 죽었을 때 물이 턱까지 차는 것을 알았습니다. 그들이 그 자리에 그대로 서서 발밑에 바닥이 닿는 것을 느끼며, 죽음이 제멋대로 하도록 내버려 두고 그러는 동안 내내 "승리로다, 승리로다, 승리로다. 나를 사랑하시는 이로 말미암아 넉넉히 이긴다"고 외칠 수 있는 것은 영광스러운 일입니다. 그런데 여러분이 힘이 없고 약하며 겁이 많을지라도 다른 모습으로 죽을 수 있을 것입니다. 아마도 여러분은 즐겁고 평온하며 기쁘고 복된 상태로 죽음을 통과할 것입니다. "엘리야의 하나님 여호와"께서 여러분과 함께 계실 것이고, 주께서 그러셨던 것처럼 여러분도 마지막에는 승리할 것입니다.

사랑하는 여러분, 여러분도 알다시피 시간이 다 갔습니다. 그런데도 저는 설교 주제의 첫 부분밖에 말할 수 없었습니다. 그러니 주의 뜻이면 여러분은 다음 시간에 두 번째 부분을 듣기 위해서 오셔야 합니다.

제
3
장
—

거문고 탈 자

—

"이제 내게로 거문고 탈 자를 불러오소서 하니라 거문고 타는
자가 거문고를 탈 때에 여호와의 손이 엘리사 위에 있더니." —
왕하 3:15

본문은 다소 독특합니다. 하지만 저는 본문이 우리에게 유익한 생각을 제공
해 줄 것이라고 믿습니다. 엘리사는 성령께서 임하여 그에게 예언의 말을 불어
넣어 주어야 할 필요가 있었습니다. "성령의 감동하심을 받은 사람들이 하나님
께 받아 말한 것임이라"(벧후 1:21). 우리는 주님의 손이 우리 위에 있어야 할 필
요가 있습니다. 왜냐하면 우리는 하나님의 감동하심을 받지 않고서는 입을 열어
지혜로운 말을 할 수 없기 때문입니다. 하나님의 성령께서는 자신의 뜻대로 행
하십니다. "바람이 임의로 불매"(요 3:8). 하나님의 성령께서는 자기가 원하는 대
로 일하십니다. 엘리사는 자기가 원한다고 해서 예언할 수 있지 않았습니다. 그
는 하나님의 영이 그에게 임하실 때까지 기다려야 했습니다. 성령께서는 자신이
기뻐하시는 대로 오실 수도 있고 오지 않으실 수도 있었습니다. 엘리사는 마음
이 평온하고 차분해졌을 때 성령께서 아주 자유롭게 자기에게 영향을 끼치신다
는 것을 알았습니다. 그는 자기 영혼 속에서 소음이 잠잠해지고 마음을 어지럽
게 하는 온갖 감정이 진정되었을 때 하늘의 음성을 들을 수 있는 준비가 가장 잘
된 상태라는 것을 알았습니다. 관찰을 통해서 이 사실을 확인하고서 그는 그 사
실에 맞춰 행동하였습니다. 그는 성령의 바람을 일으킬 수는 없지만 바람을 받

기 위해 돛을 펼 수 있었고, 그래서 그렇게 했습니다.

본문에 암시되는 특정한 때에, 엘리사는 아합과 이세벨의 아들인 이스라엘 왕 여호람을 보자 크게 화가 났습니다. 그의 옛 선생인 엘리야의 정신을 따라 엘리사는 여호람에게 자신이 그에 대해 생각하는 바를 말하였습니다. 속내를 털어놓으면서 그는 아주 자연스럽게 흥분하고 속을 끓이게 되었고 따라서 하나님의 영의 대변자 노릇을 하기에 부적절하다는 것을 느꼈습니다. 그는 자신이 그런 상태에 있는 동안 하나님의 손이 자기 위에 임하지 않으리라는 것을 알았고, 그래서 "거문고 탈 자를 불러오소서" 하고 말하였습니다. 히브리 원어는 하프를 연주하는데 익숙한 사람이라는 개념을 전달합니다. 필시 음악에 맞춰 다윗의 시편들 가운데 하나를 노래하였을 능숙한 하프 연주가가 만들어 내는 아름다운 소리에 귀를 기울이면서 선지자는 잠시 기다렸을 것입니다. 그러자 하나님의 손이 그의 위에 임하였습니다. 거문고 타는 자의 덕분으로 마음이 조용해지고 흥분이 가라앉고 생각이 집중되었습니다. 그러자 하나님의 영이 그를 통해서 말씀하셨습니다. 그가 유일하게 의지하는 것은 여전히 하나님의 손이었지만, 다른 때에 유용하다는 것을 발견한 수단을 사용하는 것은 매우 칭찬할 만한 일이었습니다. 음악이 유용하다는 것을 안 선지자가 엘리사만이 아니었다는 것을 사무엘상에 나오는 한 구절에서 알 수 있는 것 같습니다. "네가 선지자의 무리가 산당에서부터 비파와 소고와 저와 수금을 앞세우고 예언하며 내려오는 것을 만날 것이요"(10:5). 선배들처럼 엘리사도 초자연적인 도움을 받도록 준비하는 일에 자연적인 수단을 사용하였을 뿐입니다.

이 사건이 우리에게 가르쳐 줄 수 있는 실제적인 교훈을 끌어낼 수 있는지 살펴봅시다.

첫째로, 여기에는 하나님을 섬기고 하나님의 이름으로 말하고자 하는 사람들에 대한 교훈이 있습니다.

1. 우리는 하나님의 일을 하기에 적합한 상태에 있도록 노력합시다.

성령께서 우리에게 작용하고 우리를 통해서 말씀하실 것 같은 상태로 우리 마음을 준비시킬 수 있는 것을 알고 있다면 그 수단을 사용합시다. "거문고 탈 자를 불러오소서." 우리도 이렇게 말합시다. "내게 유용할 것을 가져다주시오." 거문고 타는 자가 그에게 영감(靈感)을 가져다주는데 아무 소용이 없었을 것입니다. 그러나 그는 엘리사가 평온하고 한결같은 마음 상태에 이르게 함으로써 천상의 소통을 할 수 있도록 준비시켰고, 그의 영혼에서 하나님의 활동을 방해할 수 있는 것을 제거하였습니다.

우리도 이 선지자처럼 나름대로 장애물이 있는 것은 분명한 사실입니다. 우리는 때로 주님이 쓰시기에 부적합한 상태에 있습니다. 마음은 혼란스럽고, 몸 상태는 고장이 나 있으며, 돛은 감겨 있고 관은 막혔으며, 영혼의 상태가 전체적으로 원활하지 않습니다. 엘리사의 경우에 장애물은 주위 환경으로부터 왔습니다. 엘리사가 군대 진영(陣營)에 있었는데, 이 진영에서는 세 나라가 서로 다른 목소리를 내고 있었습니다. 훈련이 안 되어 소란스럽고, 물이 없어 곧 죽게 생긴 진영이었습니다. 물이 없어서 병사들이 곧 죽게 생겼습니다. 틀림없이 혼란과 불평하여 떠드는 소리가 컸을 것입니다. 목이 타고 있는 수많은 사람들이 내는 소란과 불평과 위협하는 소리들 때문에 선지자는 거의 생각을 집중할 수가 없었습니다. 세 왕이 선지자를 모시고 곁에 서 있었습니다. 그런데 이 세 왕 가운데 한 사람이 아합과 이세벨의 아들인 여호람이 아니었다면, 이 상황이 선지자에게 방해가 되지 않았을 것입니다. 시돈의 오만한 부인과 그녀의 비열한 남편이 그 안에 다시 살고 있는 사람을 보자 엘리야의 종의 마음에 끔찍한 기억이 떠올랐습니다. 틀림없이 나봇의 포도원이 그의 마음에 떠올랐고, 엘리야의 준엄한 위협의 말도 생각났을 것입니다. "개들이 이스르엘 성읍 곁에서 이세벨을 먹을지라. 아합과 같이 그 자신을 팔아 여호와 앞에서 악을 행한 자가 없음은 그를 그의 아내 이세벨이 충동하였음이라"(왕상 21:23,25).

엘리사는 올바르게 그리고 용감하게 행동하였습니다. 여호람이 도움을 청하러 자기에게 오는 것을 보고 엘리사는 감히 그에게 이같이 말하였습니다. "내가 당신과 무슨 상관이 있나이까? 당신의 부친의 선지자들과 당신의 모친의 선지자들에게로 가소서." 여호람이 이 세 왕을 한데 불러 모은 데서 여호와의 손을 보았다고 겸손히 그리고 숨을 죽이고 고백하자, 선지자는 말투를 거의 누그러트릴 수 없었지만 이렇게 소리쳤습니다. "내가 섬기는 만군의 여호와께서 살아 계심을 두고 맹세하노니 내가 만일 유다의 왕 여호사밧의 얼굴을 봄이 아니면 그 앞에서 당신을 향하지도 아니하고 보지도 아니하였으리이다." 선지자가 그처럼 화를 내는 것은 당연한 일이었습니다. 그 상황에서는 그럴 수밖에 없었습니다. 그렇지만 성령의 내적 속삭임을 듣기 위한 준비 단계로서는 적합하지 않았습니다. 선지자는 일을 할 준비가 되지 않았다는 것을 느꼈습니다. 상황 때문에 마음을 진정시키지도 고양시키지도 못하고 있었습니다. 그래서 "거문고 탈 자를 불러오소서"라고 말했습니다. 이따금 여러분은 자신이 즐겁지 않은 상태에 있는 것을 발견하지 않습니까? 여러분이 설교를 해야 하거나 주일학교 반에서 아이들을 가르쳐야 하거나 혹은 병든 사람에게 위로의 말을 전해야 하는데, 주위의 모든 것이 마음을 혼란스럽게 합니다. 시끄러운 소리, 근심스런 가정사, 죄짓는 이웃들, 악한 사람의 욕설이 주위에서 난무하면 여러분은 좋은 마음 상태를 가질 수 없습니다. 그동안 여러분을 많이 힘들게 하였고 불안하게 만들었던, 처리해야 할 의무가 있는데 여러분은 그 일을 해내지 못하고 있습니다. 모든 것이 합세해서 여러분을 괴롭히고 있기 때문입니다. 사소한 일들이 위대한 마음을 슬프게 만듭니다. 어떤 개인들을 보는 것만으로도 설교자의 마음이 혼란스러워지기도 합니다. 높은 강단, 적은 청중, 조는 사람, 무거운 분위기 때문에 설교자의 마음이 불편해지고 그래서 복을 전하지 못하게 될 수 있다는 것을 나는 압니다. 그렇습니다. 엘리사처럼 우리도 나름대로 장애물이 있습니다.

엘리사의 경우, 그의 장애물은 주로 그의 내적 감정에 있었습니다. 그는 내적인 싸움이 진정되기 전까지는 하나님의 손이 자기에게 임하는 것을 느낄 수 없었습니다. 그는 이세벨의 아들을 보자 분노가 타올랐고, 그의 면전에 대고 사나운 말을 퍼부었습니다. 앞에서 이미 말했듯이 선지자가 그렇게 한 것은 정당하였습니다. 그렇지만 그처럼 흥분한 탓에 그가 평소에 살면서 유지하였던 거룩한 평안이 깨졌고, 그는 자신이 하나님의 이름으로 말할 수 있는 올바른 상태에 있지 못하다고 느꼈습니다. 화는 그것이 아무리 순순한 동기에서 일어난 것이라 할지라도 마음의 평안을 크게 깨트립니다. 화는 모든 의복을 보기 흉하게 만들어서 우리가 주님 앞에서 일하기에 부적당하게 만듭니다. 나는 분노만큼 사람을 하나님의 영과 소통할 수 없게 만드는 것이 있는지 모르겠습니다. 우리가 "내가 화내는 것은 당연해"라고 말할 수 있을지라도, 화는 아주 견디기 어려운 감정입니다. 물결이 일지 않는 호수에는 하늘이 비칩니다. 그러나 호수가 사나운 비바람을 만나면, 아무리 맑은 물이라도 깨진 거울처럼 됩니다. 바로 이와 같이 평온한 영혼에 성령의 생각이 반영됩니다. 그래서 분노가 몰아치는 동안에는 성령의 생각이 깨지고 혼란스럽게 됩니다.

또한 선지자의 마음은 틀림없이 울적하였을 것입니다. 그는 우상 숭배자인

에돔 왕과 여로보암의 송아지 우상의 신봉자인 이스라엘 왕, 그리고 그들과 동맹을 맺은 하나님의 사람 여호사밧이 앞에 있는 것을 보았습니다. 이 마지막 사람, 곧 여호사밧이 어느 것 못지않게 그의 마음을 아프게 했을 것입니다. 경건한 왕조차 이세벨의 아들과 동맹을 맺었으니 참되고 거룩한 대의를 위해 무슨 소망이 있었겠습니까? 이 사실이 하나님의 사람의 마음을 무겁게 하였습니다. 모든 것이 잘못되었고 상황은 더욱더 악화되고 있었습니다. 엘리야의 경고와 그의 가르침이 아무 소용이 없는 것처럼 보였습니다. 하나님의 명예는 잊혀졌고 악한 대의가 승리를 거두었습니다.

또한 이 하나님의 종은 틀림없이 두 가지 생각에서 오는 맹렬한 내적 갈등을 겪었을 것입니다. 분노와 동정심이 그의 마음속에서 싸우고 있었습니다. 마음속에 정의와 경건이 있기 때문에 그는 우상 숭배자인 두 왕과는 전혀 교섭할 수 없다고 느낍니다. 그렇지만 동정심과 인간애 때문에 그는 군대를 목말라 죽어가는 데서 구원하고 싶은 생각이 있습니다. 우국지사처럼 그는 자기 백성을 동정하였습니다. 유다와 이스라엘 사람들은 그들이 어떤 성격을 나타내 보이든지 간에 언약에 의한 하나님의 백성들이었습니다. 그래서 엘리야는 그들을 죽게 내버려 둘 수 없었습니다. 그런데 그들은 언약을 어겼으니, 어떻게 그들을 도울 수 있었겠습니까? 선지자는 어찌할 바를 몰랐고 마음은 더욱 무거워져 갔습니다. 우리가 낙심이 되었을 때 어떻게 주님의 일을 할 수 있습니까? 하나님을 기뻐함이 우리의 힘입니다. 그 기쁨을 잃으면 우리 손은 힘이 없습니다. 마음이 내적 갈등으로 찢어져 있을 때는 어떻게 우리가 지친 사람들에게 위로의 말을 건넬 수 있겠습니까? 우리가 다른 사람들에게 위로의 아들이 될 수 있으려면 먼저 이 내적 갈등에서 벗어날 필요가 있습니다. 갈등하는 감정으로 마음이 나뉘어 있는 동안에는 선지자의 영혼에 안식이 없었습니다. 그리고 하나님의 손도 그의 위에 임하지 않았습니다. 그가 하나님의 이름으로 말하기 위해 흥분을 가라앉힐 수 있는 수단을 찾은 것은 매우 현명한 일이었습니다. 많은 장애물을 만났을 때 우리가 그를 본받으면 지혜로운 사람이 될 것입니다. 우리가 너무 많은 봉사로 힘들다고 느낄 때, 봉사를 쉬고 적어도 얼마 동안 마리아처럼 예수님의 발 앞에 앉는다면, 분별 있는 처신이 될 것입니다. 혹은 당장에 그 봉사를 마쳐야 한다면, 그 일을 할 수 있도록 마음을 준비시키는데 가장 손쉬운 수단을 활용하는 것이 좋을 것입니다. 단순한 자연적인 수단이 유용할 수도 있습니다. 그렇다면, 우리는 지나치게 영적인 태도를 고집하여 "거문고 탈 자를 불러오소서"라고 하는 말을 경멸해서는 안 됩니다. 우리가 자연적인 수단을 이용하는 것을 무시하게 되는 것이 교만 때문인 경우가 종종 있습니다. 다윗은 여호와의 이름으로 골리앗과 싸우러 갔지만 그가 취한 것은 물매와 조약돌이었습니다. 말씀 한 마디로 사람의 눈을 뜨게 하실 수 있었던 우리 주님께서도 진흙을 사용하시거나 환자를 실로암 연못에 보내어 씻도록 하시기를 마다하지 않으셨습니다. 여러분과 내가 병이 나면, 우리는 병을 고치기 위해 최선을 다해야 합니다. 만일 내가 화가 났거나 어지러운 마음을 가지고 가서 주님의 일을 한다면, 일을 제대로 하지 못할 것입니다. 내가 몹시 떤다면 위로의 잔을 엎지르고 말 것입니다. 하나님의 종들은 주님을 잘 섬겨야 합니다. 우리가 아무리 최선을 다한다고 할지라도 그것은 주님께서 마땅히 받으셔야 하는 수준에 미치지 못합니다. 그런데 우리가 최선을 다하지도 않는다면 그것은 유감스러운 일일 것입니다. 때로 우리는 상태가 아주 저조하면 바르게 생각하거나 느끼지 못하고 말하지도 못합니다. 그러면 아주 당황하게 되고, 더 나쁜 것은 흥분 상태가 좀 가라앉기 전까지는 하나님께서 오셔서 우리를 도우실 것이라는 생각조차 하지 못한다는 것을 고백하지 않을 수 없습니다. 나는 말하는 의미를 내가 생각하는 것만큼 여러분에게 전달하지 못할 때가 있습니다. 우리 형제들 가운데 어떤 이들은 항상 마음이 한결 같고 평온합니다. 그런가 하면 어떤 이들은 위험할 정도로 마음이 흥분되었다가 또 딱할 정도로 마음이 가라앉아서 천상의 말씀을 받기에 부적합하고 다른 사람들에게 전달하기에도 부적합한 때가 있습니다. 그런 때에는 본문의 말씀을 기억하도록 합시다. 선지자는 "거문고 탈 자를 불러오소서"라고 하였고, "거문고 타는 자가 거문고를 탈 때에 여호와의 손이 엘리사 위에 있었습니다."

그러면 우리가 장애물을 만났을 때 우리에게 **도움이 되는 것들**은 무엇입니까? 우리 경우에 거문고처럼 유용할 수 있는 것이 있습니까? 선지자가 "거문고 탈 자를 불러오소서" 하고 말한 것은, 그의 마음이 아름다운 그 음악을 들으면 쉽게 감동을 받았기 때문입니다. 음악과 노래가 그의 마음을 진정시키고 평온하게 하며 기운을 북돋우었습니다.

"그 음악은 모든 맥박 속으로 가만히 들어가
그의 영혼과 고상한 교제를 나누었습니다."

아름다운 선율의 날개를 타고 그의 마음은 시끄러운 진영 위로 올라갔고, 보기 역겨운 여호람 앞을 떠나 멀리 떠나갔습니다. 감동적인 신비한 가락이 그의 모든 격정을 잠재웠고, 그러자 그의 영혼이 잠잠해져서 하나님의 목소리를 들을 수 있었습니다. 이것을 보면 루터가 이렇게 이야기한 것은 바른 말입니다. "음악은 선지자들의 예술이다. 영혼의 흥분을 가라앉힐 수 있는 유일한 예술이다. 음악은 하나님께서 우리에게 주신 지극히 훌륭하고 유쾌한 선물들 가운데 하나이다."

우리를 돕는 것들 가운데 노래가 단연 우위를 차지하고 있습니다. 바울 사도가 그와 같이 이야기합니다. "시와 찬송과 신령한 노래들로 서로 화답하며 너희의 마음으로 주께 노래하며 찬송하며"(엡 5:19). 이 사도가 골로새서에서 어떻게 노래를 평안과 연결시키는지 주의해 볼 필요가 있습니다. "그리스도의 평강이 너희 마음을 주장하게 하라……모든 지혜로 피차 가르치며 권면하고 시와 찬송과 신령한 노래를 부르며 감사하는 마음으로 하나님을 찬양하고"(3:15,16). 어떤 사람은 말합니다. "나는 노래할 줄 몰라요." 여러분은 아삽과 헤만처럼, 그리고 성경에 그 이름이 나오는 낙원의 아름다운 새들처럼 감미롭게 노래할 필요가 없습니다. 그러나 우리가 노래를 더 하게 된다면 더 잘 불러야 할 것입니다. 깨진 목소리를 지닌 사람들은 회중 가운데서 너무 크게 노래하지 않는 것이 친절을 베푸는 일이 될 것입니다. 그렇지 않으면 다른 사람들에게 큰 피해를 줄 것이기 때문입니다. 그들은 그들의 큰 목소리와 강한 음색에 불평할 사람이 아무도 없는 곳에서는 혼자서 즐거운 시간을 가질 수 있을 것입니다. 하나님께 찬송을 부르는 것은 좋은 일입니다. 찬송이 지닌 미점 중의 하나는 찬송이 가져다주는 위로에 있습니다. 우리 주님께서 유월절 저녁 식사를 끝내고 자신을 희생 제사로 드리러 가시기 전에 찬송을 부르신 것은 의미 없는 일이 아닙니다. 주님조차도 찬송이라는 그 거룩한 운동에서 원기를 회복하셨던 것이 아니겠습니까? 내가 종종 여러분에게 말씀드렸던 때, 그러니까 내게 대하여 새로운 거짓말, 아주 지독한 거짓말이 꾸며졌고, 그 거짓말 때문에 괴로움을 겪었던 때를 곰곰이 생각해 봅니다. 나는 그동안 비방을 꽤 많이 받았지만 비방 받는 일이 결코 즐겁지 않았습니다. 그러면 나는 잠시 혼자 가면서 보잘것없지만 내 방식대로 자신에게 이렇게 노래를 불러주었습니다.

"주님의 귀한 이름을 위해서라면 내 얼굴에
수치와 비난이 떨어져도
비난을 기쁘게 맞이하고 수치를 환영하겠네
주께서 나를 기억하신다면."

이렇게 노래하면 찌르는 가시가 제거되었고, 다시 즐거워지는 것을 느꼈습니다. "거문고 탈 자를 불러오소서." 기분을 원래대로 회복시키는 수단이 사소한 것일 수 있습니다. 여러분이 마차 바퀴의 바퀴 고정 핀을 잘 돌보지 않는다면, 바퀴가 빠지고 수레가 내려앉을 수 있습니다. 그러면 가엾은 말이 무엇을 할 수 있겠습니까? 여러분이 노래를 부르는 것처럼 간단한 일을 통해 마음을 다시 바로잡을 수 있다면, 그런 사소한 일을 무시하지 않도록 하십시오.

그런데 노래하는 것이 여러분에게 그런 영향력을 주지 못할 경우에는 어떻게 하겠습니까? 그러면 하나님의 말씀을 한 장 조용히 읽는 것을 여러분에게 권합니다. 방에 들어가서 성경을 펼치고 몇 구절을 묵상하십시오. 마음이 몹시 혼란스러우면 "너희는 마음에 근심하지 말라 하나님을 믿으니 또 나를 믿으라"(요 14:1)는 말씀으로 시작되는 복된 장(章)을 읽으십시오. 이 구절들은 많은 사람들의 마음에 주문처럼 작용합니다. 이 말씀을 읽을 때 폭풍우가 가라앉고 평온이 찾아온 때가 허다히 많았습니다. 조용히 읽는 이런 구절이 거문고 타는 자가 엘리사에게 작용하였듯이 작용할 때가 종종 있을 것입니다. 괴로운 시간이 온다면 본문의 말씀이 특정한 날에 어떤 의미를 갖는지 보십시오. 혹은 다른 날에 여러분의 마음을 기쁘게 했던 어떤 한 가지 약속을 골라보십시오. 성경의 단 한 구절이라도 성령께서 그것을 영혼에 적용하실 때 그 효과는 놀랍습니다. 구두쇠에게는 돈 주머니 속의 짤랑짤랑하는 소리가 음악일 것입니다. 그러나 이 음악에 비할 것이 있겠습니까? "하나님을 사랑하는 자 곧 그의 뜻대로 부르심을 입은 자들에게는 모든 것이 합력하여 선을 이루느니라"(롬 8:28). 여러분이 가난한 가운데 있다면 이 말씀에 아름다운 곡조가 있습니다. "여호와를 의뢰하고 선을 행하라 땅에 거하여 정녕히 먹으리로다"(시 37:3, KJV). 우리가 성경의 한 구절을 붙잡고 거기에서 우리 영혼이 단 것으로 만족할 때까지 꿀을 빨아내려고 한다면, 참으로 놀라운 능력이 우리 영혼에 임하여 마음을 차분히 가라앉게 하여 하나님의 손을 맞이할 수 있게 만들 것입니다.

여러분이 전적으로 기도에 매달리려고 한다면, 그것이 거문고 탈 자를 데려오는 것과 같은, 어쩌면 훨씬 더 큰 효과를 낸다는 것을 발견하게 될 것입니다. 무서운 랍사게의 편지, 여러분이 그 편지를 한 번 읽어보십시오. 그러면 편지를 결코 보지 않았다면 좋았겠다고 여길 것입니다. 여러분은 그 편지를 한쪽에 치워놓았다가 다시 가져와 읽고서는 소리칠 것입니다. "이 무슨 끔찍한 시련이란 말인가! 누가 이 시련을 감당할 수 있겠는가?" 혐오스러운 편지에는 일종의 주술 같은 효력이 있어서, 여러분은 그 편지를 읽고 또 읽고 싶은 생각이 들지 않을 수 없습니다. 여러분은 그 마력을 깨트릴 수 있습니까? 가장 지혜로운 방식은 무엇입니까? 방에 들어가서 하나님 앞에 편지를 펼쳐놓고 이렇게 말하십시오. "하나님이시여, 주께서는 전에도 이 같은 편지를 보셨습니다. 주의 종 히스기야가 주께 이 같은 편지를 보여드렸기 때문입니다." 슬픈 일을 만나면 그것이 어떤 것이든 "그것을 놓고 기도하라"고 나는 말해주고 싶습니다. 나이든 목사가 한 젊은 목사가 전하는 형편없는 설교를 들은 후에 그에게 말했습니다. "목사님, 목사님은 설교를 작성하고 나서 그 설교를 놓고 기도해 보시라고 말씀드리고 싶습니다." 그러자 그 젊은 목사는 설교를 놓고 기도할 수 없었다고 답하였습니다. 하나님 앞에 내놓고 기도할 수 없는 설교는 전해서는 안 되는 설교입니다. 하나님 앞에 내놓고 기도할 수 없는 근심은 여러분이 고민할 필요가 없는 근심입니다. 그것은 여러분 스스로 만들어낸 근심인 것이 틀림없습니다. 그런 것은 하나님께서 보낸 시련일 수가 없습니다. 주님께 여러분의 고통을 말씀드리십시오. 그러면 그 고통의 쓴 맛이 사라질 것입니다. 그래서 여러분은 평온하고 조용한 심정으로 다시 일상의 일을 시작할 수 있게 되어, 하나님의 손이 여러분 위에 임하기에 적합한 상태가 됩니다. 그러면 사람들은 여러분이 어떻게 해서 기뻐하게 되었고 여러분의 얼굴이 빛나게 되었는지 궁금해 할 것입니다. 그 비결은 여러분이 하나님을 찾아뵈었고, 그로 인해 힘을 다시 얻게 된 것입니다.

여러분은 그리스도인의 교제에서 가장 적합한 도움을 얻을 수 있습니다. 성품이 침울하고 까다롭기 때문에 하나님께서 좀처럼 사용하시기에 적합하지 않은 사람들에게 이렇게 할 것을 권합니다. 여러분은 틀림없이 "내게로 거문고 탈 자를 불러오소서" 하고 말할 것입니다. 즉, "내가 함께 이야기할 수 있는, 기도하는 자매를 찾아 주세요" 혹은 "하나님을 기뻐하는 유쾌한 형제를 찾아 주세요. 그러면 그런 사람과 대화를 해보겠어요"라고 말할 것입니다. 주님께서 여러분의 대화에 가담하여 세 번째 인물이 될 수 있고, 그러면 여러분의 마음이 즐거울 것입니다. 그리스도인들이 혼자 천국에 가려고 하는 데서 많은 불행이 생깁니다. 여러분은 존 번연이 「천로역정」에서 크리스천이 처음에 혼자 여행할 때 그의 상태를 어떻게 묘사하고 있는지 알 것입니다. 크리스천은 얼마 있지 않아 우연히 소망(Hopeful)을 알게 되었고, 그 후로 그는 좀 더 유쾌해졌습니다. 크리스티아나와 자비심, 그리고 그 가족에 대해서 말하자면, 그들은 담대 씨(Mr. Greatheart)가 없었더라면 거의 순례여행을 계속하지 못했을 것입니다. 하지만 그들이 모두 무리를 지어서 갔고, 담대 씨가 그 무리를 인도하였을 때, 천성 문까지 가는 길 내내 그들은 노래를 부를 수 있었습니다. 그리스도를 섬기는 일에 지체하는 친구 여러분, 여러분이 하나님을 경외하는 모든 사람들의 친구가 되고, 하나님의 교훈을 지키는 사람들과 친구가 되려고 한다면, 바르게 고쳐져서 하나님께서 여러분을 사용하실 수 있게 될 것입니다. 거룩한 대화는 사람들의 영혼에 거문고 타는 자와 같은 작용을 합니다.

　이런 데서 생기는 의무는 무엇입니까? 이것입니다. 만일 여러분이 바람직하지 않은 상태에 떨어지게 되면, 고집스럽게 그 상태에 계속 있으려고 하지 말라는 것입니다. 어떤 사람은 이렇게 말합니다. "날씨가 너무 푹푹 찌니까 마음이 울적해서 성령님이 내 마음에 작용하시지 않아." 그리고 나서 당장에 "내게 거문고 탈 자를 불러 주세요" 하고 소리칩니다. "나는 바보가 될 수밖에 없어"라고 말하지 마십시오. 여러분은 바보가 될 필요가 없습니다. 적어도 여러분이 본래 바보가 아닌 만큼 바보가 될 필요가 없습니다. 여러분은 노력하면 둔함에서 벗어날 수 있습니다. 틀림없이 성공할 수 있을 것입니다. 나는 여러분이 이렇게 말하는 소리를 들었습니다. "모두 휴일을 즐기러 떠났는데, 나는 일을 그만 둘 수 없어. 장사는 재미없어. 그렇지 않나?" 하지만 여러분은 그렇게 지낼 필요가 없습니다. 여러분이 항상 울적하게 지내야 할 필요가 어디 있습니까? 여러분은 말합니다. "우리 반 아이들 가르치러 갈 기분이 아니야." 혹은 "설교할 기분이 아니야" 하고 말합니다. 그래서 여러분이 주님의 일을 그만두어야 옳겠습니까? 결코 그래서는 안 됩니다. 기운을 내십시오. 하나님께서 전에 여러분을 도우셨던 방식을 생각하고, 그 수단을 다시 한번 사용해 보십시오. 여러분이 스스로 애쓰고 있을 때 하나님께서 여러분을 도우시고, 주님의 손이 여러분 위에 임하실 것입니다.

여러분의 마음을 어지럽게 하는 감정에 무너지지 않도록 하십시오. 그런 감정들에 맞서 싸우고 다윗처럼 이렇게 외치십시오. "내 영혼아 네가 어찌하여 낙심하는가"(시43:5). 그러나 부적합한 상태에서 하나님의 봉사에 뛰어들지 마십시오. 여러분의 낮은 기능을 진정시키기 위해 손쉽게 사용할 수 있는 수단들을 이용하도록 하십시오. 그러면 성령께서 여러분의 더 고귀한 능력이 움직이게 만드실 것입니다. 최상의 판단을 하고 지극히 신중한 노력을 기울이도록 하십시오. 그렇지 않으면 우리는 여러분이 주의 일을 하려는 마음이 없는 것이 아닌가 의심할 것입니다. 혹은 무엇이든지 여러분의 하나님께는 아주 충분하다고 생각하는 것이 아닌가 의심할 것입니다. 여러분 스스로에게 이렇게 말하십시오. "내가 적합하지 않은 상태에 있다면, 하나님께서 나를 사용하실 것이라고 기대할 수 없다. 그러므로 나는 바른 상태에 있어야 한다. 거문고가 있는데, 줄마다 음이 전혀 맞지 않다. 조율하기 전에는 성령께서 거문고를 연주하실 수 없을 거야. 이 문제에서 내가 할 일이 무엇인가? 거문고를 조율하도록 하겠어. 그래서 내가 성령님이 나를 도와주시기를 하나님께 구할 때 내 기도가 진실하다는 것을 입증하도록 하겠어."

그렇다면 이것이 우리가 배워야 할 첫 번째 교훈입니다. 뛰어난 사람들은 비웃을 수도 있겠지만, 나는 여기에 실제적인 교훈이 있다고 확신합니다.

두 번째 드릴 말씀은 아직 주님을 발견하지 못한 사람들이 들어야 하는 것입니다.

2. 우리는 하나님의 손길을 느끼기 위해서 모든 수단을 사용해야 합니다.

여기 있는 사람들 가운데는 자신이 그리스도를 믿는 신자인지 아닌지 아직까지 모르는 분들이 있습니다. 나도 그분들이 그리스도인인지 아닌지 확실히 말할 수 없을 것 같습니다. 나는 그분들이 신자일 것으로 생각합니다. 왜냐하면 그분들이 정말로 영원한 구원을 바라기 때문입니다. 그러나 때로는 그분들이 신자가 아닐지도 모른다는 생각을 합니다. 그분들이 그리스도의 완성하신 사역의 의미를 모르는 것처럼 보이기 때문입니다. 그러면 진심으로 주님을 찾는 사람들이 할 일이 무엇입니까? 거기에 대해서는 한 가지 답변밖에 없습니다. "주 예수 그리스도를 믿으라 그리하면 네가 구원을 받으리라"(행 16:31). 요구하는 단 한 가지는 믿음입니다. 그러면 어떤 사람은 말합니다. "슬프게도 나는 믿을 수 없어요.” 하지만 친구 여러분, 그대는 믿어야 합니다. 그렇지 않으면 망합니다. 믿음이 없이는 하나님을 기쁘시게 할 수 없습니다.

그렇지만 여러분을 돕기 위해서, 손쉽게 사용할 수 있는 이것을 해보라고 여러분에게 권하고 싶습니다. 성령께서 현재 상태의 여러분에게 복을 주실 것이라는 생각이 들지 않으면 복을 구하는 일에서 여러분을 도울 수 있는, 거문고 탈 자를 부르도록 하십시오. 차선책이기는 하지만 도움이 될 수 있는 수단이 있다면, 더 높고 나은 것을 기대하면서 그 수단을 이용하십시오. 먼저 이렇게 말씀드리고 싶습니다. 여러분이 마땅히 가져야 할 믿음이 없다고 느낀다면, 현재 여러분에게 있는 믿음을 사용하도록 하십시오. 겨자씨만 한 믿음에 어마어마한 가능성이 있다는 것은 놀라운 일입니다. 겨자씨는 아주 작고 하찮은 것에 불과합니다. 그러나 그 씨를 심으십시오. 그러면 그 씨가 자랄 것입니다. 여러분은 그리스도께서 여러분을 구원하려고 하신다는 것을 믿을 만한 믿음이 없습니다. 그러나 그리스도께서 여러분을 구원하실 수 있다는 것은 확실히 믿을 수 있습니다. 그 믿음이 중요한 것입니다. 그 믿음을 붙잡고, 그 믿음이 아름다운 결론에 도달하기까지 따라가십시오. 사람이 한 주간의 양식을 살 돈이 없을지라도, 그렇다고 해서 굶어죽어서는 안 됩니다. 돈이 더 들어올 것을 바라며 현재 있는 돈을 사용하도록 해야 합니다. 여러분에게 티끌만 한 믿음이 있습니까? 그 믿음을 사용하십시오. 그러면 그 믿음이 커질 것입니다.

여러분이 하나님의 손길을 느끼고 싶다면, 이렇게 말씀드리고 싶습니다. 가서, 힘 있게 복음을 전하는 건전하고 성실한 설교자의 말에 귀를 기울이십시오. 나는 지금 여러분에게 내 자신이 했던 대로 하라고 권하고 있는 것입니다. 나는 혼란스러웠고 믿음을 발휘할 수 없었습니다. 그래서 나는 “너희는 귀를 기울이라 그리하면 너희의 영혼이 살리라”(사 55:3)는 다른 교훈의 말씀에 순종하기로 결심하였습니다.

여러분이 믿음 얻기를 간절히 바란다면 복음을 아주 단순하고 힘 있게 전하는 설교자의 말에 귀를 기울이십시오. 어쩌면 여러분은 이렇게 말할지 모릅니다. “나는 그동안 아주 똑똑한 설교자, 매우 지적인 설교자의 말에 귀를 기울여 왔는데, 그의 말이 내 영혼에 전혀 복이 되지 않았어요.” 그렇다면 자리를 옮겨서 이렇게 말해 보십시오. “내게로 거문고 탈 자를 불러오소서.” 그렇게 하면 하나님의 손이 여러분 위에 임할 수도 있기 때문입니다. 어쩌다 보니 여러분 가까이에 있어서 설교를 듣지만 전혀 유익을 얻지 못하는 사람의 설교를 듣기보다는 400리 길을 가더라도 신실한 설교자에게 가서 듣는 것이 낫습니다. 사람들은 능숙한 의사나 치료하는 샘물을 찾아서 먼 거리를 갑니다. 우리가 진심으로 그리스도를 찾으려고 할 때는 그리스도께서 가장 존중을 받고 가장 잘 전달되는 곳에 가고자 하는 분별이 생길 것입니다.

"그런데 사실 그동안 그런 목회자의 설교를 들었는데 아무 유익을 얻지 못했습니다. 어떻게 해야 할까요?" 성경은 말합니다. "주 예수 그리스도를 믿으라. 그리하면 네가 구원을 받으리라." 그럼에도 불구하고 여러분이 지금 당장 이 믿음을 가질 수 없다면, 그동안 회심한 사람들이 있었고, 많은 사람들이 예수님 앞으로 왔던, 진실된 집회에 참석하도록 하십시오. 설교자를 신뢰하지 말고 집회도 의지하지 마십시오. 비가 내리고 있는 곳에 가십시오. 그러면 여러분에게도 빗방울이 떨어질 수 있습니다. 어떤 목사의 설교가 다른 사람들에게 복을 주고 있다면 "하나님이시여, 제게 복을 베푸소서" 하고 기도하면서 그 설교를 의지하십시오. 당면한 우리의 필요가 하나님의 손길입니다. 우리는 복음에 귀를 기울일 때 복을 받을 준비를 할 수가 있습니다. 그러므로 우리는 부지런히 하늘의 말씀에 귀를 기울이도록 합시다.

나는 또 여러분에게 경건 서적을 읽으라고 권하겠습니다. 그리스도인들에게 어떤 글이 그들이 회심하는데 도움이 되었는지 물어보고, 그 책들을 주의 깊게 공부하십시오. 성경처럼 영혼을 구원할 수 있는 책은 없습니다. "내게로 거문고 탈 자를 불러오소서" 하고 말하고, 성경을 읽고 또 읽으십시오. 주 예수께서는 백합화 가운데서 양 떼를 먹이시니(아 2:16), 백합화 밭에 가십시오. 그러면 여러분은 거기에서 주님을 만날 것입니다. 얼마나 많은 사람들이 "이것이 그러한가 하여"(행 17:11) 알고자 성경을 상고하였을 때 그리스도를 만났는지 모릅니다.

또 나는 여러분에게 많은 것을 혼자서 생각하라고 강력하게 권하고 싶습니다. 그리스도를 발견하지 못하고 또 그리스도를 믿는다는 것이 무엇인지 알지 못하는 것처럼 보이는 불쌍한 여러분, 예수님과 그의 십자가에 대해 많이 묵상하도록 하십시오. 다윗은 "내가 내 행위를 생각하고 주의 증거들을 향하여 내 발길을 돌이켰사오며"(시 119:59)라고 말했습니다. 여러분이 거문고 탈 자가 필요하다고 느낀다면, 여러분의 죄를 생각하십시오. 그 죄 때문에 마음이 상하게 될 때까지 하나님을 대적한 여러분의 죄를 생각하십시오. 그 다음에는 그리스도에 대해서 생각하되, 그의 본성과 사역에 대해, 그의 사랑에 대해, 그의 자비의 행동들에 대해 생각하십시오. 성령님에 대해 생각하고, 새롭게 하고 중생시키시며 위로하고 거룩하게 하시는 성령의 능력에 대해 생각하며, 하나님 말씀의 중요한 그 진리들에 대해서 생각하십시오. 이 진리들은 여러분의 영혼에 빛을 비추어 그리스도께로 인도하는 등대가 되도록 세워두신 것입니다. 따라서 여러분이 이 진리들을 생각하고 있으면, 거문고 타는 자가 연주하는 동안 하나님의 손이 선지자에게 임했을 때와 같은 일이 있을 것입니다. 많은 것을 혼자 생각하십시오. 하지만 여러분이 혼자 하는 것을 신뢰하거나, 성경 읽기를 의지한다면, 하나님 말씀 듣기를 신뢰하거나, 그리스도 외에 어떤 것이든지 신뢰한다면 여러분에게 소망이 없다는 점을 기억하시기 바랍니다.

여러분에게 필요한 것은 여러분을 어루만지시는 예수님의 손입니다. 주님께서 한 번만 여러분을 만지시면 여러분은 온전해질 것입니다. 여러분이 예수님의 옷 가장자리밖에 만질 수 없다고 할지라도 예수님에게서 효험이 나와 여러분에게 흘러들어갈 것입니다. 내가 이런 점들을 이야기하고 있는 것은 이런 일들은 때때로 결국 한 가지 사실에 이르기 때문입니다. 어떤 사람이 필요한 한 가지를 얻고자 하는 간절한 마음이 있으면, 그는 하나님께서 다른 사람들의 경우에 복을 베푸셨던 부차적인 수단들에 기꺼이 눈을 돌리려 한다는 것입니다. 그는 하나님께서 그런 방식으로 자기에 복을 베푸실 것이라면 기꺼이 어린아이에게라도 배우려고 합니다. 그는 이렇게 말할 것입니다. "내게로 거문고 탈 자를 불러오소서." "좋은 책을 가져다주세요." "경건한 목사를 불러주세요." "고민이 많은 사람에게 이야기할 줄 아는 그리스도인을 데려다 주세요." "내 영혼에 확신을 가져다 줄 증언을 하여 내 안에 믿음을 일으킬 수 있는 나이든 그리스도인을 불러주세요. 나는 하나님께 가야 합니다. 구원을 얻어야만 합니다. 말해주세요. 어디 가야 그리스도를 얻을 수 있는지 말해주세요. 그리스도를 발견하기 위해 온 지구를 샅샅이 뒤져서라도 그리스도를 찾겠습니다." 그리스도를 만나기를 간절히 바란 사람 가운데 그리스도를 찾지 못하고 헛수고만 할 사람은 없다고 믿습니다. 사람들이 그리스도에 대해 굶주리고 목마를 때, 그들이 배부르고 갈증을 해소할 것이라고 확신합니다. 또 사람들이 "나를 예수님께로 인도할 수 있는 일이 있다면 무엇이든지 하겠다"고 말할 때, 그들이 하나님 나라에서 멀지 않고, 성령께서 그들 속에서 일하고 있는 것입니다.

3. 셋째로, 우리는 거룩한 수단들을 더욱 풍부하게 사용해야 합니다.

성도들이나 죄인들이나 모두 "내게로 거문고 탈 자를 불러오소서"라고 말한다면, 그것이 자기에게 큰 유익이 되는 것을 발견할 것입니다. 이것은 세상이 술에 취해 기분이 좋을 때마다 외치는 소리입니다. 음악이라는 예술이 그동안 사탄에게 봉사하는데 악용되어 왔습니다. 찰스 웨슬리가 다음과 같이 말한 것은 바르게 이야기한 것입니다.

"죄가 들어오면
어째서 선이 악이 되는 걸까?
슬프게도 음악은 너무 오랫동안
마귀에게 복종하도록 강요를 받아왔네.
술 취한 노래나 추잡한 노래, 가벼운 노래가
영혼에 흘러들어가 파멸시켰네.
꽃이 뿌려진 넓은 그 길은
영원한 파멸로 내려가는 길일세."

우리는 하나님을 섬기는데 노래를 사용하고 우리 구주님을 위해 노래를 정복합니다. 세상 사람들은 자기를 흥분시키기 위해 거문고 타는 자를 필요로 합니다. 우리는 마음을 가라앉히고 영혼을 진정시키기 위해 그런 사람이 필요로 합니다. 바로 그 점이 우리에게 쓰이는 그의 용도입니다. 그 목적을 위해서 거문고 타는 자를 이용한다면 잘하는 일일 것입니다.

몇 가지 예를 들어보겠습니다. 나는 오늘 아침 여러분이 하나님 백성들의 총회에 들어가는 것에 관해 생각하고 있는데, 그 목표에 전혀 도달하지 않은 것으로 느낀다고 생각해 보겠습니다. 여러분이 오늘 아침 내가 한 대로 했다면 지혜로운 일이었을 것입니다. 나는 오늘 아침 가정예배에서 시편 84편을 읽었습니다. "만군의 여호와여 주의 장막이 어찌 그리 사랑스러운지요 내 영혼이 여호와의 궁정을 사모하여 쇠약함이여 내 마음과 육체가 살아 계시는 하나님께 부르짖나이다 나의 왕, 나의 하나님, 만군의 여호와여 주의 제단에서 참새도 제 집을 얻고 제비도 새끼 둘 보금자리를 얻었나이다"(84:1-3).

참으로 기분 좋은 안식일 노래입니다! 우리가 시편 122편을 읽을 때 마음이 차분해지고 예배를 잘 드릴 수 있도록 준비된 때가 얼마나 많았는지 모릅니다.

> "내 친구들이 경건하게 이같이 말하는 것을
> 들었을 때 얼마나 기뻤는지 모르네.
> '우리 모두 시온에 나와서
> 거룩한 날을 지키세.'"

집안이 걱정으로 가득하고 마음이 울적할 때, "내게로 거문고 탈 자를 불러 오소서"라고 말하고, 그에게 시편 27편을 노래하도록 하는 것은 잘하는 일이 아니겠습니까? "여호와는 나의 빛이요 나의 구원이시니 내가 누구를 두려워하리요 여호와는 내 생명의 능력이시니 내가 누구를 무서워하리요 악인들이 내 살을 먹으려고 내게로 왔으나 나의 대적들, 나의 원수들인 그들은 실족하여 넘어졌도다 군대가 나를 대적하여 진 칠지라도 내 마음이 두렵지 아니하며 전쟁이 일어나 나를 치려 할지라도 나는 그 중에서 안연하리로다"(27:1-3). 여러분은 거문고 타는 자에게 한 노래만 부르라고 할 필요가 없습니다. 다윗이 마음이 무거운 사람들을 위해 많은 시편을 지었기 때문입니다. 우리가 거룩한 이 음유 시인들을 바르게 활용하기만 한다면, 연주를 통해서 우리를 깊은 골짜기에서 높은 고지로 끌어올리기 위해 하나님께서 아주 기이하게 그런 이들을 준비하신 것은 놀라운 일입니다.

여러분이 깜짝 놀란 상태에 있다고 생각해 보겠습니다. 천둥을 동반한 폭풍우가 있거나 혹시는 어떤 병이 나라 전역에 퍼지고 있을 수 있습니다. 여러분은 그런 때에 시편 46편을 불러보았습니까? "하나님은 우리의 피난처시요 힘이시니 환난 중에 만날 큰 도움이시라 그러므로 땅이 변하든지 산이 흔들려 바다 가운데에 빠지든지 바닷물이 솟아나고 뛰놀든지 그것이 넘침으로 산이 흔들릴지라도 우리는 두려워하지 아니하리로다(셀라) 한 시내가 있어 나뉘어 흘러 하나님의 성 곧 지존하신 이의 성소를 기쁘게 하도다 하나님이 그 성 중에 계시매 성이 흔들리지 아니할 것이라 새벽에 하나님이 도우시리로다"(46:1-5). 그런 음악은 하늘의 숨결 같습니다.

병이 널리 퍼져 있을 때 혹은 천둥이 하늘에서 우르르 하고 울릴 때, 시편 91편의 말씀은 얼마나 위로가 되는지 모릅니다. "지존자의 은밀한 곳에 거주하며 전능자의 그늘 아래에 사는 자여, 나는 여호와를 향하여 말하기를 그는 나의 피난처요 나의 요새요 내가 의뢰하는 하나님이라 하리라"(91:1,2). 내가 청년이 었을 때 한 가족과 함께 있었는데, 집 안에 힘센 어른들도 있었지만 아무튼 모든 사람이 두려워하며 떨던 때가 생각납니다. 한 아이가 위층에 있었는데, 데리고 내려와야 했습니다. 그러나 아무도 계단에 있는 창문 곁을 지나가려고 하지 않 았습니다. 내 기억이 틀리지 않다면, 무서워했지만 놀라지는 않은 그 아이를 데 리고 내려와 나는 앉아서 시편 91편을 큰 소리로 읽었습니다. 그 시편의 말씀이 남자 여자 할 것 없이 모든 사람의 마음을 평온하게 만드는 것을 보았습니다. 형 제 여러분, 음악가로서 다윗은 수많은 이들 가운데 한 사람입니다. 우리는 그냥 음악 하는 사람이 필요한 게 아닙니다. 하나님의 말씀은 영혼의 폭풍우를 잠재 우고, 천상의 이슬로 마음을 상쾌하게 합니다. "내게로 거문고 탈 자를 불러오소 서." 하지만 그는 우리에게 시온의 노래들 가운데 하나를 불러야 합니다.

사랑하는 여러분, 마음이 우울해진 적이 있습니까? 그런 일이 있었을까 봐 걱정이 됩니다. 여러분은 다른 사람보다 고생이 더 많은 것 같아서 괴롭습니 까? 여러분은 지금까지 괴로운 일들이 사납게 몰아치는 바다에서 이리저리 부 대꼈는데, 악인들은 순조롭게 항해하는 것을 보았습니까? 여러분은 성령의 능 력으로 마음에 평안을 얻기 바라십니까? 그러면 "내게로 거문고 탈 자를 불러오 소서" 하고 말하십시오. 그에게 시편 37편을 노래하라고 하십시오. "악을 행하 는 자들 때문에 불평하지 말라"(37:1). 혹시는 여러분이 시편 37편에 변화를 주 고, 비유적 표현을 바꾸고 싶은 생각이 든다면, 그에게 73편을 노래하라고 하십 시오. 그러면 그 선율은 이렇게 달라질 것입니다. "하나님이 참으로 이스라엘 중 마음이 정결한 자에게 선을 행하시나 나는 거의 넘어질 뻔 하였고 나의 걸음이 미끄러질 뻔 하였도다"(73:1,2). 그러나 여러분은 얼마 있지 않아 마음이 고양되 어 이 노래를 부를 것입니다. "하늘에서는 주 외에 누가 내게 있으리요 땅에서는 주 밖에 내가 사모할 이 없나이다 내 육체와 마음은 쇠약하나 하나님은 내 마음 의 반석이시요 영원한 분깃이시라"(73:25,26).

다행스러운 점은, 여러분이 언제나 마음이 울적한 것이 아니라는 것입니 다. 여러분에게 아주 즐거운 때도 있습니다. 그럴 때 여러분은 하나님과 교제하 고 싶은 마음이 간절합니다. 예수님과 교제하고 싶다면, "내게로 거문고 탈 자 를 불러오소서" 하고 말하는 것이 도움이 될 것입니다. 그 사람이 "무슨 노래를

부를까요?" 하고 물으면 "솔로몬의 노래인 노래 중의 노래"를 부르라고 하십시
오. 그러면 이와 같은 노래에서 여러분의 마음을 표현하는 가사를 발견할 것입
니다. "내 마음으로 사랑하는 자야 네가 양 치는 곳과 정오에 쉬게 하는 곳을 내
게 말하라 내가 네 친구의 양 떼 곁에서 어찌 얼굴을 가린 자 같이 되랴"(1:7). 어
쩌면 여러분은 이 같은 선율을 골라 노래할지 모릅니다. "남자들 중에 나의 사랑
하는 자는 수풀 가운데 사과나무 같구나 내가 그 그늘에 앉아서 심히 기뻐하였
고 그 열매는 내 입에 달았도다 그가 나를 인도하여 잔칫집에 들어갔으니 그 사
랑은 내 위에 깃발이로구나." "내 사랑하는 자는 내게 속하였고 나는 그에게 속
하였도다 그가 백합화 가운데에서 양 떼를 먹이는구나 내 사랑하는 자야 날이
저물고 그림자가 사라지기 전에 돌아와서 베데르 산의 노루와 어린 사슴 같을지
라"(2:3-4, 16-17). 이 책은 전체가 세상 사람들에게는 이상하게 보일지 모르나
사랑하는 주님을 아는 사람들의 마음에는 꼭 맞는 말로 가득합니다. 아가서 8장
3절을 읽어보십시오. 여러분은 이 노래를 불러본 적이 있습니까? "너는 왼팔로
는 내 머리를 고이고 오른손으로는 나를 안았으리라 예루살렘 딸들아 내가 너희
에게 부탁한다 내 사랑하는 자가 원하기 전에는 흔들지 말며 깨우지 말지니라."
"많은 물도 이 사랑을 끄지 못하겠고 홍수라도 삼키지 못하나니 사람이 그의 온
가산을 다 주고 사랑과 바꾸려 할지라도 오히려 멸시를 받으리라"(8:7).

죽을 때, 우리는 음악에 맞춰 마지막 숨을 내쉽시다. 그때 "내게로 거문고
탈 자를 불러오소서" 하고 말하고, 야곱과 모세처럼 떠나기 전에 노래를 합시다.
우리 노래는 언제나 준비되어 있습니다. 그것은 시편 23편입니다. "여호와는 나
의 목자시니 내게 부족함이 없으리로다. 그렇습니다. 내가 사망의 음침한 골짜
기로 다닐지라도 해를 두려워하지 않을 것은 주께서 나와 함께 하심이라 주의
지팡이와 막대기가 나를 안위하시나이다"(23:1,4).

바로 이런 것이 나를 위한 노래입니다. 형제 여러분, 여러분은 그렇지 않습
니까? 여러분이 근심 중에 있거나 고통 가운데 있을 때, 그런 밤에 여러분이 부
를 노래를 기억하지 않겠습니까? 노래가 그런 것이라면, 나는 마르틴 루터와 같
은 생각입니다. 여러분에게 읽어드리기 위해서 그의 말을 베껴왔습니다. 루터의
언어는 언제나 힘찹니다. 루터는 천둥번개처럼 말합니다. "하나님께서 주신 가
장 멋지고 고귀한 선물들 가운데 한 가지는 음악입니다. 음악은 마귀가 아주 미
워하는 것입니다. 음악이 있으면 우리는 시험과 악한 생각들을 내쫓을 수 있습

니다. 나는 신학 다음으로 음악에 높은 지위와 가장 고귀한 명예를 부여합니다. 음악이 나를 일깨우고 감동시켜서 내가 설교할 의욕을 얻은 때가 많았습니다. 우리는 젊은이들이 학교에서 노래하는 훈련을 받고 연습하지 않았다면 그들을 설교자의 직임에 임명해서는 안 될 것입니다." 이것은 꽤 타당한 말입니다. 나는 많은 사람들이 먼저 노래하는 사람이 되어야 했다면 설교자가 되지 못하지 않았을까 하는 생각이 듭니다. 그러나 노래에는 힘이 있습니다. 내가 앞에서 읽어드린 것과 같은 시편들로 하나님을 찬양하는 노래를 부른다는 것은 매우 위안이 되는 일입니다.

　　여러분이 내가 방금 이야기했던 노래를 끝냈다고 한다면, 그 다음에는 복음 교리라는 음악이 있습니다. 여러분에게 털어놓을 것이 한 가지 있는데, 그것은 내가 마음이 울적해질 때는 철저한 칼빈주의 교리를 다룬 책들을 조금 읽기를 좋아한다는 것입니다. 나는 하나님의 주권에 대해 쓴 콜스(Elisha Coles, c1608 – 1688. 청교도)의 책을 펼치고, 주권적인 은혜에 대해 분명히 이야기하는 그의 말을 즐겁게 읽습니다. 선택의 교리는 고상한 음악입니다. 예정은 영광스러운 할렐루야입니다. 넘치는 은혜, 승리하는 사랑, 변치 않는 진리, 정복할 수 없는 믿음, 이런 것들은 내 귀에 즐겁게 들리는 음악입니다. 하나님의 진리는 천사들에게 적합한 음악입니다. 구속받은 자들의 거문고가 은혜의 교리를 연주하는 것만큼 고귀한 음악 소리를 내는 때는 없습니다. 진리마다 그 나름의 선율이 있고, 모든 교리가 다 하나님께 드려지는 시편입니다. 마음이 울적해질 때는 "내게로 거문고 탈 자를 불러오소서"라고 합시다. 그리고 그에게 값없는 은혜와 지극한 사랑을 노래하도록 합시다.

　　이런 것들이 여러분을 기쁘게 하지 못한다면, 경험에서 거문고 탈 자를 불러오십시오. 오래도록 지속된 슬픔과 어둠의 때에 하나님께서 어떻게 여러분을 대하셨는지 생각해 보십시오. 그러면 여러분은 "그 인자하심이 영원함이로다"(시 136:1) 하고 노래할 것입니다. 시편 103편은 지금부터 사람이 천국에 들어갈 때까지 지속될 수 있습니다. 그 선율을 바꿀 필요가 없습니다. "내 영혼아 여호와를 송축하라 내 속에 있는 것들아 다 그의 거룩한 이름을 송축하라"(103:1). 그는 그의 노래가 점차로 변하여 천사들의 찬송이 될 때까지 계속해서 그 노래를 부를 수 있고, 그러면 천상에 있는 구속받은 자들의 합창에 목소리를 하나 보태는 것입니다.

여러분에게 음악이 필요하다면, 더 즐거운 것이 아직 저장되어 있습니다. 가서 골고다에서 거문고 탈 자를 불러오십시오. 즐거움을 위해서는 십자가의 음악이 나는 제일 좋습니다. 골고다에서 나는 단조(短調)에 맞춘 명곡을 듣습니다. 이 곡은 다른 무엇보다 하늘 아래서 많은 기쁨을 가져다주었습니다. 그 음악을 들어보십시오. "나의 하나님, 나의 하나님 어찌하여 나를 버리셨나이까?"(마 27:46). 버림받으신 예수님이 버림받은 영혼들의 위로가 되십니다. "어찌하여 나를 버리셨나이까"라는 예수님의 외침은 하나님의 얼굴빛을 잃은 영혼의 기쁨입니다. 그 무겁고 엄숙한 선율이 절망을 일으켜 기쁨이 되게 할 수 있습니다.

여러분이 큰 소리 나는 심벌즈와 함께 혹은 트럼펫이나 코넷 소리를 들으며 부를 또 다른 십자가의 찬송을 원한다면 나는 여러분에게 "다 이루었다"는 십자가의 이 노래를 추천하겠습니다. 거기에 모든 음악이 들어 있습니다. 두 마디로 압축된 그 노래에서 여러분은 영원의 화음(和音), 곧 무한자의 선율을 듣습니다. 천사들조차 지극히 높은 하늘에서 그처럼 감미로운 노래를 부른 적이 없습니다. "다 이루었다"(Consummatum est)는 말씀은 노래의 극치입니다. "다 이루었다." 죄를 지워 없앴고, 화해가 완성되었으며, 영원한 의를 가져왔고, 믿는 영혼들이 구원을 받았다는 말입니다. 날이 새고 어둠이 달아날 때까지 "내게로 거문고 탈 자를 불러오소서." 그리고 우리를 사랑하여 자신의 피로 우리 죄를 씻으신 주님께 노래를 불러 영원히 영광을 돌립시다. 아멘.

제
4
장

—

이 골짜기에 개천을 많이 파라

—

"그가 이르되 여호와의 말씀이 이 골짜기에 개천을 많이 파라
하셨나이다 여호와께서 이르시기를 너희가 바람도 보지 못하
고 비도 보지 못하되 이 골짜기에 물이 가득하여 너희와 너희
가축과 짐승이 마시리라 하셨나이다 이것은 여호와께서 보시
기에 작은 일이라 여호와께서 모압 사람도 당신의 손에 넘기시
리니." — 왕하 3:16-18

우리에게 시간만 좀 있다면, 이 이야기에서 유익한 교훈을 많이 이끌어낼
수 있을 것입니다. 표면적으로만 볼 때, 우리는 사람은 가장 힘이 왕성한 때에라
도 약점을 보이지 않을 수 없습니다. 세 왕이 전쟁에 능한 세 군대를 이끌고 모
압을 정복하기 위해 모였습니다. 자, 그런데 동맹한 군대 전체가 물이 없다는 단
순한 이 상황 때문에 완전히 벽에 부딪혀 꼼짝하지 못하였습니다. 하나님께서는
인류의 모든 지혜와 힘을 아주 쉽게 궁지에 빠트리고 좌절시키실 수 있습니다!
궁핍한 환경에 처하게 되면 사람들은 아주 철저히 무능하게 됩니다! 태풍 속의
시든 잎 하나도 샘이 전혀 없는 광야 속에 들어 있는 군대만큼 절망적이지는 않
을 것입니다. 이제 이들은 자기들 점쟁이를 불러올 수 있지만 그들이 이 군대를
구원하지 못합니다. 동맹한 군주들은 앉아서 엄숙한 비밀회의를 열 수 있지만
구름에게 비를 내리도록 명령할 수는 없습니다. 너희 힘센 자들이여, 너희의 방
패가 헛되도다! 너희 용감한 군대여, 너희의 깃발이 헛되도다! 이 군대는 반드시

망하되 고통스럽게 망하고, 예외 없이 망할 것입니다. 물처럼 아주 단순하지만 반드시 필요한 것이 없는 이유로 모두가 다 반드시 죽고 말 것입니다. 사람은 신 노릇을 하고 싶어 하지만, 하찮은 물이 그를 주저앉힐 것입니다.

또한 우리는 여기서 사람들이 스스로 초래한 곤경의 때에 자신들의 고통을 자신의 어리석은 행동의 결과라고 정직하게 보기보다는 너무도 쉽게 섭리 탓으로 돌리려고 합니다. 이스라엘 왕은 그 책임을 여호와께 뒤집어 씌웠습니다. "여호와께서 이 세 왕을 불러 모아 모압의 손에 넘기려 하시는도다." 사람들은 자신의 어리석은 행동의 결과를 너무도 편리하게 섭리 탓으로 돌립니다. 내가 성경 구절을 읽으면서 말했듯이, 사람들은 번영하고 성공하면 오만하게 자신의 지혜를 들먹입니다. 그러나 자신의 어리석음 때문에 수치와 손실이 따르면 불운한 섭리에 대해 불평합니다. 슬픈 일이지만, 사람에 대해서 말하자면, 사람은 자신이 잘못했다고 인정하기보다는 오히려 하나님을 욕하려고까지 하는 존재입니다. 그렇지만 다른 한편으로는 우리가 보듯이, 진정으로 영적인 사람들은 불행과 궁핍으로 인해서 하나님께 더 가까이 가게 됩니다. 물이 없는 일을 당하기 전까지는 여호사밧이 먼저 나서서 하나님의 선지자를 찾은 것 같지 않습니다. 곤경에 처한 다음에야 그는 "우리가 여호와께 물을 만한 여호와의 선지자가 여기 없느냐" 하고 말했습니다.

시련으로 말미암아 우리가 하나님을 찾게 될 때, 시련은 말할 수 없이 큰 복이고, 고통을 우리에게 큰 행운 중의 하나로 만듭니다. 선원을 휩쓸어 가서 바위 위에 올려놓는 것은 좋은 파도입니다. 그리스도인을 그의 하나님 가까이로 데려가는 것은 복된 근심입니다. 여러분이 손실과 고난으로 말미암아 세상으로부터 자유로워진다면, 그 손실과 고난에 대해 감사하시기 바랍니다. 여러분이 비록 은을 잃어버렸을지라도 금보다 더 나은 것을 얻었기 때문입니다. 험한 날씨에 쫓겨 집을 향하여 바위의 갈라진 틈으로 날아올라가는 비둘기처럼 여러분의 영혼이 하나님께로 날아간다면, 폭풍우에 대해 감사해야 합니다. 폭풍우가 여러분에게는 고요함보다 안전하고 낫기 때문입니다. 우리는 이 점들에 대해 오래 생각할 시간이 없습니다.

이제 나는 여러분에게 엘리사의 장막 문 앞에 서 있는 세 왕에게 주의를 기울이라고 말씀드립니다. 이 왕들은 전에 엘리사에게 아무런 경의도 표하지 않았습니다. 엘리사는 그동안 군목으로 지내지 않았지만 자원하여 진영을 따라왔고,

무명으로 살았습니다. 가난한 지혜자는 위난의 때에 귀중한 존재입니다. 하나님께서는 자기 종들을 명예롭게 하시는 방법을 알고 계십니다. 여호와의 종 엘리야의 손에 물을 부으셨던 분께서 세 왕이 엘리사의 장막 문 앞에 기다리게 만드십니다. 그런데 엘리사가 이스라엘 왕에게 아주 날카로운 말을 건넸다는 점에 주목하십시오. 반역자들이 충성스러운 군인들에게 충심 어린 호의로 대접받기를 기대할 수 없듯이 죄인들은 하나님의 종들에게 조금이라도 존중해주기를 요구할 수 없습니다. 이 선지자는 아합과 이세벨의 아들을 보자 매우 심란해졌던 것이 분명합니다. 엘리야는 그의 불 같은 영혼이 완전히 자극을 받았을 때만큼 말을 잘할 수 있는 때는 없었습니다. 그러나 엘리사는 마음과 성품이 좀 더 온건한 사람이었기 때문에 피가 뜨거워지고 마음이 격동되는 것을 느끼자 예언하려고 하지 않았습니다. 그는 속으로 이렇게 느꼈습니다. '나는 지금 바른 마음 상태에 있지 않다. 그래서 말을 하게 된다면 나는 주님의 말보다는 내 자신의 말을 할 수가 있다. 저 악한 여호람을 보자마자 몹시 화가 나서, 자칫하면 훗날 후회할 말을 할지도 모른다.' 그래서 엘리사는 한숨을 돌립니다. 그리고 말했습니다. "내게로 거문고 탈 자를 불러오소서."

진영에는 아삽이나 헤만, 이스라엘의 노래 잘하는 이와 같은 거룩한 가수들이 틀림없이 있었을 것입니다. 그가 거문고의 줄을 뜯으며 다윗의 아름다운 노래 중 하나를 부르기 시작하자, 선지자는 마음이 점차 평온하고 침착해졌습니다. 선지자는 거문고 탈 자에게 분명히 "우리를 위하여 시온의 노래 중 하나를 노래하라"(시 137:3)고 요구했을 것입니다. 그리고 부드럽고 감미로운 선율이 폭풍우가 치는 그의 격정을 잠재우자 선지자는 일어나서 여호와의 뜻을 선포하였습니다. "여호와의 말씀이 이 골짜기에 개천을 많이 파라 이 골짜기에 물이 가득하리라 하셨나이다." 선지자는 거룩한 열정을 느끼기 전에는 말하려고 하지 않았습니다. 위로부터 능력을 받기까지 예루살렘에 머물러 있었던 제자들과 같은 마음으로 그는 자신의 마음이 성령을 받기에 합당한 상태가 되어 주위에 있는 사람들에게 하나님의 뜻을 전달할 수 있게 되기까지 기다렸습니다. 우리가 설교를 해야 하거나 기도해야 한다면, 언제나 성령께 우리의 약함을 도우시고, 우리 마음이 바른 상태에 있도록 도와주시기를 구하는 것이 잘하는 일입니다. 우리 하나님께서는 우리의 마음이 어떤 상태에 있든지 우리를 쓰실 수 있지만, 우리는 다른 사람들에게 복을 전달하기에 더 적합한 상태에 있도록 주의해야 합니다.

이 이야기 전체가 우리에게 유용한 교훈을 줄 수가 있습니다. 그래서 우리는 다음 몇 가지 점을 살펴보도록 하겠습니다. 첫째는, 이 세 왕들의 상태로 표현된 우리의 위치에 대해서 살펴보고, 둘째는, 선지자가 말한 우리의 의무에 대해서, 셋째는, 여기에서 묘사된 바와 같은 하나님의 활동 방식에 대해서, 그리고 넷째는, 우리의 당면한 필요를 공급받는 것보다 훨씬 더 중요한 것을 바라는 일에 대해서 살펴보도록 하겠습니다.

1. 첫째로, 우리의 현재 위치에 대해서 살펴보도록 하겠습니다.

이 세 왕의 군대는 절망적인 위치에 있었습니다. 그들은 목말라 죽어가고 있었습니다. 그들은 자기들에게 필요한 것을 조달할 수 없었습니다. 그들은 필요한 도움을 하나님으로부터 받아야 합니다. 그렇지 않으면 틀림없이 죽고 맙니다. 형제 여러분, 바로 이것이 모든 그리스도 교회의 위치입니다. 참된 그리스도의 교회는 모두가 하나님께 의존적이며 또한 그 사실을 압니다. 그 두 가지 사이에는 중요한 차이가 있습니다. 왜냐하면 어떤 교회들이 이 점에 대해 정통 신앙의 신조를 가지고 있으면서도 마치 성령님 없이도 성령님이 계실 때와 같이 잘할 수 있는 것처럼 행동하기 때문입니다. 우리는 결코 그런 상태에 들어가지 않을 것이라고 믿습니다. 형제 여러분, 우리 종교가 순전히 위선과 거짓말이 아닌 한, 우리에게는 성령님이 계시다는 점을 기억하시기 바랍니다. 우리가 성령님을 모실 수도 있으니 감사해야 하는 것이 아니라, 우리는 성령의 능력과 임재, 지극히 높으신 하나님의 도움을 받아야만 합니다. 그렇지 않으면 우리 신앙은 하나님 앞에 조롱거리가 되고 우리 자신에게는 고통거리가 될 것입니다. 우리는 성령의 도우심을 받아야만 합니다. 우리의 종교는 기계적인 신앙이 아니기 때문입니다.

우리의 예배가 "권세에 의해 정해진" 형식들을 그대로 따르는 것에 있다면 우리는 성령의 도우심이 없이도 아주 잘할 수 있습니다. 우리가 사제들의 조작을 옳은 것으로 믿고, 또 몇 마디 말을 하고 무릎을 꿇고 몇 가지 의식을 치르고 나서 모든 것이 끝났다고 생각한다면, 하나님의 임재를 의식하였느냐 하지 않았느냐 하는 것이 별로 중요한 문제가 되지 않을 것입니다. 우리가 사도적 계승의 기름에 적신 손으로 뿌리는 물을 받아 중생할 수 있다면, 성령의 복주심을 특별히 기도할 필요가 없을 것입니다. 불경한 입술로 내뱉은 몇 마디 말로 떡과 포도주가 주 예수 그리스도의 살과 피로 변할 수 있다면, 이것은 끔찍하기 짝이 없는 교리입니다만, 그렇다면 우리는 성령을 나누어 주는 놀라운 일도 능히 할 수 있을 것입니다. 그러나 우리는 이렇게 해서 스스로를 속일 수 없습니다. 우리의 신앙은 기계적이고 역학적인 종교가 아닙니다. 우리의 신앙은 영적이고, 따라서 반드시 영적인 수단에 의해서 유지되어야 합니다.

또 한편으로 우리 종교가 단지 지성주의 가운데 하나라면 우리는 잘 훈련받은 목사만 있으면 될 것입니다. 다시 말해, 인간 학문의 모든 과정을 마치고 최고의 성경적 비평의 지식을 축적하고 있어서 우리의 지성을 가르치고 깨우칠 수 있는 사람만 있으면 될 것입니다. 그래서 우리가 스스로 판단력을 갖추고 있으면 충분한 유익을 얻을 수 있을 것입니다. 우리의 신앙이 사람의 지혜에 있다면, 사람의 지혜는 쉽게 발견할 수 있고, 우리의 신앙도 쉽게 확인할 수 있을 것입니다. 그러나 형제 여러분, 우리의 신앙이 사람의 지혜나 웅변에 있지 않고 하나님의 능력에 있다면 성령께서 우리 안에 거하시지 않는 한 우리의 신앙 고백은 헛된 것입니다.

이와 같이 그리스도의 교회는 성령님에 의존하고 있습니다. 따라서 회개하는 자가 성령님을 떠나서 내쉬는 탄식을 하나님께서 받으신 적이 없습니다. 성령께서 거룩한 노래에 날개를 달아주지 않고서는 그 노래가 하늘에 올라간 적이 없습니다. 성령의 능력과 힘을 얻지 않고서는 참된 기도나 신실한 말씀 사역이란 없었습니다. 죄인들이 성령을 떠나서는 결코 구원받지 못합니다. 어떤 도덕적 설득도, 본보기의 힘도, 논리의 능력도, 웅변술의 힘도 마음을 변화시킨 적이 없습니다. 살아계신 성령님만이 죽은 영혼에 생명을 불어넣으실 수 있습니다. 그리고 죽은 영혼들이 살아났을 때에도 우리는 여느 때와 마찬가지로 여전히 성령님께 의존해 있습니다. 영혼을 천국에 들어갈 수 있도록 교육하는 일은 영혼을 죄로부터 해방시키는 것만큼이나 하나님의 일입니다. 낙담한 그리스도인을 위로하는 것, 약한 손을 힘 있게 하고 연약한 무릎을 굳게 세우는 것, 눈을 소망으로 빛나게 하는 것, 믿음의 방패를 굳게 쥐도록 용기를 주는 것, 이 모든 것이 살아계신 성령님의 일입니다.

그리스도인이여, 여러분이 이 모든 능력을 받았지만, 성령께서 여러분을 소생시키시지 않는 한 다음 한 순간도 살 힘이 여러분에게는 없습니다. 여러분의 과거 모든 경험, 여러분이 지금까지 배우고 습득한 모든 것이, 성령께서 매일 끊임없이 순간순간 여러분 속에 거하며 힘 있게 일하시지 않고서는 천국 문에 이르기까지 여러분이 계속 순례 여행을 하도록 만드는 일에 아무 소용이 없을 것입니다. 이와 같이 각 개인이 성령님께 의존해 있듯이 교회는 만 배나 더 성령님께 의존해 있습니다. 성령님이 없으면 우리는 해변에 좌초된 배와 같습니다. 조수가 빠져나갔을 때는 밀물이 들어와 다시 한번 배를 모래 위에서 뜨게 만들기 전까지 배를 움직이게 할 수 있는 것은 아무것도 없습니다.

우리는 얼어붙은 배와 같습니다. 언젠가 우리는 멀리 떨어진 북극해에서 동결(凍結)된 배에 대한 기사를 읽은 적이 있습니다. 성령께서 우리 본성의 차갑고 냉랭한 상태를 녹이고 우리 심장의 생혈(生血)이 흐르도록 명하시기 전까지, 우리는 생명 없이 마비되어 차갑고 쓸쓸하게 누워있을 수밖에 없습니다. 그리스도인은 선원처럼 하늘의 미풍에 의존해 있습니다. 그 바람이 없으면 그의 배는 꼼짝도 하지 않습니다. 우리는 들판의 식물과 같습니다. 이 따뜻한 계절은 우리에게 은유를 말해줍니다. 겨울 동안 내내 식물은 서리 옷에 감싸여 잠을 잡니다. 그러나 봄의 신비한 기운이 느껴질 때, 식물은 겉옷을 벗고 다양한 색깔의 의복을 걸칩니다. 한편으로는 봉오리마다 부풀고 꽃마다 피어나기 시작합니다. 이와 같이 성령 하나님께서 무감각의 끈을 풀어주시고, 그래서 마음이 봉오리를 맺고 피어나며, 새들이 노래하는 때가 오기 전까지 교회는 길고 황량한 겨울 속에 잠들어 있습니다.

지금까지 이 교훈을 수백 번 설교하였습니다. 그래서 우리 모두 이 교훈을 알지만, 그럼에도 불구하고 그 사실을 잊고 있습니다. 특별히 우리가 일에 열중하고 개인적인 책임을 느낄 때, "나를 떠나서는 너희가 아무 것도 할 수 없음이라"(요 15:5)는 이 말씀만큼 철저히 강조해야 할 진리는 없습니다. 자신을 완전히 비우기 전까지 우리는 하나님으로 채워질 준비가 되어 있지 않은 것입니다. 자신의 약함을 알기 전까지 우리는 하나님의 전능하심을 나타내기에 적합한 상태에 있는 것이 아닙니다. 육신의 팔이 마비되고, 자연적인 인간이 완전히 죽었다고 기록되기 전까지, 우리는 하나님의 생명과 에너지를 받을 준비가 되어 있지 않은 것입니다.

2. 이제는 선지자가 말하는 우리의 의무에 대해서 살펴봅시다.

선지자는 왕들에게 그들이 물을 얻을 것이라고 말하지 않았습니다. 앞에서 이야기했듯이 그것은 그들의 능력 밖의 일이었습니다. 선지자는 "이 골짜기에 개천을 많이 파라"고 했습니다. 물이 왔을 때 담아둘 저수조를 만들기 위해서였습니다. "눈물 골짜기로 지나가는" 사람들은 "그곳으로 샘이 되게" 하는데, 그것이 사람들의 할 일이고, "비가 그 웅덩이를 채웁니다"(시 84:6, 개역개정은 "그들이 눈물 골짜기로 지나갈 때에 그 곳에 많은 샘이 있을 것이며 이른 비가 복을 채워 주나이다" - 역주). 그것이 하나님의 할 일입니다. 성령의 복 주심을 얻기를 바란다면 우리는 성령의 복을 받을 준비를 해야 합니다. "이 골짜기에 개천을 많이 파라"는 것이 오늘 아침 우리 교인들을 위해 내가 받은 명령입니다. 성령의 능력을 받을 준비를 하라는 말씀입니다. 성령께서 이제 곧 주시려는 것을 받을 수 있도록 준비하고 있으라는 것입니다. 남자마다 자기 위치에서 여자마다 자기 영역에서 거룩한 물을 받을 수 있도록 교회 전체에 개천을 많이 파라는 말씀입니다. 나일 강물이 불어나기 시작하기 전에 여러분은 강둑 양쪽에 있는 이집트인들이 제일 먼저 깊은 수로를 만들고 그 다음에 큰 저수지를 만들고, 그 후에는 작은 운하를, 그 다음에 작은 못들을 만드는 것을 봅니다. 이런 것들을 준비해 놓지 않는 한, 나일 강물이 불어나도 앞으로 몇 달 동안 작물들을 위한 관개(灌漑)에 아무 가치가 없을 것이기 때문입니다. 그러나 그렇게 준비가 되면 나일강물이 불어날 때 물을 받아서 들판을 비옥하게 하는데 쓰입니다. 이와 같이 성령의 강력한 활동으로 성령의 보고가 열릴 때, 우리 각 사람은 항상 만조에 이르는 것이 아닌 복된 강물을 받을 수 있도록 개천을 파놓고 있어야 합니다.

여러분은 강둑에서 무역선들을 본 적이 있습니까? 여러분이 석탄을 실은 거룻배나 다른 화물을 실은 배가 들어오기를 기대한다면, 그 배를 받을 수 있도록 부두가 깨끗이 치워져 있어야 합니다. 여러분은 농부가 추수기 직전에 헛간을 비워놓거나 건초 더미를 쌓기 위해 마당을 준비해놓는 것을 본 적이 없습니까? 사람들은 어떤 것을 기대할 때 으레 그것을 받을 준비를 합니다. 그리고 평소보다 많이 받을 것을 기대한다면, 사람들은 "내 곳간을 헐고 더 크게 짓고 내 모든 곡식과 물건을 거기 쌓아 두리라"(눅 12:18)고 합니다. 본문은 우리에게 "성령을 받을 준비를 하라"고 말합니다. 여러분은 성령을 주시기를 기도하고 난 다음 팔짱을 끼고서 "자, 아마도 성령님께서 일하실 걸" 하고 말하지 않도록 하십시오. 우리는 마치 성령께서 힘 있게 일하시리라고 확신하는 것처럼 행동해야 합니다. 즉, **믿음으로 준비해야 합니다.**

여러분은 이 본문 말씀을 읽어본 적이 없습니까? "네 장막터를 넓히며 네 처소의 휘장을 아끼지 말고 널리 펴되 너의 줄을 길게 하며 너의 말뚝을 견고히 할지어다"(사 54:2). 무엇 때문에 그렇게 합니까? "이는 네가 좌우로 퍼질" 것이기 때문입니다. 여러분은 먼저 장막을 넓혀야 합니다. 그러면 하나님께서 장막을 채울 것들을 보내실 것입니다. 그런데 대부분의 사람들은 "사실, 하나님께서 복을 보내신다면 그때는 당연히 넓혀야 하지요"라고 말합니다. 그런데, 그것은 불신앙의 방식이고 불행에 이르는 길입니다. 그러나 믿음의 방식이자 복에 이르는 길은 이것입니다. 즉, 하나님께서 복을 약속하셨으니 우리는 그 복을 받을 준비를 하자는 것입니다. 하나님께서 복을 베푸시기로 약속이 되어 있으니 우리는 그 은혜를 받을 준비를 하자는 것입니다. 단지 여러분에게 있는 것을 의지하여 행동하지 말고, 여러분이 구한 것을 받을 기대를 가지고 행동하십시오. 여러분이 이제껏 획득한 것을 믿기보다는 하나님께서 주실 것을 믿고서 하나님을 대신해서 행동하십시오. 하나님의 어음은 현금으로 간주하십시오. 하나님이 함께 하시면 약속이 성취와 마찬가지로 효력이 있다는 것을 믿고, 또 여러분에게 약속이 있을 때는, 그 약속이 성취된 것을 이미 보았다면 행동하였을 방식대로 행동하십시오.

복을 받을 준비를 하십시오. 크게 준비하십시오. "이 골짜기에 개천을 많이 파라." 개천을 하나만 파지 말고 할 수 있는 대로 많이 파라는 것입니다. 하나님은 일하실 때 하나님답게 하시기 때문입니다. 왕이 거지처럼 인색하게 주지 않듯이 하나님께서도 선물을 주실 때 삼가지 않습니다. 준다고 해서 하나님이 가난해지시지 않고 주지 않는다고 해서 하나님이 부유해지시지 않을 것입니다. "이 골짜기에 개천을 많이 파라." 하나님의 복에 대해 거룩한 욕심을 가지십시오. 영혼들을 회심시키는 일에서 현재 하나님이 하고 계시는 것에 결코 만족하지 마십시오. 감사하되 더 많은 것을 갈망하십시오. 하나님께서 열 영혼을 주시면 백 명을 달라고 구하십시오. 천 명을 주시면 만 명을 달라고 구하십시오. 그리스도인의 마음은 하나님의 영광에 관해서는 무덤처럼 만족할 줄 몰라야 합니다. 이 점에서 우리는 정말로 먹어 치우고 매일 더 맹렬히 "다오 다오"(잠 30:15) 하고 말할 수 있습니다. 그럴지라도 하나님께서 우리의 바람이 크다고 혹은 끈질기다고 우리를 꾸짖지 않으실 것입니다. 입을 넓게 벌리십시오. 하나님께서 채우실 것입니다. "이 골짜기에 개천을 많이 파라."

그 다음에, 즉시 준비하십시오. 한 달 안에 개천을 파라는 것이 아니라 지금 "이 골짜기에 개천을 많이 파라"는 것입니다. "지금!"이라는 이 사소한 단어, 이 단어가 많은 경우에 죄인들에게는 구원하는 말이고, 그리스도인들에게는 소생시키는 말입니다. 내일! 이 단어가 무덤이 죽은 자들을 삼키듯이 얼마나 많은 영혼들을 삼켜 멸망시켰는지 누가 말해줄 수 있겠습니까! 슬프게도 내일이라는 이 귀신의 단어가 끼친 해악이 얼마나 큰지 모릅니다! 얼마나 많은 그리스도의 교회들이 "잠깐만 기다리자"고 말하는 정책 때문에 복된 부흥을 빼앗겼는지 모릅니다. 이 끔찍한 충고를 듣지 말아야 합니다. 기다려야 한다고요? 그럴 수 없습니다! 죽음은 기다리지 않습니다! 지옥은 잠시도 쉬지 않습니다! 죄는 그 미친 질주를 멈추지 않습니다! 마귀와 죽음과 지옥이 기다리려고 한다면, 우리는 늑장부리는 것에 대해 평계를 댈 수 있을지 모릅니다. 그러나 그 사이에도 "전진!" 이 우리의 표어가 되어야 합니다. 자, 형제 여러분, 바로 지금, 복을 받을 준비를 하십시오. 왜냐하면 우리가 받을 준비가 되어 있으면 하나님께서는 언제든지 복을 주실 수 있기 때문입니다. 골짜기에 개천을 많이 파면, 개천이 물로 채워질 것입니다. 눈물 골짜기에 우물을 파면, 웅덩이에 물이 가득 채워질 것입니다.

뿐만 아니라, 적극적으로 준비하십시오. 개천을 파는 것은 힘든 일입니다. 하나님을 어린아이 놀이하듯이 섬겨서는 안 되고 수고가 전혀 들어가 있지 않은 시늉만 하는 활동으로 섬겨서도 안 됩니다. 골짜기 전체에 길게 개천을 파려면, 모든 군대가 애써야 하고 아무도 그 수고에서 달아나서는 안 됩니다. 나는 성령님을 온 마음으로 믿습니다. 그러나 사람의 게으름이 무엇을 해낼 수 있다고 결코 생각하지 않습니다. 천상의 능력은 사람의 노력을 사용합니다. 보통 성령께서는 우리가 가장 열심히 일할 때 가장 잘 일하십니다. 우리 구원에 관해서 공로가 필요한 부분은 우리를 위해서 완성되었습니다. 그렇지만 여전히 "두렵고 떨림으로 너희 구원을 이루라"(빌 2:12)고 성경은 기록하고 있습니다. 그 이유는 "너희 안에서 행하시는 이는 하나님이시니 자기의 기쁘신 뜻을 위하여 너희에게 소원을 두고 행하게 하신다"(2:13)는 것입니다. 하나님께서 일하시기 때문에 우리도 일하는 것입니다. 하나님께서 일하시기 때문에 빈둥거리는 것은 악한 생각입니다. 하나님께서 자신의 뜻을 이루실 것이기 때문에 그의 백성들이 가서 잠잘 수 있다는 말을 내게 하지 마십시오. 자기 백성을 어러서 졸도록 만드는 것이 하나님의 뜻인 적은 한 번도 없었기 때문입니다.

나는 여기 계시는 그리스도인 누구나 이렇게 생각했으면 좋겠습니다. 즉, 주님께서 곧 우리 교회에 혹은 주님의 교회 전체에 복을 주려고 하신다면, 우리 각 사람의 편에서는 삽을 들고 나가 하나님의 뜻을 따라 하나님의 이름으로 부지런히 계속해서 끈기 있게 봉사하는 일이 있어야 한다는 것을 알았으면 좋겠습니다. 내게 게으른 교회를 말할 때는 성령에 대해서는 아무 얘기도 하지 마십시오. 성령님과 게으른 교회는 서로 아주 멀리 떨어져 있습니다. 열심 있는 교회와 성령님에 대해서 이야기하는 것은 좋습니다. 그런 복된 연합에서 어떤 것이 나올 수 있는지 우리는 압니다! 사람들은 수고할 준비만 하도록 합시다. 하나님은 사람들의 수고에 복을 베푸실 준비가 되어 있으십니다. 성경에 이렇게 기록되어 있지 않습니까? "바울은 심었고 아볼로는 물을 주었으되." 그 다음에 어떤 일이 일어납니까? "하나님께서 자라나게 하셨나니"(고전 3:6). 사도는 바울이 심고 아볼로가 물을 줄지라도 자라지 않을 것이라고 말하는 것처럼 보입니다. 성실한 노력과 하나님께 의존되어 있음을 믿는 믿음이 반드시 있어야 복이 따르는 것입니다.

"이 골짜기에 개천을 많이 파라"는 이 말씀을 좀 더 분명하고 확실하게 해석해 보겠습니다. 우리가 하나님께 복을 받으려고 하면 우리 각 사람은 그 복을 받을 개천을 파놓고 있어야 합니다. 어떤 사람은 말합니다. "글쎄요, 어떻게 해야 개천을 준비할 수 있지요?" 내 대답은 복을 크게 바라는 마음을 가지시라는 것입니다. 바로 그것이 여러분 모두가 팔 수 있는 한 가지 개천입니다. 형제 여러분, 여러분 가운데 복을 원하지 않는 사람들이 있는 것이 사실이 아닙니까? 하나님께서 여느 때와 다른 복을 줄지라도 여러분은 거의 하나님께 감사하지 않을 것입니다. 그것은 여러분이 그 복에 굶주리고 목마른 적이 없기 때문입니다. 신자라고 하면서도 철저한 그리스도인이 되기를 원하지 않는 사람들이 있습니다. 그들은 성령을 너무 많이 받을까봐 걱정이 큽니다. 그들은 발목까지만 잠기는 신앙을 원합니다. 그들은 급류에 휩쓸려 갈까봐 시내 깊은 곳에 들어간 적이 없습니다. 그런 사람들에게는 은혜를 많이 받는 것이 불편한 일일 것입니다. 걱정하지 마십시오. 여러분은 은혜를 많이 받는 일이 없을 것입니다. 사실 여러분이 도대체 은혜를 받았는지 하는 것이 머지않아 문제가 될 것입니다. 그러나 진실한 신자가 많은 은혜를 바라면 그는 받을 것입니다. 그러므로 형제 여러분, 소원을 크게 가지십시오. 여러분의 주님을 많이 닮기를 구하고, 주님과 많이 교제하기를 구하십시오. 큰 믿음을 구하고, 분명한 소망을 구하십시오. 진리를 깨닫기를 구하고, 그 진리의 가치를 깊이 알 수 있기를 구하십시오. "무엇이든지 원하는 대로 구하라 그리하면 이루리라"(요 15:7). 스스로를 제한하지 말고 "이 골짜기에 개천을 많이 파라." 달성하고 싶지만 지금까지 여러분에게 불가능한 것처럼 보였던 것이 있으면, 그것을 이루기를 갈망하십시오. 그것이 높은 어떤 도덕일지라도, 그것이 아주 훌륭한 인품일지라도, 뛰어난 은혜일지라도 여러분의 마음을 크게 가지십시오. 바울 사도는 이렇게 말합니다. "내가 자녀에게 말하듯 하노니"(나도 여러분 가운데 많은 이들에게 그같이 말합니다). "보답하는 것으로 너희도 마음을 넓히라"(고후 6:13). "너희가 우리 안에서 좁아진 것이 아니라 오직 너희 심정에서 좁아진 것이니라"(6:12). 여러분 영혼의 골짜기에 복을 받고자 하는 간절한 마음의 저수지를 할 수 있는 대로 많이 파도록 하십시오.

그 다음에, 이러한 소원에다 뜨겁고 끈질긴 믿음의 기도를 더하십시오. "구하여도 받지 못함은 잘못 구하기 때문이라"(약 4:3). 여러분의 마음을 기도로 가득 채우십시오. 형제 여러분, 기도할 제목이 없다고 말할 필요가 없습니다. 여러분에게 필요한 것이 다 있으면 다른 사람들을 위하여 기도하십시오. 자녀들의 구원을 위해 하나님께 가십시오. 우리 아이들이 하나님의 자녀가 되었으면 좋겠습니다! 사람들은 옛적에 쿠리오(Gaius Scribonius Curio. 로마 정치가 - 역주)의 가족을 복되다고 생각하였습니다. 그 가족에 웅변가가 셋이나 있었기 때문이었습니다. 할아버지가 웅변가였고 아버지, 그리고 그의 아들이 웅변가였습니다. 그러나 3대가 그리스도인인 가정이 훨씬 더 행복합니다. "아버지 대신에 자녀들이 일어서리라"는 약속이 사실로 이루어질 때, 거룩한 대의가 집안의 가보로 아버지에게서 아들에게로, 아들에게서 다음 세대로, 그 다음 세대로 내려갈 때, 그 가정이 훨씬 더 복된 가정입니다! 이 복을 위해서 기도하십시오. 이 복을 얻지 않고서는 만족하지 마십시오. 그 다음에는 여러분의 종들을 위해서, 친척을 위해서, 이웃을 위해서 기도하십시오. 특별한 경우들에 마음을 쓰십시오. 그런 경우들을 만나기를 구하십시오. 여러분이 회심한 사람들을 얻을 때는 더 많은 영혼을 주시기를 바라고, 여러분의 골짜기에 개천을 새로 많이 파십시오. 지금은 은혜 받을 만한 때이고 복 주시는 때이며, 주님께서 여러분의 믿음대로 주실 것이기 때문입니다.

그 다음에, 소원과 기도가 중요하다면 행동은 훨씬 더 중요합니다. 자신을 위해서나 다른 사람들을 위해서 복을 얻기를 바라는 그리스도인은 누구나 적극적으로 일을 시작해야 합니다. 이것이 바로 "이 골짜기에 개천을 많이 파라"는 말씀의 뜻이기 때문입니다. 여러분이 개천을 깊이 팔 수 없다면 얕은 개천이라도 파십시오. 원하는 만큼 넓게 파지 못할지라도 여러분이 팔 수 있는 만큼은 넓게 파십시오. 내 말뜻은 이것입니다. 여러분 젊은이들 가운데는 설교를 할 수 있는 젊은이들도 있겠습니다. 여러분은 능력이 있고, 연구할 시간도 있습니다. 나는 여러분이 지극히 거룩한 일에 재능을 투자하면 좋겠습니다. 거리 모퉁이 아무데서나 그리스도를 선포하십시오. 여러분 가운데 어떤 이들은 안식일에 주일학교에서 아이들을 가르쳐야 마땅합니다. 그런데 여러분은 그 재능을 제쳐놓고 있습니다. 그 재능이 녹슬고 있고 망쳐지고 있습니다. 여러분은 그 재능으로 인해 주님께 아무 유익도 가져다드리지 못할 것입니다. 나는 그 재능이 주일학교에서 사용되었으면 좋겠습니다. 나는 모든 사람이 자기 역할을 행함으로써 주일학교의 개천이 더 깊어지고 더 길어지는 것을 보기를 고대합니다. 여러분 가운데 많은 분들은 집에서 성인들을 가르침으로써 좋은 봉사를 할 수도 있습니다. 이런 일을 아주 유익하게 확대할 수도 있겠습니다. 우리 그리스도인 형제들 가운데 지적인 분들과 부인들이 집에서 여섯 명이나 여덟 명, 열 명, 혹은 열두 명으로 이루어진 작은 모임들을 만들고 싶어 하지만, 나는 그런 모임에서 무슨 유익이 나올 수 있을지 모르겠습니다. 여러분은 다른 누구를 방해하고 싶지 않을 것입니다. 왜냐하면 이와 같은 도시에서는 사람들 모두가 할 수 있는 대로 열심히 일하고, 그래서 서로의 일에 간섭할 기회가 없기 때문입니다. 이 바다는 우리에게 너무 커서 다른 사람들이 우리 고기를 가지고 달아날 것을 염려할 일이 없습니다. 나는 개천이라는 우리의 체제가 커지는 것을 보고 싶습니다.

여러분 가운데는 아마도 전도 책자를 배포하는데 최선을 다할 사람들이 있을 것입니다. 잘 하시는 일입니다. 그렇게 하시고, 계속 하십시오. 전도 책자에 중요한 것이 들어 있다는 것에 주의하십시오. 항상 그런 것은 아니지만, 전도 책자에는 읽으면 유익이 되는, 읽을 가치가 있는 중요한 것이 있다는 점을 유념하십시오. 읽는 사람을 기도하게 만들기보다는 잠자게 만들기가 쉬운 따분한 전도 책자들은 사람들에게 나눠주지 마십시오. 그런 전도 책자들 가운데 어떤 것은 의사들이 다른 어떤 수단으로도 환자를 잠재울 수 없을 때 의사들에게 유용할 수도 있을 것입니다. 유익하고 재미있으며 효과 있고 성경적인 것을 예수님을 사랑하는 마음에서 나눠주도록 하십시오. 이런 일들이 여러분의 취향에 맞지 않는다면, 개인을 찾아가 직접 이야기하십시오. 우물 곁에 계신 그리스도를 보십시오! 우리에게 최고의 교장 선생님이십니다! 한 부인에게, 한 아이에게, 한 짐꾼에게, 한 노동자에게 말하십시오. 그가 어떤 사람이든지 간에 말입니다. 그렇지 않았으면 자라지 않았을 풀잎 하나라도 자라게 하는 사람이 자기 인종에게 은혜를 베푸는 사람입니다. 달리는 퍼지지 않았을 훌륭한 한 가지 사상을 퍼트리는 사람이 하나님 나라를 위하여 중요한 일을 한 것입니다.

모든 사람이 해야 할 가장 적합한 일이 무엇인지는 알 수 없습니다. 그러나 여러분의 마음이 바른 상태에 있다면 각 사람에게 맞는 일이 있습니다. 성전에는 벽감(壁龕)들이 아주 많습니다. 그리고 성전을 천상의 건축물이라는 완전한 성전으로 만들기 위해 그 벽감들을 채울 산돌로 된 조상(彫像)들이 아주 많습니다. 여러분과 나는 각각 자신에게 맞는 벽감이 있어야 합니다. 그리스도인 여러분, 여러분의 시간이 흘러가고 있다는 것을 기억하십시오. 여러분이 해야 할 일을 언제나 생각하기만 하지 말고 일을 시작하십시오. 눈을 감고 손을 내미십시오. "네 손이 일을 얻는 대로 힘을 다하여 할지어다"(전 9:10). 그리스도인으로서 맨 처음 하게 되는 노력이 도움이 될 것입니다. 그 일을 여러분의 힘으로 그냥 하십시오. 하나님의 이름과 힘으로 그 일을 하십시오. "이 골짜기에 개천을 많이 파라."

나는 하나님께 우리 교회에 일꾼이 가득하게 해주시고, 수벌들은 쫓아내고 일벌들은 번식시켜 주시기를 구하고 싶습니다. 우리는 수벌들은 필요 없습니다. 우리는 자기 몫의 꿀을 공동의 벌통으로 가져오는 꿀벌들만 필요합니다. 내 말은 사람들이 자기 몫만큼의 영광을 주 예수 그리스도께 드려야 한다는 뜻입니다. 여러분이 구원받지 못하였으면 우리는 여러분의 구원을 간절히 바랄 것이고, 여러분이 우리들 가운데 오면 기뻐하며, 하나님께서 여러분에게 복 주시기를 소망할 것입니다. 그러나 여러분이 교인이면서 아무것도 하지 않는다면 주님께서 불쌍한 여러분 영혼에 자비를 베풀어 주시기를 구합니다.

이 점에 대해서 한 가지만 더 말씀을 드리고 끝내겠습니다. 교회가 골짜기에 개천을 많이 팔 때 하는 모든 일에 있어서 우리는 그 일을 거룩한 확신과 믿음으로 하도록 주의해야 합니다. 이 개천들을 파야 했는데, 그것은 물이 올 수도 있기 때문이 아니라 물이 올 것을 확신하였기 때문이었습니다. 이와 같이 우리가 그리스도를 위해서 일해야 하는 것은 우리가 영혼을 얻을 수도 있기 때문이 아니라 틀림없이 영혼을 얻을 것이기 때문입니다. 한 목사가 설교를 하고 있을 때 그의 믿음이 어떤 지점에 이르렀느냐는 질문을 받았습니다. 그는 기도를 하고, 하나님께서 하나님 말씀에 복을 주실 것을 기대하며, 하나님께서도 자신의 믿음에 따라 어느 정도 하나님 말씀에 복을 주신다고 대답했습니다. 그런가 하면 그 목사가 1년에 회심시키는 사람들 수의 열 배를 한 달에 회심시키는 사람이 있었습니다. 그에게 어떤 방식으로 설교하는지, 설교할 때 복을 받을 것으로 기대하는지 물었을 때, 그는 이렇게 대답하였습니다. "아니요. 나는 그 일에 아무것도 기대하지 않습니다. 나는 강단에 올라갈 때 복을 받을 것이라고 확신합니다. 나는 하나님 말씀을 전하고 있고, 믿음으로 하나님의 도우심을 구하였기 때문입니다."

믿음으로 설교하는 것은 확실히 하나님께 복을 받습니다. 모든 그리스도인의 활동은 확신을 가지고 해야 합니다. 전쟁에서 이기는 병사들은 어떤 사람입니까? 패배에 대한 두려움을 가지고 싸움에 나가는 병사들이 아닙니다. 그들은 돌격 신호 소리는 낼 수 있지만 퇴각 신호 소리는 배운 적이 없는 저 유명한 영국 나팔수와 같은 사람들입니다. 그들은 패배하는 법을 모르는 참된 그리스도인들이고, 하나님의 약속을 의심할 수 없고, 복음을 헛되이 전파한다는 것을 도무지 이해하지 못하는 진실한 그리스도인들입니다. 전능하신 팔이 있는 예수 그리스도께서 자기 영혼의 수고한 것을 보지 못하는 일이란 있을 수 없다고 생각하고, "그의 손으로 여호와께서 기뻐하시는 뜻을 성취할"(사 53:10) 것이라고 믿으며, 하나님께서 하나님의 영광을 위하여 한 일에 거룩한 결과가 따르도록 하실 것을 기대하는 참된 그리스도인들입니다. 우리에게 개천을 파라고 명하신 하나님께서 그 개천들을 틀림없이 채워 주실 것이라는 확신을 가지고서 개천을 팠으면 좋겠습니다! 이것이 믿음의 참된 위치입니다. 우리가 이 믿음을 차지하는데 더디지 않기를 바랍니다.

3. 셋째로, 하나님의 활동에 대해서 한두 마디 하도록 하겠습니다.

형제 여러분, 하나님의 활동이 얼마나 주권적인지 주의해서 보십시오. 엘리야가 비를 원했을 때, 구름이 보였고, 그는 많은 빗소리를 들었고, 머지않아 물이 내려 큰물을 이루었습니다. 그러나 하나님께서 엘리사에게 비를 보내려고 하실 때는 엘리사가 빗소리를 전혀 듣지 못했고, 비가 한 방울도 내리지 않았습니다. 어떻게 해서 그 개천들에 물이 가득하게 되었는지 저는 모릅니다. 하나님께서 깊은 계곡을 따라 옛날부터 있었던 메마른 급류 바닥으로 옛날 기손 강에서 하셨듯이 큰물이 돌아오게 하셨는지, 저는 모릅니다. 물이 하나님의 명령에 순종하여 에돔의 길을 따라 왔습니다. 하나님은 이런저런 방식이나 형태에 매이지 않으십니다. 하나님께서 한 지역에 부흥운동을 일으키시면 사람들이 자극을 받고 큰 소리로 부르짖을 수 있습니다. 그러나 또 다른 곳에서는 큰 무리가 모여 있음에도 불구하고 마치 깊은 흥분이 전혀 일어나지 않은 것처럼 모두가 아주 조용히 있을 수 있습니다. 하나님께서는 많은 경우에 공적인 말씀 사역을 통해 복을 베푸십니다. 그런가 하면 자기 백성들의 개인적이고 좀 더 은밀한 활동을 통해 복을 베푸시는 일도 종종 있습니다. 하나님께서는 당신의 뜻대로 복을 베푸실 수 있고, 또 복을 베푸려고 하십니다. 우리는 하나님께 지시하지 않도록 합시다. 그리스도인들이 자기가 옳고 적당하다고 생각하는 특정한 형태로 복이 오지 않았다고 해서 그것을 복으로 믿지 않음으로써 잃어버린 복들이 많습니다. 어떤 사람들은 하나님의 활동이 자신들의 선입견에 따른 형태를 띠지 않는 한, 그것을 아무것도 아닌 것으로 생각합니다. 어떤 방식으로든 복이 온다면 감사하도록 하십시오.

저는 농업관 홀 집회 때 나온 몇몇 회심한 사람들을 보고 무척 기뻤습니다. 나는 예배드리는 곳에 한 번도 가본 적이 없는 많은 사람들이 복을 받았다는 이야기를 듣기를 기대하였습니다. 앞으로는 그런 사람들에 대한 이야기를 들을 것이라고 생각합니다. 그런데 아주 기묘하게도 내가 전해들은 사람들 대부분이 전에 이 자리에 참석했던 분들이거나 수년 동안 다른 곳에 꾸준히 참석했던 분들입니다. 나는 해외에 나가니까 내 아이들에게 관심을 갖게 되지 않았습니다. 그것은 매우 이상한 일입니다. 그런데 사람들은 자기 집에 대해서 무엇인가를 알고 싶으면 집을 떠나야 한다고 말합니다. 그래서 여러분 가운데 어떤 분들이 회심하도록 하기 위해서는 내가 집을 떠날 필요가 반드시 있다고 생각합니다. 하나님께서 복을 보내시는 한, 여러분과 나는 그것에 대해 어떤 선택권이 있는 것이 아닙니다.

어쩌면 내가 내 자녀들을 위해서 기도할지라도 하나님께서 다른 어떤 사람의 자녀들에게 복을 주실 수 있습니다. 내가 어린아이에게 유익을 끼치려고 생각하고 있을지라도, 어쩌면 그 설교가 노인에게 복이 될 수도 있습니다. 그동안 젊은이를 향해 전한 많은 설교가 나이든 사람들에게 유익하였기 때문입니다. 나는 기도가 기도를 드리는 바로 그곳에 언제나 떨어지는지 모르겠습니다. 기도는 땅에서 올라가는 구름과 같습니다. 구름은 반드시 다시 비가 되어 돌아오지만 언제나 구름이 올라갔던 바로 그곳으로 돌아오게 되어 있지는 않습니다. 여러분 가운데 많은 분들이 남편이나 아내를 위해 기도하고 있습니다. 하나님께서 여러분의 남편과 아내에게 복을 베푸시지 않고 여러분의 기도와 관계가 없는 다른 사람들을 기억하셨습니다. 그렇지만 여러분이 천국에 이를 때, 여러분의 기도가 응답받았다는 것을 아는 한, 여러분은 만족할 것입니다. 형제 여러분, 교회의 부흥에 대해 감사하십시오. 그러나 그 부흥이 오는 방식에 대해 자신의 생각을 정해두지 않도록 하십시오. "너희가 바람도 보지 못하고 비도 보지 못하되 이 골짜기에 물이 가득하리라."

그 다음에, 복이 효과적으로 오듯이 또한 **충분히** 온다는 점을 아시기 바랍니다. 모든 사람, 모든 가축, 모든 짐승이 마시기에 충분하였습니다. 이들은 원하는 대로 마실 수 있었을 것입니다. 모두에게 충분한 물이 있었습니다. 그러므로 우리도 기도할 때 하나님을 기다리고 하나님의 음성 듣기를 준비합시다. 하나님께서는 그의 영광의 풍성함을 따라 주실 넘치는 큰 은혜가 있기 때문입니다. 그리스도 예수님으로 말미암아 하나님께서는 믿음이 큰 자들에게 큰 것을 주십니다.

이 큰 물이 아주 **금방** 왔다는 점에 유의하시기 바랍니다. 하나님은 시간을 엄수해서 급료를 지급하시는 분이기 때문입니다. 게다가 그 물이 확실하게 왔습니다. 그 물에 대해서는 잘못 생각할 것이 전혀 없었습니다. 즉, 의심할 것이 아무것도 없었습니다. 그와 같이 하나님의 복이 그리스도인들의 성실한 기도와 신실한 노력에 따를 것입니다. 아무리 심한 회의론자라고 해도 부인할 수 없고, 물을 보고 겁을 집어먹고 속으로 '누가 이런 것을 가져다주었지?' 하고 말할 만큼 큰 복이 따를 것입니다. 여러분은 올려다 보고 하나님을 위해 일하기만 하면 됩니다. 그러면 여러분이 기이하게 여길 만큼 큰 복을 받을 것입니다. 본문 다음에 나오는 구절들 가운데 한 군데에 "보라"(20절, 개역개정은 이 단어가 번역되지 않았음 – 역주)는 단어가 있는 것을 보았습니까? 그것이 온 군대가 물을 보고 놀랐음을 보여주는 암시입니다. 하나님의 백성들이 하나님의 약속을 믿고, 하나님께서 약속보다 못한 은혜를 주시리라고 생각할 수 없는 것처럼 행동할 만한 확신이 있기만 하다면 하나님께서 그의 교회를 놀라게 할 만큼 큰 은혜를 주실 것입니다.

이렇게 해서 지금까지 나는 여러분의 의무와 하나님의 활동 방식에 대해 이야기했습니다. 형제자매 여러분, 우리는 이 교회에서 복을 받아야 마땅합니다. 우리가 복을 받지 못하는 일이 있을 수 있다고 생각만 해도 몹시 실망이 될 만큼 우리 교회에 복이 충분하였습니다. 내가 얼마나 간절한 바람과 노력을 가지고 복음을 전하기 위해 집회 장소인 농업관 홀에 갔는지, 여러분이 얼마나 순전하고 진실한 동기를 가지고 그곳에 갔는지 하나님은 아십니다. 우리는 자신의 위안을 위해서 그렇게 멀리까지 간 것이 아닙니다. 오직 주님의 명예와 영광을 위해서 그렇게 하였습니다. 하나님의 약속에는 반드시 복이 따르게 되어 있습니다. "항상 우리를 그리스도 안에서 이기게 하시고 우리로 말미암아 각처에서 그리스도를 아는 냄새를 나타내시는 하나님께 감사하노라 우리는 구원 받는 자들에게나 망하는 자들에게나 하나님 앞에서 그리스도의 향기니 이 사람에게는 사망으로부터 사망에 이르는 냄새요 저 사람에게는 생명으로부터 생명에 이르는 냄새라"(고후 2:14-16).

나는 내가 어떻게 한 것을 알고 또 여러분 가운데 많은 분들이 정말로 사도의 열심과 같은 열심을 가지고 있다는 것을 알기 때문에 하나님의 복에 대해 믿지 못하는 의심을 품을 수 없고, 품을 생각도 없습니다. 나는 선지자가 아니고 선지자의 후예도 아닙니다. 그러나 나는 하나님께서 이슬을 보류하시지 않고 비를 삼가지 않으실 것이라고 확신합니다. 하나님께서 자기 백성들에게 "너희는 내 얼굴을 찾으라"(시 27:8)고 말씀하신 것이 헛되지 않기 때문입니다. 그동안 시온은 바람을 잉태하지 못하였고, 꿈을 내놓지도 못할 것입니다. 살아있는 교회의 진지한 고민이 하나님께 틀림없이 열매를 맺을 것입니다. 그렇지 않으면 성경은 더 이상 믿을 수 없는 것이고 하나님의 약속은 더 이상 확실한 것이 아닙니다. 그러나 하나님은 변치 않으시는 분입니다. 그러므로 우리는 복이 틀림없이 올 것을 알고서 복을 구하도록 합시다.

5. 끝으로, 우리는 더 큰 일들을 기대해야 할 것입니다.

하나님께서는 자기 종에게 물이 있을 것이라고 세 왕에게 말하라고 명하셨는데, 선지자는 그들에게 또한 이같이 말하기도 하였습니다. "이것은 여호와께서 보시기에 작은 일이라. 여호와께서 모압 사람도 당신의 손에 넘기시리라." 이와 같이 우리는 더 큰 일들이 뒤에 있을 것으로 알고 기대해야 합니다. 그리스도의 교회 전체가 복을 받을 준비가 되어 있다면, 하나님께서 교회 내에 부흥을 주실 뿐만 아니라 또한 그로 인해 그리스도의 모든 적들을 단숨에 해치우실 것입니다. 지금 모압 사람들은 아주 대담합니다. 그들이 사방에서 우리를 공격합니다. 특별히 이들은 로마 가톨릭 교회의 형태로 널리 퍼져서 이 땅의 기름진 것을 먹고 살기 위해 슬그머니 개신교회에 들어갑니다. 아, 형제 여러분, 신앙이 다시 살아난 교회는 퓨지주의(Puseysim: 옥스퍼드의 퓨지 교수가 제창한 종교 운동 – 역주)를 금방 해치울 것입니다. 하나님의 교회가 냉랭하고 죽어 있으며 무능력하게 지내도록 해 보십시오. 그러면 천주교가 금방 퍼질 것입니다. 네덜란드를 보십시오. 3, 40년 전에는 오래되고 훌륭한 이 개신교의 나라에 로마 가톨릭교회가 얼마나 적었는지 모릅니다. 그런데 철학과 합리주의가 많은 강단에 침투하여 복음을 치워버렸기 때문에 천주교회들이 들판의 잡초처럼 번성하였습니다. 우리에게는 수많은 사람들이 복음을 듣기 위해 모인 "동네 느티나무" 아래에서 혹은 넓은 들판에서 전해지던, 시대에 뒤진 그 복음만을 주십시오. 예수님 안에 있는 그 진리만을 주십시오. 그러면 삼손이 사자를 찢었듯이 교회가 그 이단을 갈가리 찢을 것입니다.

자, 여호와께서 우리를 찾아오시기만 한다면, 이 시대의 악은 순간의 거품이 파도 속으로 사라지듯 사라질 것입니다. 거짓말을 꾸며낸 이들은 과거의 사람들일 뿐이며 아무것도 아닙니다. 그들의 교리는 기초가 없는 환영일 뿐이고, 이치에 맞지도 않고 더구나 성경적이지 않아 지지를 받을 수 없는 것들입니다. 이스라엘이 개천을 파도록 하십시오. 그러면 이스라엘 전사들의 칼이 이내 모압의 지극히 강한 용사들의 심장을 찌를 것입니다. 죄에 대해서도 그와 같습니다. 하나님의 교회가 부흥하도록 하는 것 외에는 죄를 잠잠케 할 수 있는 길이 없습니다.

그리스도인들 가운데는 의회와 이 땅의 법을 지나치게 믿는 사람들이 있는데, 나는 그들이 부끄럽습니다. 의회가 실수로 돕는 것 말고 진정으로 참된 종교에 많은 유익을 끼칠 수 있기를 바랍니다. 우리 종교에 영향을 주려는 이 땅의 법을 제정하는 것에 대해서 우리는 "손 떼시오! 우리를 상관 말고 가만히 두시오!" 하고 열렬히 외칩니다. 여러분 의회에서 제정한 주일 세금 신고서나 그 밖에 종교 조례들은 내가 볼 때 다 잘못되었습니다. 우리에게 공정한 활동 영역을 주고, 다른 아무 특혜를 주지 마십시오. 우리의 신앙은 두려워할 아무 이유가 없습니다. 그리스도는 가이사에게서 아무 도움도 필요로 하시지 않습니다.

의회 의원들은 우리 주 예수님의 종교의 보호자로 나서기 전에 그들 가운데 만연해 있는 뇌물수수와 부패 행위에 대해 회개하도록 해야 합니다. 나는 정부로부터 도움을 받는 것을 염려하지 않을 수 없습니다. 그것이 내게는 마치 살아계신 하나님을 의지하지 않고 육신의 팔을 의지하는 것처럼 보이곤 했기 때문입니다. 주일은 모든 수단을 동원해서 보호하도록 해야 합니다. 그러면 안식일에 가게마다 모두 문을 닫을 날이 곧 올 것입니다. 그러나 그 일은 양심의 가책의 힘으로 이루어져야 하지, 경찰의 힘으로 이루어져서는 안 됩니다. 참된 종교는 벌금과 형벌의 힘에 의해서가 아니라 사람들 마음속에 작용하는 하나님의 능력으로 승리를 거두어야 합니다. 살아계신 하나님을 더욱 의지하고 육체의 힘은 덜 의지하면 좋겠습니다. 그러면 임금이신 예수께서 더 큰 승리를 거두시는 것을 보게 될 것입니다!

그러나 형제 여러분, 우리는 개천을 파고 물을 보내주시라고 하나님께 계속 구하도록 합시다. 저기 있는 모압 사람들에 대해서 말하자면, 죄가 무슨 모양을 띠고 있든지 간에, 우리는 하나님께서 보내주시는 물을 의지합시다. 하나님의 교회는 교회 안에 있는 하나님의 능력으로 말미암아 충분히 죄를 누를 수 있고, 그리스도를 위하여 이 나라를 손에 넣을 수 있습니다. 이 자리에 계신 사람들 가운데 모압에 속한 분들, 내 말뜻은 아직 회심하지 않은 분들을 가리킵니다. 여러분이 구주님을 알게 되기를 바랍니다. 여러분 가운데 어떤 분들은 그 길을 아주 잘 알고 있지만 그 길로 달려갈 뜻이 부족합니다. 성령께서 여러분에게 그 뜻을 주시기를 구합니다!

단순하게 예수님을 신뢰하는 것이 여러분을 구원할 것입니다. 하나님께서 그 믿음을 여러분에게 주시기를 바랍니다. 믿음이 온 후에 여러분은 예수님을 사랑하는 마음에서 일을 할 것입니다. 그러나 여러분이 예수님을 믿기 전에는 여러분의 모든 활동은 아무런 선을 이루지 못할 것입니다. 예수님께 오십시오. 예수님을 믿으십시오. 오늘 아침, 여러분 마음에 개천을 많이 파십시오. 큰 소원

과 바람과 기도를 많이 품으십시오. 그렇게 하면 하나님께서 여러분의 영혼을
채우실 것입니다. 하나님은 마음이 겸손한 자를 들으시고 그들의 눈물을 멸시치
않으시기 때문입니다. 하나님께서 여러분 모두 그리고 한 사람 한 사람에게 복
을 주시기를 바랍니다. 아멘.

제
5
장

—

빈 그릇들을 채움

—

"빈 그릇을 빌리되 조금 빌리지 말고."— 왕하 4:3

우리는 이 이야기 전체를 읽을 필요가 있습니다. "선지자의 제자들의 아내 중의 한 여인이 엘리사에게 부르짖어 이르되 당신의 종 나의 남편이 이미 죽었는데 당신의 종이 여호와를 경외한 줄은 당신이 아시는 바니이다 이제 빚 준 사람이 와서 나의 두 아이를 데려가 그의 종을 삼고자 하나이다 하니 엘리사가 그에게 이르되 내가 너를 위하여 어떻게 하랴 네 집에 무엇이 있는지 내게 말하라 그가 이르되 계집종의 집에 기름 한 그릇 외에는 아무것도 없나이다 하니 이르되 너는 밖에 나가서 모든 이웃에게 그릇을 빌리라 빈 그릇을 빌리되 조금 빌리지 말고 너는 네 두 아들과 함께 들어가서 문을 닫고 그 모든 그릇에 기름을 부어서 차는 대로 옮겨 놓으라 하니라 여인이 물러가서 그의 두 아들과 함께 문을 닫은 후에 그들은 그릇을 그에게로 가져오고 그는 부었더니 그릇에 다 찬지라 여인이 아들에게 이르되 또 그릇을 내게로 가져오라 하니 아들이 이르되 다른 그릇이 없나이다 하니 기름이 곧 그쳤더라 그 여인이 하나님의 사람에게 나아가서 말하니 그가 이르되 너는 가서 기름을 팔아 빚을 갚고 남은 것으로 너와 네 두 아들이 생활하라 하였더라"(4:1-7).

사람들 가운데 가장 훌륭한 사람도 가난으로 죽을 수가 있습니다. 곤궁한 처지에 떨어진 한 선지자의 아내가 여기 있습니다. 우리는 가족을 곤궁한 처지에 남겨 두고 가는 사람들을 성급하게 비난해서는 안 됩니다. 가정의 생계를 책임지는 사람이 상황 때문에 그 시간의 절박한 필요를 겨우 채우는 정도밖에 할 수 없는 경우들이 있을 수 있습니다. 그런데 지극히 훌륭한 사람의 아내가 과부가 되어 그처럼 심한 궁핍 가운데 처해 있다고 지금 말하는 것입니다! 과부, 그것도 하나님의 선지자의 과부에 대해서 우리는 애정 어린 관심을 갖지 않을 수 없습니다.

그는 박해 받는 사람들 가운데 있었고, 그동안 억압에 의해 그가 가지고 있던 것은 모조리 빼앗겼습니다. 그래서 그가 죽었을 때 그의 아내와 자녀들은 곤궁한 처지에 떨어지게 되었습니다. 이 사실에서 우리는 거룩한 사람들이라도 최악의 상황에 떨어질 수 있다고 생각하지만, 그렇다고 해서 그것이 하나님께서 그들을 버리셨다는 증거가 되지는 않을 것입니다. 우리는 어떤 사람이 처한 생활 처지를 보고 그 사람의 인품을 판단할 수 없습니다. 가난이 은혜의 표지가 아닌 것은 확실합니다. 자신의 악한 행위 때문에 가난을 자초하는 사람들이 많이 있기 때문입니다. 그러나 또 한편으로 부가 하나님의 은혜의 표지인 것도 아닙니다. 이생에서만 자기 분깃을 받고 영원한 세상에서는 아무 유업을 받지 못할 사람들도 많기 때문입니다. 일반적으로 흔히 부자들보다는 가난한 사람들에게서 경건한 사람을 더 볼 수 있습니다. 박해 받는 시절에는 깨끗한 양심을 가지면 가난하게 되는 것이 거의 필연적인 일입니다.

이 자리에 계시는 분들 가운데 바로 지금 상황이 지극히 좋지 않은 처지에 계시는 분은 이 사실을 알고 힘을 내시기 바랍니다. 여러분은 과거에 선지자들과 성도들이 처해 있던 위치에 있는 것입니다. 하나님께서는 여러분을 들어 올리실 수 있고, 그것이 진정으로 여러분에게 유익이 된다면 그렇게 하려고 하실 것입니다. 여러분은 현재 상태를 벗어나려고 하기보다는 그 상태에서 그리스도인답게 행동하는데 더 마음을 쓰시기 바랍니다. 여러분이 아무리 가난할지라도 여러분의 주님은 더 가난하셨고, 여러분이 다른 아무것도 없다고 할지라도 여러분은 주님의 사랑을 받고 있다는 사실을 기억하십시오. 여러분이 다른 모든 것에서 가난하다 할지라도 믿음에서는 부유하도록 애쓰십시오. 여러분은 현재 상태에서 하나님을 크게 명예롭게 할 수 있고, 현재 상태에서 많은 것을 배울 수 있으며, 하나님의 신실하심을 많이 입증할 수 있고, 다른 사람들에 대해 많은 동정심을 보일 수 있습니다. 그러므로 조급해 하지 마십시오. 여러분보다 더 위대하고 훌륭한 사람들도 이 거친 길을 걸어갔으므로, 하나님의 섭리에서 나온 이 결정을 기꺼이 받아들이고 여러분이 고통 중에 인내할 수 있는 은혜 주시기를 구하십시오.

슬픔 가운데 있는 이 과부는 자신이 큰 곤경에 처해 있고 두 아들을 잃을 수도 있다는 것을 알고서 근심 가운데 하나님께 갔습니다. 그녀가 서둘러 하나님의 선지자에게 갔는데, 그것이 특별한 고난에 처해서 상한 심령으로 하나님께 말씀드리는 방법이었기 때문입니다. 그것은 선지자의 아내로서 잘 알고 있는 방법이었습니다. 지금 우리에게는 의인이신 중보자 예수 그리스도가 계십니다. 그러므로 고난 중에 있는 그리스도인은 누구나 그리스도 예수 안에서 자기 짐을 하나님께 가져가야 합니다. 우리는 친구들과 이웃들에게 이야기하기가 아주 쉬운데, 그렇게 하는 것은 자연스러운 일입니다. 사람의 마음은 동정을 필요로 하기 때문입니다. 그러나 믿음은 우리에게 필요한 동정 가운데 사람이신 그리스도 예수의 동정만 한 것은 없고 우리를 도울 능력 가운데 하늘 아버지의 능력만 한 것이 없다는 것을 가르쳐 줍니다. 그러므로 우리는 십자가 밑에서 짐을 벗어놓는 것을 잊지 않도록 합시다. 우리는 근심을 우리의 최고의 친구이신 그리스도께 먼저 말씀드리도록 합시다. 우리는 먼저 예수께 가야 합니다. 그의 도우시는 능력을 어린아이처럼 의지하며 예수께 가야 합니다. 이 여인은 선지자에게 갔습니다. 우리는 더 큰 선지자, 곧 우리 주 예수께 주저 없이 지체하지 말고 갑시다.

하나님께서는 불쌍한 그 여인에게 자기 종을 통해서 곤경을 피하는 길을 알려주시기를 기뻐하셨습니다. 그녀가 집에 가지고 있던 적은 기름이 팔아서 충분히 빚을 갚을 수 있을 만큼 늘어나도록 한 것입니다. 이 사실을 볼 때, 우리가 곤경 가운데서 걱정거리를 하나님께 가져가면 하나님께서 우리를 구원하시리라는 것을 알 수 있습니다. 이 여인만이 그런 은혜를 받은 사람이 아닙니다. 그녀는 하나님께서 은혜를 베푸신 수많은 사람들 가운데 하나일 뿐입니다. 하나님의 자녀들이 근심의 날에 하나님께 부르짖으면, 하나님께서 그들에게 은혜를 베풀어 구원하신다는 것이 하나님의 섭리의 규칙입니다. 매일 바다의 수많은 물고기들을 먹이시고 하늘의 무수한 새들을 부양하시는 하나님께서 그의 자녀들이 이생에 필요한 것들이 부족해서 죽게 버려두지 않을 것은 확실합니다. 하나님께서는 축축한 둑 위에 있는 개똥벌레에 관심을 갖고, 한 그루 나무에 있는 파리에도 마음을 쓰십니다. 그러므로 하나님께서 당신의 집에 있는 자기 자녀들을 결코 소홀히 하시지 않을 것입니다. "나는 가난하고 궁핍하오나 주께서는 나를 생각하시나이다"(시 40:17) 하고 옛 사람이 말했고, 지금도 지극히 겸손한 사람들은 그렇게 말할 것입니다. 여러분의 근심이 세상적인 것이든 아니면 영적인 것이든, 여러분이 그 근심을 하나님께 가져가서 기도로 아뢰고, 하나님을 경외하는 가운데 행하며 하나님의 이름을 믿는다면, 조만간에 어떻게 해서든지 하나님이 틀림없이 여러분에게 피할 길을 내실 것입니다. 친구들은 여러분을 실망시킬 수 있지만 주 하나님께서는 결코 실망시키시지 않을 것입니다. 다른 약속들은 그저 허망한 말에 지나지 않은 것으로 판명될 수 있지만, 여러분에게 이것을 약속하신 하나님은 신실하시므로 이 약속을 지키실 것입니다. 여섯 가지 환난 속에서도 하나님께서 여러분과 함께 계실 것이고, 일곱 가지 환난 가운데서도 어떤 악도 여러분을 건드리지 못할 것입니다. 여러분은 그 땅에 거하며 진실로 배부르게 먹을 것입니다. 하나님께서 의롭게 행하는 자들에게 어떤 선한 것도 주기를 삼가지 않으실 것입니다. 우리가 정말로 그리고 실제로 이 사실을 믿고, 거기에 근거해서 행동한다면 참으로 행복할 것입니다!

그럼에도 하나님께서는 자신의 여종이 몹시 압박을 받도록 내버려 두셨습니다. 그녀는 빚 갚는 일을 연기할 수 없었고 엄한 채주와 어떤 타협도 할 수 없었습니다. 채주는 벌써 그녀의 집에 와 있었고, 그는 기필코 그녀의 두 아들을 데려가려고 하였습니다. 그녀는 살림이 아주 몰락해서 집 안에 기름 병 하나밖에 없었습니다. 그것으로 그녀가 무엇을 할 수 있었겠습니까? 그녀는 이 곤경을 모면하기를 바랐지만, 이제 완전한 불행의 밤이 다가오고 있었고, 그녀에게는 아무 빛도 보이지 않았습니다. 사랑하는 여러분, 하나님께 단련을 받은 사람들 가운데 많은 사람들의 형편이 그러했고, 여러분에게도 바로 이런 일이 일어날 수 있습니다. 주님은 우리가 원하는 때에 우리를 구원하겠다고 약속하시지 않고, 우리를 기다리게 하지 않겠다고 약속하시지도 않습니다. 그보다는 우리 자신의 선과 하나님의 영광을 위하여 우리의 믿음과 인내를 시험하는 것을 옳게 보십니다. 그러므로 자기 차례가 맨 마지막으로 오는 것처럼 보이는 사람들에게 말합니다. 굳게 서서 기다리고, 불신앙으로 하나님께 불명예를 드리는 일을 하지 않도록 하십시오. 믿음으로 기다리는 것은 고귀한 예배입니다. 어떤 면에서 그것은 하늘에 있는 빛나는 존재들의 경배보다 뛰어난 예배입니다.

이 여인을 곤경에서 구원한 방법은 그녀의 믿음을 시험하고 또 발휘하도록 만들며 튼튼하게 만드는 것이었습니다. 그녀는 이웃들에게 가서 빈 그릇들을 빌려야 했습니다. 그것은 생소한 조처였습니다. 빈 기름 그릇들은 그녀의 집에서는 아무 쓸모 없는 거추장스러운 것들로 보였을 것입니다. 이웃 사람들도 그녀의 이상한 행동에 대해 뭐라고 말을 했을 수도 있습니다. 그녀는 사람들이 호기심 어린 눈초리로 지켜보지 않도록 문을 닫고서, 자신의 기름병을 들어 그릇들이 다 차기까지 빈 그릇에 부었습니다. 그녀의 속에서 불신앙이 이렇게 말했을 수도 있습니다. "이것은 엉터리 같은 행동이야! 그 작은 기름병으로 어떻게 이 빈 그릇들을 다 채울 수 있겠어? 부어야 할 기름이 너무도 적어서 빌려온 그릇들을 채울 수 없을 것이 틀림없어. 그 선지자가 너를 놀린 것이야. 선지자는 지금 네가 모든 이웃들에게 조롱을 당하고 비웃음을 사게 만들려 하고 있어." 그러나 그녀가 믿음을 발휘하였을 때, 그 믿음은 그 위급한 상황을 감당할 만큼 강하였습니다. 그녀는 선지자에게 하라고 명령받은 대로 행하였습니다. 믿음으로 하였습니다. 그리고 결과는 그 목적을 이루었습니다. 하나님께서는 자기 종들을 구원하시되, 그들이 믿음을 발휘하게 만드는 방식으로 구원하려고 주의하십니다. 하나님께서는 자기 종들이 작은 믿음으로 지내게 하려고 하지 않습니다. 믿음은 천상의 생활의 부(富)이기 때문입니다.

하나님께서는 자기 종들의 믿음이 튼튼해지고 완전한 확신에 이르기까지 계속해서 믿음의 시련을 주기를 바라십니다. 무화과열매는 가지가 구부러져 찢어지기 전에는 달게 익지 않습니다. 그 사실이 믿음에도 적용됩니다. 시험을 받는 신자 여러분, 여러분은 하나님께서 여러분이 시험을 극복하도록 하실 것을 믿으십시오. 그러나 사람이 옳게 여기는 방식으로 극복하도록 만드실 것이라고 기대하지는 마십시오. 그런 방식은 믿음이 자라도록 해주지 못할 것이기 때문입니다. 하나님께 여러분의 방식들을 제안하지 않도록 하십시오. 영원하신 하나님께 여러분의 수레를 타시라고 내놓지 않도록 하십시오.

> "그는 바다에 발을 놓으시고
> 폭풍 위에 올라타신다." – 윌리엄 쿠퍼

하나님께는 하나님의 방식이 있습니다. 하나님께서는 자기의 기쁘신 뜻대로 기사를 행하십니다. 종종 여러분은 가만히 서서 하나님의 구원을 보도록 해야 합니다. 언제든지 하나님께 복종할 수 있도록 하십시오. 그것이 여러분의 창조주께 헛되이 진로를 그려드리려고 하는 것보다 유한한 피조물로서 여러분의 위치에 훨씬 더 잘 맞는 일일 것입니다. 계속해서 하나님께 순종하십시오. 그러면 하나님께서 여러분의 필요를 채우시는 일에 결코 더디지 않으실 것입니다.

이런 것들이 우리가 이 이야기에서 배우는 일반적인 교훈들입니다.

자, 이제 나는 성령께서 도우시는 대로 이 이야기에서 특별히 두세 마디를 취해서 교훈적인 목적으로 쓰려고 합니다. 첫째로, 그리스도 예수 안에 있는 은혜와 관련해서, 그리고 둘째는, 시은좌와 관련해서, 셋째는, 성령님과 관련해서 쓰려고 합니다.

1. 이 이야기에는 무엇보다 그리스도 예수 안에 있는 은혜와 관련하여 가르치는 바가 있습니다.

이 점에 대해서 설명하도록 하겠습니다. 이 여인은 빈 그릇들을 모아야 했습니다. 그리고 이 그릇들을 자기 방 안에 늘어놓아야 했습니다. 이 빈 그릇들은 다 채워졌습니다. 빈 그릇이 하나라도 남아 있는 한, 기름은 계속 흘러나와 그릇들 모두가 가장자리까지 가득 차게 되었습니다. 그릇들이 다 차자 여인이 그릇을 더 가져오라고 했지만 빈 그릇은 더 이상 없었습니다. 그러자 그때까지 흘러나오던 기름이 그쳤습니다. 나는 이 점을 영적인 일들에 대한 상징으로 사용하려고 합니다. 다음의 시가 우리의 상징을 해석해 줄 것입니다.

> "죽으신 귀한 어린 양,
> 주의 보혈의 능력 다함이 없겠네.
> 구속받은 하나님의 교회가
> 다 구원 받아 더 이상 죄짓지 않을 때까지."

하나님의 백성 가운데 아직까지 구원받지 못한 사람이 하나라도 있는 한, 하나님을 찾고 회개하지만 아직 용서받지 못한 죄인이 있는 한, 자비로 채워야 할 빈 그릇은 모두 가장자리까지 채워질 때까지 지금도 구주님 안에서 흘러나오는 공로를 찾을 수 있을 것입니다.

자, 무엇보다 이 경우에 요구된 것이 무엇이었는지를 주의해서 보아야 합니다. 이 기적에서 요구된 것은 빈 그릇들뿐이었습니다. 바로 이것이 예수 그리스도께서 정확히 우리에게 요구하시는 바입니다. 즉, 우리가 주님과 주님의 신성한 충만함에 대해 빈 그릇같이 되어야 한다는 것입니다. 은혜는 주님에게 있지 우리에게 있지 않습니다. 그것은 마치 기름이 그 여인의 기름병에 있었고 빈 그릇들에 있지 않았던 것과 꼭 같습니다. 이웃들 중의 한 사람이 그 여인의 아들이 그릇들을 빌리러 왔을 때 속으로 이렇게 말했다고 생각해 봅시다. "가엾은 사람, 조심스럽게 빈 그릇을 빌려달라고 하는데, 기름 그릇을 하나 채워서 보내 도와주어야겠네." 아이가 그 제안을 기쁘게 받아 기름이 든 그릇을 집에 가져갑니다. 그의 어머니가 기름을 따르고 있을 때, 아이가 그릇을 가져옵니다. 그녀가 보니 그릇에 기름이 차 있습니다. 그래서 아이에게 말합니다. "얘야, 이 그릇은 나한테 소용이 없어. 이 그릇은 다 차 있어. 이미 찬 그릇은 다시 채울 수가 없어." 그 그릇은 그녀에게 큰 손실이었을 수가 있습니다. 왜냐하면 그 그릇에 담긴 기름은 질이 좋지 않았을 수 있고, 주님께서 만드신 것은 틀림없이 이제까지 없었던 최상의 기름이었을 것이기 때문입니다. 이와 같이 세상에 본래부터 장점으로 충만한 사람이 있다면, 구원을 얻기에 충분한 미덕이 있어서 자비가 필요 없는 사람이 있다면, 그리스도께서 그를 위해 할 수 있는 일은 아무것도 없고, 그는 은혜를 받을 사람으로서는 아무 쓸모가 없습니다. 사람이 자기 자신으로 충만해 있는 한, 그는 그리스도를 받아들일 여지가 전혀 없습니다. 우리 찬송가에서 이렇게 말한 것은 옳은 얘기입니다.

> "스스로 나가는 사람들 외에는
> 아무도 배척되는 사람이 없네."

스스로 가득 차 있다고 하는 생각 때문에 우리는 그리스도의 충만을 받지 못합니다. 그것은 틀림없는 사실입니다. 여러분은 한 농부와 허비 목사(Mr. Hervey)의 이야기를 아실 것입니다. 농부가 허비 목사에게 사람들의 구원에서 가장 큰 장애물이 되는 것이 무엇이라고 생각하는지를 물었습니다. 허비 목사는 "죄 많은 자신이지요" 하고 대답하였습니다. 농부는 이렇게 말했습니다. "아니요, 저는 사람들의 구원에서 죄 많은 자아보다 더 큰 장애물은 의로운 자신이라고 생각합니다. 죄 많은 사람들은 사죄받기 위해 그리스도에게 옵니다. 그러나 자기가 의롭다고 생각하는 사람은 결코 그리스도께 오지 않습니다." 기름이 가득 차 있는 그릇은 더 이상 기름을 담을 수 없습니다. 구원받을 만한 공로가 있는 죄인(그런 사람이 있을 수 있다면)은 구주님께 아무 쓸모가 없고, 구주님도 그 사람에게 아무 쓸모가 없을 것입니다.

그릇을 또 하나 가져옵니다. 아이가 그릇 안을 들여다보니 어머니의 기름이 그릇에 흘러들어가지 않습니다. 어머니가 끊임없이 기름이 흘러나오는 병을 그동안 했던 것처럼 그 그릇 위에 쏟지만 기름이 흘러나오지 않습니다. 아이의 어머니가 말했습니다. "애야, 이게 어찌 된 거냐?" 그리고 두 사람은 그 그릇을 흔들어 보기 시작했습니다. 그릇 바닥에 기름이 조금 있었습니다. 그 그릇을 내준 이웃은 이렇게 생각하였습니다. '아이고, 그릇을 다 비우지 말아야겠네. 불쌍하기도 하지! 그릇에 기름을 조금 남겨두면 도움이 될 거야.' 어머니가 아이에게 말합니다. "그릇에 이미 기름이 조금 들어 있기 때문에 기름이 더 이상 나오지 않는구나. 애야, 그릇을 비워라. 마지막 한 방울까지 다 비워라. 빈 그릇을 쓰라는 말을 들었는데, 이 그릇은 비어 있지 않구나. 이 그릇으로는 아무것도 할 수가 없구나." 그릇을 비우자 기름이 다시 넉넉히 흘러나오기 시작하여, 그릇이 가장자리까지 찹니다. 여러분 가운데 누구든지 그 안에 선한 것이 남아 있고, 그것을 의지하는 한, 우리 주 예수님의 은혜가 여러분에게 흘러들어 가지 못할 것입니다. 그릇이 비어 있어야 합니다! 이 점을 기억하십시오. 비어 있는 것이 은혜 받기에 적절한 상태입니다. 본래 선함이 없다는 것이 여러분에게 하나님의 은혜가 필요함을 보여주는 사실입니다. 그리고 그 필요가 은혜를 받을 수 있는 여러분의 자격인 것입니다.

어떤 사람은 말합니다. "아닙니다. 나는 내 선한 결심을 결코 믿지 않지만, 어떻게 해서든지 이렇게 해 볼 생각입니다. 다른 것에 나를 묶으면 그것이 내게 도움이 될 것입니다." 주 예수님은 여러분의 도움이 필요 없습니다. 삼가고, 결심하며, 회개하고, 앞으로 나아가며, 여러분이 뜻하는 대로 하십시오. 그러나 이런 하찮은 일들을 주님의 큰 구원과 결합시키지 말기 바랍니다. 여러분이 모든 것을 다 이루었을 때라도 여러분이 행한 일을 의지하는 태도는 단번에 버리십시오. 자신을 무익한 종으로 여기고 삶을 주장하는 일을 일절 그치고, 오직 자비를 베풀어주시기만을 구하십시오. 여러분 속에 타락한 본성에서 나오는 어떤 것을 담아두고 있으면서도 여전히 하나님의 용납하심을 받을 수 있겠다는 오만한 생각은 깨끗이 잊어버리십시오. 여러분은 여러분 안에 있는 어떤 선한 것, 어떤 장점, 여러분이 할 수 있는 대단한 일이나 여러분의 모습이 예수 그리스도께 도움이 될 것이라고 생각하십니까? 여러분에게 아주 분명하게 말하지만, 그런 생각이 일어나는 것만큼 은혜의 흐름을 막는 것은 없습니다. 비어있는 양동이야말로 은혜의 샘물에 가장 적합한 것입니다. 가득 차 있는 양동이는 샘 입구에 있어 보았자 쓸데없지만, 비어있는 양동이는 가득 채워질 것입니다.

비어 있는, 아주 깨끗이 비어 있는 기름병이 또 하나 있습니다. 냄새를 맡아 보십시오. 기름이 묻은 흔적조차 없습니다. 그 병에 기름이 조금이라도 있었던 것이 아주 오래 전의 일입니다. 여러분이 손가락으로 병 가장자리를 문질러보아도 손에 아무것도 묻지 않습니다. 병은 아주 바짝 말라 있습니다. 아주 오래 전에 병 속에 기름이 들어 있었기 때문입니다. 자, 여인이 기름병을 그 위에 뒤집자마자 기름이 빈 그릇으로 흘러들어갑니다. 빈 그릇이 크지만 가장자리까지 기름이 찹니다. 불쌍한 영혼이여, 여러분이 오늘 밤 자신이 길을 잃고 멸망하였으며 텅 비어 망한 죄인이라는 생각이 든다면, 바로 그것이 예수께서 원하시는 상태라는 것을 아십시오! 비어 있는 죄인들에게는 충만하신 그리스도가 계시지만, 스스로 가득 차 있는 사람들을 도울 수 있는 것은 아무것도 없습니다. 여러분이 너무도 철저히 비어 있어서 여러분에게 선한 것이 흔적조차 없다고 할지라도, 그렇다고 해서 예수께서 여러분이 복을 받지 못한 채로 있게 하시지 않을 것입니다.

그런데 여러분이 이렇게 말한다고 생각해 봅시다. "하지만 나는 마땅히 내가 비어 있다고 생각해야 하는 만큼 생각하지 못해요. 마땅히 생각해야 하는 만큼 비어 있다고 생각하지 못해요. 마땅히 울어야 하는 만큼 울지 못해요." 이렇게 말한다면, 이것은 여러분이 정말로 비어 있다는 것을 증명하는 표시일 뿐입니다. 이렇게 본래부터 비어 있는 여러분 속으로 주 예수 그리스도의 풍성한 은혜가 여러분을 가득 채우고 넘쳐 주님을 찬양하기까지 흘러들어갈 것입니다. 예수께서 주님을 영접하는 사람들에게 얼마든지 값없이 주시는 것을 여러분이 믿음으로 받으면 좋겠습니다! 마음이 비어 있는 죄인이 할 일은 그것뿐입니다. "영접하는 자 곧 그 이름을 믿는 자들에게는 하나님의 자녀가 되는 권세를 주셨으니." 구주께서 우리에게 요구하시는 것은 우리가 구원받아야 할 필요를 느끼는 것과 그의 구원을 받아들이는 것밖에 없습니다. 자, 주님, 바로 지금 그들을 조용하지만 풍성하게 흐르는 이 거룩한 기름으로 채워주소서.

그 다음에 이어진 일을 살펴봅시다. 이 기적에서 빈 그릇들을 가져오자마자 그릇의 크기가 어떠하든지 상관없이 그릇들이 다 차기까지 기름이 흘러나왔습니다. 이 이웃은 작은 그릇을 빌려주었고, 저 이웃은 큰 그릇을 빌려주었습니다. 이와 같이 죄인이 예수님을 영접하면 그는 충만해질 때까지 필요한 모든 은혜를 받을 것입니다. "너희도 그 안에서 충만하여졌으니"(골 2:10). "우리가 다 그의 충만한 데서 받으니 은혜 위에 은혜러라"(요 1:16). 여러분, 여러분이 예수님을 믿으면 주님 안에서 사죄(赦罪)의 은혜를 얻고, 여러분의 본성을 변화시키는 은혜를 얻을 것입니다. 본성이 계속해서 변화되도록 하는 은혜, 여러분이 온전해질 때까지 여러분을 보존할 은혜를 얻고, 여러분이 본향에 이르러 영광에 들어가기까지 여러분을 도울 은혜를 얻을 것입니다. 그리스도께서 죄인이 지옥의 문과 낙원의 문 사이에서 필요로 하는 모든 것을 값없이 주십니다. 주님은 절반만 채우시지 않고 우리 영혼이 "내 잔이 넘치나이다"(시 23:5)라고 말하게 만드십니다. 그리스도는 절반의 구주가 아니십니다. 그리스도는 타락의 파멸에서 온전히 구원하시는 완전한 구속자이십니다. 여러분, 공허하고 가난한 죄인이여, 와서 충만하고 충족하신 구주님을 붙잡고 영원한 복을 받으십시오!

그 기적이 지속된 시간이 얼마나 되었습니까? 그 기름이 얼마 동안 흘러나왔습니까? 이것은 눈여겨볼 만한 점입니다. 기름은 빈 그릇을 가져올 수 있는 한, 계속 흘러나왔습니다. 선지자의 명령이 "조금 빌리지 말라"는 것이었습니다. 나는 오늘 밤 그리스도께서 참으로 많은 영혼들에게 복을 베푸시리라는 것을 압니다. 그리스도께서, 비어 있어서 하나님의 은혜를 받을 만한 위치에 있는 사람들에게는 모두 복을 베푸실 것입니다. 그리스도께서 굶주린 자들을 좋은 것으로 배부르게 하신다는 것은 언제나 맞는 규칙입니다. 하나님께서 부자는 빈손으로 보내신다는 사실도 마찬가지로 확실한 규칙입니다. 우리는 그리스도께서 죄인들을 구원하시는 일을 얼마나 오랫동안 계속하실지 압니다. 그 일은 구원받기 위해 그리스도께 오는 가난한 죄인이 있는 한 계속될 것입니다. 세상에 죄인이 없다면, 구주께서 땅에 계실 여지도 없을 것입니다. 죄 범한 사람들이 없다면, 그리스도의 사죄의 피도 필요 없을 것입니다. 더러운 사람들이 없다면 그들을 깨끗이 씻을 샘물도 필요 없을 것입니다. 무일푼의 가난에 찌든 죄인, 귀하신 그리스도를 바라고 갈망하는 비어 있는 죄인이 있는 한, 불쌍하고 가난한 영혼을 영접하시는 귀하신 그리스도가 계십니다. 나는 이 이야기에 나오는 이 여인처럼 "또 그릇을 내게로 가져오라"고 소리치고 싶습니다. 이 자리에는 그리스도께로부터 은혜를 충만히 받은 사람들이 많이 있습니다. 그 일을 인하여 주님의 이름에 찬미를 돌립시다! 그런데 내 앞에 빈 그릇이 또 하나 있지 않습니까? 자신이 죄인이라고 느끼는 사람에게 설교하는 것은 즐거운 일입니다. 세상에서 설교가 그처럼 좋은 결과를 내놓는 경우는 없습니다. 구주를 몹시 필요로 하고 구주님을 간절히 바라는 사람들에게 설교하고 있다는 것을 알면, 우리는 한밤중까지 얼마든지 설교할 수가 있습니다. 왜냐하면 그런 심령은 언제든지 도장을 찍을 수 있는 밀랍과 같기 때문입니다. 여러분이 예수님을 필요로 하면 예수님을 모실 수 있을 것입니다. 여러분이 예수님이 필요하다는 의식이 깊으면 깊을수록 예수께서 필요로 하는 모든 자에게 값없이 주시는 완전한 구원을 그만큼 더 잘 받아들일 수 있을 것입니다.

"또 그릇을 내게로 가져오라." "그릇이 이제는 더 없다"고 내게 말하지 마십시오. 틀림없이 그릇이 아직도 많이 더 있다는 것을 확실히 알기 때문입니다. 우리 주님께서는 아직까지 마지막 그릇을 받지 않으셨습니다. 가득 채워야 할 그릇들이 아직 많이 있습니다. 우리는 하나님의 택하신 자들이 다 모인 시대, 곧 구속받은 자들이 모두 본향에 이른 시대에 살고 있지 않습니다. 빈 그릇들이 주위에 아직도 많이 있습니다. 우리 구주의 충만하심을 받도록 그 그릇들을 가져와 그릇이 가득 채워지기를 바랍니다.

나는 이같이 이야기하는 가운데 아주 단순하게 복음을 설교하였습니다. 이 복음이 단순하지만 그것을 이해하지 못할 사람들이 아주 많습니다. 다시 이 복음을 자세히 설명하도록 하겠습니다. 여러분은 하나님의 법을 어겼고 그래서 망했습니다. 여러분이 죄 사함을 얻을 수 있는 길은 예수님의 공로를 의지하는 것밖에 없습니다. 그리고 여러분이 솔직하게 와서 자신의 죄를 고백하고 예수님을 여러분의 모든 것의 모든 것이 되시는 분으로 받아들이면 예수께서 여러분에게 값없이 그 공로를 베풀어 주실 것입니다. 주님의 자비를 바라고 그의 사랑을 찬미하며 그의 은혜를 받아들이며 성령의 작용에 순복하십시오. 그러면 여러분은 구원을 받습니다. 여러분은 빈 그릇이 되어 충만하신 그리스도로부터 흘러나오는 것을 받도록 하십시오. 가득 찬 그릇이 되려고 하지 말고, 절반만 찬 그릇도 되려고 하지 마십시오. 여러분이 비어 있는 그릇이라면 주님은 여러분 가운데 한 사람도 잃지 않으실 것입니다. 여러분에게 복을 주시려는 것이 그리스도의 바라시는 바이기 때문입니다. 주님은 복 주기를 기뻐하시고, 복 주기를 바라십니다. 여러분이 그리스도 앞에 죽은 자로 가면 그리스도께서 여러분의 생명이 되실 것입니다. 여러분이 그리스도 앞에 거지로 서면 그리스도께서 여러분의 부요가 되실 것입니다. 여러분이 병든 자이면 주께서 여러분의 건강이 되실 것입니다. 여러분이 망한 자가 되면 주께서 여러분의 구주가 되실 것입니다. 여러분이 아무것도 아닌 자가 되면 그리스도께서 여러분의 모든 것의 모든 것이 되실 것입니다. 정말로 이것이 피조물을 창조주 안에 숨기는 믿음이고, 자아를 구주님 안에 숨기는 믿음이며, 자신을 잊어버리고 주님의 의로 구원받는 믿음인 것입니다. 우리가 믿음으로 말미암아 구원을 받으며, 믿음은 우리의 것이 아니라 하나님의 선물이라는 진리를 여러분의 마음에 심어줄 수 있으면 좋겠습니다. 자, 빈 주전자를 샘물이 흘러나오는 밑에 두십시오. 그러면 그 샘물이 틀림없이 여러분을 가득 채울 것입니다. 여러분은 내 말을 이해하십니까? 주님께서 여러분이 내 권고에 실제로 순종함으로써 내 말을 이해한다는 것을 증명하도록 해주시기를 바랍니다.

2. 기도의 응답과 관련하여 본문을 또 다른 방식으로 사용해보도록 하겠습니다.

형제 여러분, 나는 우리가 충분히 기도하지 않는다고 확신합니다. 내가 이렇게 말하는 것은 우리의 기도 시간을 쟀을 때 그렇다는 뜻이 아닙니다. 내 말뜻은 우리가 하나님께 충분히 구하지 않는다는 것입니다. 우리가 주님에 대해서 생각을 좁게 가질 수 없지만 스스로 생각을 좁게 하는 경우가 종종 있습니다. 선지자가 이 여인에게 권고한 말은 "빈 그릇을 빌리라"는 것이었는데, 여기서 다음 말에 주의해야 합니다. "조금 빌리지 말라"고 하였습니다. 이렇게 여인에게 큰 일들을 기대하도록 권하는 것이 필요한 일이었습니다. 탐욕스러운 사람들은 제재하는 일이 필요합니다. 그러나 하나님께 구하는 일에서는 우리 마음이 넓어져야 할 필요가 있습니다. 이 경건한 여인은 이제 자신의 뜻에 따라 복을 늘릴 수도 있었고 줄일 수도 있었습니다. 만약 이 여인이 그릇을 한두 개밖에 빌리지 않는다면 기름을 거의 얻지 못할 것입니다. 그녀가 그릇들을 많이 빌리면 그 그릇들이 다 가득 채워져서, 많은 기름을 얻을 것입니다. 그녀가 무엇을 얻을지를 그녀 자신이 정하게 되어 있었습니다. 여러분과 나는 하나님으로부터 영적인 복을 받는 문제에서 우리가 받아야 할 것으로 생각하는 것보다 많은 복이 있다고 나는 생각합니다. 우리는 작은 기도를 드리기 때문에 복을 적게 받습니다.

두 가지 점, 곧 우리 자신에 대한 기도와 다른 사람들에 대한 기도를 생각해 보겠습니다.

우리 자신에 대한 기도에 대해서 생각해 봅시다. 형제 여러분, 자신의 죄와 세상에서 겪는 만연한 시험거리들을 하나님 앞에 한 번도 가져온 적이 없는 사람들이 있습니다. 어떤 사람은 성미가 급합니다. 그는 자신의 성격을 어떻게 할 수 없다고 말합니다. 그가 죄로부터 구원받아야 한다면 그 성격을 이겨야 합니다. 그가 해야 할 일은 자신의 고약한 성질을 빈 그릇처럼 여기고 주님 앞에 가져가는 것입니다. 그는 성질을 치료받아야 할 필요가 있습니다. 그는 진정시키는 손길로 이 열을 제거할 수 있는 치료자이신 주님께 그 성질을 가져가야 합니다. 다시 말하지만, 그의 급한 성질은 그가 모든 은혜를 주시는 주님 앞에 가져가서 주께서 유쾌함과 온유함으로 채우시도록 해야 할 빈 그릇입니다. 내가 믿는 한 사람이 하나님의 자녀라는 것을 압니다. 그런데 슬프게도 그가 어리석게 행동하여 그리스도의 이름을 더럽혔습니다. 그래서 이제 그는 깊은 절망에 빠져 자기가 구원받을 수 없다고 생각합니다. 나는 그의 절망이 하나님의 사랑에 대한 또 다른 형태의 반역에 지나지 않을까 염려가 됩니다. 그가 다른 모든 시험거리뿐 아니라 특정한 시험거리를 하나님 앞에 가져갈 믿음을 가질 수 있다면, 그 시험을 이길 수 있을 것입니다. 하나님의 은혜가 우리 안에서 정복할 수 없는 죄란 없습니다. 우리는 이러이러한 죄는 완전히 몸에 배어 있어서 극복할 수 없다고 말해서는 안 됩니다. 그 죄를 극복해야 하고, 하나님의 은혜가 그 일을 할 수 있습니다. 여러분은 이 빈 그릇을 가져와서 예수님과 접촉할 수 있는 곳에 그 그릇을 내려놓아야 합니다.

아마도 여러분 가운데 어떤 분들에게는 특별한 시험거리가 죄라기보다는 영적인 성취의 부족일 수가 있습니다. 그들은 여전히 그리스도 안에서 어린아이에 지나지 않습니다. 여러분은 큰 은혜를 받아 교회 안에서 경건한 부인이 되었거나 이스라엘의 용사가 된 사람들에 대한 이야기를 듣습니다. 사랑하는 친구 여러분, 여러분은 이런 위치에 도달할 수 없다고 생각하지 마십시오. 여러분이 그런 사람이 되기를 바라십니까? 이런 업적이 하나님께는 명예로운 것이고 우리에게는 복이 되지 않겠습니까? 그렇다면 그런 것을 달성할 수 있기를 구하십시오. 이 빈 그릇들을 거룩한 기름이 떨어지는 곳 밑에 두십시오. 그러면 여러분은 이 은혜들을 받게 될 것입니다. 은혜의 문제에서 가난하려고 하는 사람은 가난하지만, 부하기를 바라고 하나님을 믿는 믿음이 있는 사람은 부해질 수 있습니다. "있는 자는 받아 풍족하게 되리라"(마 25:29). 우리가 하나님의 충만한 데서 많은 것을 공급받지 못한다면 그것은 잘 받아들이지 않기 때문이고 별로 기대하지 않기 때문입니다. 그러나 이 여인처럼 우리가 빈 그릇들을 많이 갖고 있으면 그 그릇들을 가득 채울 것입니다!

이 여인이 집에 빈 그릇을 많이 가져왔는데, 그 그릇들을 사용하지 않았고, 그래서 기름이 그쳤다고 생각해 봅시다. 그랬다면 그녀는 매우 어리석은 사람이었을 것입니다. 그런데 우리 가운데 많은 사람들이 그처럼 어리석지 않습니까? 우리는 걱정거리들이 아주 많습니다. 아이들에 대한 걱정거리, 사업에 대한 걱정거리, 집안일들에 대한 걱정거리들이 많습니다. 그런데 우리는 이 걱정거리들을 하나님께 가져가지 않습니다. 우리는 이런 걱정거리들은 너무 하찮아서 하나님께 말씀드릴 거리가 되지 않는다고 생각합니다. 이것은 참으로 터무니없는 일이어서 나는 그와 같은 죄악적인 침묵에 대해 더 이상 얘기하지 않겠습니다. 우리는 이 모든 걱정거리를 예수님께 말씀드리도록 합시다.

그렇지 않으면 이와 같이 됩니다. 여러분은 빈 그릇들이 있는데, 그릇들을 가져가서 채우려고 하지 않는 것입니다. 여러분이 그렇게 어리석고 악하게 행할 이유가 어디 있습니까? 하나님께서 여러분을 돌보시기 때문에 여러분에게 염려를 주께 맡기라고 말씀하시는데 왜 여러분은 맡기지 않는 것입니까? 왜 여러분이 자신의 죄와 필요와 염려를 지고 다니려고 합니까? 이런 염려는 하나님의 은혜가 채워야 할 또 다른 종류의 빈 그릇입니다. 형제 여러분, 우리 믿음대로 될 수 있는데, 왜 우리는 더 큰 것을 바라고 더 많은 것을 기대하지 않는 것입니까? 때로 자비의 천사가 하나님 백성들의 장막 주변을 날아다니는데, 그 백성을 부요하게 하는 귀한 복이 가득 든 뿔을 가지고 다닙니다. 종종 그 천사는 사람이 장막 안에서 잠자고 있는 동안에 부드러운 날갯짓으로 장막 위에 머물러 있습니다. 천사는 장막을 둘러보지만 복을 쏟아 부을 빈 그릇이 하나도 없는 것을 알고 떠나버립니다. 얼마 있지 않아 그 천사가 또 다른 장막에 내려앉습니다. 그 장막에 사는 사람들은 잠자기 전에 가정 예배 시간에 빈 그릇들을 많이 내놓습니다. 천사는 귀한 자비가 든 뿔을 가지고 빈 그릇 하나를 채우고 또 다른 그릇을 채웁니다. 그래서 그 장막에 거하는 사람들은 깨었을 때 자기들에게 풍성히 내린 부요한 은혜로 놀라게 됩니다. 바라는 것이 희미하고 원하는 것도 적고 기도도 빈약하거나 아예 거의 하지 않는 사람들이 있습니다. "그들이 얻지 못함은 구하지 아니하기 때문입니다"(약 4:2). 그런가 하면 큰 바람이 있고, 뜨거운 기도를 드리며 큰 믿음과 큰 기대가 있는 사람들도 있습니다. 하나님께서 그들의 믿음대로 주시므로 그들은 부유해집니다. 빈 그릇들이 이 교회에서 밤낮으로 많이 나와서, 하나님의 자비가 이 회중에 풍성해질 수 있으면 좋겠습니다!

바로 이 사실은 다른 사람들을 위한 기도에도 적용됩니다. 우리는 다른 사람들을 그들의 구원을 통해 하나님을 영화롭게 하기 위해 우리가 사용해야 할 빈 그릇처럼 여기고 대해야 합니다. 나는 여러분이 나를 빈 그릇으로 여기고 내가 하늘의 기름으로 채워지도록 기도해 주기를 바랍니다. 여러분이 그 점을 위해 기도하지 않는다면 말씀의 사역에서 유익을 얻을 것을 기대하는 것은 쓸데없는 일입니다. 일반적으로 회중들은 그들이 목사에게 집어넣는 것을 목회자에게서 받는다고 나는 믿습니다. 말하자면, 회중들이 목회자를 위해서 많이 기도하면 하나님께서 회중들을 위해 목회자에게 많은 복을 주실 것입니다. 하나님의 집에 와서 앉아 자신의 영혼이 채워지기를 바라는 사람들이 하나님께서 목사를 도와주시고 기도에 복을 주시기를 전혀 기도하지 않았다면 은혜 받기를 기대할 수 없습니다. 모든 목회자들을 위해서 기도하십시오. 그리스도를 위하여 일하는 모든 일꾼들을 위해서 기도하십시오. 그들을 빈 그릇으로 여기고 주님께 그들을 채워주시기를 구하십시오.

그리스도인들은 자기 자녀와 친척들에게 이같이 해야 합니다. 우리 자녀들이 회심하지 않았다면, 그것은 어떤 경우에 우리가 마땅히 해야 할 대로 그들을 위해서 기도하지 않았다는 것이 아니겠습니까? 우리는 기도 속에서 그들을 하나님 앞으로 데려오지 않았습니다. 그러니 그들이 아직까지 회심하지 않았고 세상적으로 살고 있다면, 그것을 어떻게 이상한 일로 생각할 수 있겠습니까? 빈 그릇들이 채워지지 않은 채로 있게 하지 맙시다. 자, 친구 여러분, 가정에 있는 회심하지 않는 사람들에 대해서 생각하십시오. 여러분에게는 아직까지 구원받지 못한 사람들이 있습니다. 기도할 때 거듭거듭 그들의 이름을 부르고, 기도하기를 그치지 마십시오. 그리스도의 은혜는 계속해서 흐르고 있고, 기도의 효력은 끝나지 않았기 때문입니다. 가족 모두가 회심할 때까지, 빈 그릇이 하나도 남지 않을 때까지 기도하기를 쉬지 마십시오. 이웃들에게도 이같이 합시다.

우리는 이웃들에 대해서 하나님 앞에서 충분히 열심을 냅니까? 우리가 거주하는 이 지역이 기도할 때 우리 마음에 지금보다 더 자주 떠오르지 않는다면 런던에 큰 변화가 일어나는 것을 보기를 기대할 수 없지 않겠습니까? 여러분은 조나단 에드워즈의 "하나님의 진노의 손에 빠진 죄인"에 대한 놀라운 설교 뒤에 일어난 큰 부흥운동에 대해서 들었습니다. 그 설교의 효과는 놀라웠습니다. 그 설교가 그 같은 능력을 발휘하게 된 원인을 추적해 보면 이 사실을 알 수가 있습니다. 즉, 많은 그리스도인들이 며칠 전에 함께 모여서 하나님께서 그때 설교할 목사에게 복을 베풀어 주시기를 기도하였다는 것입니다. 그들의 기도가 조나단 에드워즈의 설교에 능력을 불어넣었고, 그래서 죄인들이 회심하였던 것입니다. 우리가 마을을 위해, 작은 동네를 위해, 도시를 위해 믿음을 가지고 간절히 기도한다면, 하나님께서 현재 복을 받지 못한 수단들을 성공적으로 쓰실 수 있고, 싹이 나지 않는 씨를 지금 뿌리고 있는 목사가 즐거운 추수에 대해 이야기할 수가 있습니다. 사람들은 그 이유를 모를 수 있습니다. 그러나 하나님을 이긴 사람들은 그 수수께끼를 풀 수 있었을 것입니다. 지존하신 하나님께 드리는 기도가 빈 그릇을 기름이 흐르는 아래에 조용히 가져다 놓을 것이고, 그러면 소리 없이 그릇이 찰 것입니다.

　이 문제에서 우리가 할 일이 무엇인지 봅시다. 여러분이 주저하고 있습니까? 여러분은 허리춤에 천국 열쇠가 있는데 그 열쇠를 사용하지 않으시겠습니까? 하나님께서 그의 보고 전체를 우리의 믿음에 맡겨 두셨는데, 우리는 열심이 부족해서 그 은혜를 사용하지 않고 버려두겠습니까? 하나님께서 우리에게 "너에게 백지 위임장을 주마. 네가 원하는 대로 구하라. 그러면 네게 이루어지리라" 하고 말씀하시는데, 우리가 입을 크게 벌려야 하지 않겠습니까? 주님께서는 두 사람이 하나님 나라의 문제에 대해 한 뜻으로 구하면 그것을 우리에게 주겠다고 약속하십니다. 그러니 우리는 즉시 한 뜻으로 구하도록 합시다. 여러분은 하나님께서 서명하시고 여러분에게 무기명으로 남겨준 이 수표들을 사용하지 않겠습니까? 하나님이라는 무한한 국고가 여러분에게 열려 있는데, 여러분은 푼돈이나 소액을 위해 그 수표들을 사용하겠습니까? 하나님의 성도들이여, 하나님께서 여러분을 제한하시지 않으니 여러분 스스로 마음이 좁아지지 않도록 하십시오! 빈 그릇들을 가져오되, 적게 가져오지 마십시오.

3. 나는 성령의 활동과 관련해서 세 번째 방식으로 본문을 사용하도록 하겠습니다.

어떤 교회들에서는 몇 사람이 하나님께로 돌아온 경우에, 목사가 그것을 보고서 한 번에 30명이나 40명이 회심해야 한다고 말하면, 좀 더 나이든 분들은 손을 들어 부정하는 표시를 하는데, 그냥 놀라서가 아니라 전혀 믿지 못해서 그렇게 하는 때가 있었습니다. 그들은 그처럼 많은 사람들이 모여든 것은 틀림없이 과도한 영향력이나 부당한 흥분이 있었기 때문이라고 생각하였습니다. 종종 내게 이렇게 말하는 사람들이 있었습니다. "우리는 전임 목회자의 건전한 교리적 가르침을 받았을 때는 10년 동안 세례 받은 사람이 한 명 있었어요. 우리에게는 건전한 목회자가 있었고, 우리들도 신앙이 건전했습니다(물론 잠도 그만큼 깊이 들었지요!). 그러나 지금은 우리가 얼마나 급히 가고 있는지 보세요! 회심했다고 고백하는 사람들이 한 달에 스무 명씩이나 되었어요!" 그 훌륭한 형제들은 이 말도 덧붙였습니다. "우리는 목사님이 매우 신중하셨으면 좋겠습니다. 그 사람들을 너무 빨리 받아들이지 마시기 바랍니다. 교회 전체가 매우 흥분해 있습니다. 우리는 현명하게 판단하고 조심해야 합니다. 흥분이 지나가고 나면 끔찍한 반응이 일어날 수 있기 때문입니다!" 훌륭한 한 노부인이 자기는 교회가 뒷문이 쉽게 열리는 것을 걱정하게 되리라고 본다고 빈정거리곤 하였던 것을 압니다. 그 노부인은 그처럼 많은 사람들이 앞문으로 들어왔다면, 이내 뒷문으로 나갈 사람들이 아주 많을 것이라고 철석같이 믿었기 때문입니다.

나는 그 부인이 자기비판이 옳았다는 것을 보여주기 위해 일이 그렇게 되기를 바랐을까봐 조금 걱정이 됩니다. 열두 달 동안에 겨우 두세 사람이 회심하였을 때는 우리 친구들이 그 일을 성령의 활동으로 돌렸습니다. 작은 일은 성령의 활동이었습니다. 그런데 회심하는 사람들의 수가 30명 혹은 40명으로 불어나고, 특별히 그 수가 300명에 이르렀을 때는 그것은 단지 흥분에 불과한 것이었습니다. 목사가 자신의 사역을 품위 있게 보이기 위해 회중들을 샅샅이 뒤져서 교회로 끌어들일 수 있는 한두 사람을 찾아냈을 때는 그것이 성령의 활동이었습니다. 그런데 회심자들이 수백 명씩 쏟아져 들어왔을 때는 사람마다 그것이 육신적인 흥분이 아닐까 하고 두려워했습니다! 사랑하는 형제 여러분, 이것이 불합리한 생각이 아닙니까? 이 사람들은 이 선지자의 과부와 정반대로 행동하는 것이 아닙니까? 그들은 지금 이렇게 말하는 것입니다. "그릇을 조금 가져오라.

아주 조금. 그 그릇들 가운데 어떤 것은 다 차지 않을 것으로 생각하라! 기름이 그릇 하나나 두 개 채울 정도밖에 없다. 그릇을 더 가져오지 말라. 가져왔다가 기름을 채우지 못할까 걱정이다. 기름이 그릇을 수백 개나 채우는 것을 본다면, 그것은 기름일 리가 없고, 말하기도 부끄러운 가짜 기름임에 틀림없을 것이다. 그렇게 많은 그릇이 기름으로 채워진다면 우리는 그것이 결코 좋은 기름일 것으로 생각할 수 없다."

사실은 성령께서 크신 분임을 믿지 않고, 선하신 분도 아니라고 생각하는 사람들이 있습니다. 그들은 성령님은 결국 하나님이 아니라는 생각이 있습니다. 그들이 성령님을 하나님이라고 믿는다면 확실히 성령께서는 이 세상에서 큰 일들을 하실 것으로 기대하고, 수많은 사람들이 "선생들이여 내가 어떻게 하여야 구원을 받으리이까?"(행 16:30) 하고 부르짖는 또 다른 오순절을 보기를 고대할 것이기 때문입니다. 그동안 우리가 겪은 부흥의 기간은 성령께서 하실 수 있을 것으로 생각하는 것을 뛰어넘는 큰 일로 생각하기보다, 형제 여러분, 나는 그 일이 성령께서 이루실 수 있고 이루시려고 하는 것에 비할 때 하찮은 것이라고 믿습니다. 우리가 살아서 최고의 진정한 부흥을 본다면 이보다 더 큰 일들도 볼 것입니다. 성령께서 능력을 가지고 오셔서 그의 진리로 일하실 때, 우리가 온전히 성령님을 믿고 성령님께 순종할 때 그렇게 하실 것인데, 성령께서 그같이 일하실 때 우리는 이 태버너클 예배당에 가득 찬 사람들을 한 번에 전부 회심시킬 설교가 전해지는 것을 들을 것이라고 나는 생각합니다.

나는 모든 예배당에서, 곧 런던에 있는 모든 예배 처소에서 하나님의 말씀이 거침없이 전해졌고 영광을 받으셨다는 말을 듣기 바랍니다. 나는 많은 예배당에서 처음에는 한 회중만 예배를 드렸는데, 그 다음에는 또 한 회중이 들어오기를 기다릴 만큼 사람으로 꽉 들어찼다는 이야기를 듣기 바랍니다. 나는 수많은 사람들이 아주 서둘러 주님을 찾을 것으로 기대합니다. 그렇게 되지 못할 이유가 있습니까?

여러분은 지금 가만히 앉아서 우리 교인은 참으로 많고 아주 훌륭하다고 생각합니다. 그리고 사실이 그렇습니다. 여러분이 다른 어디에 가서 이렇게 많은 사람들이 항시 모이는 것을 볼 수 있겠습니까? 나는 우리 예배당과 같은 하나님의 집들 수백 곳이 바닥부터 천장까지 사람들로 가득 차고, 수많은 사람들이 "와서 우리를 도우라. 그리스도의 피가 우리를 위해 무엇을 할 수 있는지 우리에게 얘기하라"고 외치는 소리를 들을 날이 올 것이라고 믿습니다. 하나님께서 이 일을 단지 영국에만 허락해 주시지 않기를 바랍니다. 우리는 이교도들이 지금까지 해왔던 대로 천천히 회심해야 한다고 생각할 필요가 없습니다. 이교도 국가의 인구는 기독교로 개종한 사람들의 숫자보다 훨씬 더 큰 비율로 증가해왔습니다. 그 수가 불어났을 때, 그것은 지금과는 다른 방식으로, 곧 하나님께 합당한 방식으로 늘어날 것입니다. 한 민족이 한 번에 출생할 수 있습니까? 어쩌면 그렇게 될 수 있지 않겠습니까? 성령께서는 하시는 일에 제한을 받지 않으십니다. 교회에 믿음이 돌아와서 교회가 빈 그릇들을 많이 가져올 때, 교회 안에 계시는 성령께서 그의 거룩한 활동을 증가시켜 빈 모든 민족들을 다 채우실 것입니다. 영국, 미국, 프랑스, 독일, 러시아, 이탈리아, 스페인, 중국, 아라비아, 이 모든 나라가 하나님의 영원하신 성령의 부어주심으로 가득 찰 것이고, 수많은 사람들이 예수님의 보혈로써 구원받을 것입니다.

　나는 여기 계시는 형제자매 일꾼들에게 그들 뒤에 전능하신 하나님이 계시기 때문에 큰 일들을 바라고, 가서 힘 있게 일하라고 권하고 싶습니다. 형제 여러분, 낙심하여 단념하지 말고 앞으로 밀고 나가십시오. 자매 여러분, 여러분은 자신이 무슨 일을 할 수 있는지 모르지만, 대담하게 시도하십시오. 사랑하는 젊은이 여러분, 여러분은 자신이 어떤 일을 성취할 수 있는지 모릅니다. 무엇을 할 수 있는지 힘을 다해 시험해 보십시오. 여러분 스스로도 놀랄 결과를 볼 것입니다. 주님께서는 아무것도 아닌 하찮은 것들을 사용하여 영광스러운 목적을 이루실 수 있습니다. 그 일을 행하는 것은 여러분의 힘이 아니라 하나님의 힘입니다. 하나님의 힘이 여러분을 붙잡고, 세상이 여러분의 약함으로 보였던 것 밑에 하나님의 힘이 있는 것을 알고 떨게 만들 만큼 놀라운 업적을 이룰 것입니다. 하나님을 믿고 하나님께서 진실하시며 전능하심을 믿으십시오. 그러면 우리는 지금보다 더 큰 일들을 보게 될 것입니다.

　슬프게도, 우리는 믿지 않기 때문에 그런 일들을 보지 못합니다! 인자가 올 때에 세상에서 믿음을 찾아보실 수 있겠습니까? 나는 주님께서 여기저기를 찾아 겨자씨 한 알을 발견하실 수 있을지 모르겠습니다. 하나님께서 우리 가운데 많은 사람들에게 영웅적인 믿음을 주시기를 바랍니다. 곧, 하나님을 믿고 아무것도 어려운 일로 생각하지 않으며, 불가능함을 믿지 않고, 옳은 일을 행하며 진리를 전하고, 하나님께서 그 일에 복을 주시되 우리가 구하거나 생각하는 것에 넘치도록 복 주실 것이라고 믿는 믿음을 주시기를 바랍니다. 하나님께서 여러분에게 복 주시기를 바라고, 이 설교의 전반부를 여러분이 계속해서 기억하기를 바랍니다. 여러분이 빈 그릇들이라면 그리스도께 와서 채움을 받으십시오. 주님께서 오늘 밤 여러분을 은혜로 채우시기 바랍니다! 아멘. 아멘.

제
6
장

—

일곱 번의 재채기

—

"아이가 일곱 번 재채기 하고." — 왕하 4:35

아이가 죽었습니다. 그 아이는 하나님의 약속에 따른 특별한 선물이었고, 따라서 부모들이 배로 소중히 여기는 아이였음에도 불구하고, 이 어린 소년이 인생이 공통으로 당하는 위험에서는 안전하지 못하였습니다. 아이가 한낮의 더위 속에서 추수하는 들판에 있었고, 일사병이 아이를 덮쳤습니다. 아이의 아버지가 젊은이들 가운데 한 사람에게 시켜 아이를 집으로 데려가도록 하였고, 아이는 어머니의 무릎에서 죽었습니다. 이 용감한 여인은 비통한 생각이 들었지만, 힘과 용기를 내어 하나님의 사람 엘리사에게 달려가서 자신의 슬픔을 이야기하며, 엘리사의 기도로 그녀에게 온 복이 단명한 것을 두고 그를 비난하였습니다. 그녀는 극심한 슬픔의 때에 이 선지자에게 매달렸고, 선지자는 어머니로서의 그녀의 고통에 마음 깊이 공감하였습니다. 선지자는 죽은 아이가 침상에 뉘여 있는 방으로 서둘러 가서, 홀로 기도의 신성한 능력을 발휘하였습니다. 선지자는 거듭거듭 씨름하였고 마침내 효과를 보았습니다. 그래서 기뻐하는 이 수넴 여인의 경우에 "여자들은 자기의 죽은 자들을 부활로 받아들이기도 하며"(히 11:35)라는 말씀이 사실로 이루어졌습니다. 믿음이 기도를 무기로 사용할 때 발휘하는 능력이 그와 같습니다. 무덤의 문조차도 믿음의 능력을 이길 수 없습니다.

선지자가 아이 위에 엎드려 자기 입을 아이의 입에 맞추고 "자기 눈을 그의 눈에, 자기 손을 그의 손에 댔을" 때 취한 행동 방식에는 교훈이 가득합니다. 영적인 생명은 하나님의 선물입니다. 그러나 죽은 자들을 우리를 수단으로 써서 일으켜야 한다면, 우리는 그들을 마음 깊이 공감해야 합니다. 우리는 영적인 접촉을 일으켜야 하고, 우리가 복을 베풀 사람들과 크게 일체감을 느껴야 합니다. 성령께서는 다른 사람들의 선을 위해서 자기 생명이라도 내놓으려고 하는 사람들, 다른 사람들에게 자신의 재물과 교훈을 줄 뿐만 아니라 자기들이 어떤 사람을 구원할 수 있다면 자기 자신도 내주려고 하는 사람들을 통해서 일하십니다. 아, 엘리사 같은 사람들이 더 나왔으면 좋겠습니다. 그러면 죄로 죽은 가운데서 일어날 죄인들을 더 많이 보게 될 것입니다.

그 아이가 다시 살아났다는 명백한 첫 번째 증거는 아이가 재채기를 하는 것이었습니다. 아이의 재채기가 선지자의 마음을 크게 기쁘게 했을 것이 분명합니다. 다른 사람들의 선을 위해 애쓰고 있는 우리도 우리가 유익을 끼치려고 애쓰고 있는 사람들에게서 은혜의 표지들을 보게 되면 크게 기쁠 것입니다. 모든 복음 전도 집회에서 열심이 있는 사람들은, 양심이 깨어나 죄를 깨달았거나 생명을 주시는 성령의 능력을 다른 어떤 방식으로 느끼는 사람들이 있는지 잘 살펴보아야 합니다. 이 사람들이 훈련받은 눈으로 지켜본다면, 그래서 그들이 결코 보지 못할 것을 찾지 않고 그들에게 충분한 만족을 줄 것을 간과하지 않는다면 잘하는 일일 것입니다. 사람들은 영적 생명의 표지보다 자연적 생명의 표지를 더 쉽게 분별할 수 있습니다. 좀 더 신비한 이 문제에 관해서 우리는 연습과 경험이 필요요합니다. 그렇지 않으면 우리 자신에게나 우리가 도우려고 하는 사람들에게 큰 고통을 일으킬 수 있습니다. 이 선지자를 만족시킨 생명의 표지로부터, 곧 아이가 일곱 번 재채기를 했다는 사실에서 우리는 교훈을 끌어낼 수 있습니다.

이 생명의 증거는 매우 간단하였습니다. 재채기만큼 인위적인 기술과 상관이 없는 것은 없습니다. 재채기는 결코 인위적이지 않고 무의식적인 것입니다. 일반적으로 우리가 재채기를 하는 것은 우리가 하려고 마음먹기 때문이 아니라 할 수밖에 없기 때문입니다. 재채기하는 데는 지시도 교육도 재능도 습득도 필요 없습니다. 심지어 일곱 번 연속적으로 재채기하는 데는 그런 것이 전혀 필요 없습니다. 재채기는 어린아이의 행동이고, 철학자나 신학자의 행동인 만큼 무지한 농부의 행동이기도 합니다. 그러나 엘리사는 더 이상 생명의 증거를 구하지 않았습니다. 그는 어린아이에게 시편을 외워보라고 하거나 1킬로미터를 걸어보라고 하거나 나무에 올라가보라고 하지 않았습니다. 새로 받은 생명의 행동이 지극히 기초적인 것이었을지라도 아이가 살았다는 것을 그는 알았습니다. 바로 그와 같이 우리도 처음으로 내는 고통의 신음소리를 듣거나 처음으로 흘리는 회개의 눈물을 볼 때 감사하도록 합시다. 희망을 갖는 것은 죄인을 구하는 일에 관여하는 사람들이 성공하는데 유용한 요소입니다. 우리는 믿음을 구하는 구도자들에게 너무 많은 것을 기대해서는 안 됩니다. 생명의 표지가 없는데 만족해서도 안 됩니다. 아무리 희미한 것이라 할지라도 생명의 표지를 보면 우리는 용기를 내고 그들을 격려하도록 해야 합니다. 구도자들에게는 지식을 거의 기대할 수 없습니다. 엘리사는 그 아이에게 교리문답의 내용을 말해보라고 요구하지 않았습니다. 그들에게서는 힘도 거의 찾아볼 수 없을 것입니다. 엘리사는 그 아이에게 방에 놓여 있는 식탁과 의자, 촛대를 옮겨보라고 시키지 않았습니다. 그럴 필요가 없습니다. 재채기는 비록 그것이 발음이 분명치 않았을지라도 생명이 있음을 입증하였습니다. 재채기는 훈련으로 얻지 않은 생명력을 지시를 받지 않고 자연적으로 보여주는 것이었습니다. 죄를 회개하는 것, 거룩함을 바라는 것, 어린아이처럼 예수님을 신뢰하는 것, 눈물을 흘리며 기도하는 것, 조심스럽게 행하는 것, 하나님의 말씀을 기뻐하고 자기를 강하게 불신하는 것은 생명이 있음을 보여주는 기본적인 표지들입니다. 즉, 죽은 자들 가운데서 다시 살아난 자들의 재채기와 같은 것입니다. 그런 표지들은 나이든 사람이든 젊은 사람이든, 시온에서 정말로 살아 있는 모든 사람에게서 볼 수 있는 것입니다. 따라서 그것들은 성장의 증거가 아니라 생명의 증거입니다. 우리가 처음으로 다루어야 할 것은 생명입니다. 성장은 후에 고려할 요소입니다. 엘리사는 아이가 성인으로 자랄 때까지 침상에 뉘여 놓지 않았습니다. 아이가 재채기 하는 소리를 듣자마자 아이 어머니에게 "네 아들을 데리고 가라"고 말했습니다. 나는 어떤 교회든지 그 안에서 한 영혼이라도 하나님께로 태어난 사람이 있으면, 그 교회에 "네 아들을 데리고 가라"고 열심히 말하곤 하였습니다. 회심한 사람의 믿음이 약할지라도 그를 받으십시오. 어린 양을 가슴에 품고 소중히 여기고, 생명이 장부의 힘을 갖출 때까지 그를 양육하십시오.

　이 생명의 증거는 불쾌한 형태로 나타났습니다. 재채기하는 것이 아이에게는 즐거운 일이 아니었습니다. 어른들은 대부분이 일곱 번 재채기하는 일이 없기를 더 바랄 것입니다. 새 생명의 가장 확실한 표지들 가운데 많은 것은 결코 즐겁지 않습니다. 중생한 사람들이 당장에 행복하지는 않습니다. 반대로 그들은 많은 경우에 자기 죄 때문에 아주 비통한 심정에 처하게 되고, 자신이 구주님을 찌른 것 때문에 몹시 괴로워하게 됩니다. 거룩한 생명은 고통이 없이 세상에 태어나지 않습니다. 사람이 물에 빠져 거의 죽게 되었다가 손 마찰로 다시 생기가 돌아올 때, 정맥 속에서 처음으로 피가 움직일 때 저리는 현상과 그 밖의 매우 고통스러운 감각을 일으킵니다. 죄는 영혼의 저림 현상을 일으키고, 여기에는 감각의 부재가 따릅니다. 생명이 믿음의 모습을 띠고 올 때, 이것이 변화됩니다. 첫 번째 결과는 사람들이 자기가 찌른 분을 보고 그분에 대해 슬퍼하는 것이기 때문입니다. 어떤 사람들은 즐거운 감정들을 은혜의 가장 확실한 표지들로 간주하는데, 사실은 그렇지 않습니다. "정말 행복해"라는 말이 "죄를 지어서 너무 괴로워"라는 말보다 훨씬 덜 확실한 표지인 경우가 종종 있습니다. 슬픔에 잠긴 노래를 먼저 부르지 않은 한, 나는 "해피 데이"라는 노래를 대단하게 여기지 않습니다.

"아, 내 죄 짐이 사라졌으면 좋겠네."

다시 한번 말하지만, 재채기는 듣는 사람들에게 별로 음악적이지 않습니다. 그와 같이 은혜의 첫 번째 표지들 자체가 영혼을 경계하는 사람들에게는 기분 좋은 것이 아닙니다. 우리 마음은 상한 심령의 슬픔과 낙담을 보기가 매우 괴로울 수 있습니다. 그럴지라도 우리가 보는 것이 바로 새롭게 된 생명의 확실한 표지일 수가 있습니다. 영혼의 비통과 격동 자체를 생각할 때, 우리는 그것을 기뻐할 수 없습니다. 오히려 우리의 성실한 노력이 복음의 향유를 바르고 그런 고통을 제거할 것입니다. 그렇지만 그런 것들이 아주 초기 단계에 영혼 속에 생겨난 하나님의 생명의 가장 확실한 표지들 가운데 있습니다. 따라서 우리는 그런 것들을 볼 때는 언제든지 감사해야 합니다. 세상 사람들은 우울증이라고 부정적으로 여기는 것이 생각이 깊은 것을 보여주는 희망적인 표지인 경우가 종종 있습니다. 무식한 자들이 유감으로 여기는 자기 절망이 회심을 위하여 삯을 치르는 사람들에게는 축하할 만한 이유입니다. 우리가 회개하는 자들의 슬픔을 기뻐하는 것은 그 슬픔의 결과 때문입니다. 그렇지 않다면 우리는 사람의 슬픔을 결코 기뻐하지 않고 오히려 정반대입니다.

"아이가 일곱 번 재채기 하고." 생명의 증거는 아주 단조로웠습니다. 거듭거 듭 재채기만 나왔을 뿐 다른 아무것도 없었습니다. 노래도 없었고 음악의 선율 도 없었으며 심지어 부드러운 말 한 마디도 없었습니다. 오직 재채기하고, 재채 기하고, 일곱 번 재채기한 것밖에 없었습니다. 그런데 그 재채기 소리들이 선지 자에게는 하나도 질리지 않았습니다. 선지자는 음악적 성격이 아주 독특한 그 생명의 소리를 듣고 매우 기뻐했습니다. 아이가 살아났고, 선지자에게는 그것으 로 충분하였습니다. 구도자들의 많은 얘기는 사람을 매우 피곤하게 만듭니다. 그들은 우울한 같은 얘기를 몇 번이고 되풀이해서 말합니다. 열두 번도 더 대답 해주었어도 그들은 다시 같은 질문을 하고 같은 의심을 되풀이해서 말합니다. 어떤 사람이 재미와 변화를 추구하고 있다면, 죄를 깨달은 사람들이 고통스럽게 반복하는 말에서 그런 것을 찾지 않을 것입니다. 우리가 사람들의 영혼을 지켜 보고 있을 때 싫증이 나지는 않지만, 그럼에도 불구하고 새로 깨어난 사람들의 말 자체에는 소통하기가 매우 성가신 것들이 있는 경우가 많습니다. 흔히 그들 은 잘 이해하지 못하고, 무엇엔가 열중해 있으며 혼란스러워하고 심지어 터무니 없는 생각조차 합니다. 그들이 교만과 불신앙, 고집이 결합된 잘못된 무지나 죄 악적인 완고함을 무심코 드러내는 경우가 종종 있습니다. 그럴지라도 그들에게 는 좀 더 고귀한 생명이 깨어나고 있음을 보여주는 은밀한 것이 있습니다. 그러 므로 나는 즐겁게 그들의 말에 귀를 기울입니다.

며칠 동안 간곡히 권고하고 위로한 후에 보면, 그들은 여전히 낙심의 수렁 에서 버둥거리고 있고 진창에서 꼼짝하지 않고 있으며 거기에서 빠져나올 뜻 도 별로 없어 보이기도 합니다. 우리는 몇 번이고 거듭해서 그들에게 같은 도움 을 주어야 하고, 백 번이라도 그들에게 디딤돌을 가리켜주어야 합니다. 영혼이 죽는 것보다는 우리의 봉사가 단조로운 것이 더 낫습니다. 가엾은 아이는 원하 면 재채기를 일곱 번이나 할 수가 있습니다. 그럴지라도 이같이 아이가 살아 있 다는 것을 아는 것은 기쁜 일이기 때문에 우리는 그 소리를 즐겁게 들을 것입니 다. 우리의 불쌍한 이웃이 자신의 고통스러운 이야기를 일흔 번씩 일곱 번이라 도 할 수 있습니다. 우리가 그 이야기에서 그의 영혼에 성령께서 일하신 흔적을 발견할 수 있다면, 즐거이 들을 것입니다. 우리는 초신자들에게서 처음에 흥미 있는 점을 별로 발견하지 못한다고 해서 실망하지 않도록 합시다. 우리는 목사의 자격이 있는지 그들을 조사하고 있는 것이 아니라 단지 영적 생명의 증거가 있는지 찾을 뿐입니다. 그들에게 신학 박사에게나 적합할 시험 기준을 적용하는 것은 무자비한 일이며 또한 어리석은 일일 것입니다. 우리는 복음을 전하는 자들에게서 변화를 기대하며, 더 많은 변화를 볼 수 있기를 바랍니다. 그러나 은혜 안의 어린 아기에 대해서 우리는 우는 소리를 듣는 것만으로 아주 만족합니다. 우는 소리는 재채기만큼이나 음악적 변주의 주제가 되지 못합니다.

　그럴지라도 선지자의 귀에 들어온 그 소리는 생명의 확실한 표지였습니다. 우리는 의심스럽거나 단지 희망적인 것에 지나지 않는 표지들에 만족해서는 안 됩니다. 우리는 생명의 증거들이 필요합니다. 우리는 이 증거들을 확인해야 합니다. 우리는 친구들이 정말 실제로 구원받은 것을 보기를 간절히 바랍니다. 그들이 죽음에서 생명으로 옮겼다는 것을 우리에게 보여주기만 하면, 우리는 그 증거가 아무리 저급한 것이라도 기쁘게 받아들입니다. 그러나 이보다 못한 증거에 대해서는 우리가 가만히 앉아 있을 수 없습니다. 단지 개심하겠다는 결심이나 혹은 개심 자체라도 우리의 걱정을 없애지 못할 것입니다. 세련된 말투나 감정의 표현, 남다른 흥분, 이것들은 우리를 결코 만족시키지 못할 것입니다. 우리는 친구들이 회심하기를, 곧 위로부터 거듭나기를, 그리스도 예수 안에서 새로운 피조물이 되기를 바랍니다. 그 아이를 씻기고 가장 좋은 옷으로 입혔을 수도 있었습니다. 그렇게 했을지라도 그것이 선지자의 바람을 충족시켜주지 못했을 것입니다. 그 아이에게 화관(花冠)을 씌우고 아이의 뺨에는 연지를 발라 붉은 홍조를 띠게 만들 수도 있었을 것입니다. 그랬을지라도 이 거룩한 사람은 결코 만족하지 않았을 것입니다. 아이에게는 생명의 표지가 있어야 했습니다. 아무리 단순하게 보이는 것이라 할지라도 그것은 확실히 생명의 표지여야 합니다. 그렇지 않으면 아무 소용이 없을 것입니다. 재채기보다 더 결정적인 표지는 없었을 것입니다. 우리는 고인이 된 사랑하는 사람 옆을 지키고 있던 사람이 시체가 팔을 움직였다고 생각한 경우를 압니다. 그러나 그것은 상상력이 애정 어린 바람을 부추겨 환상을 일으킨 것에 지나지 않았습니다. 그러나 재채기를 잘못 알아들을 여지는 있을 수 없습니다. 하물며 재채기를 일곱 번씩이나 잘못 알아들을 수는 더더구나 없습니다. 선지자는 안심하고 어머니를 불러들여서 틀림없이 살아 있는 아들을 그녀에게 맡길 수 있었습니다. 이와 같이 우리도 은혜의 확실한 표지들을 요구합니다. 그 표지들을 볼 때까지 우리는 기도하고 지켜보며 괴로운 근심을 감당할 것입니다.

지금까지 본문에 대해서 이만큼 이야기했고, 시간도 다 되었으니, 한두 가지 교훈만 덧붙일 수 있겠습니다. 주님께 속한 살아 있는 사람들은 주님께서 영적으로 죽은 자들을 일으키실 수 있다는 것을 믿읍시다. 주님의 사람들은 불경건한 자들에 대해 매일 관심을 갖도록 합시다. 그들을 영혼이 살아나는 곳으로, 즉 복음의 소리를 들을 수 있는 곳으로 데려오십시오. 그리고 기도하며 지혜롭게 그 결과들을 지켜보도록 하십시오. 교인 가운데 그처럼 지켜보는 사람들이 많으면 많을수록 그만큼 더 좋습니다. 그들은 설교자의 최고의 동맹군이 될 것이고, 그의 수고의 열매를 크게 증가시킬 것입니다.

그리스도 안에서 친구 된 여러분, 여러분이 이런 봉사를 하지 않는다면 무엇이라고 말할 수 있겠습니까? 이 일은 재능보다 은혜가 필요하고, 은사보다 사랑이 필요합니다. 여러분은 분발하여 이 기쁜 봉사를 시작하고, 영적 생명력의 표지를 볼 때까지 지켜보도록 하십시오. 다른 사람들은 아무리 알아보지 못한다고 하더라도 여러분의 눈과 귀와 마음은 그들을 놓치지 않도록 하시고, 새롭게 살아난 사람에 대해 "아이가 일곱 번 재채기 하였다"는 말밖에 없을지라도 언제든지 그를 돌볼 수 있도록 하시기 바랍니다.

제
7
장
—

내 생각에는

—

"내 생각에는." — 왕하 5:11

오늘날 설교에서 우리의 중요한 목표는 죄인들일 것입니다. 다른 할 일들도 많이 있습니다. 성도들은 사람들을 세워주는 것, 위로하는 것, 고무시키는 것을 원합니다. 수많은 사람들이 파멸로 휩쓸려 들어갈 때까지 태평하게 지내는 동안에 우리는 영혼들을 예수님께로 인도하는 지극히 절실한 이 일에 온힘을 기울이는 것이 마땅합니다. 그래서 다시 한번 오늘 아침 나는 광야에 아흔아홉 마리 양을 두고, 길 잃은 양을 찾아가도록 해야겠습니다. 그래서 하나님께 사람들에 대한 내 호소에 복을 베푸셔서 내가 그들이 구주님을 거절하는 어리석음에 대해 설교하는 동안에 성령께서 또한 그들에게 설교하시어 그들이 영생을 얻기 위해 예수께로 피하도록 해주시기를 구해야 하겠습니다.

그러나 우선은 신자들을 위해서 한두 마디 하도록 하겠습니다. 하나님의 일하는 방식이 어떠해야 한다는 것에 대한 선입견은 매우 해롭습니다. 그것은 하나님을 진실하게 믿는 사람들에게도 해롭습니다. 그런데 그들이 그런 선입견에 빠지는 경우가 아주 빈번합니다. 우리는 하나님의 길은 바다에 있고 주님의 행로는 큰물 속에 있어서 하나님의 발자국을 알 수 없다는 사실을 잊고서 섭리의 길과 자비의 방법을 사전에 상세하게 계획하는 일을 합니다. 그런데 주님께서 우리의 생각대로 행하시지 않으면 우리는 뒤로 물러나서 절반은 화를 내다시피 하며 "나는 주님께서 틀림없이 이와 다르게 행하실 것으로 생각했습니다" 하고 소리칩니다.

이런 어리석음을 천국에 가는 길과 관련하여 때로 신자들에게서 볼 수 있습니다. 그들은 애굽에서 나올 때의 이스라엘 백성과 같습니다. 곧장 가나안으로 들어가는 길이 있는데, 왜 그들은 그 길을 취하도록 허락받지 못했습니까? 곧장 앞으로 행진해 가기보다 그들은 먼 길을 돌아가며 계속해서 여러 가지 경험을 하였습니다. 그들의 행로는 앞으로 나아갔다가 뒤로 후퇴했다가 그 자리에 그대로 멈추었다가를 계속 반복합니다. 하나님의 섭리가 종종 여러분을 당혹스럽게 만들고 여러분의 바람에 대해서뿐만 아니라 신중한 판단과도 반대로 움직이지 않습니까? 오랫동안 최선의 상태로 여겨지던 일이 여러분에게 일어나지 않고, 지극히 해로운 것처럼 보이는 것이 여러분을 덮칩니다. 여러분의 예상은 적중되지 않고 여러분의 공상은 실현되지 않으며 여러분의 인생 계획은 성취되지 않습니다. 여러분은 이렇게 실패를 하게 되는 이유를 알 수가 없습니다.

여러분이 재산을 아주 잘 사용할 수 있었을 텐데 왜 이렇게 계속해서 가난하게 사는 것입니까? 여러분이 틀림없이 지극히 유용하게 일할 수 있었을 때 왜 옆으로 물리쳐지는 것입니까? 여러분이라면 재능을 받으면 아주 부지런하고 충성스럽게 사용하였을 것인데, 왜 여러분에게는 재능이 주어지지 않았습니까? 인생을 낭비하는 다른 사람들은 열 달란트를 받는데 어떻게 부지런하고 열심이 있는 여러분은 겨우 한 달란트밖에 받지 못하는 것입니까? 여러분은 용감하게 이 질문들을 제기했지만, 거기에 답을 할 수 없었습니다. 여러분이 답을 할 수 없는 것이 당연한 일입니다. 우리가 할 일은 문제들을 해결하는 것이 아니라 계명들을 이행하는 것입니다. 우리는 자신의 지혜를 버리고 모든 일들에 대한 조정은 우리 천부께 맡깁시다. 우리의 생각은 헛되나 하나님의 생각은 귀하기 때문입니다.

이와 같은 잘못이 우리의 기도에서도 일어납니다. 우리가 믿고 기도하면 응답이 옵니다. 믿음의 기도는 효력이 있기 때문입니다. 그러나 그 답은 우리가 생각한 것과는 전혀 다르게, 예기치 않은 방식으로 옵니다. 우리는 가족에게 복을 주시기를 하나님께 기도하였습니다. 그런데 아내를 데려가시거나 자녀가 병이 듭니다. 우리는 하나님께 우리를 더욱 영적인 사람으로 만들어 주시기를 구하였습니다. 그랬더니 하나님께서는 혹독한 고통을 보내어 우리를 슬프게 만드셨습니다.

"내가 믿음과 사랑과 모든 은혜에서
자라기를 주님께 구하였네.
주님의 구원을 더 많이 알기를,
주님의 얼굴을 더 열심히 구하게 되기를 구하였네.

기대했었네. 은총의 날에,
즉시 주님께서 내 요청에 응답하시고
그의 강권하는 사랑의 능력으로
내 죄를 정복하고 내게 안식을 주실 것이라고.

그렇게 하시기보다, 주님은 내게
마음의 숨은 악들을 알게 하셨고
지옥의 성난 권세들이
사방에서 내 영혼을 공격하도록 하셨네.

그뿐 아니라 주님은 친히 그 손으로
내 고통을 더 심하게 만드는데 열심을 내고
내가 꾸민 모든 아름다운 계획들을 결딴내고
내 조롱박을 깨트려 내 발밑에 던지시는 것처럼 보였네.

떨며 소리쳤네. '주여, 이것이 어찌 된 일입니까?
주께서 버러지 같은 나를 죽이려 하시나이까?'
주께서 대답하셨네. '바로 이 방식으로
나는 은혜와 믿음을 구하는 네 기도에 응답하는 것이니라.'"

여러분은 "참으로 내 생각과 다르다!"고 말합니다. 그렇습니다. 하지만 여러분의 생각보다 참으로 낫습니다! 여러분은 주님께서 여러분이 구하는 모든 것이나 심지어는 생각하는 모든 것에 넘치도록 풍성하게 여러분을 위해 행하신다는 것을 발견할 것입니다. 하나님은 지금 가난을 통해서 여러분을 부요하게 하고 계시며, 병을 통해 여러분을 치료하시고, 피조물을 신뢰하는데서 멀리 내쫓음으로써 여러분을 자기에게 더 가까이 이끌고 계시는 것입니다. 우리가 기도 응답이 오는 방식에 대해 자신의 생각을 정해 놓기 때문에 기도에 대한 하나님의 은혜로운 응답을 보지 못하는 경우가 참으로 많습니다. 우리는 하늘로부터 오는 편지가 검은 테두리가 쳐진 봉투에 담겨서 보내지기 때문에 그 편지를 받지 않으려고 합니다. 우리는 하나님께서 천사를 시켜서 우리에게 떡과 고기를 보내주실 것으로 생각했는데, 그렇게 하시지 않고 까마귀를 시켜서 보내주셨습니다. 예기치 않은 방식으로 주님의 손을 볼 때 우리는 절반은 실망해서 "내 생각에는 이와 다를 줄 알았는데"라고 말하기 쉽습니다.

어쩌면 우리는 이러한 선입견을 그동안 계속 가지고 있었을지 모릅니다. 왜냐하면 우리가 사실 전에는 하나님께서 우리에게 결코 복을 주시지 않을 것이라고 생각했기 때문입니다. 하나님께서는 고통을 통해 우리에게 선을 행하려는 은혜를 계획하고 계셨는데, 우리는 하나님에 대해서나 우리 자신에 대해서 아주 비판적으로 생각하였습니다. 하나님께서 우리를 완전히 버리셨고 우리 생명을 내주셨다고 생각하였기 때문입니다. 우리는 야곱처럼 이렇게 소리쳤습니다. "요셉도 없어졌고 시므온도 없어졌거늘 베냐민을 또 빼앗아 가고자 하니 이는 다 나를 해롭게 함이로다"(창 42:36). 이 훌륭한 나이든 족장이 수레에서 일어나 뺨에 요셉의 따뜻한 입맞춤을 받았을 때, 이렇게 말했을지 모릅니다. "내 생각에는 모든 것이 나를 해롭게 한다고 알았는데, 이제 보니 내가 하나님을 잘못 판단하였구나. 하나님께서는 기근의 때에 나와 내 가족을 부양하기 위해 요셉을 이곳에 보내셨구나. 하나님께서 내 시므온을 데려가고 내 베냐민을 데려가신 것은 내가 내 아들들이 그동안 있었던 이곳으로 내려오는 일을 한결 더 쉽게 만들기 위해서였구나. 하나님께서는 자기 종을 선대하셨는데, 나는 그렇게 생각지 않았다."

사랑하는 형제 여러분, 이런 예측을 그치도록 하십시오. 맹목적인 불신앙은 실수할 수밖에 없기 때문입니다. 선지자라는 직업이 하나님의 많은 종들에게는 어울리지 않습니다. 우리가 망원경에 손을 대는 것은 미래를 들여다보고 싶은 호기심 때문입니다. 그런데 우리는 거울에 근심의 숨을 뿜어내어 뿌옇게 만들고 나서 당황하여 이렇게 소리칩니다. "앞에 구름과 어둠밖에 아무것도 보이지 않아." 그렇지만 두려운 미래에 대한 우리의 생각은 말할 수 없이 좋은 현실을 만날 때 사라져버립니다. 일생 동안 내내 선함과 자비가 우리를 따를 것을 알 때, 우리는 자신의 불신앙을 인해서 얼굴을 붉힙니다. 우리가 속으로 '나는 어느 날 원수의 손에 죽을 거야'라고 말했기 때문입니다. 하나님께서 우리를 괴롭히고 우리 하나님을 실망시키는 "내 생각에는"이라는 그 잔인한 말에서 우리를 구원해주시기를 바랍니다.

다른 한편으로 우리는 사실 거짓이나 다름없는, 미래에 대해 아첨하는 예측을 하는 때가 있습니다. "내가 형통할 때에 말하기를 영원히 흔들리지 아니하리라 하였도다 여호와여 주의 은혜로 나를 산 같이 굳게 세우셨나이다"(시 30:6). 그것이 다윗의 생각이었습니다. 다른 모든 사람은 시달렸을지 모르지만 그는 평온하고 확신 있게 지내곤 하였습니다. 분명히 다른 사람들은 근심하고 의심하였겠지만 그의 믿음은 아주 확고하였고, 그의 위치는 아주 견고해서 그는 변화나 동요를 전혀 두려워하지 않았습니다. 그는 아주 강하여서 다른 사람들이 당황하여 도망쳤던 공격들에도 두려워 떨지 않았습니다. 자, 그 귀추에 귀를 기울여 봅시다. "주의 얼굴을 가리시매 내가 근심하였나이다." 다른 여느 사람처럼 그는 두려워하였고, 알고 보니 그의 견고한 산도 돌풍 앞에서 도망하는 구름에 지나지 않는 것이었습니다. 그처럼 용감한 사람이 타고서 도망갈 비둘기 날개를 구하였습니다.

사랑하는 여러분, 우리는 이처럼 자신의 위대함을 예측하는 일을 그만두어야 합니다. 그것은 허풍선이나 하는 일이기 때문입니다. 그것은 앞으로 어떤 일이 일어날 것인지, 그리고 어떤 일이 일어나게 되어 있는지에 대해 가장 그릇된 판단을 하는 것입니다. 사태는 우리 손에 있지 않고 더 나은 손 안에 있습니다. 우리는 스스로 섭리의 관리자로 나서지 않고 하나님의 명령에 마땅히 순종해야 합니다. 계획하는 일은 하나님께 맡기고 우리는 하나님을 의지하도록 합시다. 하나님의 뜻에 복종하고 하나님 앞에서 하듯이 행하십시오. 그러면 여러분은 일생 동안 항상 기뻐할 것입니다. 그러나 여러분이 스스로 행로를 상세히 계획하고 스스로 인도자가 되고 부양자가 되기 시작한다면, 여러분의 길은 거칠고 위험해질 것이며, 여러분의 마음은 많은 고통으로 상처를 입을 것입니다. 이렇게 해서 지금까지 나는 신자들에 대한 교훈을 말씀드렸습니다. 이제는 아직 이 교도로 지내고 있는 사람들에게 꼭 이야기하고 싶습니다. 이렇게 이야기하는 일에 있어서 나는 모든 그리스도인에게 내 말에 복이 따를 수 있도록 기도해 주기를 부탁합니다.

구원의 길에 대한 선입견들이 회심하지 않은 사람들의 마음에 믿음이 생기는 일에 큰 장애물입니다. 안식일마다, 아니 매일 죄인들에게 "믿고 세례를 받는 사람은 구원을 얻을 것이요"(막 16:16)라고 말해주는 것이 우리의 할 일입니다. 예수님을 믿는 것이 구원의 유일한 길이라는 이 사실을 분명하게 말할 수 있는 한, 나는 만 번이라도 되풀이해서 말합니다. 이는 예수께서 하나님 앞에서 사람들의 죄를 위하여 하나님이 받으실 만한 큰 속죄를 바치셨고, 따라서 예수께 와서 그의 속죄를 의지하는 자는 누구든지 영생을 얻을 것이기 때문입니다. 그런데 우리는 즉시 반대를 만납니다. 사람들이 돌아서서 우리의 메시지를 받지 않습니다. 우리의 메시지가 자기들이 생각하는 것과 다르기 때문입니다. 요단강에서 몸을 깨끗이 씻는 것은 그들이 생각하는 방식이 아닙니다. 그들은 좀 더 어렵고 신비스러우며 그럴듯해 보이는 구원의 길을 기대하였기 때문입니다. 그들은 "내 생각에는" 하고 말하며, 아주 화가 나서 떠나든지 아니면 완전히 무시해버리고 떠나갑니다. 자, 친구 여러분, 여러분을 붙들고 이 문제에 대해 자세히 이야기하겠습니다. 주님께서 여러분이나 나나 모두 지혜롭게 해 주시기를 구합니다.

첫째로, 어떻게 여러분은 자신의 생각으로 구원의 길을 찾을 수 있다고 기대할 수 있습니까? 사람이 발견할 수 있는 큰 일들이 많이 있습니다. 세상 사실들에 대한 인간 지성의 창의성은 거의 한계가 없는 것처럼 보입니다. 그러나 하늘의 사실들에 관해서 자연인은 분별할 능력이 없고, 아직까지 그 사실을 한 번도 발견한 적이 없으며 앞으로도 발견하지 못할 것입니다. 하나님에 대해서 아는 것은 무엇이든지 하나님을 통해서만 알 수가 있습니다. 자연의 얼굴에는 하나님이 계신다는 사실이 적혀 있습니다. 그러나 사람들이 구원의 계획에 대한 지시는 아무리 찾아도 보지 못합니다. 예수님만이 구주이십니다. 여러분은 주님의 구원하시는 길이 주께서 계시하신 것을 제외하고 어떻게 사람들에게 알려질 수 있다고 생각할 수 있습니까? 여러분에게 한 가지 질문을 드리도록 하겠습니다. 여러분이 원인을 알 수 없는 치명적인 병에 걸렸고, 능숙한 의사를 추천받았다고 해 봅시다. 여러분은 그 의사의 치료 방식을 예측해 보려고 하겠습니까? 여러분은 그에게 가서 그의 조언이 여러분이 생각했던 것과 반대가 된다고 해서 그의 지시를 따르기를 주저하겠습니까? 그렇게 한다면, 나는 여러분이 아주 어리석어서 어쨌든 의사에게 가지 않을 것이 틀림없다고 말할 수 있을 뿐입니다. 왜 여러분 자신을 고치려고 하지 않습니까? 여러분의 경우는 까다롭습니다. 여기에 오랜 경험과 뛰어난 솜씨로 여러분의 병을 고칠 능력을 획득한 의사가 있습니다. 여러분은 자신이 승인하는 대로만 의사가 수술을 할 수 있다고 주장하십니까? 의사가 여러분의 지시에 따라 칼과 랜싯을 사용하고, 밴드와 부목(副木)을 사용해야 하겠습니까? 그렇다면, 여러분은 의사를 돌려보내고, 간호학을 공부한 적이 없지만 여러분의 명령을 아주 잘 이행할 수 있는 간호사를 불러들이는 것이 낫습니다. 여러분 스스로가 의사이기 때문입니다. 회심하지 않은 친구 여러분, 여러분의 경우는 여러분 스스로 어떻게 할 수 없고, 예수님 외에 아무도 여러분을 구원할 수 없는 상태입니다. 어떻게 여러분이 구원의 계획을 스스로 발명할 수 있을 것으로 생각할 수 있겠습니까? 여러분은 그리스도의 제자가 되라는 명령을 받았습니다. 여러분이 선생님보다 더 많이 알 것이라고 생각할 수 있습니까? 여러분이 선생님을 가르쳐야 하겠습니까? 아니면 선생님이 여러분을 가르쳐야 하겠습니까?

여러분이 천국에 이르는 길을 스스로 발견할 수 있다면, 왜 하나님께서 여러분에게 성경을 주셨겠습니까? 여러분의 생각이 구원의 길을 정할 수 있다면 영감된 이 책은 없어도 좋은 것입니다. 결국 우리의 생각이 규칙이 되어야 한다면, 진리를 계시하고 우리를 진리 가운데로 인도하실 성령이 무슨 필요가 있겠습니까? 여러분, 여러분은 오만함 때문에—나는 여러분의 마음의 태도를 이보다 못한 다른 어떤 말로 표현할 생각이 없습니다—그 오만함 때문에 여러분은 자신이 영혼들의 의사이신 그리스도와 동등하다고 주장하고, 계시가 필요 없으며 성령의 도우심보다 자신이 뛰어나다고 주장하는 것입니다. 여러분이 그런 신성모독적인 생각이 따르는 입장을 취소하고 버리기를 기도합니다.

나는 이 자리에 계신 분 가운데 구원의 방식이 어떠해야 한다고 자기 나름대로 생각을 정해 두신 모든 죄인에게 묻겠습니다. 그 생각이 여러분에게 어떤 평안을 가져다주었습니까? 여러분이 스스로 꾸며낸 생각으로 어디에 이르렀습니까? 여러분은 그 생각 때문에 아무 쓸모 없는 의사들에게 갔으며, 양식이 아닌 것을 위하여 돈을 쓰며 배부르게 하지 못할 것을 위하여 수고하였습니다(사 55:2). 여러분은 갈대를 의지하고 그림자를 신뢰하였습니다. 여러분은 자신의 연료에 불을 붙이고 나서 한동안은 그 불꽃을 보고 즐거워하였지만 얼마 지나지 않아 슬픔 가운데 눕지 않을 수 없었습니다. 나는 여러분의 마음 상태를 겪어보았습니다. 나는 꾸며낸 많은 생각을 충분히 시험해 보았지만, 그 모든 생각에는 "헛되고 헛되도다"는 글이 쓰여 있었습니다. 그 모든 생각 밑바닥에는 자아가 있었습니다. 나는 이런저런 형태의 자아에게 기대를 걸었지만 헛수고였습니다. 나는 발버둥치면 칠수록 그만큼 더 깊이 빠져 들어가는, 수렁에 빠진 사람 같았습니다. 혹은 아무리 해도 높이 올라가지 못하고 올라가려고 애를 쓰면 쓸수록 지칠 뿐인, 쳇바퀴를 돌리는 죄인과 같습니다. 예수님을 믿는 믿음을 떠난 노력에서는 어떤 선한 것도 나올 수 없습니다. 우리가 하나님의 길을 따르지 않는다면, 아무리 진실하고 열심히 찾을지라도 우리의 수고는 실패할 수밖에 없습니다. 그처럼 쓰디쓴 실망을 많이 겪고 나서는 여러분 자신의 생각을 버리는 것이 현명한 일이지 않겠습니까? 여러분의 생각들이 지금까지 여러분에게 아무 유익을 주지 못했다면, 앞으로도 주지 못할 것이 틀림없습니다. 여러분은 어린아이처럼 겸손해져서 구원의 방식이 어떤 것인지 하나님께 배우고 고분고분하게 그 방식을 받아들이는 것이 낫습니다. 자, 불쌍한 영혼이여, 겸손히 복종하는 태도로 이 신성한 영감의 책을 읽고 "오, 주여, 제가 해야 할 일을 가르쳐 주소서" 하고 말하십시오. 그러면 여러분 마음에 빛이 비치고 평안이 따라올 것입니다. 예수를 믿는 믿음이 하나님의 길입니다. 이 하나님의 길과 경쟁하여 여러분 자신의 방법을 내세우는 것은 지극히 어리석은 일일 것입니다.

　이제 두 번째 질문 혹은 몇 가지 질문들을 드리도록 하겠습니다. 구원의 방식이 여러분의 뜻과 판단에 따라 조정되어야 하겠습니까? 여러분은 죄인으로 사죄가 필요하고, 여러분의 본성은 타락하여서 새롭게 함이 필요합니다. 여러분을 용서하고 거듭나게 하는 방식이 여러분의 기호와 변덕에 맞게 정해져야 하겠습니까? 크신 자비의 주님께서 여러분의 뜻을 받들고 여러분의 구원을 이루는 방식에 대해 여러분에게 의견을 구해야 하겠습니까? 하나님께서 자기 백성에 대해 자기 뜻대로 행할 수 없겠습니까? 여러분이 인심이 후한 사람으로 가난한 사람들을 구제할 수가 있습니다. 그런데 가난한 사람이 여러분에게 자기를 어떻게 도와야 하는지를 지시하고, 구제금을 수여하는 방식을 정해야 한다고 생각해 봅시다. 여러분은 잠시라도 그의 말을 들을 생각이 있습니까? 여러분은 이렇게 말할 것입니다. "아니요. 나는 당신에게 무엇이든지 주어야 할 의무가 있는 것이 아니오. 내가 준다면 나는 자유로운 내 의사로 주는 것이오. 나는 당신이 정할 수 있는 규칙에 매일 생각이 없소." 거지가 선택자가 될 수는 없습니다. 자, 구원 받지 못한 여러분, 여러분은 하나님의 구제가 필요한 거지입니다. 여러분은 하나님이라는 지존하신 분에게 그의 구원을 여러분에게 줄 방법과 태도를 지시하려고 합니까? 그처럼 어리석은 행동을 하지 마십시오. 여러분이 분별 있는 사람이라면 그런 생각을 버리십시오.

나는 하나님이 그의 구원의 방식을 정할 절대적인 권한이 있으실 뿐만 아니라 여러분보다 무한히 지혜로우시다는 사실을 하나님을 대신해서 주장합니다. 하나님께서 자비의 계획을 세우는 일을 여러분에게 맡기셨다면, 그것이 여러분에게는 지극히 불행한 일이 되었을 것입니다. 하나님께서는 사람이 자신에 대해 아는 것보다 사람에 대해 더 많은 것을 아십니다. 하나님의 크신 계획들은 사람의 기대나 바람보다 훨씬 더 원대합니다. 심지어 사람이 복 받기를 아주 간절히 바랄 때 갖는 기대나 소원보다 훨씬 더 큽니다. 아무리 영리한 그리스도인이라 할지라도 하나님의 은혜에 대해서 하나님께서 익숙하게 주시는 것보다 훨씬 못한 것에 만족하였을 것이고, 하나님의 은혜를 준비하는 일이 우리에게 맡겨졌다면, 현재 하나님의 은혜의 계획의 차원과 비교할 때 그 준비가 훨씬 못 미쳤을 것이라고 나는 주저 없이 말합니다. 그 일은 우리가 바라거나 고안해낼 수 있는 모든 것을 능가할 하나님께 맡기는 것이 확실히 최선일 것입니다. 지혜뿐 아니라 사랑도 무한하신 하나님께서 이미 그처럼 뛰어난 계획을 준비해놓으셨는데도 왜 여러분은 구원받는 길을 고안해내야 한다고 생각하십니까?

게다가, 자비의 방식을 여러분이 선택할 수 있게 된다면, 여러분이 매우 자부심이 강해질 것이라고 생각하지 않습니까? 여러분이 구원의 방식을 대략적으로 계획하고, 그 방식이 잘 시행되어 구원이 온전히 이루어진다면, 여러분은 "내가 택한 방법들이 훌륭했어! 내가 똑똑한 사람이 아닌가? 내가 일을 잘 준비하지 않았어?" 하고 말할 것입니다. 여러분은 루시퍼처럼 교만해질 것이고, 여러분이 자신의 방식에 따라 구원받아 천국에 올라갔을 때는 자랑할 근거가 생겼기 때문에 금 하프로 연주하는 많은 선율이 여러분 자신의 기술을 자랑하는데 바쳐지고, 여러분의 구속자에게는 겨우 한두 곡 바쳐질 것입니다. 우리의 자부심을 키울 계획은 구원에 치명적인 장애물이 될 것입니다. 자부심은 우리가 구원받아야 할 필요가 있는 죄의 한 부분이기 때문입니다. 구원은 죄를 멸하는 것입니다. 따라서 자부심과 자기 과신을 조장할 방식은 구원이라는 목적을 이루는 것으로 보기에 적합하지 않은 것이 분명합니다. 이와 같이 여러분 자신의 방식이 여러분을 구원할 수 없으므로, 하나님의 은혜의 방법들을 마음으로 받아들이고 살도록 하십시오.

그 다음에, 천국에 이르는 길을 스스로 계획하고 싶어 하는 여러분, 생각해 보십시오. 여러분이 하나님의 영광을 얼마나 훼손하는지 모르십니까? 하나님께서 하늘을 지으셨을 때 여러분의 판단을 구하셨습니까? 하나님께서 바다의 수로들을 파셨을 때, 큰물을 부으셨을 때, 구름을 저울에 다셨을 때, 별들을 각각 제 자리에 두셨을 때 하나님께서 여러분의 판단을 구하셨습니까? 그가 누구와 상의하셨습니까? 누가 하나님에게 지시하였습니까? 누가 하나님과 함께 있어서 줄을 늘이거나 추를 붙잡았습니까? 옛 창조에서 하나님께서 자신의 무한한 지혜로 친히 만물을 만드셨는데, 새 창조에서 여러분의 도움을 필요로 하신다고 여러분은 생각합니까? 구속의 일에서 하나님이 여러분의 도움을 구하셨습니까? 아니면 하나님께서 은혜 언약을 세우시고 확고한 뜻으로 그 언약을 확정하실 때 여러분과 상의하셨습니까? 주님의 옷이 피로 붉게 물든 그 날에 여러분이 포도즙 틀에서 구속자와 나란히 서 있었습니까? 주님께서 자기 백성을 지옥으로 내려가는 데서 건지기 위해 내신 속전에 여러분이 값을 보탠 적이 있습니까? 창조와 구속 모두 지금까지 순전히 하나님 홀로 행하신 일입니다. 그런데 이제 주님께서 여러분의 도움이 필요하시겠습니까? 하나님께서 구속을 적용하는 일에 주님을 지도하도록 여러분을 하나님의 회의에 부르신 적이 있습니까? 여러분이 여호와의 옷소매를 잡아당기며, 하나님께서 벌레나 다름없는 여러분 같은 죄인을 구원하기 위해 해야 할 일을 지시하려고 합니까? 하나님께서 여러분을 다루실 방법을 여러분에게 물어야 하겠습니까?

인간이여, 그것이 하나님께 도움이 되지 않을 것입니다. 그런 생각은 용납할 수 없는 일입니다. 여러분은 하나님께서 자기의 뜻대로 여러분을 구원하시도록 맡겨드려야 합니다. 하나님의 방식은 단순한 믿음을 따르는 것이므로, 믿음이 아닌 다른 것을 내세우는 것은 악한 일입니다. 여러분의 오만한 자부심을 버리십시오. 여러분이 구원받고 싶다면, 자부심을 버리고 겸손히 와서 "주여, 말씀하옵소서 주의 종이 듣겠나이다"(삼상 3:10) 하고 말하십시오. 여러분의 영혼에 주시는 하나님의 생명의 메시지는 이것입니다. "너희는 귀를 기울이고 내게로 나아와 들으라 그리하면 너희의 영혼이 살리라 내가 너희를 위하여 영원한 언약을 맺으리니 곧 다윗에게 허락한 확실한 은혜이니라"(사 55:3).

자, 그 다음에, 만일 여러분이 구원의 방식이 어떠해야 한다고 결정했다면, 여러분에게 묻겠습니다. 여러분은 어떤 규칙에 의해서 그 방식을 미리 생각할 수 있습니까? 여러분은 자신이 미리 알고 있다고 생각하기 때문에 구원의 방식이 실제로 어떻다는 말을 들으려 하지 않습니다. 자, 여러분은 어떤 규칙에 의해 구원의 방식을 판단하였습니까? 한 마디로 여러분에게 말하겠습니다. 대부분의 죄인들은 구원의 방식을 자기들이 바라는 대로 생각합니다. 그들은 생각하였습니다. 그러나 그들의 바람은 생각보다 더 멀리 갑니다. 나아만은 말들과 병거를 거느리고 가면서 선지자가 아첨하는 말로 경의를 표할 것을 바랐습니다. 그래서 그는 틀림없이 "선지자가 내게로 나올" 것으로 생각하였습니다. 사람들은 우쭐해지기를 좋아해서 자신들의 자부심을 만족시키고, 자기들이 인간 본성에 참으로 존엄한 것이 있음을 보여줄 수 있는 구원의 방식을 원합니다. 그들은 사람은 남루한 옷을 입은 황제처럼 대해야 하고, 마치 공로에 대한 보상처럼 인간에게 자비를 수여해야 한다고 생각합니다. 그들은 그렇게 되기를 바라기 때문에 실상이 그렇다고 믿습니다. 현대 사상학파의 신사들은 자신의 내면 의식에서 낙타를 끄집어냈다가 낙타에 혹이 달린 것을 알고 질색을 하였던 그 독일 사람처럼 하나님은 어떠해야 한다고 생각해냅니다. 그들은 신은 마땅히 어떠해야 한다고 생각하는 대로 신을 만들고, 그들의 썩은 머리에서 나온 소산물을 신격화하며, 그 다음에는 성경으로 가서 자신들의 생각을 지지하도록 왜곡할 구절들을 찾습니다. 그 속에 무엇이 담겨 있는지 배우고 그 모든 가르침을 진리로 받아들이기 위해 성경으로 오는 것이 아니라 그들은 자신들의 생각을 가지고 성경으로 와서 자신들의 견해대로 성경을 주무르려고 합니다. 이런 정신으로 사람들은 천국에 이르는 길이 자기들이 바라는 바와 같다고 믿지만 실상은 그렇지 않습니다.

그런데 여러분은 자신의 지혜에 따라 구원의 길을 생각해냈다고 확언합니다. 그렇다면 여러분은 구원의 길을 확실히 잘못 생각한 것입니다. 하나님의 지혜에 비할 때 여러분의 지혜는 참으로 하찮은 것이기 때문입니다. 어린아이가 아버지에게 한 가지 부탁을 하였습니다. 아이의 아버지는 그 부탁이 들어주기 어려운 것임을 알지만, 막대한 비용을 지불하고 그 부탁을 들어주었습니다. 그러면 그 일을 한 방식이 아이의 지혜를 따른 것입니까? 그렇지 않습니다. 그것은 아버지의 지혜를 따라 행한 것이 틀림없다고 말씀드립니다. 그것이 아이를 더 잘 인도할 수 있는 길이기 때문입니다. 게다가 아버지가 은혜를 베푸는 사람입니다. 여러분의 경우에, 여러분을 인도하는 것은 여러분의 지혜입니까? 아니면 하나님의 지혜입니까? 나는 여러분이 보통 수준 훨씬 이상으로 상당한 교육을 받은 사람이라고 생각해 보겠습니다. 그럴지라도 나는 여러분에게 "하늘이 땅보다 높음 같이 내 길은 너희의 길보다 높으며 내 생각은 너희의 생각보다 높음이니라"(사 55:9)는 성경 구절을 기억하라고 말씀드리겠습니다. 그렇다면 무엇 때문에 여러분은 지존하신 하나님의 조치들을 그처럼 짧은 여러분의 줄로 재기를 바라는 것입니까? 지금까지 이처럼 어리석은 일을 한 것입니다!

여러분은 말합니다. "그런데 사실 나는 부모님에게 이런 생각을 배웠어요." 그렇다면 여러분의 부모님은 누구였습니까? 이 경우에 그것은 대단히 중요한 점입니다. 여러분의 부모님은 어떤 분이었습니까? 구원받은 분들이었습니까? 만약 여러분의 부모님이 구원받지 못한 분이라면, 그것이 지금 여러분이 회심하지 않고 있는 이유입니까? 이 자리에 맹인 아버지를 둔 사람들 가운데 아무도 부모님을 공경하는 방식으로 자기 눈을 뽑아버리는 것이 마땅히 할 일이라고 생각하지 않을 것입니다. 어떤 사람이 불구인 부모에게서 태어났는데 하나님께서 그에게 사지가 멀쩡하도록 복을 주셨다면, 그는 자신이 절뚝거리거나 목발을 사용하든지 혹은 발을 비틀어 구부려서 걸어야 한다고 생각하지 않을 것입니다. 우리의 옛 속담에 사람이 마구간에서 태어났다고 말이 될 필요는 없다는 말이 있습니다. 사람이 가족의 연고 때문에 그릇된 신앙을 가져서는 안 됩니다. 우리 부모가 잘못 생각했다고 해서 우리도 그와 같이 되어야 할 이유는 없는 것입니다. 부모가 그렇게 생각한 것에 대해서 우리는 유감스럽게 생각합니다. 그러나 우리는 손에 하나님 말씀이 있으므로 우리 부모님들이 하나님께 인도받는 데서 벗어난 일까지 부모님을 따라갈 생각이 없습니다.

한 이교도 전사가 자신이 그리스도인임을 이제 막 고백하려고 하고 있었습니다. 세례 주는 물에 한 발을 담그고 서서 그는 선교사에게로 몸을 돌려 물었습니다. "내 조상들은 지금 어디에 있습니까? 오딘과 토르(Thor)를 숭배하던 내 가문의 족장들은 어디에 있습니까? 그들은 어디로 갔습니까? 지금 천국에 있습니까?" 선교사가 대답하였습니다. "아니요. 거기에 없을 것입니다." 그러자 그 전사는 "아, 그렇다면 나는 내 조상들의 집을 떠나지 않겠습니다" 하고 말하며 세례당에 담았던 발을 뺐습니다.

많은 사람들이 그와 같은 생각을 가지고 있습니다. 그것을 대체 생각이라고 부를 수 있다면 말입니다. 그것은 양들이 길을 잃었을 때 서로를 좇아가게 만드는 것과 같은 성격의 동물적 본능입니다. 하나님께서는 이 악한 풍조에서 우리를 구원하십니다. 사람은 신앙을 물려받을 수 없습니다. 신앙은 헌옷이나 가족의 식기류처럼 자손에게 남길 수 있는 것이 아닙니다. 진리의 빛을 얻기 위해 여러분 자신이 성경을 찾고 성령 하나님께 가며, 그 빛이 인도하는 곳을 따라가 바로 구주 예수님께 이르도록 하십시오. 여러분의 가족이 혹은 여러분의 민족이 믿었다고 해서 그릇된 종교를 고집할 생각을 추호도 하지 마십시오. 그 원칙에 따르자면 우리는 지금 이 순간에도 떡갈나무 숲에서 드루이드 성직자들(the Druids: 기독교로 개종 전의 갈리아, 브리튼의 고대 켈트 족의 성직자로, 예언자 · 재판관 · 시인 · 마술사 등을 포함함 – 역주)과 함께 예배하고 있어야 마땅하기 때문입니다. 우리가 조상들의 종교를 따라야 한다면 선교사들은 큰 범죄자들이고, 참된 종교도 단 하나가 아니라 여러 개 있어야 합니다. 이 원칙에 따랐다면 나아만은 틀림없이 요단강에 목욕하러 가지 않고, 그의 조상들이 했던 것처럼 아바나와 바르발 강을 고집하여서 평생 나병환자로 지냈을 것입니다.

또 어떤 이는 말합니다. "사실, 구원받는 방식에 대한 내 생각은 그동안 내가 읽고 관찰한 데서 이끌어낸 것입니다. 나는 단지 예수님을 믿는 믿음으로 구원받는다는 말을 따를 수가 없습니다. 나는 그동안 훌륭한 사람의 전기를 읽었는데, 나도 꼭 그 사람이 느낀 것처럼 느끼고 싶습니다. 또 여자 조카가 마음에 큰 근심이 있었다는 것을 알고 있는데, 아주 놀라운 꿈을 꾸더니 매우 특이한 기쁨을 느끼는 것을 보았습니다. 나도 이런 것들을 경험하지 않는 한 믿지 않을 것입니다." 그러나 사랑하는 친구 여러분, 여러분은 하나님께서 회개하는 각 사람에게 동일한 경험을 하도록 해주어야 한다고 생각하십니까? 뛰어난 미술가가 언제나 같은 그림을 그려야만 합니까? 형태와 빛깔에 변화가 있어서는 안 됩니까? 사람의 작품에는 언제나 단조로움이 어느 정도 있기 마련입니다. 아주 재능이 뛰어난 천재조차도 사물을 나타내는 그 자신만의 독특한 선이 있습니다. 그러나 하나님은 결코 단조로우신 분이 아닙니다. 하나님께서 행하시는 모든 일에는 놀라운 다양성이 있습니다. 이 사실이 회심의 일에서 아주 뚜렷이 나타납니다. 회심하는 사람들은 모두 성령님의 작품들이기 때문입니다. 그러므로 여러분을 그리스도께로 데려가시는 방식을 일정하게 정해놓지 마십시오. 마치 그것이 판에 박힌 일인 양 그렇게 생각하지 말라는 말입니다. 하나님께서는 그분이 원하시는 대로 일하시기 때문입니다.

사람들은 말합니다. "알겠습니다. 하지만 나는 사회의 일반적인 경향과 일상생활에서 만나는 견해들에 따라 판단합니다. 나는 세상에 살고 있기 때문에 세상 사람들의 얘기를 듣고 내 의견을 정합니다." 그렇다면 여러분은 그릇된 의견을 갖게 될 것이 분명합니다. 세상의 생각은 하나님의 생각을 따르지 않았고, 앞으로도 그럴 것이기 때문입니다. "자녀들아 너희는 하나님께 속하였고"(요일 4:4) "온 세상은 악한 자 안에 처한 것이라"(요일 5:19)고 요한은 말합니다. 어둠 속에 살면서 빛은 어떤 것이라는 견해를 말한다는 것은 우스운 일입니다. 교도소에서 자유에 대한 개념을 형성하거나, 납골당에서 관찰한 사실들을 가지고 생명을 설명한다는 것은 터무니없는 일일 것입니다.

구원은 어떤 것이라고 여러분 나름대로 미리 생각하는 모든 방법이 틀렸으니, 그런 생각을 그만두시기 바랍니다.

또 한 가지 드릴 질문이 있습니다. 여러분의 생각이 사실이라면, 일이 어떻게 되겠습니까? 이 문제에 대해 살펴봅시다.

어쩌면 여러분은 어떤 의식을 행해야 구원을 받는다고 생각했을지 모릅니다. 그동안 여러분은 얼굴에 물을 뿌리는 일, 혹은 성체(聖體)라고 하는 살짝 구운 과자를 먹거나 포도주를 조금 마시는 것이 여러분에게 죄 사함을 가져다줄 것이라고 믿었습니다. 그렇게 생각한다면, 그것은 큰 재난이 될 것입니다. 왜냐하면 그것은 회개 없는 용서를 가져다주고 마음의 변화 없는 죄 사함을 가져다줄 것이기 때문입니다. 교회에서 어떤 의식을 이행하는 것이 도덕적인 결과를 일으킬 수 있습니까? 세상에서 사람들이 사제의 손을 만짐으로써 더 정직해지거나 더 거룩한 마음을 품게 되는 일이 일어난 적이 있습니까? 외적인 작동은 도덕적 본성에 영향을 미치지 못합니다. 그것은 우리가 수많은 예들로써 입증할 수 있는 사실입니다. 외적인 행동이 도덕적 본성에 영향을 미친다는 것을 보여주는 예는 한 가지도 없습니다. 사람들이 물이든지 음식물이든지 아니면 기름이나 소금이든지 간에 사제가 그런 것들로써 정말로 개선시킨 예를 알려준다면, 나는 거기에 귀를 기울이겠습니다. 그러나 그런 사실은 일어나지 않을 것입니다.

사랑하는 친구 여러분, 사랑하는 친구 여러분, 외적인 행사로 죄책을 제거할 수 있다고 할지라도 그것은 여러분에게 매우 불행한 일이 될 것입니다. 분명 여러분의 악한 마음이 그대로 있고, 따라서 여전히 여러분은 하나님과 아무 교제를 갖지 못하고 천국에 들어가기에 적합한 상태에 있지도 않을 것이기 때문입니다. 여러분은 거듭나야 하고, 예수님을 믿어야 합니다. 여러분이 행복해지려면, 이렇게 하는 것이 여러분 본성에 반드시 필요한 일입니다. 여러분이 세례를 받았고 견진 성사를 받았으며, 천주교에서 베푸는 모든 성사를 다 받았다 할지라도 천국이 여러분의 것이 되지 못할 것입니다. 그런 것들이 여러분의 본성을 변화시키지 못할 것이기 때문입니다. 그 변화가 가장 필요한 것인데, 외적인 행위로써 나누어 줄 수 있는 것이 아닙니다. 예수님을 믿는 참된 믿음은 사랑에 의해서 움직이고 영혼을 정결하게 합니다. 이것이 주님의 방식입니다. 이 방식을 받아들이고 여러분의 생각을 버리십시오.

어쩌면 여러분은 선한 행실로써 구원받기를 바랄 수도 있습니다. 여러분이 생각하고 있는 것은 자기 의입니다. 슬프게도, 이것이 여러분이 생각하는 방식이라면, 그것은 여러분에게 이루어질 수 없는 길입니다. 여러분은 선한 행실을 내놓을 수 없기 때문입니다. 여러분이 선을 행할 수 있다면, 여러분이 죄를 지은 것은 도대체 어떻게 된 것입니까? 여러분이 선한 행실을 하려고 했다면, 그 동기는 어떤 것이겠습니까? 여러분 자신을 구원하려는 것이 아니겠습니까? 이기심이 그 동기이기 때문에, 여러분의 선한 행실은 그 원천에서부터 더럽혀질 것입니다. 게다가 여러분이 행할 수 있는 선행은 모두 이미 응당 하나님께 내놓아야 하는 것입니다. 그러므로 이 선행이 여러분의 과거의 잘못을 벌충할 수 없습니다. 여러분은 먼저 하나님의 은혜로 구원받아야 합니다. 그러면 여러분에게서 선한 행실이 나올 것입니다. 그러나 여러분은 충분해서 남에게 줄 만큼의 선행을 할 수 없을 것입니다. 여러분은 모든 것을 다했을 때에도 여전히 무익한 종이고, 주권적인 은혜에 빚진 자로 있을 것입니다.

혹시 여러분은 하나님께서 즉시 여러분을 용서하시고 그것으로 문제를 끝내버리는 것이 낫다고 생각할 수도 있습니다. 그것이 여러분의 방식입니다. 하나님께서 그렇게 하셨다고 생각해 봅시다. 하나님께서 그의 책에서 즉시 여러분의 죄를 지워버렸고, 죄가 끝이 났다고 생각해 봅시다. 그것이 여러분에게 어떤 평안을 주겠습니까? 미래에 어떤 안전을 가져다주겠습니까? 공의를 시행하는 일이 없이 용서하실 수 있는 하나님은 언젠가는 까닭 없이 정죄하실 수도 있습니다. 자신의 법을 치워버리고 경고를 이행하지 않으실 수 있는 하나님은 어느 날 복음을 치워버리고 자신의 약속을 이행하시지 않을 수 있습니다. 하나님께서 은혜를 베풀기 위해 부당한 일을 결코 하시지 않는다는 사실이 우리에게 평안을 가져다주는 중대한 기초입니다. 하나님께서 죄인들을 구원하시는데, 죄인들의 죄를 그리스도에게 담당시키시고 나서야 구원하시는 것입니다. 따라서 하나님은 공의로우시고, 또한 그를 믿는 자를 의롭다고 하시는 분입니다. 속죄 없이 죄를 용서하는 여러분의 방식은 작용하지 않을 것입니다. 여러분의 방식은 여러분에게 확신을 주지 못하고, 지존하신 하나님의 성품에 불명예를 끼칠 것이 틀림없습니다.

그런가 하면 또 여러분이 구원받으려면 많은 사람들이 그랬던 것처럼 반드시 큰 두려움을 경험해야 한다고 생각하였습니다. 여러분은 존 번연과 다른 사람들이 낙담의 수렁을 지나갔다는 얘기를 읽고서, 여러분도 거기에서 뒹굴어야 한다는 것을 사실로 규정하였습니다. 사랑하는 여러분, 무엇 때문에 그래야 합니까? 왜 그래야 합니까? 이런 경험이 어떻게 구원에 기여합니까? 하나님의 자비가 선하고 유익한 것임을 의심하고 있는 것입니까? 사실, 예수님께 인도받는 사람들 가운데는 오는데 오랜 시간이 걸리는 사람들이 있습니다. 그러나 하나님께서 여러분을 좀 더 먼 길로 인도하기를 기뻐하신다고 할지라도, 그에 대해 불평할 이유가 무엇입니까? 복음의 길이 최선의 길이 아닙니까? 믿고 살라. 이것이면 충분하지 않습니까? 두려움이 여러분에게 임할지라도 그것이 여러분을 도울 수 없을 것입니다. 혹은 두려움이 여러분에게 도움을 준다면 여러분은 절망을 신뢰할 것이지만, 이것은 그릇된 길입니다.

여러분은 말합니다. "그렇다면 나는 큰 기쁨과 흥분이 필요하다고 생각합니다. 내게 이런 것들이 생기면 믿겠습니다." 기쁨은 믿음 후에 오는 것입니다. 그것은 하나님께서 믿음에 보답으로 주시는 하나님의 선물입니다. "오직 예수님만"이 여러분의 소망입니다. 그러니 무엇이 더 필요하겠습니까?

이제 요점을 언급할 때가 되었습니다. 나는 그동안 여러분이 구원은 어떻게 해야 한다고 생각하는 것을 살펴보았고, 그것이 무엇인지를 말했습니다. 여러분에게 이것을 묻겠습니다. 여러분은 그렇게 생각함으로써 무엇을 반대하는 것입니까? 여러분은 단지 믿음으로 구원받는 것을 반대하십니까? 그것이 여러분이 보기에 너무 불가사의하기 때문에 그러는 것입니까? 불가사의한 일이다! 그것이 단순성의 핵심입니다. 여러분은 믿음으로 구원받는다는 것을 이해하기를 거부하고 그것이 참으로 분명하다는 것을 믿지 않기 때문에 그 점을 불가사의한 것으로 만듭니다. "주 예수 그리스도를 믿으라 그리하면 네가 구원을 받으리라"(행 16:31). 믿는다는 것은 신뢰하는 것입니다. 속죄의 피를 믿는 사람은 누구든지 구원을 받습니다. 여기에 불가사의한 점이 어디 있습니까?

그 다음에 사람들이 돌아서서 말합니다. "그렇다면 그것은 정말 아무것도 아닌 것처럼 보이네." 그러나 예수께서는 말씀하십니다. "하나님께서 보내신 이를 믿는 것이 하나님의 일이니라"(요 6:29). 예수 그리스도를 믿는다는 것은 하나님께서 행하시는 일로서, 모든 일들 가운데 가장 위대한 일입니다. 하나님께서 그것을 성령님께서 마음을 새롭게 하시는 중요한 수단으로 정하셨는데, 여러분은 그것을 아무것도 아닌 일로 여기십니까? 믿음은 우리의 모든 본성을 움직이는 원동력입니다. 믿는 사람은 사랑하기를 배우고, 사랑하기를 배우는 사람은 죄에서 거룩함에 이르도록 변화됩니다.

"좋습니다. 하지만 이것을 믿으면 사람은 그냥 어린아이가 되는 것입니다." 그것이 반대 이유입니까? 그렇다면 거기에 대해서는 내가 대답하지 않고 주님의 말씀을 들어보도록 하겠습니다. "너희가 돌이켜 어린아이들과 같이 되지 아니하면 결단코 천국에 들어가지 못하리라"(마 18:3).

또 다른 사람은 말합니다. "아, 예수를 믿는 자는 누구든지 구원을 받는다고 하면 문을 너무 넓게 열어놓는 것입니다." 그러면 여러분은 문을 좁게 열어놓기를 바라십니까? 여러분은 여러분 자신이 구원을 독차지하기 원하고 여러분이 좋아하는 작은 동아리를 만들기 바라십니까? 여러분, 하나님께서는 여러분처럼 생각하시지 않습니다. 여러분의 마음이 넓어지면 자신이 그런 말을 한 것을 부끄럽게 생각할 것입니다.

또 이렇게 말하는 사람들이 있습니다. "글쎄요. 하지만 나는 오직 은혜로 구원을 얻는다는 점을 좋아하지 않습니다. 그 말이 나로서는 거슬리는 점이 많습니다. 나는 선지자가 '몸을 씻으라'고 말했을 때 나아만과 똑같이 느꼈습니다. 내가 무엇을 씻어야 한다는 말입니까? 내가 더러운가? 당신은 지금 나의 이 나병이 그동안 내가 자주 목욕하지 않았기 때문에 생긴 것이라고 에둘러 말하는 것입니까? 나는 당신의 말에 모욕을 느낍니다." 많은 사람들이 복음이 자신들의 체면을 깎아내린다고 생각하여 복음을 외면합니다. 그들은 이런 식으로 말합니다. "뭐라고, 믿고 살라고! 그게 전부란 말인가? 그런 구원의 방식은 창기나 술주정뱅이한테나 어울릴 거야. 나는 공명정대하고 올곧으며 명예로운 사람이야. 죽어가는 강도가 십자가에 달려서 했듯이 그냥 그리스도만을 바라보라고? 그런 종교는 강도한테나 맞지, 나한테는 어울리지 않아." 이렇게 여러분은 여러분 자신과 사회적 신분이 높은 사람들이 천국에 이르는 길과 죄인들을 들여보내는 뒷문이 따로 있기를 바랍니다. 여러분, 그러한 길은 없습니다. 나는 여러분이 자신의 교만이 만족될 수 없기 때문에 망하고 말겠다고 생각할 만큼 어리석지 않을 것이라고 믿습니다.

또 어떤 사람은 말합니다. "아, 믿음은 사람에게 자랑할 수 있는 아무것도 주지 않아요. 믿음은 사람이 무엇을 행하거나 무엇이 되도록 전혀 만들지 않기 때문에 이웃에게 말할 수 있는 것이 없습니다. 그저 '믿으면 구원을 받을 것이라'는 말밖에 할 것이 없어요. 거리의 지극히 평범한 아이라도 그 말을 알아들을 수 있고, 또 그렇게 할 수도 있습니다. 나는 대학을 졸업했고 타고난 재능이 있고 상당한 업적도 달성한 사람입니다. 그런데 내가 구두닦이와 같은 수준에 있어야 한다는 말입니까?" 그것이 여러분의 논지라면 내 대답은 신자들 가운데 "대단한 사람이 많지 않고 능한 자가 많지 않다"(고전 1:26 참조)는 것입니다. 여러분이 복음을 거절할 때 그것이 그리스도께서 예기치 못한 일이거나 그의 백성이 생각지 못한 일이 아닙니다. 우리는 여러분이 그렇게 할 줄 알았습니다. 때로 나는 사람들에게 내가 그리 오래지 않은 때에 한 트집쟁이에게 대꾸했던 대로 말해주고 싶은 생각이 듭니다. 그는 내가 이렇게 말해도 알아듣지 못했고, 저렇게 말하고 또 저렇게 말해도 알아듣지 못해 마침내 이렇게 말했습니다. "모를 겁니다. 나는 당신이 그 말을 결코 이해하지 못할 것이라고 생각합니다." 그가 말했습니다. "왜 내가 이해하지 못합니까?" 내가 대답했습니다. "하나님께서 이런 일들을 하나님의 택하신 자들에게 계시하시고, 지혜롭고 총명한 자들에게는 계시하시지 않기 때문입니다."

그 상황에 대한 이런 견해를 그는 좋아하지 않았지만, 나는 이것이 그와 논쟁을 더 끌고 가는 것보다 그에게 더 유익할 것이라고 믿습니다. 사람들은 사실 마음이 하나님에게서 멀어져 있을 때는 이런저런 얘기를 듣고 당혹스럽다고 말합니다. 사람들이 마음이 정돈되어 있고 진실하게 구원을 추구할 때는 은혜로 말미암는 구원의 방식이 매우 적절하고 지혜로우며 아주 기꺼이 받아들일 수 있을 만한 것이라고 느낄 것입니다. 일단 성령 하나님께서 사람으로 하여금 자신이 타락하여 망한, 해를 받아 마땅하고 지옥 형벌을 받아 마땅한 죄인이라는 것을 느끼게 하시면, 사람은 마치 굶주린 사람이 빵 한 덩이를 움켜쥐듯이 값없는 은혜의 복음을 굳게 붙잡습니다. 하나님께서 사람들로 자신이 죄인인 것을 깨닫게 하시고, 그래서 사람들이 더 이상 복음에 트집을 잡지 않게 해 주시기를 바랍니다.

결론을 말씀드리겠습니다. 여러분이 복음은 어떠해야 한다고 스스로 생각했는데, 이제 구원의 모든 계획이 믿는데 있다는 말을 듣고서 화를 냅니다. 그렇다면 여러분에게 묻겠습니다. 여러분은 자신의 일시적인 생각 때문에 지옥에 떨어질 작정을 하십니까? 자, 나는 그 문제에 대해 점잔을 빼며 말하지 않겠습니다. 여러분은 자신의 근거 없는 오만한 생각 때문에 천국을 잃고 영원히 지옥에 던져질 작정을 하십니까? 이렇게 말하는 것은, 하나님의 이름으로 분명코 말하지만, 하나님의 계획이 여러분을 위해 바뀌지 않을 것이기 때문입니다. 만일 하나님께서 여러분을 위해 자신의 복음을 바꾸신다면, 하나님은 또 다른 사람과 또 다른 사람을 위해서 복음을 바꾸어야 하고, 그러면 복음은 흐르는 모래처럼 계속 변할 것입니다. 사실이 그렇습니다. 복음을 받아들이든지 아니면 놓아두든지 해야 합니다. 여러분은 복음을 바꿀 수 없습니다. "믿고 세례를 받는 사람은 구원을 얻을 것이요"라는 말씀은 언제나 진리이고, 또 그 문제의 반대 입장도 진리입니다. "믿지 않는 사람은 정죄를 받으리라"(막 16:16).

여러분이 오늘은 복음을 참으로 싫어할 수 있지만, 그 복음이 내일은 여러분에게 아주 불쾌한 것이 되리라는 점을 또한 기억하시기 바랍니다. 현재 복음에 여러분을 발가벗기고 겸손하게 하는 매서운 활동이 있다면, 여러분이 복음을 받아들이더라도 여러분을 발가벗기고 겸손하게 하는 일은 언제나 있을 것입니다. 오직 은혜로 구원을 받는 일은 지금처럼 10년이 지나도 여러분의 자존심에는 힘든 일이 될 것이고, 어쩌면 더 힘든 일이 될 것입니다. 여러분의 마음이 10년 동안 더 완고해졌고 만군의 하나님 여호와를 대항하여 한층 더 거만해졌을 것이기 때문입니다. 여러분이 하나님의 방식대로 구원을 얻으려 하지 않기 때문에 망한다면, 여러분이 지옥에 누워 있을 때 지난날을 묵상하는 데서 조금 위로를 얻을지 모르겠습니다. 틀림없이 여러분은 영원한 감옥에 갇혔을 때, 하나님께서 여러분을 다른 방식으로 구원해야 마땅하다고 생각했기 때문에 자신이 거기 있다는 것을 묵상을 통해서 알게 될 것입니다. 그러면 속으로 말할 것입니다. '나는 하나님의 자비를 기꺼이 받으려고 하지 않았어. 예수님 발 앞에 엎드려 단순히 예수님을 신뢰하려고 하지 않았어. 나는 다른 어떤 것을 느끼거나 행하거나 다른 어떤 사람이 되려고 했어. 내 자신과 자신의 어리석은 확신을 버리려고 하지 않았기 때문에 지금 내가 여기 있는 거야.'

분명코 여러분은 자신이 그처럼 터무니없는 이유 때문에 버림받았다는 것을 알고서 괴로움 때문에 혀를 깨물 것입니다. 다른 사람들이 여러분에게 어떻게 해서 거기에 왔는지 묻는다면, 여러분이 그들에게 대답해 주어야 하는 말은 참으로 이상한 답변이 될 것입니다. 어떤 사람은 말합니다. "나로 말할 것 같으며, 나는 너무 술을 좋아해서 여기에 왔소." 다른 사람은 말합니다. "내가 여기 있는 것은 색을 좋아하고 방탕하게 지냈기 때문이오." 그런데 여러분은 이렇게 말합니다. "아, 나는 그 두 경우 가운데 어느 쪽도 아니었소. 나는 그런 죄들을 짓지 않았소. 내가 망하게 된 것은, 그저 내가 구원의 방식을 들었을 때 구원의 방식은 어떠해야 한다고 내 생각을 정했고, 내 선입견을 끝까지 고집했소. 나는 성경으로 가서 찾아보려고 하지 않았고, 내가 성경만큼 알고 있고, 성령만큼 안다고 생각했고, 그 결과로 망하게 된 것이오."

사랑하는 청중 여러분, 나는 여러분에게 내가 말하는 것은 무엇이든지 그것을 내가 말하기 때문에 믿으라고 하는 것이 아닙니다. 내가 말하는 것이 내 자신보다 나은 권위가 없다면 그것을 던져버리십시오. 그러나 그것이 여러분의 영혼이 처해 있는 위험에 대해서 하시는 하나님의 말씀이라면 그것을 물리치지 말라고 요구합니다. 우리는 그 두려운 마지막 날에 서로 대면할 것입니다. 내가 여러분에게 구원의 계획을 정직하게 말했다면 나는 여러분의 피에 대해 깨끗합니다. 그러나 구원의 계획에 대해서 들었지만 여러분이 그것이 자신의 선입견에 맞지 않기 때문에 거부한다면, 여러분의 멸망은 여러분의 책임일 것입니다. 그런 일이 일어나지 않게 하십시오. 하나님의 명령에 복종하십시오! 성령께서 여러분이 즐거이 복종하도록 해 주시기를 바랍니다. 하나님께서 찬송을 받으셔야 할 것입니다. 사실이 이렇습니다. 예수님께서 죄인들을 대신하여 죽으셨고, 죄인들 대신에 하나님의 진노를 받으셨습니다. 그러므로 "아들을 믿는 자에게는 영생이 있습니다"(요 3:36). 사람은 이 외에 다른 어떤 토대(기초)를 내놓을 수 없습니다. 하늘 아래에서 사람들 가운데 이 외에 여러분을 구원할 수 있는 다른 이름은 없습니다.

최악의 일은 여러분이 이렇게 말하는 것입니다. "나는 복음을 거절하지 않습니다. 다만 그것에 대해서 내일 생각하려고 하는 것뿐입니다." 여러분 가운데서 어떤 분들이 지난 50년 동안 그렇게 말해왔습니다! 여러분이 말하는 내일이 오기 전에 여러분의 장례식을 알리는 종이 울릴 것입니다! 이렇게 두려운 위험을 무릅쓰지 마십시오. 사람이 믿고 구원받는 일 때문에 일상적인 직업의 일을 행할 수 없게 되거나 명예로운 단 하나의 기쁨을 빼앗기게 된다면, 여러분이 꾸물거리는 것에 일리가 있다고 생각할 수 있습니다. 그러나 구원받는 것이 내세에 대해 여러분을 준비시킬 뿐만 아니라 여러분으로 하여금 이생을 더 잘 보낼 수 있도록 하고 기쁨으로 여러분의 잔을 가득 채울 것이므로 살아계신 하나님을 의지하여 여러분에게 이렇게 요구합니다. "그의 아들에게 입맞추라 그렇지 아니하면 진노하심으로 너희가 길에서 망하리니 그의 진노가 급하심이라"(시 2:12). 주님께서 부디 여러분에게 복을 베푸시기를 바랍니다. 아멘.

제
8
장
—

진지한 충고

—

"내 아버지여 선지자가 당신에게 큰 일을 행하라 말하였더면
행하지 아니하였으리이까 하물며 당신에게 이르기를 씻어 깨
끗하게 하라 함이리이까 하니." — 왕하 5:13

아람 사람 나아만이 말과 병거들을 거느리고 달려와서 선지자의 문 앞에
섰을 때 엘리야의 입장이 다소 나와 같다는 생각이 듭니다. 이 예배당에 영적으
로 병든 많은 사람들이 내 앞에 있지 않나 생각이 듭니다. 여러분이 이 집회에
오는 동기는 복음을 듣고, 여러분의 영적 질병을 제거할 수 있는 약을 발견하려
는 것이 되어야 합니다. 그런데 여러분에게 묻겠습니다. 정말로 여러분의 마음
을 사로잡고 있는 생각은 무엇입니까? 여러분은 지금 내가 생각하는 것과 다른
것들을 찾고 있을 수 있습니다. 어떤 사람은 내가 생소하고 기이한 것을 이야기
해서 웃게 만들 것이라고 생각할지 모릅니다. 또 어떤 사람은 내가 웅변술을 잘
발휘하여, 떨어지면서 녹는 깃털 같은 눈송이처럼 부드럽게 말을 하여 조용하
면서도 우아하게 눈물을 흘리게 만들 것이라고 생각합니다. 이 두 가지에 대하
여 다 같이 실망하게 될 때, 여러분은 스스로 이렇게 말할 것입니다. "글쎄, 그것
은 내가 주일학교에 다닐 때 듣곤 하던 옛날 이야기에 지나지 않아. 그것은 우리
가 질려서 고개를 돌릴 때까지 주일마다 들었던 것이야. 예수 그리스도를 믿고
살라는 말이지. 신선한 것도 없고 우리의 지성을 자극할 만한 새로운 것도 없어.
호기심을 자극할 만한 독창적인 것도 없어. 설교자가 어떤 형식으로 그것을 전

하든지 간에, 그것을 강조하기 위해 어떤 예를 사용하든지 간에, 그것은 결국 우리가 항상 들어왔던 것, 곧 '믿고 살라'는 얘기야."

당장에 여러분은 성을 냅니다. 그 이야기는 너무도 단순하고 평이해서 여러분은 주의해서 들으려고 하지 않습니다. 그래서 나는 이렇게 생각해 봅니다. 여러분이 물러날 때 내가 사람들 가운데 뒤섞여서 여러분 한 사람 한 사람에게 가서 다정하게 손을 잡고 이렇게 말하는 것입니다. "저 설교자가 형제에게 새롭고 기이한 일, 어려운 문제를 이야기했더라도 형제는 거기에 귀를 기울이고 마음을 집중하여 들었을 것입니다. 그렇다면 하물며 저 설교자가 형제에게 그냥 평이한 문제를 이야기하고 여러분이 죄 사함을 얻고 죄책을 씻을 수 있는 단순한 방법과 여러분의 양심을 위한 건강과 치료법을 말했을 때는 더더구나 귀 기울여 들어야 하지 않겠습니까! 복잡하고 곤란한 문제들이 여러분의 관심을 끌었다면, 단순하고 쉬운 일은 훨씬 더 여러분의 주의를 사로잡아야 하지 않겠습니까?"

나는 여러분 한 사람 한 사람에게 개인적으로 말할 수 없습니다. 그렇지만 나는 이 자리에 서서 여러분의 평안을 위한 사실들에 대해 여러분에게 자유롭고 친절하게 그러나 확고하며 진실하게 이야기하는 동안 할 수 있는 대로 여러분 모두와 각 사람의 눈길에 눈을 맞출 수 있습니다.

본문의 주제는 항의의 말이 가득 나올 것입니다.

1. 첫째로, 우리는 사람 마음의 교만을 살펴보도록 합시다.

여러분이 마음으로 보는 앞에 이 유명한 사람, 곧 아람 왕 군대대장이 서 있습니다. 그는 명성이 자자한 인물입니다. 아니면 적어도 대표적인 사람입니다. 그의 오만한 태도를 보면 "이 사람이 누구야?"라는 질문을 하지 않을 수 없게 됩니다. 그가 높은 직책을 맡은 사람이고, 자기 나라에 큰 봉사를 하였고, 그래서 왕의 총애를 받는 사람이라는 것을 알 때, 여러분은 그를 저명한 사람, 칭송을 받는 사람으로 간주하기 쉬울 것입니다. 그러나 그를 좀 더 주의 깊게 보십시오. 그의 창백한 얼굴과 여윈 몸을 잘 보십시오. 여러분에게 동정심이 일어납니다. 이제 여러분은 관심을 가지고, 무엇이 이 용맹하고 대단한 인물을 괴롭히는지 묻습니다. 그 치명적인 비밀을 바로 이야기하겠습니다. 그가 나병환자라는 것입니다.

그러면 왜 그가 이렇게 요란스럽게 수행원을 데리고 사마리아로 오는 것입니까? 그가 이렇게 이스라엘 땅으로 여행하는 것은 자신의 고귀한 신분을 자랑하기 위해서가 아니라 신체적 질병을 고치기 위한 것이 확실합니다. 그렇다면 엘리사가 그에게 보낸 메시지만큼 그의 괴로운 처지를 잘 해결할 수 있는 것이 달리 있었겠습니까? 엘리사의 방식은 그의 기대에 어긋납니다. 그는 자신의 신분에 맞지 않다고 생각하는 치료 방법 때문에 화를 냅니다. 그는 선지자의 충실한 권고를 분을 내며 거절합니다. 그의 상황을 생각하면 할수록 그만큼 더 여러분은 그의 행동에 놀랄 것입니다. 그의 종들이 그에게 공손히 조언합니다. "내 아버지여 선지자가 당신에게 큰 일을 행하라 말하였더면 행하지 아니하였으리이까?" 아, 그는 자신을 큰 인물로 여기기 때문에 큰 일만이 그에게 어울릴 것입니다. 만약 그가 큰 희생을 치르거나 대단한 봉사를 하도록 명령을 받는다면 그 일을 하되, 기꺼이 할 것입니다. 나는 지금 일반적으로 인간의 교만이라는 주제와 같이 넓은 바다에 항해를 시작하려고 하는 것이 아닙니다. 우리는 지금 인간의 교만에서 이 한 가지 점, 곧 영원한 구원을 얻기 위해 큰 일을 하려고 하는 데서 나타나는 인간의 교만에 대해서만 관심을 갖습니다.

사람이 하나님의 은총을 다시 얻을 수 있게 하는 큰 일을 행하고자 한다는 이것은 모든 장소, 모든 시대에서 나타나는 인간이라는 모든 종족의 보편적인 규칙입니다. 여러분이 고대 이교도들에게 사람이 어떻게 해야 신들의 은총을 얻을 수 있는지 묻는다면, 그들은 소크라테스처럼 독당근이 든 잔을 마시고 격려의 말을 남기고 죽든지, 아니면 크세노폰 인도 아래 용감했던 만 명의 사람들처럼 이루 헤아릴 수 없는 어려움을 뚫고 나가든지, 혹은 테르모필래(Thermopylae: B.C. 480년 스파르타군이 페르시아군에 대항해 사수한 그리스의 산길 – 역주) 산길에서 자유를 위한 희생 제물로 죽어야 한다고 말했을 것입니다. 그런 사람들을 위해서는 엘리시움(영웅·선인이 사후에 가는 낙원 – 역주) 들판에 조용한 안식처가 있을 것이고, 어쩌면 그들 가운데 어떤 이들은 거룩한 자들 사이에 앉도록 높은 올림포스 산에 올려질 수도 있습니다. 그것이 옛날 이교도들의 생각이었습니다. 그것은 오늘날도 마찬가지입니다. 힌두교도들 가운데서는 사람이 구원을 얻으려면 자신을 괴롭게 해야 합니다. 그래서 크리슈나 신상(神像)을 실은 차에 깔려 죽기 위해 차도에 눕거나 팔이 완전히 굳어서 내려오지 않을 때까지 팔을 들고 있어야 합니다. 이교 세계에서는 온갖 형태의 금욕과 고문이 오늘날까지 시행됩니다. 사람이 자신의 영적 나병을 치료받기 위해 무언가 큰 일을 하고자 간절히 바라기 때문입니다. 이것이 도처에서 보는 이교의 특성입니다.

유대인들은 그보다 나은 사실을 알았을 것이 틀림없습니다. 그들에게는 그들 앞에 제시된 순전한 율법이 있었습니다. 그들은 틀림없이 자신들이 율법을 온전히 지킬 수 없다는 것을 알았을 것이고, 또 끊임없이 드리는 제사에서 사람의 구원은 다른 누군가가 사람의 속죄를 위해 드리는 제사에 의해 이루어질 수밖에 없다는 아주 분명한 암시를 받았을 것입니다. 그러나 우리 주님의 시대에 유대인들은 사람이 영생을 얻으려면 옷 가장자리에 성구함을 넓게 만들어 붙여야 한다는 생각을 가졌습니다. 사람이 일주일에 며칠 간 금식해야 하고, 시장에 다녀왔거나 많은 사람들과 함께 지냈을 때는 하루에도 몇 번씩 손을 씻어야 하며, 죄에서 고침을 받기 위해서는 이런저런 큰 일을 해야 한다는 생각을 하였습니다. 그것이 도처에 만연해 있던 유대인들의 생각이었습니다.

그리고 이것은 로마 가톨릭교회의 가장 중요한 부분입니다. 가톨릭교회의 덜 중요한 특징들을 제거하고 나면 바로 이 점, 곧 여러분이 구원을 받고 영생을 얻으려면 어떤 중요한 일을 해야 한다는 것입니다. 이를테면, 고행자가 걸치는 거친 옷을 입거나 금요일에는 고기를 삼가는 것, 수녀원이나 수도원에 들어가 독방 생활을 하는 것, 혹은 여러분이 그 일을 완전하게 하고자 하면 주상(柱上) 성자 시몬처럼 기둥 꼭대기에 올라가서 세상에 알려지지 않은 채 겸손의 고귀한 표본으로 살아가는 것입니다. 바로 이것이 로마 가톨릭교회가 이런저런 형식으로 말하는 것입니다. "큰 일을 행함으로써 여러분 자신의 구원을 이루되, 끊임없이 이루라." 나는 로마 교회가 영감 된 정경을 일부 인정한다는 것을 압니다. 예수 그리스도의 피에 대해 이야기하는 것이 있음을 압니다. 성령의 사역을 완전히 부인하지는 않는다는 것을 압니다. 그러나 또한 이것은 큰 악입니다. 그들에게는 복음 위에다 쓴 표제가 있습니다. 이 평판(平板)은 간단하게 지울 수 있는 것이 아닙니다. 그 육필은 복음 위에 덮어 쓴 것이므로 여러분은 원문의 기록을 읽을 수 없습니다. 즉, 그들의 표어는 "이를 행하라 그러면 살리라"(눅 10:28)는 것입니다.

바로 이것이 개신교의 영향력이 강한 이 나라에서 현재 널리 유포되고 있는 종교입니다. 여러분이 만나는 사람들 대부분이 비록 복음주의 설교를 듣고 종교 단체의 표현들을 이해하는데 익숙해 있지 않을지라도 이 교리를 고수하고 있는 것을 발견할 것입니다. 그것은 선량함, 미덕, 도덕, 뛰어난 소질, 구제의 대상들에 대한 기부가 우리에게 영생을 가져다주리라는 것입니다. 저 상인은 파산 (破産)으로 법정에 선 적이 없습니다. 그러므로 그는 크게 법률을 위반하지 않았으므로 구원을 받을 것으로 생각합니다. 언제나 빚을 지지 않고 살고 교구로부터 한 번도 구제를 받은 적이 없는 노동자는 빈민구제법 시행위원들 눈에는 모범적인 사람이고, 따라서 그는 구원받을 것입니다. 모든 사람이 자기 나름대로 종교 의식이 있고, 각 사람은 나름대로 존경할 만한 생활양식을 가지고 삽니다. 나는 그 증명서가 취하는 모든 형태를 다 알지 못합니다. 그러나 도처에 유행하는 일반적인 믿음은 모든 종류의 선은 확실히 구원을 받는다는 것입니다. 여러분은 큰 일을 해야 합니다. 이웃들보다 더 나은 사람이 되어야 하고, 일반적인 대중들보다 높은 위치에 있어야 합니다. 그래야 여러분이 실패 없이 확실하게 영생에 이를 것입니다.

　　어떤 사람들은 우리가 믿음으로 말미암아 의롭다함을 얻는다는 교리를 너무 노골적으로 설교하고, 너무 자주 확언하는 것이 아닌가 생각하였을지라도, 나는 우리가 그 방향에서 아직까지 잘못한 것이 없고, 율법의 행위로 의롭다함을 얻을 육체가 없고, 믿는 자에게는 영생이 있다는 이 위대한 교리를 대중들의 귀에 못이 박히도록 계속해서 전해야 할 필요가 있다는 아주 확고한 믿음이 있습니다. 나는 예수께서 우리에게 남기신 "믿고 세례를 받는 사람은 구원을 얻을 것이요 믿지 않는 사람은 정죄를 받으리라"(막 16:16)는 옛 증언을 좀 더 분명하고 충실하게 다시 전하고 싶습니다.

　　그런데 언제나 어떤 큰 일을 하기를 바라는 인간의 교만이 있습니다. 나는 인간의 교만이 취하는 여러 가지 면에 대해서는 이미 언급한 바 있습니다. 그러나 그 점을 충분히 설명하기 위해서는 내 자신이나 여러분이나 모두 그 비난을 절실하게 느껴야 합니다. 나는 그리스도와 그의 완성하신 사역으로 말미암는 구원의 길을 알기 전이라면 구원받기 위해서 무슨 일인가를 했을 것이라고 솔직하게 고백합니다. 내 죄의식이 그처럼 크고 장차 올 진노에 대한 두려움이 그처럼 강했기 때문에, 괴로운 내 양심을 달래기 위해서는 어떤 순례 여행도 진저리 내지 않고, 어떤 고통도 심한 것으로 생각하지 않으며 어떤 굴종도 혹독한 것으로 여기지 않았을 것입니다. 내 영혼을 구원할 수 있는 길이 있다면 나는 즐거이 목숨을 내놓았을 것입니다. 내가 태어나지 않았더라면 하고 바랐던 적이 수도 없이 많았습니다. 비록 지독한 고통으로 이루어졌을지라도 어떤 형태의 회개가 내게 제시될 수 있었다면, 그로 인해 구원받기만 한다면 나는 기꺼이 그 회개를 받아들였을 것입니다. 그 일을 다른 누군가가 나를 대신해서 하였고, 따라서 내가 할 일은 그 사람이 한 일을 받아들이는 것이고, 그리스도를 믿는 것 외에 아무것도 할 일이 없다는 것은 거의 생각하지 못하였습니다.

　나는 이 자리에 계신, 아직 회심하지 않은 분들에게 묻습니다. 여러분이 복음 설교를 들을 때, 속으로 '나는 이렇게 믿는 것을 알지 못하겠어. 그 말을 도무지 이해하지 못하겠어. 그 말을 들으면 골치가 아파. 나는 설교자가 내가 할 일을 곧바로 이야기해서 내가 그렇게 하도록 해주면 좋겠어' 하고 생각하지 않습니까? 여러분이 존 오그로츠에 있는 집(John O'Groat's house: 스코틀랜드의 하이랜드 지방 – 역주)까지 걸어가야 하는데, 그로 말미암아 여러분이 구원받을 수 있다면 여러분은 바로 오늘 밤 여행을 떠날 것입니다. 여러분은 모든 세부적인 의무 사항들을 놓치지 않기 위해 온 마음을 기울일 것이고, 구원을 확실히 얻기 위해 작은 연필을 가지고 의례나 관습의 모든 세부 사항들을 기록해 둘 것입니다. 바로 이렇게 하는 것이 우리 모두에게 어울리는데, 정말로 그렇습니다. 사람들은 교만하기 때문에 모두가 그 방식을 배웁니다. 사람들은 사랑에 의하여 구원받는 것을 좋아하지 않습니다. 사람들은 그리스도를 믿고 의지하는 것처럼 간단한 일이 영혼을 구원할 수 있다고, 그리고 그것이 우리를 구원할 수 있을 뿐만 아니라 그 외에는 어떤 것도 우리를 구원할 수 없다는 것은 도무지 생각하지 못합니다. 그리스도 안에 구원이 있을 뿐만 아니라 또한 그리스도 외에는 다른 누구에게도 구원이 없습니다. 하늘 아래서 사람들 가운데 그 외에는 우리가 구원받을 수 있는 다른 이름은 없기 때문입니다.

　우리는 나아만의 경우에서 다음의 사실을 알 수 있습니다.

2. 나아만이 아주 교만해서 나병을 그대로 갖고 고향으로 가게 된다면 참으로 애석한 일이었다는 것입니다.

　그렇게 한다면 그는 크게 어리석은 사람이 되지 않겠습니까? 오만함 때문에 그가 유일한 치료 방법을 거부한다면, 그의 오만함이 아주 더할 수 없이 미친 짓이라는 것이 분명하지 않겠습니까? 그 경우에 대해 여러분 나름대로 아무리 변명한다고 할지라도, 나는 무엇인가 큰 일을 행하고 싶어서 와서 예수 그리스도를 의지하지 않는 사람들의 어리석음에 대해서 조금 말하지 않을 수 없습니다. 사랑하는 친구 여러분, 이것은 사람의 마음을 분별없이 만드는 통탄할 만한 일입니다. 그것이 왜 그런지 여러분에게 설명하도록 하겠습니다. 여러분이 하고자 하는 큰 일들, 여러분의 이런 행위들, 이것들이 여러분이 얻기를 바라는 복과 얼마나 필적이 됩니까? 나는 여러분이 이러한 행위들이 어떤 것이든지 간에 그 행위들로써 하나님의 은총을 얻고 천국에서 한 자리를 차지하기를 바란다고 생각합니다. 그렇다면 여러분이 거기에 대해 무엇을 제공하려고 합니까? 어떤 것을 하나님께 가져올 수 있습니까? 하나님께서는 레바논이 화목으로 쓰기에 부족하고 그 산의 짐승들도 번제로 쓰기에 부족합니다. 하나님께 기름을 강수같이 가져오며 기름진 짐승들을 수만 마리 가져오겠습니까? 여러분이 포토시(Potosi: 볼리비아에 있는, 은 광석이 매장되어 있다고 알려진 도시 - 역주)에서 은을 다 캐내고, 골콘다(Golconda: 인도의 보고[寶庫]로 알려진 옛 도시 이름 - 역주)에서 다이아몬드를 다 가져온다고 합시다. 아니, 지구 표면에 숨어 있는 모든 보물을 다 고려한다고 생각해 봅시다. 여러분이 그 모든 보물을 다 가져온다고 할지라도, 그것이 하나님께 얼마나 대단한 것이 되겠습니까? 여러분이 지구 맨 밑바닥부터 하늘 맨 꼭대기에 이르기까지 금을 쌓아올릴 수 있다고 할지라도, 그 모든 것이 하나님께 얼마나 대단한 것이 되겠습니까? 이 모든 것이 하나님의 금고를 부유하게 하거나 여러분의 구원을 살 수 있겠습니까? 여러분이 하나님의 행복을 늘리거나 하나님 나라의 영광을 증가시키기 위해 무엇인가 한들, 하나님께서 거기에 영향을 받으시겠습니까?

하나님께서 주리신다고 할지라도 여러분에게 말씀하시지 않을 것입니다. 하나님은 "삼림의 짐승들과 뭇 산의 가축이 다 내 것이라"(시 50:10)고 말씀하십니다. 여러분의 선함은 여러분 동료 피조물들을 기쁘게 할 수 있고, 여러분의 구제가 그들을 감사하게 만들 수 있습니다. 그러나 하나님께서 여러분의 구제로 인해 조금이라도 여러분에게 빚을 지거나 여러분의 영향력으로 인해 여러분에게 신세를 지시겠습니까? 이런 것은 상식을 벗어난 질문들입니다! 여러분이 모든 것을 다 행한 때에도, 보잘것없고 무가치하며 무익한 종인 것 외에 무엇이겠습니까? 여러분은 마땅히 행해야 할 바를 다 하지 못하였을 것입니다. 그런데 하물며 여러분이 죄를 속하거나 빛의 나라에서 유업을 얻기에 유리하도록 저울이 기울어지게 할 수 있겠습니까? 여러분이 그 점을 생각하려고 하기만 한다면, 천국과 여러분의 선행에 대한 하나님의 평가는 아주 다릅니다. 하나님께서는 자신의 구원을 중요하게 여기시는데, 하나님의 구원은 오직 하나님의 사랑하시는 아들의 죽음을 통해서만 사람들에게 오게 되어 있었습니다. 그런데 여러분은 여러분의 선한 행실들, 여러분의 행실들을 선하다고 부르는 것은 참으로 조롱하는 말인데, 그 행실들로 하나님의 아들 그리스도께서 자신의 핏값으로 사신 천국을 얻을 수 있다고 생각하는 것입니다!

감히 여러분은 여러분의 초라한 생명을 죽기까지 순종하신 하나님의 아들의 생명과 비교하시겠습니까? 비교하는 자체가 여러분이 하나님을 모욕하고 있는 일이라는 생각이 들지 않습니까? 행위로 천국에 이르는 길이 있다면 왜 하나님께서 사랑하시는 아들을 그 모든 고통과 슬픔을 겪도록 하셨겠습니까? 그 아들이 피 같은 땀을 흘리는 겟세마네 장면이 왜 필요하였겠습니까? 십자가와 못들, 그리고 "라마 사박다니?"라는 외침으로 이루어진 골고다의 비극이 왜 있어야 하겠습니까? 죄인을 구원하는 그 일이 다른 방식으로 그처럼 쉽게 이루어질 수 있다면 왜 이 모든 일이 필요하겠습니까? 여러분은 지금 하나님의 지혜와 사랑을 모욕하는 것입니다.

사람의 자기 의가 공격하지 않는 하나님의 속성은 없습니다. 사람의 자기 의는 전능하신 하나님께서 헛되고 무가치한 것으로 걷어차시는 피조물의 모호한 주장들을 높이기 위해 찬송 받으실 주님께서 높이신 하나님의 영원한 완전성들의 가치를 저하시킵니다. 불쌍한 인도인은 자신의 금과 여러분의 자질구레한 장신구나 유리 염주와 맞바꿀 수 있습니다. 그러나 여러분이 자기에게 있는 모든 재산을 하나님께 드린다고 할지라도 그것은 아주 멸시받는 일이 될 것입니다. 하나님께서는 돈 없이 값없이 젖과 꿀 같은 자비를 여러분에게 주시고자 합니다. 그런데 여러분이 하나님께 와서 값을 주고 그것을 사려고 한다면, 그것은 여러분의 능력을 완전히 벗어나는 일입니다. 하나님께서는 여러분이 감사할 줄 모르면, 사랑으로 베푸시는 좋은 양식을 여러분에게 주시지 않을 것입니다.

이것이 어리석은 일임을 더 설명하기 위해 여러분에게 이 점을 말씀드리겠습니다. 즉, 미래를 위하여 더 낫게 행동하고 행위로써 자신을 구원하는 일에 관해 이야기할 때, 여러분은 과거에 이것을 행하지 않았던 것과 마찬가지로 미래에도 이것을 행하지 못한다는 사실을 잊고 있다는 것입니다. 개혁을 통해서, 성실한 시도와 노력을 통해서 자신을 구원하려고 하는 여러분, 여러분에게 묻겠습니다. 사람이 팔에 힘이 있을 때 어떤 일을 하지 못하였다면 팔이 부러졌을 때는 어떻게 그 일을 할 수 있겠습니까? 여러분이 젊고 경험이 없을 때는 아직까지 악한 습관과 관행에 빠지지 않았습니다. 여러분의 본성에 타락이 있었지만 여러분이 습관의 철손에 아직 사로잡혀 있지 않았습니다. 하지만 그때라도 여러분은 잃어버린 양처럼 길을 잘못 들었고 악을 좇아갔습니다. 여러분이 갑자기 마음의 선입관과 행동의 방침, 인생의 방향을 바꾸어 새 사람이 될 수 있다고 생각할 무슨 이유가 있습니까? 에티오피아 사람이 피부 색깔을 바꾸거나 표범이 반점을 없앨 수 있습니까? 여러분이 전에 죄를 지었기 때문에 앞으로도 계속해서 죄를 지으리라는 가능성이 말할 수 없이 크지 않습니까? 여러분은 악의 길이 참으로 매력적이라는 것을 알았고, 그래서 유혹을 받아 그 길을 걸었으며, 앞으로도 계속해서 유혹을 받을 것이고, 그래서 여러분이 이제 새롭게 걸으려고 굳게 결심하는 정직의 길을 떠날 것입니다. 인간이여, 시내산을 거쳐 하늘에 이르는 길은 매우 가파르고 좁습니다. 그래서 한 번이라도 발걸음을 잘못 디디면 사람은 떨어져 가루가 됩니다. 여러분이 그 길로 올라가고 싶으면 산 밑에 서서 산꼭대기를 올려다 보십시오. 산꼭대기에 검은 구름이 있고, 구름 속에서 번개가 번쩍입니다. 한편으로는 거기에서 나팔소리가 점점 더 커지고 길어집니다. 여러분은 모세가 떨고 있는 모습이 보이지 않습니까? 그런데 여러분은 모세가 몹시 두려워하고 떨고 있던 곳에 서려고 합니까? 위를 올려다보고, 그처럼 가파른 바위산을 올라갈 생각을 버리시기 바랍니다. 구원 얻기를 바라고 거기에 오르려고 애쓰다가 그 길에서 만나는 공포들 가운데 멸망당하지 않은 사람이 이제까지 아무도 없었기 때문입니다. 지혜롭게 생각하십시오. 여러분이 교만한 마음 때문에 붙잡게 되는 거짓된 구원의 소망을 버리십시오. 여러분은 잘못된 그 생각으로 인해 곧 크나큰 비탄을 맛보게 될 것입니다.

여러분이 정말로 그렇게 할 수 있다고 보지 않지만, 아무튼 여러분이 어떤 큰 일을 할 수 있다고 생각해 봅시다. 여러분이 큰 일을 행함으로써 이제부터는 완전해져서 생각이나 말이나 행동에서 다시는 죄를 짓지 않는다고 할지라도, 과거의 죄들은 어떻게 속할 수 있겠습니까? 내가 여러분의 기억의 묘지에서 무엇인가를 되살아나게 해볼까요? 잠시 동안 여러분의 죄들이 일어나 여러분 앞에 차례로 지나가도록 해보십시오. 아, 여러분의 죄들이 여러분을 두렵게 할 것입니다. 젊은 날의 죄들, 한밤중의 죄들, 대낮의 죄들, 빛과 지식을 거슬러 행한 죄들, 육신의 죄들, 영혼의 죄들이 여러분을 두렵게 할 것입니다! 여러분은 그 죄들을 잊어버렸다고 말합니다. 그러나 하나님은 잊지 않으셨습니다. 저 서류철을 보십시오! 여러분의 죄들이 모두 저기에 들어 있습니다. 단 하나도 잊히지 않고, 하나님의 날에 펼쳐질 책에 다 기록되어 있습니다. 최후 심판의 날에 여러분을 고소하기 위해 모든 죄가 낭독될 것입니다. 미래의 순종이 어떻게 과거의 죄를 벌충할 수 있습니까? 절벽이 한 번 무너졌으면, 파도가 수만 번 밀어 올릴지라도 그렇다고 해서 절벽이 다시 세워지지는 않습니다. 낮이 화창하지만, 그래도 밤이 있었습니다. 낮이 아무리 화창하다고 할지라도 날이 한때 어두웠다는 사실을 지워버리지 못합니다. 여러분의 죄들, 이 죄들을 어떻게 지워 없앨 수 있습니까? 여러분은 "하찮은 것"이라고 말합니다. 그러나 여러분의 죄들이 하나님께는 하찮은 것이 아닙니다. 또 여러분의 이성이 바른 판단을 배우고, 여러분이 그 무서운 마지막 날의 우레 가운데 서서 선악 간에 여러분의 몸으로 행한 대로 보응을 받을 그 날에는 그 죄들이 여러분에게도 하찮은 것이 되지 않을 것입니다.

> "끊임없이 눈물을 흘리며
> 열심히 잠시도 쉬지 않네.
> 아무도 죄를 속할 수 없으니.
> 그리스도, 오직 그리스도만이 구원하셔야 하겠네."

이렇게 큰 일을 행한다는 것 자체가 헛된 속임입니다. 여러분이 중대한 결심들을 온전히 실행할 수 있고, 어리석게 맹목적으로 사랑하는 여러분의 계획들을 성취할 수 있는 능력이 있다고 하더라도 큰 일을 행하는 것이 여러분에게 효력이 없을 것입니다.

아, 행함으로 구원을 얻으려고 하는 여러분, 다른 사람들의 예를 보고, 거기에서 경고를 받기 바랍니다. 만족을 주지 못하는 것을 얻으려고 이렇게 애쓰며 이 세상과 오는 세상에서 비참한 생활을 영위하는 모든 사람, 그들의 존재는 소망이 없습니다. 나는 의식(儀式)들과 기도, 거룩한 예배로 말미암아 구원받기를 기대하고, 또 구원받을 수 있을 것으로 생각하는 사람들을 많이 보았습니다. 그러나 그들과 얘기해 보았을 때 그들 가운데서 온전한 평안을 소유한 사람은 한 명도 만나보지 못했다는 것을 확실히 말씀드립니다. 기초가 너무 썩어버려서 집이 굳건하게 서 있을 수 없습니다. 그들을 보십시오. 그들이 최선을 다했을 때, 그들의 양심이 무엇이라고 말합니까? 말거머리처럼 양심은 "다오, 다오, 다오" 하고 소리 칩니다. 많은 사람들이 밤에 깨어서 누워 있거나 혹은 자기 삶에 대해 진지하게 생각하면, 자기가 교회와 그리고 이웃과 사이좋게 지내고 사람들에게 칭찬을 듣지만, 그럼에도 이것이 그리 올바른 상태가 아니라는 의심이 속에서 슬금슬금 기어 나오는 것을 느낍니다. 그들은 말합니다. "결국, 내가 교회 다니는 것이나 기도나 구제가 내가 바라는 만큼 그렇게 좋은 변화를 경험하게 해주지 않아." 그런 사람들은 맷돌 주위를 도는 눈먼 말과 같이, 조금도 앞으로 나아가지 못한다고 말씀드립니다. 그들은 바닥이 없는 구덩이를 채우려고 한 사람들에 대한 옛날 우화를 그대로 실현하는 사람들입니다. 그들은 항상 돌을 굴려 언덕 위로 올리지만 언제나 돌이 다시 발밑으로 굴러 떨어져서 일을 마칠 수 없는 시시포스와 같습니다.

　자기 의를 내세우는 사람은 자기가 하고 있는 일이 하나님을 만족시킬 수 없다는 것을 압니다. 왜냐하면 그 일이 자기 자신도 만족시키지 못하고, 또 그가 자기 양심을 혹시 마비시킬 수 있을지라도 그 사람 속에는 자기가 하고 있는 일이 만족스럽지 못하다는 것을 알고 느끼게 만드는 거룩한 요소가 충분히 남아 있기 때문입니다. 그가 마음이 하는 얘기를 들어보면 마음이 그렇게 말하는 것을 알게 됩니다. 여러분이 지금까지 자신을 위하여 한 것 외에는 아무 소망이 없이 죽는 것은 두려운 일입니다. 아, 여러분이 지금까지 자신을 위하여 한 일이라는 것은 보잘것없습니다. 그것은 임종하는 침상에 가져오기에는 너무도 보잘것없는 위로입니다. 기도나 예배 출석, 구제, 우리가 어두운 데 있을 때는 아주 멋져 보였던 종교 활동들 같은 형편없이 썩은 넝마들은 갈아엎기에는 너무도 보잘것없는 위로입니다. 휘장이 걷히고 영원의 빛이 흘러 들어오기 시작하면, 우리는 우리의 선한 활동들에 나쁜 동기가 있었고, 우리의 구제 활동들은 과시하기 위해서 행한 것이며, 심지어 우리의 개인 기도들조차도 위선적인 것은 아니라할지라도 하나님께서 받아들이실 수 없을 만큼 이기심과 변덕이 뒤섞여 있었다는 것을 봅니다. 아, 그것은 불신자가 자기 의가 사라져버렸고, 자신의 아름다운 흰 세마포가 갑작스럽게 거미줄 뭉치로 변하여 깨끗이 치워져 버렸다고 느낄 때 발견하는 슬픈 사실입니다.

　하나님의 법정에서 그런 사람의 운명은 어떻게 되겠습니까? 나는 그리스도께서 자기 영광 가운데 오시고 그 두려운 마지막 날 아침이 밝아오는 것이 보이는 것 같습니다. 그 왕께서 자기 영광의 보좌에 앉으실 때 자기 의를 내세우는 자들은 어디에 있습니까? 그들은 어디에 있습니까? 그들을 볼 수가 없습니다. 그들은 어디에 가 있습니까? 오라, 바리새인이여, 오라. 와서 당신이 일주일에 두 번 금식하였고, 이 세리와도 같지 않았다고 주님께 말해보라! 거기에 세리가 앉아 있는데, 재판장의 오른편에 앉아 있습니다! 와서 당신이 저 세리보다 깨끗하고 거룩했다고 말해보라! 그런데 그 불쌍한 바리새인은 어디에 있습니까? 그는 어디에 있습니까? 과시하기 좋아하는 오만한 자들이여, 이리로 오라. 자신은 피로 씻을 필요가 없다고 말했던 자들이여. 와서 재판장에게 그렇게 말해보라. 재판장이 잘못했다고 말해보라. 구주는 스스로 어떻게 할 수 없는 사람들의 부족한 부분을 채워주고 돕는 일에나 필요할 뿐이었다고 말해보라! 그런데 그렇게 말하던 자들이 어디에 있습니까? 그들은 옷을 아주 잘 입었던 자들인데, 어디에 있습니까? 우리가 한때 알았던, 가난하고 헐벗고 떨던 불쌍한 저 사람들이 저렇게 쾌활하게 자랑하는 사람들이 될 수 있습니까? 그렇습니다. 저들이 바위에게 자기들 위에 떨어지라고 소리치며, 산들에게 자기들을 덮치라고 소리치는 것을 들어보십시오. 그들이 일생 동안 자신들의 보잘것없는 공로를 주님의 보혈의 무한한 부요와 공로와 비교함으로써 모욕을 끼쳤던 크신 재판장의 면전에서 숨기 위하여 그렇게 소리치는 것입니다. 아, 그리스도의 하신 일보다 우리 손의 일을 택함으로써 하나님을 모독하는 일을 나나 여러분이나 모두 하지 않기를 바랍니다.

그런 사람들이 지옥에 던져질 때 그들의 운명이 어떠할 것입니까? 그때는 그들이 땅에서 그토록 멸시했던 자들, 곧 오래된 죄인들이 그들의 동무가 될 것입니다. 지옥이 두 군데 있지 않기 때문입니다. 곧, 훌륭한 도덕적 죄인들을 위한 지옥이 있고 공공연하게 하나님을 욕한 자들과 술주정뱅이들을 위한 지옥이 따로 있는 것이 아니기 때문입니다. 그들을 "불사르게 단으로 묶으라"는 명령이 떨어지면, 여러분은 동무를 고를 수 없습니다. 여러분의 자기 의가 언제든지 아주 대단하다고 할지라도 여러분이 그리스도 밖에 있다면, 여러분의 자기 의가 바싹 마른 혀를 축일 물 한 방울 가져다주지 않을 것이라고 말씀드립니다. 여러분의 자기 의가 오늘은 우러러 볼 만큼 아주 멋지다 할지라도, 여러분이 결코 누그러지지 않을 고뇌와 영원히 계속될 고통의 무서운 빛 가운데서 몸을 뒤척일 때는 지긋지긋한 것으로 보일 것입니다. 나는 여러분이 그 맷돌을 목에 매고 바다에 뛰어들지 않기를 바랍니다. 그 맷돌은 여러분을 위로 들어올리기보다는 더욱더 아래로 가라앉게 만들 것입니다. 이 자기 의는 여러분의 심장을 영원히 꿰뚫을 화살이 될 것입니다. "나는 그리스도를 모시려고 하지 않았어. 나는 내 공로를 의지했어. 내가 어떤 일을 해야 하고, 나를 대신해서 이룬 모든 것을 받아들이려고 하지 않았어. 예수 그리스도의 의로 말미암아 구원받는 것에 동의하려고 하지 않았어. 나는 내 자신의 행위를 의지하여 구원받으려고 고집했어. 그래서 이제는 아무 소망도 없이 자비를 받을 기회도 없이 내 어리석은 교만을 영원히 슬퍼하지 않으면 안 돼."

하나님께서 무한한 자비로 이 회중 가운데 있는 우리 중 단 한 사람도 이러한 운명에 떨어지지 않게 해 주시기를 바랍니다.

3. 이제는 이 거짓된 교만을 피하고 이 터무니없는 어리석음에 떨어지지 않기를 구하면서 사람의 최상의 지혜가 무엇인지 생각해 봅시다.

형제 여러분, 나는 이제 여러분이 모든 계획에서 실패를 맛보고, 진지하지만 공허한 겉치레에 넌더리가 나며, 생소한 상상 때문에 당혹스러워하고 여러분 자신을 완전히 싫어하게 된 것을 보는 것 같습니다. 그렇지 않습니까? 내가 여러분의 현재 감정을 제대로 묘사하고 있습니까? 비록 여러분의 입술이 바싹 마르고 힘은 다 빠졌을지라도 낙심하여 앉아 있지 마십시오. 순수한 믿음의 샘에서 떨어지는 한 방울 물이 여러분의 영혼에 힘을 북돋아줄 것입니다. 어린아이처럼 위대하신 위로자에게 즐거이 배우도록 하십시오. 그러면 여러분이 영혼에 안식을 얻을 뿐만 아니라 다른 사람들을 가르치고 위로도 할 수 있을 것입니다. 하나님이 말씀하시는 것을 믿고, 하나님이 명하시는 것을 행하며, 하나님께서 제공하시는 구원을 받는 것, 그것이 사람의 최고의, 최상의 지혜입니다. 이 초보적인 사실로부터 시작해서 이 위대한 예언서의 글자를 한 자 한 자 또박또박 읽도록 하십시오. 이 예언서는 어린아이의 입문서이고 순례자의 안내서이며, 여전히 성도가, 머지 않아 나타날 영광을 설명하는 묵시서입니다. 이것이 "믿고 살라"는 복음의 유일한 메시지입니다.

성육신 하신 구주님, 곧 하나님께서 죄인들을 대신하여 서도록 정하신 분을 신뢰하십시오. 복음 전체는 그리스도께서 하늘로 올라가시기 전에 남기신 "믿고 세례를 받는 사람은 구원을 얻을 것이요"(막 16:16)라는 이 한 문장으로 압축

됩니다. 온 마음으로 그리스도를 의지하고 세례를 받는 가운데 그리스도와 함께 장사됨으로써 자신의 믿음을 공언하는 사람, 그런 사람에게는 그가 구원받으리라는 약속이 있습니다. 그러나 "믿지 않는 사람," 이것은 치명적인 부작위의 죄입니다. "믿지 않는 사람은 정죄를 받으리라." 즉, 정죄 받고 영원히 버림받는 것입니다. 그렇다면 죄인이여, 그대가 해야 할 일은 이렇게 여러분 자신을 그리스도께 맡기는 것밖에 없습니다. 이 말이 무슨 뜻인지 여러분은 확실히 압니다! 나이든 목사들은 이것을 "기댐"이라고 부릅니다. 온몸을 실어 기대는 것입니다. 여러분이 기대는 것 외에는 달리 의지하는 것을 전혀 두지 않는 것을 말합니다. 바로 그와 같이 여러분의 온 영혼과 여러분의 모든 죄를 그리스도에게 기대는 것입니다.

　한 흑인이 자기는 "그 약속에 납작 엎드렸다"고 말하고 나서 "나는 그 약속에 납작 엎드렸으니 더 이상 내려갈 수 없다"고 말하였을 때, 그는 믿음에 대해 잘 생각한 것입니다. 여러분은 하나님께서 우리 주 예수 그리스도를 통해서 주신 자비의 약속에 납작 엎드릴 때만큼 안전할 수는 없습니다. 여러분은 불 뱀에 물린 자들이 어떻게 하라는 명령을 받았는지 기억할 것입니다. 그들은 놋 뱀을 쳐다보기만 하면 되었습니다. 그들은 쳐다보는 순간 나았습니다. 몇 차례 기도해야 하는 것도 없었고 무엇을 이행해야 하는 것도 없었으며 단지 보는 것 외에 아무것도 없었습니다. 눈에 눈물이 가득하였고 독이 그 사람에게 절반쯤 퍼졌을지라도, 힐끗 한 번 보기만 하면 나음을 얻었습니다. 햇빛 속에 번쩍이는 놋 뱀을 한 번 힐끗 보면 독이 그 효력을 멈추고, 놋 뱀을 본 사람이 나았습니다. 이와 같이 여러분이 예수님을 믿기만 하면 여러분은 구원을 받을 것입니다.

　어떤 사람은 말합니다. "글쎄, 어떻게 그런 일이 일어나는지 모르겠다"고 말합니다. 그러나 여러분에게 말합니다. 하나님은 공의롭게 행하셔야 하고, 죄를 반드시 형벌하셔야 합니다. 죄를 눈감아 주지 않는 것은 하나님의 거룩한 본성상 필연적인 일입니다. 예수 그리스도께서는 이 세상에 오셔서 큰 대속 제물로서, 이제까지 그리스도를 믿었고 언제나 그리스도를 믿을 모든 사람들의 죄를 대신 지셨습니다. 그가 죄인들 대신에 형벌을 받으셨습니다. 따라서 공의는 그리스도께서 대신해서 형벌 받은 자들에게 형벌 받으라고 요구할 수 없습니다. 그들의 빚을 그리스도께서 갚으셨습니다. 그들의 형벌을 그리스도께서 받으셨습니다. 여러분이 그리스도를 믿는다면, 바로 그 사실이 여러분이 그리스도께서 대신하여 실제로 대속물이 되신 사람들 가운데 하나라는 증거가 됩니다. 사람들은 말합니다. "아, 그리스도께서 나를 대신하셨다면 나는 완전히 죄 사함을 받은 것이다. 내가 그 사실을 믿을 수 있다면 나는 정말 행복할 것이다. 나는 하나님께 참으로 감사할 것이고, 일생을 하나님을 섬기는데 보낼 것이다."

바로 그것이 우리가 원하는 구원입니다. 하나님을 섬기는 것이 하나님께 대한 여러분의 오래된 미움에서 구원하는 것입니다. 하나님을 닮고 싶어 하는 것, 하나님을 뜨겁게 사랑하는 것, 바로 그것이 이전에 여러분이 빠져 있었던 무관심과 고집에서 구원하는 것입니다. 그것이 신생의 증거입니다. 여러분의 본성이 철저히 변화된 즉각적인 결과들 가운데 한 가지는, 여러분이 한때는 두렵게만 생각하였던 하나님을 사랑하고 섬기고자 하는 마음이 생긴다는 것입니다. 전에는 하나님을 한 번도 사랑을 가지고 생각한 적이 없었습니다. 사랑이 있었다면 하나님의 이름이 음악처럼 달콤하고 하나님의 뜻은 사랑스럽게 생각되며, 하나님의 교훈들은 금보다, 많은 정금보다 더 바랄 것으로 생각되었을 것입니다. 여러분이 먼저 하나님의 공경할 만한 속성들이 있는 그대로 계시되는 가운데서 하나님께 간다면 결코 그런 마음의 변화에 이르지 못할 것입니다. 아들을 통하지 않고서는 아무도 아버지께 갈 수 있는 사람은 없습니다. 여러분은 예수 그리스도라는 분, 곧 신성의 모든 충만이 육체로 거하시는 분을 믿어야 합니다. 왜냐하면 그분은 만유 위에 계시는 영원히 찬송 받으실 하나님이시기 때문입니다. 그리스도께서 여러분의 죄를 사하시고 여러분을 받아들이실 것을 믿으십시오. 여러분의 죄가 사해졌다는 것을 알 때, 여러분은 거룩한 즐거움으로 이렇게 노래할 것입니다.

> "그 사랑을 인하여 내가 주님의 이름을 가졌으니
> 내가 이익으로 여겼던 것을 손실로 여기며
> 예전의 내 교만을 수치라고 부르고
> 내 자랑거리를 주님의 십자가에 못 박네.
>
> 그리스도 안에서 내 영혼을 찾고
> 주님의 의를 얻기 위하여
> 예수님을 위하여 모든 것을 손실로

여겨야 하고 또 여길 것이네."

스스로를 구원하는 일을 하지 않는 사람, 곧 그리스도께서 자기를 구원하셨다고 생각하는 사람은 이제 하나님을 사랑하는 마음에서 거룩한 생활에 전념합니다. 그리고 이것은 구원받았음이 실례를 통해서 나타나는 것입니다. 사람들이 아이들 머리에 물을 부어 아이들을 중생시킨다고 할 때, 우리는 말합니다. "글쎄, 당신들이 그렇게 해서 아이들을 중생시킨다고 한다면 우리가 한 번 보겠습니다. 그 아이들이 다른 사람의 아이들보다 낫습니까?" 그런데 우리는 그 아이들이 조금이라도 나은 것을 보지 못합니다. 나는 그런 중생은 아무 가치가 없다고 생각합니다. 사람이 정말로 예수 그리스도를 믿을 때 그는 그리스도를 위하여, 의를 위하여 삽니다. 그동안은 술주정뱅이나 행실이 나쁜 사람으로, 하나님의 이름을 들어 욕하는 사람으로 지냈을지라도, 그는 이전의 악한 행실을 버리고 새로운 사람이 됩니다. 사람들을 실제로 만족스럽게 죄책에서 구원하는 것은 눈여겨보고 깊이 생각해 볼 만한 것입니다. 그리고 그것이 사람들을 범죄자의 파멸에서 구원해줄 것이라고 생각하는 것은 당연한 일입니다. 복음이 이 일을 합니다. 복음은 나병환자를 온전하게 합니다. 나아만의 살이 어린아이의 살처럼 되어서 자기 주인에게 돌아가지 않았습니까? 틀림없이 아람 왕은 놀라운 치료가 이루어졌다고 믿었을 것입니다. 비록 이교도였지만 그는 그 결과를 보고서 그 선지자의 하나님을 비난하거나 그 하나님의 선지자를 비난하지 못하였을 것입니다.

여기 계시는 분들 가운데 그렇게 해보는 분들이 있으면 좋겠습니다. 주님께서 여러분에게, 여러분의 최선의 행실이라도 죄에 불과하고 여러분이 순종이라고 생각하는 것도 본질적으로 불순종이라는 것을 보여주시기를 바랍니다. 그래서 여러분이 하나님의 사랑하시는 아들을 보고, 또 그 아들이 완성하신 사역을 보며, 그 아들을 봄으로써 여러분이 구원받았다는 것을 발견하게 되어 여러분 마음속에서 사랑하는 생명, 거룩한 생명, 하나님의 생명이 솟아나게 해 주시기를 바랍니다. 여러분은 하나님의 능력을 보여주는 살아 있는 기념물이 될 것입니다. 나아만이 그 생활에서 그랬듯이 여러분도 생활에서 선지자가 있고 또 이스라엘에 하나님이 계시다는 증거를 나타낼 것입니다.

사랑하는 청중 여러분, 성령께서 여러분에게 지금 예수님을 믿으라고 강권하시기를 바랍니다! 나는 이렇게 믿으려 하지 않는 태도에서만큼 사람 마음의 부패를 분명히 보여주는 것은 없다고 생각합니다. 그리스도를 믿는 것은 아주 쉬운 일입니다. 그러나 성령께서 사람에게 더 건전하고 더 나은 마음을 주시기 전까지는 그리스도를 믿으려고 하는 사람이 아무도 없습니다. 사람은 참으로 어리석어서, 하나님의 아들이 죄인들을 살리기 위해 죽으시는데도, 하나님을 믿지 못하고 하나님의 아들을 믿지 못합니다!

나는 죄 범한 불쌍한 내 영혼으로 그리스도를 믿을 수 있을 뿐만 아니라 또한 내 마음속에 여러분 모두를 품고 있다면 여러분 모두를 대신해서 그리스도를 믿을 수 있을 것처럼 생각됩니다. 아, 지금까지 산 모든 사람들의 죄가 몽땅 내게 있다고 할지라도 예수님의 보혈은 그 모든 죄를 깨끗이 씻어낼 수 있을 것이라고 나는 굳게 믿습니다. 예수님의 보혈이 그렇게 할 수 있을 것이라고 확신합니다. 예수님의 피의 무한한 능력을 의심할 수 없습니다. 그리스도께서 하나님이심을 믿으므로 나는 그리스도의 피의 깨끗이 씻는 속죄의 효력을 의심할 수 없습니다.

그런데 어떻게 여러분은 그리스도를 의지하지 않고, 믿지 않는 것입니까? 뭐라고요? 그리스도께서 헛되이 죽으셨습니까? 그리스도께서 겪으신 그 고통에 아무 공로가 없습니까? 주께서 흘리신 피 같은 땀이 아무 의미가 없습니까? "나의 하나님 나의 하나님 어찌하여 나를 버리셨나이까?" 하고 외친 비통한 부르짖음, 죽음으로 창백해진 얼굴, 십자가에서 모두 뒤틀려버린 복되신 그 사지, 엉긴 핏자국이 시내처럼 흐른 붉은 상처, 아, 이런 것들이 아무것도 아닙니까? 여러분은 이런 것들을 보고도 그리스도를 믿을 수 없습니까? 여러분은 죄인들을 위하여 자기 목숨을 내놓으신 성육하신 이 하나님을 보고도 아직까지 의심할 수 있습니까?

이렇게 하나님을 의심하고 그리스도를 의심하는 것이야말로 죄 가운데 가장 사악한 죄입니다! 단순하게 예수님을 믿으시기 바랍니다. 그러면 여러분 영혼 속에 여러분이 이제까지 알지 못했던 새로운 생명이 들어갈 것이고, 여러분은 이 예배당을 나가면서 속으로 이렇게 말할 것입니다. '나는 오늘 밤 거듭났어. 그 비밀이 풀렸어. 하나님의 행사가 이루어졌어. 나는 죄 사함을 받았어. 죄 사함을 받았어. 하나님의 이름을 찬송하라!'

"구주님의 보혈이 흐르는 것을
보는 것은 참으로 즐거운 일일세.
주님께서 나를 하나님과 화해시키셨음을
아는 거룩한 확신을 가지고 보는 일은!"

여러분 모두가 이렇게 노래하는 사람들이 되기를 바랍니다. 아멘.

제
9
장
—

청년을 위한 기도

—

"엘리사가 기도하여 이르되 여호와여 원하건대 그의 눈을 열어
서 보게 하옵소서 하니 여호와께서 그 청년의 눈을 여시매 그
가 보니 불말과 불병거가 산에 가득하여 엘리사를 둘렀더라."
— 왕하 6:17

이 청년은 선지자의 시중을 드는 사람이었습니다. 그는 이보다 더 교육적인
직업을 가질 수는 없었을 것입니다. 그렇지만 그는 눈이 열릴 필요가 있었습니
다. 그는 선한 일들을 잘 받아들이는 성향을 지닌 사람이었습니다. 주인에 대한
말투를 보면 그는 진심으로 주인의 뜻을 따르고자 하였다는 것을 알 수 있습니
다. 그러나 그의 눈은 아직 절반밖에 열리지 않았습니다. 주인의 안전을 생각하
고 크게 놀라서 그는 주인에게 달려가 위태로운 사실을 알렸습니다. 좋은 종들
은 틀림없이 주인에게 최상의 친구들이 될 것입니다. 그 대신에 종의 경건한 주
인은 자기 종을 위해서 기도합니다. 우리가 우리의 종들, 자녀들, 친구들의 선을
바란다면 그들을 위해 기도하도록 주의합시다. 우리가 그들을 위해 최선을 다해
서 할 수 있는 일이란 것은 고작 그들에게 부차적인 복을 주는 것뿐입니다. 그러
나 우리가 그들을 위해 하나님께 기도한다면, 그들이 자비 가운데 선하고 온전
한 선물들만을 보내시는 하나님으로부터 최상의 선물들을 받을 것입니다. 우리
가 가르치고 모범을 보이며 설득하는 일을 끝냈을 때는 우리의 젊은 친구들을
영원한 구원에 이르기까지 효과적으로 일하시는 주님께 넘겨주도록 합시다.

이 젊은이를 위한 엘리사의 기도는 "여호와여 원하건대 그의 눈을 열어서 보게 하옵소서"라는 것이었습니다. 이 청년은 그때 특별히 볼 수 있는 상태에 있었지만 아직까지 보지 못하고 있었습니다. 그는 적이 성을 둘러싸고 있는 것은 보았지만 하나님의 사람을 보호하는, 더 많은 여호와의 천사들의 군대는 보지 못하였습니다. 도단의 작은 성벽 너머로 그는 온 성이 아람 왕 군대의 말과 병거로 포위되어 있는 것을 보았습니다. 그래서 그는 "아아, 내 주여 우리가 어찌하리이까?" 하고 소리쳤습니다. 그는 닥친 위험을 볼 수 있었지만 구원은 보지 못하였습니다. 그래서 선지자는 이같이 기도하였습니다. "여호와여 원하건대 그의 눈을 열어서 보게 하옵소서!" 엘리사는 자기 종의 자연적인 시각을 보지 못하는 것으로 여기고, 눈에 보이지 않는 것을 간파하는 시각만을 참된 시력으로 간주합니다. 아마도 이 시간 내 설교를 듣는 분들 가운데는 하나님의 대의에 매우 호의적이며 심지어 연고 관계에 의해서나 직업상 그 일에 관여하고 있는 분들이 있을 것입니다. 그들은 할 수 있는 한 언제든지 거룩한 봉사에 발 벗고 나서며, 참된 신앙의 대의가 성공하기를 바랍니다. 그렇지만 그들의 눈은 영적인 사실들을 보도록 열리지 않았습니다. 아니면 적어도 영적인 사실들의 은혜롭고 신성한 면을 볼 만큼 충분히 눈이 열리지 않았습니다. 그들은 자기가 큰 적으로 말미암아 위험에 빠져 있다는 사실을 인지할 만큼 볼 줄 압니다. 그들은 인생의 싸움을 싸우는 것이 쉽지 않다는 것을 압니다. 그 싸움을 예상하고서 그들은 "우리가 어찌하리이까?" 하고 외칩니다. 그들은 사람이 거룩함과 진리, 정직, 순결을 위해 일어서고 일생 동안 내내 품위 있는 성품을 유지한다는 것이 어려운 일이라는 것을 압니다. 자신이 사업에서, 기질에서, 교우 관계에서, 어쩌면 가족들 가운데서도 반대 세력에 둘러싸여 있다고 봅니다. 신앙적 대의에 대해서 말하자면, 그 대의는 적들에게 둘러싸여 있는 것처럼 보입니다. 그래서 그들은 묻습니다. 어떻게 해야 하는가? 사태가 절망적이지 않은가? 즉시 항복하는 것이 낫지 않겠는가? 그런 소심한 사람을 위해 나는 하나님께 엘리사와 같이 기도드리고 싶습니다. "여호와여 원하건대 그의 눈을 열어서 보게 하옵소서!" 그 기도가 이 시간 응답되었으면 좋겠습니다!

먼저 우리의 기도에 대해 아주 간단하게 말씀드리겠습니다. 둘째로는, 그런 기도를 드리는 우리의 이유에 대해, 셋째로는 우리의 소망에 대해 말씀드리겠습니다. 이는 우리의 기도가 응답을 받으면, 눈이 열린 사람이 이제까지 생각하지도 못했던 복을 그에게 줄 광경을 보게 될 것이라고 믿기 때문입니다.

1. 그러면 첫째로 우리의 기도에 대해서 생각해 봅시다.

"여호와여 원하건대 그의 눈을 열어서 보게 하옵소서!" 이 기도는 많은 의미를 지니고 있습니다. 그 가운데서 한두 가지만 말씀드리도록 하겠습니다.

우리는 몇몇 친구들을 위하여 그들의 눈이 열려서 다양한 모습으로 자신을 감추고 있는 그들 영혼의 적을 보기를 기도합니다. 나는 많은 사람들이 적의 간계에 무지한 것이 걱정입니다. 젊은이들은 특별히 이 큰 원수를 친구로 잘못 생각하는 경향이 아주 강합니다. 그들은 이 원수의 아부하는 거짓된 말을 믿고 유혹을 받아 파멸에 이릅니다. 이 원수는 젊은이들에게 거품이 이는 잔을 내밉니다. 그런데 그 거품 속에는 죽음이 숨어 있습니다. 원수가 "즐거움"에 대해서 말하지만, 육신의 정욕들 속에서 즐거움은 그림자이고, 비참함이 그 실질입니다. 이 원수는 사려분별이라는 가면을 쓰고 젊은이들에게 재산을 모을 때까지는 "중요한 기회를 놓치지 말고" 신앙은 잊어버리라고 권고합니다. 그러나 하나님을 옆으로 치워버리는 데서 오는 이익은 결국 영원한 손실이라는 것을 알게 될 것입니다. 뱀 같은 마귀는 울부짖는 사자보다 더 많은 해를 끼칩니다. 우리가 마귀를 직접 대해야 하고 또 마귀의 실제 모습을 안다면 아마도 우리는 훨씬 더 쉽게 마귀를 이길 수 있을 것입니다. 그런데 우리는 광명한 천사로 변장한 마귀를 대해야 합니다. 이런 점에서 우리는 눈이 백 개라도 필요하고, 우리가 볼 수 있도록 그 눈 하나하나가 하나님에 의해 열릴 필요가 있습니다. 이보다 더 나쁜 사실은 때로 마귀가 전혀 우리와 마주치지 않으면서 우리의 길을 허문다는 것입니다. 마귀는 우리가 넘어지도록 함정을 파고, 멀리서 화살을 쏘거나 어둠 가운데 행하는 역병을 보내기도 합니다. 그러므로 우리는 자연적인 시력보다 더 나은 시력이 필요합니다. 나는 이제 막 집을 떠나 세상으로 들어가는 젊은이들을 위해 이렇게 기도하고 싶습니다. "여호와여 원하건대 그의 눈을 열어서 보게 하옵소서!" 그가 진리를 가장하고 나타날 수 있는 거짓과, 자존심으로 자신을 감출 수 있는 천함, 학식으로 몸을 가린 어리석음, 쾌락의 옷을 입고 나타날 수 있는 죄를 간파할 수 있게 해 주시기를 구합니다! 나는 여러분이 새처럼 올무에 걸리지 않기를 바랍니다. 나는 젊은이가 수소처럼 유혹의 손에 이끌려 도살장으로 끌려가지 않기를 바랍니다. 우리는 인생을 시작하고 있는, 이 자리에 있는 젊은이 한 사람 한 사람을 위해 엘리사의 기도를 드리도록 합시다. 하나님께서 그의 눈을 열어 죄를 죄로 보게 해주시며, 악이 결코 선이 될 수 없고, 거짓이 진리가 될 수 없으며, 하나님께 대한 반역이 결코 행복에 이르는 길이 될 수 없음을 알게 해주시기를 구합니다!

나는 사람들이 눈이 열려 하나님께서 어디에나 계시며 만사를 다 지켜보신다는 것을 알기를 바랍니다. 이 사실은 많은 사람들의 눈을 참으로 놀랍게 열어줄 것입니다! 하나님을 어디에서나 볼 수 있지만 사람들 대부분은 아무데서도 하나님을 보지 못한다는 이것은 슬프지만 맞는 말입니다. 해가 빛을 비출 수 있도록 해주시는 분을 알지 못하는 사람은 정말로 눈먼 사람입니다. 눈이 열리기 전까지 우리는 아침에 일어나고 밤에 잠들지만, 하나님께서는 매 순간 우리 주위에, 우리 속에 계셨음에도 불구하고 우리는 종일 하나님을 보지 못했습니다. 우리는 1월 첫날부터 12월 마지막 날까지 살면서, 하나님은 우리를 끊임없이 보시지만 우리는 하나님께서 은혜의 기적으로 눈을 뜨게 해주시기 전까지는 하나님을 볼 생각조차 하지 않습니다. 우리는 위대하신 창조주께서 만드셨고 그의 수공품으로 가득 채우시며 그의 임재로 기쁘게 하신 놀라운 세상에 살면서도 그 창조주를 보지 못합니다. 사실 너무도 눈이 멀어서 창조주가 계시지 않는다고, 자기는 지극히 지혜로우시고 능하신 창조주가 계시다는 어떤 증거도 인지하지 못한다고까지 주장하는 사람들이 있습니다. 주 예수님께서 완고하게 눈을 감은 이 사람들의 눈을 뜨게 해 주시면 좋겠습니다! 잘못된 생각에 의해서라기보다는 잊어버린 탓으로 보지 못하는 여러분도 하갈처럼 "여호와는 나를 살피시는 하나님이시라"(창 16:13)고 부르짖고, 욥처럼 "내가 이제는 눈으로 주를 뵈옵나이다"(42:5) 하고 외치기를 바랍니다! 하나님께서 은혜를 베푸시어 사람들에게 그의 거룩한 임재를 깨닫게 하신다면, 그 사실이 사람들에게는, 특별히 이제 인생을 시작하는 젊은이들에게는 참으로 놀라운 축복이 될 것입니다! 주님께서 우리가 행하는 모든 일을 지켜보신다는 분명한 인식은 시험의 때에 우리에게 매우 유익한 보호 수단이 될 것입니다. 하나님의 눈을 기억할 때 우리는 요셉처럼 "내가 어찌 이 큰 악을 행하여 하나님께 죄를 지으리이까?"(창 39:9) 하고 외칠 것입니다. 여러분 자신을 보는 것은 잘하는 일입니다. 그러나 하나님을 보는 것은 더 잘하는 일입니다. 그러므로 우리는 "여호와여 원하건대 그의 눈을 열어서 보게 하옵소서!" 하고 기도합시다.

　사람이 자신의 큰 원수가 누구이며 자신의 최고의 친구가 누구인지 알기 시작하면, 다음으로 우리는 하나님께 그의 눈을 열어 하나님의 정하신 구주로 말미암는 구원의 길을 보게 해주시라고 기도할 수 있습니다. 하나님께서 친히 비추시는 빛을 통해서 보지 않고서는 주 예수님을 볼 수 있는 길은 없습니다. 우리는 하나님에게서 오는 눈길로 하나님에게로 향합니다. 나는 그동안 사람들에게 간단한 말과 비유를 써서 구원을 설명하려고 많이 노력하였습니다. 그러나 설명으로 다 전할 수 없는 것들이 훨씬 더 많습니다. 아주 분명하게 이야기하는 것은 옳은 일입니다. 그러나 분명한 진술만으로는 부족합니다. 촛불이 아무리 밝게 탈지라도 눈먼 사람은 마찬가지로 보지 못합니다. 나는 끊임없이 "여호와여, 내 입을 열어주소서" 하고 기도합니다. 그러나 또한 내가 "여호와여, 사람들의 눈을 열어주소서!"라고도 기도해야 한다는 것을 압니다. 하나님께서 사람의 눈을 열어주시기 전까지 사람은 믿음이 의미하는 바를 보지 못하고, 속죄가 의미하는 바도, 중생이 의미하는 바도 보지 못할 것입니다. 시각이 있는 사람에게는 지극히 명백한 것도 눈먼 사람에게는 보이지 않습니다.

　"믿고 살라." 이것만큼 분명한 말이 어디 있습니까? 그럼에도 불구하고 하나님께서 이 주님의 말씀의 뜻을 인식하는 은혜를 주시기 전에는 그 말을 이해할 사람은 아무도 없습니다. 할 수 있는 한 복음을 분명하게 전하는 것이 설교자로서 내 의무입니다. 그러나 나는 사람에게 영적인 지각을 줄 수 없습니다. 우리는 "주 예수를 믿으라 그리하면 네가 구원을 받으리라"고 아주 있는 그대로 담대하게 선언합니다. 그런데 사람들은 바보들처럼 "당신, 그 말이 무슨 뜻이오?" 하고 묻습니다. 우리는 "예수님을 바라보고 살라"고 외칩니다. 그런데 설명을 끝내고 나면 우리는 사람들이 우리 말뜻을 잘못 이해하였고, 여전히 자신들을 바라보며 주 예수께 등을 돌리고 있다는 것을 알게 됩니다. 믿는 것, 혹은 신뢰하는 것은 불가사의한 일이 아닙니다. 지극히 단순하고 단순한 일입니다. 바로 그 점 때문에 사람들에게 우리의 의도를 우리 말 그대로, 하나님의 의도를 하나님의 말씀 그대로 생각하도록 설득할 수가 없습니다. 우리는 주님, 그들의 눈을 열어서 보게 하옵소서 하고 기도할 필요가 있습니다. 그들이 보고 있으면서 보지 못하고, 듣고 있으면서 깨닫지 못하기 때문입니다!

　하나님을 찬송합시다! 사람들이 하나님의 전능하신 손길로 눈이 열리는 순간, 그 사실을 얼마나 기쁘게 보게 되는지요! 그때 사람들은 자기가 전에 그 사실을 보지 못한 것을 이상하게 생각하고, 그처럼 분명한 것을 깨닫지 못한 것을 인해서 자신을 세상에 둘도 없는 바보로 여깁니다. 주 예수님에 대한 믿음은 하나님의 계시 가운데 초보 중의 초보입니다. 그것은 천상의 지식의 기초 원리에 속합니다. 사람들은 정말로 바보여서 하나님 말씀에서 보는 대로 그 믿음을 받아들이지 않고 그처럼 분명한 문제에 대해 어리둥절하기 일쑤입니다. 일단 하나님의 기적을 일으키는 능력이 우리 눈을 뜨게 하면, 우리는 아주 잘 봅니다. 그러나 그 전까지 우리는 대낮에도 바로 앞에 있는 것을 보지 못하고 손으로 더듬습니다. 사랑하는 그리스도인 여러분, 나는 여러분이 내가 설교하고 있는 동안 기도하기를 바랍니다. 내 말뜻은 여러분 주위에 있는 사람들을 위하여, 세상의 무덤들 가운데서 방황하는 눈먼 모든 영혼들을 위하여 기도하기를 바란다는 것입니다. "여호와여 원하건대 그들의 눈을 열어서 보게 하옵소서!" 눈을 만드신 분이 눈을 뜨게 하실 수 있습니다. 죄가 아무리 사람의 마음을 어둡게 할지라도 하나님께서는 그 속에 빛을 비추실 수 있습니다. 우리가 사람들로 보게 할 수는 없지만, 적어도 그들의 시력을 고칠 수 있는 위대한 안과의사에게 데려갈 수는 있습니다.

우리는 친구들이 눈이 열려서 온갖 영적 진리를 볼 수 있기를 기도해야 합니다. 우리의 이 눈은 자연적인 사물만 볼 수 있습니다. 우리 눈은 본래 그런 것을 보도록 지어졌을 뿐입니다. 우리 눈이 현재 이만큼이나 볼 수 있는 것에 대해서 우리는 매우 감사해야 합니다. 그러나 영적인 사물들은 물질적인 것만을 보도록 지어진 육신의 눈으로는 식별할 수가 없습니다. 영적 나라에 속한 사실들은 영적인 눈, 곧 하나님께서 뜨게 해주신 눈으로 인식해야 합니다. 우리가 영적인 사실들을 분별할 수 있으려면 하나님께서 먼저 우리에게 영적인 감각을 주셔야 합니다. 이 사실을 잊지 않도록 합시다. 여기 계신 분들 가운데 영적인 사실들을 분별할 수 없는 사람들이 있습니다. 그들에게는 필요한 기능이 없기 때문입니다. 육신적인 사람들은 육신적인 일들밖에 보지 못합니다. 육신은 성령의 일들을 파악하지도, 깨닫지도, 분별하지도 못합니다. 우리가 영적인 사실들을 깨달으려면 먼저 영적인 사람이 되고, 영적인 기능들을 받아야 합니다. 한 마디로 "거듭나야" 합니다. "육에 속한 사람은 하나님의 성령의 일들을 받지 아니하나니 이는 그것들이 그에게는 어리석게 보임이요, 또 그는 그것들을 알 수도 없나니 그러한 일은 영적으로 분별되기 때문이라"(고전 2:14). 그러므로 "여호와여,

그의 눈을 열어서 보게 하옵소서!" 하고 기도할 필요가 있습니다.

이미 불 말과 불 병거들이 엘리사를 두르고 있었습니다. 그러나 그의 종은 그것들을 하나도 보지 못하였습니다. 그 불말과 불병거들이 영적인 것들이었기 때문이었습니다. 천사와 같은 존재들은 순전히 영적인 영역에 속해 있는데, 이 젊은이는 아직 그 영적인 영역을 경험하지 못하였고, 따라서 그것을 볼 눈이 없었기 때문이었습니다. 하나님께서 그에게 영적인 눈을 주셨을 때, 그의 시각에 이상한 광경이 비치기 시작하였습니다. 즉, 이 세상 것이 아닌, 꿈 같은, 그러나 지극히 사실적인 광경이 보이기 시작한 것입니다. 그것은 불꽃 같은 하나님의 종들이 앞뒤로 왔다 갔다 하고, 군대처럼 불말과 불병거를 거느림으로써 자신들이 충분히 여호와의 종을 지킬 수 있을 만큼 강하다는 것을 보여주기 때문에 이 선지자가 안전하다는 확신을 그에게 일깨워준 광경이었습니다. 그는 아주 깜짝 놀랐습니다! 그가 얼마나 크게 놀랐는지 모릅니다! 그리고 마음으로 얼마나 안심했는지 모릅니다! 자신과 자신의 주인이 신비한 힘으로 보호를 받은 것을 알고, 위험에 대한 모든 두려움이 사라졌습니다.

아직까지 하나님의 일들을 알지 못하는 청중 여러분, 하나님께서 여러분의 눈을 당장 열어 주신다면, 여러분은 정말로 깜짝 놀랄 것입니다. 지금까지 여러분은 영적인 생명이 무엇인지에 대해 전혀 알지 못하고 알 수도 없으며, 영적인 현실이 무엇인지도 알지 못하기 때문입니다. 여러분이 주님께 소생함을 받기 전에는 그런 사실들을 조금도 바르게 알 수 없습니다. 여러분이 영적인 주제들에 대해 이야기하고 토론하며 자신을 신학자로 생각할 수도 있습니다. 그러나 여러분은 음악을 비평하는 귀머거리와 닮았고 그림을 설명하는 맹인과 닮았습니다. 여러분이 그리스도 예수 안에서 새롭게 지음을 받고 영적인 것들과 천상적인 것들 범위 안으로 들어오기 전에는 그 문제에 관해 의견을 낼 자격조차 없습니다. "사람이 거듭나지 아니하면 하나님의 나라를 볼 수 없느니라"(요 3:3). 그러므로 빛을 받은 사람들은 모두 아직까지 빛 가운데 행하고 있지 않은 사람들을 위해 이렇게 기도합시다. "여호와여 그의 눈을 열어서 보게 하옵소서!"

우리는 신속한 응답을 기대할 수 있습니다. 하나님은 참으로 기도를 들으십니다. 이 예배당에 앉아 있는 많은 사람들이 불시에 보이지 않는 성령님의 신비한 손길에 접촉하여 갑작스럽게 새로운 세계를 경험하게 되지 않는다고 누가 말할 수 있겠습니까? 이 젊은이를 위한 엘리사의 기도나 다른 사람들을 위한 우리의 기도는 그들이 할 수 있는 어떤 일을 하게 해달라고 하는 것이나 그들에게 이미 있는 어떤 기능을 사용할 수 있게 해달라는 것이 아닙니다. 그보다는 전적으로 그들 자신을 초월하는 능력에 의해 새로운 시각을 그들에게 주시고, 새로운 본성을 그들 속에 지어주시기를 구하는 것입니다. 우리는 하나님의 손을 불러들이는 것입니다. 하나님께 놀라운 일을 행하시라고 구하는 것입니다.

사랑하는 친구 여러분, 우리는 여러분이 어떤 교육도 줄 수 없는 것을, 곧 어떤 대학교의 졸업장도 여러분에게 수여하지 못하는 것을 받게 하고 싶습니다. 우리는 여러분이 오랜 세월의 어떤 경험이나 연구로도 성취하지 못하는 것을 얻기를 바랍니다. 우리는 여러분이 다른 사람들의 어떤 모조품도 여러분에게 가져다주지 못하는 것을 소유하기를 원합니다. 여러분이 오직 주님께서 친히 여러분 속에 일으키실 수 있는 변화를 경험하기를 바랍니다. 우리는 여러분이 본성의 어둠 속에서 하나님의 기이한 빛으로 들어가고, 완전히 눈먼 상태에서 달리는 볼 수 없는 것을 명백히 보는 상태로 들어가게 하고 싶습니다. 천국의 뜰에서 친구들인 여러분, 하나님 앞에 이 기도를 드리시기 바랍니다! 자녀들을 위해서, 친척들을 위해서, 친구들을 위해서 이 기도를 드리십시오. "주님, 저들이 성령님의 은혜로운 사역으로 말미암아 보게 하소서!" 하고 외치십시오.

2. 둘째로, 우리가 주변 사람들을 위해 그런 기도를 드려야 하는 이유를 살펴봅시다.

이 점에 대해서는 내가 설교하는 것보다 훨씬 더 많이 기도하고 있다고 진심으로 말할 수 있습니다. 내가 지금 여러분 앞에 서 있는 동안 나는 또한 내 주 하나님 앞에 낮게 허리를 굽히고 있으며, 또 내가 속으로 사모하며 마음으로 무겁게 생각하는 여러분을 담아두고 있습니다. 나는 속으로 "여호와여 그의 눈을 열어서 보게 하옵소서" 하고 기도하고 있습니다.

우리가 기도해야 할 첫 번째 이유는 우리가 보도록 지어졌기 때문입니다. 이 은혜의 기적이 우리 속에 일어나지 않았다면 우리는 여러분을 위해 기도할 것을 전혀 생각하지 않았을 것입니다. 그러나 이제 우리는 온 마음을 다해 이 기도를 드립니다. 한때 우리도 지금의 여러분과 같았습니다. 우리는 눈이 멀어서 지극히 두려운 우리의 적들을 보지 못하였고 우리를 두르고 있는 하나님의 영광도 보지 못하였습니다. 눈먼 삼손처럼, 우리도 적들에 에워싸인, 사람을 지치게 만드는 세상의 단조로운 일들을 겪었습니다. 마침내 희미한 빛이 마치 번개의 섬광처럼 우리에게 떨어지면서 우리의 죄를 드러내 보였습니다. 이같이 빛을 받은 후에 우리는 아주 고통스러운 싸움을 겪었습니다. 밖으로는 많은 싸움이 있었고 속에는 두려움이 있었습니다. 적들은 우리를 둘러싸고 있었고 우리는 어찌해야 할 바를 몰랐습니다. 그런데 하나님의 어떤 사람이 우리를 위해 기도하였고, 어느 날 우리가 공포에 사로잡힌 자들을 향한 모든 도움이 오는 산을 바라보게 되었습니다. 우리는 알지 못하였지만 하나님께서는 거기에 계셨습니다. 머지않아 하나님을 바라보고 깨닫게 되었고 우리 얼굴이 부끄럽지 않았습니다. 하나님 주변으로 그 산이 온통 불 말과 불 병거로 가득하였기 때문입니다. "어두운 데에 빛이 비치라 말씀하셨던 그 하나님께서 예수 그리스도의 얼굴에 있는 하나님의 영광을 아는 빛을 우리 마음에 비추셨느니라"(고후 4:6).

> "주여, 내가 눈이 멀어서 볼 수 없었나이다.
> 주의 상하신 얼굴에 나타난 은혜를,
> 그러나 이제는 주의 얼굴의 아름다움이
> 찬란한 모습으로 점점 더 밝게 보이나이다."

그런 천상의 시각이 아니고서는 그 어떤 것이 우리 죄인의 모든 두려움을 떨쳐버릴 수 있게 하였겠습니까? 그 어떤 것이 소동 가운데 있는 우리에게 평안을 줄 수 있었겠습니까? 우리는 그 일이 어떻게 일어났는지 잘 알지 못하였고, 그 변화가 우리 모든 사람에게 똑같은 방식으로 온 것도 아닙니다. 그러나 우리 모두는 이렇게 말할 수 있습니다. "한 가지 아는 것은 내가 맹인으로 있다가 지금 보는 그것이니이다"(요 9:25). 다른 사람들의 기도가 우리에게 효력이 있었기 때문에 우리는 배나 열심으로 그리고 소망을 가지고 여전히 영광스러운 계시를 놓치고 있는 사람들을 위해 계속해서 기도해야 합니다. "여호와여 그의 눈을 열어서 보게 하옵소서!"

우리는 이 두 번째 이유로, 즉 오직 주님의 능력으로만 사람들이 볼 수 있기 때문에 하나님께 기도하는 것입니다. 우리는 이 사실을 개인적으로 경험하였습니다. 우리는 하나님의 구원을 보려고 애썼지만 헛수고였습니다. 경건한 사람들에게 도움을 얻으려고 힘썼지만 소용이 없었습니다. 주님께서 부드럽게 흐르는 물에 우리 눈을 친히 씻으시기 전까지는 우리 영혼이 전혀 시력을 얻지 못하였고 우리 지각의 눈이 빛을 보지 못하였습니다. 주께서 친히 우리 눈을 씻으신 후에야 우리가 와서 보았습니다. 그리고 또한 이 사실을 우리는 다른 사람들을 빛으로 인도하려고 할 때에 발견합니다. 우리는 그들에게 우리가 직접 보는 영광에 대해 이야기하고 하나님의 진리를 그들 앞에 설명합니다. 그러나 우리는 그들을 보게 하지 못합니다. 영적 시력을 주는 것은 세상을 창조하는 것만큼이나 큰 기사이며, 그와 같은 전능한 명령이 필요한 일입니다. 눈을 지으신 분만이 제2의 시력을 주실 수 있습니다. "창세 이후로 맹인으로 난 자의 눈을 뜨게 하였다 함을 듣지 못하였으니"(9:32). 그렇다면 마음의 시력을 주려고 하는 더 큰 일을 시도하는 것은 참으로 어리석은 일이 아닐 수 없습니다! 하나님의 대권을 침해하려고 하고, 인간의 규례와 의식이 맹인의 눈을 뜨게 할 수 있다고 생각하는 사람들의 자랑은 참으로 헛되고 헛된 것입니다! 사랑하는 여러분, 우리가 사람들에게 복음의 영광을 보게 하려고 최선의 노력을 다한 후에는 언제나 복음의 하나님을 의지하고, 하나님께서 친히 복되신 사역을 행하시도록 간구하도록 합시다.

> "주께서 두껍디두꺼운 악의 막을 뚫고 오시네,
> 지식의 광선을 제거하고
> 맹인들의 눈동자에
> 하늘의 일광(日光)을 비추시려고."

여러분은 수지 양초를 들어 올려서 불 병거를 밝히려고 하지 말고, 마치 영혼의 어둠을 깨끗이 제거할 수 있을 것처럼 헛된 철학을 늘어놓지 마십시오. 하나님께서 일하실 여지를 남겨두십시오. 하나님 백성들의 기도에 대한 응답으로 하나님께서 손을 대시면 순식간에 놀라운 일이 이루어질 것입니다.

우리는 사람들이 진리에 대해서 묻는 것을 볼 때 아주 끈질기게 기도합니다. 사람들이 "어찌할꼬?" 하고 외치는 소리를 들으면 우리는 무릎을 꿇고 기도하게 됩니다. 왜냐하면 필요한 것은 어떤 일을 행해야 하는 것이 아니라 어떤 것을 보아야 한다는 것을 알기 때문입니다. 그래서 우리는 구도자들의 마음에 욕구를 일깨우신 하나님께서 틀림없이 하나님의 영광을 보도록 그들의 눈도 여실 것이라고 확신하게 됩니다. 우리가 그들을 위해 기도할 마음이 생긴다는 사실 자체가 이미 머지않아 그들의 눈에서 비늘이 떨어질 것임을 보여주는 표지입니다. 그리고 하나님께서 자기를 신뢰하는 자들을 위해 마련하신 것의 광채와 능력을 그들이 봄으로써 하나님의 이름이 크게 높임을 받을 것임을 보여주는 표지이기도 합니다. 그러므로 아주 큰 기대를 갖고서 우리는 다시 한번 이렇게 기도합니다. "여호와여 그들의 눈을 열어서 보게 하옵소서!"

이 기도를 해야 할 또 한 가지 이유는 자신이 눈이 멀었다는 사실을 여러분이 알지 못한다는 것입니다. 여러분은 자신이 볼 필요가 있는 것은 다 아주 잘 볼 수 있다고 스스로를 신뢰하고 있습니다. 내가 지금 생각하고 있는 그 젊은이는 자신이 영원한 사실들에 대해 눈이 아주 멀었다는 것을 전혀 알지 못합니다. 그는 자신이 예민하고 영리한 사람이라고 생각합니다. 나는 그 청년이 자기 분야에서 그렇게 예민하고 영리하다는 것을 부인하지 않습니다. 나는 그가 이생에 대해 그처럼 민첩한 능력을 지니고 있다는 것이 기쁩니다. 하나님께서 그에게 복을 주시기를 바랍니다. 그가 사업에 성공하고, 이제 막 시작하고 있는 일도 성공하기를 바랍니다! 선하신 주님께서 그가 마음 쓰고 있는 문제에서 그와 함께 하시기를 바랍니다! 그러나 친구 여러분, 나는 오히려 여러분의 영리함이 걱정이 됩니다. 나는 여러분의 예민함을 볼 때 다소 겁이 납니다. 나는 영리한 사람들이 스스로 넘어지고, 자기를 믿는 사람들이 비참하게 실패하고 만 것을 보았기 때문입니다. 확신에 대해서 적당히 이야기하는 것은 괜찮습니다. 그러나 자축하는 것은 마음이 허약하다는 증거이며 마음의 붕괴를 보여주는 전조가 됩니다. 여러분이 육신의 팔을 의지하고 있다면, 기껏해야 여러분은 부러진 갈대를 의지하고 있는 것입니다. 여러분은 인생의 도덕적이고 영적인 싸움을 싸우기 위해서는 여러분 자신의 힘을 뛰어넘는 힘이 필요합니다. 이 경우에 여러분의 자기 신뢰는 근거 없는 자부심일 뿐입니다.

여러분은 우리가 이 열왕기에서 읽은 사람이 생각납니까? 그는 자신이 머지않아 할 일을 미리 들었을 때 놀라서 "당신의 개 같은 종이 무엇이기에 이런 큰일을 행하오리이까"(왕하 8:13) 하고 외쳤던 것을 기억합니까? 하사엘은 자신이 그러한 악을 행할 수 있으리라고 생각하지 못하였습니다. 그러나 그는 기회가 생기자마자 그 악을 행하는데 완전히 몰두하였습니다. 그는 개라고 불릴 수 있을 만큼 아주 잔인했습니다. 이는 그가 개라고 불릴 만큼 자신에 대해 아양을 부렸기 때문입니다.

젊은이여, 그대는 자신은 언제나 부정직할 것이라고 생각하지 않습니다. 그렇지만 여러분에게 있는 사소한 도박적인 생각 때문에 결국은 그렇게 되고 말 것입니다. 여러분은 자신이 언제까지나 믿음이 없이 지낼 것이라고 생각하지 않습니다. 그러나 지금 여러분은 어떤 친구들 가운데서 지내는 동안 여러분 가정의 오래된 훌륭한 태도를 떠나고 있고 신성한 일들을 조롱하고 있는 것입니다. 자신을 신뢰하는 사람들은 죄의 큰 불을 지피기 위해 연료를 저장하고 있는 것입니다. 사람을 우쭐하게 만드는 자만심은 머지않아 사람을 내던질 것입니다. 이 훌륭한 젊은이는 자신이 눈이 아주 멀었다는 것을 알지 못합니다. 그래서 우리는 그의 눈먼 상태를 슬프게 생각하여 그가 시력을 얻을 수 있도록 그를 예수님께 데려오는 일에 그만큼 더 열심을 냅니다. "여호와여 그의 눈을 열어서 보게 하옵소서!"

다음으로, 우리가 이 기도를 드리는 것은, 여러분이 여러분을 그릇 인도할 사람들에 둘러싸여 있다는 점을 염려해야 하기 때문입니다. 우리는 이 젊은이를 잘 압니다. 그는 착실하고 규율 있는 시골 가정을 떠나 이제 막 런던에 왔습니다. 그는 남자나 여자나 마찬가지로 새 사냥꾼인 사람들이 그 앞에 쳐놓을 덫에 대해서 아무것도 모릅니다. 경험이 전무하고 판단력도 별로 없는 여러분, 이 경고의 목소리를 들으시기 바랍니다! 사탄은, 배나 부지런히 그 귀한 생명을 찾아 헤매는 간교한 종들을 그 젊은이 주위에 두고 있습니다. 우리 주 예수님 곁에 있는 종들은 걸핏하면 꾸벅꾸벅 졸기 일쑤입니다. 그러나 마귀의 종들은 그들의 무시무시한 일에 게으르지 않습니다. 여러분은, 밖에서는 이 마귀의 종들이 거리에서 숨어서 여러분을 기다리며, 안에서는 쾌락의 소굴들에서 여러분 주변에 밀려드는 것을 발견할 것입니다. 이들은 도처에 있고, 부주의한 자들을 걸려 넘어지게 하기 위해 돌마다 모두 뒤집어 놓습니다. 이 눈먼 젊은이가 이 흡혈귀들 가운데 떨어지면 어떻게 되겠습니까? 흡혈귀들은 할 수만 있다면 그를 먹어치울 것입니다. 이 젊은이가 그 흡혈귀들의 손에 넘겨진다면 어떻게 되겠습니까? 그것은 양 한 마리가 이리 떼들 가운데 남겨지는 것과 같을 것입니다. "여호와여 그의 눈을 열어서 보게 하옵소서!"

우리가 여러분 가운데 어떤 이들을 위해 이 기도를 드리는 것은, 그들이 지금까지 자신들을 위험에서 지켜주었던 사람들을 떠나고 있기 때문입니다. 그리고 이 사실은 그들에게 위험한 변화입니다. 아, 여러분의 어머니를 생각해 보십시오.

경건한 어머니가 젊은이에게 얼마나 큰 복인지 이루 다 말할 수가 없습니다. 여러분의 어머니는 여러분과 헤어질 때 마음에 큰 근심을 안게 됩니다. 여러분은 어머니의 다정한 말을 잊을 수 있겠습니까? 우리의 아버지들은 정말 좋은 분들입니다. 하나님께서 아버지들에게 복을 주시기를 바랍니다! 아버지의 경건한 영향력과 진실한 기도는 자녀들에게 말로 다할 수 없는 가치가 있습니다. 그러나 어머니들은 자녀들의 도덕적 훈련과 신앙적 성향에 대해서 대개 아버지 두 사람만큼의 가치가 있습니다. 그런데 지금 여러분은 어머니의 거룩한 영향력을 떠나고 있고, 아버지의 삼가도록 하는 훈계를 떠나고 있는 것입니다. 이제 여러분은 바른 길로 여러분을 권고해 줄 사람이 아무도 없을 것입니다. 여러분은 누이의 다정한 인사 없이, 할머니의 애정 어린 설득을 듣지 못한 채 지낼 것입니다. 여러분은 온실에서 나와 밤의 서리 가운데로 들어가고 있는 것입니다. 그러므로 우리가 여러분이 눈을 크게 뜨고서 여러분의 길을 보고 껑충 뛰기 전에 앞을 보도록 여러분을 위해 기도하는 것은 당연한 일입니다. 이 젊은이는 이제 혼자 걸어가야 합니다. "여호와여 그의 눈을 열어서 보게 하옵소서!" 그가 껑충 뛰기 전에 앞을 보지 않는다면 그는 곧 개천에 빠질 것입니다. 그러면 누가 그를 거기에서 끌어낼 것입니까?

또 한편, 우리가 더욱 즐거운 마음으로 이 기도를 드리는 것은 여러분이 눈이 열리면 아주 많은 선을 행할 것이기 때문입니다. 이처럼 험한 세상 한가운데 눈먼 사람이 떨어지게 되면, 그가 무엇을 할 수 있습니까? 그는 다른 여행자들을 도울 수 없습니다. 그 자신이 도움을 구해야 하기 때문입니다. 여러분은 받기보다는 주고 싶어 하지 않습니까? 이 자리에는 큰 능력이 있는 사람들이 있습니다. 나는 그분들이 그 능력을 바르게 사용하기를 바랍니다. 나는 지금 내 설교를 듣고 있는 젊은이들 가운데 틀림없이 하나님께서 자기 시대를 위하여 크게 봉사하도록 임명하신 사람들이 있다고 생각합니다. 저기 있는 청년은 아직까지 자기 속에 무엇이 있는지 모릅니다. 그는 자신을 하찮게 취급하고 있고, 웃음거리로 만들고 있습니다. 그는 자신의 진주를 돼지 앞에 던지고 있고, 힘을 헛된 데 쓰고 있습니다. 주님께서 그의 눈을 열어주시면 그는 자기가 지금 무슨 일을 하고 있는지 알게 될 것입니다. 그가 하나님과 바른 관계에 있기만 한다면 참으로 놀라운 사람이 될 것입니다! 다소의 사울을 생각해 보십시오. 그가 그리스도의 교회를 얼마나 괴롭혔습니까? 그러나 그의 눈에서 비늘이 떨어지자, 한때 사나운 박해자였던 그가 주님께 하늘 아래 더할 수 없이 좋은 종이 되었습니다. 한때 그가 무너뜨리려고 애썼던 교회를 두 손을 부지런히 놀려 세웠습니다. "이미 있던 것이 후에 다시 있겠고"(전 1:9). 그러므로 형제 여러분, 우리의 젊은이들을 위해 기도하십시오. 죄를 지은 그들이 회복될 수 있도록, 아직까지 무지한 채로 있는 그들이 깨달을 수 있도록 기도하십시오. 하나님의 대의가 이들을 필요로 하고, 이들에게서 교회의 전사들이 나올 것이기 때문입니다! 한 젊은 인생에게서 신자들이 얼마나 풍성한 위로를 얻을 수 있을지 우리는 거의 알지 못합니다. 확실히 우리는 기도에 기도를 더해야 하고, 우리 시대의 일어서는 젊은이들을 위하여 우리의 도고가 큰 표지등처럼 타오르도록 해야 합니다.

이 경우의 다른 면에서 나오는 또 한 가지 이유가 있습니다. 우리가 이 눈먼 사람을 위하여 기도해야 하는 것은 그가 빨리 보게 되지 않으면 무섭게 죄를 지을 수 있기 때문입니다. 무지에 의해, 열정이나 야망 혹은 다른 어떤 형태의 죄에 의해 눈이 멀게 된 사람이 해악을 끼치는데 얼마나 무서운 능력을 발휘하는지 모릅니다! 한 영혼 속에 악을 행할 수 있는 역량이 얼마나 크게 들어있는지 누가 다 알겠습니까? 한때 빛나는 영이었던 사탄이 처음에 하늘의 하나님께 반역을 일으킬 생각을 품었을 때, 아마도 그것은 반역적인 생각이 섬광처럼 아주 한순간 번쩍였을 것입니다. 그러나 오래지 않아 그는 자기의 창조주를 교만하게 대적하였고, 이 용은 끝없는 악이 영원히 지속되는 밤에 하늘의 별들을 끄기 위해 꼬리로 별들의 삼분의 일을 끌어내렸습니다. 다음에 그가 이 땅에 와서 낙원을 오염시켰고, 우리의 첫 부모를 속여 그들을 복된 순결한 상태에서 타락시켰으며, 그로 인해 우리의 첫 부모는 입술까지 죄로 흠뻑 젖은 불행한 인류의 조상이 되었습니다. 처음 한 번 품은 이 악한 생각, 그 악한 생각에 이루 셀 수 없이 많은 악들이 얼마나 가득 차 있었는지 모릅니다! 바로 우리 자신들 가운데서도 그와 같은 일을 봅니다.

어머니의 자랑인 아이, 어머니가 장래에 가족의 명예가 될 것으로 보는 아이가 한동안은 사랑으로 기대할 수 있는 모든 것이 될 것처럼 보입니다. 그런데 그 사내아이가 이 대도시에 차고 넘치는 유혹자들 가운데 한 사람의 손에 떨어져 불신앙으로 빠집니다. 그는 자기 어머니의 경건을 조롱하는 법을 배우고, 이내 자기 아버지의 하나님의 무리들과 인연을 끊습니다. 그는 하나님의 거룩한 날의 신성함을 잊어버리고 기도하는 집을 떠납니다. 그 다음에 그는 매춘부의 집으로 가는 길과 독주의 궁전으로 가는 길을 배웁니다. 그는 스스로 다른 사람들을 이끌고 끝없이 깊은 구렁으로 내려가기에 이르기까지 죄에 죄를 연이어 짓습니다. 한때 어머니 무릎에서 무릎을 꿇고 어린아이의 기도를 드리고 나서 일어서서 예수님과 그의 사랑을 노래하던 그 소년은 무슨 일이 있어도 살면서 예수님을 명예롭게 할 아이로 사람들은 생각하였습니다. 그 사내아이가 한밤중이 지나서 욕설을 내뱉으며 비틀거리며 집으로 갑니다! 그는 이제 몸과 영혼이 더럽습니다. 그래서 그를 가장 사랑하는 사람들은 그의 모습을 보면 슬프기 짝이 없습니다. 사랑하는 친구 여러분, 우리가 자녀들이 혹은 친구들이 이같이 마구 떠들어 대고 아주 방탕한 생활에 떨어지는 것을 보지 않으려면, 즉시 그들을 위하여 고민하며 하나님께 간구하도록 합시다. 당장 빛이 그들 영혼 속으로 흘러 들어갔으면 좋겠습니다! 여호와여, 그들의 눈을 열어서 보게 하옵소서! 주님, 그들이 큰물이 쏟아져 들어오는 것과 같은 죄의 초기 단계에서 뒤로 물러나게 하여 주옵소서! 구주님이시여, 그들 속에서 악의 불꽃이 커져 불이 되고 사납게 날뛰어 큰 불이 되기 전에 그 불꽃을 꺼트려 주소서!

3. 나는 끝으로 우리가 위하여 이 기도를 드리는 사람들에 대한 우리의 소망이 무엇인지 언급하고 마치도록 하겠습니다.

나는 그동안 내내 "여호와여, 그의 눈을 열어서 보게 하옵소서!" 하고 기도해 왔습니다. 이 기도와 관련해서 우리의 소망은 무엇입니까? 하늘의 안약을 바른다면, 그들은 무엇을 보겠습니까?

엘리사는 자기 기도에 대한 응답이 정확히 기도한 대로 이루어질 것이라고 생각한 것이 분명합니다. "여호와께서 그 청년의 눈을 여시매 그가 보니 불말과 불병거가 산에 가득하여 엘리사를 둘렀더라." 우리는 사람들의 눈이 열려서 그들이 첫째로, 영적인 세력들이 실제로 존재한다는 것을 알기를 바랍니다. 우리가 보는 것들만이 실제로 존재하는 것들이 아니며 가장 현실적인 것도 아닙니다. 눈에 보이는 것들은 일시적인 것입니다. 그것들은 사실 보이지 않는 것들의 그림자에 불과합니다. 본질적인 사실들은 이 보잘것없는 눈으로는 보지 못합니다. 이 실체는 우리의 참된 자아만이 인식할 수 있습니다. 보이는 것은 모두가 단지 그림자일 뿐입니다. 사물의 진정한 형상은 보이지 않습니다. 믿음은 모든 영들 가운데 가장 영광스러운 존재, 곧 우리가 그 안에서 살고 움직이며 존재하는 위대하신 하나님이 계심을 믿으라고 가르칩니다. 믿음은 항상 경배할 만한 거룩한 분, 곧 이 시간 그의 교회와 함께 계시고 또 세상 끝 날까지 함께 거하실 주 예수 그리스도께서 계심을 우리 마음에 계시합니다. 믿음은 또한 우리에게 성령, 곧 신자들과 함께 계시고 신자들 안에 거하시며 그들을 거룩하게 하는 가운데 하나님의 영원한 목적을 이루시는 분의 존재와 능력과 임재를 알게 합니다. 삼위일체 하나님, 곧 성부, 성자, 성령으로 계시는 한 분 여호와를 아는 것만큼 장엄한 지식은 없습니다. 우리가 주 하나님께서 만물의 원천이시고, 우리가 스스로를 만든 것이 아니라 하나님께서 우리를 지으셨으며, 만물이 하나님의 주권적인 뜻과 능력으로 말미암아 존재하게 되었다는 것을 알게 될 때, 우리는 하나님의 임재를 인지하고 하나님의 뜻을 구하며 그의 능력을 의지하게 됩니다. 하나님께서 우리의 생각과 이해에서 실재하시는 분이 됩니다. 우리가 볼 수 없는 분이 그럴지라도 존재하는 모든 것을 지탱하시므로, 보이지 않는 것이 만물의 기초가 되는 것을 느낍니다. 나는 보이는 것들에 대한 이 케케묵은 생각들, 곧 공간과 시간, 보는 것과 만지는 것에 대한 이 좁은 시각에서 사람들의 마음을 끌어낼 수 있으면 좋겠습니다! 사람들이 지극히 적은 범위에 갇혀 있는, 둔한 능력으로는 인식할 수 없는, 무한한 것과 영원한 것, 참된 것, 거룩한 것을 아는 영역으로 올라갈 수 있으면 좋겠습니다! 하나님의 형상으로 지어진 사람의 마음이 하나님과 지내는 것이 편한 것을 발견할 수 있으면 좋겠습니다! 사람은 살아 있고 썩지 아니할 씨, 곧 살아 있고 항상 있는 하나님의 말씀으로 거듭남으로 하나님의 자녀가 될 수 있습니다.

정말로, 눈이 열리면 우리는 하나님께서 이 세상보다 크시며, 온 세상보다 크시다는 것을 깨닫기 시작할 것입니다. 그 다음에는, 그리스도 예수 안에 있는 하나님의 자비로운 길에 관한 중요한 진리들이 영혼을 고귀하게 한다는 것을 알기 시작할 것입니다. 그러면 우리는 이리저리 날아다니며 지존하신 하나님의 명령을 이행하는 하나님의 빛나는 사자들의 동료가 될 것입니다. 그리스도인이라면 아무도 귀신들이 있다는 것을 결코 의심하지 않을 것이라고 생각합니다. 어떤 때 우리는 몹시 두려운 존재를 의식하였습니다. 우리는 괴로운 갈등 가운데 있을 때 그 존재와 함께 있었습니다. 그 두려운 싸움에서 귀신들의 존재는 우리에게 고통을 주었습니다. 우리의 갑주는 두들겨 맞았고 우리의 위로는 심하게 손상되었으며 우리의 용기도 완전히 꺾였습니다. 우리는 거기에서 간신히 구원을 받았습니다. 우리는 어쨌든 견디는 법을 거의 알지 못하였고, 이상한 시험들과 거의 악마적인 제안들에 둘러싸여 몹시 고통스러웠습니다. 그때 주께서 꾸짖으시자 이 큰 원수가 갑자기 도망쳤고 천사들이 와서 우리에게 새로운 기쁨과 생명나무에서 가져온 신선한 열매들을 제공하였습니다. 그때 우리는 하나님의 보이지 않는 사자들과의 교제를 누렸습니다. 그 사자들이 우리의 상처를 싸맸고, 길에서 우리를 데려가며 평안을 속삭였습니다. 겟세마네에서 한 천사가 와서 주님의 힘을 북돋우지 않았습니까? 우리도 나름대로 그와 비슷한 천사의 방문을 받지 않았습니까? 우리의 시중을 들고 있는 하나님의 군대를 보고, 마지막 날에 이 빛나는 존재들의 찬란한 호위대가 와서 우리를 맞이할 것을 아는 것은 중요한 일입니다. 눈이 열려서 주님의 선하심과 자비가 우리 사는 날 동안 내내 우리를 따르며, 우리 자신이 이 땅에서부터 하나님의 집에 영원히 거하는 것을 아는 것은 큰 유익입니다. 눈을 떠서 영적인 사실들을 보십시오. 그러면 즉시 여러분은 용기를 얻을 것입니다. 여러분이 보이는 것들만을 아는 동안에는 현재가 괴롭습니다. 그러나 여러분이 보이지 않는 것들을 볼 때 황무지가 장미꽃처럼 피어납니다. 이 좁은 영역을 넘어서서 무한한 것들을 보고, 도처에 여러분 주위에서 일어나는 기쁨의 원천들을 보십시오. 그런 부요들 가운데 있으면 가난을 잊게 됩니다. 심지어 고통과 질병조차도 그 찌르는 가시를 잃어버렸습니다.

다음으로, 엘리사의 젊은 종자(從者)는 눈이 열리자 하나님의 백성들이 안전하다는 사실을 보았습니다. 그는 어쨌든 엘리사에게는 그를 대적할 수 있는 무리들보다 더 큰 세력이 있다는 것을 알아차렸고, 그래서 그 자신도 하나님의 종의 종인 만큼 안전하다는 것을 느꼈습니다. 이렇게 해서 그는 자기 주인의 하나님을 믿었고, 두려움에서 피할 은신처를 발견하였습니다. 침략자들은 혈과 육이었지만 방어자들은 불에 속하였고, 그래서 적들을 당장에 불살라버릴 수 있었습니다. 그는 눈을 떠서 보았고, 그래서 하나님의 불말과 불병거가 모든 악의 세력을 이기고도 남는다는 사실을 알고 아주 기뻐하였습니다. 나는 여기 있는 모든 그리스도인들의 눈이 활짝 열려서 진리와 의 편에 있는 군대들과 하나님이 결국은 악의 군대보다 강하다는 사실을 결코 의심하지 않기를 바랍니다. 여러분이 여러분의 신앙을 조롱하고 여러분이 소중히 여기는 모든 것을 멸시하는 사람들 가운데서 살 수 있고, 그래서 정말로 이 의심의 날에는 여러분이 어디를 둘러보아도 모든 사람이 여러분을 대적하는 것처럼 보입니다. 나는 여러분이 다윗처럼 이렇게 부르짖는 소리가 들리는 것 같습니다. "내 영혼이 사자들 가운데에서 살며 내가 불사르는 자들 중에 누웠으니 곧 사람의 아들들 중에라 그들의 이는 창과 화살이요 그들의 혀는 날카로운 칼 같도다"(시 57:4).

동무 여러분, 용기를 내십시오. 하나님께서 여러분 가까이 계십니다! 하나님의 천사들이 여러분을 지켜보고 있고 보호하고 있습니다! 우리는 혼자가 아닙니다. 아버지 하나님께서 우리와 함께 계시기 때문입니다. 우리의 눈이 활짝 열려서 우리와 함께 한 자가 우리를 대적하는 자들보다 많다는 것을 알 수 있으면 좋겠습니다! 정말로 "만일 하나님이 우리를 위하시면 누가 우리를 대적하리요"(롬 8:31). 우리는 두려움을 모르는 사람이 됩시다. 거룩한 확신을 가지고서 우리는 "견실하며 흔들리지 말고 항상 주의 일에 더욱 힘쓰는 자들이"(고전 15:58) 됩시다. 이 최종적인 문제에 관해서는 결코 의심하지 않도록 하십시오. 하나님께서 친히 여러분의 방패이시고 여러분의 지극히 큰 상급이십니까? 그렇다면 사람이 여러분에게 무엇을 할 수 있겠습니까? 어쩌면 한 달이 못 되어서, 지금 내 말을 듣는 분들 가운데 어떤 이들은 아주 혹독한 전투를 치르는 가운데 완전히 절망하여 거의 무기를 내던지다시피 하며 "나는 이렇게 약하니, 저렇게 많은 수를 어떻게 당할 수 있겠나?" 하고 말하게 될 수도 있습니다. 여러분에게 이 경고를 잊지 말라고 권합니다. 이 경고에 대해 내가 이미 여러분에게 말하지 않았습니까? 나는 여러분에게 장부답게 행동하라고 권하고 싶습니다. 마음의 허리띠를 동이십시오. 침착하고 끝까지 소망을 품으십시오. 하나님께서 여러분의 눈을 열어 주시면 여러분이 이기는 편에 있으며, 적들의 얼굴을 치실 하나님께서 곧 오시리라는 것을 알게 될 것이기 때문입니다. 여러분이 하나님 편에 있고 하나님의 진리에 속해 있다면, 여러분이 옳은 일을 행한다면, 주 예수님을 믿는다면, 여러분이 못에 찔린 그 손에 자신을 맡긴다면, 천지는 사라질지라도 주님께서는 결코 여러분을 버리시지 않을 것입니다. 하늘이 양피지처럼 둘둘 말리고, 보이는 모든 것이 녹아 없어질 수 있습니다. 땅과 바다가 환상 속의 기초 없는 건물처럼 사라질 수 있습니다. 그러나 믿는 영혼은 반드시 살아 승리하고 그리스도와 함께 보좌에 오를 것입니다. 이는 주님께서 "내가 살아 있고 너희도 살아 있겠음이라"(요 14:19)고 말씀하셨기 때문입니다. 여러분의 성실함을 굳게 붙드십시오. 끝까지 하나님의 진리를 믿으십시오. 주 예수께서는 그의 모든 원수들을 발아래 둘 때까지 결코 실패하지 않을 것이고 낙심하시지도 않을 것이기 때문입니다.

눈이 열리면 여러분은 주님께서 그의 성도들을 명예롭게 하신다는 것을 알게 될 것입니다. 보십시오! 주님께서는 성도 한 사람을 호위하기 위해 자신의 기병 대대를 급파하십니다. 여러분은 그러한 영광을 얻고 싶지 않습니까? 여기서 이 하나님의 사람에게 있는 평안의 비결을 보십시오. 그에게는 사람들이 알지 못하는 먹을 양식이 있듯이 사람들이 볼 수 없는 군대가 있습니다. 그는 진 한 가운데서 왕처럼 살고, 안심하고 잠을 잡니다. 믿음이 평온한 선지자와 무서워하는 그의 종자 사이에 차이를 낳습니다. 여러분이 주 예수 그리스도를 믿고 그의 평안을 경험하였으면 좋겠습니다! 오늘이 여러분의 눈이 열려 영적인 사실들을 보고, 영적 생활을 시작하는 경축일이 되기를 바랍니다! 나는 그동안 이 일을 위해 기도하였습니다. 이 일을 위해 우리 모두 잠시 속으로 기도합시다.

(이후에 잠깐 동안 침묵의 시간이 있었고, 그리고 나서 설교자가 다음과 같이 기도하였다). "주여, 구하옵나니 이 젊은이의 눈을 열어 보게 하여 주옵소서. 주님, 우리 가운데 눈먼 모든 사람들의 눈을 열어 주옵소서. 예수님의 이름으로 기도합니다! 아멘."

제
10
장
—

이것을 발견한 자가 누구냐?

—

"성문 어귀에 나병환자 네 사람이 있더니 그 친구에게 서로 말
하되 우리가 어찌하여 여기 앉아서 죽기를 기다리랴 만일 우리
가 성읍으로 가자고 말한다면 성읍에는 굶주림이 있으니 우리
가 거기서 죽을 것이요 만일 우리가 여기서 머무르면 역시 우
리가 죽을 것이라 그런즉 우리가 가서 아람 군대에게 항복하
자 그들이 우리를 살려 두면 살 것이요 우리를 죽이면 죽을 것
이라 하고 아람 진으로 가려 하여 해 질 무렵에 일어나 아람 진
영 끝에 이르러서 본즉 그 곳에 한 사람도 없으니 이는 주께서
아람 군대로 병거 소리와 말 소리와 큰 군대의 소리를 듣게 하
셨으므로 아람 사람이 서로 말하기를 이스라엘 왕이 우리를 치
려 하여 헷 사람의 왕들과 애굽 왕들에게 값을 주고 그들을 우
리에게 오게 하였다 하고 해질 무렵에 일어나서 도망하되 그
장막과 말과 나귀를 버리고 진영을 그대로 두고 목숨을 위하여
도망하였음이라." — 왕하 7:3-7

네 나병환자의 이야기가 이 이스라엘 열왕기서에 삽입되었는데, 이것이 이
상한 일이 아닙니까? 아닙니다. 그것은 성경에서 이상한 일이 아닙니다. 여러분
이 성경에서 가난하고 고통 받는 자들과 관련된 이야기들을 모조리 뺀다면 성
경은 아주 작은 책이 되고 말 것입니다. 특별히 그 이야기들과 함께 슬퍼하는 자

들의 모든 시편과 고통 받는 사람들과 연관된 모든 구절들을 제거한다면 정말로 형편없이 작은 책이 되고 말 것입니다! 정말로 성경책은 대부분이 가난하고 멸시받는 자들의 연대기로 이루어져 있습니다. 형제들과 떨어져서 노예로 팔려가고 애굽에서 감옥에 들어간 사람의 생애가 얼마나 많은 분량을 차지하는지 잠깐만 생각해 보십시오! 갓난아기 때 나일 강에 버려졌다가 후에는 광야에서 40년 동안 양 떼를 친 사람의 저술들이 성경에서 얼마나 큰 부분을 차지하고 있습니까! 우리는 하루아침에 재산과 자녀를 모두 잃어버리고, 온몸에 지독한 부스럼이 난 채로 재 가운데 앉아 있었던 사람의 이야기를 성경에서 뺄 수 없을 것입니다. 우리는 모압 땅에서 빈손으로 함께 온 두 과부의 이야기를 떼어낼 수 없습니다. 두 과부 중 한 사람은 나가서 보아스의 들에서 이삭을 주웠습니다. 마음이 슬픈 여자와, 엘리의 나약한 통치가 이루어지던 어두운 시대에 이스라엘의 소망이었던 그녀의 어린 아들의 역사도 뺄 수 없습니다. 이 거룩한 책은, 양 떼를 돌보던 데서 이끌려 나와 나라의 용사가 되었고 후에는 시기심이 강한 왕에게 산의 자고새처럼 추적을 당한 젊은이의 경험으로 많은 페이지가 장식되어 있습니다. 우리는 슬픔의 선지자의 역사를 내줄 수 없고, 바다에 던져진 도망간 선지자의 이야기도 버릴 수 없으며, 심지어는 사렙다 과부와 그녀의 가루 통에 대한 일이나 남편의 빚 때문에 당장에 채주에게 자녀를 빼앗기게 되었던 선지자 아내에 대한 일과 같은 사소한 이야기들도 포기할 수 없습니다. 나병환자들에 대한 이야기도 그에 뒤지지 않습니다. 우리는 가깝게 붙어 있는 나병환자들에 대한 두 이야기를 알고 있습니다. 그것은 아람 사람 나아만과 본문에 나오는 사마리아 성문 어귀에 있던 나병환자 네 사람에 대한 이야기입니다. 이 나병환자들이 이스라엘을 나온 것은 지혜로운 일이었지만 이스라엘의 하나님을 떠난 것은 아니었습니다.

여기서 우리는 가난하고 궁핍한 자들을 우리의 큰 임금께서 지켜보실 뿐만 아니라 성령께서 그들의 일을 기록하는데도 큰 관심을 보이셨다는 것을 분명히 알 수 있습니다. 가난하고 궁핍한 여러분, 병들고 슬픈 여러분, 한탄하면서 생을 보내는 여러분, 이 설교에 귀를 기울이십시오. 주님께서 여러분의 마음을 위로하시기를 바랍니다! 장래 어느 날, 곧 아직까지는 기록하는 천사만 알고 있는 위대한 역사책들을 모든 사람이 읽는 날에, 여러분의 이야기도 나올 것입니다. 여러분의 이야기가 한나와 요셉의 이야기처럼 기억할 만한 것일 수도 있을 것입니다. 하나님께서 이 영감된 페이지에 기록된 그의 사랑의 행위들로부터 영광을 얻으시는 것만큼 하나님께서 여러분을 위하여 행하신 일로부터도 영광을 얻으실 수 있을 것입니다. 신약 성경도 이런 식으로 전해지고 있다는 사실을 기억하시기 바랍니다. 은혜의 경륜 아래에서 우리 주 예수 그리스도께서는 어부들과 농부들 가운데서 사시며 가난한 자들을 불러 제자를 삼으시는 모습을 보이십니다. "하나님께서 세상의 약한 것들을 택하사 강한 것들을 부끄럽게 하려 하시며 하나님께서 세상의 천한 것들과 멸시 받는 것들과 없는 것들을 택하사 있는 것들을 폐하려 하시나니"(고전 1:27,28). 가난한 자들과 멸시 받는 자들, 슬픈 자들 가운데 있을지라도 여러분의 행위가 하늘에 기록되고 주님의 겸손하심을 찬미하게 되는 것은 가치 있는 일입니다. 이 시간 내가 설교하는 것은 슬픔에 잠긴 사람들이 위로를 받을 수 있다는 소망이 있기 때문입니다. 나병에 걸린 사람들이 오늘 나가서 놀라운 사실을 발견하면 좋겠습니다! 나는 성령께서 이 설교 말씀에 복을 주시어 많은 사람들이 절망 가운데서 일어나 "우리가 어찌하여 여기 앉아서 죽기를 기다리랴?" 하고 말하게 하여 주시기를 기도하며 설교하고자 합니다.

1. 첫째로, 여러분에게 사람들이 전혀 알지 못했던 하나님의 크신 일에 주의하라고 말씀드립니다.

사마리아 성은 얼마 동안 아람 군대에 에워싸여 있었습니다. 굶주림이 백성들을 덮쳤고, 그래서 백성들이 끔찍한 궁핍에 처하게 되었습니다. 사람들은 어머니가 굶주림을 견디다 못해 자신의 갓난아기를 먹어치웠다는 기사를 차마 읽지 못할 것입니다. 하나님께서 자기 종 엘리사를 보내어 백성들에게 다음 날이 되면 사마리아 성내에 음식이 차고 넘칠 것이라고 말하게 하셨지만, 하나님의 이 사자는 공개적으로 조롱을 받았습니다. 이 약속을 주시자마자 하나님은 바로 그 약속을 이루기 시작하셨습니다. 자신의 약속을 충실히 지키는 것이 하나님의 변치 않는 방식입니다. 아무리 큰 약속이라도, 하나님의 약속은 큰 만큼 또한 확실히 이루어지는 것입니다. 그래서 해가 지기 전에 하나님께서는 이스라엘의 적들이 도망하도록 만드셨고, 굶주린 사마리아 사람들을 위하여 식량 창고를 여셨습니다. 인간의 도움이 전혀 없이 여호와께서 자신의 약속을 아주 넉넉하게 성취하셨습니다.

사마리아를 에워싸고 있던 포위가 풀렸습니다. 군인들이 각자 위치에 서서 길을 지키고 있었기 때문에 아무도 성으로 들어가지도 못했고 성에서 나오지도 못했습니다. 그런데 그 군인들이 모두 사라지고 한 사람도 남지 않았습니다. 기병(騎兵)들이 도보로 도망하였고, 말들을 줄지어 밧줄로 묶어둔 채 버려두고 갔습니다. 지휘관들이나 일반 사병들이나 할 것 없이 모두가 겁먹은 양처럼 당황해서 아주 정신없이 도망을 쳤습니다. 성을 위협하던 군대가 하나도 없었습니다. 사마리아 성은 저물녘에 언덕 위에 홀로 한가로이 앉아 있었습니다. 그러나 사마리아 성 안에서 백성들은 자기들이 갇혀 있다고 생각하였고, 밤의 두려움 때문에 성벽에 보초들을 세워두었습니다. 그날 밤 잠자리에 든 사람은 누구나 자신이, 무서운 죽음이 사실상 굶주림으로 해골처럼 바싹 마른 사람들의 모습으로 돌아다니고 있는 이 끔찍한 굴에 여전히 있다고 생각했을 것입니다. 그들이 사실을 알았더라면 광야의 사슴처럼 자유로웠을 것입니다. 그러나 무지 때문에 그들은 끔찍한 두려움에 갇혀 있었습니다.

하나님께서는 또한 이스라엘의 모든 적들을 쳐부수었습니다. 그들은 살기 위해 도망쳤습니다. 그들은 귀에 들린 말과 병거 소리 때문에 달아났습니다. 제일 먼저 요단을 건너서, 자기를 쫓아오고 있는 것으로 생각되는 적들을 요단 시내 건너편에서 볼 수 있는 사람이 제일 행복한 사람이었습니다. 헷 사람들이나 에티오피아 사람들의 도움 없이 이스라엘의 하나님께서 아람의 모든 군대를 바람 앞의 겨처럼 물리치셨습니다. 이제 이스라엘은 요단 이편에 자기를 공격할 적이 한 명도 없었습니다. 그러나 이스라엘 백성은 여호와께서 이미 오른손과 거룩한 팔로 승리를 거두셨다는 사실을 알지 못하였습니다. 그들은 적은 더 이상 단 한 명도 없는데 자신들을 보호하기 위해 보초들을 세웠습니다. 보초들은 성벽을 오르락내리락하며 서로 굶주린 사람들의 쉰 목소리로 이야기하며 있지도 않은 가상의 적으로부터 성벽을 지키고 있었습니다. 사마리아여, 네가 하나님의 선물을 알았더라면 너의 조용한 거리들이 기쁨의 함성소리로 가득 찼을 것이다. 너의 자녀들은 초라한 침상에 웅크리고 있지 않고, 적들이 남긴 풍성한 양식으로 서둘러 잔치를 벌일 때 호롱 등에 불을 붙여 밤을 밝혔을 것이다! 하나님께서 일하시지만 사람은 그 사실을 알지 못합니다. 그러므로 사람은 불행하고, 하나님을 마땅히 해야 할 대로 찬송하지 않습니다.

하나님께서 이스라엘 백성들에게 풍성히 공급하셨습니다. 불쌍한 사마리아 사람들은 굶주린 배를 더 졸라맸고, 사람마다 오랜 시간 잠들어 배고픈 고통을 잊을 수 있기를 바랐습니다. 그런데 돌 던지면 닿을 거리에 그들이 아무리 써도 다 쓸 수 없을 만큼 많은 고운 가루와 보리가 있었습니다. 그들은 양식이 풍성한 가운데서 굶주리고 있었고, 잔치를 벌일 수도 있었을 때 파리하게 지내고 있었습니다. 그들은 하나님을 믿지 않았고, 그래서 구원을 바라지도 않았습니다.

그것이 이상한 일이 아니었습니까? 성이 포위되었다고 했는데 포위된 것이 아니었습니다. 그들은 성이 적들에게 에워싸였다고 생각했는데, 적들은 한 사람도 남지 않았고, 거의 잔치를 벌일 수도 있을 상황에 굶어 죽어가고 있었습니다! 사랑하는 친구 여러분, 보십시오. 불신앙이 무슨 일을 벌일 수 있는지를 말입니다. 그들은 하나님께서 친히 보내신 선지자를 통해 아주 신속하게 풍성한 양식을 공급받을 것이라는 약속을 받았습니다. 그러나 그들은 그 약속을 믿지 않았고, 약속의 성취를 기대하지도 않았습니다. 그들이 망을 보고 있었다면 아람 군대 진영에서 여느 때와 다른 움직임을 보았고, 그 움직임에 이어 완전한 정적이 찾아든 것을 눈치 챘을 수도 있었습니다.

나는 이와 비슷한 슬픈 사실을 알고 있습니다. 주 예수 그리스도께서 이 세상에 오셔서 자기 백성들의 죄를 없애셨습니다. 그런데 그들 가운데 많은 이들이 자기들의 죄는 제거할 수 없다고 불평하고 있습니다. 주 예수 그리스도께서는 자기 백성의 원수들을 모두 패퇴시키셨는데, 그 백성들은 아직도 무수한 악들을 두려워합니다. 그들을 해칠 수 있는 것은 하나도 남지 않았습니다. 그러나 그들은 주께서 통치하신다는 사실을 기억하지 못합니다. 그들은 이것을 두려워하고 또 저것을 두려워합니다. 그러나 무시무시한 한 번의 전투에서 십자가의 용사는 그들의 적을 모조리 패주시키셨습니다. 그들은 더 이상 죄수로 감금되어 있지 않습니다. 주님께서는 그들에게 자유를 가져다주셨습니다. 그러나 그들은 불신앙 때문에 자유를 모릅니다. 하나님의 말씀이 이 모든 사실을 아주 분명하게 계시하였고, 그리스도의 종들이 날마다 그 사실을 선포하였지만, 불신앙 때문에 그들은 여전히 슬퍼하고 있고, 속박과 고통 가운데 낙심하며 절망하고 있습니다. 그들은 믿으려 하지 않기 때문에 행복할 수가 없습니다. 진리마저도 거짓으로 만들고 한낮의 해를 어둡게 만드는 이 불신앙은 참으로 통탄할 만한 것입니다! 불신앙은 우리에게 가장 악한 적입니다.

물에 빠진 사람은 지푸라기라도 붙잡는다는 말이 있습니다. 여러분이라면 굶어 죽어가고 있는 그 사람들이 엘리사의 말을 반갑게 붙잡았을 것이라고 생각하지 않았겠습니까? 나는 그 약속이 너무 커서 믿기 어려웠을 것이라는 점을 인정합니다. 그 약속을 조롱한 장관 한 사람만 그 약속이 이루어질 수 없는 일이라고 생각한 것은 아니었습니다. 그런데 사람들이 지극히 낮은 곳에 처하게 되면, 희망을 걸 수 있는 것은 무엇이든지 붙잡으려는 경향이 있습니다. 그런 것을 생각할 때 여호와의 약속을 거절한 불신앙은 참으로 완고한 것이었습니다! 사마리아의 모든 사람들 가운데서 엘리사의 약속을 듣고 창문에서 성벽 너머를 보거나, 나가서 하나님께서 그의 약속을 이루고 계시는지 어떤지 볼 만한 믿음을 가진 사람이 하나도 없었습니다. 그 일이 엄숙하게 약속되었고, 그것은 너무도 절실하게 필요한 일이었는데도 단 한 영혼도 그 약속을 믿지 않았습니다. 울적한 또 하룻밤이 다가오고 있었습니다. 사마리아는 고통 가운데 처해 있습니다. 그렇지만 사마리아는 자기 성의 주민들이 기뻐서 춤을 출 수도 있다는 것을 알았습니다. 나는 본문에 아주 생생하게 떠오르는 이 장면을 여러분에게 조금이라도 전달했는지 모르겠습니다. 그러나 이것이 내게는 아주 놀라운 광경으로 보입니다. 야윌 대로 야윈 무리들이 굶주림으로 죽어가고 있으며 거리라도 걸어보려고 하면 그 자리에서 죽을 것 같은 상황에 처해 있는데, 양식이 가까이에 손을 뻗으면 닿을 만한 곳에 있었습니다. 이들은 자기들이 죄수처럼 갇혀 있다고 생각했습니다. 그러나 어떤 새도 그들보다 자유롭지 않았습니다. 그들은 자신들이 지독한 적들에게 둘러싸여 있다고 생각했습니다. 그러나 그 땅에서 침략자들이 이처럼 깨끗이 사라진 적은 없었습니다. 그런데 바로 이와 같이 언제나 우리는 하나님의 택하신, 구속받은 자들이 자신이 거절을 당하였다고 생각하고 자기가 멸망할까 두려워하는 것을 봅니다. 나는 그리스도께서 위하여 피를 흘리신 사람들이 여전히 주님의 완성하신 사역을 신뢰하지 못하고 주님의 영광스러운 승리를 기뻐하기를 거부하고 있는 것을 봅니다. 지금도 나는 시들지 않는 생명의 면류관을 받을 사람들, 언약의 모든 복을 물려받을 사람들이 불신앙으로 인한 궁핍 때문에 손을 비틀어 짜며 괴로워하고, 두려워할 것이 아무것도 없는 곳에서 두려움으로 파리해지고 있는 것을 봅니다. 그들은 모든 위로가 그들의 것임에도 불구하고 위로받기를 거부합니다. 슬프게도 이것이 일반적인 상황입니다!

　이미 구원이 이르렀음에도 불구하고 슬픔 가운데 있는 이 성의 정황을 여러분이 깨달았다면, 다음으로 이야기하고 싶은 것은 이것입니다.

2. 둘째로, 나는 그 사실을 발견한 매우 이상한 무리들에 대해서 말씀드리고 싶습니다.

마침내 뛰어난 4인조가 하나님께서 행하신 일을 발견하였고, 그들 스스로 그 점을 입증하였으며 또 성읍 사람들에게 알렸습니다. 이 사실을 발견한 사람들이 나병환자라는 것이 놀랄 만한 사실입니까? 이들은 여호와께서 승리를 거두시고 아람 군대를 흩어버리셨으며 자기 백성들에게 도움을 가져다주셨다는 것을 처음으로 발견하였습니다. 이 불쌍한 병자들은 성 밖의 초라한 오두막집에 살며 다른 모든 사람들과 떨어져 지내지 않으면 안 되었습니다. 넘겨줄 수 있는 것이 있는 한, 날마다 성벽 너머로 넘겨주는 음식으로 먹고 사는 그들은 말할 수 없이 역겨운 환경 속에서 썩어가고 있었습니다. 참으로 불쌍한 정경입니다! 나는 여러분에게 그 움막으로 들어가 보라고 말하지 않겠습니다. 거기에는 살아 있는 해골들 넷이 있습니다. 그들에게 살이라고 남아 있는 부분은 끔찍한 나병의 흔적으로 불결하기 짝이 없습니다. 그들의 몸은 살아 있는 가운데서 썩고 있습니다. 그들은 불쌍한 병자로 돌아다니지만 사실 거반 죽은 것이나 다름없는 존재들입니다. 그들은 최근에 받은 음식이 없었기 때문에 살 길을 찾아 나가야 했습니다. 그들을 걱정하는 사람은 아무도 없습니다. 그들에게 일어날 수 있는 일 가운데 아마도 가장 좋은 일은 죽는 일일 것입니다. 그러나 그들에게는 생명에 대한 집착이 있습니다. 그들은 버림받은 사람들이고 내쫓긴 사람들이었습니다. 이스라엘은 그들을 성문 밖으로 밀어냈습니다. 친구와 가족들도 그들과 떨어져 지내야 했습니다.

그런데 이 사람들이 하나님께서 하신 일을 발견하였습니다! 자신의 죄를 깊이 느끼는 사람들, 사람들에게 가장 멸시를 받고, 도무지 은총을 받을 수 없을 것처럼 보이는 사람들이 종종 여호와께서 선택하시는 사랑으로 지켜보시는 대상들이 된다는 것은 놀라운 일입니다. 하나님의 은혜의 수레는 오만한 왕들의 성채를 지나가고 가난한 오두막집 앞에 서고, 심지어 절망의 교도소 앞에 서기도 합니다. 주님께서는 죄인들 가운데 괴수를 보고 이렇게 말씀하십니다. "자, 내 은혜를 네게 보이니, 내 사랑의 놀라운 일들을 보게 될 것이다." 나병환자들만 사람들에게 버림을 받은 것이 아니고, 하나님께서 종종 몸을 굽혀 복을 베푸시는 사람들이 이들만이 아닙니다. 지금 내 설교를 듣는 분들 가운데 스스로를 역겹고 천하며 혐오스럽게 느끼며, 하나님께서 자기에게 복을 주시는 일은 불가능하다고 생각하는 사람들이 있을 수 있습니다. 그러나 이들은 하나님께서 구원하기를 기뻐하시는 인물들입니다. 아, 전혀 어울릴 것 같지 않는 곳에 거하는 것이 은혜의 습관입니다! 여러분은 틀림없이 왕이 나가서 보았거나, 아니면 선지자를 비웃었던 저 대단한 장관이 마음이 누그러져서 나가서 지켜보았을 것이라고 생각했을 것입니다. 그러나 그렇지 않았습니다. 나중 된 자가 먼저 되는 일이 있습니다. 하나님께서는 그의 섭리와 은혜 가운데서 나병환자들이 하나님의 놀라운 기적을 발견하는 자들로 택하셨습니다.

바로 이와 같이 은혜를 가장 예민하게 지켜보는 자들은 죄의식이 가장 깊은 사람들입니다. 언제나 나는 가장 절망적인 경험을 한 사람들, 곧 가장 낙심하고 낙담해 있는 사람들에게 설교하기를 좋아합니다. 왜냐하면 이런 사람들은 값없는 은혜를 환영하는데, 이는 그 은혜가 필요하다는 것을 알기 때문입니다. 자기 의를 내세우는 사람들에게 값없는 은혜와 죽음까지 마다하지 않은 사랑에 대해 이야기해 보십시오. 그들은 여러분의 말에 귀를 기울이지 않습니다. 그러나 범죄하였고, 그 사실을 아는 사람들은 값없는 사죄의 약속을 환영합니다. 오늘 아침 나는 하나님께서 죄인들 가운데 괴수와 같은 자들에게 나타내 보이시는 순결하고 풍성한 값없는 은혜, 과분한 은혜에 대해 이야기하지 않을 수 없습니다. 스스로 평가하기에 가장 낮은 자리에 있다고 생각하는 사람들이 언제나 은혜의 놀라운 일들을 이해하는데 가장 앞섭니다.

이들은 아람 사람들에게 환영을 받으리라고 기대할 수 없었습니다. 이스라엘 사람이라는 점에서 미움을 받고, 나병환자라는 점에서는 혐오스러운 대상으로 불쌍한 존재들이었습니다. 그렇지만 그들은 아람 진영으로 갔고, 그 진영에서 바라던 모든 것을 발견하였고 기대하던 것보다 훨씬 더 많은 것을 발견하였습니다. 지금 이 설교를 듣는 분들 가운데 이렇게 말씀하는 분들이 있습니까? "내가 그리스도께 가는 것은 완전히 헛수고일 것입니다. 그리스도께서 내 형제나 친구에게 복을 베푸실 수 있다고 생각하지만 나같이 무가치한 자는 결코 받으시지 않을 겁니다." 그것은 한때 내가 생각했던 바입니다. 나는 나를 빼고는 모든 사람이 구원을 받을 수 있다고 믿었습니다. 나는 마치 특별한 재앙과 저주가 내 본성에 내려서 내 마음을 말라버리게 만든 것처럼 느껴졌습니다. 그러나 내가 일단 예수님께 가자 즉시 알게 되었듯이, 사실은 그렇지 않았습니다. 그러나 예수님께 가기 전에는 주님께서 나를 받아주실 것이라고 어떻게 기대할 수 있었겠습니까? 빛과 지식을 어기고 죄를 범하였고, 하나님의 은혜가 그처럼 큰 사랑으로 내게 왔을 때 그 은혜를 걷어차 버린 내가 말입니다! 여러분 가운데 자신은 자비를 받을 권리가 없다고 생각하는 사람들에게 말씀드립니다. 그런데 바로 여러분이야말로 자비를 바라고 담대히 나올 수 있는 사람들입니다. 자비는 권리에 속한 것이 아니라 전적으로 은혜에 속한 것이기 때문입니다. 하나님의 자비를 요구할 아무 권리가 없는 여러분, 여러분이야말로 예수 그리스도로 말미암아 하나님께 나와야 할 사람들입니다. 공로로 내세울 만한 선한 것이 가장 적은 곳에 넉넉한 선물과 은혜로운 사죄를 받을 여지가 가장 많기 때문입니다. 주 예수께서는 구원을 팔러 오시지 않았고, 돈도 값도 요구하시지 않는다는 사실을 기억하십시오. 주님은 친히 하나님의 선물로 오셨고, 주님의 값없는 선물은 영생입니다. 조셉 하트(Joseph Hart)가 이렇게 말하는데, 옳은 말입니다.

> "의연금을 옳게 처리하고자 하는 사람은
> 가난한 자들에게 의연금을 주어야 한다."

여러분이 가난합니까? 그렇다면 주님께서 여러분에게 주실 의연금을 가지고 계십니다. 자신은 하나님께서 도무지 받아들일 만한 가치가 없는 사람이라고 느낀다면, 곧 하나님께서 여러분을 받아들이실 것입니다. 여러분이 자신의 무가치함을 깊이 느끼면 느낄수록 그만큼 좋은 일입니다. 여러분이 자신은 마땅히 가져야 하는 궁핍에 대한 의식이 없다고 슬퍼할지라도, 그것은 여러분의 궁핍이 그만큼 더 깊다는 것을 입증하는 것일 뿐이고, 여러분은 어떤 것도 요구할 권리가 없다는 것을 보여주는 것일 뿐입니다. 여러분은 자신을 변호하기 위해 율법에 호소할 수 없고 복음에 호소할 수도 없으며, 다만 주권적인 은혜에 의지해야 합니다. 가엾은 사람! 나는 여러분의 손을 잡고, 내가 처음에 주님께 갔듯이 여러분과 함께 다시 한번 사랑하는 주님께 가고 싶습니다. 나는 아주 자포자기의 태도로 주님께 갔습니다. 여러분은 칼레의 시민들에게 격노하여서 그들 가운데 여섯 명을 교수형에 처하겠다고 공표한 잉글랜드 왕에 대한 이야기를 들었을 것입니다. 그들은 목에 밧줄을 감고 왕에게 와서 자신들의 운명에 따랐습니다. 바로 그것이 내가 예수님께 간 방식입니다. 나는 나의 형벌을 받아들였고 내가 죄있다는 것을 말씀드리고 죄 사함을 구했습니다. 여러분은 목에 밧줄을 걸고 여러분이 죽어 마땅하다고 고백하며 예수님께 가십시오. 어떤 달콤한 말도 하지 말고, 자기 의가 터무니없는 것임을 마음으로부터 인정하고 "주여 구원하소서 내가 죽겠나이다"(마 8:25) 하고 소리치십시오. 바로 여러분 같은 사람을 위하여 그리스도께서 죽으셨습니다. 그리스도께서는 여러분 같은 사람들을 퇴짜 놓으신 적이 없고, 세상이 서 있는 동안 결코 그렇게 하시지 않을 것입니다.

이렇게 하나님의 하신 일을 발견한 사람들에 관해 알아야 할 또 한 가지 사실은 그들이 스스로 하나님의 백성들에게 합류할 생각을 감히 품지 못했던 사람들이라는 것입니다. 그들은 성벽 안으로 들어가도록 허락받지 못하였습니다. 그들의 초라한 병원은 성문 밖에 있었습니다. 그들이 어느 정도까지는 이스라엘 회중에 속한 사람으로 인정되었습니다. 그들의 위치가 성문 가까이에 있었기 때문입니다. 그럼에도 불구하고 이스라엘 백성들은 그들 가운데 아무도 받아들이려고 하지 않았습니다. 그들은 이스라엘 백성들 집에 들어가서 식사를 해서는 안 됩니다. 여러분들 가운데는 수년 동안 이 태버너클 예배당에 출석한 분들이 있는 것을 압니다. 그런데 그런 여러분들은 이 교회에 가담할 생각을 하지 않습니다. 여러분은 세례 받을 생각도, 성찬에 참여할 생각도 하지 않았는데, 이는 여러분이 그런 것을 아주 무가치하게 생각하기 때문입니다. 여러분은 어느 정도 우리에게 매달려 있습니다. 여러분은 하나님 백성들과의 모든 관계를 완전히 끊을 생각이 없습니다. 그럼에도 불구하여 여러분이 하나님 백성들에게 속하였다고 말할 생각은 하지 않습니다. 여러분이 남몰래 속으로 비통하게 외치는 소리는 나병환자에 대해 하는 바로 그 말입니다. "부정하다, 부정하다, 부정하다"(레 13:45). 하나님 앞에서 여러분은 머리에 재를 뿌리고 입을 가리며, 때로는 여러분이 차라리 태어나지 않았기를 바라기도 합니다.

그럼에도 여러분은 하나님 백성들의 문을 떠날 수 없고, 그 백성들과의 교제를 완전히 그만둘 수 없습니다. 이 불쌍한 존재들을 이스라엘 백성들은 인정하려고 하지 않았습니다. 그럼에도 불구하고 여호와께서 자기 백성들을 위해 하신 일을 제일 먼저 발견한 것이 바로 이들이었습니다. 사람들에게 거절당한 자들을 하나님께서 받아들이시는 일이 얼마나 자주 발생합니까! 어떤 분이 "목사님은 정말로 그렇게 생각하십니까?" 하고 묻는 것을 들은 일이 있습니다. 예, 정말로 그렇게 생각합니다. 내 말은 여러분들 가운데 자신은 망하게 되어 있는 사람으로 생각하면서도 복음 듣기를 단념할 수 없는 분들이 머지않아 틀림없이 깨닫게 될 것이라는 의미입니다. 나는 여러분이 이렇게 말하는 소리를 듣습니다. "복음은 나를 위한 것이 아니야, 하지만 나는 이 복음을 들어야 해. 나는 성경 곳곳에서 내게 대한 죄의 선고를 읽을 뿐이지만 그래도 성경을 포기할 수 없어." 하나님께서 구원의 말씀을 보내실 때 바로 여러분 같은 분들에게 보내신 것입니다. 누구보다도 여러분이 그리스도처럼 놀라운 분이 계시고, 그처럼 놀라운 구원이 있으며, 하나님의 은혜 안에 그처럼 놀라운 해방이 있다는 것을 발견할 수 있는 사람들입니다. 여러분은 머지않아 왕실에 있는 사람들에게 영원한 사랑의 승리를 말하고, 성 안에 있는 둔하고 냉담한 이스라엘 사람들에게 어쨌든 나누어 줄 식량이 충분하고, 와서 가지려고만 한다면 가질 보물이 충분하다는 것을 장담하게 될 것입니다.

이 놀라운 사실을 발견한 사람들을 훨씬 더 충분히 설명하자면, 그들은 마지막에 항복하려고 나서지 않을 수 없었던 사람들이었습니다. 그들은 "우리가 가서 아람 군대에게 항복하자 그들이 우리를 죽이면 죽을 것이라"고 말하였습니다. 아람 군대에 항복하지 않고 주님께 항복한 사람들은 복이 있습니다! 대단한 일을 할 수 있는 한, 우리는 망할 때까지 그 일을 계속할 수 있습니다. 그러나 그 일이 다 끝나고 우리가 더 이상 아무것도 할 수 없을 때, 바로 그때, 인간의 궁지가 하나님의 기회가 됩니다. 물속에 빠져서 발버둥치는 사람은 구조하기가 힘듭니다. 그러나 물에 빠진 사람이 두 번 가라앉았다가 이제 막 세 번째 가라앉을 때, 이때가 수영을 잘하는 사람에게 기회입니다. 그는 물속에 들어가서 그를 단단히 붙잡고 수영하여 물가로 끌어냅니다. 세 번째 물속에 들어가고 있는 여러분, 어찌할 바를 모르는 여러분, 이 말씀을 들으십시오. "인자가 온 것은 잃어버린 자를 찾아 구원하려 함이니라"(눅 19:10). "그리스도 예수께서 죄인을 구원하시려고 세상에 임하셨다 하였도다 죄인 중에 내가 괴수니라"(딤전 1:15). 자기를 의롭다고 하는 여러분, 어떻게 여러분이 구원받는 일에 관해 말할 수 있습니까? 여러분이 원하는 구원은 어떤 것입니까? 여러분은 더 이상 할 수 없을 만큼 선한 행실로 가득합니다. 그래서 여러분의 자부심이 얼굴에 밝게 나타납니다. 어떻게 여러분이 구원받을 수 있습니까? 예수님으로 말미암아 구원받을 사람들은 스스로 어찌할 바를 모르고, 망하고 몰락한 사람들입니다. 자신의 파멸을 알고 자신의 죄를 고백하기 전까지 여러분은 결코 구주님을 받아들일 수 없을 것입니다. 여러분은 스스로 구원할 수 있다고 느끼는 동안 스스로를 구원해보려고 할 것입니다. 그러나 더 이상 할 일이 없을 때, 그때 여러분은 구주님의 품에 안길 것입니다. 그리고 그 안김은 복된 일이 될 것입니다.

나는 이 발견자들을 콜럼버스에 견주고 싶습니다. 왜냐하면 그들은 사마리아 사람들을 위하여 새로운 세계를 발견하였기 때문입니다. 이 네 명의 나병환자들은 아람 진영에 가서 직접 보았습니다. 비록 나병환자들이었지만 그들은 가서 보았고 정복하였습니다. 나는 그들이 희미한 저물녘에 가만히 진영에 들어가서 첫 번째 장막에 이르렀을 때 보초를 만날 것으로 생각하였다가 그런 일을 당하지 않자 이상하게 여기는 모습이 눈에 보이는 것 같습니다. 그들은 사람의 목소리를 전혀 듣지 못하였습니다. 노새와 말들이 쿵쿵거리며 걷고 거기에 따라 쇠사슬이 위아래 끌리는 소리가 들렸습니다. 그러나 그 짐승들을 타던 자들은 사라졌고, 사람들의 발걸음 소리는 전혀 들리지 않았습니다. 나병환자들 가운데 한 사람이 소리쳤습니다. "주변에 사람들이 하나도 없어. 흔적조차 없어. 이 장막에 들어가 보자." 그들이 장막 안으로 들어갔습니다. 저녁 식사가 차려져 있었습니다. 식탁을 차렸던 자가 다시 와서 음식을 먹는 일은 없을 것입니다. 이 굶주린 사람들은 아무런 설득이 필요 없었고, 즉시 음식을 먹어치우기 시작하였습니다. 그들은 들판에 버려진 전쟁 약탈물을 취하였습니다. 실컷 먹은 뒤에 그들은 말하였습니다. "이 은금은 누구 것이지? 우리 적들이 이 보물을 놓고 갔으니, 이 은금은 우리 것이야." 그들은 가져 나를 수 있는 만큼 많이 귀중품을 가져갔고, 그러고 나서 다른 장막에 들어갔습니다. 거기에도 살아 있는 사람은 전혀 보이지 않았습니다. 얼마 전까지 군대가 술 마시며 법석을 떨었던 곳에 군사가 한 명도 남지 않았습니다. 그날 밤에 술 마시며 떠드는 소리가 없었고, 보초들이 걸어다니는 소리도 없었고, 모닥불에 둘러 앉아 이야기하는 소리도 없었습니다. 나병환자들은 버려진 진미를 더 먹었고, 술잔도 비웠으며 금과 은도 더 챙겼습니다. "너무 많아서 다 가져갈 수가 없어"라고 그들은 말했습니다. 그래서 그들은 동양의 방식대로 구멍을 파고 얻은 물건들을 감추었습니다. 이 네 나병환자들이 그처럼 풍성한 물자 가운데서 미칠 듯한 기쁨을 누릴 것이라고 누가 생각할 수 있겠습니까?

여러분은 이 사람들이 무슨 일을 했는지 아십니까? 첫째로, 그들은 직접 가서 보았고, 그 다음에 직접 물건을 취했습니다. 이들 네 사람 모두 전에는 한 푼도 소유하지 못했는데, 이제는 구두쇠가 상상할 수도 없을 만큼 부자가 되었습니다. 그들은 진수성찬을 맛보았고 마음껏 배를 채웠습니다. 그들은 굶어 죽어가고 있는 도시에 가서 자기들이 발견한 사실을 말해 줄 충분한 자격이 있습니다. 그들은 자기들이 아무 잘못도 하지 않았다는 것을 확신하기 때문입니다. 그들은 자신의 굶주림을 채웠고, 욕망을 만족시켰으며 자기들이 직접 맛을 보고 손을 움직였습니다. 그래서 그들은 알고 있고 확신하는 사람으로서 말할 수가 있습니다.

　사랑하는 친구 여러분, 온몸에 나병이 퍼져 지극히 더럽고 몹시 굶주려 지치고 쇠약한 가운데서 그리스도께 와서 하늘의 양식을 먹고 생명수를 마시며 언약의 복을 취하고 숨겨진 보물로 부자가 된 사람이 하나님의 은혜를 가장 잘 압니다. 그런 사람은 자신이 직접 경험한 것을 증언하기 때문에 확신을 가지고 이야기할 것입니다. 이 사람은 지극히 중요한 점들에 대해 조금도 의심이 없습니다. 그리스도께서 그의 생명이 되시기 때문입니다. 그는 주장하지 않고 증언합니다. 그는 특별히 변론하는 사람이 아니라 증인입니다. 배불리 먹고 부자가 된 나병환자가 성 밖에 서서 문지기를 불러 한밤중에 그를 깨웁니다. 그에게 말해 줄 만한 소식이 있기 때문입니다. 경험이 많은 신자는 확신에 찬 어조로 이야기하는데, 그 점에서 그는 권위 있게 말씀하시는 주님을 닮았습니다. 문지기가 말합니다. "왜 그래? 내가 성벽 너머로 얘기하곤 했었는데, 너는 내가 너에게 줄 음식이 없다고 하는 말을 들은 나병환자인가? 한 주 동안 음식을 전혀 넘겨주지 못해서, 네가 죽은 줄로만 생각했는데, 바로 그 사람이냐?" "예, 접니다. 지금 그 볼품없는 식량을 달라고 하는 게 아니에요. 나는 지금 배가 부르고, 내가 음식을 먹은 곳에 당신들 모두를 위한 음식이 충분히 있어요. 나와서 실컷 먹도록 해요." 그러자 문지기가 말합니다. "나는 네가 무슨 말을 하는지 도무지 모르겠다." 네 나병환자가 한 목소리로 말을 합니다. "그럴 거에요. 당신은 우리말을 알아듣지 못할 거에요. 우리가 처음으로 아람 군대 진영에 가보았기 때문이에요. 이 이야기를 믿으세요. 그리고 이 이야기를 성읍 모든 사람들에게 말해 주세요. 그것은 사실이에요. 사람들이 나와서 가지려고만 하면 충분히 나누어 가질 만큼 많이 있어요."

　하나님께서 이 나병환자들을 택하여 그의 크신 일을 발견하도록 하셨을 때 선택을 잘하신 것입니다. 하나님께서 지극히 슬픈 자들을 취하여 그들의 입에 웃음이 가득하게 하시고 그들의 혀로 노래하게 하실 때, 지혜롭게 일을 하시는 것입니다. 이들은 사람들의 주의를 끌어 모을 것이기 때문입니다. 이처럼 불쌍하고 비참한 사람들이 그처럼 놀라운 일을 꾸며낼 수 없었을 것이고 그처럼 큰 기쁨을 흉내 낼 수 없었을 것입니다. 버림받은 불쌍한 사람들이 값없는 은혜의 이야기를 지어낼 수는 없었을 것입니다. 따라서 이들의 이야기는 틀림없는 사실입니다. 사람들이 이들의 말을 믿으면 좋겠습니다!

이 설교를 듣는 지치고 마음이 무거운 사람들에게 나의 보잘것없는 말을 통해서 한 줄기 소망의 빛이 임하기를 간절히 바랍니다! 여러분은 "그런 사람들이 어디에 있습니까?" 하고 말합니다. 어디 있는지 나는 모릅니다. 그러나 그런 사람들이 정말로 엄청나게 와서 내 설교를 듣는다는 것은 알고 있습니다. 나는 다음 주가 오기 전에 그런 사람들이 이 자리에 있다는 것을 알게 될 것입니다. 그런 사람들 가운데 몇몇 사람이 내게 이같이 말할 것이기 때문입니다. "감사하게도 나는 주일 아침에 그 자리에 있었습니다. 그 설교는 딱 제게 맞았습니다. 나는 죄로 병들어 있었고, 내 영혼은 굶주려 죽어가고 있었습니다. 나는 내 모습 그대로 예수님께 갔었고, 사실이라고 꿈에도 생각지 못했던 것을 발견하였습니다. 주님께서는 나를 위해 아주 많은 일을 하셨고, 내가 구한 모든 것보다, 아니 생각했던 모든 것에 넘치도록 많은 일을 하셨습니다."

나는 하나님의 도우심으로 여기까지 왔습니다.

3. 이제 이 나병환자들이 어떻게 이 사실을 발견하게 되었는지 잠깐 살펴보도록 하겠습니다.

이 나병환자 네 사람, 이들은 어떻게 아람 군대가 도망간 사실을 발견하게 되었습니까? 첫째로, 나는 이들이 다른 어떤 사람들보다 그 점을 발견하기에 적합하였다고 생각합니다. 왜냐하면 이들에게는 굶주림이 가장 혹독하였기 때문입니다. 여러분도 알다시피, 이들은 성문 밖에 거하는 나병환자들이었습니다. 시절이 좋은 때는 그들이 마을에서 매일 일정한 몫의 음식을 받았습니다. 하지만 마을 사람들이 그들을 위해서 자기들의 굶주림을 참지는 않았으리라는 것은 여러분도 확실히 알 수 있을 것입니다. 누구든지 음식을 공급받지 못할 사람이 있어야 한다면, 그것은 아마도 자선에 의존해서 사는 사람들일 것입니다. 중동 사람들 가운데 기근 때에 나병환자들을 먹이는데 과도할 정도로 열심을 보일 사람은 아무도 없습니다. 아마도 사마리아 사람들은 그들을 생각하고서 이렇게 말했을지 모릅니다. "그들은 죽는 게 제일 나아. 아무에게도 도움이 되지 않아. 그들은 병들어 있고, 아무것도 벌지 못해. 죽게 내버려 두자." 그뿐 아니라, 성내에 양식 이 다 떨어졌을 때, 성내 사람들이 이 나병환자들에게 아무것도 보내지 않았다 고 해도 그들을 비난할 수 없을 것입니다. 그들 자신이 음식이 없어서 아무것도 보낼 수 없었기 때문입니다. 그렇지만 성 안 사람들은 굶주림을 달래기 위해 이 런저런 일을 할 수 있었고, 심지어는 서로를 잡아먹는 일까지 할 수 있었습니다. 그러나 이 나병환자 네 사람은 그 같은 자원들에서 절망적으로 차단되어 있었 고, 죽여서 잡아먹을 사람도 없었습니다. 그러므로 그들은 죽을 수밖에 없습니 다. 그들이 정신을 차린 것이 바로 그때였습니다. 정말로 필요는 발명의 어머니 입니다. 주 예수 그리스도와 그의 완성하신 구원을 찾는 그 복된 발명의 어머니 는 죽어가는 영혼의 두려운 궁핍입니다. 그런 사람들은 죄의 무거운 짐을 느껴 야 합니다. 그들은 예수께 올 때까지 쉬지 못할 것입니다. 존 번연은 자신이 한 때는 그리스도에 대해 전혀 생각하지 않았지만 아주 비참한 처지에 떨어지고 나 서는 어쨌든 예수님께 가지 않을 수 없었다고 합니다. 그리고 만약에 주 예수께 서 손에 칼을 빼들고 자기 앞에 서 계셨다면 자신은 주님에게서 물러나는 것이 아니라 오히려 그 칼끝으로 달려들었을 것이라고 합니다. 나는 그 말을 아주 잘 압니다. 나는 여러분 가운데 어떤 분들은 아주 큰 곤경에 떨어져서 여러분을 구 원할 수 있는 유일한 분에게로 쫓겨갈 수밖에 없게 되었으면 좋겠습니다. 그런 분들이 완전히 파산한 처지에 떨어지면 좋겠습니다! 내 말을 듣고, 별로 좋은 소 원이 아니라고 말합니다. 아닙니다. 그것은 좋은 소원입니다. 우리는 자신에게 철저히 아무것도 없다는 것을 알아야 비로소 하나님의 충만하심을 찾게 됩니다. 돌아온 탕자를 보십시오. 그는 손에 조금이라도 무엇이 남아 있는 한, 아버지 집 으로 돌아가지 않았습니다. 그러나 그가 재산을 다 허비하고 몹시 굶주리게 되 어 음식을 먹는 돼지를 부러워하게 되는 처지에 떨어졌을 때에야 비로소 "내가 일어나 아버지께 가자"(눅 15:18)고 말하였습니다. 영적 궁핍함이 그에게 예수 그리스도 안에 있는 주권적인 은혜를 의지하게 하는 용기를 불러일으킨 것입니 다.

이 나병환자들은 자신들이 지금보다 더 나빠질 수는 없겠다고 생각했기 때문에 쫓기다시피 가서 이 사실을 발견하게 되었습니다. 그들은 이렇게 말했습니다. "만일 우리가 여기서 머무르면 역시 우리가 죽을 것이라 아람 군대가 우리를 죽이면 죽을 것이라." 바로 이 느낌 때문에 사람들이 그리스도에게로 온 경우가 많습니다.

> "내가 간다면 망할 수밖에 없지만
> 가보기로 굳게 결심했네.
> 가지 않는다면
> 영원히 죽을 수밖에 없음을 알기 때문이네."

그들은 죽을 수밖에 없었지만, 그들이 있던 곳에 그대로 앉아 있었다면 틀림없이 죽었을 것입니다. 불쌍한 영혼이여, 그대는 내 목소리를 들을 수 있는 곳에 있습니까? 여러분의 사정이 절망적입니까? 그렇다면 **믿도록 해보십시오**. 여러분은 지금보다 더 나빠질 수 없는 최악의 상태에 있습니다. 따라서 지금보다 나아질 수가 있습니다. 주 예수 그리스도를 믿으십시오. 설사 예수께서 여러분을 거절하신다고 할지라도, 여러분은 더 이상 나빠질 수 없습니다. 그런데 예수께서는 여러분을 거절하실 수 없습니다. 왜냐하면 그분이 "내게 오는 자는 내가 결코 내쫓지 아니하리라"(요 6:37)고 말씀하시기 때문입니다. 내가 여러분이라면 나는 자비를 베풀어 주시기를 기도하겠습니다. 여러분의 기도를 듣지 않는다고 생각해 봅시다. 여러분이 기도했다고 해서 사정이 더 나빠질 것은 없습니다. 내가 여러분이라면 나는 예수님을 의지하겠습니다. 여러분이 그렇게 한다고 해서 상황이 더 나빠질 것은 없습니다. 매일 나는 자신에게 이렇게 말합니다.

> "내 믿음의 눈이 희미해진들 어쩌랴
> 나는 흥하든 망하든 예수님을 붙잡겠네."

나는 그토록 많은 사람을 구원하신 분을 신뢰한 것에 대해서 비난받을 일은 없습니다. 청중 여러분, 그 문제에서 위험한 일은 아무것도 없습니다. 여러분은 하나님이 정하신 구주님께 온 것으로 인해서 반드시 무한히 좋은 위치에 이르게 될 것입니다! 와서 그분을 시험해 보십시오. 바로 지금, 오십시오.

다시 말하지만, 이 사람들은 가지 않아야 할 이유가 없다는 것을 알았습니다. 그래서 그들은 서로에게 말하였습니다. "우리가 어찌하여 여기 앉아서 죽기를 기다리랴?" 그들은 움직이지 않고 있어야 할 정당한 이유를 찾을 수 없었습니다. 그들은 이렇게 말할 수 없었습니다. "왕이 우리에게 현재 있는 곳에 머무르라고 명령하기 때문에 우리는 여기에 앉아 있다." 사랑하는 청중 여러분, 여러분은 하나님께서 여러분에게 그렇게 하라고 명령하시기 때문에 여전히 신앙이 없이 믿지 않고 있다고 말할 수 없습니다. 결코 그렇게 말할 수 없습니다. 하나님께서는 여러분에게 여러분의 길과 생각을 버리고, 하나님께로 돌이켜 살라고 하십니다. 하나님께서는 여러분을 받아주시겠다고 약속하시며, 따라서 "이스라엘 족속아 돌이키고 돌이키라 어찌 죽고자 하느냐?"(겔 33:11)고 외치십니다. 이 나병환자들은 자기들이 쇠사슬에 묶여 있거나 감금되어 있기 때문에 거기에 앉아 있고 그들의 오두막에서 굶어죽을 수밖에 없다고 말할 수 없었습니다. 그들은 아람 군대 진영으로 갈 수 있었고, 이것이 그들이 행할 수 있는 한 가지 자유였습니다. 여러분도 현재 있는 곳에 그대로 있어야만 하는 것은 아닙니다. 여러분이 기도하지 않아야 할 어떤 이유가 있습니까? 여러분이 주님을 신뢰하는 것을 막는 장애물이 여러분 마음속에 있는 것 말고 달리 어떤 것이 있습니까? 여러분은 어쩔 수 없이 믿음이 없이, 생각 없이, 기도하지 않고 불경건하게 지내야만 하는 형편에 있는 것이 아닙니다. 여러분은 망할 수밖에 없는 형편에 있지 않습니다. 여러분은 억지로 여러분을 예수님과 영생에서 떼어내는 강요를 전혀 받고 있지 않습니다. 여러분이 용기를 내어 "우리가 어찌하여 여기 앉아서 죽기를 기다리랴?" 하고 말하면 좋겠습니다. 나는 여러분에게 아직까지 치명적인 절망이 없기를 바랍니다. 틀림없이 없을 줄로 압니다. 이 사람들은 자기들이 아람 군대 진영에 가면 반드시 죽을 것이라고 생각하지 않았습니다. 그들은 작은 희망을 가졌고, 그 희망에 근거하여 사리를 아는 사람들처럼 행동하였습니다.

　여러분은 어떻게 니느웨 사람들이 "누가 알겠느냐?" 하고 말하는 것 외에 그들을 격려할 만한 것이 아무것도 없는 상황에서 하나님 앞에 겸손하게 행했는지 아실 것입니다. 요나는 "사십 일이 지나면 니느웨가 무너지리라"고 말하였습니다. 그들이 얻을 수 있는 위로란 고작 이렇게 묻는 것밖에 없었습니다. "하나님이 뜻을 돌이키시고 그 진노를 그치사 우리가 멸망하지 않게 하시리라 그렇지 않을 줄을 누가 알겠느냐?"(욘 3:9) 괴로워하는 불쌍한 마음이여, 누가 알겠는가? 여러분을 위한 자비가 있는데, 그것도 작은 자비가 아니라 큰 자비가 있을 수 있습니다. 여러분은 해가 지기 전에 하나님의 충만하고 부유하며 영원한 자비를 누릴 수 있습니다. 여러분은 머리에 별이 총총히 박힌 면류관을 쓸 것이고, 허리에는 그리스도의 의라는 고운 세마포 띠를 두를 것입니다. 마귀가 여러분은 반드시 죽는다고 말할지라도 그의 말을 믿지 마십시오. 여러분은 죽을 필요가 없습니다. 확신을 가지고, 지금 과감하게 그리스도께 가십시오. 그러면 구원을 얻을 것입니다. 나는 내가 아는 것을 말하고, 내가 말하는 것이 무엇인지 압니다.

이 나병환자들이 아람 군대 진영으로 간 것은, 그들이 가만히 있으면 이 한 가지 길밖에 없었기 때문입니다. "만일 우리가 성읍으로 가자고 말한다면 성읍에는 굶주림이 있으니 우리가 거기서 죽을 것이요 만일 우리가 여기서 머무르면 역시 우리가 죽을 것이라." 오직 한 가지 길이 열려 있었습니다. 나는 내가 그런 조건에 있을 때는 언제나 기쁩니다. 내게 많은 길이 열려 있으면 실수할 수가 있습니다. 그러나 오직 한 가지 길만 보이면 나는 어느 길로 가야 할지 압니다. 오직 그리스도를 믿는 길만 열려 있는 것, 즉 오직 은혜만을 바라볼 수밖에 없게 되는 것은 복된 일입니다. 나는 이번 주에 심한 병을 앓고 있는 친구에게 이렇게 말했습니다. "형제, 형제는 지금 그리스도 안에서 쉬고 있는 것입니다." 그러자 그 친구가 대답했습니다. "주밖에는 신뢰할 다른 이가 없습니다." 내가 "형제의 소망은 그리스도의 속죄 제사에 있습니다" 하고 말했더니, 그가 "내가 다른 어떤 소망을 가질 수 있겠습니까?" 하고 답변했습니다. 그러나 우리가 "이 닦아 둔 것 외에 능히 다른 터를 닦아 둘 자가 없으니 이 터는 곧 예수 그리스도라"(고전 3:11)는 것을 알 때는 그 터 위에 세울 것이고, 따라서 안전할 것입니다.

이 나병환자들은 이론을 세우는 사람들이 아니었습니다. 그들은 지극히 어려운 처지에 있었기 때문에 즉각적인 행동을 취하지 않으면 안 되었습니다. 많은 사람들이 종교를 과학의 한 분야로 생각합니다. 그래서 그들은 종교의 진정한 힘을 알지 못합니다. 많은 교수들과 학식 있는 박사들은 신학을 마치 교양 교육의 한 분야로 생각하고 실제적인 문제로는 전혀 생각하지 않습니다. 씻어낼 죄가 없고 해결해야 할 큰 영적 근심이 없는 사람들은 장난치듯 종교를 다룹니다. 그러나 곧 멸망할 처지에 있는 사람들은 다른 관점에서 문제를 봅니다. 우리는 생명의 떡을 분석하는 화학자가 아닙니다. 우리는 부지런히 생명의 떡을 먹고 살아가는 힘없는 사람들입니다.

우리의 결심은 이것입니다.

"나는 예수께 가겠네.
내 죄가 산처럼 가로막을지라도
나는 주님의 궁정을 아노라. 나는 그리로 들어가겠네,
어떤 반대가 있을지라도.

주께서 내 청원을 들으실 것이네.
내 기도를 들으실 것이네.
혹시 듣지 않아 망할지라도 나는 기도하겠네.
망해도 오직 거기에서 망하겠네."

이 나병환자들은 꿈과 추측에 자신을 맡기지 않고 솔직하게 사실의 문제에 이르렀기 때문에 주께서 행하신 일을 발견하였습니다. 하나님께서 회심하지 않은 모든 죄인을 궁지에 몰아넣어서 그가 은혜에 굴복하지 않을 수 없게 해주시기를 바랍니다! 하나님께서 여러분을 극심한 곤경에 처하게 해서 여러분이 구하여 찾고, 살피고 발견하지 않을 수 없게 해주시기를 구합니다!

4. 넷째로, 마음이 슬픈 사람들은 이 나병환자들을 본받아 같은 사실을 발견할 수도 있습니다.

어떤 사람은 "나는 그리스도를 믿기가 겁이 나요. 내 죄, 내 많은 죄가 나를 막고 있어요" 하고 말합니다. 이 나병환자들을 보십시오. 그리고 하나님께서 어떻게 그들의 두려움 훨씬 이상으로 그들을 잘 대해주셨는지를 아십시오. 저물녘입니다. 그들이 떨면서 몰래 아람 군대 진영으로 들어갑니다. 한 나병환자가 소리칩니다. "자, 시므온, 살살 걸어! 네 쿵쿵거리는 발소리를 듣고 보초들이 오겠다." 엘르아살이 다른 사람에게 조용히 속삭입니다. "소리 내지 마. 이 사람들이 자고 있으면 깨우지 않도록 해야지." 그들은 원하는 대로 쿵쿵 소리 내며 걸을 수 있었고, 하고 싶은 대로 아주 큰 소리로 말할 수도 있었습니다. 거기에는 사람이 아무도 없었기 때문입니다. 여러분은 그 사실을 아십니까? 여러분이 주 예수님을 믿는다면, 여러분의 죄, 많은 죄를 다 용서받습니다. 여러분을 비난할 죄는 하나도 남아 있지 않습니다. 여러분의 죄들이 여러분을 파멸시킬까봐 여러분은 겁을 냅니다. 그 죄들은 더 이상 없습니다. 깊은 심연들이 그 죄들을 덮어버려서 하나도 남지 않았습니다. "그 아들 예수의 피가 우리를 모든 죄에서 깨끗하게 하실 것이요"(요일 1:7). 여러분의 죄들은 옛적에 속죄염소에게 전가되었습니다. 예수께서 십자가에서 여러분의 죄를 그 몸으로 짊어지셨습니다. 여러분이 그리스도께 와서 자기 죄를 고백하고 믿으면, 죄가 여러분을 파멸시키지 못할 것입니다. 그 죄가 지워져버렸기 때문입니다.

아마도 이 사람들은 아람 군대의 장막에 들어갈 때 이런 상황을 맞이할까 봐 두려워했을 것입니다. "아람 군사가 장막 문에서 우리를 만나 '물러서, 너희 여기서 뭐하는 거야? 나병환자들아, 꺼져! 너희 굴로 돌아가서 죽어.'" 그들은 장막마다 들어갔는데, 그들을 막는 사람이 아무도 없었습니다. 그들은 큰 장막들에 다 들어갔고, 또 가서 눈에 보이는 대로 모두 손에 넣었습니다. 그리스도께 올 때, 나는 그 약속들을 취할 수 있다는 것을 믿지 못하였습니다. 그러나 나는 약속들을 취했고, 아무도 내게 안 된다고 말하지 않았습니다. 그 이후로 나는 말할 수 없이 크고 귀한 약속들을 계속해서 내 것으로 취하여 왔습니다. 그랬지만 아무도 내게 안 된다고 말하지 않았습니다. 나는 내가 그리스도의 집에서 아주 통 크게 행할 수 있고, 내가 크게 원하면 원할수록 그만큼 주님께서 기뻐하신다는 것을 발견합니다. 주님의 원칙은, 무엇이든지 원하는 대로 구하라 그리하면 이루리라(요 15:7)는 것입니다. 주님께서는 우리에게 주님의 은밀한 처소, 곧 주님의 은혜의 보좌 앞으로 나아갈 수 있는 온전한 자유를 주십니다. 불쌍한 사람은 지금 이 은혜의 보좌 앞으로 나오면 좋겠습니다! 여러분은 퇴짜를 당하지 않고 애정 어린 환영을 받을 것이며, 지극히 거룩한 성소로 영접 받을 것입니다.

아마도 나병환자는 금잔이나 은주전자, 정교한 무늬의 병을 보았을 때 조금 의문을 품었을지 모릅니다. 나병환자가 금잔을 가지고 무엇을 하겠습니까? 그러나 그는 망설임을 물리쳤습니다. 어떤 법도 그가 도망간 적이 남긴 물건들을 가져가는 것을 막을 수 없었습니다. 그를 제지하는 사람이 아무도 없었고, 귀중품들이 그 앞에 놓여 있었습니다. 그러므로 그는 자기에게 제공된 것을 가져갔습니다. 나병환자들은 더욱더 담대해져서 가져갈 수 있는 만큼 많은 전리품을 가져가 숨겼습니다. 나는 이야기를 시작하면서 거리낌 없이 여러분에게 구원을 그와 같이 대하라고 권합니다. 예수님께 올 때 나는 한 가지 약속도 내 것으로 삼을 생각을 거의 하지 못하였습니다. 그것은 마치 도적질하는 것처럼 보였습니다. 주님의 백성들을 위해 마련된 좋은 것들 가운데 무엇이든지 가질 수 있는 권리가 내게 있다는 것을 믿을 수 없었고, 믿지 않았습니다. 그러나 나는 복음의 허락을 붙잡았고, 그 좋은 것들을 누렸습니다. 나는 이 말씀이 기록된 것을 발견합니다. "여호와는 정직하게 행하는 자에게 좋은 것을 아끼지 아니하실 것임이니이다"(시 84:11). 그러므로 나는 어떤 것도 내게 아끼지 아니하실 것이라고 생각합니다. 그리고 하나님께서 은혜로 내 길에 주시는 것은 무엇이든지 기꺼이 취할 생각입니다. 나는 그리스도 안에서 발견할 수 있는 모든 것을 손에 넣습니다. 나는 지금까지 양심이든 하나님의 말씀이든 심지어 주님 자신까지라도 신자들을 위하여 언약 안에 예비된 귀한 것들을 내 것으로 삼지 못하도록 막는 것을 한 번도 발견한 적이 없습니다. 성도들 가운데 가장 작은 자인 나는 머지않아 하나님 보좌 가까이에 빛나는 영들 가운데 서서 "하나님과 그 어린 양께 할렐루야" 하고 찬송드릴 것이라고 생각합니다. 나는 그 자리에 서는 것을 부끄러워하지 않을 것입니다. 내 자신에 대해서는 만 번도 더 부끄럽게 생각합니다. 그러나 주님께서 오실 때는 부끄러워하지 않을 것입니다.

"그 큰 날에 내가 담대히 서리라."

불쌍한 나병환자 여러분, 망해서 어찌할 줄 모르는 여러분, 내 주 예수님께 오십시오! 이 점을 믿으십시오. 온 땅이 여러분 앞에 있습니다. 젖과 꿀이 흐르는 땅이 여러분을 위한 곳입니다. 이 세상이 여러분의 것이고, 장차 올 세상이 여러분의 것입니다. 그리스도께서 여러분의 것입니다. 그렇습니다. 바로 하나님께서 여러분의 것입니다. 무료로 모든 것을 가질 수 있습니다. 믿으면 하늘과 하늘의 모든 기쁨거리들을 가질 수 있습니다. 하나님께서 오늘 여러분이 하나님의 놀라운 은혜를 발견하게 해주시기를 바랍니다. 하나님께 영원히 찬송을 드립시다! 아멘.

제

11

장

—

신앙에 있어서 부주의함

—

"그러나 예후가 전심으로 이스라엘 하나님 여호와의 율법을 지
켜 행하지 아니하며 여로보암이 이스라엘에게 범하게 한 그 죄
에서 떠나지 아니하였더라." — 왕하 10:31

하나님께서 예후를 일으켜 이스라엘 왕국의 대개혁자로 삼으셨습니다. 그
는 임무를 받자마자 대담무쌍함과 더할 수 없는 집요함으로 일을 시작하였습니
다. 그는 아합의 온 집을 끊어버리라는 명령을 받았습니다. 그 과업은 아주 마음
에 드는 일이었습니다. 그는 사방팔방으로 뛰어다니며 죽였고 한 사람도 남기지
않았습니다. 아각과 가축 가운데 가장 좋은 것들을 남긴 사울이 아말렉 사람들
에게 대했던 것과 다르게, 예후는 하나님께서 사형을 선고한 가문을 철저히 몰
살하였습니다. 이세벨과 아합의 모든 자녀들에게 완전한 보복을 시행하고 났을
때, 그는 잠시 멈추어 기뻐할 시간도 갖지 않고 여호나답에게 "나와 함께 가서
여호와를 위한 나의 열심을 보라"고 말하고, 이어서 즉시 바알의 제사장들을 모
두 한데 모으고 일거에 멸절시키는 일을 하였습니다. 그는 이 문제에 있어서 철
저한 개혁자였습니다. 바알 제사장들을 한 명도 예외를 두지 않고 가차 없이 처
단하였습니다. 그는 옛적에 하나님의 일을 눈속임으로 하고 손에 피 묻히기를
꺼려함으로 저주를 받은 사람들과 같지 않았습니다. 그는 바알 숭배의 가증한
것들을 아주 깨끗하게 쓸어버렸고, 하나님께서 자신을 세워 수행하도록 한 그
일을 아주 놀라운 열심과 철저함으로 성취하였습니다.

그러나, 아 그러나, 아주 불행하게도 그의 이런 태도가 모든 것을 망쳐놓습니다! 그러나 그가 자신의 급한 성미에 맞는 일에는 이같이 신속하고 열성적이었지만, 하나님께 대해 진실한 마음은 갖지 않았습니다. 그가 바알의 파괴자였지만 여호와의 종은 아니었습니다. 그는 도처에서 우상을 때려 부수는 제 1급 성상파괴자였지만 하나님의 집을 세우는 건축자는 아니었습니다. 그는 이스라엘의 하나님을 예배하는 일에 경건하고 고분고분하게 따르지 않았고 하나님의 마음과 율법을 아는데도 신경을 쓰지 않았습니다. 그는 일종의 동물적 충동을 따랐고, 그 충동이 그를 바알과 아합 가문을 반대하는 일에 매진하도록 만들었습니다. 그러나 영적 힘에 대해서는 아무것도 아는 것이 없었습니다. 영적 힘을 알았더라면 그는 "하나님께서는 내가 무엇을 더 하기를 바라실까?" 하는 질문을 하게 되었을 것입니다. 하나님의 형 집행자로서 그의 행동은 아주 충분하였지만, 그의 마음은 그릇되었습니다. 그는 충동적이고 성급하였으며, 일이 자기 마음에 맞을 때는 맹렬하게 추진하였지만, 여호와를 위한 다른 봉사에는 전혀 마음이 없었습니다.

바알 숭배를 뒤집어엎고 나자마자 거의 즉시 그는 그 대신에 또 다른 형태의 우상 숭배를 세웠고, 백성들에게 벧엘의 금송아지 앞에 엎드리게 하였습니다. 그는 한 가지 죄를 미워하고 다른 죄는 사랑하였으며, 이로써 지존하신 하나님에 대한 경외심이 그의 가슴을 지배하지 않았다는 것을 입증하였습니다. 그는 단지 고용된 종이었고, 그 품삯으로 왕위를 받았을 뿐, 결코 하나님의 자녀가 아니었습니다. 그는 사자가 악한 선지자를 물어죽였듯이 하나님의 일을 하였고, 여전히 사자로 남아있었습니다. 하나님을 알고 섬기려고 하는 뜨거운 관심은 예후의 제멋대로 하는 기질에 맞지 않았습니다. 그는 아주 민첩하고 돌진하는 사람이었고, 신중하고 겸손한 순종 같은 것은 전혀 모르는 사람이었습니다. 예후만이 이렇게 성급하고 경솔한 사람이었다고 생각하지 마십시오. 슬프게도 그는 허다히 많은 계층 가운데 한 사람에 지나지 않았을 뿐입니다.

내가 이 본문을 택한 것은 우리나라에 예후 같은 사람들이 늘어나고 있고, 우리 교인들 가운데서도 본문의 말씀이 양심에 큰 가책을 일으킬 수 있는 경솔한 신자들이 있을 것이라는 생각이 들었기 때문입니다. 나는 그런 사람들이 정말로 스스로를 돌아보고 적당한 시금석을 사용하여 자신이 참으로 이스라엘의 크신 하나님을 믿는 신자인지, 아니면 성급하고 분별없는, 거듭나지 않은 예후의 모방자인지 발견할 수 있기를 바랍니다. 본문에 언급된 대로 하나님의 뜻에 부주의하는 잘못은 아주 무서운 잘못입니다. 참된 경건을 말하는 모든 고백과 영생에 들어가기를 바라는 모든 희망에 치명적인 잘못입니다. 내가 본문에서 제시하는 거룩한 조심과 성실한 주의에 대해 이야기하는 동안, 성령께서 우리가 예수님을 믿는 믿음으로 말미암아 하나님의 뜻을 알고 행하기를 열망하는 새롭게 된 마음을 하나님으로부터 받았는지 아니면 그저 충동적인 존재로서 하나님의 명령들 가운데서 골라 그 시간의 환경이 우리의 분별없는 정신에 영향을 미치는데 따라서 복종하는지 불순종하는지 자신을 살펴볼 수 있게 해주시기를 바랍니다. 첫째로, 오늘 아침 나는 신앙상 부주의함에 대해 이야기하고, 그 부주의함이 주로 나타나는 특별한 한 가지 점을 설명하겠습니다. 그 다음에는 둘째로, 이 점에서 신앙상 부주의함은 치명적이라는 사실을 증명할 것입니다. 그 다음에 이어서 셋째로, 나는 거룩한 조심과 주의 깊음의 유용성을 설명하도록 하겠습니다. 그리고 끝으로, 여러분에게 이 기도의 집을 떠나기 전에 그 주의 깊음을 실천하라고 권하도록 하겠습니다.

1. 첫째로, 부주의함이 가장 잘 나타나는 점을 설명하려고 하는데, 성령께서 도와주시기를 바랍니다.

예후가 전혀 조심하지 않은 것은 무엇입니까? 그는 아합의 식구들을 죽이는 데는 대단히 조심했습니다. 바알 숭배자들을 소탕하는 데는 매우 주의를 기울였습니다. 그러나 그는 이스라엘의 하나님 여호와의 법을 전심으로 행하는 데는 전혀 주의를 기울이지 않았습니다. 바로 이것이 뜨거운 열심을 보이는, 자칭 신자라고 하는 허다히 많은 사람들에게 절대로 필요한 경건이 없음을 보여주는 점입니다. 그것은 그들이 거룩한 신중함을 발휘하지 않고, 또 그들이 구원받은 사람들이라면 행하기를 몹시 바라는 하나님의 법을 따라 전심으로 행하려는 열심을 보이지 않기 때문입니다. 내가 하나님의 뜻을 아는 데조차도 신경을 쓰지 않는 사람들을 그리스도인으로 인정하지 않는다면 내 말에 크게 분을 낼 사람들이 오늘날에는 많습니다. 신자라고 하는 이들 가운데 하나님의 구원의 길을 확인하고, 또 교회와 세상에서 지켜야 할 신자의 행동에 대한 하나님의 규칙을 알려는 진지한 마음으로 성경을 공부하는데 단 한 시간도 내지 않은 사람들이 많습니다. 오늘날 그리스도인이라고 불리는 허다히 많은 사람들이 성경을 읽지 않습니다. 청중 여러분, 여러분은 성경을 읽습니까? 나는 현대 기독교인 전체를 헐뜯을 생각이 없습니다. 그렇지만 나는 신자라고 하는 많은 사람들이 이 하나님의 책을 아주 악할 정도로 소홀히 취급한다고 확신합니다. 왜냐하면 성경을 꾸준히 연구하는 사람이라면 결코 빠질 수 없는 너무나 터무니없는 잘못된 생각들을 종종 만나기 때문입니다. 여러분 가운데 아주 많은 사람들이 신앙을 간접적으로 취합니다. 그런 여러분들은 신앙을 설교자에게서 빌려옵니다. 할머니로부터 신앙을 그대로 모방합니다. 여러분은 여러분의 안내자로 하나님의 목소리를 따르는 것이 아니라 습관을 따릅니다. 여러분은 이 일들이 과연 그러한지를 알기 위해 이 하나님의 책을 살펴보지 않습니다. 아주 많은 사람들이 예후처럼 자기가 틀림없이 옳다고 생각하고 가서 큰 실수를 범합니다. 어쩌면 모든 것이 틀렸을지 모른다는, 불편하지만 아주 사려 깊은 생각이 그런 사람들에게는 한 번도 일어나지 않았고, "율법과 증거의 말씀을"(사 8:20) 의지하는 것이 그들에게는 아주 불필요한 일처럼 보였습니다.

　사랑하는 친구 여러분, 나는 주인의 뜻에 전혀 관심이 없는 종을 어떻게 신실하다고 생각할 수 있는지 모르겠습니다. 나는 신자라고 하는 사람들 가운데는 하나님의 뜻을 철저히 알고자 하는 마음이 없는 사람들이 있다고 진지하게 믿습니다. 신자의 의무들 가운데는 그것을 이행하는 것이 불쾌할 수 있는 일들이 있고, 따라서 그들은 자기 양심이 그 주제에 대해 많은 깨우침을 받기를 원하지 않습니다. 그들은 꾸지람을 받지 않기 위해 그 빛을 피합니다. 형제 여러분, 내가 빛을 두려워한다면, 그것은 내가 어떤 나쁜 이유 때문에 빛을 두려워할 만한 충분한 근거가 있는 것이라고 확신합니다. 내 교리적 견해나 일상적인 행동들이 아주 형편없어서 그것들을 하나님 말씀으로 재보고 깊이 숙고해볼 생각을 감히 하지 못한다면, 내가 마지막 날에 부족한 것으로 나타나지 않을까 의심해보는 것이 옳은 일입니다. 우리 한 사람 한 사람이 모두 겸손하고 순종하는 마음으로 예수님의 발 앞에 앉아 그에게 배우고자 부지런히 노력하면 좋겠습니다! "주여, 내가 무엇을 하기를 원하시나이까?"라는 것이 거듭난 영혼의 외침입니다. 육신적인 사이비 신자는 무모하고 분별없이 돌진해 가지만, 영적인 지성을 지닌 신자는 멈추어서 깊이 생각하고 조사하며, 하나님의 규례에 충실하고자 하는 일념으로 행합니다.

　그 다음에 나는 하나님의 뜻을 알고자 하는 관심은 있으나 그 뜻을 실천하는데 주의를 기울이지 않는 사람들이 있는 것이 염려가 됩니다. 일단 그들은 생각을 할지라도 어떤 명령들은 부담이 된다고 결론을 내리고, 그래서 그 명령들에 실제적인 주의를 기울이는 것을 미룹니다. 그들이 원칙적으로 순종한다고 주장하지만 실제적으로는 순종하지 않습니다. 반면에 어떤 원칙을 쥐고 있다고 주장하면서 그 원칙을 실행하지 않는 사람은 아주 나쁜 원칙을 가지고 있는 것이고, 사실은 아무 원칙도 없는 사람입니다. 사랑하는 친구 여러분, 내가 정말로 하나님의 종이라면 나는 모든 일에 있어서 하나님의 뜻을 따라 행하기를 서두르고 미루지 않아야 하고, 비록 많은 약점과 결함들을 알기 때문에 슬퍼하지만 그럴지라도 어쨌든 내가 알고 있는 것을 진심으로 행하기를 바랄 것이라고 생각합니다. 사랑하는 친구 여러분, 머리는 크게 자라면서 팔은 오그라드는 일이 없도록 주의하십시오. 지식은 책임을 수반하고, 이 책임은 불순종에 대해서 결국 많은 매질을 가져올 것입니다. 지휘관이 군 전술에 정통하고 무기도 잘 갖추고 있으면서 나라를 방어하기를 거부하고 나라가 멸망하도록 내버려두는 것은 반역입니다. 실천적인 기독교만이 진정한 기독교 신앙입니다. 주님께서 우리에게 그런 신앙을 주시기를 바랍니다! 우리가 앉아서 진지하게 이렇게 말하면 좋겠습니다. "내가 하나님의 뜻을 안다고 하면서 이행하기를 소홀히 했으니, 하나님의 뜻을 안다는 것이 무엇인가? 주님께서 이제 내가 주의 뜻에 주의하도록 도와주소서." 사랑하는 친구 여러분, 우리는 오직 은혜로 구원을 받습니다. 그러나 구원을 받았을 때 우리는 순종하는 자녀가 되는 것이고, 더 이상 분별없는 예후 같은 사람이 아닌 것입니다.

그런데 그뿐 아니라, 하나님의 뜻을 알고 또 어느 정도 실천도 하는 사람들이 있습니다. 그러나 그들은 그 뜻에 하나님의 권위가 있는 것으로 알고 그 뜻을 실천하는 것이 아닙니다. 특별히 기독교 신앙의 규례들을 따르는 일에 있어서 우리가 단지 관습 때문에 혹은 교회의 권위 때문에 그 규례들을 따른다면 우리의 드리는 헌금은 헛된 것입니다. 우리는 이 성경의 명령이 하나님의 명령이기 때문에 거기에 복종해야 합니다. 우리의 인생행로는 이러이러한 사실이 훌륭하다는 인상에 따라 지도를 받아서는 안 되고, 우리는 지존하신 하나님의 종들이고, 하나님께서 우리에게 말씀하시는 것은 무엇이든지 이행하는 것이 우리의 특전이라는 의식에 의해 인도받아야 합니다. 기계적으로 복종하는 것은 그처럼 크고 은혜로우신 하나님의 종에게 전혀 어울리지 않는 일입니다. 초기 그리스도인들이 순종보다 훨씬 더 높은 위치에 있는 그리스도에 대한 헌신만큼 그리스도에 대한 순종을 많이 이야기하였다는 사실은 그동안 충분히 언급하였습니다. 예수님께 대한 헌신이 우리 영혼의 지배적인 열정이 되어야 합니다. 사랑하는 여러분, 예수님의 말씀이 우리에게 저항할 수 없는 힘이 되도록 합시다. 예수님께서 인도하시기 때문에 따라가도록 합시다. "하나님의 뜻대로"(Deus vult)라는 이 말은 은둔자 피터(Peter Hermit)의 설교를 듣고서 한때 광신적 행위를 지지하는 이유로 남용되었던 중요한 외침이었습니다. 이 외침은 기독교계를 통해서 퍼져나갔고, 군주들이 왕관을 벗고 투구를 쓰게 만들었으며, 장색들이 망치를 버리고 창을 잡도록 만들었으며, 사람들의 보습을 칼로 변화시켰고 전지용 낫을 창으로 바꾸었습니다. 그들은 거룩한 땅에서 이교도의 침입을 깨끗이 제거한다는 생각에 사로잡혀 팔레스타인으로 돌진하여 들어가 죽었습니다. 그와 같은 충동이 더 높고 고귀한 목적, 곧 "하나님의 뜻대로"라는 목적을 위해 다시 한번 기독교계를 휩쓸었으면 좋겠습니다! 진리로 잘못된 생각을 추방합시다! 미신이 복음에 복종하도록 합시다! 형식과 의식(儀式)들이 값없는 은혜의 교리 앞에서 사라지게 합시다! "하나님의 뜻대로" 모든 사람이 예수님의 이름에 무릎을 꿇도록 합시다! 십자가에 못 박히신 분이 도처에서 경배를 받으시도록 합시다. 그것이 하나님의 뜻입니다. 이 말이 모든 기독교인을 움직인다면, 우리도 그 말을 마음에 새기도록 합시다. 그래서 우리가 하나님의 계명들이 하나님의 뜻을 나타내기 때문에 그 계명들에 주의하게 되기를 바랍니다.

예후의 경솔함이 그가 이스라엘의 하나님의 모든 율법에 **전심으로** 주의를 기울이지 않은데서 나타났다는 사실이 본문에 한 번 더 덧붙여집니다. 내가 이 시대를 고발해야 할까요? 그렇게 할 생각은 없습니다. 그러나 우리들 대부분이 전심으로 하나님을 섬기지 않는다는 이 점을 여전히 문제 삼는 것은 당연한 일일 것입니다. 아, 사람들이 부를 추구하는 열정이 얼마나 대단합니까! 아, 부를 갈망하는 그 격정은 또 어떠합니까! 과학자가 일생을 고생스런 연구에 바치도록 몰아가는 그 세력의 힘이 얼마나 대단합니까! 그렇다면 우리는 더 고귀한 열정에 사로잡혀야 하지 않겠습니까? 우리도 그처럼 주님의 대의를 위해서 헌신해야 하지 않겠습니까? 우리들 대부분의 열의 없는 마음이 그리스도를 영화롭게 하는 일을 막고 있습니다. 우리가 설교하고 있는 것은 사실입니다. 그러나 죽어가는 사람들이 죽어가는 사람들에게 하듯이 설교하지는 않습니다. 우리는 정말로 기도합니다. 그러나 야곱이 천사와 씨름하듯이 기도하지는 않습니다. 우리는 사람들에게 주기는 주지만 물건을 아까워하지 않는 사람처럼 넉넉히 주지는 않습니다. 우리가 거룩하게 살려고 힘쓰지만, 그리스도의 십자가에 어울리는 열심을 가지고 애쓰지는 않습니다.

사랑하는 친구 여러분, 나는 본문 말씀이 우리 모두에게 해당될까봐 걱정입니다. 그런데 본문 말씀이 거의 사형 선고처럼 적용되는 사람들이 있습니다. 이는 그들이 하나님의 뜻을 알고 어느 정도 행하지만 전심으로 그 뜻에 주의하지 않기 때문입니다. 여러분이 외적으로 하나님의 뜻이라고 믿는 것은 무엇이든지 성실하게 실행할 수 있지만, 마음으로 순종하는 것이 아니면 여러분이 하나님의 은혜를 받은 사람이라는 증거가 없다는 사실을 기억하시기 바랍니다. 왜냐하면 은혜가 획득하는 것이 마음이고 하나님께서 요구하시는 것이 마음이며, 마음을 내놓기 전에는 아무것도 내놓은 것이 아니기 때문입니다. 여러분은 세례를 받을 수 있고 다시 한번 세례를 받을 수도 있습니다. 원하는 대로 자주 성찬에 참여할 수 있고, 회중석에 앉아 설교를 들을 수도 있습니다. 아니, 설교를 하고 심지어 여러분의 몸을 불사르도록 내줄 수도 있습니다. 그러나 여러분의 마음이 하나님께 항복하지 않으면, 하나님을 사랑하지 않는다면, 하나님이라는 분에게 애정을 느끼지 못한다면, 여러분이 지금까지 행한 모든 것은 단지 흥분이나 자유 의지의 자연스러운 결과일 뿐이고 은혜의 활동은 아닌 것입니다. 그러나 마음으로 하나님을 굳게 붙들 때, 영혼으로 하나님만을 바라볼 때, 전 존재를 던져서 모든 봉사의 일을 할 때, 바로 그것은 우리가 소생함을 받은 자, 부르심을 받은 자, 하나님의 택하신 자, 곧 그리스도 예수를 기뻐하고 육신을 신뢰하지 않는 하나님의 백성으로서 구별되었다는 표시입니다.

이와 같이 해서 지금까지 나는 예후의 문제에서 해악의 원인이 어디에 있는지를 설명하려고 했습니다. 즉, 그가 하나님의 전체 뜻을 아는데 관심이 없었고, 하나님의 뜻을 알았다고 하더라도 그것을 실천하는데 마음을 쓰지 않았다는 점, 그리고 그가 하나님의 뜻을 실행했지만 그것이 하나님의 뜻이기 때문에 순종한 것이 아니었으며, 온 마음을 다해 하나님을 사랑하지 않았다는 것을 설명하고자 했습니다. 이 점에 대한 생각을 끝내기 전에, 예후가 다른 사람들의 죄에 대해서 몹시 화를 냈다는 점을 살펴보고, 우리도 그와 같이 하면서도 자신의 죄에 대해서는 벗어나려고 하지 않을 수 있다는 점을 생각해 보도록 합시다. 어떤 사람이 술 취함에 대해 맹렬히 반대하는 모습을 보는 것은 아주 좋은 일입니다. 그 사람은 지금까지 술 취한 죄를 범한 적이 없습니다. 그는 술 취함에 대해 맹렬한 분노를 쏟아붓는데, 술 취함은 그런 대접을 받아 마땅한 것이 사실입니다. 술 취함은 수치스러운 죄이고, 마귀가 허다히 많은 사람들을 사로잡는데 쓰는 커다란 그물이기 때문입니다. 그런데 내가 매우 절제력이 강한 사람이고 술 취함을 몹시 싫어할 수가 있습니다. 이런 모든 사실에도 불구하고 내가 마귀의 자녀일 수가 있습니다. 나는 우연히라도 범하지 않는 간음에 대해서 혹은 도적질이나 그밖의 어떤 부도덕한 행위에 대해 몹시 화를 낼 수 있습니다. 그럼에도 불구하고 내게 소리 높여 항의하는 죄들이 있을 수 있습니다. 내가 다른 사람들의 죄를 공공연히 비난한다고 해서 내 자신의 죄를 무마할 수는 없을 것입니다. 다른 사람들의 비행을 들추어 위협하는 것은 지극히 천한 일이고, 흔히 저지르는 잘못들을 끊임없이 공격하는 것은 세상에서 가장 하기 쉬운 일입니다.

　그러나 내 마음속의 한 가지 죄 때문에 목을 비틀며 괴로워하는 것은 훨씬 더 어려운 일이고, 그것은 회심한 사람임을 보여주는 더할 수 없이 좋은 표시입니다. 다른 사람들의 죄에 대해 진지하게 반대하는 것은 칭찬할 만한 일이지만, 그것이 마음속에 받은 은혜를 보여주는 표시는 전혀 아닙니다. 왜냐하면 자연인들이 이 문제에서 누구보다 앞선 지도자 노릇을 해왔기 때문입니다. 자신의 죄를 몹시 싫어하고, 자기 개인의 과실 때문에 겸손하며, 하나님 앞에서 그릇된 모든 길을 버리려고 노력하는 것이야말로 인간 본성이 할 수 없는 대단한 일입니다. 여러분은 또한 예후가 한 가지 죄에 대해서 아주 혹독하게 처리했음을 알 것입니다. 바알이라는 이름이 언급되기만 해도 그는 얼굴이 시뻘개졌습니다. 세상에는 자기가 싫어하는 한 가지 죄를 도무지 참지 못하는 사람들이 있습니다. 그들은 그 죄를 계속해서 두드리기를 좋아하고, 그 이름만 들어도 속에서 불이 일어납니다. 이것은 아주 좋은 일입니다. 그러나 여러분이 모든 죄를 미워하지 않는 한, 특별히 여러분 본성에 잘 맞는, 여러분에 붙어 다니는 죄를 미워하지 않는 한, 여러분은 거듭날 필요가 있는 사람입니다. 그리스도께서는 몇 가지를 새롭게 만드시지 않고 모든 것을 새롭게 하십니다. 그리스도께서는 우리에게 한 가지 욕망을 끊어버리고 다른 욕망은 만족시키라고 가르치시지 않고, 모든 죄를 사랑하는 마음을 은혜로 깨끗이 쓸어버려야 한다고 가르치십니다.

　다시 한번 말하지만, 예후는 어느 정도까지는 하나님께 복종하였습니다. 오래된 아합의 왕가를 몰살시키는 것이 어쩌다 보니 그에게 유익한 일이 되었습니다. 그렇게 하면 그가 왕위에 확실히 오르게 될 것이었기 때문입니다. 그 이상의 일은 그에게 수지가 맞지 않았습니다. 그래서 그는 그 외의 일에는 손을 대지 않았습니다. 어떤 미덕들은 적지 않은 이익이 됩니다. 그래서 영리한 사람들은 당장에 그 미덕을 얻으려고 애씁니다. 이렇게 수지가 맞는 미덕들은 사람들에게 많은 칭찬을 받습니다. 그러나 초라한 미덕들은 따르는 후원자들이 거의 없습니다. 만일 아합을 살리는 것이 예후에게 더 많은 이익을 주었다면, 그는 아합을 죽이는데 더뎠을 것입니다. 그리고 금송아지를 세우는 것이 자기 목적에 합치하였을 때 그는 그 일을 하는데 거리낌이 없었습니다. 많은 사람들이 자기 이익이 손해를 볼 경우에 처하게 되면 신앙을 버렸습니다. 두 사람이 함께 걸어가고 있다면 나는 누가 그들 뒤에 좇아가는 개의 주인인지 말할 수 없습니다. 그러나 곧 알게 될 것입니다. 두 사람 중의 한 사람은 오른쪽으로 돌아가고 다른 사람은 왼쪽으로 가면, 이제 누가 그 개의 주인인지 알게 될 것입니다. 전환점에 이르게 되면, 그 개는 낯선 사람을 떠나 자기 주인과 함께 갈 것이기 때문입니다. 덕을 행하는 것이 이로운 경우에는 사람이 섬기고 있는 것이 하나님인지 부인지를 언제나 쉽게 말할 수 있는 것이 아닙니다. 그러나 전환점에 이르러 사람이 그리스도를 위하여 손해를 보아야 하는 때가 되면, 그리스도를 위하여 무엇을 포기해야 하는 경우, 그때가 되면 진실성이 시험을 받습니다. 전환점들은 우리가 자신의 본 모습을 판단할 수 있는 기회입니다. 그 전환점들이야말로 우리의 진정한 성품을 보여주는 유일한 표준들이기 때문입니다.

2. 본문에서 지적하는 문제에서 부주의함은 치명적인 것입니다.

그 부주의함은 죄를 미워하지 않는다는 사실을 나타내기 때문에 치명적입니다. 어떤 특정한 죄는 미워하지만 다른 죄는 제멋대로 하게 두므로, 죄 자체에 대한 미움이 없다는 사실이 분명합니다. 예후에게 말을 해보라고 했다면 이렇게 말했을 것입니다. "나는 우상 숭배가 싫다. 내가 어떻게 바알의 형상을 부수었는지 보라!" 좋다. 그러나 당신이 어떻게 금송아지를 세웠는지 보시오. 당신이 한 일은 우상 숭배 자체에 대한 미움 때문이 아니었고, 바알 숭배로 이루어진 특정한 형태의 우상 숭배에 대한 미움 때문이었습니다. 이와 같이 어떤 한 가지 죄만을 미워한다면 여러분은 죄를 미워하는 것이 아닙니다. 성령 하나님께서 이미 여러분으로 하여금 죄악을 싫어하도록 만드셨다면 모든 죄가 여러분 보기에 불쾌할 것입니다. 내가 어떤 사람에게 "나는 당신이 그런 외투를 입고 오면 우리 집에 들어오게 하지 않을 것입니다" 하고 말하고 나서, 그 사람이 좀 더 모양새가 좋은 정장을 입을 때는 그에게 문을 열어준다면, 내가 반대하는 것은 그 사람이 아니라 그의 옷이었다는 것이 분명합니다. 어떤 사람이 거래가 세상에 공개될 때는 속이는 일을 하려고 하지 않지만, 좀 더 은밀한 방식으로 속이려고 하거나 장사에서 못 본 체 눈감아주는, 뒤섞는 방식으로 속이려고 한다면, 그 사람은 속이는 일을 미워하는 것이 아닙니다. 그는 확실히 들키게 되어 있는 종류의 속임을 미워할 뿐이고, 속이는 일 자체는 좋아하는 것입니다. 어떤 죄인들은 자기들이 죄를 미워한다고 말합니다. 사실은 전혀 그렇지 않습니다. 사실 그들에게 죄는 아주 기분 좋게 만드는 것입니다. 그들이 싫어하는 것은 노려보는 듯한 죄의 모습일 뿐입니다.

부주의하다는 것은 자아를 뿌리뽑지 못했다는 표시입니다. 여러분은 자신이 어떤 죄를 버렸다고 말하면서도 그리스도의 이런저런 명령에 주의하려고 하지 않습니다. 이런 태도가 무엇을 증명하는 것입니까? 위대한 내가 여전히 주도권을 쥐고 있다는 것이 아니겠습니까? 자아는 모든 문제에서 뿌리 뽑지 않는 한 결코 뿌리 뽑지 못합니다. 내가 "주님, 내가 주의 모든 뜻 행하기를 기뻐합니다. 모든 점에서 철저히 주님의 뜻을 따르기를 간절히 바라나이다"라고 말할 수 없는 한, 자아를 뿌리 뽑지 못한 것입니다. "나는 이것은 하겠지만 저것은 하지 않겠다"고 말하는 것이 바로 교만한 마음입니다. 종은 자기 의무를 고르고 선택할 수 있는 사람이 아닙니다. 고르고 선택한다면 그가 주인이 되는 것입니다. 주인이 자기에게 무엇을 시키든지 선택을 한다면 그는 자기가 취할 권리가 없는 위치를 가로챈 것입니다. 사람이 모든 일에서 기꺼이 그리스도께 복종하려고 하지 않는 한, 그가 아무리 고상한 주장을 할지라도 자아가 겸손해지지 않은 것이고, 영혼이 새롭게 되지 않은 것입니다.

또, 여러분의 믿음은 살아있는 믿음이 아닙니다. 우리는 행위로 구원받지 않고 그리스도를 믿는 믿음으로 구원받습니다. 사랑하는 친구 여러분, 만일 여러분이 어떤 한 가지 죄를 마음에 품고 기뻐하며 그 죄가 제멋대로 하게 내버려 둔다면, 여러분은 하나님의 택하신 자의 믿음이 없는 것입니다. 형제 여러분, 여러분이 반대하는 하나님의 명령이 있고, 그래서 "그것이 그리스도의 명령인 것을 알지만 나는 그 명령에 복종하지 않겠다"고 말한다면, 여러분은 믿음의 순종에 일치하게 행동하고 있지 않는 것입니다. 왜냐하면 믿음은 주님의 은혜를 신뢰할 뿐 아니라 주님의 뜻에도 복종해야 하기 때문입니다. 내가 지금 말하고 있는 것이 여러분 가운데 어떤 분들에게는 그리 유쾌하지 않다는 것을 압니다. 그러나 나는 여러분들에게 듣기 좋은 말을 하도록 보냄을 받은 것이 아니라 건강에 좋은 진리를 전하도록 보냄을 받았습니다. 나는 이 진리가 내 자신의 영혼에게 그리고 여러분의 영혼에도 영적 유익을 가져다주기를 간절히 기도합니다. 여러분 가운데 아무도 속기를 바라지 않습니다. 여기 계시는 분들 가운데 가장 진지한 그리스도인은 아주 기꺼이 자신을 살펴보려고 하는 사람이라고 확신합니다. 우리가 계속 꿈을 꾸고 있다가 지옥에 가서 자신의 잘못을 깨닫기보다는 이 자리에서 눈을 뜨는 것이 낫습니다. 주님께서 우리가 마음을 파고드는 예리한 진리나 날카로운 설교를 두려워하지 않게 해주시기를 바랍니다. 오히려 마음을 살피는 목사가 우리를 충실히 다루도록 요청하게 해주시기를 바랍니다. 사랑하는 여러분, 여러분이 주님의 뜻에 관해 예외를 두고 이것은 이렇다고 저것은 저렇다고 흠을 잡는다면 여러분의 마음은 겸손해질 수 없고 여러분의 믿음은 살아있는 믿음이 될 수 없습니다. 여러분이 하나님의 뜻에 반항할 때 사실은 바로 하나님께 반역을 하는 것입니다.

　그 다음에, 하나님을 섬기는 것에 대해 신경 쓰지 않는 것은 지존하신 하나님께 큰 굴욕을 끼치는 일입니다. 이와 같이 경솔한 신앙, 이렇게 운에 맡기는 경건, 다른 누구나 하는 일을 하면서 멈춰 서서 그것을 생각해보지 않는 이런 태도에는 하나님께 대한 진실한 공경심이 참으로 부족합니다. 하나님께 대한 진정한 공경심이 있으면 나는 때때로 멈추고서 "이것이 내 주님의 뜻인가?" 하고 묻게 됩니다. 그런 공경심이 있으면 나는 좌우를 살펴야 하는 위치에 이르게 되면 진지하게 고민하며 이렇게 묻게 됩니다. "나는 정말로 이 자리에 있는 것이 옳은가? 내가 지금 내 자신을 섬기고 있는가 아니면 하나님을 섬기고 있는가? 내가 지금 거룩한 충동을 받아 움직이고 있는가 아니면 단지 내 인간적인 열정에 사로잡혀서 움직이고 있는 것인가?" 여러분이 이렇게 멈춰 서서 묻지 않는다면 여러분이 지존하신 하나님께 합당한 공경심이 있다고 보기 어렵습니다. 우리 가운데 한 사람이 여왕의 대사로 어떤 중요한 임무를 받고 파송된다면, 명령을 받았을 때 우리는 받은 명령의 내용이 무엇인지 아는데 아주 열심을 보일 것입니다.

그리고 생각하건대 명령이 적힌 문서를 가슴 속에 넣어둘 것입니다. 그것은 우리가 어떻게 해서든지 그 문서를 그처럼 심장 가까운 곳에 보관하고 종종 꺼내서 해야 할 일이 무엇인지 정확히 알려고 할 것이기 때문입니다. 또 그것은 여러분이라면 "만약에 내가 이 일에 실수를 할지라도 능력이 부족해서 그런 일이 벌어질지언정 관심과 주의가 부족해서 일어나는 일은 하지 않도록 하겠다"고 생각하기 때문입니다.

사랑하는 청중 여러분, 우리는 마지못해 하나님을 섬겨서는 안 되고, 하나님께 마음을 향하지 않은 채 하나님을 봉사하는 일에 무모하게 뛰어들기도 하고 또 뛰쳐나오기도 해서는 안 됩니다. 주님은 우리에게 머리를 반만 쓰고 마음도 반만 써서 주님을 섬기도록 요구하시지 않습니다. 하나님을 섬기는 것은 나의 총명을 총동원해서 할 만한 일입니다. 나는 마음에 좋은 동기를 품고서 주님을 섬길 뿐만 아니라 또한 주님께서 그의 보혈로 값을 치르고 내 머리도 사셨다는 것을 알고서 주님을 섬기도록 하겠습니다. 나는 총명을 발휘해서 주님께 순종하도록 하면서 "주여, 주께서 내게 시키시고자 하는 일을 가르쳐 주옵소서. 또 그 일을 어떻게 하기를 원하시는지도 가르쳐 주옵소서" 하고 말하도록 하겠습니다. 예수님은 교육을 아주 잘 받은 우리 전체를 마땅히 받으실 만한 분이십니다. 그래서 참된 그리스도인은 예수님께 단지 열정과 충동과 흥분만을 드리는 것으로 만족하지 않고, 위대한 교사이신 주님의 명령을 온 마음으로 받고 "여호와여 주의 율례들의 도를 내게 가르치소서 내가 주의 계명들의 길로 달려가리이다"(시 119:33,32) 하고 말할 것입니다.

사랑하는 친구 여러분, 또 한 가지 말씀드릴 것은 어쨌든 우리가 하나님을 섬기는 일에 부주의하고, 주님의 뜻을 찾거나 행하는 것을 시간과 노력을 들일 만한 일로 생각하지 않는다면, 우리 신앙의 핵심이 썩은 것이 아닌가 의심할 만한 충분한 이유가 있는 것입니다. 내 말이 가혹하다고 생각하지 마십시오. 여러분이 그렇게 생각할지라도 나는 그 말을 여러분에게 다시 한번 강조하지 않을 수 없습니다. 사랑하는 여러분, 여러분과 나는 우리가 회심하였다고 생각하고, 우리가 이런저런 경험을 하였다고 생각하기가 참으로 쉽습니다. 어떤 사람들은 그리스도인이 되는 것을 아주 쉽게 생각하지만, 실제로 그리스도인으로 발견되기가 그리 쉬운 일이 아닐 것입니다. 베드로의 말을 들어봅시다. 그는 "의인이 겨우 구원을 받으면"이라고 합니다. 주님께서 이는 "생명으로 인도하는 문은 좁고 길이 협착하기"(마 7:14) 때문이라고 말씀하십니다. 그런데 내가 속으로 나는 주님의 뜻을 알고 싶지 않다고 하거나 주님의 뜻을 알지라도 그 뜻에 복종하지 않겠다고 한다면, 그리고 그 뜻을 실천할지라도 거기에 마음을 쏟지 않고 그저 가볍게 행하겠다고 악하게 말한다면, 어떻게 되겠습니까? 그저 세상 사람이라도 이보다 악한 마음을 가질 수 있겠습니까? 그것이 타락한 본성에서 나온 것임을 이보다 더 확실하게 알 수 있겠습니까? 이 두 가지 태도 가운데서 나는 여러분이 속마음을 숨기고 있는 것보다는 표출하는 것을 보고 싶습니다. 여러분이 순전히 어느 정도까지만 명목상 하나님의 친구로 있는 것보다는 표면상으로 하나님의 원수가 되는 것이 낫습니다. 하나님께서 우리를 위선의 그늘에서 구원해 주시기를 구합니다!

나는 내가 여기서 지금까지 내내 괴로운 점을 다루어왔다는 것을 알고 있습니다. 그것은 영국 국교회에 있는 사람들은 말할 것도 없고, 우리 교회에서조차 아주 많은 사람들이 주님께서 그들이 행하기를 바라시는 것이 무엇인지를 진정으로 생각하지 않기 때문입니다. 어떤 사람들은 가족 관계를 통해서 인도를 받습니다. "왜 내가 이런 이런 일을 하느냐구? 당신도 알다시피, 그것은 내가 배우면서 자란 일이야." 그 이론대로 하자면 모든 이교도들은 영원히 이교도가 될 것이고, 모든 사람은 자기 아버지를 따라 지옥으로 내려갈 것입니다. 많은 사람들이 부모님으로부터 이름을 받을 때 종교도 받습니다. 그들은 의식이 없었을 때 이름을 받았는데, 그때 종교를 얻거나 무종교를 얻기도 했습니다. 나는 나의 할머니가 하셨던 일을 필연적으로 하게 되어 있다고 생각하지 않습니다. 할머니는 훌륭한 분이셨고 천국에 가신 것을 의심하지 않습니다. 그러나 하나님께서 나를 인도하게 되어 있는 지력을 할머니 머리에 집어넣어 주셨다고 생각하지 않습니다. 나는 하나님께서 내 총명과 지력을 내 머릿속에 넣어주셨고, 그래서 성령의 인도를 받아 내가 직접 이 성경을 찾아볼 수 있게 하셨다고 믿습니다. 하나님께서 내 아버지의 손에 성경을 주신 것은 그가 자기 아들을 묶을 어떤 개념을 형성하도록 하기 위한 것이 아닙니다. 그보다 하나님께서 각 신자의 손에 성경을 주신 것은 그가 와서 "주여, 내가 무엇을 하기를 원하시나이까?" 하고 말하도록 하기 위함입니다. 어떤 습관에 대해 "내가 이런저런 일을 하는 것은 우리 가족이 내 앞에서 그렇게 했기 때문이야"라고 말하는 것은 아주 나쁜 이유를 대는 것입니다.

그런데 "내가 이렇게 하는 것은 당신도 알다시피 그것이 사람들이 일반적으로 하는 일이고, 훌륭한 일이기 때문이야"라고 말하는 것은 더 나쁜 이유입니다. 일반적인 일은 십중팔구 잘못된 것입니다. 일반적인 일이 언제나 옳은 일이 되는 경우가 극히 드문 것처럼 그리스도의 교회가 어디에서나 이상한 경우는 좀처럼 없습니다. 이상한 것이 옳은 일인 경우를 제외하고 이상한 것은 어리석은 일입니다. 그런데 이상한 것이 어리석은 일이 되는 경우는 참으로 흔합니다.

다른 한편으로, 전통을 따르지 않는 사람들 가운데 단지 흥분을 따르는 사람들이 있습니다. 그들이 지금 신자로 자처하게 된 것은 말 잘하는 목사의 설교를 듣고 설득되었기 때문입니다. 그들은 흥분하였고, 그래서 신자로 자처하게 되었습니다. 그밖에, 자기들이 좋은 동기를 가지고서 그렇게 했다고 말하는데, 이렇게 말하는 것이 아무 이유를 대지 않는 것보다는 확실히 낫습니다. 그러나 내가 좋은 동기를 가지고 그릇된 일을 했다고 해서 그것이 그릇된 일을 올바르게 만들지는 않습니다. 만약 내가 계속해서 성경을 덮어둔 채로 "이제 나는 무엇이든지 내가 옳다고 생각하는 것을 행할 거야"라고 말한다면, 나는 밤에 손전등을 끄고서 "이제 나는 어디든지 내가 옳은 길이라고 생각하는 대로 갈 거야" 하고 소리치는 사람과 같습니다. 그가 개천으로 굴러 떨어진다면, 자기가 최선의 판단을 따랐다는 것이 전혀 위안이 되지 않을 것입니다. 왜 그는 자기 주위에 있는 불빛을 따라가지 않은 것입니까?

스스로 그리스도인이라고 하는 사람들 가운데서도 자기 취향을 따라간 사람들이 있습니다. 그들이 어떤 교리를 믿는 것은 그 교리를 좋아하기 때문이고, 혹은 그들이 어떤 관습을 따르는 것은 그 관습이 아주 적합하다고 생각하거나 어쩌면 멋지다고 생각하기 때문입니다. 취향이라는 것은 신앙에 있어서 도깨비불처럼 믿을 수 없는 것입니다. 내가 잘 변하는 마음을 내 행동 규칙으로 삼고 있는 한, 결코 하나님의 종이 될 수는 없습니다. 사랑하는 여러분, 끊임없이 분별없는 태도로 신앙생활을 하는 사람들이 많이 있습니다. 그들은 도무지 깊이 생각하는 일을 하지 않습니다. 이 문제가 여러분에게 중요하게 인식되지 않을 수 있을지라도, 나는 지금 전하고 있는 이 메시지가 허다히 많은 그리스도인들에게 필요한 것이라고 확신합니다. 하나님을 생각 없이 섬기지 마십시오. 여러분이 어떤 신앙 활동을 할 때, 단지 그 활동을 할 때가 되었기 때문에 하지 않도록 하십시오. 정말로 조심하고, 이 문제를 가볍게 생각하지 마십시오. 여러분이 지금 무엇을 하고 있는지 알고, 다른 사람들이 예배드리니까 나도 한다는 식으로 하지 마십시오. 주의하고 깊이 생각하며, 다른 사람들이 그렇게 하든지 않든지 상관없이 여러분은 정말로 하나님의 힘을 얻어서 온 마음으로 주님의 뜻을 이행하도록 하십시오.

3. 세 번째로, 하나님의 모든 뜻에 대해 주의 깊게 생각하는 것이 매우 유용하다는 것입니다.

첫째로, 하나님의 모든 뜻을 마음을 다해 행하도록 조심하는 사람은 바른 섬김의 정신이 있다는 것을 보여주기 때문입니다. 그가 하나님의 종이 된 것은 여종의 눈이 여주인을 바라보는 것 같이 그의 눈이 하나님을 바라보고 있었기 때문입니다. 그가 진정으로 어린아이와 같은 마음을 갖고 있는 것은, 그가 아버지 하나님께 "아버지여, 아버지께서 내게 원하시는 일과 내가 어떤 사람이 되어야 할 것을 말씀하여 주소서"라고 말하기 때문입니다. 그에게는 참으로 믿는 정신이 있습니다. 그는 더 이상 눈에 보이는 것과 육신의 뜻에 따라 행하지 않고, 보이지 아니하시는 하나님의 뜻에 순종하려고 하기 때문입니다. 그는 자신의 뜻을 하나님의 은혜에, 하나님의 뜻에 복종시키고, 그가 바라는 것은 "내 원대로 마시옵고 아버지의 원대로 되기를 원하나이다"(눅 22:42)라는 것이기 때문에 그에게 겸손한 마음이 있는 것이 분명합니다. 사랑하는 여러분, 여러분에 대한 하나님의 뜻에 대해 주의하는 태도를 기르십시오. 그것이 여러분에게는 하나님의 은혜가 여러분의 마음을 지배한다는 아주 분명한 최상의 증거들 가운데 한 가지 이기 때문입니다.

다음으로, 이와 같이 주의 깊은 것이 귀한 이유는 그런 태도가 많은 악을 예방하기 때문입니다. 지금 행하고 있지만 그리스도인들이 생각해 보기만 하면 다시는 행하지 않을 일들이 많이 있습니다. 우리가 일단 신중하게 믿는 교회를 들어갈 수 있다면, 머지않아 개혁된 교회를 원하게 될 것입니다. 사랑하는 여러분, 우리가 종교개혁의 혜택을 누리게 된 것은 루터가 하나님의 인도를 받아 믿음으로 의롭다 함을 얻는다는 교리를 선포하게 되었기 때문입니다. 루터가 그 교리를 설교하였을 때, 세상에 믿는 사람이 아무도 없었다고 생각지 마시기 바랍니다. 그리스도를 믿는 거룩한 사람들이 많이 있었습니다. 그러나 그들은 자기들이 은밀히 믿고 살았던 그 진리를 지붕 꼭대기에서 선포해야 할 필요성을 몰랐습니다. 루터가 그들에게 이 중요한 진리를 부인하는 교회에 속해서 지내야 하는지를 생각하게 만들었을 때에야 비로소, 그 필요성을 생각한 것입니다. 그들이 오래된 로마 가톨릭 교회에서 나와 그 진리를 예수님 안에 있는 대로 더욱 담대히 선언하기 시작한 것은 그때부터입니다. 여러분이 다윗처럼 잠시 서서 "에봇을 내게로 가져오라"(삼상 30:7)고 말한다면 섭리 가운데서 온갖 고난을 면하게 될 것입니다. 여러분이 보지도 않고 계속해서 오른쪽으로 뛰기보다는 "주여, 구름이 나를 어디로 인도하나이까? 섭리의 손이 나에게 어디로 지시하나이까?" 하고 묻는다면, 비통하게 흘리는 많은 눈물을 면하게 될 것이고, 여러분의 길이 좀 더 행복하고 유쾌해질 것입니다.

그 다음에, 주의하는 마음은 하나님의 뜻을 찾아냅니다. 하나님의 뜻은 어떤 사람들이 우리에게 말하는 것처럼 그렇게 아주 신비스러운 것이 아닙니다. 성경은 이해하려고 하는 사람에게는 하나님의 은혜로 이해하게 되는 책입니다. 알고자 하는 마음으로 오십시오. 그러면 알게 될 것입니다. 하나님께서 여러분이 행하기를 바라시는 일을 하려는 마음을 가지고 성경으로 오십시오. 그러면 여러분은 곧 배우게 될 것입니다. 여러분은 사제에게 복종할 필요가 없고, 다른 사람의 판단이 여러분의 지성을 좌지우지 하도록 허용할 필요도 없습니다.

> "이분이야말로 기지와 이성이 실패하는 곳에서
> 다툼을 끝내시는 재판장이시네.
> 이 모든 어두운 골짜기를 지나
> 영생으로 인도하시는 안내자이시네."

어떤 사람들에게는 주의 깊은 마음이 특별히 더 필요합니다. 예후처럼 성격이 급한 사람은 그 만큼 더 주의할 필요가 있습니다. 어떤 형제들은 급한 성격을 갖고 태어납니다. 어떤 사람들은 쉽게 충동에 사로잡힙니다. 우리 가운데 침착하고 빈틈없는 사람들은 아마 이런 점에서 실수하지 않을 것입니다. 그러나 좀 더 충동적인 형제들은 하나님의 전체적인 뜻에 주의하는 이 의무를 잘 생각해야 합니다. 그렇지 않으면 그들은 하나님의 뜻을 알기도 전에 사기에 잘 속아 넘어갈 수가 있습니다. 여러분은 의무를 이행한다는 생각으로 온갖 해악에 뛰어들 수 있습니다. 사람들이 모든 문제에 대해 하나님께 가서 말씀드리려고 한다면,

그들이 지금하듯이 그처럼 유치한 일들을 많이 말하지 않을 것이고 그처럼 터무니없는 일들도 많이 이야기하지 않을 것입니다. 이와 같이 조심성이 많은 태도는 설교자에게 참으로 필요한 것입니다! 설교자가 자신이 공표하는 것을 조심하지 않는다면 그는 유익을 주기보다는 해악을 훨씬 더 많이 끼칠 것입니다. 주일학교 교사들과 어떤 부서에서든지 가르치는 일을 맡은 여러분은 참으로 조심성이 많아야 합니다. 여러분이 자신의 행동을 돌아보지 않는다면, 여러분이 좋은 동기를 가질 수는 있지만 여러분의 본보기는 그리 좋지 않을 것입니다. 이 태도는 부모에게 참으로 필요합니다! 부모가 잘못을 저지르면, 자녀들은 부모의 미덕보다는 부모의 악을 훨씬 더 빠르게 본받기 때문입니다. 이 태도가 어떤 지위에 있는 사람들에게 참으로 필요합니다!

　불신자들과 함께 일하는 여러분, 즉 세상 사람들 가운데서 일하는 여러분, 여러분은 참으로 조심성 있게 행동해야 합니다! 여러분이 조심하지 않는 한, 결코 올바르게 행동할 수 없습니다. 조심하는 태도야말로 주님의 모든 뜻에 주의하려고 하는 열망이라는 이 변화를 확실히 이룰 것입니다. 내가 여러분에게 정확하게 행동하도록 하려고 하였습니까? 한 청교도가 말했습니다. "예, 나는 정확합니다. 정확하신 하나님을 섬기기 때문입니다." 내가 여러분에게 조심스럽고 방심하지 않게 하려고 하였습니까? 그렇습니다. 여러분은 질투하시는 하나님을 섬기기 때문입니다. 이 시대는 두려움이라는 것이 없습니다. 그래서 나는 이 줄을 너무 바싹 당길 수 없습니다. 슬프게도 느슨함이 너무도 흔히 볼 수 있는 사회적 풍습이기 때문입니다. 사랑하는 여러분, 나는 우리가 다시 한번 청교도 신앙으로 돌아갔으면 좋겠습니다. 그 신앙의 우울함을 다시 취하자는 것이 아니라 그 신앙의 엄격한 순종의 태도를, 그 모든 신념을 군건하게 붙드는 자세를, 하나님의 뜻의 지극히 하찮은 점이라도 양보하기보다는 차라리 죽으려는 그 결심을 다시 갖기를 바랍니다. 우리가 이 청교도 신앙을 좀 더 갖는다면, 교회가 지금보다 훨씬 더 복을 받을 것입니다.

　다시 한번 말씀드리지만, 이 주의하는 정신은 그리스도인 여러분들에게 큰 복이 될 것입니다. 그 정신을 따라가다 보면 큰 복에 이르게 될 것입니다. 내가 주님의 뜻을 행하는 일에 주의하지 않으면, 얼마 안 되어서 예수님과의 교제를 잃어버릴 것입니다. 그리스도께서는 하나님의 뜻을 아주 주의 깊게 행하는 사람들과 아주 친밀하게 동행하시기 때문입니다. 내가 마음속에 우상을 두면, 예수 그리스도께서 오셔서 나와 친밀하게 이야기하시고 우상 앞에서 나와 식사하실 것을 기대할 수 없습니다. 내가 알면서도 혹은 심지어는 의도적으로 알려고 하지 않은 채 하나님께서 찬성하시지 않는 일을 행하고 있다면, 하나님의 미소를 기대할 수 없습니다. 되풀이해서 말하지만 우리는 행위로 구원받지 않습니다. 그러나 우리가 그리스도와 나누는 교제는 우리 순종의 진실성에 많이 좌우됩니다. "내가 아버지의 계명을 지켜 그의 사랑 안에 거하는 것 같이 너희도 내 계명을 지키면 내 사랑 안에 거하리라"(요 15:10). 이 모든 이유로 성령께서 우리에게 주의하고 조심하는 마음을 주시기를 바랍니다!

4. 끝으로, 여러분에게 당장 주의하기를 연습하라고 권하겠습니다.
　나는 이 자리에 계시는 모든 분들에게 이 한두 마디로 호소하고 싶습니다. 사랑하는 친구 여러분, 나는 여러분 모두에게 이 질문에 스스로 답해 보시기를 청합니다. 지금 이 시간 내가 품고 있는 소망이 참된 모든 소망이라면 틀림없이 있을 곳에 정말로 있습니까? 여러분은 계명에 따라 행하기를 바라는 문제에 주의를 기울이고 있습니까? 계명이 무엇입니까? 계명은 이것입니다. 즉, 하나님이 보내신 예수 그리스도를 믿는 것입니다. 이보다 중요한 질문은 있을 수 없습니다. 여러분은 지금 예수 그리스도만을 온 마음으로 의지하고 있습니까? 그렇지 않다면, 여러분은 신앙이 있는 체하는 모든 태도를 버리는 것이 좋습니다. 여러분이 이 기초에서 시작하지 않았다면 신앙이 전혀 없었던 것이기 때문입니다. "이 닦아 둔 것 외에 능히 다른 터를 닦아 둘 자가 없으니"(고전 3:11). 자, 여기에는 예외가 있을 수 없습니다. 뛰어난 성품, 자선 행위, 경건한 의식, 이 모든 것들은, 여러분이 먼저 모든 선한 행실과 인간의 모든 공로를 부인하고, 그러고 나서 주 예수님과 그의 완성하신 사역과 의를 의지하지 않는 한 아무 소용이 없습니다. 자, 그것이 우선 첫째로 물어야 할 질문입니다. 그리스도인 여러분, 여러분이 그 문제를 극복하고 "그렇습니다. 하나님을 찬미합시다. 나는 그 점에서 계명을 따라 행합니다"고 말할 수 있다면, 다음으로 여러분은 이 문제에 답변하시기를 바랍니다.
　지금 여러분이 잘못된 것으로 알고 있거나 여러분이 애써 조사해 보았다면 잘못되었다는 것을 알 수도 있을 일을 행하고 있는 것이 있습니까? 그렇다면 나는 그리스도께 대한 여러분의 충성심을 믿고 그 일을 당장 그만두라고 명령합니다. 물이 새는 구멍 하나가 배를 침몰시킵니다. 정말로 마음속에 품고 있는 한 가지 죄가 여러분에게 하나님의 은혜가 없음을 보여주는 증거가 될 것입니다. 여러분은 한 가지 죄에 빠질지라도, 아니 오십 가지 죄에 빠질지라도 여전히 그리스도인일 수 있습니다. 그러나 여러분이 한 가지 죄 안에 살며 한 가지 죄를 사랑하면서 그리스도인이 될 수는 없습니다. 왜냐하면 모든 죄를 마음으로부터 부정하는 것이 살아있는 신앙에 반드시 필요하기 때문입니다. 이 점에 대해 어떻게 생각하십니까? 그리스도 안에서 구원받은 사랑하는 형제 여러분, 주님의 명령 가운데 여러분이 그동안 소홀히 한 것이 있습니까? 소홀히 한 명령이 무엇인지에 대해서는 아무런 암시도 하지 않겠습니다. 그것이 모든 경우에 사람마다 다를 수 있기 때문입니다. 그런데 여러분이 그리스도를 위해 할 수 있었는데 하지 않은 한 가지 일이 있습니까? 주님께 바칠 수 있었는데 바치지 않은 한 가지 봉사가 있습니까? 그렇다면 여러분이 심판 날에 주님께 대한 여러분의 애정의 진실됨을 인하여 인정된 자로 발견되기를 소망하므로 그 한 가지 일을 행하되, 즉시 마음을 다하여 행하라고 말씀드립니다.

내가 이 문제를 여러분 마음에 박히도록 설명할 수 있는 능력이 있으면 좋겠습니다. 나는 다루어야 할 아주 큰 주제가 있는데 그것을 깊이 깨닫도록 설명할 힘이 너무도 약한 것 같은 느낌이 듭니다. 사랑하는 여러분, 우리는 살았다 하는 이름은 있으나 실상은 죽은 자들, 하나님을 굳게 붙드는 마음이 없으므로 죽었음을 나타내는 그런 사람들이 되지 않도록 합시다. 나는 여러분이 생활에서 완전할 수 없다는 것을 압니다. 그러나 여러분은 완전해지기를 바라야 합니다. 여러분이 모든 죄를 실제로 다 버릴 수 없다는 것을 압니다. 우리는 약하기 때문에 이런저런 죄에 빠집니다. 그러나 마음으로는 모든 죄를 버려야 합니다. 그렇지 않다면 그것은 하나님이 그 안에 거하시지 않는 썩은 마음입니다. 마음으로는 모든 계명에 순종해야 합니다. 그렇지 않으면 그것은 예수 그리스도께서 오셔서 다스리시지 않는 마음입니다. 주님은 내부를 청소하십니다. 그러면 외부가 금방 올바르게 될 것입니다. 주님께서 잔과 접시의 안쪽을 깨끗하게 하여 주시기를 바랍니다. 그러면 그 바깥도 깨끗해질 것입니다. 주님께서 이 일이 즉시 시행되도록 하여 주시기를 바랍니다.

이 설교에 마음이 상했다고 느끼는 분들에 대해서는, 이 설교가 그렇게 여러분의 마음을 상하게 하기를 바랍니다. 이 설교가 여러분의 소망을 무너뜨리고,

여러분을 절망에 빠트리고, 그래서 결국 여러분을 그리스도께 인도하기를 바랍니다. 여러분이 그리스도께 가서 그를 의지하게 되면, 이렇게 외칠 것입니다.

> "내 하나님께 사랑을 받았으니, 나도
> 불타는 뜨거운 사랑으로 하나님을 사랑하고
> 창세 전에 하나님께 택함을 받았으니
> 나도 주님을 택하네."

하나님께서 이 설교의 권고에 복을 주시어 이 설교가 듣는 모든 사람에게 유익이 되게 하여 주옵소서. 하나님께 찬송을 드립시다. 아멘.

제
12
장

—

오래된 전리품의 새로운 용도

—

"여호와의 성전에 있는 다윗 왕의 창과 방패." — 왕하 11:10

다윗은 적과 싸워서 이겼을 때는 적의 갑옷과 무기를 취해서, 다른 승리한 용사들이 으레 그랬듯이 자기 무용의 기념물로, 곧 전쟁의 전리품으로 집에 가져갔습니다. 이 전리품들을 여호와의 전에 두었습니다. 아마도 다윗은 이때 자신이 전쟁에서 친히 사용했던 방패와 검도 마찬가지로 여호와의 전에 바쳤던 것 같습니다. 솔로몬이 성전을 건축한 후에, 아주 수가 많았던 것으로 보이는 이 전리품들을 성전에 걸어두었습니다. 이렇게 이 전리품들이 성전의 벽을 장식하였습니다. 이 전리품들은 이렇게 고귀한 조상들의 용맹을 실례로써 보여주었던 것입니다. 이렇게 이 전리품들은 충실한 그 후손들의 마음에 경쟁심을 지피는 일을 하였을 것이라고 믿습니다. 여러 세대가 일어나고 사라지는 동안 이 일은 지속되었습니다. 그리고 마침내 다른 날들이 시작되기 전까지 좀 더 어두운 장면들이 일어났고 좀 더 슬픈 사실들이 이 민족의 역사를 채웠습니다. 여러분은 모두 본문에서 언급하는 그 위기를 기억하실 것입니다. 아합의 딸이며 유다 왕 여호람의 아내인 아달랴는 왕위를 찬탈한 유다의 여왕으로서 거의 7년 동안 폭군 노릇을 하였습니다. 백성들의 인내가 거의 한계치에 도달하였습니다. 정당한 보응이 준비되었고 그 실행을 위하여 잘 짜인 계획이 수립되었습니다. 아달랴를 사형에 처하고, 숨어 지내왔던 어린 왕자를 왕으로 선포해야 하는 때가 왔습니다. 어린 왕자를 성전 뜰에서 왕으로 선포하기로 준비하였습니다. 그러나 호위대가 되어야 할 사람들이 무장하지 못하였습니다. 무장을 하게 되면 일이 너무 빨리 발각될 것을 두려워하였기 때문입니다. 그래서 성전에 오랫동안 걸려 있었던 이 무기들을 내려서 레위인들과 그들의 동지들이 그것으로 무장하였습니다. 아달랴가 성전에 들어와, 뜻밖에도 호위병들이 이전의 오래된 무기들로 무장을 하고서 어린 왕을 에워싸고 있는 것을 보고서, 그녀는 옷을 찢으며 "반역이로다 반역이로다" 하고 외쳤습니다. 그러나 그녀의 죽음은 확정되었고 도망할 수 없었으므로 그녀는 죽임을 당하였습니다. 그때 그 자리에서 아주 오래된 그 갑주가 그처럼 선하게 이용되었습니다. 이 단순한 사실이 내게는 인상적인 교훈을 주는 것으로 보입니다.

내가 오늘 밤 여러분에게 말씀드릴 문제들은 네 가지 대지로 나눌 수 있겠습니다. 나는 이 대지들을 순서대로 말씀드리도록 하겠습니다.

1. 첫째는, 우리가 모든 전리품들은 여호와의 전에 걸어두는 것이 잘하는 일이라는 것입니다.

우리도 전사(戰士)들입니다. 진정한 그리스도인은 누구나 싸워야 합니다. 이 세상에서 천국으로 가는 길에서 우리는 걸음을 내디딜 때마다 싸워야 할 것입니다. 지금도 그렇지만, 그동안 우리 순례여행의 매 걸음이 계속된 투쟁이었기 때문입니다. 때때로 우리는 승리를 거두는데, 이것은 최종적인 승리의 전조입니다. 완전한 승리를 우리의 위대하신 군대장관과 함께 영원히 누리게 될 것입니다.

> "아, 나는 보았네.
> 한 마디 말씀으로
> 하나님께서 나를 도와
> '내가 여호와를 의뢰하나이다'라고 말한 날에
> 내 영혼이 모든 반대가 일어날 것을 두려워하지 않고
> 수많은 적을 진압한 것을."

이런 승리들을 거둘 때, 우리는 그 전리품들을 확실하게 여호와의 전에 걸어두도록 특별히 주의하는 것이 마땅한 일입니다. 그 이유는 여기에 있습니다.

즉, 우리가 지금까지 이룬 성공은 모두가 다 하나님의 덕이기 때문입니다. 우리가 스스로의 힘을 믿고 갔을 때는 패하였습니다. 그러나 승리를 거두었을 때, 그것은 언제나 하나님의 힘이 나와서 우리를 구원하였기 때문이었습니다. 여러분이 성령의 도우심을 받지 않고서는 죄와 싸우고, 시험과 싸우며 혹은 의심과 싸워서 거꾸러트리지 못하였습니다. 하나님께서 모든 일에 함께 하시지 않았다면, 사실상, 아니 실제로 여러분에게 할 수 있는 능력을 주시지 않았다면, 하나님께서 자신의 선한 의지로 그 일을 하시지 않았다면, 여러분은 한 영혼도 예수님께 인도하지 못하였고, 오류를 반박하는 용기 있는 말을 한 마디도 못하였으며, 하나님 나라의 성공에 실제로 효과가 있는 진취적인 행동을 한 가지라도 하지 못하였을 것입니다. 기이한 일을 행하신 분께서 마땅히 그에 대한 영광을 얻어야 한다는 것은 정의라는 단순한 문제가 아니고 무엇이겠습니까? 미리암이 홍해 바다에서 모세와 아론에게 찬송을 돌렸다면, 심히 부끄러운 일이 되었을 것입니다. 모세와 아론은 백성들을 애굽에서 이끌고 나오는 일의 외적인 도구들에 불과하였습니다. 미리암이 소고를 들었을 때, 모세가 찬송 부를 기회를 넘겨주자 "여호와를 찬송하라 그는 높고 영화로우심이요"(출 15:21)라고 찬송하였는데, 바르게 말한 것입니다. 이와 같이 우리 마음속에서 일어나는 모든 싸움에서, 그리고 세상에서 치러지는 모든 전투에서 능력을 하나님께 돌립시다. 능력은 하나님께 속한 것입니다. "여호와의 오른손이 높이 들렸으며 여호와의 오른손이 권능을 베푸시는도다"(시 118:16). 싸우기 전에 우리가 하나님의 이름으로 깃발을 세우듯이, 싸운 후에도 우리는 다시 한번 하나님의 이름으로 승리의 깃발이 바람에 나부끼도록 해야 합니다. "모든 영광을 승리를 거두신 하나님께 돌립시다."

이 사실이 우리를 교만과 자부심에서 구원할 것입니다. 마치 자신의 재주나 지혜 혹은 힘으로 기이한 일들을 행한 것처럼 성공을 우리 자신의 일로 돌리기 시작할까봐 하나님께서 좀처럼 우리에게 승리를 맡기지 않으실 수 있습니다. 옛적에 이스라엘이 많은 물고기가 잡혔을 때는 그물에 제사를 드렸고, 많은 수확물을 타작할 때는 큰 써레에 제사를 드렸듯이, 우리도 자신의 능력이나 부지런함, 이런저런 점에서 자신의 탁월함에 제사를 드리는 경향이 있고, 전능자께서 영예를 상으로 주실 만한 어떤 덕이나 공로가 우리에게 있다고 생각하기가 쉽습니다. 하나님만을 보기보다 어느 정도 자신을 보기 시작합니다. 그렇게 되면 여러분은 영광을 자기 말고 다른 데로 돌릴 수 없습니다. 여러분이 영광을 하나님께 돌리지 않는다면, 시험이 여러분에게 너무도 강력해서 여러분은 틀림없이 영광을 스스로 취할 것입니다. 여러분이 이렇게 한다면, 아주 치명적인 결과들이 따를 것입니다. 왜냐하면 교만히 행하는 자들을 하나님께서 낮추실 것이 확실하기 때문입니다. 여러분이 하나님께 아무리 소중한 존재일지라도, 마음에 교만을 품고 있으면 하나님께서 채찍으로 때려 여러분에게서 교만을 쫓아내실 것입니다. 스스로 높게 생각하는 자들은 하나님의 징계로 반드시 다시 내려옵니다. 여러분이 스스로를 높이면 머지않아 반드시 하나님 앞에서 낮아지게 됩니다. 하나님께서 그렇게 되도록 하실 것입니다.

"권세 있는 자를 그 위에서 내리치셨으며 비천한 자를 높이셨도다"(눅 1:52)는 것이 언제나 하나님의 규칙입니다. 하나님께서 도끼를 들고 나가시는데, 굵은 나무들 사이에서 하시는 일이 바로 이것입니다. 하나님은 높은 나무는 베어 넘어뜨리시고 푸른 나무는 시들게 하십니다. 그러나 키 작은 나무는 높이시고 마른 나무는 번성하게 하여 모든 영광이 오직 하나님 자신에게만 돌아가도록 하십니다. 이는 하나님께서 "나 여호와가 말하였은즉 그 일이 이루어질지라"(겔 24:14)고 말씀하셨기 때문입니다. 우리는 영광을 하나님께 돌리고 하나님께 영예를 드리는 것을 잊지 않도록 주의합시다. 형제 여러분, 우리는 그동안 자비를 너무 많이 받아서 흔한 것처럼 여깁니다. 자비를 받으면서도 자비를 받았다는 것을 좀처럼 알지 못합니다. 옛날 속담대로 우리는 자비를 놓치기 전에는 자비의 가치를 알지 못합니다. 그래서는 안 됩니다. 하나님께서 우리에게 승리를 주신다는 것을 알기 위해 우리가 패배를 당해야 하겠습니까? 우리가 과거의 성공에 대해 감사할 줄 알기 위해 여러분과 내가 큰 재난을 겪어야 할 필요가 있습니까? 고통스러운 질병이 여러분의 기력을 약화시키고 생의 모든 즐거움을 아무 맛이 없거나 심지어 싫도록 만들기까지, 여러분은 건강을 하늘의 최고의 혜택 가운데 하나로 소중히 여기지 않을 생각입니까? 자, 건강은 우리가 무엇을 생산하는 일에 반드시 필요한 것입니다. 우리가 우리에게 있는 좋은 것들을 경시하거나 주님의 손으로부터 받은 혜택들을 하찮게 여기지 않았으면 좋겠습니다!

사랑하는 형제 여러분, 특별히 우리는 지금까지 이룬 모든 영적 성공에 대해 하나님께 감사하며, 그것을 감사하는 우리 마음판에 새기도록 주의합시다. 어느 날 우리가 적 앞에서 도망해야 한다면, 하나님을 위한 일이 성공을 거두지 못하는 것처럼 보인다면, 과거를 돌아볼 때 하나님께서 우리를 아주 후하게 대해주셨음에도 힘써 하나님께 찬송을 드리거나 서원을 드리지 않았고 혹은 하나님께 감사하기 위해 경의를 표시하는 어떤 행동도 하지 않은, 은혜를 모르던 시절에 대해 가슴을 치게 될 수가 있습니다. 골리앗의 칼을 걸어놓되, 그것을 녹슬 때까지 방치해 두지 마십시오. 블레셋 사람들의 창과 방패를 걸어놓으십시오. 하나님의 도우심으로 여러분이 그 창과 방패들을 얻었으면, 그것을 소중히 여기고, 하나님께서 여러분을 위하여 행하신 일과 여러분이 그 일을 기뻐한다는 사실을 세상에 알리도록 하십시오. 교회가 여러분과 함께 감사의 노래를 부르도록 하십시오. 우리 가운데는 은혜를 모르는 냉랭한 침묵이 아주 널리 퍼져 있습니다. 우리는 '하나님이신 당신을 찬미하나이다'(Te Deum Laudamus)라는 곡을 엄숙하고 생기 넘치는 태도로 찬송하는 일이 좀처럼 없습니다. 여러분 자신이 지존하신 하나님에 대한 깊은 감사의 심정으로 벅차오르기 때문에 다른 사람들의 마음을 움직이도록 만드십시오.

형제 여러분, 나는 우리가 스스로 미래의 성공을 확보할 수 있는 것은 이 방법밖에 없다고 확신합니다. 다윗의 생애는 궁지에 처했다가 구원받는 일의 연속이었습니다. 만일 다윗이 과거의 기억에서 하나님의 도우심을 생각해내지 못했다면, 새로운 곤경에 처했을 때 어떤 얼굴로 하나님께 구해주시기를 기도할 수 있었을 것이라고 생각합니까? 만일 그가 승리로 기분이 고조되었을 때 그 영광을 탈취하였다면, 다음 번에 절박한 재난으로 당황하게 되었을 때 무슨 도움을 받았겠습니까? 그가 승리의 날에 이스라엘 사람들에게 "여호와여 영광을 우리에게 돌리지 마옵소서 우리에게 돌리지 마옵소서"(시 115:1) 하고 노래하도록 가르치지 않았다면, 어떻게 그가 시련의 때에 울부짖으며 이 같은 탄원의 기도를 드릴 수 있었겠습니까? "환난 날에 여호와께서 네게 응답하시고 야곱의 하나님의 이름이 너를 높이 드시며 성소에서 너를 도와주시고 시온에서 너를 붙드시리로다"(시 20:1,2).

일관성이 없다면 우리는 사람들에게 아무런 도덕적 영향력을 발휘할 수 없고 영적으로 하나님을 전혀 설득할 수도 없을 것입니다. 우리가 많은 경우에 열매를 맺지 못하게 된 것은 열매를 맺던 시기에 대해서 하나님께 감사하지 않았던 사실 때문일 수가 있지 않습니까? 설교자가 설교를 통해 영혼들을 그리스도께 인도하는 영예를 얻고서도, 성령의 능하게 하심을 주시고 사람들에게 성령의 증거를 허락하신 것에 대해 하나님을 마땅히 찬송하지 않을 수가 있습니다.

더 나쁜 것은, 설교자가 자신의 재능에 대해서, 그리고 그 재능들을 이용하는 것에 대해 스스로를 칭찬할 수가 있습니다. 그랬다면, 그가 다음에 나가서 옛적의 삼손처럼 몸을 흔들 때 힘이 자기에게서 떠나간 것을 발견한다고 해도 이상하게 생각할 필요가 있습니까? "너희 권능 있는 자들아 영광과 능력을 여호와께 돌리고 돌릴지어다 여호와께 그의 이름에 합당한 영광을 돌릴지어다"(시 29:1,2). 그렇지 않으면 여러분이 하나님을 가장 필요로 할 때, 하나님의 힘이 여러분에게서 거두어졌음을 발견하고, 영광도 떠나버린 것을 알게 될 것입니다. 방패를 걸어두고 창을 걸어두어 여호와의 이름이 높임을 받도록 하십시오. 하나님의 인자를 보여주었던 기념물들을 가져와서 일반 사람들이 볼 수 있도록 내놓으십시오. 오늘 밤 마음속에서 그것들을 내놓고 감사하는 심정으로 기억하며, 애정 어린 마음으로 하나님을 찬양하고 하나님의 이름을 높이십시오.

나는 우리가 하나님께서 그토록 오랫동안 복을 베풀어주신 교회로서 하나님의 인자를 보여주는 트로피들을 우리 가운데 걸어두는 일에 더뎌서는 안 된다고 확신합니다. 하나님께서 여러분을 위해 무엇이든지 행하신 것이 있으면 그것을 말하십시오. 여러분이 최근에 회심하였다면 그 사실을 말하십시오. 그리스도께서 여러분에게 귀한 분이심을 발견하였다면, 비록 지금 당장은 여러분이 길 잃은 불쌍한 영혼일지라도 그 사실을 말하십시오. 창과 방패를 걸어두십시오. 각 사람이 그렇게 하고, 교회 전체가 그렇게 합시다. 그리고 우리가 전쟁의 날에 우리를 능하게 하시는 승리의 하나님의 무한한 능력에 말할 수 없이 큰 은혜를 입고 있다는 점을 사랑하는 구주님을 위해 더욱더 노력함을 통해, 우리의 신성한 자기 부인을 통해 종종 말하도록 합시다. 이것이 첫 번째 요점입니다. 우리가 승리를 얻는다면 모든 전리품은 하나님께 바치도록 합시다.

2. 둘째로, 이 전리품들은 우리가 예견할 수 없는 때에, 그리고 우리가 알지 못하는 상황에서 유용하게 쓰일 수 있습니다.

다윗은 아비아달에게 골리앗의 칼을 주었을 때, 자기가 언젠가 하나님의 제사장들에게 가서 칼을 빌려달라고 부탁하게 될 것과, 그때 제사장들이 말하기를 "네가 엘라 골짜기에서 죽인 블레셋 사람 골리앗의 칼이 보자기에 싸여 에봇 뒤에 있으니 네가 그것을 가지려거든 가지라 여기는 그것밖에 다른 것이 없느니라"(삼상 21:9)고 말하리라고는 거의 생각할 수 없었을 것입니다. 다윗은 그 칼을 하나님께 드렸고, 자기가 언젠가 제사장의 축복과 함께 그 칼을 다시 가지게 되리라고 생각하지 않았습니다. 제사장의 축복이 담긴 칼이어서 그는 "그 같은 것이 또 없나니 내게 주소서"라고 말할 수가 있습니다. 그리고 수년이 지나서 그가 블레셋 영웅들에게서 뺏은 칼과 방패들을 걸어두었을 때, 그는 그의 자손들 가운데 한 사람, 곧 왕가 후손 가운데 한 사람이 왕위에 오르기 위해서 자기 할아버지의 전리품을 이용할 생각을 할 것이라고 전혀 생각하지 못하였습니다. 형제 여러분, 우리가 받은 자비를 인하여 하나님을 찬송할 때 우리는 바로 그 찬송이 다시 마음속에 떠오르게 되고, 감사의 표시로 드리는 헌금이 장차 우리를 부요케 하는 것이 될 수 있으리라는 것을 알지 못합니다. 하나님의 선하심을 표시하기 위해 내거는 기념물들이 오랜 후에 우리의 보고에서 가장 유용한 것들이 될 수가 있습니다. 우리가 얻은 승리의 기념물들이 우리 자신과 다른 사람들에게 매우 유익하고 아주 적절하며, 꼭 필요한 것이 될 수 있습니다.

이 점을 설명해보도록 하겠습니다. 오래 전에 여러분과 나는 불신앙과 전투를 치르고 있었습니다. 우리는 분투노력하며 주님을 따라가고 있었습니다. 우리의 죄들이 빽빽하고 맹렬하게 우리를 대항하여 일어났습니다. 적의 불화살들이 우박처럼 우리에게 쏟아졌습니다. 그 전투를 우리는 결코 잊지 못할 것입니다. 우리는 바로 이 날까지 그 전투의 흔적들을 지니고 있습니다. 하나님께 영광을 돌립시다! 하나님의 은혜로 우리는 승리를 얻었고 어린 양의 피로 말미암아 싸움에서 이겼습니다. 우리는 십자가에 달리신 예수 그리스도를 보았고, 그 순간 우리의 죄는 사라졌습니다. 무수한 모든 죄들이 패하였습니다. 죽으신 구주께서 승리의 상징이셨습니다. 그러면 어떻게 해야 하겠습니까? 그 날에 주님 앞에서 쌓아올린 기념물들, 곧 그 전투에서 우리가 취한 전리품들을 우리 자신과 다른 사람들을 위하여 사용하도록 합시다.

우리 자신을 위해서 사용합시다. 만일 우리에게 죄와 싸우는 또 다른 싸움이 있을지라도, 아마도 그런 싸움이 많을 것인데, 이 말은 맹렬한 싸움이 따르는 놀라운 공격들이 많을 것이라는 뜻입니다. 그럴지라도 우리는 예수께서 처음에 어떻게 우리를 만나셨는가를 생각해 봅시다. "우리가 원수 되었을 때에 그의 아들의 죽으심으로 말미암아 하나님과 화목하게 되었은즉 화목하게 된 자로서는 더욱 그의 살아나심으로 말미암아 구원을 받을 것이니라"(롬 5:10). 예수께서는 우리가 처음에 누더기를 걸친 방탕한 자식으로 집에 왔을 때 큰 구원으로 우리를 구원하셨습니다. 그런데 이제는 우리가 그의 친 자녀로 주님의 의를 입고 예수님께 와서 이미 주님 안에서 하나님의 용납하심을 받았으므로 "아바, 아버지여" 하고 말하는데, 주님께서 우리를 도우려 하시지 않겠습니까?

나는 어떤 사람이 끔찍한 전투를 치렀다는 것이, 즉 필사적인 대결, 다시 말해 사탄의 나라에서 하나님의 사랑의 아들의 나라로 넘어가는 과정에서 힘들게 싸운 전투를 치렀다는 사실이 종종 그 사람에게 큰 복이 된다고 생각합니다. 구원받은 사람은 누구나 조만간에 어둠의 임금과 직접 맞붙는 싸움을 만날 것입니다. 일반적으로 사람이 신앙생활 맨 처음에 이런 싸움을 만나고, 후에 이렇게 말할 수 있는 것은 큰 자비입니다. "무슨 일이 닥치더라도 나는 그리스도를 찾고 있었을 때 겪었던 것만큼 고통스럽지 않을 것이다. 마음을 뒤흔드는 의심이나 섬뜩한 신성모독적인 발언이나 무서운 암시들, 심지어 자살에 대한 암시까지 아무리 내 연약한 마음을 공격할지라도 그런 공격들이 내가 주님을 따라가느라 발버둥치며 겪었던 큰 어둠의 공포를 능가할 수 없다."

나는 지금 우리가 이 같은 고통스런 시련을 겪는 것이 바람직하다고 말하는 것이 아닙니다. 하물며 고통스러운 시련을 중생의 증거로 여기고 시련을 겪으려고 힘써야 한다는 것은 더더구나 생각할 수 없는 일입니다. 그러나 시련을 이기고 승리했을 때, 우리는 시련을 우리에게 영속적인 무구(武具)가 되도록 잘 활용할 수가 있습니다. 우리에게 닥치는 의심과 두려움들은 우리가 이미 구주 예수 그리스도의 이름으로 뒤집어엎은 것들로서 힘을 발휘할 수 없기 때문에 이제는 우리가 그것들을 문제 삼지 않을 수 있다면, 우리 자신을 위해 사용할 수 있지 않겠습니까? 나는 자기 죄 때문에 깊이 고민하는 초신자와 이야기할 때, 그의 곤경에 대해 그가 미처 말하지 못하는 것을 이야기해주는 것이 유익하다는 것을 많이 발견하였습니다. 그렇게 이야기를 해주면 그는 내가 어디에서 그 사실을 알았는지 의아하게 생각하였습니다. 물론 내가 어떻게 지내왔는지, 그보다 수렁에 훨씬 더 깊이 빠졌었다는 것을 알았더라면 기이하게 여기지 않았을 것입니다. 그가 자기 구원의 불가능성에 대해 품었던 끔찍한 생각에 대해 말했을 때, 나는 말했습니다. "글쎄, 나도 그 생각을 수천 번이나 했지만 성령의 도우심으로 그 생각을 극복했지요."

사람이 다른 사람들의 마음속에 있는 악과 싸울 때 사용할 수 있는 최상의 무기 가운데 한 가지가 그 자신의 경험이라는 것을 압니다. 흔히 사람들의 비참함과 낙담은 보통 자기 혼자 그 고통을 겪는다는 생각 때문에 더 악화되는데, 사람들이 어떤 형제가 같은 고통을 겪었음에도 이겨낼 수 있었다는 것을 알 때 실제로 비참함과 낙담을 물리치기 전이라도 고통을 크게 덜게 될 것입니다. 구주께서 내 영혼에 참으로 귀중하신 분이시라는 것을 그에게 설명하고 있는 것 같습니까? 그렇다면 그는 내 말을 듣고 하나님을 찬송하게 됩니다. 곧, 그도 주님의 사랑스러운 얼굴을 들여다보고 얼굴이 밝아질 것입니다. 그러면 그는 나와 함께 하나님을 찬미하고, 우리는 함께 하나님의 이름을 찬양할 것입니다. 이와 같이 적들에게서 오래된 창과 방패를 빼앗아 다윗 집의 새 적들과 싸우는데 다시 사용하는 것은 잘하는 일입니다.

사랑하는 형제 여러분, 첫 번째 싸움을 치른 이후로 우리는 지금까지 많은 악한 열정과 경향들과 싸우지 않으면 안 되었습니다. 아마도 우리에게는 끊임없이 괴롭히는 한 가지 죄가 있었을 것입니다. 우리는 오랜 시간이 지나서야 그 죄에 대항하게 되었습니다. 우리는 그 죄를 피하였고, 그 죄에 대항하기를 삼갔습니다. 그러다가 마침내 우리는 그 죄를 없애야 하고 그렇지 않으면 그 죄가 우리를 죽이리라는 것을 알았습니다. 그 죄를 없애는 것은 마치 우리 눈을 뽑는 것과 같았지만, 반드시 그렇게 해야 한다는 것을 알았습니다. 우리는 그 죄와 맞붙었습니다. 그것은 힘든 시간이었습니다. 죄가 우리를 이길 것처럼 위협하였기 때문입니다. 우리가 죄를 넘어뜨릴지라도 마치 넘어지면 힘이 생기는 옛적의 그 거인처럼 죄가 다시 일어나는 것 같았습니다. 여러분은 끊임없이 괴롭히는 죄라는 커다란 용과 직접 정신적이고 도덕적인 전투를 치러본 적이 있습니까? 여러분이 그 용을 용감하게 치고 완전히 죽일 수 있었다면, 하나님의 집에 걸어둘 전리품들을 얻은 것으로 압니다. 그렇게 하는 것이 여러분에게 적지 않은 유익이 될 것입니다. 왜냐하면 여러분이 장차 그 전리품들을 내려서 사용할 것이고, 그 전리품들이 여러분에게 다가오는 다음 죄와 싸울 수 있는 힘을 제공하는 발판이 된다는 것을 알게 될 것이기 때문입니다.

하나님께서 지난번 싸움에서 훈련하고 기르도록 해주신 힘이 다음의 싸움에서 여러분을 크게 도울 것입니다. 한 가지 죄에 굴복하는 사람은 다른 죄에도 아주 쉽게 굴복할 것입니다. 그러나 하나님의 은혜로 한 가지 죄를 정복함으로써 매우 유리한 위치를 확보한 사람은 또 다른 죄를 이기기가 아주 쉬울 것입니다. 지난번 블레셋 사람으로부터 빼앗은 전리품들은 우리가 나가서 더 이기도록

도울 것이고, 하나님의 이름으로 승리를 얻을 것입니다. 많은 사람들이 처음에
는 힘든 싸움을 싸웠습니다. 그는 그리스도께 이끌려 왔고, 이로써 하나님의 용
납하시는 은혜를 받았음을 입증하였으며 주님께 충성 맹세를 하였습니다. 따라
서 이제부터 그는 마땅히 죄악을 떠나고 다시는 어리석은 길로 돌아가지 않아야
합니다. 어쩌면 그는 하나님의 이름을 대며 욕하는 습관이 깊이 배어 있을 수 있
습니다. 그러면 그는 어떤 희생을 치르더라도 그 악한 습관을 버려야 합니다. 혹
시는 그가 술집에 드나들며 조롱하는 자들의 자리에 앉아 친구들과 시끌벅적하
게 농담하고 노래하는 일에 익숙해 있을지 모릅니다. 그렇다면 그는 당장 그 장
소를 떠나야 하고 그런 친구들과 영원히 작별해야 합니다. 그러면 혹시는 그가
남몰래 다른 어떤 악을 품어 왔고, 그만큼 그 악이 그에게 강하게 붙어 있기 때
문에 그도 집요하게 붙들어 온 것이었을지라도, 그 악을 깨끗이 제거하고 그 속
박에서 벗어났을 것입니다. 그런 사람의 마음에 여전히 한 가지 죄가 숨어 있을
수 있겠습니까? 지금은 그 사람이 성격이 불같이 급할 수가 있습니다.

　　형제 여러분, 그 점을 이해하십시오. 여러분은 사자를 죽였고, 곰을 죽였습
니다. 그러니 이 할례 받지 못한 블레셋 사람도 그 중의 하나와 같이 될 것입니
다. 그와 맞붙어 싸우는 것을 두려워하지 마십시오. "나는 성격이 급한데 어떻게
할 수가 없어요"라고 말하지 마십시오. 그렇게 말할 필요가 없습니다. 하나님의
은혜가 다른 것들을 쫓아냈듯이 그것도 쫓아낼 수 있습니다. 지존하신 하나님의
이름으로 담대히 맞서고, 여러분이 지난번 승리에서 몰래 빼앗은, 아니 정복한
적들에게서 정정당당히 얻은 전리품들을 사용하십시오. 그 전리품들을 사용하
여 지금 여러분을 공격하는 죄들과 맞서 싸우십시오.

　　비유를 바꿔서 말하자면, 큰 오류에 맞서 싸우도록 부름 받은 것이 우리 가
운데 어떤 이들의 운명이라는 것입니다. 우리는 그동안 확립된 어떤 진리에 대
한 의심과 염려로 몹시 괴로움을 겪었습니다. 나는 확고한 신자 가운데 한때 의
심을 품지 않았던 사람은 없다고 생각합니다. 두려워해 본 적이 없는 사람은 신
앙을 모릅니다. 절대적인 신뢰를 하기 전에 거리낌 없는 조사가 이루어져야 하
기 때문입니다. 사람이 기초에 놓여 있는 많은 증거들을 힘들여 철저히 조사하
지 않은 한, 자신의 믿음이 옳다는 것을 확인할 수 있는 증거와 증거물들을 어떻
게 알 수 있습니까? 여러분이 진리를 교묘하게 곡해한 그럴 듯해 보이는 이단과
정신적으로 싸우되, 하나님의 말씀인 성령의 검으로 싸웠을 때, 그것은 멋진 일

입니다. 적의 무기를 손에 넣고 여러분을 공격하는 적들의 무기를 이용하는 것은 대단한 일이라고 말씀드립니다. 여러분은 적의 궤변을 간파하였고 그의 간계를 깨달았습니다. 그래서 앞으로는 여러분이 온갖 교훈의 풍조에 쉽게 휩쓸려가지 않을 것입니다.

이제 여러분은 적이 뿌리는 겨에 정신을 빼앗기기에는 나이가 많이 들었습니다. 한때는 속아 살았습니다. 그러나 이제 하나님의 은혜로 여러분은 분명한 사실들을 잘 보지 못하도록 흐릿하게 만드는 아름다운 언변에 더 이상 쉽게 귀를 기울이지 않습니다. 이제부터는 영들이 하나님께 속한 것인지 시험하려고 마음먹습니다. 이와 같이 여러분은 과거 전투에서 거두어들인 전리품들 덕분에 강해져서 현재의 승리를 얻습니다. 성경의 본문들을 때로 복음의 적들이 사용하여 우리에게 대항합니다. 내가 아는 어떤 목사들은 즉각적으로 정통 신앙과 일치시킬 수 없는 성경 구절을 만나면 그 해석을 바꾸거나 그 말에 새로운 의미를 가미하거나 그 뜻을 왜곡해서 자기 목적에 맞게 이용합니다. 형제 여러분, 그것은 나쁜 방법입니다. 성경의 본문들은 있는 그대로 받아들여야 합니다. 그러면 여러분은 그 본문들이 언제나 성도들에게 단번에 주신 믿음을 변호하고 결코 뒤집어엎지 않는다는 것을 확신할 수 있습니다. 때로 성경 본문이 적의 손에서 그리스도의 신성을 부인하거나 선택의 교리, 혹은 그 밖의 매우 중요한 교리를 부인하는데 사용되는 것을 볼 때, 나는 그 본문을 포기하거나 가볍게 생각하고 싶은 마음이 전혀 들지 않았습니다. 오히려 나는 다음과 같이 행한 미국 남부군들에 감탄해 마지않습니다. 그들은 총을 빼앗겼을 때 지휘관에게 그들이 총을 적에게 넘겨주기 전에 망가트렸느냐는 질문을 받고서 이렇게 대답하였습니다. "망가트리지 않았습니다. 우리는 그처럼 멋진 총을 망가트리고 싶지 않았습니다. 우리는 내일 그 총들을 다시 빼앗을 것입니다." 그리고 실제로 다음 날 그들은 그 총들을 다시 빼앗았습니다.

나는 성경 본문을 망치고 싶지 않습니다. 오래된 위대한 본문을 말입니다! 나는 우리가 전쟁터를 지킬 수 없거나 침략자의 공격으로부터 그 위대한 본문을 지킬 수 없는 동안에도 그 본문을 존중합니다. 그런데 우리가 그 본문을 포기하거나 잃어버린 것으로 여겨야 하겠습니까? 그럴 수 없습니다. 우리는 본문을 적의 손에서 찾아와 복음을 변호하는데 사용하고, 그 본문이 사람들이 생각하는 것을 의미하거나 그 본문을 적용하는 목적에 부합하지 않는다는 것을 설명하도록 하겠습니다. 우리가 공격에 실패하고 논쟁에서 밀립니까? 그렇다면 우리는 더욱 부지런히 연구하고 철저히 조사함으로써 오래된 좋은 총들을 들되, 적들이 우리를 겨냥했던 그 총들을 취하여 다시 그들에게로 총구를 돌려야 합니다. 진리라는 위대한 성전은 스스로 분열하는 집과 같지 않습니다. 어느 때든지 주님의 입에서 애매모호하거나 얼버무리는 말이 나온 적이 없습니다. 우리의 총명에 대해서 말하자면 그것은 언제나 약합니다. 그리고 옳은 일을 지지하는 일에 있어서 우리의 전술들은 잘못된 경우가 많습니다. 그러나 하나님의 말씀은 확고부동합니다. 하나님 말씀은 시간에 따라 변하지 않고 인간의 어떤 목적에 부합하기 위해 구부러지지도 않습니다.

우리의 전투 무기는 훌륭합니다. 그런데 그 무기들을 휘두르는 손은 매우 서툽니다. 이와 같이 해서 나는 우리가 싸우는 모든 전투에서 획득하는 전리품들은 창고에 보관해 두어야 한다는 점을 계속해서 이야기할 수도 있습니다. 왜냐하면 그 전리품들이 장차 이런저런 때에 사용될 수 있기 때문입니다. 그리스도인의 경험 가운데 궁극적으로 그에게 도움이 되지 않을 경험은 없습니다. 그리스도인이 속으로 이렇게 말할 수 있습니다. '이 느낌이 무엇이 유익할 수 있는가? 내가 겪은 마음의 그 고통이 실제로 무슨 유익이 있을 수 있는가?'

형제 여러분, 여러분은 인생이 아직 끝나지 않았으므로 인생의 역사가 어떻게 될지 알지 못합니다. 여러분이 자신의 인생 역사를 안다면 현재 겪는 이 시련 속에 장래의 위급한 상황에 대한 대비가 있다는 것을, 곧 여러분이 그 위급한 상황에서 승리하고 나올 수 있게 할 대비가 들어 있다는 것을 볼 것입니다. 다윗의 방패와 창은 미래의 전투를 위해 걸려 있는 것입니다.

본문은 다윗이 과거에 익숙하게 사용하던 창과 방패들을 걸어놓았다는 것을 의미할 수도 있습니다.

3. 셋째로, 그렇다면 오래된 무기들이 현재의 용도에 잘 맞는다고 말할 수 있을 것입니다.

나는 여러분을 전쟁터에 데려가서 이 점을 설명해 주고 싶습니다. 나는 여러분을 지금 거기로 데려갔더라도 아마 여러분은 그곳을 전쟁터로 알아보지 못했을 것입니다. 그곳으로 갑시다. 그곳은 자도바 전투(독일통일 문제를 앞에 놓고 1866년 프로이센과 오스트리아 군대가 대결하여 오스트리아군이 궤멸적인 패배를 당한 전투 – 역주)와 스당 전투(프랑스와 프로이센 전쟁 때 프랑스군이 참패한 전투, 1870. 9. 1. – 역주)가 치러진 자도바(Sadowa)나 스당(Sedan)이 아닙니다. 그곳은 훨씬 더 웅대한 투기장입니다. 오래된 77번째 경기장입니다. 시편 77편을 보십시오. 거기서 여러분은 전쟁터를 만납니다. 여러분이 동일한 싸움을 싸워야 하는데, 이 시편을 뚫어지게 보면 거기에서 다윗의 방패와 창을 볼 것이고, 이내 방패로 자신을 보호하는 법을 배우고 창으로 공을 세우는 법을 배우게 될 것입니다. 여기서 다윗은 낙담과 싸우고 있습니다. 낙담은 나의 오래된 적입니다. 아마도 여러분 가운데는 이 적 때문에 괴로움을 당하는 사람들이 있을 것입니다. 다윗이 낙담과 어떻게 싸웠는지 주의하여 보십시오. 그가 칼집에서 뽑아든 첫 번째 무기는 모든 기도라는 것이었습니다. 다윗은 그 무기를 아주 당당하게 사용하였습니다! "내가 내 음성으로 하나님께 부르짖었으니, 곧 내 음성으로 하나님께 부르짖었나이다"(개역개정은 "내가 내 음성으로 하나님께 부르짖으리니 내 음성으로 하나님께 부르짖으면" – 역주). 사탄은 기도 소리를 들으면 떱니다. 기도할 줄 아는 사람들은 정복하는 군대입니다. 사람이 기도라는 것을, 정복하는데 항상 유용한 이 무기를 지존하신 하나님께 부지런히 사용할 줄 알 때 낙담은 속히 도망갑니다.

그 다음에, 다윗이 이 무기를 어떻게 계속해서 사용하였는지 보기 바랍니다. 그는 2절에서 "밤새도록(개역개정은 '밤에는') 내 손을 들고 거두지 아니하였다"고 말하였습니다. 첫 번째 기도가 그를 돕지 않았다면 그는 다시 기도하였습니다. 한 시간 동안의 기도로 평안을 얻지 못했다면 두 시간 기도했을 것입니다. 그는 밤새도록 오랜 시간 계속해서 기도하였습니다. 형제 여러분, 여러분도 이와 같이 끈질기게 기도한다면 같은 결과를 얻을 것입니다. 시은좌에서 오래 머무는 법을 배운다면 여러분도 틀림없이 같은 결과를 얻을 것입니다.

다윗이 기도라는 이 무기를 사용하고 나서 그 다음에 무슨 일을 하였습니까? 그는 또 다른 창(槍)을 꺼냈습니다. 그것은 하나님을 기억하는 일이라는 창이었습니다. 그는 지금까지 자신에 대해서, 그리고 현재 자신의 죄 많은 상태와 연약함에 대해서 아주 오랜 시간 깊이 생각하였습니다. 이제 그는 하나님의 자비, 하나님의 신실하심, 하나님의 인자, 하나님의 능력, 하나님의 언약, 그리스도 안에서 나타나신 하나님을 기억하였습니다. 이것은 실로 적에게 일제 사격을 준비하는 것이고, 새로운 원군(援軍)으로 자신의 위치를 강화하는 것입니다. 하나님을 기억함이라는 이 대포를 쏠 줄 아는 그 사람은 전쟁에서 승리할 수 있습니다.

전쟁의 전략을 가지고 나가고, 그 다음에는 어떻게 합니까? 5절에서 그가 어떻게 용기와 지조를 유지하였는지를 읽게 됩니다. "내가 옛날을 생각하였사오며." 그는 백발의 선조들에게 물었고, 이런 표현을 쓸 수 있다면, 초대 교회의 영감된 전승들을 회고하였습니다. 그는 하나님께서 자기 백성 가운데 어느 한 사람이라도 버리신 적이 있는지를 생각할 때, 하나님께서 버리신 적이 없다면 앞으로도 결코 버리시지 않을 것이라고 바르게 판단하고, 하나님의 불성실함을 보여주는 뚜렷한 예를 찾기 전에는 땅의 한 뼘도 양보하지 않고 요새의 돌 하나도 포기하지 않으며 계속해서 끝까지 싸울 것이라고 굳게 결심하게 되었습니다. 내적인 묵상이 그에게 많은 도움을 주었습니다. 적은 지치기 시작하였지만 그는 힘을 회복하였습니다.

이제 그는 또 다른 무기를 사용하였습니다. 자신의 경험을 생각하였습니다. 6절을 봅시다. "밤에 부른 노래를 내가 기억하여." 과거의 경험을 감사한 마음으로 인정하고, 자신의 장래가 어떻게 될지를 보여주는 표시로 받아들입니다. 이것은 다윗에게 또 다른 창과 방패입니다. 그 다음에 그는 진영(陣營)을 닫으며 다음과 같이 말하였을 때, 그것은 마치 적 앞에 창들을 빽빽하게 세워두고 방패들로 담을 두르는 것처럼 보였습니다. "주께서 영원히 버리실까, 다시는 은혜를 베풀지 아니하실까, 그의 인자하심은 영원히 끝났는가, 그의 약속하심도 영구히 폐하였는가, 하나님이 그가 베푸실 은혜를 잊으셨는가, 노하심으로 그가 베푸실 긍휼을 그치셨는가 하였나이다." 아, 이것이 전투에서 이기는 방법입니다. 사랑하는 여러분, 다음에 여러분이 근심으로 낙담하게 되었을 때, 절망 거인이 너무 강하다고 해서 도망가지 마십시오. 위험이 다가오고 적들에 에워싸여 있다고 할지라도, 어둡고 음울한 예감으로 영혼의 이 광포를 키우지 마십시오. 다윗의 창과 방패로 무장하고 절망 거인을 공격하십시오. 담대한 태도를 보이고, 여러분이 마귀에게 대항하면 그가 여러분을 피하는 것을 알게 될 것입니다. 그러면 여러분은 전에 꿈꾸었던 것보다 더 큰 소리로 승리를 노래하며 전투를 마치고 돌아올 것입니다.

그러나 이 자리에는 아직 이 시편 77편의 전투를 이해할 만큼 충분히 나이를 먹지 않은 사람들이 있습니다. 나는 그 사람들을 또 다른 전투에 데려가겠습니다. 그것은 시편 51편의 전투입니다. 그것은 죄인의 전투입니다. 거기서 우리는 다윗의 창과 방패를 볼 것입니다. 그것은 죄와, 죄 범한 양심과, 절망적인 생각과 치른 끔찍한 전투였습니다. 아마도 여러분 가운데는 오늘 밤 그런 전투를 치르고 있는 사람들이 있을 것입니다. 나는 여러분이 그런 싸움을 싸우고 있기를 바랍니다. 나는 얼마 전에 행동에 대하여 설교하였습니다. 아마도 지난 목요일 저녁이었던 것 같습니다. 나는 예배 후에 내 수고로부터 얼마간 결실을 거둘 것이라는 희망을 품으며 기도하는 마음으로 강단을 떠났습니다. 얼마 지나지 않아 나는 우리 교회 부목사님으로부터 이 효과에 대해 쓴 편지를 받았습니다. "목사님, 나는 지난 목요일 밤에 있었던 일을 목사님께 편지로 말씀드리지 않을 수 없었습니다. 그날 침대에 누워 잠들어 있었는데, 문을 두드리는 소리가 나서 내려가 보니 한 기차역 짐꾼이 나를 보고자 하였습니다. 그가 말했습니다. '목사님, 저는 잠을 잘 수가 없습니다. 그래서 너무 늦은 시간이지만 와서 문을 두드려 목사님을 깨우지 않을 수 없었습니다. 저는 오늘 밤 목사님 교회에서 설교를 들었는데, 내가 어떻게 해야 구원을 받을 수 있는지 알고 싶습니다. 지금은 제가 하나님을 찾는 시간이고, 하나님을 찾기 전까지는 결코 쉴 수 없을 것입니다.' 아, 우리가 그와 같은 용무로 찾아오는 사람은 누구에게든지 대답을 해주기 위해 밤에 문 두드리는 소리를 듣고 깨어나는 것은 좋은 일입니다. 금년에 매일 밤 죄인이 '내가 어떻게 하여야 구원을 받으리이까' 하고 말하는 소리를 들으면 좋겠습니다."

자, 여기 계시는 분 가운데 누가 바로 그런 상태에 있다면, 그분은 그냥 나를 따라 이 전쟁터에 와서 다윗이 어떻게 싸웠는지 보도록 하십시오. 그런 경우에 다윗의 창과 방패는 첫째로 하나님의 자비에 호소하는 일에 있었습니다. 죄인이여, 공의에 호소하지 마십시오. 공의는 여러분에게 불리합니다. 자비에 호소하십시오. "하나님이여 주의 인자를 따라 내게 은혜를 베푸소서"(시 51:1). 다윗은 하나님 앞으로 기도를 가져옵니다. 그것은 하나님의 자비를 바라는 기대로 끝을 마무리하는 기도입니다. 죄인이여, 가서 하나님께 자비를 간청하고, 하나님의 자비를 기대하고서 죄와 싸우십시오. 다윗은 그렇게 하고 나서 고백하기 시작합니다. "나는 내 죄과를 아오니 내 죄가 항상 내 앞에 있나이다." 마음에서 여러분의 죄를 깨끗이 씻는 것만큼 죄 범한 두려움을 내쫓을 수 있는 무기는 없습니다. 여러분의 하늘 아버지께 여러분이 죄를 지었다고 말씀드리십시오. 정상 참작이나 형벌 완화를 호소하지 마십시오. 여러분이 하나님의 진노를 받아 마땅하다고 고백하십시오. 하나님의 자비의 보좌 앞에 엎드리십시오. 하나님의 자비의 보좌가 보복의 보좌로 바뀐다고 해도 여러분은 그 일을 받아 마땅하다고 고백하십시오. 기도, 눈물, 자비에 대한 호소, 온전한 고백, 이런 것들이 싸워 이기는데 사용할 무기들입니다.

그러나 주 무기에 주의하십시오! 전투가 어느 지점에서 승리로 변하기 시작했는지 보십시오. 그것은 다윗이 7절에서 "우슬초로 나를 정결하게 하소서 내가 정하리이다 나의 죄를 씻어 주소서 내가 눈보다 희리이다"라고 외치는 여기서부터입니다. 여러분은 우슬초가 작은 다발, 곧 피에 담그는데 사용한 붓이라는 것을 압니다. 피가 가득 담긴 대야가 있고, 그 다음에는 제사장이 이 우슬초 붓을 피에 적셔서 죄인, 곧 부정한 사람에게 뿌렸고, 그러면 그는 깨끗한 것으로 간주되었습니다. 이와 같이 이 구절에서 주 요지는 피입니다. 아, 이 피가 어떻게 우리 죄를 없애고, 우리의 모든 의심과 두려움을 흩어버리는지요! 이 피는 십자가의 전능한 무기요 속죄의 신성한 무기입니다. 죄들에게 오라고 하십시오. 죄가 우리 머리카락보다 많고 깊이를 알 수 없는 바다보다 깊다고 할지라도, 죄에게 오라고 하십시오. 죄 뒤에 하나님의 진노가 타오르고 있고, 나를 삼키려는 지옥이 온다고 할지라도 오라고 하십시오. 그럴지라도 내가 십자가를 굳게 잡고 들어올리기만 한다면, 그 귀한 피에 호소할 수 있다면, 나는 안전할 것입니다. 그 모든 것에도 불구하고 나는 구원받고 죄를 이길 것이기 때문입니다. 사랑하는 여러분, 그 다음에는 여러분의 모든 싸움에서 다윗이 친히 사용했던 그 오래된 무기들, 곧 그의 창과 방패를 사용하도록 하십시오.

끝으로 본문의 네 번째 구절을 살펴보도록 합시다.

4. 다윗은 이 점에서 장차 오실 분, 곧 다윗의 자손이요 주이신 분을 예시하였습니다.

우리의 왕이신 예수 그리스도께서는 하나님의 전에 창과 방패를 많이 걸어두셨습니다. 이 점에 대해 오래 이야기하지는 않겠습니다. 다만 모든 신자들에게 그리스도께서 세우신 이 큰 성전을 마음으로 보고, 구주께서 어떻게 이 성전을 그의 승리의 전리품들로 도배를 하셨는지 보라고 권합니다. 죄, 그리스도께서 이 죄를 친히 담당하시고 그 형벌을 견디셨으며 또 이기셨습니다. 그리스도께서는 우리를 대적하는 규례들의 육필을 여호와의 전에 전리품으로 걸어두셨습니다. 그것을 십자가에 못 박으셨습니다. 사탄, 우리의 큰 적인 사탄을 그리스도께서 광야에서 맞붙어서 패주시키셨습니다. 에덴동산에서도 만났던 자인데, 그를 십자가에서 이기셨습니다. 이제 지옥도 정복하셨습니다. 그리스도는 주이십니다. 공중의 권세 잡은 자도 그리스도의 노예에 지나지 않습니다. 만왕의 왕 그리스도께서 사로잡힌 자들을 사로잡으셨고, 이 공중의 권세 잡은 자의 모든 면류관들을 전리품으로 걸어놓으십니다. 열왕의 창들을 부러트리고 그들의 방패를 완전히 쳐서 쭈그러트리고, 그리스도께서 행하신 일의 기념물들로 걸어두십니다. 그리스도께서는 하나님의 감옥으로부터 다시 일어나 사로잡힌 자들을 사로잡아 하늘로 올라가실 때 마지막 원수인 죽음, 그에게서도 전리품들을 취하셨습니다.

형제 여러분, 인간 마음의 적의, 아, 그리스도께서는 얼마나 많은 이 적의들을 하나님의 전에 걸어두셨는지요! 그리스도께서는 적의를 정복하시고 증오자를 사랑하는 사람으로 바꾸셨습니다. 내 마음과 여러분의 마음, 나는 우리 모두의 마음도 그리스도께서 사랑으로 무슨 일을 행하실 수 있는지를 보여주는 전리품들이라고 생각합니다. 사랑의 능력을 놀랍게 보여주는 표지들인 큰 죄인들이 오늘날 많이 있습니다. 우리는 성전을 돌아보고 거기에 걸려 있는 창과 방패들을 보고서 우리는 "이 창과 방패들은 누구의 것이었는가?" 하고 묻습니다. 어떤 사람은 말합니다. "저것은 오랫동안 신성모독자로 지냈던 존 뉴턴의 창과 방패다!" 하나님께 영광을 돌립시다. 그리스도께서 그를 정복하셨습니다.

저것은 누구의 창과 방패입니까? 아, 저것은 시골 마을의 신성모독자인 존 번연의 창과 방패입니다. 하나님의 자비가 그를 정복한 것입니다. 그렇습니다. 우리 가운데 많은 사람들을 위한 기둥이 있을 것입니다. 나는 어느 기둥이 그리스도께 가장 큰 명예를 가져다드릴지 모릅니다. 주님께서는 우리의 자부심을 꺾기 위해 애를 많이 쓰셨기 때문입니다. 나이 든 선원이여, 나는 당신을 위한 장소가 있을지 모르겠습니다. 지금까지 오랜 동안 당신은 하나님 없이, 그리스도 없이 살아왔습니다. 당신은 죄가 있는 온갖 곳, 런던에 온갖 더러운 소굴을 뻔질나게 다녔습니다. 나는 하나님의 은혜가 당신을 만날 것이라고 확실히 믿습니다. 불쌍한 창기인 마리아, 죄인인 그 여인, 그녀의 창과 방패가 걸려 있습니다. 그녀는 거친 싸움꾼이었고 아주 사나운 여자였습니다. 그런데 그리스도께서 그녀를 정복하셨고 그녀의 창과 방패를 걸어두셨습니다. 그녀의 창과 방패는 영원히 거기 걸려 있으면서, 그녀를 완전히 이기셨고 주님의 자발적인 종으로, 아니 주님의 사랑하시는 친구로 만드신 분의 은혜의 영광을 찬미할 것입니다.

우리 모두가 하나님의 구원하시는 능력을 보여주는 기념물들이 될 때, 천국이 어떠하겠습니까? 우리 영혼뿐 아니라 우리 몸도 거기 있게 될 때 천국이 어떠하겠습니까! "사망아 너의 승리가 어디 있느냐? 사망아 네가 쏘는 것이 어디 있느냐?"(고전 15:55). 천국에서 우리 영혼뿐만 아니라 몸까지도 그리스도께서 자기 백성을 사망의 아가리에서 끌어내고 무덤의 손아귀에서 구원하여 내실 때 행하신 일을 보여주는 기념물들이 될 때 우리는 그같이 말할 것입니다.

나는 여기 들어오기 전에 내 영혼에 유익을 준 광경을 보고서 이제 막 왔습니다. 우리가 많이 사랑하는 한 자매님이 몹시 아파서 누워 있습니다. 자매님은 죽어가고 있는 것으로 보입니다. 사람의 생각으로 볼 때 필시 몇 시간 있지 않으면 그녀는 다른 세상에 있을 것입니다. 나는 그 자매님을 볼 때 그리스도의 구원하시는 능력을 보여주는 기념물들 가운데 하나라는 생각이 들었습니다. 까딱했으면 그 심방을 놓칠 뻔 했습니다. 가서 보았을 때 그녀는 평온할 뿐만 아니라 기뻐하기까지 하였습니다. 아니, 의기양양했으며 떠날 시간을 기다리며 고대하였고, 영원한 신실하심에 대해서, 확실한 약속에 대해서, 그리스도 임재가 현실임에 대해서 이야기했습니다.

자매는 바로 지금, 곧 그리스도의 신성한 얼굴을 보지 못하게 가리는 이 육체의 휘장이 찢어지기 전에 그런 사실들을 보고 즐거워하였습니다. 그래서 자매에게 말했습니다. "자매님에게서 구름이 개인 지 얼마나 되었습니까?" 자매가 말했습니다. "그동안 마음의 평안을 많이 누렸지만 지금과 같은 평안을 맛본 적은 없었습니다. 지금 죽어가고 있으니까 얼마 있지 않으면 저는 가로막는 휘장이 없이 주님의 얼굴을 뵐 것입니다."

죽어가는 영혼의 승리가 복음의 능력을 입증하는 순간이었습니다. 그리스도인들이 자신의 확신을 과대평가할 아무런 동기가 없고, 위선자 노릇을 하게 만들 만한 이유도 확실히 없을 때, 현재 분위기에서 그들에게 용기를 불러일으키고 열정을 일으키거나 거짓 위로로 기운을 북돋울 것이 아무것도 없을 때, 그런 때에라도 그들의 변치 않는 태도에 감탄할 만한 것이 많이 있고, 그들의 믿음에 기운을 북돋우는 것이 많이 있습니다.

"죽어가는 우리 친구들은 개척자들이네.
사망에 이르는 울퉁불퉁한 길을 평평하게 만들고
가로막힌 우리 길 위에 자연이 던지는
공포와 혐오의 빗장들을 깨트리고, 그렇게 하여
온갖 폭풍에도 안전하게 항구에 들어오게 하는."

여러분이 곧 감길 눈이 희열로 번쩍이는 것을 보고 목이 막혀서 소리가 희미하지만 그 어느 때보다 용감한 말을 하는 것을 들을 수 있을 때, 창백한 얼굴에 천국에 대한 기대감으로 지극히 평온한 표정이 서려 있는 것을 볼 수 있을 때, 아, 형제 여러분, 이런 모습을 볼 때 우리에게 소중히 여길 믿음이 있음을, 그리스도께서 신뢰할 만한 분이심을 느끼게 됩니다. 이런 것들이 기념물입니다. 이와 같은 임종의 자리의 기념물들이 성전에서 우리가 볼 수 있는 곳에 걸려 있습니다.

우리의 순례여행 길이 험하든지 순탄하든지 간에 확신을 가지고 언제나 믿음으로 행하고, 우리의 시험이나 시련이 아무리 지독할지라도 항상 믿음의 싸움을 싸우도록 조심합시다. 그리스도께서 마지막 날까지 우리와 함께 계시며 지극히 어두운 순간도 그의 임재의 빛으로 밝게 하시기 때문에, 이렇게 우리가 죽음에 이르게 될 때 우리의 기념물들을 걸어놓고 죽음과 지옥에게 와 보라고 말할 수 있을 것입니다. 하나님께서 우리 모두를 그리스도의 전리품으로 삼아 하나님의 전에 영원히 기념물로 걸어두시기를 바랍니다. 아멘.

제
13
장
—

화살을 세 번 쏘는가
아니면 여섯 번 쏘는가?

—

"또 이르되 화살들을 집으소서 곧 집으매 엘리사가 또 이스라
엘 왕에게 이르되 땅을 치소서 하는지라 이에 세 번 치고 그친
지라 하나님의 사람이 노하여 이르되 왕이 대여섯 번을 칠 것
이니이다 그리하였더면 왕이 아람을 진멸하기까지 쳤으리이다
그런즉 이제는 왕이 아람을 세 번만 치리이다 하니라." — 왕하
13:18,19

하나님의 뜻과 사람이라는 자유로운 행위자가 만나는 지점을 설명한다는
것이 매우 어려운 일입니다. 우리가 하나님의 뜻과 사람의 자유로운 행위 가운
데 어느 것도 부인해서는 안 된다는 한 가지 사실은 아주 명백합니다. 둘 다 사
실이기 때문입니다. 하나님께서 크고 작은 모든 일들을 다 의도하셨다는 것은
사실입니다. 어떤 것도 하나님의 영원하신 뜻과 작정에 따르지 않고는 결코 일
어나지 않을 것입니다. 그런데 많은 경우에 일들이 사람들의 선택에 좌우되는
것도 아주 확실한 사실입니다. 사람들의 뜻은 비상한 힘을 지니고 있습니다. 본
문의 경우에 화살이 이스라엘 왕의 손에 있습니다. 그가 화살을 한 번 쏠 것인지
아니면 두 번이나 세 번, 혹은 다섯 번이나 여섯 번 쏠지에 따라 이스라엘 민족
의 역사가 달라질 것입니다.

어떻게 이 두 가지가 모두 사실일 수 있는지 나는 설명할 수 없습니다. 아마도 하늘에 있는 더할 데 없이 지혜로운 사람들도 오랜 시간 토론하고서도 혹은 천사들의 도움을 받을지라도 여러분에게 설명해 줄 수 없을 것입니다. 그들이 말해줄 수 있다고 하더라도 여러분이 무엇을 알 것이며, 이 비밀을 알 수 있을지라도 그로써 어떤 유익을 얻을 수 있겠습니까? 나는 이 두 가지 사실이 어떻게 조화를 이룰 수 있는지를 설명하는 것만큼이나 그 두 가지가 조화를 이루지 못한다는 것을 설명하는 것도 어렵다고 믿습니다. 이 두 가지는 평행선처럼 만나지 않고 나란히 달려가는 사실들입니다. 일들이 사람들의 의지에 좌우되는 경우가 종종 있습니다. 그렇지만 모든 일은 결국 하나님의 뜻에 따라 일어나게 됩니다.

여러분은 이 두 가지 사실을 믿을 수 없습니까? 이 두 가지 사이의 간격이 여러분이 다 알 수 없는 하나님께 무릎을 꿇고 그를 찬미하고 예배하기에 아주 좋은 위치가 아닙니까? 여러분이 자신의 종교를 다 이해할 수 있다면 그것은 하나님에게서 나온 종교가 아닐 것입니다. 그런 종교는 능력이 제한되어 자신이 이해할 수 있는 것이나 만드는, 여러분과 같은 사람에 의해 만들어졌을 것입니다. 여러분의 신앙에는 그 꼭대기에 오를 수 없는 신비들이 있는데, 여러분이 그 꼭대기에 오를 필요가 없다는 점에 감사하기 바랍니다.

그러나 때로 이 두 가지 점에 관해 실제적인 질문이 일어납니다. 사람의 방식을 따라 다음과 같이 말하는 것은 옳은 일입니다. "사람들이 성실하다면, 사람들이 믿는다면, 기도한다면 이런저런 복이 올 것이다." 그리고 복이 오지 않는 것은 사람들이 마땅히 해야 할 만큼 충분히 기도하지 않았고, 믿지 않았다는 사실에서 원인을 찾는 것이 옳을 수 있습니다. 나는 하나님께서 자신의 택하신 자들을 구원하실 것을 믿습니다. 그러나 또한 나는 내가 복음을 전하지 않는다면 사람들의 피의 책임이 내게로 돌아오리라는 것도 믿습니다. 나는 하나님께서 그의 아들로 하여금 자기 영혼의 수고한 결과를 보게 하실 것이라고 믿습니다. 그러나 하나님의 백성인 여러분들이 사람들의 영혼을 구하는 일에 열심을 내지 않아 그들이 멸망한다면, 그들의 피에 대한 책임을 여러분에게서 찾으실 것입니다. 바로 이 점을 본문의 이야기가 설명하고 있다고 생각합니다. 하나님께서는 아람 사람들이 몇 번 패할 것인지 알고 계셨습니다. 그러나 하나님께서는 그들이 세 번 패할 것인지 아니면 여섯 번 패할 것인지를 요아스 왕이 결정하도록 맡기셨습니다.

그 다음에, 얼마나 큰 일들이 사람의 손에 좌우될 수 있는지 생각해 보십시오. 존경할 가치가 없는 왕 요아스가 거기 있었습니다. 그럴지라도 그의 백성의 운명이 분명히 그의 손에 놓여 있었습니다. 만일 그가 화살을 취해서 다섯 번이나 여섯 번 쏘면, 이스라엘 백성의 큰 적이 완전히 궤멸될 것입니다. 만일 그가 꾸물거리고 화살을 세 번밖에 쏘지 않는다면, 그는 승리를 조금밖에 거두지 못할 것입니다. 그래서 불쌍한 이스라엘 백성들은 억압을 받았을 뿐, 완전히 도륙당하지 않은 이 원수로부터 결국에는 고통을 받지 않을 수 없을 것입니다.

사랑하는 친구 여러분, 여러분에게 어떤 책임이 지워져 있는지 여러분은 알지 못합니다. 여러분은 한 가족의 아버지입니다. 여러분의 행동으로 말미암아 식구들에게 아주 놀라운 복이 임할 수 있고, 혹은 그 복을 여러분의 자녀들이 놓칠 수가 있습니다! 어머니 여러분, 여러분은 세상에서 명예를 얻지 못하고 산다고 생각하지만, 자녀의 미래가 여러분이 자녀들을 가르치느냐 가르치지 않느냐에 따라 달라질 수가 있습니다. 큰 통이 작은 못에 걸려 있듯이 큰 일들이 하찮은 문제에 좌우될 수가 있습니다.

오늘 밤 이 자리에 참석하신 여러분은 회중석에 앉아 여러분의 장래 행동 방침에 대해 생각할 때, 많은 사람들을 천국으로 인도할 일을 할 수가 있습니다. 그러나 다른 식으로 결정을 하면, 많은 사람을 이 세상에서와 영원히 저주받게 만들 일을 행할 수가 있습니다. 여러분이 살면서 막중한 책임의 자리에 많이 앉을 수 있고, 따라서 하나님의 은혜가 여러분과 함께 하여 여러분이 하는 일이나 하지 않는 일로 인해 다른 사람들에게 해를 끼치지 않게 여러분을 인도해 주시는 일이 참으로 필요하다는 것을 명심하시기 바랍니다.

다시 한번 말씀드리지만, 참으로 큰 결과들이 지극히 사소한 행동들로부터 나올 수 있다는 점에 유의하시기 바랍니다. 화살 하나 쏘는 것은 지극히 하찮은 일이었지 않습니까? 여러분의 자녀가 휴일에 많이 그런 놀이를 했습니다. 아이는 활을 들고서 집에서 만든 작은 화살대를 공중으로 쏘아 보냈습니다. 이것이 이스라엘 왕이 하도록 요구받은 일입니다. 아주 하찮고 평범한 이 궁술을 실행하는 것, 곧 열린 창문으로 화살을 쏘아 아래에 있는 땅으로 떨어지게 하는 일입니다. 그러나 이 화살을 쏘는 일에 이스라엘의 패배나 승리가 좌우될 것입니다. 이와 같이 복음을 듣는 것을 하찮은 일이라고 생각하는 사람들이 있습니다. 생명, 죽음, 지옥, 모르는 세계가 설교를 전하고 듣는 일에 좌우될 수가 있습니다. 설교를 주의해서 듣고 딴 생각을 하지 않는 것이 매우 사소한 일처럼 보일 수 있습니다. 그렇지만 하나님 말씀을 알아듣는 것에 따라 믿음을 얻을 수도 있고 얻지 못할 수도 있으며, 그에 따라 믿음으로 말미암아 오는 구원을 얻을 수도 있고 얻지 못할 수도 있습니다. 우리는 하찮게 보이는 일들에서 세상을 흔드는 경우가 종종 있습니다. 아주 위대한 행동처럼 보이는 것이 결국에는 하찮은 것에 지나지 않고, 작은 일이 중대한 결과를 낳을 수 있습니다. 바늘 도둑이 소도둑 되는 법입니다. 큰 은혜도 처음 시작될 때는 겨자씨보다 크지 않았습니다. 그러므로 작은 일들을 하찮게 생각하지 마십시오. 지극히 큰 일들이, 심지어는 영원한 큰 일들까지도 이 작은 일에 좌우될 수 있기 때문입니다.

내가 생각할 때 우리가 배울 교훈은 오늘 밤 다룰 주제의 바로 초입에 있는 것 같습니다. 그렇지만 나는 여러분을 이 초입에 붙들어 둘 수 없습니다. 우리는 바로 주제를 다루어야 합니다.

1. 첫째로, 나는 많은 사람들이 너무도 쉽게 생각하고 마는 문제들에 대해서 이야기하겠습니다.

우리 모두에게는 다소간에 기회들이 있는데, 큰 기회들을 만나서 화살을 다섯 번이나 여섯 번 쏘아야 할 때 겨우 세 번밖에 쏘지 않는 사람들이 있습니다.

이 문제들 가운데 한 가지는 속에 있는 악과 싸우는 전투에 있습니다. 어떤 사람들은 그리스도인 생활을 시작하자마자 시위에 화살을 먹여서 하나님의 이름을 대며 욕하는 것, 술 취함, 공공연한 부정(不貞) 같은 큰 죄들을 쏘아 떨어뜨렸습니다. 그들은 이렇게 화살을 세 번 쏘고 나서 자기 속에 있는 다른 원수들은 너그럽게 봐줄 수 있다고 생각하는 것 같습니다. 형제여, 그대는 활을 다섯 번이나 여섯 번 쏘아야 했습니다. 그대 속에는 정복해야 할 나쁜 성질이 그대로 남아 있습니다. 혹은 죽여야 하는, 용서하지 않는 본성이 그대로 남아있습니다. 그 악한 것이 살아있는 채로 천국에 갈 수는 없습니다. 그 악한 것을 죽이지 않으면 여러분은 교만하고 자기를 크게 믿는 사람인 것입니다. 여러분은 그 악을 활을 쏘아 떨어뜨려야 합니다. 하나님께서 교만을 미워하시기 때문에 여러분도 미워해야 합니다. 어떤 사람들은 이렇게 말합니다. "글쎄, 그것이 내 성격인 걸 어떻게 해." 그렇다면 여러분은 성격을 고쳐야 합니다. 그렇지 않으면 여러분은 천국에 이르지 못할 것입니다. 그런가 하면 어떤 사람은 말합니다. "아, 그것이 끊임없이 나를 괴롭히는 죄야." 그것은 사람들이 참으로 많이 대는 핑계입니다! 만일 내가 오늘 밤에 클래팜 커먼(Clapham Common) 공원을 지나가는데 열댓 명의 사람들이 나타나 나를 때려 눕히고 물건을 빼앗아 간다면 그들에게 괴로움을 당할 수밖에 없습니다. 그러나 내가 집 앞에 서서 그 사람들에게 집으로 들어오라고 하고 그들을 대접하며 내 물건을 가져가도록 한다면, 그들에게 괴롭힘을 당한다고 말할 수 없습니다. 내가 그들을 그렇게 하도록 초대하였기 때문입니다. 어떤 신자들은 죄를 너그럽게 보아줍니다. 다시 말하지만, 그들은 죄를 묵인합니다. 또 어떤 사람은 말합니다. "자, 당신도 알다시피, 나는 언제나 성질이 잘 냈어." 형제여, 그대는 마음을 가라앉혀야 합니다. 어떤 사람은 말합니다. "나는 항상 너무 성미가 급했어." 친구 여러분, 여러분은 급한 마음을 버려야 합니다. 하나님의 은혜가 그 악한 습관을 이기도록 여러분을 가르쳐 주실 것입니다. 우리는 죄를 범하고 삽니다. 그러나 어떤 죄도 그냥 묵인해서는 안 됩니다. 사람이 앉아서 "내가 그 죄는 이길 수 없어" 하고 말한다면, 그 죄가 그 사람을 파멸시킬 것입니다. 여러분은 그 죄를 이겨야 합니다. 모든 죄를 이겨야 합니다. 여러분이 세 번만 치고 그쳤다면 그것으로 만족해서는 안 됩니다. 그것이 여러분의 현재 상태라면 오늘 밤 이 하나님의 사람이 여러분에게 평안을 주지 않고 이렇게 말할 것입니다. "그대는 대여섯 번을 쳤어야 한다." 죄는 모두 깨끗이 제거해야 합니다. 이는 그리스도께서 우리를 죄에 그대로 두고 구원하시는 것이 아니라 죄로부터 건져내어 구원하기 위해 죽으셨기 때문입니다.

　기독교의 지식에 관하여 세 번 화살을 쏘고 그 다음에는 멈추는 사람들이 있습니다. 그들은 믿음으로 의롭다 함을 얻는다는 간단한 진리는 알지만 성령으로 말미암아 거룩해지는 일에 관해서는 별로 알고 싶어 하지 않습니다. 형제 여러분, 왜 성령으로 말미암아 거룩해지는 일에 관해 알고 싶어 하지 않는 것입니까? 여러분이 거룩해지지 않고서 구원받을 수 있습니까? 중요한 첫 번째 원칙들을 언제까지나 반복하는 것으로 아주 만족해하는 사람들이 있습니다. 그러나 그들은 그 이상은 알려고 하지 않습니다. 여러분께 권합니다. 하나님의 일들을 배우는 일에 힘쓰십시오. "믿고 살라"는 입문서를 읽을 뿐만 아니라 더 읽어 나가서 거룩함과 영적 교제에 관한 고전들도 읽도록 하십시오. 믿음에 확고히 서도록 하고, "능히 모든 성도와 함께 지식에 넘치는 그리스도의 사랑을 알고 그 너비와 길이와 높이와 깊이가 어떠함을 깨달으려고"(엡 3:18,19) 노력하십시오. 하나님 말씀을 부지런히 연구하는 학생이 되십시오. 하나님 말씀을 아는데 전념하십시오. 하나님의 진리가 여러분을 철저히 물들이기까지 그 진리에 흠뻑 젖도록 하십시오.

그런가 하면, 그리스도인의 학식에 관해 이런 식으로 잘못을 범하는 사람들이 있습니다. 그들에게는 작은 믿음이 있습니다. 그러면서 "겨자씨 한 알만한 믿음이 있으면 구원을 받을 것이라"고 말합니다. 그 말은 사실입니다. 나는 어린 사람들을 낙망시킬 생각이 결코 없습니다! 그러나 여러분은 언제까지나 어린아이로 있을 생각입니까? 겨자씨 한 알이라도 자라지 않으면 아무 가치가 없습니다. 겨자씨는 나무가 되어 가지에 새가 깃들이게 되기까지 자라도록 되어 있는 것입니다. 자, 친구 여러분, 여러분에게 작은 믿음이 있다면 큰 믿음을 갖기까지, 온전한 확신을 갖기까지, 확실한 이해의 모든 풍성함에 이르기까지 쉬지 말기 바랍니다. 여러분은 그리스도를 사랑합니다. 그런데 그리스도를 왜 더 사랑하지 않습니까? 여러분은 소망이 있습니다. 그런데 왜 더욱 분명한 기대를 가지려고 하지 않습니까? 여러분은 작은 인내가 있습니다. 그런데 왜 고통을 견디고 시련을 기뻐할 수 있는 풍성한 은혜는 갖지 못한 것입니까? "아, 나는 그런 것은 가질 수 없어!" 여러분이 그렇게 말할지라도, 오늘 밤 이 하나님의 사람은 화를 내지 않을 것입니다. 그러나 여러분이 정말로 그렇게 생각한다면 여러분에게 조금 화를 낼 것입니다. 여러분은 그런 은혜를 받을 수 있고, 또 받아야 합니다. 여러분은 그리스도 예수 안에 있는 고귀한 부르심을 얻지 않고서 만족해서는 안 됩니다. 여러분이 거룩한 생활에서 매일 진보를 이루지 않는 한 만족하지 말고 앞으로 계속해서 달려 나가야 합니다.

그런가 하면 적은 유용함에 만족하는 것 같은 사람들이 있습니다. 여러분은 한 영혼을 그리스도께 데려왔습니까? 아, 여러분이 또 다른 영혼을 데려오기를 갈망하면 좋겠습니다! 전쟁 중에 한 병사가 말을 타고 달려와서 "우리가 적에게서 대포를 한 문 빼앗았습니다" 하고 외치자 장군이 무엇이라고 말했는지 기억하지 못합니까? "또 한 문을 빼앗아라" 하고 장군이 말했습니다. 여러분이 한 영혼을 그리스도께 데려왔다면 그로 인해 여러분이 또 다른 사람을 데려오기를 간절히 바라게 되어야 합니다. 여러분이 그동안 주일학교에서 봉사했습니다. 계속해서 봉사하십시오. 반을 더 맡고, 어린 남녀 아이들이 구원을 받기까지 쉬지 마십시오. 여러분이 때로 마을에서 설교합니다. 가능한 두 배로 설교하십시오. 어떤 친구들은 자기들이 마땅히 행해야 하는 일의 견본만 보일 정도로 행하는 은혜와 유용함밖에 없습니다. 어떤 사람에 대해 들은 이야기가 있습니다. 그 사람이 파리에 가서 레스토랑에 들어가 비프스테이크를 주문하였습니다. 종업원이 접시에 작은 조각을 하나 가져다주었습니다. 그러자 그가 고기 조각을 포크로 한 번에 다 집어 올리고서 "좋아, 맛보기로 조금 가져왔으니, 이제 제대로 가져다주게" 하고 말했습니다. 어떤 사람들의 유용함은 정말로 성실한 사람에게는 한입거리밖에 되지 않습니다. 우리는 그런 사람들에게 "좋습니다. 그것은 올바른 일인데, 우리에게 제대로 한 번 보여주세요" 하고 말합니다. 왜 여러분은 훨씬 더 많은 일을 하지 못하는 것입니까? 여러분이 다른 어떤 사람들보다는 많은 일을 했지만, 왜 화살을 세 번만 쏘고 더 쏘지 않는 것입니까? "여러분은 대여섯 번 쳤어야 합니다."

이 정신은 기도에서 아주 생생하게 나옵니다. 여러분이 기도하는 것은 분명합니다. 그렇지 않다면 여러분은 하나님의 살아 있는 자녀가 아니었습니다. 그렇지만 기도에서 더 큰 능력을 발휘할 수 있으면 좋겠습니다! 여러분은 복을 구하였습니다. 왜 훨씬 더 큰 복은 구하지 않는 것입니까? 우리에게는 끈질긴 과부와 같은 그리스도인들이 더 많이 필요합니다. 오늘날 그런 그리스도인들은 매우 희소하게 되었습니다. 나는 그 여인의 후계자들, 곧 주께서 자기에게 복을 주시지 않으면 주님을 가게 하려고 하지 않는 사람들, 야곱처럼 천사를 붙들고 복을 얻기까지 밤새도록 씨름하는 사람들을 보고 싶습니다. 그들이 기도를 잘 하였지만, 훨씬 더 기도를 많이 했어야 했습니다. 하나님께서 기도를 들어주실 때까지 무릎을 꿇고 시은좌에 머물러 있을 수 있는 사람에게는 참으로 놀라운 복이 기다리고 있고, 놀라운 보화가 하나님의 손에 있습니다.

하나님의 교회 전체가 하나님의 영광을 위한 계획에서 잘못이 있습니다. 교회가 지금은 이전보다 훨씬 더 많은 일을 하고 있습니다. 그러나 이런 때라도 교회가 화살로 세 번을 치면 우리는 교회를 향하여 "그대는 대여섯 번 쳤어야 한다"고 말할 수 있습니다. 아, 그리스도의 교회가 주님을 위하여 세상을 정복하려는 무한한 야망을 가졌으면 좋겠습니다! 이웃들이 구주님을 알기까지, 모든 계층의 죄인들이 이스라엘에 하나님이 계시다는 것을 알기까지 우리가 밤낮으로 쉬지 않았으면 좋겠습니다! 그동안 한 일이 조금밖에 없는 여러분, 때때로 세례 주는 일이 있고, 일 년에 대여섯 명의 신자가 불어나는 것에 만족해 온 교회들이여, 분발하십시오! 과거에 했던 것과 전혀 다르게 하나님께 부르짖고 하나님을 위하여 힘쓰기를 바랍니다!

이 점에 대해 깊이 생각하려면 시간이 부족할 것입니다. 여러분은 우리가 시작해서 오래 다루는 것이 바람직한 많은 문제들을 생각하게 될 것입니다.

2. 둘째로, 이같이 멈추는 이유들에 대해 말씀드리겠습니다.

사람들이 그처럼 빨리 멈추는 이유가 무엇입니까? 그렇게 빨리 멈추는 사람들 가운데는 자기들이 뻔뻔한 일을 하게 될까봐 두려워한다고 말하는 사람들이 있습니다. 여러분은 자신이 너무 신앙적으로 치우치게 될까봐 무서워하지 않습니까? 그런 두려움을 깨끗이 잊기 바랍니다. 여러분은 은혜를 너무 많이 구하는 것이 아닐까 염려합니다. 오히려 은혜를 너무 적게 구하는 것을 두려워하십시오. 여러분은 죄를 이기게 될까봐 두려워하고, 그런가 하면 이기지 못한 죄를 무서워하여 떱니다. 하나님의 약속은 아무리 큰 약속이라도 그것을 붙잡고, 구하며 그 약속이 이루어질 것이라고 기대하는 것이 결코 뻔뻔한 일이 아닙니다.

어떤 사람은 이렇게 말할지 모릅니다. "나는 더 이상 무엇을 하거나 즐길 능력이 본래 없습니다." 타고난 능력이 그것과 무슨 상관이 있습니까? 여러분의 타고난 능력이 모두 무덤 속에 있고 여러분이 하나님의 영적인 사실들만을 보게 될 때, 그때는 이보다 더 큰 일들을 보게 될 것입니다. 그러니 그런 말을 하지 않기 바랍니다.

또 어떤 사람은 말합니다. "그런데, 나는 나이를 먹고 있어서 예전처럼 그렇게 화살을 쏠 수 없어요." 사랑하는 친구 여러분, 여러분이 늙고 싶다면 가장 확실한 방법은 늙은이처럼 생각하는 것입니다. 내 말뜻은 이것입니다. 여러분이 전에 하던 일을 이제는 할 수 없다고 생각하십시오. 여러분이 나이를 많이 먹고 있기 때문에 신앙적인 활동을 포기하십시오. 나이가 많이 들었기 때문에 주일학교 교사 일을 그만 두십시오. 그러면 여러분은 아주 빨리 늙을 것입니다. 그것이 여러분이 늙는 확실한 길입니다. 우리 정치인들을 보십시오. 그들이 얼마나 나이가 많이 먹어서도 계속 일을 하고 있는지 눈여겨보십시오. 한 가지 이유는 그들이 정말로 계속해서 일하기 때문입니다. 그들이 포기하였다면 일을 그만두지 않을 수 없었을 것입니다. 우리가 견딜 뜻이 있기만 한다면 늙은 개에게도 여전히 생명이 있다는 것을 보여줄 것입니다. 비록 머리가 희어지고 목소리에 힘이 없어질지라도 우리가 하나님의 대의를 위해 할 수 있는 일이 있습니다. 정말로 나이 때문에 우리가 하나님을 위한 일을 할 수 없게 되기 전까지는 나이 핑계를 대지 않도록 합시다. 그때는 우리가 주님께 봉사할 수 있는 다른 일을 찾아서 늙은 나이에도 열매를 내놓을 수 있도록 해야 합니다.

사람들이 일을 그만두는 이유들을 말씀드릴까요? 어떤 사람들의 경우에, 일을 그만두는 이유가 그들이 다른 사람들을 너무 의존하고 있기 때문입니다. 이 요아스 왕은, 엘리사가 그의 손을 자기 손 위에 올렸을 때 활을 쏠 수 있었습니다. 아마도 엘리사는 한 번만 그렇게 했고, 그 다음에는 왕이 스스로 하도록 맡기고 "자, 쏘소서" 하고 말했을 것입니다. 그러자 그는 세 번밖에 쏘지 않았습니다. 그리스도인들 중에는 자기 목사나 자기들이 믿음이 자라도록 도와준 나이가 든 그리스도인을 지나치게 의존하는 사람들이 많이 있습니다. 그래서 그 사람이 죽거나 다른 데로 이사 가면, 그 다음에는 더 이상 활을 쏘지 않습니다. 사랑하는 친구 여러분, 나는 여러분이 평생 다른 사람들 손에 끌려 다녀야만 되는 것을 바라지 않습니다. 나는 지금 우리가 자녀들에게 양육하는 부모가 되는 것을 반대하고 있는 것이 아닙니다. 다만 여러분이 혼자 달릴 수 있을 만큼 자라기를 원하는 것입니다. 이 자리에 계신 아버지들은 자기 아이가 스물대여섯 살이 되었는데도 데리고 다녀야 한다면 어떻게 생각하시겠습니까? 이제는 그 아이가 자기 발로 다닐 때라고 생각합니다. 신자들 가운데는 엘리사가 활 쏘는 일에 요아스에게 하였던 것처럼 자기에게 감독자 노릇을 하는 사람의 영향을 계속해서 받기 원하는 사람들이 있습니다. 여러분은 그렇게 하지 않도록 하십시오. 하나님이 여러분을 도우시므로 계속 쏘십시오. 화살이 다 떨어질 때까지 계속 쏘십시오.

사람들이 일을 그치는 또 한 가지 이유는 그들이 너무 빨리 만족한다는 것입니다. 요아스는 자기가 화살을 세 번 쏘고 나서 자기가 일을 아주 잘하였고, 그래서 엘리사가 그의 등을 두드리며 "왕께서 참으로 잘 하셨나이다!" 하고 말할 것으로 생각하였습니다. 이런 느낌이 주의 많은 일꾼들의 마음에 슬그머니 들어섭니다. 그들은 자기 몫을 다했고, 자기 때는 지나갔다고 생각합니다. 그래서 이제는 다른 사람이 나서게 하려고 합니다. 게다가 그들은 일을 아주 잘하였습니다. 그렇습니다, 여러분이 이미 한 일에 대한 만족이라는 누수로 말미암아 더 이상 일할 수 있는 능력이 새어나가게 됩니다! 지금까지 우리가 "다 이루었다"고 말할 수 있을 만큼 아주 잘한 일은 아무것도 없습니다. 차지해야 할 땅은 아직도 훨씬 더 많이 남아 있습니다. 그러므로 우리는 이미 달성한 일들이나 봉사에 대해 만족하는 마음을 일체 몰아내도록 합시다. 우리를 자신의 보혈로 값 주고 사신 사랑하는 주님을 위하여 우리가 지금까지 해 온 것보다 훨씬 더 많은 일을 하도록 합시다.

또한 요아스는 믿지 않았기 때문에 활 쏘는 것을 그쳤을 것입니다. 그는 자기가 활을 쏘는 것이 아람 사람들에게 어떻게 영향을 끼칠 수 있을지 알 수 없었고, 그래서 알기를 바랐습니다. 형제자매 여러분, 우리 중 어느 누구도 하나님을 충분히 믿는 사람은 없습니다! 하나님을 끝까지 믿으십시오. 그렇게 하면 여러분은 좋은 결과를 얻는 일꾼이 되고, 하나님을 위해 큰 일들을 성취할 것입니다. 아무도 자기 발아래 있는 가능성들을 알지 못합니다. 우리는 그 가능성들을 잴 수 없습니다. 그 가능성들을 줄일 수 있는 것은 불신앙뿐입니다. 그리스도께서도 사람들의 불신앙 때문에 자기 고장에서 기사를 행하실 수 없었다는 점을 기억하시기 바랍니다. 항상 찬송 받으실 주님에 대한 불신앙만큼 우리가 주님을 위해 일하는 것을 막을 수 있는 것은 없습니다.

나는 요아스가 너무 게을러서 활을 다섯 번이나 여섯 번 쏘지 않았다고 할지라도 이상하게 생각하지 않을 것입니다. 자, 여러분이 기도하고 싶은 생각이 들지 않을 때마다, 그것은 여러분이 배나 기도해야 하는 때입니다. 여러분이 주일학교 아이들을 가르치고 싶은 생각이 들지 않는다면, 자신에게 "너는 오늘 그 일을 잘 해야 해. 아주 형편없이 게으른 내 육신이여, 네가 그렇게 하도록 만들겠어!" 하고 말하십시오. 내가 어떤 사람에 대해 들은 이야기가 있는데, 그가 예배당으로 걸어가다가 피곤하자 걸음을 멈추고 자기 다리에게 이렇게 말했다는 것입니다. "자, 네가 지금까지 나를 먼 길을 데려와 이곳까지 이르게 했으니, 이제는 내가 나를 하나님의 집까지 데려가도록 하마!" 이와 같이 우리는 자신에게나 다른 사람에게 다 같이 이렇게 말할 수 있습니다. "우리가 오락을 즐기기 위해 달려갈 때나 마음이 들뜬 사람들과 함께 악을 행하러 갈 때는 아주 적극적이었다. 이제 하나님을 섬기는 일에도 적극성을 띠도록 하자." 우리 가운데 아무도 안락하게 살면서 천국에 이를 사람은 없을 것입니다. 그런 사람은 없습니다. 이것은 이 세상에서 진주 문에 이르기까지 행진하는 순례여행입니다.

어쩌면 또한 요아스는 열심이 너무 적었을지 모릅니다. 그는 충분히 정신 차리지 않았고 온전히 깨지도 않았으며 하나님의 영광을 염려하지도 않았습니다. 아람 군대를 세 번 칠 수 있다면 그로서는 아주 만족스럽게 생각할 것이었습니다. 요아스는 아람 군대가 세 번 패하면 충분히 패한 것이라고 생각하고, 활과 화살을 내려놓았습니다. 지금 이 설교를 듣는 분 가운데 이제 막 활과 화살을 치우고 계시는 분이 있는지 모르겠습니다. 주일학교 봉사를 그만 두려고 마음먹은 형제가 있거나 세상에서 할 일이 너무 많아 교회의 한 부서를 맡은 일을 그만두어야 하는 사람이 있는지 모르겠습니다. 그렇다면 이 주제를 돌려서, 여러분 스스로에게 오늘 밤 여러분이 다섯 번이나 여섯 번 쳤어야 하고 지금까지 한 것보다 훨씬 더 많은 일을 했어야 한다는 말을 듣도록 일부러 여기로 보냄을 받은 것은 아닌지 물어보도록 하십시오. 하나님께서는 종종 이 자리에서 사람들에게 말씀하시는데, 때로는 아주 날카롭게 말씀하십니다. 어떤 사람들은 내가 살면서 그들에 관해 한 마디도 들은 적이 없는데도, 누가 내게 자기들에 관해 모든 것을 말해주었는지 알고 싶다고 편지를 하였습니다. 하나님께서는 자기 종들을 통해 사람들의 양심에게 말씀하십니다. 나는 이 자리에 계신 하나님의 모든 자녀에게 이것이 탁월한 영광에서 온 메시지가 아닌지 생각해 보라고 말합니다. "계속 나아가십시오. 여러분에게 생명이 있는 한 계속 나아가십시오. 은혜 안에서 계속 자라고, 그리스도를 섬기는 일에 계속해서 진보를 이루도록 하십시오."

3. 셋째로, 이렇게 일을 멈추는 데에 따르는 통탄할 결과를 아주 간단히 살펴보겠습니다.

요아스는 세 번을 쏘고 멈추었습니다. 그래서 복이 지나가 버렸습니다. 그가 세 번을 쏘았고, 하나님께서 그에게 승리를 세 번 주셨습니다. 여러분이 일을 그침으로써 무슨 일을 하고 있는지 압니까? 여러분은 복의 강물이 여러분에게 흐르게 해주는 도관(導管)을 막고 있는 것입니다. 그렇게 하지 마십시오. 자신을 가난하게 만드는 것은 확실히 필요 없는 일임에 틀림없습니다.

요아스 왕이 그랬던 것처럼 여러분은 고통스러운 결과를 겪을 것입니다. 세 번 승리를 거둔 후에, 적의 세력이 다시 앞질렀기 때문입니다. 여러분이 매일 하나님으로부터 은혜를 공급받기를 그친다면, 혹은 죄를 향해 화살을 쏘기를 그친다면 많은 면에서 고통을 받을 것입니다.

그런가 하면 여러분과 함께 고통 받는 사람들도 있을 것입니다. 요아스가 화살을 더 이상 쏘지 않고 그쳤기 때문에 모든 이스라엘의 형편이 악화되었습니다. 여러분의 자녀들, 이웃들, 친구들의 형편이 나빠진 것입니다. 여러분이 은혜 받는 일이나 은혜의 하나님을 섬기는 일에 태만하기 때문에 얼마나 많은 사람들이 고통을 받을지 알 수가 없습니다.

이제는 상황이 바뀌어, 적이 승리하였습니다. 성도가 게을러지면 지옥에서 기뻐합니다. 우리가 기도하기를 그치고, 믿음이 느슨해지며 하나님과의 교제가 희미해지면 마귀들이 기뻐합니다.

더욱 나쁜 것은 여호와의 이름이 욕을 받았다는 사실이었습니다. 거짓 신들을 예배하는 자들이 이스라엘을 이겼고, 무한히 영광스러우신 여호와께서 그렇지 않으면 나타내셨을 힘을 보이시지 않았습니다. 우리는 하나님에게서 그 영광을 빼앗지 않도록 합시다. 그것은 최악의 강도짓이기 때문입니다. 그보다는 우리와 같이 보잘것없는 피조물들에게서 항상 찬송 받으실 하나님께서 할 수 있는 대로 많은 영광을 얻으시도록 살아갑시다.

또 한 가지는, 영광스러운 가능성들을 잃어버렸다는 것입니다. 여러분 앞에 얼마나 영광스러운 가능성들이 놓여 있는지 보십시오. 그 가능성들을 손대지 않고 그대로 내버려 두지 마십시오. 만일 여러분이 가난한 사람인데, 여러분의 고향 밭에 금광이 있어서 삽을 사용하기만 하면 부자가 될 수 있다면, 여러분이 금광을 오랫동안 방치해두었을 경우 애석하게 여기지 않겠습니까? 자, 하나님의 복된 약속들이 여러분 앞에 있습니다! 하나님의 자녀는 부요해질 수 있고, 복을 받고 행복해질 수 있습니다. 여러분은 이 금광을 채굴하지 않고 내버려 두겠습니까? 이제 구주님을 겨우 찾기 시작한 죄인들이여, 주님을 더욱 부지런히 찾고 그리스도를 더욱 굳게 붙드십시오. 그러면 여러분이 곧 복을 얻을 것입니다. 여러분 스스로 하나님 나라에 들어가지 못하도록 자신을 가두겠습니까? 그런 일이 일어나지 않도록 하십시오.

시간을 보니, 설교를 이제 끝내지 않을 수 없겠습니다.

4. 이렇게 멈추는 것을 치료하는 것에 관해 몇 마디 말씀드리겠습니다.

우리가 거룩한 봉사의 일을 멈추거나 하나님께 가까이 가는 일 혹은 하나님의 약속들에서 힘을 얻는 일을 멈출지라도, 적은 멈추지 않는다는 것을 기억하십시오. 여러분은 사람들이 술집에 드나드는 것을 막을 수 없습니다. 런던의 매춘부들이 사람들을 유혹하는 일을 멈추게 할 수 없습니다. 여러분은 무신론자들이 활보하는 것을 막을 수 없습니다. "내리막길로 달려가는 사람들을" 막을 수 없습니다. 그들은 모두 힘을 다해 우리 주 예수 그리스도의 나라에 손해를 끼치려고 애를 쓸 것입니다. 여러분에게는 스코틀랜드의 저 유명한 지휘관이 자기 부하들에게 말했던 것과 같은 선택이 놓여 있습니다. 그 지휘관은 말했습니다. "젊은이들이여, 그대들이 보다시피 저기 적이 있다. 그대들이 적을 죽이지 않는다면 적이 그대들을 죽일 것이다." 여러분이 악의 세력들을 무너뜨리지 않는다면 악의 세력이 여러분을 무너뜨릴 것입니다. 하나님께서 우리가 선택을 하는 일에 주저하지 않게 해주시기를 바랍니다. 그리스도께서 친히 오실 때까지 우리가 성령의 능력으로 말미암아 하나님의 구원의 화살을 계속 쏠 수 있게 해주시기를 바랍니다!

이렇게 멈추는 일을 고치는 치료책은 우리가 대체로 다른 일들에 열심이라는 사실을 반성하는데 있습니다. 사람이 사업에 종사하면 온통 그 속에서 삽니다. 또 사람이 어떤 연구에 몰두하면 그것을 이해하기까지 지치도록 일합니다. 우리는 하나님의 일은 열의 없이 하고, 은혜의 문제에서도 일을 건성으로 하며 언제나 할 수 있는 대로 적게밖에 하려고 하지 않습니다. 안 그렇습니까? 주님께서 우리를 이 정신에서 구원하여 주시기를 바랍니다! 믿음이 적은 것은 매우 위험한 일입니다. 여러분이 믿음의 단맛을 맛보고자 한다면 믿음의 깊은 데까지 마시십시오. 그 꼭대기 부분은 씁니다. 여러분이 바닥에 이르기까지 믿음을 마시면, 그곳의 찌꺼기는 기운을 잃고 있는 영혼에 더할 수 없이 좋은 강장제입니다. 하나님께서 우리에게 믿음의 내부 핵심을 알게 해주시기를 바랍니다! 바로 거기에 믿음의 달콤함이 있기 때문입니다.

끝으로, 우리는 언제나 다음의 질문을 생각하고서 거룩한 봉사를 멈추는 일을 하지 않도록 해야 합니다. 우리가 항상 우리 구주님을 위해 충분히 일을 할 수 있습니까? 주님께서 어딘가에서 멈추셨습니까? 주님께서 일이 절반밖에 끝나지 않았는데 멈추라고 소리치셨습니까? 주님께서 예루살렘에 올라가시기로 굳게 결심하시지 않았습니까? 채찍이 떨어질 때, 주께서 물러서고 우리를 떠나셨습니까? 손과 발에 못이 박히셨을 때 주님은 우리를 버리지 않으셨습니다. 아버지 하나님께 버림을 받으셨을 때 주님은 우리를 버리지 않으셨습니다. 주님은 "다 이루었다"고 말하실 수 있을 때까지 당신의 일을 끝까지 해내셨습니다. 우리 각 사람이 "내가 이미 하나님을 향해 손을 들었으니 돌아갈 수 없다!"고 말하며 하는 일을 끝까지 해내기로 결심하면 좋겠습니다. 그리스도인은 누구나 다 그같이 말하기를 바랍니다.

아직까지 그리스도를 믿지 않은 여러분, 여러분이 죄인을 위하여 죽으신 그분을 믿게 되기를 바랍니다! 나무에 달려 죽으신 그분에게 항복하십시오. 그렇게 항복하였으면, 주님께서 여러분을 보고 "네 죄 사함을 받았느니라"(마 9:5)고 말씀하실 때 여러분은 주님을 보고 이렇게 말하십시오. "주님, 내가 그 감사한 말씀을 인해서 주님을 찬송합니다. 이제 내가 내 평생 모든 날 동안 주님을 섬기겠습니다."

소성케 하시는 성령께서 이 연약한 말씀에 거룩한 생명을 더하여 주셔서 여러분 모두가 다섯 번이나 여섯 번 화살을 쏘게 하여 주시기를 바랍니다! 아멘.

제
14
장

—

하나님의 구원의 화살

—

"하나님의 사람이 노하여 이르되 왕이 대여섯 번을 칠 것이니 이다 그리하였더면 왕이 아람을 진멸하기까지 쳤으리이다 그런즉 이제는 왕이 아람을 세 번만 치리이다 하니라." — 왕하 **13:19**

이 임종의 장면은 거룩함의 능력을 충분히 증명하고 남음이 있습니다. 엘리사는 하나님의 선지자였습니다. 하나님께서 자기를 섬기도록 부르시는 사람은 언제나 명예롭다는 사실을 제외하면, 그는 전혀 명예로운 위치에 있는 사람이 아니었습니다. 이스라엘 왕 요아스는 종종 엘리사의 훈계를 무시하였고, 바알 신당에서 계속 예배하였습니다. 엘리사가 그 일을 공공연히 비난하고 오직 여호와만 이스라엘의 하나님이시라고 선언하였음에도 말입니다. 그런데 이제 선지자가 90세라는 아주 많은 나이에 곧 죽게 생기자 요아스가 그의 침상 곁으로 와서 웁니다. 왕이 대체 그런 자리에 온다는 것이 놀랄 만한 일이었습니다. 왕들이 임종의 자리를 찾아가는 일은 그리 많지 않습니다. 특별히 하나님의 종의 임종의 자리에는 더욱 그렇습니다. 그런데 이 왕이 서서 나이 든 선지자의 죽어가는 모습을 보고 얼굴에 눈물을 흘리는 것은 더욱더 놀랄 만한 일이었습니다. 왕이 이 선지자가 나라에 대하여 갖는 가치를 표현한 말은 훨씬 더 주목할 만한 것이었습니다. "내 아버지여 내 아버지여 이스라엘의 병거와 마병이여." 요아스는 마치 이제 자신의 힘이 다 끊어진 것처럼 느꼈습니다. 그는 자기에게 적은 병력

밖에 없었지만 그래도 자신의 마병을 신뢰하였습니다. 그런데 선지자를 자신이 육군에서 가장 강한 군대로 여긴 마병에 비유합니다. 혹은 그는 나라를 거친 말들이 끄는 병거로 보고, 똑바로 서서 고삐를 쥘 만한 위엄 있는 선지자가 없다고 보는 것입니다. 이제 고삐를 쥘 사람이 없게 되었으니 병거가 어디로 갈 것입니까? 나라는 곧 전복될 것이고, 미친 사냥꾼이 나라를 이리저리로 끌고 갈 것입니다. 그래서 왕은 이 선지자에 대한 일종의 이기적인 존경심에서, 그것이 존경심이었지만 또한 이기심이었기 때문에 그렇게 말할 수 있는데, 아무튼 그런 존경심에서 선지자의 임종의 자리에 서서 눈물을 흘리는 것입니다.

사랑하는 친구 여러분, 우리는 믿지 않는 사람들까지도 우리가 세상을 떠나면 우리를 그리워하도록 만드는 삶을 살도록 힘씁시다. 우리가 모든 일에서 우리 구주 하나님의 교훈을 영광스럽게 하는 일을 눈에 띄지 않고 조용히 할 수가 있습니다. 그러면 우리가 죽을 때, 많은 사람들이 "나도 저 의인처럼 죽어야겠어. 내 마지막 순간도 저 사람처럼 되도록 하겠어" 하고 말하며, 눈물을 흘리고, 그들이 하나님의 종이 죽었다는 소식을 들으면 가게 문을 닫고 한두 시간 동안 조용하고 엄숙하게 지낼 것입니다. 그들이 그 사람이 살았을 때는 그를 비웃었지만 그가 죽을 때는 그를 인해 슬퍼합니다. 그가 이 세상에 있는 동안에는 그를 멸시할 수 있었지만 이제 그가 세상을 떠나자 이렇게 말합니다. "우리는 좀 덜 알려진 사람을 제대로 잘 이해하지 못하였을 것이다. 왜냐하면 그 사람이나 그와 같은 사람이 실상 이 공화국의 기둥들이기 때문이다. 그들이 우리 모든 사람에게 복을 소나기처럼 내리게 한다." 나는 사람들의 명예와 경의를 위해서가 아니라 하나님의 명예와 영광을 위해서 이것을 선물로 받기를 간절히 바라고 싶습니다. 그리스도를 멸시하는 자들까지도 의로운 사람의 행실에는 기품이 있다는 것을, 곧 존경스러운 점이 있다는 것을 보지 않을 수 없습니다.

그런데 엘리사의 임종의 장면은 신앙심이 없고 부도덕한 군주가 선지자에게 바치는 존경의 찬사로 향기롭긴 하지만, 무엇보다 그때 그 자리에서 이 왕을 가르친 교훈으로 인해서 기억할 만하고, 우리에게 유익한 교훈들을 적지 않게 생각나게 합니다. 그러므로 나는 여러분에게 무엇보다 중요한 그 표시를 깊이 생각해 보라고 제안합니다. 그 다음에, 나와 함께 이 태만한 왕을 비난하기를 바랍니다. 나는 우리가 모두 이 선지자의 의로운 분노가 옳다고 주장하는데 어려움이 없을 것으로 생각합니다.

1. 그 표시는 매우 중요하였습니다.

이스라엘은 이때 아람과 전쟁하는 중이었습니다. 하나님께서 자기 백성에게 승리를 주는 것을 나타내는 표시로서 왕에게 활과 화살을 집으라고 하셨습니다. 하나님의 대리자인 엘리사가 자기 손을 왕의 손 위에 놓고, 즉시 창문을 열고 화살을 쏘라고 명령합니다. 화살이 공중으로 날아갈 때 선지자는 이 화살은 하나님께서 자기 백성을 아람 군대의 손에서 구원하는 화살이라고 말합니다.

이 상징적인 행위에 대한 해석은 아주 간단합니다. 하나님이 구원하실 것이고, 구원은 하나님께 속한 것이나 반드시 인간을 도구로 사용해서 구원이 성취된다는 것입니다. 요아스가 활과 화살을 집어야 하지만, 하나님의 대리자인 엘리사가 활에 손을 대지 않고서는 요아스의 손으로는 화살이 빠르게 날아가게 만들 수 없습니다. 이와 같이 사람이 하나님께 힘을 얻어 화살을 쏠 때, 구원이 오는 것입니다.

태초부터 지금까지, 이런 것이 하나님께서 자기 백성들에게 복을 베푸시고, 자기의 택하신 자들을 모아들이시는 일반적인 방법이었습니다. 하나님께서 일하십니다. 도구는 하나님이 계시지 않으면 아무것도 아닙니다. 하나님께서는 수단들을 택하시는 데 조심하십니다. 이 수단들을 보면 그것 자체로는 지극히 연약하기 때문에 아주 의심이 많은 사람들도 능력이 피조물에게 있을 수 없다는 것을 납득하게 됩니다. 그런가 하면 하나님께서는 자기 백성을 위해 어떤 큰 일을 이루실 때 인간의 행위와 아무 상관 없이 하시는 법이 좀처럼 없습니다. 만물을 창조하신 하나님은 제일 동인(動因)이십니다. 그러나 하나님께서는 피조물을 능숙한 자들과 힘 있는 자들의 손에서 도구와 무기로 사용하십니다. 하나님께서는 우리 안에서 일하시어 자신의 선하시고 기뻐하시는 일을 원하게 하며 또 행하도록 만드십니다. 그렇게 하는 것이 하나님의 기뻐하시는 바이고, 우리 안에서 일하시는 이는 바로 하나님이십니다. 그러나 그때 하나님께서 우리 안에서 일하시기 때문에 우리가 원하고 또 행하는 것입니다. 여러분이 성경에서 보는 대로 교회의 전 역사를 회고해 보십시오. 그러면 이것이 항상 사실이었다는 것을 알 것입니다. 하나님께서 더 이상 참을 수 없을 만큼 타락한 무리들 가운데서 택한 사람들을 구원하고자 하셨을 때, 택하신 여덟 사람을 구원하시는데, 어떻게 구원하십니까? 기적을 일으키십니까? 여러분이 그것을 기적이라고 부르고 싶다면, 그렇게 부르십시오. 그러나 노아가 목재 위에 목재를 올려놓고 못을 박아 고정시켜 방주를 건조하였을 때, 그것은 손으로 직접 일을 해서 이룬 것이었습니다. 배를 건조하는 것은 단순한 믿음의 행위였고, 또한 충분히 이성적인 행위였습니다. 그 배로 하나님의 택하신 여덟 사람을 보존하셨습니다. 여러분은 여기서 하나님의 은혜와 노아의 순종을 봅니다. 여러분은 전능하신 하나님께서 방주를 고안하셨고, 인간의 손이 하나님께서 주신 모양을 따라 배를 만들었다는 것을 압니다.

그 이후로 좀 더 역사를 따라 나가보면, 훨씬 더 대단하게 하나님의 능력을 보여주는 일을 만나게 됩니다. 하나님께서 손을 높이 들고 팔을 펴고서 자기 백성을 애굽에서 인도해내셨을 때, 자기 백성을 마치 광야를 지나듯이 바다를 통과하게 하시고, 마치 바닷물이 바다 한가운데서 엉겨 붙은 것처럼 깊은 물이 무더기처럼 서게 만드셨을 때 그 같은 능력을 보여주셨습니다. 이때 하나님께서 영광스럽게 나타나셨고, 그래서 노래는 온전히 여호와께, 오직 여호와께만 드려졌습니다. "이 때에 모세와 이스라엘 자손이 이 노래로 여호와께 노래하니 일렀으되 내가 여호와를 찬송하리니 그는 높고 영화로우심이요 말과 그 탄 자를 바다에 던지셨음이로다"(출 15:1). 그렇지만 여러분은 이때 조용하고 온순한 사람과 높이 든 막대기를 봅니다. 이것은 여호와의 기사들 한가운데 인간의 수단이 존재함을 상징적으로 보여주는 것들입니다. 바다를 가르시는 것은 하나님이시지 모세가 아닙니다. 그러나 하나님께서 모세가 치켜 든 지팡이 없이 바다를 가르시지 않습니다. 그와 같이 광야에서 바위가 물을 내었을 때, 모세의 목소리와 그 뒤에는 모세의 지팡이가 그 바위에서 물을 나오게 하지 않으면 안 됩니다. 요단 강의 물이 갈라졌을 때, 먼저는 제사장들이 강가에 발을 디뎠고, 그 다음에 물이 갈라졌습니다. "요단아 네가 물러감은 어찌함인가?"(시 114:5). 제사장이 강물에게 물러나라고 말하였습니까? 그런 일을 꿈에라도 생각할 사람이 누가 있겠습니까? 그러나 하나님께서는 제사장 없이 그 일을 하시지 않았습니다.

그 일은 여호수아 영도 아래 많은 성들을 점령할 때도 마찬가지였습니다. 첫 번째이자 기념할 만한 사건인 여리고를 점령한 일에서, 여리고 성벽이 일곱째 날에 땅에 무너져 내려앉았을 때 이스라엘 백성들이 한 일은 거의 없었습니다. 그러나 여러분은 그 성벽이 이스라엘 백성들이 여리고 성을 칠일 동안 주위를 돌기 전에는 무너지지 않았고, 어린 양의 뿔피리 소리와 많은 사람들의 함성 소리 없이 무너지지 않았다는 것을 기억할 것입니다.

사사시대를 보더라도 그와 같습니다. 그때 하나님께서 자기 백성을 어떻게 구원하셨습니까? 친구 여러분, 어떤 때는 그 수단이 삼갈의 소모는 막대기이고, 또 어떤 때는 그 수단이 삼손의 손에 들린 나귀 턱뼈인 것을 여러분은 압니다. 때로는 그것이 기드온의 횃불과 항아리이며, 또 입다의 칼입니다. 하나님께는 수단이 있는데, 자신의 목적을 위해서 세상의 물건들을 택하여 하늘의 명령을 실행하신다는 것은 언제나 사실입니다. 내가 열왕의 역사를 언급하고 이어서 선지자들의 이야기를 또한 다룬다면 여러분은 아마 지치고 말 것입니다.

그래서 우리는 즉시 사도시대로 넘어갑시다. 오래된 로마 제국은 진압되어야 했고, 오랜 세월에 걸친 고질적인 우상 숭배는 뿌리 뽑아야 했으며, 황당무계한 신들은 그 우상들을 세워놓은 주춧대에서 굴러 떨어트려야 했습니다. 성령께서는 그 일을 순식간에 행하실 수 있었습니다. 성령께서는 모든 사람들에게 우상 숭배의 어리석음을 납득시키실 수 있었습니다. 사람들 마음에 조용히 입김을 불어넣으시면 사람들이 죄를 깨닫고 모든 영들의 크신 아버지께로 돌이킬 수 있을 것입니다. 그리스도의 계시가 목사가 단 한 명이 없어도 모든 사람에게 주어질 수 있습니다. 그런데 하나님께서는 그 일을 어떻게 행하시기로 결정하셨습니까? 형제 여러분, 그런 방식이 아닙니다. 주님께서는 그렇게 하시지 않았습니다. 처음에는 어부 열두 명이 하나님 말씀을 선포하고, 그 다음에는 디모데 같은 사람들이 전하며, 그리고 모든 지역에서 진정한 "사도의 계승자들이" 진리의 말씀을 설교해야 했습니다.

교회 역사에서 단 한 시기라도 하나님께서 수단을 사용하시지 않고 일하신 때를 내게 말해 보십시오. 하나님께서 사용하신 수단이 전혀 보이지 않는다면, 나는 과연 하나님께서 일을 하신 것인지 모르겠다고 말할 것입니다. 종교개혁을 예로 들어봅시다. 여러분은 종교개혁을 생각할 때 하나님을 빼놓을 수 있습니까? 동시에 여러분은 루터, 칼빈, 츠빙글리, 멜란히톤이라는 이름을 언급하지 않고서 종교개혁을 말할 수 있습니까? 그 다음에, 이후 잉글랜드 종교개혁에서, 곧 졸고 있던 우리 교회들이 갑자기 잠에서 깨어난 때, 누가 그 일을 하였습니까? 성령께서 친히 그 일을 하셨습니다. 그러나 여러분은 횃필드와 웨슬리라는 이름을 거론하지 않고서 그 부흥운동을 이야기할 수 없습니다. 왜냐하면 하나님께서 수단들을 사용하여 일하셨고, 지금도 그같이 일하시기 때문입니다. 나는 북부 아일랜드에서 일어난 부흥운동에 관하여 내려진 평, 곧 거기에서는 인간적인 수단이 별로 사용되지 않은 것 같았다는 의견을 언급하곤 하였습니다. 나는 그 기사를 보는 순간, 그 점을 의심하였습니다. 그것이 도구를 통해서 충분히 발전된 하나님의 일이었다면, 그 일이 그처럼 빨리 끝나지 않았을 것이라고 나는 믿습니다. 하나님께서는 도구 없이 일하실 수 있고, 심지어 도구를 사용하시는 때라도 하나님께서는 자신이 그 영광을 취하십니다. 그 모든 것이 바로 하나님의 것이기 때문입니다. 그렇지만 하나님께서 친히 사람의 육신을 입으심으로써 사람을 구원하셨듯이, 세상 모든 곳에서 하나님은 피와 살로 된 사람들을 통해서 사람들에게 말함으로써 사람들을 부르신다는 이것이 지금까지의 규칙이었고, 수단을 사용하는 날이 끝날 때까지 규칙이 될 것입니다. 제한된 의미로 이처럼 강한 표현을 사용할 수 있다면, 하나님께서는 성령으로 말미암아 스스로 육체를 입으십니다. 다시 말해, 하나님께서는 선택하신 사람들 안에서, 특별히 성전 안에 거하시듯이 하나님께서 거하시는 하나님의 교회 안에서 택하신 사람들을 통해 육체를 입으시고, 그 교회를 통해서 세상에 복을 베풀기를 기뻐하십니다.

이제 우리는 이 사실을 항상 붙들고 있어야 합니다. 우리는 활을 가만히 놓아두고, "하나님께서 친히 자기 일을 하실 것이다. 엘리사가 화살을 쏠 것이다" 하고 말해서는 안 됩니다. 이것은 게으름입니다. 우리는 그동안 이런 게으름을 충분히 부렸습니다. "하나님께서 친히 자기 일을 하실 것이다"고 말하는 교회들을 보십시오. 이런 사람들이 하나님께서 친히 자기 일을 하시는 것에 대해 말을 하면 할수록 그만큼 더 그들이 치명적인 무관심에 떨어지는 것을 볼 것입니다. 주일학교에서 봉사하는 일을 하지 않습니다. 영혼들을 회심시키는 일에 아무 관심이 없습니다. 그들에게서는 다만 편협하고 빈정대는 마음과 주님의 포도원에서 기꺼이 일하려고 하는 모든 사람들에 대해 흠을 잡고 뒤에서 험담을 하는 태도만을 보게 됩니다. 그리고 그들이 자신의 설교가 아니라 다른 사람의 설교를 듣고 회심한 형제들을 상대하게 되었을 때는, 마치 그들이 다시 회심한 사람들인 것처럼, 자기들이 열렬하게 전하는 특별하고 뛰어나며 매우 상세한 복음을 듣기 전에는 진리를 알지 못한 사람들인 것처럼 이야기합니다. 그들 가운데서는 온갖 일을 볼 수 있습니다. 그들에게서 전혀 호감이 가지 않는 정신, 곧 예수 그리스도 안에 있는 것과 정반대되는 정신을 봅니다.

그런가 하면 이와 반대로, 우리가 하나님 없이 화살을 들고 쏘아야 한다고 생각하는 것은 마찬가지로 위험한 잘못입니다. 사실 이것은 둘 가운데서 더 위험한 생각입니다. 이 잘못된 두 가지 생각을 함께 비교해야 한다면, 나는 이 두 악한 생각, 곧 게으르게 "하나님께 다 맡겨버려"라고 말하는 정신과, 하나님을 의지하지 않은 채 하나님의 일을 시작하려고 하는 정신 중에서 어떤 것이 더 나쁜지 모르겠습니다. 만군의 여호와여, 이것은 힘으로 되지 아니하며 능력으로 되지 아니하고 오직 주의 영으로 됩니다(슥 4:6). 그럼에도 불구하고 그리스도의 사랑이 우리를 강권하여 그리스도의 대의를 이루는 일에 힘을 쓰도록 만듭니다.

2. 둘째로, 게으른 이 왕을 책망하도록 합시다.

선지자는 왕에게 활과 화살을 주고 쏘라고 명하였습니다. 일을 그에게 맡긴 것입니다. 하나님께서는 미리 아시고 그가 참으로 많은 승리를 얻도록 정하셨습니다. 그렇지만 우리의 자유로운 행위가 하나님의 예정과 정확히 일치한다는 것은 불가사의한 일입니다. 왕은 화살을 쏘라는 명령을 받고 한 번 쏩니다. 그는 활시위를 당겨 다시 한 번 쏘고, 세 번째 활을 당겨 화살을 쏩니다. 그 다음에는 활을 땅바닥에 아무렇게나 내던지자 선지자가 그에게 화를 냅니다. 왜냐하면 왕이 세 번밖에 승리를 거두지 못할 것이기 때문입니다. 만일 그가 땅을 여섯 번 쳤다면 여섯 번 승리를 얻었을 것입니다. 그러나 그가 세 번밖에 치지 않았기 때문에 승리를 세 번밖에 거두지 못하게 되었습니다. 요아스 왕은 책망을 받되 심하게 받아야 합니다. 그러나 그는 이미 죽어 없어졌으니 우리의 책망이 그에게 효과가 없을 것이므로, 우리는 지금 그의 행위를 본받는 사람들을 책망하도록 합시다. 나는 그런 사람을 아주 많이 찾아낼 수 있을 것이라고 생각합니다.

참으로 많은 신자들이 작은 믿음밖에 가지고 있지 않으면서 그처럼 작은 믿음에 아주 만족하고 있는 것으로 보입니다. 그들은 하나님의 약속을 붙잡고 그것이 성취될 것이라고 믿는 마음으로 기대하지 못합니다. 그들은 자신이 그리스도와 관계되어 있다는 것을 별로 알지 못합니다. 그들은 충분히 안전합니다. 그러나 또한 그들은 대체로 매우 불쌍한 처지에 있습니다. 그들은 하나님의 말씀을 그대로 받아들이지 못합니다. 그러므로 그들은 세상 근심과 영적인 염려로 인해 심한 압박을 받습니다. 그들이 땅을 여섯 번 치는 은혜를 받았으면 좋겠습니다! 그들이 모든 짐을 자기를 돌보시는 하나님께 다 맡기는 법을 알았으면 좋겠습니다! 주님께서 그들에게 새로운 믿음을 주셔서 그들이 주님을 절대적으로 신뢰하고 그들을 진노에서 구속하기 위해 자기 심장의 피를 쏟으신 분의 손에 영혼을 맡기게 되었으면 좋겠습니다! 사랑하는 친구 여러분, 나는 우리가 항상 의심하고 두려워하며 떨어야 할 필연적인 이유가 있는지 모르겠습니다. 그럴 이유가 있다고 생각하는 사람들이 있습니다. 그러나 그것은 그 사람들이 하나님 자녀의 신분과 하나님께서 그로 도달하게 하시려는 위치를 고귀하게 생각하지 않기 때문입니다. 그들은 화살을 세 번 쏘고서 "나는 구원받았다. 그것으로 충분해. 나는 천국에 들어갈 거야"라고 말합니다. 그들이 지상에서 천국을 소유할 수 있을 때까지, 굳센 믿음으로 "하늘에 있는 대저택에 대한 그들의 권리증서를 읽고" "말할 수 없는 영광스러운 즐거움으로 기뻐할"(벧전 1:8) 수 있을 때까지 계속해서 화살을 쏘았으면 좋겠습니다!

그 다음에, 영적 사실들에 대한 지식이 언제나 똑같은 사람들이 있습니다. 그들은 하나님의 깊은 일들을 이해하지 못합니다. 그들은 영혼을 파멸에서 구원하는 사실과 그리스도 안에서 제공되는 치료책을 아는 것으로 만족해합니다. 그러나 하나님의 선택하시는 사랑의 교리는 알지 못하고, 어쩌면 군이 알고 싶어 하지도 않을 것입니다. 그들은 자신의 택한 백성들에 대한 하나님의 변치 않는 신실하심의 교리를 결코 탐구하지 않습니다. 그들은 하나님의 깊은 일들은 믿음이 강한 자들이나 알도록 하고 자기는 어린아이로 있는 것에 만족합니다. 사랑하는 친구 여러분, 하나님 말씀 연구하기를 게을리하는 사람들이 얼마나 많은 것을 놓치는지, 계시의 더욱 장엄한 진리들을 모르고서도 태연히 지내는 사람들이 얼마나 놀라운 복들을 스스로 차버리는지 모릅니다! 나는 그들이 화살을 세 번만 쏠 것이 아니라 더 쏘고, 더 쏘고, 더 쏘아서 마침내 그들이 모든 성도와 함께 지식에 넘치는 그리스도의 사랑의 너비와 길이와 높이와 깊이가 어떠함을 깨달아 알기를 바랍니다.

여러분은 어쩌면 바로 이런 사람들이나 그들과 비슷한 사람들이 자기의 매일의 행실과 대화에 관해 매우 만족해하는 것을 볼지 모릅니다. 그들은 술주정뱅이가 아닙니다. 하나님의 이름을 들먹이며 욕하지도 않습니다. 그들은 양심적이고 진실합니다. 안식일을 어기지도 않습니다. 그러나 여러분이 그들에 대해 말할 수 있는 것은 그것이 전부입니다. 그들이 신앙 때문에 도덕적인 사람이 된 것 같지만 신앙 때문에 거룩해졌다고 보기는 어려울 것입니다. 그들은 가정 예배를 거의 드리지 않습니다. 그리고 자녀들과 대화하는 데에도 별로 관심이 없습니다. 아마도 화를 잘 내는 성질이 있을 수 있는데, 다소 그 성질을 참을 것입니다.

그러나 그들이 어느 정도 이상으로 화를 참을 수는 없다고 생각하고, 그래서 때로 화를 내는 것을 스스로 용인합니다. 세상의 눈으로 볼 때는 그들이 언행이 일치하지 않는 점이 별로 없어 보이지만, 성령께서 보실 때는 확실히 언행이 일치하지 않는 점이 많습니다. 사실 이 형제들은 화살을 세 번 쏘았고, 땅을 한 번이나 두 번 쳤을 뿐, 그들을 에워싸고 있는 죄들을 깨끗이 쓸어버리지 않았습니다. 어떤 죄들은 여전히 용인하고 있습니다. 그들은 거룩한 생활의 높은 위치에는 이르지 못한 것입니다. 나는 사람이 이 세상에서 완전해질 것이라는 생각을 어느 누구 못지않게 믿지 않습니다. 그러나 내가 언제까지나 현재의 내 상태로 있는 것에 대해서도 결코 만족하지 않을 것입니다. 비록 완전해질 수는 없을지라도 나는 하나님의 은혜로 할 수 있는 대로 완전해지는데 가까이 이르려고 할 것입니다. 그리고 그리스도인이라면 누구나 이렇게 되려고 노력해야 합니다. 스스로를 구원하기 위해서 그렇게 하는 것이 아니라 구원을 받았기 때문에 그리스도인은 가장 높은 경지의 거룩함을 추구해야 하고, 등불을 통해서 빛이 비치듯이 하나님께서 그를 통하여 빛을 비추시도록 하고, 그래서 그리스도인이 예수님과 함께 지내면서 하나님께 대해서 배웠던 하나님에 대한 지식을 사람들이 알도록 힘써야 합니다. 고귀한 믿음, 고귀한 지식, 고귀한 생활, 이 세 가지가 함께 간다면, 우리 가운데 참으로 복된 그리스도인들이 많이 나올 것입니다!

이와 같이 매우 저열한 즐거움에 만족하기 때문에 화살을 세 번밖에 쏘지 않는 그리스도인들이 또한 많습니다. 신자라고 하는 사람들 가운데 평생 노예로 사는 사람들이 많습니다! 자, 그리스도께서 그런 사람들을 사망의 두려움에서 건지기 위해 오셨습니다. 그런데 그리스도께서 오셔서 그 일을 행하셨지만, 그들에게서는 그 일이 이루어지지 않습니다. 그들은 양자의 영을 받지 않고, 다시 두려워하는 종의 영을 받은 것처럼 보입니다. 그들은 이것이 하나님의 백성들에게 해당되는 규칙이라고 생각합니다. 산에 올라가서 그리스도와 즐거운 교제를 나눈 성도들에 대한 글을 읽을 때, 그들은 이렇게 말합니다. "그런 사람은 흔치 않아요. 그런 경험은 천사들의 방문만큼이나 극히 드문 일이에요. 우리는 그런 위치에 이를 수 없어요." 사랑하는 친구 여러분, 나는 이 정신이 우리 모두에게 몰래 다가온다고 확신합니다. 우리는 브레이너드(David Brainerd, 1718 - 1747. 인디언 선교사 - 역주) 같은 사람의 전기를 읽으면, 책을 덮고 한숨을 쉬며 "아, 나는 결코 그처럼 헌신적인 사람이 될 수 없어!" 하고 말합니다. 우리는 휫필드

(Whitfield)의 전기(傳記)를 읽어보았습니다. 전기를 다 읽었을 때, "아, 참으로 대단한 사람이야, 정말 대단한 사람이야! 그의 열심을 도무지 흉내 낼 수 없을 거야"라고 말했습니다. 그리고 구약으로 가서 아브라함에 대한 기사를 읽을 때 우리는 이렇게 말합니다. "예, 아브라함의 믿음은 참으로 놀라운 것이었습니다. 하지만 우리는 아브라함을 우리가 본받아야 할 본보기로 생각하지 않아요. 그의 믿음은 벽감(壁龕) 속에 높이 세워놓은 대단한 것으로, 우리가 도저히 다다를 수 없는 것이지요."

형제 여러분, 그것은 아주 잘못된 생각입니다. 그리스도인은 아브라함과 똑같이 되는 것으로 만족해서는 안 된다고 생각합니다. 아브라함은 해가 뜨기 전, 어두울 때 살았던 사람이기 때문입니다. 어쨌든 그때는, 아브라함의 시대는 새벽녘에 불과하였습니다. 그런데 아브라함이 양과 황소의 제사의 뿌연 연기를 통해서 밖에 볼 수 없었던 때에 그처럼 큰 믿음을 가졌다면, 여러분과 나는 그리스도를 친히 보고, 하나님께서 그 아들을 통해서 말씀하시는 이때 얼마나 더 큰 믿음과 확신을 가져야 하겠습니까! 부끄럽게도 우리는 거인으로 자랄 수 있는 때에 난쟁이로 지내는 것에 만족하고, 영원히 살아서 우리 주님을 영화롭게 할 수 있는 때에 여기서 시간을 찔끔찔끔 낭비하고 있습니다. 어째서 우리는 애굽의 많은 곡식처럼 한 줄기에 이삭이 일곱 개나 나와야 하는 때에 깡마르고 볼품없는 이삭 하나만 내놓는 것입니까? 우리가 좀 더 쏘기만 했다면, 우리에게 하나님께 대해 더 큰 믿음과 확신이 있었다면, 포도송이가 너무 무거워 한 사람이 지고 갈 수 없었던 에스골 골짜기 포도나무같이 될 수 있는 때에 어째서 우리는 여기저기에 포도 한 송이밖에 없는 것입니까?

그렇습니다. 나는 이 기독교 국가에 우리가 더 성장할 수도 있는 길이 이렇게 갑자기 멈추어버리는 일이 아주 많지 않은가 걱정이 됩니다. 우리는 계속해서 나아가 앞에 있는 것을 붙잡으려 하지 않고, "나는 구원받았다"고 말하며 그것으로 만족하고, 목표에 이르기도 전에 혹은 그리스도 예수께 잡힌 바된 그것을 잡기도 전에(엡 3:12) 주저앉아 버립니다.

요아스 왕이 활을 더 많이 쏘지 않은 이유들 가운데 몇 가지를 설명하는 동안 여러분이 주의를 집중하여 주시기를 바랍니다.

확실하게 말할 수는 없지만, 내가 이제 여러분에게 말씀드리려고 하는 이유들 가운데 어떤 것들은 맞을 수 있다고 생각합니다. 어쩌면 그는 아람 사람들에 대해 다소 부드러운 심정을 느꼈을지 모릅니다. 그가 아람 사람들을 너무 크게 상하게 하고 싶지 않다고 느꼈을 수 있습니다. 그는 승리하고자 하였고 적을 발아래 복속시키고자 하였습니다. 그러나 그가 거기서 좀 더 나아갔다면 적을 철저히 분쇄하였을 것인데, 그렇게 하기를 별로 원하지 않았습니다. 이와 같이 신자라고 하는 사람들 가운데는 자신의 죄에 대해 아주 엄격하게 대하기를 원치 않는 사람들이 있습니다. 그들은 자신의 타락한 행위들에 대해 은근히 부드러운 태도를 지니고 있습니다. 사랑하는 친구 여러분, 우리는 누군가가 우리의 잘못에 대해 조금 너무 솔직하게 이야기하면 얼마나 화를 내는지 모릅니다! 우리가 좋아하는 죄를 죽이려고 덤벼드는 것이 있으면 그것에 대해 얼마나 화를 내는지 모릅니다! 독사의 새끼는 그 굴에서 밟아 뭉개야 하는 것임을 생각할 때, 우리는 자신의 죄에 대해 얼마나 부드럽게 대하는지 모릅니다! 우리는 우리 죄들에 상처를 줄 때는 종종 이렇게 말할 것입니다. "그래, 이 죄들을 계속 억누르고 있어라. 하지만 이 죄들을 다 포기할 수는 없어. 그럴 수는 없어. 조금은 그대로 두어야 해. 이것과 저것은 그냥 두어야 해." 나무의 뿌리를 잘라내는 것은 즐거운 일이 아닙니다. 여러분이 원한다면 큰 가지들을 잘라내십시오. 그러나 뿌리를 잘라내는 것을 우리는 별로 좋아하지 않습니다. 어쨌든 우리 속에는 본성적인 타락으로 말미암은 죄에 대한 강한 애착이 있습니다. 사울은 "죄들을 남겨두라"고 말합니다. 이에 대해 "안 된다. 아각조차도 여호와 앞에서 찍어 쪼개고 양과 소의 가장 좋은 것들도 남기지 않아야 한다"고 말하려면 많은 은혜가 필요하고 승리하는 은혜도 필요합니다. 죄를 부드럽게 대하는 태도는 언제나 우리가 은혜에서 크게 성장하지 못하도록 막을 것입니다. 일단 제멋대로 하는 일을 허용하기 시작하고, 자신의 안락함을 키우며 육신을 즐겁게 하는 일을 시작하면, 우리는 하나님의 활을 마땅히 사용해야 하는 만큼 사용하지 않을 것입니다.

그 다음에, 어쩌면 요아스 왕이 계속해서 화살을 쏘지 않은 것은 화살 쏘는 것이 자기 일이 아니라고 생각하였기 때문이었을 것입니다. 그는 이렇게 말했을지 모릅니다. "내가 왜 언제까지 여기 서서 활을 쏘아야 하나? 선지자가 내 손 위에 그의 손을 얹었을 때는 활 쏘는 것을 반대하지 않았다. 그러나 내가 여기 서서 계속 땅을 치는 것은 왕이 할 일이 아니다."

그러고 나서 자기가 틀림없이 세 번 승리를 거둘 것이고, 그것으로 충분하다고 생각하였을 것입니다. "아, 그것은 놀라운 일이 될 거야! 연이어서 세 번 승리한다면, 내가 영원한 명성을 얻기에 충분할 것이야. 나는 더 이상 승리하는 것은 원치 않아." 그래서 그는 세 번밖에 쏘지 않았습니다. 이런 식으로 말하는 신자들이 얼마나 많은지 모릅니다. "내가 언제까지나 나의 부패한 행위들을 지켜볼 수 있을까? 내가 그처럼 엄밀하게 살고 그처럼 하나님 가까이에서 살아야 하나? 정말이지, 내가 그처럼 많이 기도해야 하나? 내가 그처럼 성경 공부에 많은 시간을 내야 하나? 아니야, 만일 내가 죄들 가운데 어떤 것들을 극복할 수 있고, 그래서 훌륭한 교인이 되고 주일학교에서 조금 봉사하여 천국에 갈 수 있다면, 그것으로 충분해." 사실 여러분은 선해지고 싶지 않고, 그리스도를 닮기를 원치 않습니다. 여러분은 죄를 이길 수 있기를 바라지 않습니다. 여러분은 자신의 고귀한 소명을 잘못 생각하고 있습니다. 여러분은 왕 노릇 하도록 부름을 받았는데, 노예가 되도록 부름 받은 것으로 생각합니다. 자줏빛 세마포를 입으라고 명령받았는데, 누더기를 입도록 부름을 받았다고 생각합니다. 하나님께서 여러분을 보좌에 앉도록 부르셨는데 여러분은 하나님께서 자신을 똥 더미에 앉도록 부르셨다고 생각합니다. 하나님께서 여러분을 대열의 선두에 서서 하나님의 대의를 위해 계속해서 싸우도록 부르셨는데, 여러분은 자신이 여기저기 사소한 전투에나 참가하는 사람으로 부름을 받았다고 생각합니다.

또한 나는 이 왕이 정말로 승리가 올 것인지 의심하기 시작하였을 수 있다고 생각합니다. 그는 자기에게 군사가 많지 않고 아람은 매우 강한 나라라는 것을 아주 잘 알았습니다. 그래서 "아, 내가 아람 군대를 세 번이나 물리칠 것이라고 생각하는데도 상당한 믿음이 필요해. 내가 네 번씩이나 그들을 칠 수 있을 것 같지는 않다." 그는 자신이 약하였기 때문에 하나님의 능력과 약속을 의심하였습니다. 많은 그리스도인이 그렇게 합니다. 형제 여러분, 나처럼 목회를 하는 사람들은, 자신의 약함을 기억하면서도 그 약함을 하나님의 능력보다 더 크게 생각하지 않는다면 지금보다 하나님을 위해 훨씬 더 많은 일을 할 수 있다고 생각합니다. 사람이 하나님을 믿으면 무슨 일이든지 못할 것이 없습니다. 그리스도를 떠나서는 아무것도 할 수 없습니다. 그러나 그 명제의 반대의 경우, 즉 그리스도께서 함께 하시면 우리가 모든 일을 할 수 있다는 점도 꼭 기억하시기 바랍니다. 그리스도께서 나와 함께 하실 것이면 나는 모든 일을 할 수 있고, 혹은 모든 고통을 견딜 수 있습니다. 이 점을 잊지 맙시다. 인간의 약함을 의식하느라 하나님의 힘과 위엄을 분명히 깨닫지 못하는 일이 없도록 합시다. 종종 큰 소리로 이야기합시다. 우리가 큰 소리로 이야기하는 만큼 하나님께서 우리의 믿음에 응답하실 것이기 때문입니다.

그 다음에, 여러분은 왕이 선지자의 계획을 멸시했을 것이라고 생각지 않습니까? 요아스 왕은 이것은 터무니없는 일이라고, 이런 식으로 땅을 치는 것은 터무니없는 일이라고 생각했을 것으로 보입니다! 만일 화살로 맞힐 어떤 사람들이 있었다면 그는 화살을 남기지 않고 다 쏘았을 것입니다. 그러나 이런 식으로 활을 쏘는 것은 우스꽝스런 일입니다! 우스운 일입니다! 이와 같이 우리는 하나님의 계획을 좋아하지 않기 때문에 복을 놓치는 경우가 참으로 많습니다. 그동안 우리는 나름대로 새로운 계획이 있었습니다. 그것은 복음을 설교하는 것이 아닙니다. 그것은 구식입니다. 우리는 다른 어떤 것을 시도할 것입니다. 그것은 길과 산울타리로 가서 사람들을 강권하여 데려오는 것보다 낫습니다. 그런 방식은 싫습니다. 우리는 그보다 더 짧은 지름길을 원합니다. 우리가 어떤 규례를 포기한다면, 혹시 세례에 대해 입을 다문다면, 이 교리와 저 교리를 조금 잘라낸다면 더 나아질 것이라고 사람들은 계속해서 생각합니다. 아, 사랑하는 친구 여러분, 이것은 아주 잘못된 생각입니다. 세속적인 정책이 이 나라의 내각과 정부에 자리를 잡을 수 있지만 하나님의 집에서는 결코 자리를 잡지 못할 것입니다. 정의가 옳다면 그것을 추구하십시오. 하나님께서 명령하시면 그 명령을 행하고 결과는 하나님께 맡기십시오. 하나님께서 여러분에게 땅을 향하여 화살을 쏘라고 명령하시면 땅으로 쏘십시오. 여러분이 땅에서 아람 사람을 전혀 보지 못할 수 있습니다. 여러분이 쏠 때마다 화살이 적의 심장을 맞추어 그를 거꾸러뜨릴 것입니다.

사랑하는 친구 여러분, 나는 오늘 밤 우리 교회 교인들에게 매우 높고 고귀한 야망을 말할 수 있으면 좋겠습니다. 즉, 하나님을 위하여 많은 것을 행하고 많은 것을 얻으며, 많은 은혜를 받고 높은 거룩함에 이르며 많은 일을 행하고자 하는 야망을 말할 수 있으면 좋겠습니다. 요컨대, 나는 우리 교인들이 선지자가 요아스에게서 보고자 했던 그런 마음 상태에 이를 수 있게 하고 싶습니다. 우리 교인들이 화살을 들고 하늘을 향해 쏘게 할 수 있으면 좋겠습니다.

3. 우리의 세 번째 요점은 선지자의 의로운 분노인데, 선지자가 화를 낸 것은 정당하다고 말할 수 있습니다.

우리는 노인이 화를 내는 것을 보고 싶지 않고, 죽어가는 사람이 화를 내는 것도 보고 싶지 않습니다. 그런데 나는 여기서 선지자가 비록 임종의 시간이었을지라도 화를 낸 것은 잘한 일이라고 생각합니다. 선지자는 백성들을 참으로 사랑하였고, 그래서 백성들의 왕이 백성들의 좋은 기회를 망치고 그들의 귀한 특전을 빼앗고 있다는 것을 생각하고 울었습니다! 사랑하는 친구 여러분, 이제 내가 많은 교인들이 그리스도의 대의에 관해 아주 태만하고 무관심하기 짝이 없는 것을 보며, 참으로 많은 신자들이 그들이 앉아 있는 좌석만큼이나 죽어 있는 것처럼 보이며, 세상 사람들보다 도덕적으로 더 낫지 못한 것을 볼 때, 내가 그들에 대해 거룩한 열정 같은 것으로 격노케 되었을지라도 요나보다 더 진지하게 "내가 성내어 죽기까지 할지라도 옳으니이다"(욘 4:9) 하고 말했을 것이라고 생각합니다.

이스라엘은 왕의 태만함으로 인해 참으로 많은 고통을 겪습니다. 그리스도인들이여, 여러분은 스스로 고통을 받으며, 수많은 위안거리들을 놓칩니다! 여러분은 하나님을 위해 할 수도 있는 일을 하지 못합니다. 여러분이 앉아서 배불리 먹을 수 있는 것을 더 앞으로 나아가 더 높은 것을 성취하려고 하지 않기 때문에 완전히 놓치는 일이 있습니다. 그래서 여러분의 모든 형제들도 고통을 받습니다. 기도회 때 드리는 여러분의 기도는 여러분이 하나님께 더 가까이 가서 살았다면 가졌을 열정과 감격이 없습니다. 여러분의 경험은 여러분이 그리스도에게 더 가까이 붙어서 행했다면 유익하게 되었을 만큼 지금 형제들에게 유익하지 않습니다. 교회의 전체 보고(寶庫)가 여러분 때문에 탈취당하고 있습니다. 교회의 교인이 되는 것은 일종의 주식회사에 들어가는 것과 같습니다. 우리 각 사람은 자본금을 가져다가 회사에 집어넣는 것입니다. 기도 금고가 있습니다. 우리는 모두 다른 사람의 기도를 필요로 합니다. 그러면 기도 금고에서 기도를 꺼내옵니다. 그리고 우리는 모두 그 금고에 기도를 집어넣어야 합니다. 기도하지 않는 교인들, 그런 사람들이 있습니까? 다른 영혼들의 구원을 바라지 않는 교인들, 그런 사람들이 있습니까? 하나님께 대한 열심이 없는 교인들, 그런 사람들이 있습니까? 그런 사람들은 지금 하나님의 보고를 강탈하고 있는 것입니다. 나는 그런 사람들을 아나니아와 삽비라에 비유할 수 없다고 생각하지 않습니다. 그들은 값의 얼마를 감추기 때문입니다. 하나님께서 이 점에 대해 그들에게 자비를 베푸시기 바랍니다. 그러나 교회는 이 때문에 큰 고통을 받아왔습니다.

승리를 참으로 쉽게 이루었을 뻔했습니다. 요아스 왕이 화살을 더 많이 쏘았다면 아람은 완전히 정복되고 산산조각이 났을 것입니다. 그러나 왕이 이 일에 태만하였기 때문에 아람이 사로잡힌 처녀들과, 전쟁에서 남편을 잃어 사마리아 거리에서 우는 슬퍼하는 과부들 위로 깃발을 거만하게 흔들어댑니다. 마귀는 졸고 있는 그리스도인들을 보면 기뻐합니다. 세상이 오늘날에는 신자들을 보고 득의의 미소를 짓습니다. 이렇게 말하면서 말입니다. "과거 청교도 시대에는 우리가 그리스도인을 보면 무서웠다. 아, 그때는 사람이 교회에 가입하면 그는 자기가 말하는 대로 행하는 사람이 되었다. 아, 그런데 지금은 단지 모양새를 갖추기 위해서 교회에 가입하는 사람들이 너무도 많다. 그런 사람들은 단지 관습 때문에 예배당에 간다. 그래서 사람들이 그들과 거래하면 속을 수가 있다. 또 사람들이 그들과 이야기하면 전혀 신앙을 고백하지 않은 거리의 사람들에게서 들을 수 있는 그런 무익한 말을 들을 수가 있다. 아, 교회 교인들이 그렇게 행동하고 있는 것을 볼 때, 우리가 교회를 거의 이기고 파괴시킨 것이다." 그리스도인일 수 있지만 겨우 반쪽 그리스도인에 지나지 않는 이들이 바로 이런 사람들입니다. 이들은 완전히 차지도 않고 그렇다고 뜨겁지도 않은 사람들입니다. 이들은 내가 찌꺼기와 함께 퍼내지는 않겠지만 그럴지라도 비금속이 아주 많이 섞여 있어서 순금이라고 부를 수 없는 사람들입니다. 블레셋의 딸을 기쁘게 만들고 적의 아들들이 승리하게 만드는 사람들이 바로 이들입니다.

여호와의 이름이 많은 수욕을 받았습니다. 앗수르의 거리에서 사람들이 여호와를 비웃었습니다. 그들은 자기들의 신이 여호와보다 위대하다고 말했습니다. 여러분과 내가 그리스도께서 우리를 위하여 견디셨던 것보다 더 많은 수욕을 받으시게 하는 것은 참으로 부끄러운 일입니다! 형제자매 여러분, 우리가 주님을 어느 정도라도 다시 십자가에 못 박고 공공연히 수치를 당하시게 만들었다면, 우리 자신에 대해서 어떻게 생각해야 하겠습니까? 이런 일을 하는 것은 언행이 일치하지 않는 그리스도인들뿐만이 아닙니다. 표준에 이르려고 하지 않고, 부자가 될 수도 있는 때에 보잘것없는 은혜에 만족하고 있는 사람들도 그같이 하는 것입니다. 나는 그런 사람들이 의심으로 인해, 그리스도에 대한 그들의 거친 생각, 그들의 불행한 표정으로 인해, 그리고 많은 경우에 열심의 부족과 기도의 부족, 그리고 하나님의 길에 대한 그들의 피상적인 생각으로 인해 그리스도께 많은 수치를 안겨드린다고 생각합니다. 사방으로 눈을 돌려, 사람들이 세상에서 얼마나 바쁘게 지내는지 보십시오! 사람이 돈을 벌려고 할 때, 그가 어떻게 일찍 일어나고 늦게 누우며 수고의 떡을 먹는지 보십시오! 사람들이 부를 얻기 위해 얼마나 대단한 재간을 부리는지, 얼마나 필사적인 노력을 기울이는지 놀랍습니다. 어떻게 사람들이 인도에 가서 불볕 태양 아래 땀을 흘리며 열병을 무릅쓰고 일하는지를 생각하면 놀랍습니다. 영국에 해마다 이렇게 하는 사람들이 셀 수 없이 많습니다. 어떻게 북극에서 대담하고 용감한 사람들이 생명의 위험을 무릅쓰고 길을 뚫고 나갔는지 보십시오. 사람들은 과학적인 실험을 위해서 기꺼이 사회적인 안락함을 희생하였고, 건강의 위험을 무릅쓰며 생명을 잃기까지 하였습니다.

내가 볼 때 그리스도인들을 빼놓고 모든 사람이 열광적이고, 사람들은 종교를 제외한 모든 주제에 열광할 수 있는 것 같습니다. 오늘날 하나님의 교회에는 얼음이 주어졌고 세상에는 불이 던져진 것 같습니다. 마귀의 옹호자들이 어떻게 배교자 한 사람을 만들기 위해 땅과 바다를 두루 다니는지 보십시오. 여러분은 무감각하고 둔할지 몰라도, 여기 가까이에 있는, 곧 성 조지 대성당(St. George's Cathedral)에 있는 그들은 그렇지 않을 것입니다. 여러분은 가난한 사람들에게 무관심할지 몰라도 그들은 그렇지 않을 것입니다. 어쩌면 여러분은 더 이상 기도나 활동을 많이 하지 않을지 모르지만, 그들은 주문을 외우는 일을 멈추지 않을 것입니다.

마귀가 사람에게 오면 이렇게 말할 것입니다. "나하고 같이 가자. 네가 오늘 밤 네 아내와 자녀들은 놔두면 좋겠어. 나하고 같이 가자." 그리고 그 사람은 떠나서 싸구려 술집으로 갑니다. 마귀가 "네가 여기로 들어가면 좋겠어" 하고 말하고, 그 사람은 그리로 들어갑니다. 어쩌면 세상에서는 점잖게 보는 사람이 말입니다. 그 다음에 마귀가 말합니다. "자, 이제는 이 술도 마시고 저 술도 마셔봐. 그러면 네 머리에 현기증이 일어날 거야. 내일 아침에는 네 눈이 충혈될 것이고, 어쩌면 알코올 중독에 의한 섬망증(delirium tremens 갑자기 의식이 흐려지거나, 사람, 시간, 장소를 혼동하기도 하고 전반적인 인지기능의 장애가 나타나는 증상 - 역주)이 올지도 몰라." 그는 "마시겠어" 하고 마치 천국의 감로주라도 되는 양 아주 기분 좋게 술을 마십니다. 그는 갈지자 걸음으로 집으로 가거나 다른 사람의 부축을 받아 집에 갈 수도 있습니다. 그렇지만 그는 자녀들을 거지로 만들고, 아내는 울며 가족은 굶주리고 있는 것을 보면서도 걸핏하면 다시 술집으로 가고 또 가게 됩니다. 그는 그 모든 일을 아주 기분 좋게 행합니다. 사실 그는 가족에게 말할 수 없는 비참함을 안기면서도 자신이 매우 훌륭한 사람이고, 자기는 조금 인생을 즐기고 있는 것뿐이라고 생각합니다.

　여러분은 때로 사람이 어떤 악을 행하기 시작하면 그의 몸이 거의 송장처럼 되고, 마귀의 명령에 스스로 썩은 덩어리가 되는 데까지 가는 것을 볼 것입니다. 그런데도 그는 자기 주인에게 불평 한 마디 하지 않고, 그에게서 도망칠 것을 생각지도 않습니다. 그렇지만 우리 주님을 보십시오. 그분을 섬기는 것은 우리의 완전한 자유입니다. 주님은 우리에게 먹을 것과 마실 것을 주시는데 천사도 이제까지 맛보지 못한, 더할 수 없이 좋은 음식을 주십니다. 주님은 우리가 그분을 위해서 일하면 할수록 그만큼 더 우리에게 보상을 주시고, 일할 수 있는 힘을 그만큼 더 많이 주시는 분입니다. 그런데도 우리는 냉담하고 굼뜨며 무감각합니다. 우리는 무슨 일을 하라고 요구를 받으면 이미 할 일이 아주 많다고 말합니다. 혹시 불명예나 불편함이 다소 있을 수 있는 어떤 일을 하라는 요구를 받으면, 우리는 뒤로 물러나고, 침대에 누워서 쉬려고 합니다! 아, 이것은 참으로 부끄럽고, 부끄러운 일입니다! 선지자여, 그대가 화를 낸 것은 마땅한 일이었습니다! 나는 우리 가운데 불타는 심령을 가진 사람들이 일어나 우리에게 쓰디쓴 말을 해주었으면 좋겠습니다. 그 말로 인해 우리가 "인생은 현실이고, 인생은 신중히 생각해야 할 일"이라는 것을 느낄 수만 있다면 말입니다. 또 그리스도의 대의는 우리에게 영과 혼과 몸을 최고의 긴장 상태에서 그리스도를 위해 철저히 사용하되 피 흘리기까지 사용하고, 죄에 저항하고 그리스도께서 지배하시도록 싸울 것을 요구한다는 것을 느낄 수만 있다면 말입니다.

　자, 그런데 내가 본문을 택한 것은, 여러분에게는 어떻게 보이는지 모르겠지만 내가 생각했을 때는 마치 본문이 오늘 밤 여러분과 여러분의 목사에게 주는 교훈처럼 보였기 때문입니다. 자, 여러분은 이제 이 새 예배당에 들어왔고 새로운 지역에 들어왔습니다. 우리는 다른 교회에 다니다가 이 교회로 왔는데, 옛 기도서에서 말하는 대로 여러분에게 "주님의 이름으로 행운이 있기를" 바랍니다. 나는 여러분이 더 이상 바랄 수 없는 최고의 번영을 이루기를 바랍니다. 그러나 나는 여러분에게 하나님께서 여러분을 돕고 여러분 곁에 계실 동안 교회가 적극적으로 일해야 한다는 것을 반드시 기억하라는 말을 강조하고 싶습니다. 각 사람은 이 신성한 싸움에서, 곧 죄와 싸우는 이 대(大) 성전(聖戰)에서 자기 몫을 감당해야 합니다. 나는 에반스 형제가 화살을 쏘는 것을 그치지 않기를 기도합니다. 하나님께서 그가 한 번 노력한 일에 복을 주시면, 그는 계속해서 또 한 번 노력하도록 해야 합니다. 그가 일곱 영혼을 회심시키게 되면, 회심한 사람이 여덟 명이 아닌 것을 슬퍼하도록 해야 합니다. 그는 예배당이 회심한 사람들로 차는 것을 본다면, 그때에도 만족하지 말고, 여전히 그 이상의 것을 바라고 부르짖어야 합니다. 독수리가 해를 바라보며 쉬지 않고 계속해서 위로 날아 올라가듯이 그 사람의 행로도 그와 같을 수 있습니다. 주님께서 그를 자기 영광 가운데로 받아들여 하나님의 백성을 위해 마련하신 안식에 들어가기까지 계속해서 앞으로 그리고 위로 똑바로 나아갈 수 있습니다.

이 자리에 계신 여러분, 여러분은 가만히 앉아 있지 마십시오. "글쎄, 우리가 이 자리를 기분 좋게 꽉 채울 수 있다면 만족하겠는데"라고 말하지 마십시오. 나는 여러분이 이 자리를 다 채울 수 있을 것이라고 생각합니다. 그러나 여러분이 그것으로 만족하지 않기를 바랍니다. 그것으로 만족해서는 안 됩니다. 그 다음에는, 하나님께서 자리를 차지한 사람들을 회심시켜 주시기를 기도하고, 이 회중이 교회가 되기를 기도하는 것을 여러분의 목표로 삼으십시오. 그리고 그것으로 만족하지 말고, 예배당의 통로가 가득 채워지기를 구하며, 하나님께서 서 있는 사람들을 회심시켜 주시고, 그래서 예배당이 미어터지도록 해 주시기를 구하십시오.

기도회의 기준을 낮게 잡아야 한다고 생각하지 마십시오. "기도회에 20명이나 30명이 모이면 좋겠는데"라고 말하지 마십시오. 모이는 사람이 그 숫자에도 미치지 못하는 교회들이 많이 있습니다. 그러니 50명만 모이면 좋겠다고 만족하지 말고, 계속해서 화살을 쏘십시오. 그렇습니다. 에반스 형제여, 계속해서 앞으로 나아가십시오. 교인 여러분, 계속해서 화살을 쏘십시오. 하나님께 적게 구하지 말고, 입을 크게 벌리십시오. 그러면 하나님께서 여러분의 입을 채우실 것입니다. 할 수 있는 대로 크게 입을 벌리십시오. 하나님께 큰 일들을 구하십시오. 구할 때 마치 여러분이 모험적인 것을 바라는 것처럼 생각하며 구하지 마십시오. 우리는 모험적인 것을 구하는 것이 아닙니다. 하나님께서 틀림없이 주시기 때문에 구하는 것입니다. 하나님께서는 믿음으로 의롭다 함을 얻는 은혜를 여러분에게 주실 수 있고 또 주시려고 한다는 사실을 믿으십시오. 하나님께서는 여러분이 마음으로 생각지도 못하는 것을 아시기 때문에 그렇게 큰 일들을 구하십시오. 하나님께서는 여러분이 구하는 것보다 훨씬 넘치게 행하실 수 있기 때문입니다. 나는 여러분이 업튼(Upton) 예배당에 만족하지 않고, 또 교단 내에서 멋있고 훌륭하며 튼튼한 교회가 된 것으로 만족하지 않기를 바랍니다. 그것으로 만족해서는 안 됩니다.

이 점을 말씀드리는 것이 매우 슬픈 일인데, 우리는 그동안 잘 달려온 몇몇 교회들을 압니다. 그 교회들은 훌륭한 예배당이 있었습니다. 채색 유리로 장식된 멋진 건물이었습니다. 주일에는 온갖 다양한 사람들이 예배에 참석하였습니다. 그 교회들은 이 위치에 이르렀을 때 이렇게 말했습니다. "아, 우리는 매우 훌륭한 사람들이에요. 우리는 가난한 사람들을 원하지 않아요. 좁은 길과 대로와 산울로 가서 그들을 데려오고 싶지 않아요." 사실 그들은 때로 여러분의 옛날 하인들 가운데 어떤 이들이 하는 것처럼 합니다. 여러분은 누가 주인이고 누가 종인지 알기가 어렵습니다. 그와 같이 주님께서 교회에서 누가 주인인지, 즉 이 사람들이 주인인지 아니면 주님 자신이 주인이신지 알기 어려우실 수가 있습니다. 왜냐하면 그들은 주님께서 그들에게 말씀하시는 것을 하려고 하지 않기 때문입니다. 그 교회들은 주님의 말씀을 고분고분하게 듣기에는 너무 커져버린 것입니다. 그 교회들이 한때는 주님의 말씀을 행할 수 있었으나, 지금은 할 수 없습니다. 앞으로 수년 동안 그런 일이 우리 교회에서는 일어나지 않을 것입니다. 나는 그 일이 우리 교회에서 결코 일어나지 않기를 바랍니다. 여러분은 언제까지나 신실한 교회로 있을 수 있습니다. 주님께서 친히 오실 때까지 항상 일하는 교회로 있을 수 있습니다. 하나님께서 여러분이 계속해서 화살을 쏘게 해주시고, 그래서 여러분이 큰 일들을 기대하고, 큰 일들을 행할 수 있게 해주시기를 바랍니다.

자, 교인 여러분, 그리고 이 자리에 참석한 우리 모두는 다시 한번 하나님께 자신을 드리도록 합시다. 오늘 밤 우리는 이 점을 깊이 생각해 봅시다. 우리가 지금까지 화살을 너무 적게 쏘지 않았는지, 그동안 해온 하찮은 일들을 너무 크게 생각하지 않았는지, 지금까지 한 것보다 더 많은 일을 했을 수 있지 않았는지, 앞으로 우리가 하나님의 약속들을 더 확고하게 믿지 않을 것인지를 생각해 봅시다. 하나님의 말씀을 더욱 담대히 전하고, 다른 사람들에게 더 빈번하게 이야기하며, 하나님께 더 풍성하게 드리고, 하나님께 더 간절히 기도하며, 주님께 자신을 더욱 온전히 드리지 않을 것인지 깊이 생각해 봅시다. 우리 가운데 가장 훌륭한 사람에게도 크게 개선할 여지가 있다고 나는 믿습니다. 주님께 대한 사랑은 참으로 놀라운 불꽃입니다! 주님께서 그 불꽃에 입김을 불어, 로뎀 나무 아래의 숯불처럼 불길이 일어나게 해주시면 좋겠습니다! 한 나이 든 목사의 말을 빌리자면 이렇습니다. "다윗은 '주의 집을 위하는 열성이 나를 삼켰다'(시 69:9)고 하였는데, 어떤 사람들은 그 열성에 삼켜지는 데는 오랜 시간이 걸릴 것입니다. 그 열성이 그들을 조금씩 물어뜯는 일이 아직 시작조차 되지 않았습니다. 그래서 그들이 그 열성에 삼켜지는 것을 두려워할 일이 전혀 없습니다."

자, 나는 사람이 자신의 신앙에 "삼켜지는 것"을 보고 싶습니다. 나는 그리스도인이 하나님의 은혜의 강력한 회오리바람에 자신을 완전히 맡겨서, 그 바람에 휩쓸려 가고 바람의 무서운 행로에 쓸려가는 하나의 지푸라기처럼 되었으면 좋겠습니다. 하나님께서 여러분에게 은혜와 능력을 주셔서 여러분이 이렇게 주님께 완전히 자신을 드리고, 그렇게 되어 주님을 섬기게 해주시기를 바랍니다.

하나님께서 그리스도를 인하여 여러분에게 복을 더하여 주시기를 구합니다. 아멘.

제
15
장
—

거짓 회심

—

"그들이 처음으로 거기 거주할 때에 여호와를 경외하지 아니하
므로 여호와께서 사자들을 그들 가운데에 보내시매 몇 사람을
죽인지라 …… 이와 같이 그들이 여호와도 경외하고 또한 어디
서부터 옮겨왔든지 그 민족의 풍속대로 자기의 신들도 섬겼더
라 그들이 오늘까지 이전 풍속대로 행하여 여호와를 경외하지
아니하며 또 여호와께서 이스라엘이라 이름을 주신 야곱의 자
손에게 명령하신 율례와 법도와 율법과 계명을 준행하지 아니
하는도다." — 왕하 17:25,33-34

　　세상은 속임과 가짜로 가득 차 있습니다. 그동안 우리는 가장 일반적인 식
품들의 저급한 품질을 규제하는 법으로써 자신을 보호하지 않으면 안 되었습
니다. 그러나 세상의 모든 법이 동원된다고 하더라도 변치 않는 사실, 곧 매일
의 생활에서 만나는 거의 보편적이라고 할 수 있는 속임으로부터 우리를 보호
할 수는 없을 것입니다. 사람들은 끊임없이 나쁜 것을 좋은 것으로 보이게 하고,
쓴 것을 단 것으로, 단 것을 쓴 것으로 보이게 하는 일에 종사하고 있는 것처럼
보입니다. 만일 어떤 사람이 눈을 감고 자기가 듣는 모든 말을 다 믿으면서 세상
을 살아간다면, 그는 자신이 수많은 악당들의 봉 노릇을 하고 있다는 것을 알게
될 것입니다. 여러분은 항상 눈을 뜨고 다녀야 하며, 다른 것들을 분별할 수 있
게 해줄 시금석을 가지고 다녀야 합니다. 그렇지 않으면 여러분은 인생의 평범

한 일들을 겪으면서도 얼마 지나지 않아 파산을 하여 가난하게 될 것입니다.

우리가 영원한 영적인 사실들을 만나게 되는 지극히 고상한 영역에도, 다른 어디에서 만나는 것보다도 훨씬 더 악한 속임수들이 있습니다. 하나님과 사람의 오래된 적, 곧 처음부터 거짓말하던 자라는 말을 듣는 것이 옳은 그자는 할 수만 있으면 하나님의 택하신 자라도 속이기 위해 거짓을 잘 사용합니다. 그리스도가 있으면 그 속이는 자는 적그리스도를 세웁니다. 그리스도의 교회가 있으면 그는 하나님의 교회를 흉내 낼 세상 교회를 일으킵니다. 복음이 있으면 그도 자신의 기쁜 소식을 가지고 와서, "다른 복음"을 내세웁니다. 속사람에 관한 문제들에서, 곧 영혼에 대한 성령의 활동에 있어서, 사탄은 거기에서도 속이는데 명수입니다. 그는 후회를 가지고 회개처럼 모방할 수 있습니다. 그는 쉽사리 믿는 태도를 믿음처럼 보이게 할 수 있습니다. 추정이 확신처럼 보이게 할 수 있습니다. 그는 주님의 즐거움 대신에 이 세상 쾌락을 줄 수 있고, 그리스도께 대한 단순한 신뢰 대신에 그것과 매우 흡사해 보일 수 있지만 결국은 자기에 대한 신뢰인 것을 줄 수 있을 뿐입니다. 그러므로 사람이 마지막에 가서 올바른 곳에 있으려면 그가 해야 할 가장 첫 번째 일들 가운데 한 가지는 자기 마음을 살피고, 마음에 일어나고 있다고 생각되는 일이 하나님의 일인지 아닌지, 자신의 반점이 하나님 자녀의 반점인지 아니면 단지 혐오스럽게 그것을 흉내 낸 것인지 조사하고 시험하는 것입니다.

구원에 절대적으로 필요한 회심, 곧 사람을 죄에서 돌이켜 의를 추구하게 만드는 회심, 자기에게서 그리스도에게로, 세상으로부터 천국으로, 반역에서 순종으로 돌이키게 하는 회심, 이 회심은 하나님과 바른 관계에 있으려고 하면 우리 모두가 경험해야 하는 것입니다. 이는 "너희가 돌이켜 어린아이들과 같이 되지 아니하면 결단코 천국에 들어가지 못하기"(마 18:3) 때문입니다. 그런데 이 회심도 사람들이 그동안 많은 방식으로 흉내 내었습니다. 이번 설교에서 나는 거짓된 것이 참된 것을 대신한 한 가지 예를 보려고 하는데, 이것은 등대 불빛을 받듯이 이 예에서 빛을 받아서 우리가 이 위험한 바위에 부딪히지 않도록 경고를 받도록 하기 위함입니다. 다른 사람의 조난 사고를 볼 때 우리는 언제나 그것을 우리의 등대로 삼아야 합니다. 그래서 이 사마리아 사람들이 실패한 곳에서 우리가 똑같은 방식으로 넘어지지 않도록 주의해야 합니다.

우리는 세 가지 요점을 이야기의 순서대로 살펴볼 것입니다. 먼저 그들의 첫 번째 상태, 곧 "그들이 여호와를 경외하지 아니하였다"는 점을 살펴보겠습니다. 둘째로, 그들의 거짓 회심, 곧 "그들이 여호와도 경외하고 자기의 신들도 섬겼다"는 점을 보겠습니다. 그리고 셋째로, 그들이 이렇게 회심하였다고 주장하지만 그들의 실제 상태, 곧 "그들이 여호와를 경외하지 아니하였다"는 점을 살펴보겠습니다.

1. 그러면 첫째로, 이 사마리아 사람들의 처음 상태를 살펴보도록 하겠습니다.

그들은 필시 자신들의 뜻과 상관없이 앗수르 제국의 각기 다른 지역들로부터 이주해 왔을 것입니다. 그래서 전에 이스라엘 지파들이 거주하였던 여러 마을에 이주민으로 정착하게 되었습니다. 그들은 강제로 그곳에 거주하게 되었습니다. 그들은 하나님에 대한 경외심이 전혀 없었던 것으로 보입니다. 그들은 완전히 무관심하였습니다. "그들이 여호와를 경외하지 아니하므로." 그들은 여호와라는 이름을 거의 알지 못하였고, 질문조차도 하지 않았던 것으로 보입니다. 그들은 그 땅이 좋다는 것을 발견하였고, 그래서 땅을 경작하였습니다. 포도나무가 열매를 많이 맺으므로 가지치기를 해주었습니다. 집을 짓고 거기에 살았습니다. 이렇게 해서 그들은 그곳에 정착하였습니다. 그러니 그들이 여호와에 대해 무슨 관심을 가졌겠습니까? 여호와가 누구이며 도대체 어떤 신인가 하고 신경을 썼겠습니까? 틀림없이 거기에는 다소간에 하나님을 경외하는 사람들이 살았을 것입니다. 그러나 그런 사람들이 그들에게 어떤 존재였습니까? 그들은 모르는 사람들이었습니다. 그 사람들이 여호와를 예배하는 일을 자기들이 조금이라도 방해하고 있다는 것은 생각조차 하지 못하였습니다. 그래서 그들은 아주 무관심하고 속 편하게 살았습니다. 오늘 꼭 그와 같이 행하고 있는 사람들이 참으로 많습니다. 하찮은 것들에 관심이 많고 이 세상 것들에만 신경을 쓰면서 신성한 것들에 관해서는 전혀 생각하지 않는 사람들이 많습니다. 자신들이 불멸의 존재이며, 장차 또 다른 상태에서 살아야 하게 될 것이라는 생각이 전혀 머릿속에 들어가지 않는 것처럼 보입니다. 자기에게 창조주이자, 생활에서 매일 자기를 보존하시는 분이 계시다는 것에 대해서는 확실히 믿지만, 거기에 별로 관심이 없습니다. 사실 그들은 "여호와가 누구이기에 내가 그의 목소리를 들어야 하느냐?" 하고 말하는 것입니다. 바로 그것이 처음에 이 사마리아 사람들의 상태였습니다. 그들은 그 문제에 완전히 무관심하였습니다. 그들은 그 문제 때문에 조금도 고민하지 않았던 것입니다.

　　그들은 하나님을 경외하지 않았습니다. 여호와의 이름을 듣고 떠는 사람들에 대한 이야기를 들었을 수 있었겠는데, 그들은 전혀 떨지 않았습니다. 어쩌면 그들은 여호와는, 그를 예배하는 것이 매우 까다롭고 그의 법은 매우 엄격하며, 그 신민들은 반역했다는 이유로 종종 슬퍼하지 않으면 안 되었던 그런 신이라는 말을 들었을지 모릅니다. 그러므로 그들은 여호와의 신민들과 같이 마음 고생을 겪고 또 죄를 고백하며 같은 슬픔에 빠져 들어가는 일을 겪지 않기 위해 그에 관해 별로 알고 싶어 하지 않았을 수 있습니다. 그들은 전혀 신경 쓰지 않았습니다.

　　그들이 여호와에 관해 무엇인가를 듣기 시작했을 때 심지어 여호와를 비웃기까지 했다는 것을 전혀 이상하게 생각하지 않습니다. 자기들의 신이 그 땅의 하나님을 이기지 않았는가? 자기들이 이 아름다운 성읍들을 차지하지 않았는가? 앗수르 군대가 이스라엘 사람들이 같이 싸우려고 데려온 그 모든 군대를 바람 앞의 구름처럼 다 흩어버리지 않았는가? 따라서 그들은 이스라엘 사람들과 유다 사람들을 비웃고, 그들의 하나님과 예배를 비웃었을 것입니다. 그들은 어떤 종교든 멸시하게 되었고, 그래서 유일한 참된 종교에 대해서도 조롱하고 비웃는 데까지 나간 것입니다. "그들이 여호와를 경외하지 아니하므로."

　　그렇지만 유념할 중요한 점이 한 가지 있었습니다. 그들이 여호와를 경외하는 사람들 가까이에서 살게 되었다는 것입니다. 그 당시 유다 백성들은 만군의 하나님 여호와께 대해 아주 올바른 관계 가운데 있었기 때문입니다. 그때 히스기야가 왕위에 있었을 것으로 생각됩니다. 히스기야는 모든 일을 하나님 앞에서 행하였고, 일편단심으로 유일하신 한 분 하나님에 대한 예배를 유지하려고 애썼던 왕입니다. 하나님 백성들의 고대로부터 내려온 신앙이 널리 퍼져 있는 인근 지역에 들어온 이 이방인들은 틀림없이 그 신앙이 자기들의 무관심에 위험한 것이고, 자기들의 회의론과 거짓 신앙에 위험한 것임을 알게 되었을 것입니다. 이와 같이 나는 신앙이 없거나 하나님을 경외함이 없는 사람들, 무엇이든지 신성한 것에 대한 존경심이 전혀 없는 사람들이 하나님의 섭리에 의해 참된 경건과 뜨거운 신앙이 있는 사회 속으로 들어오게 된 경우들을 보았습니다. 그런 일이 생기면 언제나 그들의 불신앙에 근심이 일어나고 그들의 무관심에 동요가 생기기 마련입니다. 이렇게 해서 그들은 그 불길에 튀는 불꽃을 영혼 속에 받아들이게 됩니다. 그러면 그 불꽃들이 그들의 영혼 속에 있는 나무와 건초와 그루터기를 다 태워버릴 불을 일으킬 수 있지 않을지 누가 알겠습니까? 사랑하는 형제자매 여러분, 어떤 사람이 우리 가까이 살면서 계속해서 신앙에 무관심한 채로 지내기란 참으로 힘든 일일 것입니다. 이 설교자는 아주 힘 있게 설교해서 설교를 듣는 사람이 아주 무심하게 지내는 것이 거의 불가능한 일이 되도록 해야 할 것입니다. 여러분 그리스도인들은 집에서 그런 모범을 보여서, 아들이나 딸 혹은 하인이 죄 가운데서 하나님 밖에, 그리스도 밖에 지내면서 평안하게 지내는 것이 거의 불가능하게 되도록 해야 할 것입니다. 이 사람들은 하나님을 경외하지 않았습니다. 그런데 그들을 확실히 곤경에 처하게 만든 점은 그들이 하나님을 경외하는 유다 백성들 가까이로 오게 되었다는 사실이었습니다. 전심으로 하나님을 경외하는 히스기야가 통치하는 국가에 가까이 온 것입니다.

2. 둘째로, 그들의 회심에 대해서 살펴봅시다.

33절에 보면 "그들이 여호와도 경외하고"라는 말이 나옵니다. 그런데 거기에 여호와"도"라는 매우 추한 단어가 나오고, 그 뒤에 그것이 가짜 회심이었음을 보여주는 진술이 나옵니다. "그들이 여호와도 경외하고 자기의 신들도 섬겼더라." 그럴지라도 그것은 일종의 회심이었습니다. 그 말은 어쨌든 외적인 변화가 있었음을 의미한다는 것입니다.

어떻게 해서 이런 일이 일어났습니까? 우리가 조금 전에 읽었듯이 이 장 전체를 읽어보면, 여러분은 그들의 회심이 순전히 두려움 때문에 발생하였다는 것을 알게 될 것입니다. 그 땅은 황폐되었습니다. 전쟁이 온 땅에 수년 동안 몰아쳤습니다. 성읍과 촌락들에 사람들이 살지 않게 되었고, 그 결과 들짐승들이 산에서 내려와 아주 번성하게 되었으며, 그래서 사자들이 온 땅에 큰 두려움거리가 되었습니다. 나라마다 다른 신이 있다고 생각했기 때문에 이 사람들은 "틀림없이 이 땅의 신이 우리 가운데 사자를 보냈다"고 말했습니다. 그렇습니다. 신성한 저술가는 주저하지 않고 하나님께서 그들에게 사자들을 보내셨다고 말합니다. 자연의 질서로 설명하기 쉬운 지극히 일반적인 일들조차도 하나님에게서 나온 것으로 생각해야 하기 때문입니다. 하나님께서 그들 가운데 사자를 보내셨습니다. 따라서 그들을 회심시킨 것은 바로 이 사자들이었습니다. 사자들의 이와 엄니,

그들의 번쩍이는 눈, 으르렁거리는 천둥 같은 소리, 이런 것들이 그들을 회심하게 만들었습니다. 그들은 자기들을 구원해줄 신이 있어야 했습니다. 그들은 사자를 견딜 수 없었고, 그러므로 그들에게 사자들을 보낼 수 있었고, 어쩌면 사자 보내기를 그칠 수 있을 여호와를 두려워하지 않을 수 없었습니다.

자, 사랑하는 친구 여러분, 여러분이 회심의 동기를 순전히 두려움에서밖에 찾을 수 없다면, 여러분 자신의 회심은 다소 달라져야 합니다. 여기 집에 병이 생기지 않았다면, 아이가 죽지 않았다면, 또 어떤 사람이 죽지 않았더라면 하나님을 경외하지 않았을 사람이 있습니다. 마치 식구들 모두가 병이 날 것처럼 보였고, 그래서 그는 신앙인이 되었습니다. 또 어떤 사람이 사업을 시작했고, 한동안은 아주 성공 가도를 달렸습니다. 그러다가 형세가 바뀌었고 돈을 잃었습니다. 곧 파산할 직전에 처했고, 그는 두 번째 노력을 기울였으나 실패로 끝났습니다. 그때 마치 사자들이 자기를 공격하기 위해 나온 것처럼 느꼈고, 그래서 신앙을 갖게 되었습니다. 어떤 사람은 자녀들이 다 자란 것을 보았고, 아이들을 세상에 나가도록 훈련을 하였기 때문에 아이들이 세상으로 갔습니다. 그런데 아들은 그를 거의 실망시켰고, 딸은 그가 흰머리를 가지고 슬퍼하며 무덤에 내려가게 만들 그런 행동을 하였습니다. 모든 것이 그에게 나쁘게 돌아가는 것처럼 보였습니다. 그래서 그는 교회에 가겠다고, 혹은 어떤 집회에 참석하거나 어떤 일을 하겠다고 말하였습니다. 그는 사자들이 출몰하였기 때문에 신앙인이 되었습니다.

또 어떤 사람은 아주 정정하고 건강하며 튼튼해서 종교에 대해서는 조금도 생각해 보지 않았습니다. 그런데 사고를 당했습니다. 졸도를 했거나, 아니면 필시 머지않아 치명적인 것이 되리라는 경고를 받았던 병이 닥친 것입니다. 병에 대한 어떤 치료책도 없는 것처럼 보였습니다. 그의 병세는 더욱 악화되었습니다. 그래서 그는 신앙을 가져야겠다고 생각하였습니다. 그 결심에는 현명한 점이 있었습니다. 아니, 그것이 올바르게 진리를 따라 실행되었다면 그것은 지극히 타당한 결심이었습니다. 그러나 여러분은 이 모든 경우에서 자신이 잘못을 범했다는 의식이 전혀 없었다는 것을 압니다. 바르게 살아야겠다는 바람이 없었습니다. 있었던 것은 사자, 사자, 사자뿐이었습니다. 사자들이 없었다면 신앙을 갖는 일도 없었을 것입니다. 사자들이 없었다면 여호와를 찾는 일도 없었을 것입니다. 사자들이 없었다면 이 땅의 신의 방식을 알고자 하는 바람도 없었을 것입니다. 그런 사람들은 하나님을 찾고자 하는 바람이 없었을 것입니다. 그런 것은 전혀 없었을 것입니다. 그들을 몰고 가는 것은 오직 두려운 사자뿐입니다. 죽음의 공포가 그들을 엄습합니다. 그리고 죽음 뒤에 오는 것, 곧 장차 올 심판의 공포가 그들을 엄습합니다. 다른 것은 아무것도 없습니다. 자, 어떤 사람들은 두려움 때문에 정말로 하나님에게로 옵니다. 그런데 많은 사람은 순전히 가짜 회심의 상태에 이를 뿐입니다. 그들 신앙의 뿌리는 순전히 사자들이었던 것입니다. 그 외에는 아무것도 없었습니다.

자, 그들의 회심에는 큰 무지가 따랐었다는 점에 유의할 필요가 있습니다. 진실함이 참으로 적었습니다. 어느 정도 진실함이 있기는 있었지만, 지식의 부족으로 인해 그들의 회심이 흐려졌습니다. 철저한 무지로 그들의 눈이 보이지 않았습니다. 그들은 정말로 하나님을 도무지 알지 못하였습니다. 그들은 여호와를 다른 여러 신들과 같은 존재에 지나지 않는 것으로 생각하였습니다. 마치 여호와가 그 지역의 대단치 않은 신인데, 너무 힘이 강해서 그들이 저지할 수 없는 것처럼 생각하였습니다. 딱 그 정도로밖에 생각하지 않았습니다. 그들은 여호와를 알고 싶어 하지 않았습니다. 왜냐하면 그들이 앗수르 왕에게 요청한 것을 보면 그들이 하나님에 관해 알려고 한 것이 아니라 그 땅의 신의 "법"을 알려고 하였기 때문입니다. 그렇습니다. 회심하기를 바라는 사람들 가운데는 단지 회심한 사람들의 방식만을 알고자 하는 사람들이 많습니다. 신앙인은 어떤 식으로 행동해야 하지? 체면을 지키려면 어떻게 해야 하지? 성례가 무엇이지? 교리라는 것은 또 뭔가? 그들의 생각은 오로지 외적인 것들에 대한 것뿐입니다. 그들은 그 땅의 신의 법을 알고자 할 뿐입니다.

사람이 정말로 성령님에 의해 깨어나게 되면 그는 이렇게 부르짖습니다. "내가 일어나 아버지께 가리라"(눅 18:15). 그러나 성령님에 의해 정신을 차린 것이 아니라 오로지 두려움 때문에 각성한 경우에는, 이렇게 말합니다. "내가 일어나 아버지 집에서 숨어야겠다. 아버지 집의 은밀한 방에 들어가고 싶다. 당신도 알다시피, 내가 바라는 것은 하나님 자신이 아니다. 하나님 자신이 아니라 하나님의 '방식'이다." 나는 꼭 이런 식으로 회심한 사람을 많이 압니다. 그들은 하나님께로 돌이킨 것이 아니라 신앙고백으로 돌이켰고, 신조로 돌이켰으며, 성례로, 형식으로 돌이킨 사람들입니다. 그러나 주님께서 살아계시기 때문에 여러분은 바로 하나님께로 돌이켜야 합니다. 그렇지 않으면 바르게 돌이킨 것이 아닙니다. 하나님에 대한 무지는 치명적인 무지입니다. 하나님을 알지 못하거나 하나님을 알려고 하지 않고 그 방식과 하나님을 예배하는 형식만을 알려고 하는 것은 형편없는 소원입니다. 그런데도 많은 사람이 그것으로만 만족하고 맙니다.

그 다음에, 이 사람들은 두려움 때문에 회심하게 되었을 뿐만 아니라 그 회심조차도 무지로 인해 손상되었습니다. 아마 그들은 성실하지 못한 제사장에게 지도를 받기도 했을 것입니다. 앗수르 왕은 그들에게 제사장들 가운데 한 사람을 보내어 그 땅의 종교를 가르치도록 하였습니다. 그들이 사마리아에서 잡아온 제사장들 가운데 한 사람이 와서 벧엘에 거하며 그들에게 여호와를 경외하는 방식을 가르쳤습니다. 벧엘에 거한다는 것이 매우 미심적은 일이었습니다. 나는 그 제사장이 그들에게 벧엘의 금송아지 예배를 가르치지 않았나 하는 생각이 듭니다. 유다에서 하나님을 순수하게 예배하는 자들이 그 시대의 개신교도들이었듯이 벧엘의 금송아지 예배를 드리는 자들은 그 시대의 로마 가톨릭교도들이었다는 것을 여러분은 압니다. 벧엘의 송아지를 예배하는 자들이 송아지를 예배하지는 않았을 것입니다. 그들은 소의 형상을 보고서 하나님을 예배하였습니다. 그들은 소의 형상이 권세와 힘을 의미한다고 말하였습니다. "이와 같이 우리는 송아지를 예배하는 것이 아니라 송아지 형상으로 하나님을 예배한다"고 말하였을 것입니다. 그들은 상징을 사용하는 자들이고, 상징을 예배하는 자들이었습니다. 이 제사장이 그런 사람들 가운데 하나였습니다. 눈 먼 제사장의 도움을 받아 이르게 된 회심이 형편없는 것은 당연한 일입니다.

형제 여러분, 여러분이 어떻게 듣는지, 그리고 무엇을 듣는지 조심하십시오. 우리는 스스로 영적인 교사라고 주장하는 사람마다 다 믿고 자신을 그에게 맡겨서는 안 됩니다. "영들이 하나님께 속하였나 분별하십시오"(요일 4:1). 여러분에게 한 가지 좋은 시금석을 알려드리겠습니다. 그 영들이 여러분을 살피고 시험하는지 보십시오. 주님께서는, 부드러운 말을 하고, 여러분의 양심을 조금도 괴롭히지 않거나 여러분으로 하여금 스스로를 살피도록 하지 않는 영들은 보내시지 않았다는 것을 확실히 아시기 바랍니다. 하나님께서는 다름 아닌 자신의 선지자들에게 "네가 만일 헛된 것을 버리고 귀한 것을 말한다면 너는 나의 입이 될 것이라"(렘 15:19)고 말씀하셨습니다. 이렇게 이 사람은 와서 아마도 자기 편한 방식대로 그들을 가르쳤을 것입니다. 그는 이렇게 말했을 것입니다. "자, 여러분, 여러분도 알다시피, 여러분 모두 자기 신들이 있습니다. 나는 분파

주의자가 아닙니다. 여러분이 참된 하나님을 예배하는 한, 나는 신경 쓰지 않습니다. 여러분이 원할 때는 언제든지 네르갈(Nergal) 신, 아시마(Ashima) 신, 다르닥(Tartak) 신, 아드람멜렉(Adrammelech) 신을 예배할 수 있습니다. 여러분도 알고 있듯이, 앞으로 내가 여러분을 가르칠 것입니다. 당분간은 이것을 국교로 알아야 합니다. 이 종교를 여러분에게 가르치겠습니다. 그러나 너무 힘들게 생각하지 마십시오. 다 잘 될 것입니다." 이것이 이 사람들이 회심에 이르게 된 방식입니다. 그들에게는 절대로 필요한 변화의 문제로 자기들을 조금도 괴롭히지 않고 자신들을 격려하는 멋진 목사가 있으니, 그들이 그처럼 쉽게 넘어온 것이 이상한 일이 아닙니다.

이렇게 회심하고 나서, 그들은 외적인 의식들을 아주 많이 채용하였습니다. "그들이 또 여호와를 경외하여 자기 중에서 사람을 산당의 제사장으로 택하여 그 산당들에서 자기를 위하여 제사를 드리게 하니라." 그들은 일을 철저히 하려고 하였습니다. 그것이 형식의 문제였기 때문에, 그들이 그 일을 하는 방법을 알게 되었을 때는 그대로 하려고 하였습니다. 제사장 한 사람으로는 충분하지 않을 것으로 생각하였습니다. 그들은 제사장을 아주 많이 두려고 하였습니다. 그래서 제사장을 세울 수 있는 대로 많이 세웠습니다. 그 땅의 가장 하층민들이 아마도 가장 품삯이 쌌을 것이기 때문에 그들은 그런 사람들을 제사장으로 택하였습니다. 사람들은 대체로 이런 일들에서조차 장사꾼의 안목을 가지고 있습니다. 하나님께서 오직 예루살렘에서만 자기에게 희생 제사를 드려야 한다고 말씀하셨지만 그들은 산당에서마다 예배를 드리도록 하였습니다. 하나님께서는 제단을 한 군데만 두려고 하셨는데, 그들은 산당마다 제단을 설치하였습니다. 그들은 여호와께 대한 예배에 참가하는데 대단한 형식과 허식과 겉치레부터 시작하였습니다. 일반적으로 겉치레가 심하면 심할수록 그만큼 진실성은 더 떨어지는 법입니다. 이 경우가 바로 그러했습니다.

여러분도 알다시피, 이 회심은 매우 세련되게 보였지만 근본적으로 건전하지 않았습니다. 그 이유들을 설명하겠습니다.

그것은 첫째로, 거기에는 회개가 없었기 때문입니다. 이들이 사람마다 자기 신을 예배한 데서 자기들이 잘못했다고 고백하는 것을 우리는 보지 못합니다. 그들은 기꺼이 여호와를 예배하고 제사를 드리며 옳은 일을 하고자 합니다. 그들이 사시고 참되신 오직 한 분 하나님께 죄를 범하였기 때문에 죄를 고백함으로 그곳이 보김이 되었다, 곧 우는 곳이 되었다는 점에 대해서는 한 마디도 없습니다. 청중 여러분, 이제는 여러분의 회심에 대해서 말하도록 하겠습니다. 여러분이 이 책의 첫 페이지, 즉 회개를 건너뛰었다면 돌아가서 다시 시작하십시오. 죄에 대해 한 번도 울지 않아 눈이 말라 있는 믿음은 하나님의 택하신 자들의 믿음이 아닙니다. 반드시 회개가 있어야 합니다. 회개는 필수적인 은혜입니다. 자신이 전에 사랑했던 죄를 미워하지 않는 사람은 진정으로 구원받은 것이 아닙니다. 하나님 앞에서 죄를 고백하고 사죄해 주시기를 간절히 기도하지 않은 사람은 참으로 구원받은 것이 아닙니다.

그 다음에, 이 회심자들에게는 속죄의 제사가 없었다는 점에 유의할 필요가 있습니다. 참된 신자, 곧 유다 사람은 일 년에 한 차례 속죄일이 있었고, 특별한 죄가 있을 때마다 대대적으로 속죄의 제사를 드렸습니다. 그러나 이 이주민들 가운데서는 속죄제물을 드렸다는 언급이 전혀 없습니다. 그들에게는 제사가 없었습니다. 즉, 속죄의 피가 없었습니다. 아, 여러분, 예수 그리스도의 희생 제사로부터 시작하지 않는 신앙은 곧 끝이 날 신앙이고, 따라서 여러분이 좀 더 확실한 기초 위에서 다시 시작할 수 있기 위해서는 그 신앙은 빨리 끝내면 끝낼수록 그만큼 더 잘하는 일입니다. 그 안에 그리스도의 피가 없는 신앙은 생명이 없는 신앙입니다. 속죄와 언약의 피로 말미암는 화목이 없는 신앙은 참된 경건의 가장 핵심적인 부분을 빼먹은 것입니다. 이 사람들의 회심은 근본적으로 불충분하였습니다. 거기에는 회개와 제사가 없었기 때문입니다.

또한 거짓 신들을 버리는 일이 없었습니다. 그들이 여호와를 예배하기를 싫어하지는 않았지만 모든 사람이 자기 신도 예배하였습니다. 이것은 진실한 예배가 아니고 합당한 예배도 아닙니다. 어떤 사람이 "그리스도를 믿어야겠어"라고 말합니다. 그렇습니다. 그는 세례에 의한 중생도 믿는다는 뜻으로 말합니다. 그러나 그것은 거짓된 신입니다. 그는 하나님을 섬길 것입니다. 그러나 또한 틀림없이 은밀한 죄도 행할 것입니다. 그것은 묵인할 수 없는 또 다른 거짓된 신입니다. 우리가 하나님께로 돌이켰다면 우리는 망치를 들고 우상을 깨부수어야 합니다. 다곤 신, 네르갈 신, 아드람멜렉 신이 여호와의 언약궤가 있는 곳에 함께 있어서는 안 됩니다. 모든 거짓된 신들이 하나님과 함께 편안하게 살 수가 없습니다. 살아계신 하나님이 오시면, 그는 질투하시는 하나님이시기 때문에 거짓된 신들은 모두 하나님 앞에서 엎드려야 합니다. 여러분이 오직 하나님만을 예배하지 않는다면 하나님을 전혀 예배하지 않는 것입니다. 진정한 회심을 하려면 반드시 마음속에서 형상을 부수는 일이 있어야 합니다. 그런데 여기에는 그런 일이 전혀 없었습니다.

사실, 이 사마리아 사람들에게는 하나님께 대한 사랑이 없었습니다. 그들이 사자를 두려워하였지만, 그들의 마음은 자기들을 사자로부터 구원하실 수 있는 하나님께로 나아가지 못했습니다.

나는 이 자리에 참석하신 분들 가운데서 이 사마리아인들처럼 하나님을 경외하면서 또 다른 신들을 섬기는 사람들을 분간해낼 수 있을지 모르겠습니다. 나는 이와 같은 사람을 만난 적이 있습니다. 그가 예배당에 왔습니다. 그를 교회에 허용했다면 그는 교회에 가입하고 성찬에도 참여했을 것입니다. 또한 그는 술의 신 바쿠스의 열렬한 예배자였습니다. 그는 술의 지독한 애호자였는데, 말로는 "겨우 한 방울" 마신다고 합니다. 하지만 그가 마시는 술을 보면 여러분은 그 방울을 셀 수 없었을 것입니다. 나는 일전에 한 목사님과 이야기한 일이 있었습니다. 그 목사님이 이야기하기를 자기 교구에 한 사람이 있는데, 그 사람은 어떻게 된 일인지 알 수 없지만 자기는 맥주를 네댓 잔 마셨을 때가 마음이 가장 신령해진다고 말했다는 것입니다. 그런 사람들이 있습니다. 그들은 하나님을 경외하지만 또한 자기 신들도 섬깁니다. 그리스도인 술주정뱅이와 같은 것을 한 번 생각해 보십시오. 그런 일이 가능하다고 생각할 수 있습니까? 여러분의 상식이 대답해줄 것입니다. 내가 굳이 이야기할 필요가 없을 것입니다.

나는 또 이런 일도 보았습니다. 참으로 뛰어난 사람이었습니다. 그는 하나님의 대의를 위해서는 언제든지 자신의 비상한 재주를 사용할 준비가 되어 있었고, 교회 출석도 아주 충실하게 하는 사람이었으며, 신앙에 관해서는 모르는 게 없을 정도였습니다. 그러나 그 사람이 첩을 두고 살았으며, 그의 생활하는 방식을 알았다면, 여러분은 그를 통렬히 비난하였을 것입니다. 그런데도 그는 뻔뻔스럽게 하나님의 집에 들어왔습니다. 그래서 그가 사실은 교회에 가입하지 않았을지라도 누가 보기에도 이 교회 교인인 것처럼 보였습니다. 그러면서도 그는 육신의 정욕대로 생활하며 스스로 하나님의 종이라고 자처하며 돌아다녔습니다. 하나님을 경외한 것입니다. 말하자면 사자가 무서웠기 때문에 계속해서 조금은 종교를 붙들고 있었던 것입니다. 그것뿐이었습니다. 그러는 동안 내내 그는 자기 신도 예배하고 있었습니다.

여러분도 알겠지만, 그 일은 또한 사업적으로 행한 것입니다. 아주 아름답게 찬송을 부를 수 있는 사람이 있습니다. 그는 기도회에서 기도도 할 줄 압니다. 그러나 그는 여러분을 먹이로 삼을 수도 있는 사람입니다. 그의 사업 방식은 사람을 이용하고 속이며 위험한 일도 저지르는 그런 식입니다. 그러면서도 그는 아주 훌륭한 사람이라는 평판을 지니고 있습니다. 그는 종교적인 불한당입니다. 하나님께서 우리 교회들을 아주 자주 만나게 되어 있는 이런 사람들에게서 구원하여 주시기를 구합니다. 그들은 사자들 때문에 하나님을 두려워합니다. 그들은 아주 겁쟁이여서 종교인이 되지 않을 수 없습니다. 그러는 가운데서도 다른 신들을 예배합니다.

나는 또 한 여성을 겪어보았습니다. 나는 이 경우에 그 여성에 대해 진실하게 말할 수 있다고 생각합니다. 아, 그 여자 분은 참으로 대단한 그리스도인의 정신을 소유한 사람이었습니다. 웬만해서는 그 여자 분의 험담에서 벗어날 수 있는 사람은 아무도 없었습니다. 그녀는 아무리 훌륭하게 사는 사람에 대해서도 언제든지 비방할 준비가 되어 있었습니다. 그녀는 비방하는 성도였고, 이스라엘의 한담하며 돌아다니는 어머니였습니다. 하나님께서 우리를 이런 사람에게서 구원하여 주시기를 바랍니다.

이 사마리아 사람들이 나타낼 수 있는 인물들을 모두 다 설명할 수는 없습니다. 또 내가 알고 있는 어떤 분이 그런 사람으로 지금 이 자리에 있다고 말씀드리는 것도 아닙니다. 그러나 설사 내가 그런 식으로 말씀드린다고 할지라도 여러분은 지금까지 하던 대로 계속하시기를 바랍니다. 그것이 여러분에게 더 이상 맞지 않는다는 것을 알기 전까지는 말입니다. 비록 여러분이 웃고 있지만, 이렇게 모순된 행위들은 매우 심각한 문제입니다. 더 큰 문제는 그런 행위들이 매우 일반적인 일이라는 것입니다. 거짓 회심은 세상 도처에서 만날 수 있는 일입니다. 아, 우리는 하나님을 경외하면서 또한 마약을 팔고, 하나님을 두려워하면서 또한 하늘 아래서 가장 술을 많이 마시는 "기독교 국가"인 이 영국에서 그런 거짓 회심을 엄청나게 많이 봅니다. 하나님께서 우리를 그처럼 국가 전체적으로 나타내 보이는 위선에서 구원하여 주시기를 구합니다! 또한 하나님께서 하나님을 경외하려고 하면서 또한 자기 신들도 섬기려고 하는 온갖 신분과 계층과 조건의 사람들에게서 소규모로 발견되는 그와 비슷한 위선에서도 우리를 구원하여 주시기를 구합니다! 그와 같은 이중적인 신앙은 오래가지 못할 것입니다. 그런 신앙은 아무 소용이 없습니다. 그런 신앙은 작용하지 않을 것입니다. 여호와가 하나님이면 그를 섬기고, 마귀가 하나님이면 그를 섬기십시오. 그러나 둘을 하나로 합치려고 하는 시도는 이 세상과 오는 세상에서 모두 결코 성공하지 못할 것입니다.

이 사람들이 경험한 거짓 회심의 유형은 그런 것입니다.

3. 끝으로, 우리는 본문에서 그들의 실제 상태와 그에 대한 하나님의 평결을 봅니다.

하나님께서는 "그들이 여호와를 경외하지 않았다"고 말씀하십니다.

그들은 하나님을 모욕하였습니다. 그들은 하나님을 경외하지 않았습니다. 하나님을 예배하고 바알도 예배한 사람들, 하나님을 예배하고 아드람멜렉도 예배한 사람들은 불경스런 점에서 대담하였습니다. 여호와께서 주장하시는 바는 여호와만 하나님이시라는 것입니다. 하나님은 우리에게 이방인의 신들은 신이 아니라는 것을 알게 하려고 하셨습니다. 우리 하나님은 하늘을 지으신 분입니다. 그러나 이방인들에게 신들은 사람들이 손으로 만든 작품입니다. 로마 황제들 가운데 한 사람은 판테온에 있는 다른 모든 신들 가운데 그리스도의 조상(彫像)을 세우려고 하였습니다. 그리고 그것을 이해심이 많은 정신을 나타내는 것으로 생각하는 사람들이 있었습니다. 그러나 호색적인 주피터와 평판이 나쁜 비너스, 그 밖의 끔찍한 신들 옆에 그리스도를 세운다는 것은 말할 수 없는 모욕입니다. 이 신들은 그 가운데 가장 나은 신들이라고 할지라도 소년원에나 가야 마땅한 존재들이었습니다. 사마리아인들이 여호와의 이름을 그들이 예배한 짐승 같은 잔인한 신들과 함께 언급하는 것은 하나님께 경의를 표하는 것이 아니라 하나님의 신성한 위엄을 모욕하는 처사였습니다. 바로 그렇습니다. 여러분, 스스로 신앙인이라고 하면서 계속해서 죄를 짓는 것은 하나님을 경외하는 것이 아니라 모욕하는 것입니다. "악인에게는 하나님이 이르시되 네가 어찌하여 내 율례를 전하며 내 언약을 네 입에 두느냐"(시 50:16). 그런 속임수는 피하십시오. 여러분이 죄를 지을 수밖에 없다면, 그 죄에 정말로 불필요한 이 죄, 곧 하나님을 경외하는 척하는 위선적인 태도를 더하지 마십시오. 그처럼 도리에 어긋난 짓은 하지 마시기 바랍니다.

이 사람들은 하나님을 경외하지 않았습니다. 그들은 실제로 하나님께 순종하지 않았기 때문입니다. 그들이 하나님께 순종합니까? 만일 하나님께 순종하였다면 당장에 자기 우상들을 산산조각 냈을 것입니다. 그러나 그렇게 하지 않았습니다. 그들은 단지 하나님의 "법"을 알고자 했을 뿐입니다. 그들은 그 법에 따르려고 했습니다. 그러나 정말로 하나님의 뜻과 생각이 무엇인지 알고자 하고 그것을 행하려고 하는 것은 그들에게 맞지 않는 일이었습니다. 그러므로 그들은 하나님을 경외하지 않았습니다.

이스라엘과 다르게, 그들은 하나님과 언약의 관계에 있지 않았습니다. 그들은 하나님의 옛 행위 언약 하에 있었습니다. 그들은 하나님의 은혜 언약 아래 있지 않았고, 그것에 대해서는 아무것도 알지 못하였습니다. 하나님께서는 그들을 높은 손과 편 팔로 애굽에서 이끌고 나오시지 않았습니다. 그들을 피로 구속하시지 않았고 따로 구별하여 자기 백성으로 삼으시지 않았습니다. 그들은 그런 것을 전혀 알지 못하였습니다. 오늘날 신앙인이 되었다고 하는 사람들 가운데 은혜 언약에 대해 아무것도 모르는 사람들, 곧 피로 말미암은 구속에 대해 전혀 모르는 사람들이 많습니다. 그들은 모세의 노래와 어린 양의 노래를 부를 줄 모릅니다. 모릅니다. 그들은 그저 그 땅의 신의 법을 외적으로 지키거나 할 뿐입니다. 그것으로 만족하고 신앙의 핵심적인 부분에는 들어오지 않은 것입니다. 그러므로 그들은 하나님을 경외하지 않습니다.

이 사람들은 이것을 증명하기 위해 재빨리 행동하였습니다. 여러분은 하나님께서 그의 종 에스라를 일단의 백성들과 함께 돌아오게 하여 성전을 짓기 시작하도록 하신 후 얼마 되지 않았을 때 이들이 한 일을 압니다. 이들은 첫째로 와서 자기들이 그 일에 가담하고 싶다고 말했습니다. 그러나 에스라와 느헤미야는 그들을 엄하게 대하고 이렇게 말했습니다. "우리는 당신들과 아무 상관이 없다. 당신들의 혈통은 아브라함과 상관이 없다. 당신들은 그 언약의 자손에 속하지 않는다. 당신들은 그것에 대해서 아무것도 모른다. 가서 당신들 일이나 하라." 그때 이 사람들은 심술을 부렸습니다. 당시 권세 있는 여러 왕들에게 편지를 보냈고 그래서 성전 건축이 여러 차례 중단되었습니다. 그들은 후에 심지어 예루살렘 백성들을 공격하여 성전 건축을 끝장내려고까지 하였습니다. 세상에서 일반적으로 사자들 때문에 명목상 종교인이 되었으면서도 여전히 자기 죄 가운데 거하는 이 사람들만큼 참된 종교를 미워하고 진정한 기독교 신앙을 미워하는 사람들은 없습니다. 감리교인들이 처음 설교를 시작하였을 때, 그들을 반대하는 소리가 참으로 컸던 것을 여러분은 압니다. 그들이 범하고 있었던 크고 가증스러운 죄는 그들이 중생을 강조하고 거룩한 생활을 부르짖고 있었다는 것입니다. 그래서 이 나라 도처에서 수많은 사람들이 말했습니다. "우리는 어느 사람들 못지않게 신앙적이다. 우리가 술을 마시고 온갖 일을 행한다는 것은 사실이다. 그러나 당신들은 세상에 순수하고 완전한 교회 같은 것은 결코 세울 수 없다. 그런 것을 말하는 것은 단지 위선적인 말에 지나지 않는다는 것을 당신들은 안다. 그런 것은 있을 수 없는 일이다. 우리는 자신의 신앙고백에 완전히 일치하게 살 수 없다. 언제나 일치하게 행동하는 사람은 아무도 없다. 어떤 사람들이 거룩할 수 있거나 오직 하나님을 경외하는 가운데서만 행동할 수 있다고 말하는 것은 거짓말이고 위선이다." 사람들은 감리교 선구자들에게 진흙을 던지고 그들을 투옥시키며 온갖 방식으로 반대하기 시작하였습니다. 이 점을 다시 말씀드립니다만, 이삭을 미워하는 것은 바로 이스마엘입니다. 이스마엘이 이삭을 미워하는 까닭은 그가 상속자의 혈통에 속해 있지는 않으면서 이삭과 아주 가까운 혈족이기 때문입니다. 야곱을 미워하는 것은 에서입니다. 에서가 야곱을 미워하는 까닭은 그가 복을 받지 못하지만 같은 부모에게 속해 있고 야곱과 아주 가까운 혈족이기 때문입니다. 유대인들에 대한 사마리아인의 적의만큼 무서운 적의는 없습니다. 마음속에 하나님의 은혜를 받은, 생명의 원천을 이루는 경건을 지닌 사람에 대하여 단지 도덕이나 위선적인 신앙인에 지나지 않는 사람들이 품는 적의만큼 무서운 적의는 없습니다.

어쩌면 여러분은 내가 지금까지 다소 심하게 말했다고 생각할 것입니다. 그러나 나는 우리가 살아계신 하나님 앞에 올바른 위치에 있을 수 있기를 간절히 바라는 심정으로 여러분에게뿐 아니라 내 자신에게도 말한 것입니다. 이 자리에 계시는 분들 가운데 스스로 그리스도인이라고 말하는 사람들이 많습니다. 우리가 정말로 그리스도인입니까? 우리에게 정말로 그리스도에 대한 믿음이 있습니까? 우리 믿음이 살아있는 믿음, 곧 선한 행실을 일으키는 믿음이라는 것을 생활을 통해서 증명합니까? 형제 여러분, 우리가 스스로 말하는 대로 정말로 그리스도인이라면 우리에게는 오직 한 분 하나님밖에 없습니다. 다른 모든 목적과 목표, 동기들은 부차적인 것입니다. 우리는 먼저 하나님의 나라와 그의 의를 구해야 합니다. 우리가 정말로 그리스도인이라면 이미 아주 많은 우상들을 부숴버렸을 것이고, 아직도 부숴야 할 우상들이 있습니다. 우리는 우상들을 다 부숴버리기까지 계속해서 망치질을 해야 합니다.

> "내가 지금까지 가장 소중히 여겨왔던 우상도
> 그것이 무엇이든지 간에
> 주님의 보좌에서 그것을 끄집어내리고
> 오직 주님만 예배하게 도우소서."

우리가 정말로 그리스도인이라면 우리에게 의지할 수 있는 분은 한 분밖에 없습니다. 우리는 무거운 짐을 모두 예수님께 겁니다. 달리 의지하는 것은 모두 오래 전에 박쥐와 두더지에게 던져버렸습니다. 우리가 정말로 하나님의 종이라면 우리는 죄를 없애려고 노력하고 있습니다. 우리는 어떤 정욕이나 거짓된 길을 마음에 품고 있지 않습니다. 우리가 완전하지 않지만 완전하기를 바라고 또 갈망합니다. 계속해서 의도적으로 지으려고 하는 죄는 없습니다. 하나님께서 우리를 도우시므로 우리는 하나님의 거룩한 뜻에 어긋나는 것은 일체 피하기를 바랍니다. 우리가 이 사마리아의 기회주의자들처럼 되지 않고, "보라 이는 참으로 이스라엘 사람이라 그 속에 간사한 것이 없도다"(요 1:47)라는 말을 들을 수 있도록 하나님께서 우리에게 이 철저함, 이 깊은 진실함, 진정한 이 마음의 변화를 주시기를 바랍니다.

하나님께서 여러분에게 복을 주시기를 바랍니다. 아멘.

제
16
장

—

잡종 신앙

—

"이 여러 민족이 여호와를 경외하고 또 그 아로새긴 우상을 섬
기니 그들의 자자 손손이 그들의 조상들이 행하던 대로 그들도
오늘까지 행하니라." — 왕하 17:41

오래 전에 죽어 자기 열조에게로 돌아간 열왕기서 저자는 "행하던 대로 그
들도 오늘까지 행하니라"고 말하였습니다. 그가 지금 살아 있다면, 아마도 이 사
마리아 사람들의 영적 후손들에 대해서 "행하던 대로 그들도 오늘까지 행하니
라"고 말했을지 모릅니다. 하나님을 경외하면서 또한 다른 신들도 섬기는 이 천
한 결합은 결코 구시대적인 일이 아닙니다. 슬프게도 그것은 도처에서 너무도
흔히 볼 수 있는 일이며, 여러분이 전혀 생각하지 못하는 곳에서 만나는 일입니
다. 잡종 신자들은 대대로 있었습니다. 그들은 하나님과 마귀를 모두 기쁘게 하
려고 하였고, 자신들의 이익에 따라 양편에 서거나 어느 한쪽 편에 서 왔습니다.
이 비열한 혼합주의자들 가운데 어떤 이들은 언제나 모든 회중 곁을 맴돌고 있
습니다. 나의 바람은 내가 이 자리에 참석한 어떤 분들의 양심을 설득하여 그들
에게 바로 그들이 죄를 범하고 있으며, 이 앗수르 이민자들에게 하였듯이 그들
에 대해서도 "그들이 여호와도 자기의 신들도 섬겼다"고 말할 수 있다는 것을
깨닫게 하는 것입니다. 내 설교는 결코 멸절한 인종에 대한 소론(小論)이 되지
않을 것입니다. 내 설교는 "현대의 논문"으로 간주할 수 있습니다. 왜냐하면 "행
하던 대로 그들도 오늘까지 행하기" 때문입니다. 들을 귀 있는 사람은 들어야 합

니다. 그 말이 적용되는 사람은 누구든지 그 책망을 가슴 깊이 새겨야 합니다. 그러면 성령의 가르침으로 말미암아 그 책망이 결정적인 결과들을 일으킬 수도 있습니다.

1. 첫째로 우리는 이 잡종 신앙의 성격에 유의해 보도록 합시다.

이 잡종 신앙에는 좋은 점과 나쁜 점들이 있었습니다. 그 신앙은 두 얼굴을 가지고 있었기 때문입니다. 이 사람들은 무신론자들이 아니었습니다. 전혀 아니었습니다. "그들이 여호와를 경외하였습니다." 그들은 그 이름이 여호와이신 이스라엘의 크신 하나님의 존재나 능력 혹은 권세를 부인하지 않았습니다. 그들에게는 "여호와가 누구이기에 내가 그의 목소리를 듣겠느냐"(출 5:2)고 말한 바로의 교만이 없었습니다. 그들은 다윗이 "어리석은 자들"이라고 부르는 자들, 곧 마음속으로 하나님이 없다고 말하는 자들과 같지 않았습니다. 그들에게는 믿음이 있었습니다. 물론 그 믿음이라는 것이 겨우 두려움이나 불러일으키는 정도에 불과했지만 말입니다. 그들은 하나님이 계시다는 것을 알았습니다. 그들은 하나님의 진노를 두려워하였고, 그래서 그 진노를 달래려고 하였습니다. 여기까지는 그들은 희망이 있는 사람들이었고, 많은 경우에 좀 더 나은 데로 이끌곤 하였던 감정의 영향을 받고 있었습니다. 하나님을 멸시하는 것보다 두려워하는 것이 낫습니다. 어리석게 하나님을 잊어버리는 것보다는 무조건 두려워하는 것이 낫습니다. 하나님의 존재를 의심하는 사람만큼 어리석은 사람은 없고, 하나님을 무시하는 사람만큼 하나님을 모독하는 사람은 없을 것입니다. 그들이 여호와를 경외하였다는 말을 들을 수 있는 사람들에게는 기특한 점이 있었습니다. 비록 그 믿음이 이기적이고 노예근성적인 것이라 할지라도, 또 믿음 때문에 언제든지 자신의 우상들을 버리는 데까지 이르지는 못했기 때문에 그 믿음이 마땅히 그래야 하는 대로 그들에게 효과가 있지는 않았을지라도 말입니다.

이 잡종 신자들에게서 볼 수 있는 또 한 가지 좋은 점은 그들이 기꺼이 배우려고 하였다는 사실이었습니다. 그들은 자기들이 그 땅의 신을 바르게 대하고 있지 못하다는 것을 아는 즉시 자신들의 최고 통치자, 곧 앗수르 왕에게 자신들의 영적 곤경을 설명하면서 도움을 호소하였습니다. 이 당시에는 교회와 국가가 결합되어 있었습니다. 그래서 그들은 자기들의 왕에게 종교적 곤경에 처해 있는 자기들을 도와달라고 청하였고, 왕은 자신의 지식이 미치는 대로 실행에 옮겼습니다. 왕이 그 땅의 오래된 종교의 제사장들 가운데 한 사람을 그들에게 보낸 것을 보면 그 점을 알 수 있습니다. 이 사람은 벧엘에 거하는 사람이었습니다. 성경에서 송아지라고 부르는 소의 형상을 세워놓고 하나님을 예배하던 자였습니다. 그는 이교도에서 아주 조금 개선된 사람이었습니다. 그러나 우리는 작은 진보에 대해서도 기뻐해야 합니다. 그들은 정말로 그 땅의 신의 방식을 배우고자 하였습니다. 그래서 그들은 벧엘에 이 제사장을 세우고, 그에게 모여서 그들이 어떻게 해야 하는지를 알고자 하였습니다. 오늘날도 우리 주변에는 복음을 기쁘게 듣고, 앉아서 우리 설교를 즐거이 듣는 사람들이 있습니다. 하나님 말씀을 충실히 전하면, 그들은 설교자를 칭찬하며 그의 입에서 나오는 사실들에 주의를 기울이며 만족스러워합니다. 그러면서도 이미 알려진 죄를 범하면서 살고 있습니다. 그들은 실제로 죄에서 돌이키지 않고 사탄을 섬기는 것을 포기하지 않으면서도 기꺼이 의인들과 함께 예배하고 그들의 시편을 노래하며 그들의 기도를 따라하고, 그들의 신앙 고백을 받아들입니다. 그들은 단지 듣는 것에 관한 한 가르침을 잘 듣는 사람들입니다. 그러나 거기에서 끝납니다.

　이 이방인들이 여호와를 두려워하였고 여호와를 예배하는 방식을 배우고자 했지만, 그들은 여전히 옛 신들을 꼭 붙들고 있었습니다. 바벨론 사람은 말했습니다. "아, 나는 당신이 이 땅의 신에 대해 이야기하는 것을 존중합니다. 그러나 나를 위해서는 숙곳브놋을 만들겠습니다. 그리고 집에 가서는 그 신에게 제사를 드릴 것입니다." 구다 사람들은 이렇게 말했습니다. "진실로 이것은 이스라엘 신에 관한 좋은 교훈입니다. 그러나 우리 조상들의 신은 네르갈이었습니다. 그러니 우리는 그 신을 끝까지 따를 것입니다." 그리고 스발와임 사람들은 비록 순수하고 거룩한 여호와에 대해 듣고 싶어 했고 그래서 "살인하지 말지니라"는 여호와의 율법과 계명을 배우고 싶어 했지만 여전히 자기 자녀들을 몰록에게 바치기 위해 불을 지나가도록 하였고, 모든 종교 예식 가운데 가장 잔인한 예식을 그치지 않았습니다. 이렇게 뒤범벅이 된 신앙 때문에 그들은 사실상 과거의 사람 그대로 남아 있었습니다. 그들의 두려움이 어떤 것이었든지 간에, 그들의 관습과 관례는 여전히 그대로 남아 있었습니다. 여러분은 바로 이런 잡종 신자들을 만나보지 못했습니까? 여러분이 그런 사람을 만나본 적이 없었다면, 여러분이 알고 있는 사람들은 내가 아는 사람들보다 나은 사람들임에 틀림없습니다. 이 시간 나는 아무에게나 되는대로 이야기하지 않고 개인들의 경우를 생각하고 말쓸드리겠습니다.

내가 알고 있는 사람들 가운데 이 예배당에 아주 꼬박꼬박 나오지만 계속해서 죄를 짓고 자신의 악한 열정을 좇아 사는 사람들이 있기 때문입니다. 그들은 이곳에서 예배드리는 것을 좋아합니다. 그러면서도 그들은 이 세상의 신과 아주 친숙하게 지냅니다. 어떤 사람들은 몰록같이 아주 끔찍한 신을 예배합니다. 몰록이라는 이름이 옛적에는 바쿠스(Bacchus), 즉 포도주 잔과 맥주 통의 신이었습니다. 그들은 그 신의 전에서 열렬히 기도드립니다. 그러면서도 자신이 하나님의 백성들의 수에 들어가기를 바랍니다. 그들은 지난 밤에 술에 잔뜩 취했으면서도 오늘 아침에 이 자리에 있습니다. 아마도 그들이 오늘은 말짱한 정신으로 지낼 것입니다. 그러나 그들은 또 며칠이 지나지 않아서 그들의 혐오스런 우상 앞에서 다시 한번 비틀거리며 걸을 것입니다. 예배당마다 이런 종류의 사람들이 있습니다. 노동자 차림의 옷을 입고 있는 사람이 참석했는지 보려고 고개를 돌리지 마십시오. 이 시간 내 눈에 가난하게 보이는 사람들은 없습니다. 슬프게도 이 악은 이 계층, 저 계층에서 모두 만나게 됩니다. 그런데 내가 말하고자 하는 사람은 아주 훌륭해 보이고 좋은 옷을 입고 다닙니다. 바쿠스의 숭배자들 가운데 많은 사람들은 아주 고주망태가 되어 길거리에서 몸을 가누지 못할 정도로 술을 많이 마시지 않습니다. 그렇지 않습니다. 그들은 집에 가서 잠자리에 들기 때문에 그들의 상태가 어떤지 다른 사람들은 알 수 없습니다. 그렇지만 그들은 자신들이 정신을 완전히 잃지는 않았을지라도 만취 상태 가까이에 있다는 것을 알아야 합니다. 여호와를 예배하는 사람인 체하면서 또한 짐승 같은 술의 신을 예배하는 사람들에게 화가 있을 것입니다. 이렇게 말하는 것이 너무 가혹하게 들립니까? 그 사람들을 비방하는 것으로 들렸다면 짐승들 같은 그 사람들에게 용서를 구합니다.

그런가 하면 슬프게도, 정욕과 부정(不貞)의 여왕인 비너스 여신을 숭배하는 사람들이 있습니다. 더 이상은 말씀드리지 않겠습니다. 은밀히 그 신들에게 행해진 일들에 대해서는 말하는 것조차 부끄러운 일입니다. 아주 많은 경우에 그 신은 맘몬입니다. 맘몬은 신들 가운데 어느 신에 못지않게 타락한 신입니다. 그런 신은 종교를 이익의 수단으로 바꾸고, 그래서 예수님마저도 돈을 위해 팔곤 하였습니다. 유다의 죄는 우리가 "행하던 대로 그들도 오늘까지 행하니라"고 말할 수 있는 죄입니다. 유다는 사도입니다. 그는 주님의 말씀을 듣고 주님의 명령에 따라 설교를 하고, 주님의 이름으로 기적도 행합니다. 그는 또한 돈 주머니를 지키고 그리스도를 따르는 적은 무리의 재정도 관리합니다. 그는 재정을 아주 꼼꼼하고 경제적으로 잘 관리해서, 그가 훔치는 것으로 인해 살림이 어려워지지 않게 합니다. 그는 여전히 좋은 평판을 지니고 있습니다. 유다는 자신이 예수님을 섬긴다고 주장하지만, 사실 그는 내내 자신을 섬기고 있습니다. 그는 몰래 돈궤에서 훔쳐 자기 주머니를 채우기 때문입니다. "그는 돈궤를 맡고 거기 넣는 것을 훔쳐 감이러라"(요 12:6). 하나님의 교회들에 여전히 그런 사람이 있습니다. 그들은 사실 돈을 훔치지는 않습니다. 다만 예수님과 그의 제자들로부터 얻을 수 있거나 그들을 활용할 수 있는 것을 인해서 예수님을 따를 뿐입니다. 그들의 예배의 상징은 빵과 생선입니다. 자, 이것은 새긴 형상들을 경배하는 것만큼이나 예배 형식을 타락시키는 것입니다. 이익은 모든 회중들 가운데 많은 사람들이 섬기는 신입니다. 그들이 예수님을 찾는데, 이는 그들이 주님의 말씀에 관심이 있어서가 아니라 빵을 먹을 수 있기 때문입니다. 그들은 하나님을 경외하지만 또한 다른 신들을 섬깁니다.

세상에서 그 직업 자체가 참된 경건의 정신에 어긋나는 사람들을 볼 수 없습니까? 나는 그런 사람을 보았습니다. 그런 사람을 다시 만나기는 어려울 것입니다. 그는 매우 신앙이 독실하고 점잖게 보이는 사람이었습니다. 교회의 집사였고 성례를 돕기도 하였습니다. 그런데 그가 살고 있는 마을에서 가장 천박한 창기들이 모이는 악명 높은 술집들에서 그 사람의 이름이 걸려 있는 것을 여러분은 볼 수 있을 것입니다. 그는 그 술집들, 곧 매춘과 술장사를 위해서 그에게서 비용을 받고 고친 집들에 술을 공급하는 양조업자였습니다. 그는 더러운 장사로 이윤을 취하고, 그 다음에 주의 식탁에 와서 봉사하였습니다. 나는 사람을 판단할 생각이 없습니다. 그러나 어떤 경우들은 자명합니다. 하나님께서는 마귀의 비위를 맞추고, 그 다음에는 지존하신 하나님 앞에서 절할 수 있는 사람을 구원하십니다. 벨리알의 제단을 섬김으로써 돈을 벌고 그 돈의 일부를 만군의 하나님께 바치는 사람들은 호롱등과 촛불이 없이도 찾을 수 있습니다. 그들이 술마시고 떠드는 자리에서 나와 성찬의 자리로 올 수 있습니까? 그들이 죄를 지어 번 돈을 하나님의 제단에 가져오려고 합니까? 마귀의 등에 올라타고 돈을 버는 사람이 그 부패한 돈을 사도들의 발 앞에 내놓는다면, 그는 위선자입니다. "네 돈과 네가 함께 망할지어다"(행 8:20, 개역개정은 "네 은과 네가 함께 망할지어다" –

역주). 어떻게 사람들이 불신앙의 허식 가운데서도 마음 편히 지낼 수 있는지 나는 도무지 알 수 없습니다. 그러나 그들의 양심이 깨어난다면, 그들이 하나님을 두려워하면서 또한 다른 신들을 섬기고 있다는 것이 이 나라에서 아주 끔찍한 일이라는 생각이 들 것이라고 봅니다.

내가 알고 있는 한 사람은 언제나 예배당에 나오고 기도회나 기타 모든 집회에 참석하면서도 도박꾼이나 술고래, 부정(不貞)한 사람들과 어울렸습니다. 또 나는 이보다 훨씬 더 유순한 유형의 사람을 알고 있습니다. 그는 정기적으로 예배에 출석하지만 참된 신앙에 대한 의식이 없습니다. 그는 착실하고, 열심히 일하는 사람입니다. 그는 돈을 모으기 위해 삽니다. 그래서 가난한 사람을 보아도 하나님의 교회에 와도 주머니에서 한 푼도 꺼내지 않습니다. 그는 동정심이라곤 눈곱만큼도 없습니다. 그는 개인 기도라는 것을 모르고, 성경도 전혀 읽지 않습니다. 그러나 설교는 놓치지 않고 꼬박꼬박 듣습니다. 그는 일하는 작업대나 근무하는 상점을 벗어나는 이야기를 결코 하지 않습니다. 그의 모든 대화는 세상과 세상의 이익에 관한 것뿐입니다. 그러면서도 그는 젊었을 때부터 교회당에서 자리를 차지하였고, 자리를 차지하는 값으로 내야 하는 몇 푼이라도 아끼기 위해 그 자리를 포기할 마음이 절반 정도 드는 교회 절기 때를 제외하고는 그 자리를 떠날 생각을 하지 않았습니다. 아, 참으로 슬프고, 슬프고 슬픈 일입니다!

솔직하게 "나는 세상을 위해 살고 있기 때문에 종교를 위해 낼 시간이 없다"고 말하는 사람을 나는 이해할 수 있습니다. "나는 세상을 사랑해. 그래서 세상으로 나를 가득 채울 거야"라고 소리치는 사람을 이해할 수 있습니다. "나는 기도하는 체하거나 시편을 노래하는 체하지 않을 거야. 하나님이나 하나님의 방식들에 대해 관심이 없거든" 하고 말하는 사람을 이해할 수 있습니다. 그러나 신앙의 외적인 부분은 충실히 지키고 진리를 받는다고 주장하면서도 예수님의 사랑을 알고 싶은 마음이 전혀 없고 하나님을 섬기는데 관심도 없는 사람들은 어떻게 이해할 수 있을지 모르겠습니다. 외관상으로는 구원에 아주 가까이 있으면서 실제로는 구원에서 아주 멀리 떨어져 있는 사람은 참으로 불행합니다! 그들의 행위를 어떻게 설명할 수 있겠습니까? 정말로 나는 그들을 도덕 세계의 불가사의한 문제로 남겨둘 수밖에 없습니다. 이는 "그들이 여호와를 경외하고 오늘까지 그 아로새긴 우상을 섬기기" 때문입니다. 지금까지 나는 이것저것 덧붙인 종교, 즉 저질의 혼합된 신앙의 성격에 대해 이야기했습니다. 우리는 그런 신앙을 조금도 갖지 않기 바랍니다.

2. 이제 이 잡종 신앙의 발전 과정에 대해 생각해 보도록 하겠습니다.

참으로 괴물 같은 잡종 신앙이 어떻게 세상에 생겨났습니까? 그 역사가 여기 있습니다. 이 사람들이 하나님의 백성들이 있는 곳에 와서 살게 되었습니다. 이스라엘은 여호와를 예배하기에 아주 합당치 못한 사람들이었습니다. 그럴지라도 다른 사람들에게 이스라엘은 하나님의 백성으로 알려졌고, 그들의 땅은 여호와의 땅이었습니다. 스발와임 사람들이 스발와임에 머물렀었더라면 여호와를 두려워하는 것을 생각도 하지 않았을 것입니다. 바벨론 사람들이 계속해서 바벨론에 살았더라면 그들은 벨이나 숙곳브놋이나 그들의 귀한 신의 이름이 무엇이든지 간에 그 신들에 완전히 만족하며 지냈을 것입니다. 그러나 그들의 옛 소굴에서 끌려나와 가나안으로 왔을 때, 그들은 다른 영향력 아래, 새로운 사물의 질서 아래 오게 되었던 것입니다. 하나님께서는 자기 땅에서 그들이 마음껏 우상 숭배를 하도록 허락하시지 않았습니다. 비록 하나님께서 자기 백성을 내쫓으셨지만, 그럴지라도 여전히 그곳은 하나님의 땅이었고, 그래서 이 이방인들에게 그 사실을 알게 하려고 하셨고, 그들의 새 거처에서 약간의 예절을 보이게 하려고 하셨습니다. 때로는 순전히 세상적인 사람들이 어쩌다 보니 그리스도인들 가운데 들어가게 되고, 그래서 그리스도인들이 자기들 주변에 있는 모든 사람과 다르다는 것을 자연스럽게 느끼게 됩니다. 그들을 둘러싸고 있는 신자라고 하는 사람들이 어떤 형식을 지어내고, 그들도 그 형식에 물듭니다. 비록 그들이 신앙인이 되지는 못할지라도 조금은 신자들처럼 보이고자 애를 씁니다. 마을에 있는 모든 사람이 예배당에 출석하면, 새로 온 사람들은 비록 그렇게 하고 싶은 마음은 없을지라도 마을 사람들과 같은 행동을 합니다. 그들은 자신의 소신을 주장할 용기가 없습니다. 그래서 그들은 그저 추세에 따라 떠돌 뿐입니다. 어쩌다 보니 종교적인 방향에서 달리게 되면, 그들은 나머지 사람들처럼 종교인의 행세를 합니다. 혹은 그들에게 경건한 어머니가 계실 수 있고, 그들의 아버지가 신자일 수 있습니다. 그래서 그들은 가족의 전통을 받아들입니다. 그들은 신앙적인 방식들을 마음대로 버리고 싶지만, 자기가 사랑하는 사람들을 그처럼 몰인정하게 대할 수가 없습니다. 그래서 그들은 자기를 둘러싸고 있는 영향력에 굴복하고,

이웃 사람들이나 식구들을 존중하는 마음에서 어느 정도 하나님을 경외하는 사람이 됩니다. 이것은 신앙인이 되는 이유로는 아주 불충분한 것입니다.

이 앗수르 이민자들에게 다른 어떤 일이 일어났고, 그 일이 더 큰 영향을 미쳤습니다. 처음에 그들은 하나님을 두려워하지 않았습니다. 그런데 여호와께서 사자들을 그들 가운데에 보내셨습니다. 매튜 헨리는 이렇게 말합니다. "하나님께서는 큰 것이든 작은 것이든, 기생충이든 사자든, 자신이 기뻐하시는 것으로써 자신의 목적을 이루실 수 있다." 하나님께서는 좀 더 작은 수단을 사용하여 애굽 사람들을 괴롭혔고, 하나님의 땅을 침략한 이 사람들은 좀 더 큰 수단을 가지고 괴롭히셨습니다. 너무 작거나 너무 커서 하나님이 자신의 뜻을 이루는데 이용하지 못하고, 그것으로써 적을 물리치는데 사용할 수 없는 피조물이란 없습니다. 사자들이 이 사람도 죽이고 저 사람도 죽였을 때, 사람들이 그 땅의 신의 이름을 듣고 떨며 자기들이 예배할 방식을 알고자 하였습니다. 고통은 하나님께서 짐승같이 행동하는 사람들을 가르치는데 사용하시는 들짐승입니다. 이것이 잡종 신자들이 생겨난 과정입니다. 첫째로, 그들이 경건한 백성들 사이에 있습니다. 그러면 그들은 그 방향으로 조금 가게 마련입니다. 그 다음에 그들이 고통을 받습니다. 그러면 그들은 그 방향으로 조금 더 가지 않을 수 없습니다. 사람이 병들었고 무덤이 가까이 보였습니다. 그는 하나님께서 자신을 측은히 여겨 살도록 허락해 주시기를 바라고 좋은 일들을 하겠다고 약속하고 맹세하였습니다. 그뿐 아니라 그는 방종한 생활 때문에 곤란과 궁핍에 처하게 되었습니다. 그는 이전처럼 멀리 가지도 못하고 빨리 가지도 못합니다. 그러므로 그는 좀 더 착실하고 온건한 방식들을 선호합니다. 그는 자기 마음 내키는 대로 하려고 하지 않습니다. 성적 부도덕이 너무 값비싸고 창피스러우며 위험하다는 것을 알기 때문입니다. 많은 사람이 사랑으로 이끌림을 받을 수 없는 곳에서 두려움에 이끌립니다. 그는 어린 양을 사랑하지 않지만 사자는 두려워합니다. 고통과 가난, 수치, 죽음이라는 거친 목소리들은 영적 사실에 무감각한 양심들에게 일종의 율법처럼 작용합니다. 그들은 귀신들처럼 믿고 떨지 않을 수 없습니다. 그들의 경우에는 이해가 회심으로 이어지는 것이 아니라, 거룩한 사실들에 대해 어쩔 수 없이 외적 존중을 보이는 것으로 끝납니다. 그들이 현재 느끼는 불행으로 인해 일을 수습하지 않는다면, 더 악한 일을 만날 수 있다고 그들은 주장합니다. 하나님께서 사자를 보내시는 것부터 시작하신다면, 그 다음에는 무엇이 오겠습니까? 그러므로 그들은 외적으로 겸손해 하고, 그들이 두려워하는 하나님께 경의를 표합니다.

그런데 이 신앙의 뿌리가 두려움이라는 점에 유의할 필요가 있습니다. 그 오른편에 사랑이 없습니다. 그 반대쪽에는 두려움이 있는데 말입니다. 그들의 마음은 우상을 따라가면서, 여호와께는 두려움 외에는 아무것도 내놓지 않습니다. 지옥의 두려움, 곧 죄의 결과로 오는 두려움이 신앙을 형성하는 사람들이 참으로 많습니다. 지옥이 없다면, 그들은 소가 무릎 깊이의 시내에 서서 물을 빨아먹듯이 죄를 마셔버릴 것입니다. 죄에 불편한 결과들이 따르지 않는다면 그들은 마치 물고기가 바다에서 헤엄을 치듯이 죄가 그들의 적소(適所)인 양 그 속에서 살 것입니다. 그들은 교수 집행인의 채찍이나 간수의 열쇠에 의해서 겨우 억제될 수 있습니다. 그들은 하나님을 두려워합니다. 그런데 그것은 하나님을 미워하는 것의 좀 더 온건한 형태에 지나지 않습니다. 이것은 초라한 신앙, 곧 굴종과 공포의 신앙입니다. 사랑하는 친구 여러분, 여러분이 그런 신앙에서 구원을 받았다면 감사한 일입니다. 이것은 하나님을 두려워하는 것과 다른 신들을 섬기는 것이 혼합된 신앙의 특징인 것이 확실합니다.

그들이 자기모순의 이 신앙에 빠지게 된 한 가지 이유는 그들에게 거짓 교사가 있었다는 사실이었습니다. 앗수르 왕이 그들에게 제사장 한 사람을 보냈습니다. 그 왕이 그들에게 선지자를 보낼 수 없었지만, 그들에게 정말로 필요한 사람은 선지자였습니다. 왕이 벧엘 사람을 보내었는데, 그는 여호와의 참된 종이 아니었습니다. 형상을 통해 하나님을 예배한 자였는데, 이것은 하나님께서 명백히 금하신 일이었습니다. 이 제사장은 다른 신들을 세움으로써 첫 번째 계명을 어기지는 않았지만 형상을 사용하여 참된 하나님을 나타냄으로써 두 번째 계명을 범하였습니다. 하나님께서 무엇이라고 말씀하셨습니까? "너를 위하여 새긴 우상을 만들지 말고 또 위로 하늘에 있는 것이나 아래로 땅에 있는 것이나 땅 아래 물 속에 있는 것의 어떤 형상도 만들지 말며 그것들에게 절하지 말며 그것들을 섬기지 말라"(출 20:4,5). 이 제사장은 그 사람들에게 송아지 예배를 가르쳤지만, 그들의 거짓 신들에 대해서는 눈감아 주었습니다. 그는 그 사람들 각각이 자기 우상 앞에서 절하는 것을 보았을 때, 그것을 자연발생적인 실수라고 불렀고, 결코 분연히 그들을 꾸짖지 않았습니다. 그들 가운데 한 사람이 숙곳브놋을 예배할지라도 그가 여호와께도 예물을 가지고 오는 한, 그를 아주 매정하게 나무라지 않았습니다. 그는 "평화로다, 평화로다" 하고 외쳤습니다. 그는 도량이 넓은 사람이었고, 모든 사람의 선한 의도를 믿고, 그 시대의 모든 종교들을 변호하는 광(廣) 교회파(the Broad Church)에 속하는 사람이었기 때문입니다. 나는 악을 똑바로 이야기하고 정직하게 비난하지 않는 사람의 인도를 받는 것만큼 사람을 확실하게 멸망시키는 길은 없다고 생각합니다. 목사가 두 견해 사이에서 머뭇머뭇한다면, 회중이 결단을 내리지 못하는 것이 이상한 일이라고 생각합니까? 설교자가 모든 사람들을 기쁘게 하기 위해 기회주의적인 태도를 취하고 뜻을 구부린다면, 그의 교인들이 정직하기를 기대할 수 있겠습니까? 내가 여러분의 모순된 행동들을 묵인한다면, 여러분은 이내 그 일에 완고해지지 않겠습니까? 제사장이 그러하면 그 백성이 그러합니다. 비겁한 설교자는 완고한 죄인들의 비위를 맞춥니다. 죄를 책망하거나 양심을 엄밀히 살피는 말을 하기를 두려워하는 사람들은 책임질 일이 많을 것입니다. 하나님께서 여러분을 눈 먼 안내자를 따라가다가 구덩이에 빠지는 일에서 구원하여 주시기를 바랍니다.

그런데 그리스도와 벨리알이 범벅되어 있는 것이 이 시대의 일반적인 신앙이 아닙니까? 세상 사람의 경건, 즉 신앙인의 세속성이 오늘날 영국에 널리 퍼져 있는 신앙이 아닙니까? 그들이 경건한 사람들 사이에서 사는데, 하나님께서 그들을 징벌하시므로 그들이 하나님을 두려워합니다. 그러나 마음을 하나님께 바칠 만큼 두려워하는 것은 아닙니다. 그들은 너무 엄격하지 않고 너무 노골적으로 말하지도 않는 거짓 교사를 열심히 찾습니다. 그래서 그들은 반 진리 반 오류의 잡종 신앙, 곧 절반은 죽었고 절반은 정통신앙적인 잡종 예배에 편안히 안주합니다. 하나님께서 사람들에게 자비를 베푸시어 그들을 이 세상에서 이끌어 내시기를 바랍니다. 하나님께서는 세상과 은혜를 뒤섞으려 하시지 않기 때문입니다. 주님께서는 "너희는 그들 중에서 나와서 따로 있고 부정한 것을 만지지 말라"(고후 6:17)고 말씀하셨습니다. "여호와가 만일 하나님이면 그를 섬기고 바알이 만일 하나님이면 그를 섬길지니라"(왕상 18:21). 이 둘 사이에 제휴란 있을 수 없습니다. 여호와와 바알은 친구가 될 수 없습니다. "한 사람이 두 주인을 섬기지 못할 것이니 너희가 하나님과 재물을 겸하여 섬기지 못하느니라"(마 6:24). 진리와 순결의 문제에서 타협하거나 포괄하려는 모든 시도는 거짓말에 터를 두고 있고, 그런 시도들에서 나올 수 있는 것은 거짓밖에 없습니다. 하나님께서 아주 미워해야 할 두 마음에서 우리를 구원하여 주시기를 바랍니다.

이렇게 지금까지 나는 이 잡종 신앙의 성격과 발전 과정에 대해서 설명하였습니다.

3. 셋째로, 이 신앙의 가치에 대해서 생각해 봅시다.

이 신앙은 어떤 가치가 있습니까? 첫째로, 이 신앙은 양쪽 신 모두에게 힘이 없을 수밖에 없는 것이 분명합니다. 숙곳브놋을 섬기는 사람이 내내 여호와를 두려워하면서 산다면 그 신을 철저히 위할 수가 없습니다. 그리고 여호와를 두려워하는 사람이 몰록을 예배하고 있다면 그는 여호와께 진실할 수가 없습니다. 이 신은 다른 신의 생명을 빨아냅니다. 이 신이든지 저 신이든지 어느 한 신만이 열정적인 예배자를 길러낼 수 있을 것입니다. "그들이 두 마음을 품었으니"(호 10:2) "부족함이 보일 것입니다"(단 5:27). 철저히 세상적으로 행동하는 사람은 자신의 세상 생활을 최대한 이용할 수가 있습니다. 그는 세상적인 행위에서 더할 수 없는 즐거움을 취하고, 세상적인 행위로 말미암아 큰 이익을 얻습니다. 그러나 만일 그가 자신의 세상적인 정신을 경건과 합하려고 한다면, 불에 물을 붓고, 스스로를 방해하는 것이 될 것입니다. 다른 한편으로 어떤 사람이 경건을 추구한다면, 그는 확실히 하나님의 복 주심으로 말미암아 경건을 활용할 수가 있습니다. 어떤 기쁨이나 거룩함 혹은 능력이 있다면, 철저히 경건한 사람은 그것을 얻습니다. 그런데 그가 죄에 대한 사랑 때문에 뒤로 물러나게 된다고 생각해 봅시다. 그러면 그는 신앙 때문에 비참해질 수 있고, 죄 때문에 구원을 얻지 못하게 될 수가 있습니다. 이 둘은 서로 대립합니다. 둘 사이에서는 안식을 찾을 수 없습니다. 그 사람은 두 발을 절뚝거리고, 두 길에서 아무것도 하지 못합니다. 그는 맛을 잃은 소금 같고, 땅에도 적합지 않고 퇴비에도 적합지 않아 사람들의 발에 밟힐 뿐입니다.

처음에는 사마리아에서 참된 것과 거짓 것이 혼합됨이 개선처럼 보였을 것이라고 생각합니다. 유다의 제사장들이 사자가 이방인들 가운데 내려왔고, 그래서 그 사람들이 여호와에 대해 무엇인가 알고자 했다는 이야기를 들었을 때 기뻐했으리라는 것은 당연한 일일 것입니다. 일이 바른 방향으로 가고 있는 모습을 보였습니다. 그래서 성경도 그들이 여호와를 경외하였다고 말합니다. 그러나 하나님에 대한 이 두려움은 아주 허울뿐이어서 34절을 보면 "그들이 여호와를 경외하지 아니하였다"는 글을 읽게 됩니다. 때로 말에 나타난 모순이 진리를 아주 정확하게 나타냅니다. 그들은 어느 정도까지만 여호와를 경외하였습니다. 그러나 그들이 또한 다른 신들도 섬겼기 때문에, 요약하자면, 결국 그들은 하나님을 전혀 경외하지 않은 것입니다. 신앙인이면서 또한 행실이 나쁜 사람은 간단히 말해서 신앙인이 아닙니다. 경건에 대해 크게 떠들어 대면서 불신앙적인 방식으로 행동하는 사람은 결국은 신앙이 없는 사람입니다. 이러한 잡종 신앙의 가치는 아무것도 없는 것보다 못합니다. 그것은 겉만 광택을 낸 죄입니다. 그것이 형식은 찬란한 색채를 띠었지만 실은 하나님에게 적의를 품고 있는 것입니다. 그것은 지존하신 하나님께 저항하면서, 겉으로는 유다처럼 입맞춤을 하여 경의를 표하는 체하는 것입니다.

이 사마리아 사람들은 수년 후에 하나님의 백성들을 가장 혹독하게 반대하는 적이 되었습니다. 느헤미야서를 읽어 보면, 그 경건한 사람을 가장 심하게 반대한 사람들이 바로 이 잡종 신자들이었음을 알게 될 것입니다. 하나님에 대한 그들의 경외심이란, 그들이 유대인들과 함께 성전 건축에 참여하기를 원했지만, 유대인들이 자기들에게 허락해 주려고 하지 않는 것을 알았을 때는 가장 맹렬한 적이 되어버린 정도의 것이었습니다. 양다리 걸치는 사람만큼 해를 끼치는 사람은 없습니다. 이스라엘 사람들과 함께 애굽에서 나온 많은 잡족들이 욕심에 떨어졌습니다. 해악의 원인이 하나님의 백성들에게서부터 시작되지 않고, 하나님 백성에게 속한 자들이 아니라 그들과 함께 있는 자들에게서부터 시작됩니다. 여러분이 뿌리 뽑지 못하는 가라지들은 밀과 함께 자라고, 밀에게 주었어야 할 자양분을 밀에게서 뺏어갑니다. 나무를 타고 올라가는 담쟁이덩굴이 나무의 생명을 먹어버리듯이 이 사기꾼들이 간계를 부리도록 내버려두면 하나님의 교회를 삼킬 것입니다. 이 잡종 신앙은 다른 누구에게보다 마귀에게 가치가 있습니다. 이것은 마귀가 좋아하는 옷입니다. 나는 여러분이 이 옷을 미워하기 바랍니다. 이것은 육신에 의해 더럽혀진 옷이기 때문입니다. 사랑하는 친구 여러분, 신앙인으로 보이게 만드는 하나님께 대한 두려움을 가지고 있으면서 또한 내내 죄 가운데서 생활하는 이 사람들은 세상의 어떤 사람들보다 위험한 상태에 있습니다. 그들을 구원하기 위하여 설득할 수가 없기 때문입니다. 여러분이 죄인들에게 설교합니다. 그러면 그들은 이렇게 말합니다. "저 목사가 나보고 하는 말은 아니야. 나는 성도거든." 여러분은 회중을 향하여 율법의 우렛 소리를 울립니다. 그런데 그들은 교회 안에 있기 때문에 폭풍우를 두려워하지 않습니다. 그들은 자신의 거짓 신앙 고백 뒤에 숨습니다. 신자인 체하는 이런 사람들보다 솔직한 문외한들에게 구원의 가능성이 더 많습니다. 그들은 어느 편에나 좋게 굽니다. 하나님을 경외하며 또 다른 신들도 섬깁니다. 그래서 그들은 어리석음 때문에 망하고 말 것입니다. 그들이 빛 가운데서 죄를 짓기 때문에 그들의 파멸은 훨씬 더 무서울 것입니다. 도덕관념은 많이 있어서 그들은 무엇이 옳고 그른지 압니다. 그들은 악한 쪽에 머무는 것이, 더 나은 자신을 아주 멸시하는 일이 될지라도 의도적으로 그렇게 합니다. 천국을 향하여 가려고 하는 것처럼 보이면서도 뻔뻔스럽게 걸쇠와 빗장을 비틀어 부수고 파멸로 밀고 나가는 사람들은 가장 깊은 지옥으로 추방될 것이 확실합니다. 신자인 체하는 여러분, 여러분에게는 어둠의 암흑이 영원히 예비되어 있습니다.

이 혼합된 신앙은 틀림없이 하나님을 매우 노여우시게 할 것입니다! 하나님의 사역자가 위선적인 행위를 하는 사람들 때문에 그의 증언의 힘이 약화되는 것을 겪는 것은 매우 화나는 일입니다. 우리 교회에 출석하는 사람으로 알려져 있는데 술도 마시고 추잡한 이야기를 하며 악하게 행동하는 사람이 있습니다. 내가 그 사람을 어떻게 대해야 하겠습니까? 그의 혀는 가만히 있는 법이 없습니다. 그는 모든 사람에게 자기가 내 친구이고, 나를 굉장히 존경한다고 말합니다. 그러면 사람들은 그의 행위를 내 탓으로 돌리고, 과연 내가 무엇을 가르치는지 의아해합니다. 나는 이렇게 말하고 싶을 지경입니다. "선생, 차라리 내 적이 되시오. 그것이 당신이 내 친구인 척하는 것보다 내게 덜 해롭기 때문이오." 이런 일이 하나님의 사역자들을 괴롭힌다면, 그 일이 하나님께는 참으로 큰 노여움을 일으킬 것이 틀림없습니다. 이 사람들이 하나님을 예배하는 것처럼 보입니다. 그래서 처음 나오는 사람들이 교회에 오게 되면, 그들은 이 위선자들을 알아보고는 곧바로 그들의 모든 잘못을 거룩한 예수님 탓으로 돌립니다. 그들은 이렇게 말합니다. "보세요. 이 교회에 오래 다닌 아무개 씨가 있습니다. 그는 이 교회 교인들 가운데 훌륭한 사람이에요. 그런데 나는 그 사람이 더러운 술집에서 나오는 것을 여러 번 보았어요." 이렇게 해서 거룩하신 하나님께서 신앙 없는 이 위선자들 때문에 그 이름이 더럽혀집니다. 참된 신앙은 이들의 거짓으로 인해 어려움을 겪습니다. 우리는 주 예수께서 이렇게 말씀한다고 생각할 수 있습니다. "자, 만일 네가 반드시 마귀를 섬겨야 한다면 마귀를 섬겨라. 그러나 내 집 근처에서 얼쩡거리며 내 종이라고 자랑하지 마라." 거룩하신 하나님께서는 하나님의 궁전에 침입하여서 하나님의 이름을 받은 것처럼 행세하려고 하는 사람들에 대해 분노가 타오르는 것을 종종 느끼실 것이 틀림없습니다. 나는 이것을 아주 분명하게 말씀드립니다. 여러분 가운데 어떤 분들은 오늘날 분명하게 말하는 것이 참으로 필요하다는 것을 모릅니다. 여러분 중에 위선 때문에 망하는 분이 있다면, 그것이 내가 위선에 대해 분명하게 말하지 않았기 때문에 생기는 일은 아닐 것입니다. 큰 자비의 성령님께서 이 말씀이 적용될 필요가 있는 곳에 적용해 주시고, 그래서 하나님을 경외하면서 다른 신들을 섬기는 사람들이 자신의 불일치한 행위를 슬퍼하고 회개하며 행실과 진리에서 지존하신 하나님께로 돌이키게 해주시기를 바랍니다.

4. 또 한 가지 중요한 점, 곧 이 악이 계속되는 점에 대해 간단히 말씀드리겠습니다.

"그들의 조상들이 행하던 대로 그들도 오늘까지 행하니라." 나는 성도의 궁극적 견인을 믿습니다. 그런데 나는 또한 위선자들의 궁극적 버팀을 거의 믿지 않을 수 없습니다. 왜냐하면 정말로 사람이 일단 양다리 걸치기로 하고 하나님을 두려워하면서 다른 신들도 섬기겠다고 마음먹게 되면, 그는 끝까지 그런 상태로 있기가 아주 쉽기 때문입니다. 여러분이 그런 정도까지 악해지려면 아주 많은 노력이 필요합니다. 여러분이 그처럼 뻔뻔스런 상태에 이르려면 먼저 양심을 무마시키고 성령을 소멸하는 일을 아주 많이 하지 않으면 안 됩니다. 그리고 일단 그런 상태에 이르렀으면, 여러분은 일생 동안 그 위치를 지키고 나아가기가 쉽습니다. "행하던 대로 그들도 오늘까지 행하니라."

자, 친구 여러분, 사람이 그처럼 어리석은 위치에는 한 시간도 계속해서 있으려고 하지 않을 것처럼 보입니다. 나는 그것을 어리석다고 말합니다. 하나님을 섬기면서 동시에 사탄도 섬기는 것은 이치에 맞지 않고 터무니없는 일이기 때문입니다. 그것은 일관성이 없고 자기 모순적인 일입니다. 그렇긴 하지만, 그것이 깊은 구덩이고, 하나님을 몹시 싫어하는 사람들이 거기에 빠지면 좀처럼 거기에서 건짐을 받지 못한다는 것은 슬픈 일입니다. 종종 하나님의 은혜로 우리는 만성적인 죄인이 불길에서 타다 남은 동강처럼 끄집어내지는 것을 봅니다. 그러나 위선적인 바리새인이 자신의 미망에서 끌려나오는 일은 정말로 좀처럼 보기 어렵습니다. 사탄은 마음이 지극히 완고한 자들을 거짓 신앙 고백의 모루에 놓고 망치로 쳐서 더욱 완고하게 만듭니다.

대부분의 사람들에 대해서 "행하던 대로 그들이 오늘까지 행하니라"고 말할 수 있는 한 가지 이유는 그렇게 하는 것이 사람들에게 일종의 위안을 주기 때문입니다. 어쨌든 그렇게 하는 것이 사자들을 가까이 오지 못하게 막아주기 때문입니다. 그들은 이렇게 말합니다. "그렇게 하는 것이 옳은 일임에 틀림없어요. 지금은 우리가 평온하거든요." 그들이 신앙이 있는 체하지 않고 죄 가운데서 살 동안에는 목사가 하나님 말씀을 힘 있게 설교할 때, 그들은 떨면서 집에 갔습니다. 그런데 이제 그들은 목사가 무엇을 설교하는지 신경 쓰지 않습니다. 사자들이 더 이상 으르렁거리지 않고, 새끼 사자조차 모습을 보이지 않습니다. 그들이 술을 조금 마실지라도, 때때로 심한 말을 할지라도, 그들이 사실은 회심을 하지 않았을지라도, 예배당에 출석하여 신자인 체한 이후로 그들은 마음이 놀랄 정도로 편안한 것을 느낍니다. 그들은 이 평안이 매우 가치가 있다고 생각합니다. 여러분이 지극히 훌륭한 성도들과 어울리고 그들에게 존중받는다고 느끼는 것은 양심을 달래고 누그러뜨리는 효과가 매우 큽니다. 이렇게 그들은 오른손에 거짓말을 쥐고 양심을 감싼 채 지옥으로 내려갑니다.

이런 일의 최악의 경우는 사람들 자신이 이 일을 할 뿐만 아니라 그들의 자녀와 그 자녀들의 자녀가 같은 일을 행하는 것입니다. "그들의 조상들이 행하던 대로 그들도 오늘까지 행하니라." 철저히 신앙적인 가정에서는 자녀들이 태어나 하나님을 경외하는 것을 보는 것이 큰 기쁨입니다. 그러나 이 이중적인 사람들, 곧 이 경계인들(borderers)은 그처럼 바람직한 계승을 결코 보지 못합니다. 그 자녀들이 분명한 신앙으로부터 공공연히 곁길로 가는 일이 자주 벌어집니다. 아들들이 아버지가 갔던 곳에 가는 것에 전혀 관심을 보이지 않습니다. 교회에 가는 것이 그 아버지에게 별로 유익을 끼치지 않았기 때문에 그것은 이상하게 생각할 일이 아닙니다. 그가 가정에서 모든 사람을 불행하게 만들었기 때문에, 그를 본받으려고 열심을 내는 사람이 아무도 없습니다. 그 사람이 가정에서 친절하게 행동했던 경우들에는 그 자녀들이 자기 아버지가 행하던 대로 같은 방식을 따라 많은 세상적인 태도에 신앙을 조금 뒤섞으려고 합니다. 그들은 세상적인 자기 아버지처럼 아주 약삭빠릅니다. 그래서 어느 쪽이 유리한지 알기 때문에 신자라는 평판을 유지합니다. 작은 겉치장과 허식이 효과를 내면 사람들은 그것을 과장하게 됩니다. 그들은 배가 하나님의 나라에 속하지 않고 영광의 항구를 향하여 가지 않을지라도 어쨌든 그리스도의 깃발을 배에 답니다. 때로 배들이 가짜 깃발을 달고 몰래 봉쇄선을 뚫고 출입하듯이, 그들도 그리스도인의 깃발을 달고 항해함으로써 많은 이익을 거둡니다. 혐오스러운 이 악은 사라지지 않을 것입니다. 이 악은 사방에 그 씨를 뿌리면서 번식하고, 대대로 계속해서 이어질 것입니다. 온 나라들이 여호와를 경외하면서 다른 신들도 섬깁니다.

이제까지 세상에 임했던 저주 가운데 가장 큰 저주가 이런 식으로 세상에 시작되었습니다. 허영심이 강한 설교자들은 단숨에 세상을 바꾸기를 바라고 성령의 사역이 없이 회심자를 만들어내기를 바랐습니다. 그들은 사람들이 자기 신들을 예배하는 것을 보았습니다. 그리고 만일 이들을 성도와 순교자라는 이름으로 부를 수 있다면 그 사람들이 변화를 신경 쓰지 않을 것이고, 그러면 그들이 회심하게 될 것이라고 생각하였습니다. 그 생각은 이교를 기독교화 하는 것이었습니다. 그들은 사실 우상 숭배자들에게 이렇게 말한 것입니다. "자, 착한 사람들이여, 여러분은 그동안 드리던 예배를 계속해서 드릴 수 있습니다. 그러면서도 여러분은 그리스도인이 될 수 있습니다. 여러분 문에 붙여놓은 이 하늘의 여왕의 형상을 떼낼 필요가 없습니다. 등불도 그대로 켜놓고, 다만 그 형상을 '성모 마리아'라고 부르고, '복되신 동정녀'라고 부르기만 하면 됩니다. 여기 또 다른 형상이 있습니다. 그것을 허물어뜨리지 말고, 이름을 주피터에서 베드로로 바꿉시다." 이렇게 단지 이름만 바꾼 채 그들은 우상 숭배를 계속적으로 행했습니다. 그들은 숲속과 모든 산에 제단을 세웠습니다. 백성들은 그 사실을 모른 채 회심하였습니다. 자신들의 종교보다 더 천한 우상 숭배로 돌이킨 것입니다. 그들은 제사장을 원했습니다. 그래서 제사장들이 왔는데, 주피터의 제단에서 봉사하던 자들과 같은 옷을 입었습니다. 백성들이 볼 때 제단이 같았고 향의 냄새도 같았으며, 종교의 절기도 그대로 지켰으며 축제들도 이전과 같이 지켰습니다. 모든 것이 그대로인데, 그것을 기독교의 이름으로 불렀을 뿐입니다.

이렇게 해서 지금 로마 가톨릭교라는 것이 생겨났습니다. 이 종교는 그저 하나님을 경외하면서 다른 신들도 섬기는 것뿐입니다. 마을마다 특별히 그 마을에 속해 있는 성인이 있고, 흔히 흰색이나 검은 색의 독특한 마리아 상(像)이 있는데, 이 상은 그 성당을 거룩하게 하는 기적과 기사를 일으켰다고들 합니다. 이악이 얼마나 보편적으로 행해졌던지, 널리 퍼진 이 우상 숭배로 인해 기독교 신앙이 사라질 위험에 처해 있는 것처럼 보입니다. 기독교가 하나님께 속한 것이 아니었다면, 하나님께서 다시 한번 손을 내밀어 "하나님은 한 분이시요 또 하나님과 사람 사이에 중보자도 한 분이시라"(딤전 2:5)고 외치는 개혁자들을 일으키시지 않았다면 완전히 사라져버리고 말았을 것입니다. 용감한 사람들이 교회를 향하여 믿음의 충절과 순결로 돌아가라고 소리쳤습니다. 누구든지 여러분 가운데 선과 악을 연결시키려 하고 진리와 거짓을 한데 합치려고 하는 사람에게 말합니다. 그런 결합으로 인해 괴물 같은 것이 나오지 않게 조심하십시오. 그러한 결합은 여러분에게 지존하신 하나님으로부터 오는 저주를 가져다줄 것입니다.

5. 끝으로, 하나님을 경외하면서 또 다른 신들도 섬기는 이 잡종 신앙의 두려운 악을 치료하는 방식에 대해서 한두 마디 하겠습니다.

사람들이 이렇게 정치에 있어서 온통 이중적인 태도들을 보였다고 생각해 봅시다. 그러면 그 사람들에 대해 어떻게 생각하겠습니다. 두 나라 사이에 전쟁이 맹렬히 벌어지고 있는 때, 여왕을 섬긴다고 공언하면서 그동안 내내 여왕의 적을 유리하게 하는 방책을 써 온 사람이 있다면, 그에 대해 어떻게 생각하겠습니까? 그는 도대체 어떤 사람이겠습니까? 마음이 넓은 사람입니까? 포용력이 아주 넓은 신사입니까? 그렇지 않을 것입니다. 그는 반역자일 것입니다. 그의 행위가 드러난다면 그는 총살을 당할 것입니다. 어떤 식으로든지 하나님을 섬기면서 또한 하나님의 적들을 섬기려고 하는 사람은 하나님께 반역자입니다. 결국은 그렇게 됩니다. 일반 정치에서 두 정당이 있는데, 한 사람이 나와서 "나는 당신들 편입니다" 하고 말하면서 내내 다른 당을 돕는 일에 최선을 다하고 있다면, 사람마다 그를 두고 비열한 사람이라고 할 것입니다. 그렇다면 "나는 그리스도를 위하여 삽니다" 하고 말하면서 실제로는 그리스도의 적들을 위하여 일한다든지, 거룩함에 대해 극구 칭찬하면서 죄 가운데서 산다든지, 그리스도를 믿는 믿음을 주장하면서 자신의 공로를 의지한다든지 하는 것이 얼마나 비열한 일인지 모릅니다. 이렇게 이중적인 태도를 취하는 것은 영혼의 비열함을 나타냅니다. 하나님께서는 무한하신 자비로 우리를 그런 비열함에서 구원하실 수 있습니다. 사업을 하는 사람이 "아, 예. 나는 정직한 사람이 되겠습니다. 그렇지만 또한 한두 가지 속임수는 쓰겠습니다. 직선처럼 올곧게 장사하겠지만 또한 구부러진 일도 하겠습니다" 하고 말했다고 생각해 봅시다. 금방 그는 오직 한 가지 이름, 곧 수치스러운 이름으로만 알려질 것입니다. 장사꾼은 정직하면서 동시에 부정직할 수 없고, 여자는 정숙하면서 동시에 부정하거나, 순결하면서도 동시에 부도덕할 수 없습니다. 사람이 진정으로 하나님과 함께 하면서 동시에 세상과 함께할 수 없습니다. 두 가지를 혼합하는 일은 불가능합니다. 모든 사람이 그런 거짓 경건을 간파합니다.

사랑하는 친구 여러분, 하나님께서 우리를 이중적인 방식으로 대한다고 생각해 보십시오. 하나님께서 오늘은 미소를 짓고 내일은 저주하신다고 생각해 보십시오. 하나님께서 이렇게 말씀하셨다고 생각해 보십시오. "너는 나를 경외한다. 그래서 오늘 너에게 위로를 주겠다. 그러나 결국에는 네가 다른 신들을 예배하기 때문에 너를 네 신들에게로 보낼 것이다. 너를 지옥으로 내려 보내겠다." 여러분은 하나님에게 한 가지 행동 방침을 원합니다. 즉, 자비, 다정함, 온유하심, 용서하심을 원합니다. 그런데 여러분이 하나님께 대해 언행이 일치하지 않는다면, 그것이 하나님을 조롱하는 것이 아니고 무엇이겠습니까? 사람이 하나님을 조롱해야 하겠습니까? 우리 영들의 크신 아버지시여, 우리 불쌍한 탕자들이 아버지께 돌아온다고 하면서, 우리 앞에 돼지들을 몰고 오거나 뒤에 먼 나라의 모든 창기와 시민들을 데리고 아버지 앞에 나와 이렇게 말할 수 있겠습니까? "아버지여, 제가 죄를 지었습니다. 제가 용서받고 또 계속해서 죄를 짓기 위해 집에 왔습니다." 이중적인 태도에 대해 추론해서 말하자면 그렇다는 것입니다. 그런데 그렇게 하려고 하는 사람들이 있습니다. 우리 가운데서 누가 십자가에 달리신 찬송 받으실 그리스도께 와서 그의 상하신 몸을 올려다보며 이렇게 말할 사람이 있겠습니까? "구속주여, 제가 주께 왔습니다. 주께서 제 구주가 되실 것입니다. 주께서 저를 장차 올 진노에서 구원하여 주실 것입니다. 자, 제가 옷을 깨끗이 빨았으니, 이제 다시 그 옷을 세상 오물로 더럽히겠습니다. 저를 씻어 주옵소서. 그러면 돼지처럼 다시 돌아가 진흙탕에서 뒹굴겠습니다. 저를 용서하여 주옵소서. 저는 주께서 자비로 허락하시는 죄의 면제를 반역을 더욱 부추기는 동기로 사용하겠습니다." 나는 사탄이 그런 말을 사용할 수 있다고 생각합니다. 그러나 여러분 가운데 그와 같이 말할 만큼 타락한 사람은 거의 없을 것입니다. 그렇지만 자신이 그리스도인이라고 주장하면서 여전히 의도적으로 죄 가운데 사는 사람이 말하는 바가 바로 그런 것이 아닙니까?

끝으로, 성령님에 대해서는 무엇을 말하겠습니까? 성령님께서 우리 마음속에 거하시지 않는다면 우리는 망한 것입니다. 성령께서 우리 속에서 다스리시지 않는다면 우리에게 소망이 없습니다. 그런데 우리가 뻔뻔스럽게 "하늘의 비둘기이신 성령님이시여, 살리는 능력을 가지고 오소서"라고 하며 나는 더러움과 이기심 가운데 살겠다고 말하겠습니까? 오소서, 성령님이여 오시어 나와 함께 거하소서. 나는 형제를 미워하고 불같이 화를 내며, 가정을 비참하게 만들 만큼 악한 마음을 품겠습니다 하고 말하겠습니까? 오소서, 하늘의 비둘기이신 성령님이시여, 오시어 내 영혼 속에 거하소서. 그러면 내가 성령님을 모시고 극장에도 가고 댄스홀에도 가며, 술집이나 사창굴에도 가겠습니다 하고 말하겠습니까?

나는 이런 사실을 들추기 위해서라도 그런 말을 사용하는 것이 싫습니다. 그러나 말은 그렇게 하지 않으면서 행동은 그렇게 하는 사람들, 발람처럼 죄 가운데 살면서 "나는 의인의 죽음을 죽기 원하며 나의 종말이 그와 같기를 바라노라"(민 23:10)고 외치는 사람들에 대해 하나님께서 어떻게 생각하시겠습니까? 나는 그처럼 인기 있는 본문을 가지고 설교할 생각이 없습니다. 그것은 마지막까지도 위급한 상황을 모면하려고 하는 사람의 천하고 이기적인 소원이기 때문입니다. 그것은 위기상황을 몰래 빠져나가는 오래된 수법입니다! 그는 살면서 마귀를 섬기기를 바랐으면서 마지막에 가서 손을 뗐습니다. 그는 이렇게 말했을지 모릅니다. "나는 그동안 사탄의 선지자로 살았고 영혼을 그에게 팔았습니다. 내가 살았던 대로 죽게 내버려 두세요."

나는 죽을 때와 같은 모습으로 살고 싶습니다. 만일 내가 지금의 모습대로 죽고 싶지 않다면 나는 지금처럼 살아서는 안 됩니다. 내가 감히 하나님을 만날 생각을 할 수 없는 상태 가운데 있다면, 하나님께서 자비를 베푸셔서 당장 그 상태에서 나를 끄집어내주시기를 바랍니다. 나는 옳은 위치에 있도록 하겠습니다. 그 점에 대해서는 실수를 하지 않도록 하겠습니다. 이중적인 태도를 취하려고 하지 않겠습니다. 옳은 일을 하면서 또 그릇된 일을 하거나, 깨끗이 씻음을 받으면서 또한 더러운 것에 손을 대거나, 희면서 또한 검거나, 하나님의 자녀로 살면서 또한 사탄의 자녀로 행동하는 일을 하지 않겠습니다. 하나님께서는 천국과 지옥을 큰 심연으로 갈라놓아 서로 건너갈 수 없게 하셨습니다. 하나님께서는 두 장소에 살 사람들도 마찬가지로 광대한 심연으로 갈라놓으셨습니다. 이 심연을 하나님의 은혜로 넘어갈 수는 있지만, 그 중간 지역에는 아무도 거할 수가 없습니다. 영적 죽음과 영적 생명 사이에서 한편으로는 이쪽에 발을 딛고 다른 한편으로는 저쪽에 발을 딛고 있도록 허공에 매달려 있을 수 있는 사람은 아무도 없습니다. 결단하고, 또 결단하십시오. 이쪽 편이 되든지 저쪽 편이 되든지 하십시오. "너희가 어느 때까지 둘 사이에서 머뭇머뭇 하려느냐?" 다시 한번 갈멜 산에 선 엘리야처럼 말하겠습니다. "여호와가 만일 하나님이면 그를 따르고 바알이 만일 하나님이면 그를 따를지니라"(왕상 18:21). 두 예배를 뒤섞지 마십시오. 그렇게 하면 여러분은 하나님을 노여우시게 하고 그의 노가 여러분에게 불길처럼 일어나게 할 것입니다. 하나님께서 이 설교 말씀에 복을 베풀어 주시기를 바랍니다. 아멘.

제
17
장
—

우상 파괴자

—

"그가 여러 산당들을 제거하며 주상을 깨뜨리며 아세라 목상을
찍으며 모세가 만들었던 놋뱀을 이스라엘 자손이 이때까지 향
하여 분향하므로 그것을 부수고 느후스단이라 일컬었더라 히
스기야가 이스라엘 하나님 여호와를 의지하였는데 그의 전후
유다 여러 왕 중에 그러한 자가 없었으니." — 왕하 18:4,5

    첫째 계명은 경배 받으실 분은 한 분 하나님밖에 없다는 것을 가르칩니다.
그리고 둘째 계명은 하나님을 상징으로 표시하기 위해 어떤 시도도 해서는 안
되고, 우리도 어떤 형태든지 거룩한 형상 앞에 절해서는 안 된다는 것을 가르칩
니다. "너를 위하여 새긴 우상을 만들지 말고 또 위로 하늘에 있는 것이나 아래
로 땅에 있는 것이나 땅 아래 물 속에 있는 것의 어떤 형상도 만들지 말며 그것
들에게 절하지 말며 그것들을 섬기지 말라"(출 20:4,5). 이 두 계명은 이렇게 우
상 숭배를 완전히 쓸어버립니다. 우리는 다른 어떤 신을 예배해서는 안 됩니다.
우리는 하나님을 나타내는 상징들을 사용해서 참된 하나님을 예배해서는 안 됩
니다. 하나님은 영이시므로 영과 진리로 예배해야 하고, 보이는 형상을 사용하
여 예배해서는 안 됩니다. 인간의 마음은 타락 이후로 이 점을 지키기가 어렵다
는 것이 분명합니다.
    사람들이 온 세상에 형상과 우상들을 세웠는데, 처음에는 나무나 돌을 예배
할 목적으로 세운 것이 아니라 하나님의 임재를 나타내는 외적 상징을 만듦으

로써 신을 예배하는데 도움을 받을 목적으로 세웠습니다. 잠시 후에 악한 마음이 훨씬 더 저열한 상태에 떨어져 형상 자체를 예배합니다. 하나님의 백성들, 곧 그들 가운데 함께 하시는 하나님의 임재를 아주 풍성하게 누렸고, 지존하신 하나님의 영감을 받은 입법자들과 선지자들에게 하나님을 예배하도록 배운 이스라엘 백성들조차도 순수하고 영적인 예배를 계속 지키지 못하였습니다. 사람들의 연약함이 진리를 이해하는데 상징의 방식을 통해 다소 도움을 받았지만, 상징들에 하나님을 닮은 점이 없기 때문에 사람들은 이 상징들에 만족하지 않았습니다. 경건한 유대인들의 종교는 주로 영적이었습니다. 예루살렘에서 정해진 한 곳에서만 제사를 드리도록 허락되었고, 의식적인 예배의 신성한 용기들은 은밀한 곳에 놓여 있어서 사람들이 보고자 할지라도 좀처럼 볼 수 없었습니다. 외적인 형식이 거의 없는 예배는 중생하지 않은 이스라엘 사람에게는 지나치게 영적이었습니다. 사람들은 예루살렘 외에 다른 곳에서 외적인 예배 의식을 치르기를 원했습니다. 높은 산에 바위가 있는 곳마다 사람들은 하나님께 바치는 제단을 만들었습니다. 그리고 그곳을 그 땅의 "산당들" 중의 하나라고 불렀습니다. 오래된 나무들이 숲을 이루고 있는 곳마다 따로 구별하였습니다. 그곳을 참 하나님께 바친다고 표시합니다. 그럴지라도 하나님께서 시온산에 정하신 한 곳 외에는 어떤 숲이나 장소도 하나님께 거룩한 곳으로 정하신 바가 없는 것을 생각할 때, 그것은 하나님의 재가를 받지 못한 것이고 하나님의 법에 어긋나는 일입니다.

그 다음에 그들은 드라빔, 곧 상징적인 형태들, 조상들, 영어 성경 번역에 따르면 "형상들"을 사용하게 되었습니다. 그들이 실제로 이것들을 하나님으로 예배한 것은 아닙니다. 그러나 그들의 말에 따르면 그들이 하나님을 예배하는데 도움을 받기 위해 이것들을 이용했다는 것입니다. 이 행위는 하나님의 율법에 전적으로 어긋나는 일이었고, 결국은 하나님을 잊어버리게 되는 일이며 하나님에게서 예배를 빼앗아 말 못하는 우상에게 넘겨주는 일이었습니다. 선한 히스기야는 왕위에 오르고 권력을 쥐게 되자마자 모든 산당을 부수고 형상들을 깨트리는 일을 시작하였고, 그 땅의 통치자로서 할 수 있는 대로 이스라엘이 보이지 아니하는 큰 신 여호와께 다시 충성을 바치고, 예루살렘에 있는 성전에 제사와 예물을 드리는 외적 예배를 억제하고 하나님이 기뻐하시는 영적 예배에 힘쓰게 만들려고 하였습니다. 이스라엘의 타락한 예배 대상들 가운데는 개혁자마저도 남겨두는 것이 당연한 일로 생각한 것이 있었습니다. 그것은 광야에서 모세가 만들어 장대 꼭대기에 달아 높이 세워서 그것을 봄으로써 수많은 사람들이 불뱀에 물린 독에서 치료받게 한 유명한 놋뱀이었습니다. 이 놋뱀이 조심스럽게 보존되어 왔습니다. 그런데 이것이 미신적인 경배의 대상이 된 것을 보고서 히스기야가 놋뱀을 부수었습니다. 어떤 사람들의 말에 따르면, 그가 놋뱀을 부수어 가루로 만들었습니다. 그리고 그것을 부끄러운 것, 곧 느후스단이라는 이름으로 불렀습니다. 성경 난외주에서는 "놋 조각"이라는 번역어를 싣고 있습니다. 그 단어는 "오물"이나 "푸른 녹" 혹은 "놋 조각"이라고 읽을 수 있습니다. 히스기야 왕은 놋뱀에 사람들이 바치는 우상 숭배적인 경의에 반대한다는 것을 보여줄 이름을 붙였습니다. 놋뱀이 흥미로운 기념물이었지만, 사람들에게는 우상 숭배로 이끄는 시험거리였기 때문에 그것은 완전히 깨부수어야 했습니다. 이 세상에서 아주 고색창연하고 확실한 진정성을 지닌 유물이 있다면, 수백 년 동안 전해져 온 유물이 있다면, 그것은 모세가 만든 바로 그 놋뱀이라는 것에 대해서는 의문의 여지가 없었습니다. 놋뱀은 과거에 기적적인 능력을 지녔던 유물이었습니다. 광야에서 그 놋뱀을 보면 죽어가는 사람들이 살아났기 때문입니다. 그럼에도 불구하고 이스라엘 백성들이 놋뱀에 분향을 하였기 때문에 그것을 산산조각 내야 했습니다. 그것은 사람을 더럽히는 것이기 때문에 치워버려야 합니다. 그런 것은 나쁜 이름으로 불러야 합니다. 산산이 깨부수어야 합니다. 이스라엘 사람들은 그것을 경멸하고 잊어버려야 합니다. 놋뱀이 잘못 사용되고 우상이 된다면, 놋뱀을 남겨두어서는 안 됩니다. 그 놋조각을 치워버려야 합니다. 그 놋조각이 일단 여호와를 대적하는 존재로 세워지거나 오직 하나님께만 드려야 할 경배를 나누어 가지려고 한다면, 그것을 부수어 가루로 만들어버려야 합니다.

이제는 그 다음 문제를 살펴봅시다. 우리의 개혁자들이 가톨릭교회의 우상들을 경멸하고, 로마 교회의 성인들, 유해들, 형상과 미사, 사제들을 조롱하였을 때, 어쨌든 그들은 성경의 모범을 따라 바르게 행동한 것입니다. 개혁자들이 천주교회의 우상 숭배를 까발리고, 전에 사람들의 경배를 받았던 것들을 완전히 경멸한 것은 아주 잘한 일이었습니다. 그들이 십자가를 부수고, 십자가 위의 예수상들을 불태운 것에는 깊은 의미가 있었습니다. 사제의 개두포(amice, 蓋頭布: 가톨릭교의 사제가 미사 때 어깨에 걸치는 직사각형의 흰 천 - 역주)의 흰 천은 가난한 자들을 위한 의복을 만드는데 잘 사용되었고, 제단의 돌들은 난로의 뒷

벽을 쌓는데 훌륭하게 이용되었습니다. 그런데 이것들은 단지 유용하게 쓰이기만 한 것이 아니라 미신을 반대하는 항의를 표시하는 것이기도 하였습니다. 성수(聖水) 통들은 당시 실제 생활에서는 흔히 시골 사람들에게 나누어 주어 돼지 여물통으로 사용되었고, 과거에 성체(聖體)를 들어 올릴 때 울렸던 미사의 축성(祝聖)시 사용되던 작은 종들은 말의 목에 매달았고, 가톨릭교도들이 끔찍이 숭배하였던, 성육신 하신 하나님을 조롱하는 혐오스런 물건이 담긴 상자는 산산이 부수어졌습니다. 이 우상들만큼 큰 멸시를 받은 것은 없었습니다. 이 시대의 우상 파괴자들이 행한 일은 조금도 과하지 않았습니다. 나는 그들이 당시에 우상을 파괴하는 일에 좀 덜 관대했으면 좋았겠다는 생각이 듭니다. 사람이 예배한 것은 단 한 가지라도 결코 남겨두지 않았으면 좋았겠다고 생각합니다. 그것을 신이라고 부르라고 하십시오! 신이라고 부르면, 그것을 부숴버리십시오. 비록 그와 함께 예술이 사라지게 될지라도 말입니다. 그것을 거룩한 물건으로 경배하라고 하십시오! 그러면 그것을 치워버리십시오. 비록 그것이 금으로 만들어졌고, 보석들로 아로새겨졌을지라도 말입니다. 하나님께서 몹시 싫어하시는 것, 곧 하나님께서 매우 노여워하시는 것을 우리가 다른 사람들의 감정을 고려한다는 구실로, 혹은 "그 우상을 보존하자"고 말하는 사람들의 기호를 생각하여 남겨두어서는 안 됩니다.

　　우리의 선조들인 비국교도들이 국교도가 영적 예배를 유지하고 하나님의 종들로 자처하며 모이도록 내버려 두면서도 외적인 현란함이 다소 누그러진 그 시대의 우상 숭배에 대해 항의를 한 것은 잘한 일이었습니다. 그 시대에는 건물들을 미신적으로 숭배하는, 아주 일반화된 우상 숭배가 있었습니다. 돌과 벽돌, 목재를 쌓아올린 어떤 건물들을 거룩한 곳으로 간주합니다. 나무들이 자라고 새들이 지저귀는, 어떤 담 안쪽에는 하나님께서 바깥보다 특별히 더 임재해 계시다고 생각하였습니다. 우리 선조들은 그런 건물을 교회라고 부르지 않음으로써 이런 관행에 이의를 제기하였습니다. 그들은 그런 건물이 교회가 될 수 없다는 것을 알았습니다. 교회는 신자들의 무리를 뜻한다는 것을 알았습니다. 그들은 통상적인 예배 장소를 "예배당"이라고 불렀습니다. 그런 건물은 실제로 그처럼 예배를 드리기 위해 모이는 장소였고, 결코 그 이상이 아니었습니다. 건물의 재료들, 강단, 제단, 신도석, 방석, 성찬대, 촛대, 오르간, 컵, 접시 등, 무엇이든지 물건을 경배하면 그것은 명백한 우상 숭배입니다. "하나님을 예배하라"는 말씀은 오늘날 우레 같은 소리로 말할 필요가 있는 명령입니다. "우주와 그 가운데 있는 만물을 지으신 하나님께서는 천지의 주재시니 손으로 지은 전에 계시지 아니하시고 또 무엇이 부족한 것처럼 사람의 손으로 섬김을 받으시는 것이 아니니 이는 만민에게 생명과 호흡과 만물을 친히 주시는 이심이라"(행 17:24,25). 하나님께서 친히 하신 말씀을 들어보십시오. "하늘은 나의 보좌요 땅은 나의 발판이니 너희가 나를 위하여 무슨 집을 지으랴 내가 안식할 처소가 어디랴 내 손이 이 모든 것을 짓지 아니하였느냐?"(사 66:1,2).

우리 선조들은 아직까지 영국에 남아 있는 또 다른 우상 숭배, 즉 날과 달을 지키는 관습에 대해서도 끝까지 반대하였습니다. 자칭 그리스도인이라고 하는 사람들이 어떤 날들을 거룩한 날로 구별하고, 크게 경의를 표하며 지켰습니다. 하나님께서 당신을 예배하는 날로 정하신 안식일로 만족하지 않고, 그들은 율법의 속박 아래 있었던 옛적의 이스라엘처럼 새로운 달과 정한 축제일들을 두고, 이날들을 크게 존중해야 한다고 주장하였습니다. 이에 대해 우리 선조들은 말했습니다. "이것은 성경에서 나온 것이 아니라 사람이 지어낸 것이다. 그러므로 이것은 자의적인 예배이고 우상 숭배이다." 그들은 거룩한 날들을 공공연히 무시함으로써 사람들의 계명을 경멸하였습니다. 그러므로 우리는 우리 선조들의 순결한 항의를 지속하기 위해서는 이 점과 그 밖의 모든 점에서 잘해야 합니다. 어떤 형태로든지 미신이 나타나는 것을 볼 때마다, 우리는 그 어리석음을 추켜세우는 말을 해서는 안 되고, 능력이 미치는 대로 우상 파괴자의 역할을 하며 미신을 공공연히 비난해야 합니다. 이 문제에서 거짓으로 주님의 일을 하며, 크신 여호와에 대한 신성한 영적 예배를 계속해서 드리기보다 림몬의 전에서 예배하는 사람들이 너무나 많습니다.

이 주제들에 대해서는 이만큼 이야기하면 충분할 것입니다. 우리에게는 생각할 다른 문제들이 있습니다. 오늘 아침 나는 첫째로 신자들에게 우상 파괴의 일을 분담하도록 맡길 생각입니다. 그리고 둘째로는 영혼을 구하기 위한 또 다른 형태의 이 일을 규정할 것입니다.

1. 그리스도인들이 해야 할 우상 파괴의 일은 많습니다.

하나님의 교회에서 우상을 부수어야 할 일은 많습니다. 그런데 우리 마음속에서 부수어야 할 우상은 훨씬 더 많습니다.

　무엇보다, 하나님의 교회에 우상을 부수어야 할 일이 많습니다. 여러분과 내가 언제나 개인적으로 열심히 반대해야 하는 일들 가운데 몇 가지를 말씀드리겠습니다. 그리스도인으로서 우리 모두는 하나님이 그리스도의 교회에서 무한한 자비 가운데 지도자로 세우는 사람들을 의지하기가 아주 쉽습니다. 우리는 씨를 아주 잘 뿌리는 바울 사도를 인해서, 그리고 솜씨 있게 물을 주는 아볼로를 인해서 감사해야 마땅합니다. 그리스도께서 위로 올라가실 때 받으셨고, 또 그의 교회에 계속해서 주시는 귀한 은사들, 곧 사도와 교사와 설교자와 복음 전하는 자 등을 멸시하거나 가볍게 생각해서는 안 됩니다. 사람은 오빌의 금보다 귀합니다. 하나님께서 교회를 세우거나 부흥시키고, 견고히 세우는데 적합한 사람을 교회에 주실 때, 그것은 은혜 언약의 가장 부유한 복들 가운데 하나를 주시는 것입니다. 그런데 우리는 그 사람을 잘못된 위치에 두고, 하나님의 대사로서 그에게 합당한 존경을 보이는 것이 아니라 어느 정도 그의 권위와 능력을 미신적으로 의지하게 될 위험이 있습니다. 형제 여러분, 우리는 그동안 성인들을 버렸고, 그들을 예배한다는 생각을 싫어합니다. 그런데 우리도 서서히 성인을 추앙하는 일에 물들어 사실상 우리 자신들 가운데 또 다른 성인들을 세울 수가 있습니다. 어떤 사람들은 성 칼빈과 성 루터를 거의 예배할 정도로 추앙하는 것이 사실이 아닙니까? 그들은 두 사람의 가르침을 벗어날 수가 없습니다. 성 존 웨슬리나 성 찰스 시미언이 다른 사람들 위에 당당하게 군림합니다. 더 나아가서, 사람들이 이런 사람의 설교를 듣고 끊임없이 그의 가르침을 받다 보면, 그 목사가 그들 신앙의 이유와 기초가 됩니다. 나는 그리스도 교회 안에서 일어나는 회심들 가운데 성령의 사역보다는 설교자의 사역인 경우가 있지 않나 걱정이 됩니다. 그래서 그들을 회심시킨 도구 노릇을 한 목사가 사라지게 되면, 사람의 지혜나 열심 위에 세워진 그 믿음도 사라지게 될까봐 걱정입니다.

　내가 여러분에게 전하려고 하는 요점은 이것입니다. 즉, 내가 진리를 순수하게 전하고, 진정으로 여러분에게 하나님의 입 노릇을 한다면 진리를 받도록 하지만, 내가 그렇다고 말하기 때문에 진리를 받아들이지는 말라는 것입니다. 진리의 원천으로 가십시오. 여러분이 직접 성경을 찾아보고, 사실이 그러한가 알아보십시오. 그것이 성경에서 성령님이 가르치시는 바가 아닌 한, 어떤 것도 영적 진리로 받아들이지 마십시오. 육신의 귀로 듣고 만족하며, "하나님의 아무개가 그렇게 말했으니 그것은 참이야"라고 말하지 마십시오. 마음으로 듣고,

"하나님께서 그의 말씀에서 그렇게 말씀하셨고, 하나님의 성령께서도 내 의식과 경험에 거듭 그렇다고 기록하셨으니, 그것은 참이다"라고 느끼게 되기를 구하십시오. 우리는 사람들을 뛰어넘어야 합니다. 그렇지 않으면 우리는 은혜에서 아주 갓난아이가 될 것입니다. 우리가 하나님께서 우리의 선생과 설교자들을 통해서 주신 복들을 과대평가한다면, 하나님께서 우리에게서 그 복들을 거두어 가실 수 있습니다. 우리는 샘이 아니라 샘에 연결되어 있는 관(管)을 높여서는 안 됩니다. 우리는 빛에 대한 고마움을 창문이 아니라 태양에 표시해야 합니다. 우리는 음식을 담고 있는 바구니나 떡과 생선을 가져다주는 소년을 경배할 것이 아니라 떡을 축사하여 불어나게 하여 많은 무리를 먹이시는 거룩한 주님을 경배해야 합니다. 흠모하는 눈길을 온전히 예수님께, 진리의 계시자이신 성령님과 하늘에 계시는 우리 아버지 하나님께 돌려야 합니다. 우리는 복음을 사람의 말이 아니라 진실로 하나님의 말씀으로 받아야 합니다. 하나님의 사역자들을 사랑하되, 여러분을 사람의 종으로 전락시킬 놋뱀 예배에 빠지지 않도록 하십시오.

그리스도의 교회에서 요즘 재능을 너무 높이고 교육을 지나치게 의지하지 않나 염려가 됩니다. 나는 특별히 목사와 관련해서 이 말을 하는 것입니다. 나는, 변함없이 같은 교인들에게 설교하도록 부름을 받은 하나님의 사람은 너무 철저히 교육받을 필요가 있다고 생각하지 않습니다. 또한 기독교 사역자에게는 해가 될 수 있다고도 믿지 않습니다. 해보다는 오히려 큰 도움이 될 수 있다고 생각합니다. 신앙의 선생은 반드시 모든 지식을 섭렵하고, 영적인 면에서 앞장설 뿐 아니라 학식을 쌓는 데도 열심을 보여 정신적으로 유능해지도록 해야 합니다. 그러나 하나님의 교회여, 그대는 인간의 학식을 높여 영원하신 성령의 자리에 세우지 않도록 해야 합니다. 이는 "여호와께서 말씀하시되 이는 힘으로 되지 아니하며 능력으로 되지 아니하고 오직 나의 영으로 되느니라"(슥 4:6)고 하시기 때문입니다. 사도 시대의 큰 기사들은 주로 세상의 판단에 무식한 사람들에 의해 행해졌습니다. 그런데 그들은 그리스도께 배웠고, 따라서 가장 고귀한 교육을 받은 것입니다. 그러나 고전적 학문과 철학적 사색에 있어서는 사도 바울을 제외하고 그들은 거의 조예가 없었습니다. 그리고 바울 사도는 탁월한 언변이나 지혜를 가지고 오지 않았습니다. 그러나 사도들과 그들을 따르는 자들은 아주 대단한 능력으로 말씀을 전하여서 세상이 곧 그들의 존재를 느끼게 되었습니다. 로마의 카타콤에 있는, 초기 그리스도인들의 매장지를 표시하는 석판들을 보면,

그 석판의 비문들이 거의가 다 철자가 틀렸고, 그 가운데 많은 비문이 여기에는 헬라어로 저기에는 라틴어로 쓰여 있고, 문법이 엉망이고 철자법이 틀렸습니다. 이것은 이렇게 순교한 사람들을 기념한 초기 그리스도인들 가운데 많은 사람이 교육받지 못했음을 보여주는 증거입니다. 그러나 그런 모든 점에도 불구하고 그들은 현인들의 지혜를 꺾었고, 그리스 로마의 신들을 쳐서 거꾸러뜨렸습니다. 그들은 주피터와 농업의 신 새턴을 쳐서 산산조각을 냈고, 비너스와 다이아나를 그들의 권좌에서 내려앉혔습니다. 이들을 정복한 것은 여러 학파의 학문으로 이루어지지 않았습니다. 학문은 오히려 그 일을 방해하였습니다. 영지주의 이단, 곧 특별한 지식이 있는 체한 그 이단은 하나님의 교회를 돕기는커녕 방해하기만 하였습니다. 이와 같이 이 시대에도 어떤 곳들에서 아주 뿜을 내고 있는 문화는 복음의 단순성과 대립됩니다. 그러므로 나는 우리가 참된 학식을 멸시하지 않지만 그것을 의지할 생각은 없다고 말씀드립니다. 나는 하나님께서 지극히 단순하고 변변치 않은 증언들을 사용하여 많은 사람들에게 복을 베푸실 수 있고, 또 실제로 복을 베푸신다고 믿습니다. 우리 가운데 어느 누구도 우리가 학식 있는 자처럼 말할 수 없다는 이유로 그리스도에 대해 입을 다물어서는 안 됩니다. 우리 가운데 아무도 주님의 메시지를 배우지 못한 사람이 말한다고 해서 거절해서는 안 됩니다. 우리는 단지 사람의 재능과 학식 때문에 그를 목사로 선택해서는 안 됩니다. 우리는 목사로 선택할 사람의 신앙적 열정을 주목해서 보아야 하고, 그들의 소명을 보아야 하며, 성령께서 그 사람과 함께 하는지 살펴보아야 합니다. 그렇게 하지 않으면 우리는 학식을 놋뱀으로 만들게 될 것입니다. 그런 것은 산산이 부수어야 할 것입니다.

사람의 능변에 대해서도 똑같이 이야기할 수 있을 것입니다. 사람이 말을 잘할 수 있다는 것은 좋은 일입니다. 자신이 지극히 중요하다고 믿고 느끼는 것을 말하느라고 마음이 뜨거워지고 거룩한 열정으로 불타오를 때는 말이 그 사람의 영혼에서 급류처럼 흘러나와 그 앞에 있는 모든 것을 쓸어가 버립니다. 그러나 어쨌든 회심이 사람의 웅변술에 의해 이루어졌다면, 그것이 무엇입니까? 회심이 인간의 논리에 의해 이루어졌다면, 그것이 무엇입니까? "육으로 난 것은 육이요"(요 3:6). 사람들이 말을 잘하면 잘하도록 내버려 두십시오. 진리는 최상의 문장을 사용해서 전달해야 합니다. 그러나 이제까지 사람이 말한 아무리 고귀한 언어도 영혼에 죄를 납득시키지 못하였고, 상한 양심을 싸매지 못하였으며 죄인을 죄의 죽음에서 일으키지 못하였습니다. 우리는 성령을 주시기를 간절히 기도해야 하고, 전적으로 성령님만을 신뢰해야 합니다. 성령께서 함께 하시지 않으면 웅변술은 소리 나는 구리와 울리는 꽹과리에 지나지 않기 때문입니다.

그리스도의 교회에 관하여 좀 더 이야기하면서 나는 우리 가운데 어떤 특정한 방식의 예배 의식을 철저히 고수하는 일과 관련하여 많은 미신을 타파할 필요가 있다는 점을 말씀드리겠습니다. 우리는 그동안 진리를 어떤 한 방식으로 전파하려고 노력해 왔고, 주님께서는 그 일에 우리에게 복을 베푸셨습니다. 그러므로 우리는 그 방식과 계획을 떠받드느라, 성령께서는 자유로운 영이시라는 사실을 잊어버립니다. 교회에는 자신들이 과거에 시도해 보지 않은 방식으로 선을 행하려고 하는 시도는 무엇이든지 심하게 반대하는 사람들이 있습니다. 그들에게는 관습이 막강한 권위의 힘을 지닙니다. 그들에게는 선조들의 전통이 법입니다. 모든 것이 자유로운 곳에서 마치 어떤 것이든 혁신이 될 수 있는 것처럼 대담한 방식의 복음 전도가 그들에게는 혁신처럼 충격적으로 보입니다! 나는 비국교도 회중들 가운데 마치 자신들의 게으른 전도 방식을 하늘로부터 직접 받은 것처럼 그 방식을 보수적으로 고집하는 교회들이 있는 것을 압니다. 그들의 생활은 화석처럼 굳어졌고, 그들의 규칙은 장례식에나 어울릴 듯하며, 그들의 정통파적 관행은 무덤 같이 음울합니다. "세상이 처음에 그랬듯이 지금도 그렇고 앞으로 영원히 그럴 것이니라 아멘"이라는 것이 우리 가운데 착하지만 잘못 생각하고 있는 많은 그리스도인들, 곧 어떤 일을 과거에 행한 적이 없다면 그 일을 결코 해서는 안 된다고 생각하는 많은 사람들의 성가(聖歌)처럼 보입니다. 우리 주님과 사도들의 가르침 가운데 분명한 것이 있다면 이것입니다. 즉 우리가 율법과 예배 규정, 전통 아래 있지 않고 하나님의 자녀의 자유에 이르렀으며, 그래서 이제는 우리가 성령의 인도를 받으므로 선례를 찾아 헤매거나 조례를 기다릴 필요가 없고 하나님 말씀의 중요한 원칙과 성령의 인도를 따라야 하고, 그래서 "아무쪼록 얼마를 구원하도록"(롬 11:14) 해야 합니다. 나는 형제들이 야외 설교를 보고 기겁을 한다는 것을 알았습니다. 그런데 그리스도의 시대에 야외 설교 말고 어떤 종류의 설교가 활용되었겠습니까? 나는 또 어떤 사람들이 대중들이 이용해 왔던 장소에서 그리스도의 이름을 언급한다는 생각에 깜짝 놀란다는 것을 알았습니다. 복음 전도를 위한 거룩한 계획이 아무리 올바르고 적절하다고 할지라도 그것이 새로운 것이면 사사건건 모든 계획에 반대하는 부류의 사람들이 있습니다. 그들은 그 일이 오랫동안 실행되었고, 그들의 반대의 두려움이나 그들의 도움이 필요 없이 안정되기까지 계속해서 반대하려고 합니다. 우리가 이런 정신에 굴복하면 서기관과 바리새인과 같은 종족으로 타락하게 될 것입니다. 유대교를 타락시킨 것들만큼이나 나쁜 전통과 전설, 허황된 이야기에 또다시 노예가 될 것입니다. 그리스도적인 모든 것의 이름으로, 그리스도의 몸의 지극히 중요한 활동을 억제하는 모든 것을 치워버리십시오. 속박은 골동품으로 취급하기에는 너무 무겁습니다. 놋뱀이 십자가가 앞으로 진행하는데 장애가 된다면 놋뱀을 부수도록 하십시오. 누구든지 우리에게 습관의 멍에를 씌우려고 하면, 우리는 몰래 와서 그리스도 예수 안에 있는 자유를 엿보는 사람들에 대해 "그들에게 우리가 한시도 복종하지 아니하였다"(갈 2:5)고 말한 바울의 정신을 본받아 그런 사람들을 물리치도록 하십시오.

거룩한 예배 형식들에 대해서도 그와 같이 말할 수 있습니다. 나는 특별히 지방 교회들에서 예배의 기계적인 순서의 지극히 사소한 것이라도 변경하는 것에 대해 결사적으로 반대하는 일을 종종 만났습니다. 여러분이 그 시간에는 찬송을 불러야 합니다. 그들이 예배 때 그 시간에는 언제나 찬송을 불렀기 때문입니다. 여러분이 그 시간에는 기도해야 합니다. 그들이 예배의 그 순서에는 언제나 기도를 했기 때문입니다. 여러분이 통상적으로 사용되던 시간도 똑같이 지킬 수 있다면 훨씬 더 좋다고 할 것입니다. 전체 예배식이 책에 규정되지는 않았지만, 우리의 완강한 형제들은 책을 사용하는 것에 대해 반대할 것이기 때문에 책으로 규정되지는 않았지만, 전체 예배식은 마치 기도서에서 따온 것처럼 판에 박은 듯이 아주 진부합니다. 자, 나는 공적 예배에서 우리가 어떤 인간의 규칙에도 매이지 않고 판에 박은 듯한 순서에 억지로 따르지 않는 것이 잘하는 일이라고 생각합니다. 나는 때때로 중간에 묵도의 시간을 갖는 것을 좋아하고, 또 실제로 종종 그렇게 해 왔습니다. 그렇게 해서는 안 될 이유가 있습니까? 예배 시간 내내 목소리를 내야 할 이유가 있습니까? 경우에 따라서는 설교부터 시작해서는 안 될 이유가 있습니까? 늦게 오시는 분들은 그런 경우에 아마 습관을 바꾸어야 할 것입니다. 그리고 우리가 기도하는데 익숙해 있었다고 해서 그 순서에 노래하지 않아야 할 이유가 있고, 우리가 찬송을 부르는데 익숙하다고 해서 그 시간에 기도하지 않아야 할 이유가 있습니까? 우리는 지금 성령 시대에 살고 있습니다. 내가 아는 한, 성령께서는 내가 때때로 강단에 핀으로 붙여놓은 카드들, 곧 "짧은 기도로 시작하고 찬송을 부르고 성경을 읽은 다음 기도하고, 설교하라” 등의 순서가 적힌 카드들은 성령의 감동으로 작성된 것이 아닙니다. 우리 가운데 형식주의가 형성되고 있습니다. 나는 진심으로 형식주의에 반대합니다. 여러분과 내가 비국교회의 이 의식주의(Dissenting ritualism)에 영향을 받았을지 모른다는 말이 아닙니다. 그러나 그 자체로 선한 관례도 그것이 사람을 속박하게 된다면 거기에 이의를 제기해야 합니다. 성령께서는 원하시는 대로 불기 때문이고, 그래서 우리가 성령의 인도를 따라 하나님을 예배한다면 예배가 항상 똑같은 형식을 취할 수 없기 때문입니다.

이렇게 해서 지금까지 나는 교회 안에 있는 우상을 파괴하는 일을 조금 다루었습니다. 이제는 우리 마음의 전(殿)을 살펴봅시다. 거기에서 해야 할 일이 많다는 것을 발견하게 될 것입니다.

사랑하는 형제자매 여러분, 이제 한 오 분 정도 자신을 반성해 보는 시간을 가집시다. 그리스도인으로서 여러분의 현재 위치에 대해 어떻게 생각하십니까? 여러분이 신앙 고백을 한 후로 10년, 12년, 20년 혹은 30년 후에는 아마도 여러분이 처음 그리스도께 왔을 때의 여러분의 상태보다 상당히 진보했다는 것을 느낄 것입니다. 현재 여러분의 상태가 그렇다고 느끼십니까? 여러분은 이제 초신자 시절의 열심에서 나온 무분별한 행동을 볼 수 있습니다. 여러분은 천국에 이르는 길에 관해 아는 것이 꽤 있고, 상당한 힘도 있으며 사탄의 간계에 대해서도 훌륭하게 자신을 지킬 줄 압니다. 그래서 천국에 이르는 길에 관해 별로 아는 것이 없고, 힘도 없으며 사탄의 간계도 별로 알지 못하는 젊은이들을 무한한 동정심을 가지고 내려다볼 수 있습니다. 형제 여러분, 여러분은 이렇게 여러분의 진보한 위치에 대해 정말로 기뻐하고 있습니다. 여러분은 기뻐하고 있습니까? 그렇다면, 여러분의 마음속에서 우상을 부수는 일을 허락하도록 하십시오. 우리 가운데 누구든지 자신의 재능을 높이 평가하게 되면 우리는 부지중에 자기 과신, 곧 육체를 신뢰하는 일에 빠지기가 아주 쉬울 것입니다. 해로운 교만에 떨어지게 되면 어찌 될지 모르겠습니다. 사랑하는 여러분, 여러분은 지금 과거보다 강합니까? 그런데 여러분의 힘이 한때 있었던 곳, 바로 그리스도 안에 있지 않고 다른 어떤 곳에 있습니까? 여러분은 지금 과거보다 지혜롭습니까? 그리스도께서 우리에게 지혜가 되셨는데, 그것 말고 다른 지혜가 여러분에게 있습니까? 정말로 여러분은 20년의 경험이 여러분의 부패한 행위들을 변화시켰다고 생각하십니까? 여러분의 격정이 사라졌고, 죄를 짓고자 하는 경향이 예전만큼 그렇게 강하지 않다고, 사실 여러분이 조심할 필요가 줄었고, 단순하게 그리스도의 공로와 성령의 사역을 의지할 필요가 줄었다고 생각하십니까? 여러분은 그렇게 생각하십니까? 정말로 그렇게 생각하십니까? "선 줄로 생각하는 자는 넘어질까 조심하라"(고전 10:12). 나는 말들이 다른 어디서보다 언덕 밑바닥에서 달리다가 많이 넘어지고, 신자들이 다른 어떤 때보다 인생 말년에 파멸하는 일이 많다는 말을 들어왔습니다. 내가 여러분에게 종종 말씀드렸듯이, 구약 성경에 기록된 타락들은 한창 열정에 사로잡혀 있는 젊은 사람들의 경우가 아니라 노인이나 중년들의 경우입니다. 롯이 부끄러운 일을 범했을 때 소년이 아니었습니다. 다윗이 밧세바를 범했을 때 젊은이가 아니었습니다. 베드로가 주님을 부인하였을 때 어린아이가 아니었습니다. 이들은 경험과 지식이 있고, 재능이 있는 사람들이었습니다. 형제 여러분, 여러분의 재능이라! 보잘것없는 것을 멋진 말로 부르는 것입니다! 여러분의 재능이라! 불쌍한 죄인이여, 여러분의 재능이라! 우리가 그리스도 안에서 가지고 있는 것을 떠나서는, 그것은 참으로 우스꽝스러운 말입니다. 그보다는 이렇게 말하는 것이 훨씬 낫습니다. "아무 것도 없는 자 같으나 모든 것을 가진 자로다"(고후 6:10). "내게는 우리 주 예수 그리스도의 십자가 외에 결코 자랑할 것이 없노라"(갈 6:14). 그러면 나는 그리스도인의 재능을 멸시합니까? 결코 그렇지 않습니다. 오직 그 재능이 우상이 되어 주님을 가릴 때에만 나는 그것을 느후스단이라고 부르고 산산이 부수고 싶습니다.

형제 여러분, 다시 말하지만, 여러분이 지금 그리스도와 매우 친밀한 교제를 누리고 있을 수 있습니다. 여러분이 주님의 것이고 주님께서 여러분의 것임을 확실히 안다면, 모든 의심과 두려움이 사라졌고 여러분이 주님의 얼굴 빛 가운데 행하고 있다면, 그것은 참으로 즐거운 일입니다! 우리가 그런 상태에 있다면 베드로처럼 장막 셋을 짓고 싶어 할 것입니다. 그럴 때 우리는 "주여, 여기 있는 것이 좋사옵니다" 하고 말하기 때문입니다. 우리는 우리의 즐거움을 주님의 자리에까지 높이지 않도록 조심해야 합니다. 우리는 그리스도와의 교제를 주님보다 앞세움으로써 그런 것조차 우상으로 만들 수가 있습니다. 내가 크게 기뻐하고 있다고 해서 내가 구원받고 안전한 것이 아닙니다. 나를 구원하는 것은 내 즐거움이 아니라 예수이십니다. 오직 그리스도만이 나를 구원하십니다. 주님과의 교제가 방해를 받을지라도 나는 여전히 그리스도 안에서 안전할 것이고, 내가 지금 그리스도와의 교제를 즐긴다고 해서, 그것이 실제적인 안전이나 하나님 앞에 용납됨을 더하여 주지 않습니다. 나이 먹은 한 청교도가 이런 재미있는 말을 합니다. 사랑하는 남편이 아내를 사랑해서 아내에게 많은 반지와 보석을 주었다고 생각해 봅시다. 그러자 아내가 그 사랑의 표시들을 아주 귀하게 생각하여 앉아서 그것들을 바라보고 감탄하느라 남편을 잊어버리게 됩니다. 그러면 남편이 아내의 사랑을 다시 자신에게로 돌리기 위해 이 물건들을 치워버리고 싶은 생각이 들지 않겠습니까? 우리의 장점들과 즐거움들도 그와 같습니다. 우리가 그런 것들을 너무 중요하게 생각하면, 우상 파괴자의 망치가 나타날 것입니다. 이런 것들이 하나님을 시기하도록 만들었기 때문에 사라지고 말 것입니다.

그 다음에, 우리가 할 일이 조금 더 있습니다. 여러분은 이 세상에서 좋은 친구들, 아끼는 친구들, 그리스도인 친구들, 믿음직한 친구들이 있고, 그 점에 대해 하나님께 감사드립니다. 그들을 꼭 붙드십시오. 그런데 이들과 계속 친구 관계를 유지하는 것이 언제나 쉬운 일은 아닙니다. 우리가 좀 더 생각한다면 우리를 많은 슬픔에서 건져 줄 수 있는 말씀이 있습니다. "무릇 사람을 믿으며 육신으로 그의 힘을 삼고 마음이 여호와에게서 떠난 그 사람은 저주를 받을 것이라 그러나 무릇 여호와를 의지하며 여호와를 의뢰하는 그 사람은 복을 받을 것이라"(렘 17:5,7). 같은 어조의 말씀이 또 하나 있습니다. "너희는 인생을 의지하지 말라 그의 호흡은 코에 있나니 셈할 가치가 어디 있느냐?"(사 2:22). 우정, 좋습니다. 신뢰받을 만한 사람을 신뢰하는 것, 좋습니다. 그러나 하나님께서 정하신 선을 넘지 말고, 진흙에 지나지 않는 사람을 변치 않을 존재로 생각하지 말며, 육신에 불과한 사람을 믿을 만한 존재로 생각하지 마십시오. 많은 사람이 환경이 바뀌자 마음이 바뀌었고, 위치와 조건이 바뀌자 영원할 것처럼 보였던 우정들이 슬프게도 완전히 파괴되는 일이 많았습니다. 친구들을 의지하십시오. 그러나 온 몸을 친구에게 다 기대지는 마십시오. 할 수 있는 대로 신뢰하고 확신하십시오. 그러나 마음속의 의지, 가장 깊은 믿음은 여러분이 볼 수 없지만 우주를 떠받치고 있는 그 팔에 두십시오.

좀 더 예리하게 찌를 수 있는 말씀이 있는데, 그것은 우리가 소중히 여기는 가족 관계에 관한 것입니다. 나는 마땅히 남편에게, 아내에게, 자식에게, 형제에게 주어야 할 사랑을 반대하는 말을 결코 하지 않는 사람입니다. 기독교는 가정의 모든 사랑을 촉진합니다. 그럼에도 불구하고 우리는 무엇보다 우리 구주님을 사랑하기 때문에 소중한 가족들을 그보다 덜 사랑합니다. 그런데 사랑하는 여러분, 자녀나 아내, 남편을 예수님의 자리에 놓는 일이 있습니다. 사랑하는 사람들은 사랑하도록 주신 것이지 예배하도록 주신 것이 아닙니다. 작은 보석은 소중히 여겨야 하지만 고가의 진주보다 더 크게 평가해서는 안 됩니다. 이 세상에서 나누는 여러분의 사랑이 우상 숭배가 되지 않도록 조심하십시오. 그렇게 하기보다는 그 사랑에서 하나님의 영광을 구함으로써 그 사랑을 신성하게 하십시오. 그러면 여러분은 무사할 것입니다. 여러분이 하나님의 자녀라면 어떤 우상을 섬기든지 간에 하나님의 큰 망치가 그 우상에 떨어질 것이기 때문입니다. 여러분은 자녀를 잃거나 그렇지 않으면 자녀가 살아서 여러분에게 저주가 될 수 있습니다. 여러분이 그처럼 귀하게 생각하는 사랑을 잃을 것입니다. 그렇지 않으면 그 사랑을 간직할 수 있으나 그 사랑이 여러분을 타락하게 만들 것입니다. 사랑하는 여러분, 나는 이 점에서 우리가 마음속의 많은 부분에서 해야 할 일이 있다는 것을 압니다.

그래서 우리 마음을 조사해야 할 일들이 더 있습니다. 나는 그리스도인이 학문에서 탁월한 업적이나 기술의 숙달, 혹은 사업의 성공을 추구하지 않아야 할 이유는 없다고 봅니다. 그리스도인이 그렇게 하지 않는다면 그는 두각을 나타낼 수 없을 것입니다. 그리스도인이라고 해서 언제나 뒤에 있어야 할 이유는 없습니다. 그러나 이렇게 정당한 세상적인 목표들이 제 위치를 지키며 더 높은 목적에 이바지하도록 해야 합니다. 그렇지 않으면 그 자체로 올바른 일이 잘못된 위치에 있음으로써 잘못된 일이 될 것입니다. 젊은이 여러분, 여러분이 지식의 한 분야를 추구할 수 있지만, 먼저 하나님의 나라를 구해야 합니다. 여러분이 화가가 되어 랜시어(Sir. Edwin Henry Landseer, 1802-1873. 영국 화가)와 밀레이(John Everett Millais, 1829-1876. 영국 화가)와 어깨를 나란히 하기를 바라십니까? 나는 잠시도 여러분의 용기를 꺾을 생각이 없습니다. 여러분이 예술에서 화필을 능숙하게 사용하는데 최고의 경지에 오를 수 있습니다. 그렇다고 해서 여러분은 팔레트를 예배하거나 앞에 펼쳐진 캔버스에 머리를 조아리지 마십시오. 그림 그리는 것보다 위해서 살아야 할 더 나은 것이 있습니다. 학생 여러분, 나는 여러분이 뛰어나고자 하는 바람을 이상하게 생각하지 않습니다. 그리스도인이 모든 학문 분야에서 1등이 되지 않아야 할 이유가 있습니까? 그러나 결국에는 동물학, 지질학, 역학이나 천문학보다 더 높은 목표들이 있습니다. 그렇다면 나는 여러분이 무엇이든지 마땅히 그리스도께서 있어야 할 자리를 차지하지 않도록 조심하기를 바랍니다. 먼저 하나님의 나라와 의를 구하십시오. 항상 먼저 하나님을 구하고, 그 다음에 나머지를 구하십시오. 그래서 여러분이 얻은 능력이나 영향력 같은 수단들로써 하나님을 영화롭게 하도록 하십시오. 나는 여러분이 우상들이 부서지고 열망이 깨어지는 것을 보지 않도록 이 점에 유의하기 바랍니다.

이렇게 지금까지 나는 여러분 마음의 전에 들어가서 거기에서 망치를 조금 사용해 보았습니다.

2. 이제는 예수님을 믿고자 하는 구도자들에 대해 잠시 이야기하도록 하겠습니다.

그들을 위해 우상을 부수어야 하는 일이 있습니다. 성령 하나님께서 그 일을 해 주시기를 기도합니다.

구원의 길은 그리스도께 오는 것, 즉 오직 예수 그리스도만을 의지하는 일에 있습니다. 그런데 어째서 그렇게 많은 사람들이 그렇게 하기를 거부하고, 구원받기를 바라는 경계선에 서서 구원받지 못한 채로 있는 것입니까? 많은 사람들이 생각하기를, 자기가 지금보다 훨씬 더 나아져야 한다고 믿습니다. 즉 그들은 자기에게 고쳐야 할 결점들이 있고, 자기 마음이 잘못된 상태에 있으며, 자신을 바로잡아야 한다고 생각합니다. 그래서 그들은 예수님을 의지하는 것이 더 낫다고 느끼면서도 스스로 자신을 고치려고 합니다. 아, 내 망치로 그 모든 것을 아주 박살냈으면 좋겠습니다! 친구 여러분, 여러분은 더 나아져야 하고, 여러분의 마음은 더 나은 상태가 되어야 합니다. 나도 그 모든 점을 인정합니다. 그러나 만일 여러분이 자신을 개선하려는 이 태도를 고수하고 그리스도의 사역을 의지하지 않는다면, 여러분은 틀림없이 망하는 길로 가고 있는 것입니다. 필요한 것은 여러분의 의가 아니라 그리스도의 의입니다. 여러분이 스스로 그리스도께 적합한 사람이 되어야 한다고 생각한다면, 여러분은 복음을 모르는 것입니다. 현재 여러분의 모습 그대로 예수님께 오십시오. 여러분이 알고 있는 죄 많은 것과 결점들은 여러분으로 하여금 그리스도의 완전하심과 그의 구원하신 능력을 소중히 여기게 만들 뿐입니다. 여러분이 구원을 위해서 한 부분을 담당해야 할 것으로 생각하지 마십시오. 만일 여러분이 그렇게 생각한다면, 나는 여러분의 미점을 "느후스단"이라고 부르고, 그것을 찌꺼기와 똥에 비유하지 않을 수 없습니다! 예수님을 보십시오. 오직 예수님만을 보십시오. 다른 모든 것은 여러분을 속일 것입니다. 예수께서 어떻게 죄를 짊어지시고 그에 대해 형벌을 받으셨는지 아십시오. 어떻게 그리스도의 의가 아버지 하나님께 효력을 미치는지를 알고, 여러분이 자신 속에 있다고 생각할 수 있는 어떤 준비나 적합성을 보지 않도록 하십시오.

어떤 사람들에게는 느후스단이 그들의 죄의식입니다. 그들은 마땅히 느껴야 하는 것과 다르게 그리스도의 필요를 느끼지 못하거나 아니면 그리스도의 필요를 절실히 느끼고, 그래서 자기들이 바른 상태에 있다고 생각합니다. 사실 여러분은 그리스도의 약속을 종종 오해합니다. "수고하고 무거운 짐 진 자들아 다 내게로 오라"(마 11:28)는 그리스도의 비길 데 없는 약속을 여러분은 힘들게 일하고 무거운 짐 진 사람들에게 하는 약속이라고 생각합니다. 형제 여러분, 그 약속은 힘들게 일하는 것이나 무거운 짐을 진 사람에 대해 하시는 약속이 아닙니다. "그러면 무엇에 대한 약속이냐?" 하고 여러분은 말할 것입니다. 이 약속은 그리스도께 오는 것에 대해 주시는 약속입니다. "내게로 오라 내가 너희를 쉬게 하리라"고 하신 것입니다. 여러분은 원하는 만큼 오랫동안 수고하고 무거운 짐을 질 수 있습니다. 그러나 힘들게 일한다고 해서 쉼을 얻는 것이 아닙니다. 여러분에게 쉼을 주는 것은 그리스도께 오는 것입니다. 여러분이 그리스도가 필요하다고 느끼는 것이 구원이라고 생각하지 마십시오. 여러분이 이 복을 얻도록 만드는 것은 그리스도께 와서 그를 의지하되, 오직 그만을 의지하는 것입니다. 그 일을 미루지 마십시오. 적합한 죄의식은 놋뱀처럼 칭찬할 만한 것일 수 있지만, 여러분이 그것을 의지한다면 산산이 부수어야 합니다. 그런 것은 적그리스도적인 것이기 때문입니다.

많은 사람들이 자기기만을 두려워하고 있습니다. 사람들은 말합니다. "나는 정말 그리스도를 믿고 싶은데 자기기만에 빠지게 될까봐 너무 걱정이 돼." 그런데 여러분은 자기기만에 빠지게 될 것을 두려워하는 것이 자기 아들에 관한 하나님의 증언을 믿는 것보다 더 나은 일이라고 생각하십니까? 여러분은 그렇게 생각하는 것이 틀림없습니다. 그렇지 않다면 여러분이 믿는 일을 제쳐두고 계속해서 그 생각을 붙들고 있지 않을 것입니다. 예수 그리스도를 믿는 것, 즉 우리의 죄를 짊어지셨기 때문에 죽음에 처해진 하나님의 친아들을 믿는 것, 그저 어린아이 같은 신뢰로 그를 믿는 것이 구원의 길입니다. 그런데 여러분은 자신이 자기기만에 빠지게 될 것을 걱정한다는 이유로 그렇게 하려고 하지 않습니다. 여러분은 믿는 데로 나아가기보다는 조심하는 상태에 머물러 있으려고 합니다. 여러분의 우상이 된 놋뱀을 치워버리십시오. 그것을 치워버리십시오. 그 염려를 버리십시오. 혹은 여러분이 원한다면 그 염려를 그대로 갖고 있되, 예수께로 오십시오.

나는 여러분 가운데 많은 분들이 오랫동안 설교 듣는 자리에 머물러 있는 것이 걱정입니다. 어떤 사람은 이렇게 말합니다. "나는 조만간 좋은 일을 만날 거야. 항상 태버너클 예배당에 다니거든" 혹은 "언제나 우리 교회에 가거든" 혹은 "나는 훌륭한 복음 설교자 설교를 들으러 다니니까 복을 얻을 거야." 뭐라구요? 여러분은 구원이 단지 설교를 듣기만 하면 오는 것이라고 생각하십니까? 아, 여러분, 책임은 복음이 정직하게 전파될 때 생기는 것입니다. 그러나 여러분이 듣는 메시지를 믿지 않는 한, 더 이상 이야기할 것은 아무것도 없습니다. 믿음이 무엇보다 중요한 점인데, 그것은 예수께 오는 것입니다. 그런데 여러분이 복음을 듣는 것이나 복음을 설교하는 것을 구원의 기초로 여긴다면 나는 그 모든 것을 비웃을 것입니다. 희년을 만드는 것은 보잘것없는 나팔이 아닙니다. 나팔은 희년을 알리는 것뿐입니다. 여러분이 이 나팔이 알리는 자유를 얻었으면 좋겠습니다.

그런데 여러분 가운데는 "나는 설교를 들을 뿐만 아니라 또 성경을 꼬박꼬박 읽는다"고 말할 사람이 있을지도 모릅니다. 좋습니다. 여러분이 잘하고 있다고 칭찬하겠습니다. 그러나 여러분이 성경을 꼬박꼬박 읽기 때문에 좋고 적합한 상태에 있다고 생각한다면, 여러분은 이미 불신자로 정죄 받았고, 성경을 읽는 동안에 성경 자체가 여러분을 정죄할 것이라고 말하지 않을 수 없습니다. 계속해서 성경을 읽으십시오. 나는 여러분이 단지 성경을 읽는 데서 벗어나 예수님을 믿는 신자가 될 수 있기를 바랍니다. 그러나 여러분이 예수님을 믿는 신자가 아닌 한, 여러분이 원하는 만큼 성경을 읽을 수는 있지만 그것으로 인해 여러분이 구원받지 못할 것이고, 받을 수도 없습니다. 우리 주님께서 무엇이라고 말씀하십니까? 주님께서는 이렇게 말씀하십니다. "너희가 성경에서 영생을 얻는 줄 생각하고 성경을 연구하거니와 이 성경이 곧 내게 대하여 증언하는 것이니라"(요 5:39). 주님 시대에 아주 많은 사람들이 성경을 연구하였지만 주님을 믿으려고 하지 않았습니다. 여러분이 성경의 문자에만 머물러 있고 말씀의 정신을 붙잡지 않는다면, 성경 지식이 없어서 망하는 것뿐 아니라 성경 지식을 가지고도 망할 수가 있습니다.

그런가 하면, 자신의 기도를 놋뱀의 우상으로 만들고 있는 사람들이 있습니다. 이렇게 말하는 사람이 있습니다. "나는 구원받지 못했어. 그리스도를 믿지는 않았지만 그래도 기도는 해." 나는 제자리에 있는 놋뱀을 비난할 수 없는 것처럼 여러분의 기도에 트집을 잡을 수 없습니다. 그러나 여러분이 기도하는 것으로 구원 받을 것으로 생각한다면 여러분은 크게 잘못하는 것입니다. 십자가를 의지하여 구원받으려고 하지 않는 사람은 자신의 골방에 의해서 결코 구원받지 못할 것입니다. 그리스도의 상하심을 의지하여 구원받으려 하지 않는 사람은 자신의 신음과 눈물로 구원받지 못할 것입니다. 죄인이여, 여러분의 모든 소망은 십자가에 있습니다. 여러분이 십자가에 소망을 두지 않는다면, 다른 아무 소망이 없습니다. 아니, 여러분이 무릎이 마비될 정도로 오랫동안 기도를 하고 앞이 보이지 않을 정도로 많이 울지라도, 십자가에 못 박히신 그리스도를 떠나서는 아무 데서도 천국 문을 발견하지 못하고 자비의 소망을 얻지 못할 것입니다. 예수님께로 달려가십시오. 그러면 여러분은 구원을 받습니다. 예수님에게서 떨어져 있으면, 여러분의 기도는 구주님을 모욕할 뿐입니다. 기도를 예수님의 자리에 놓기 때문입니다. 나는 이런 것들을 깨부수어야 합니다. 이것들이 예수님의 십자가를 가리면, 그것은 우상입니다.

끝으로, 이 점은 어떤 사람들에게서 많이 나타나는, 믿지 않는 이론들과 반역적인 생각들에도 적용됩니다. 그리스도를 찾는 구도자들 가운데 어떤 사람들은 끊임없이 새로운 문제를 일으킵니다. 여러분이 한 가지 의심을 풀어주면 그들은 또 다른 의심을 갖습니다. 여러분이 그 의심을 해결하면 그들은 세 번째 의심을 만들어냅니다. 그들의 의심과 이론과 질문들은 마치 끝없이 이어진 사슬과 같습니다. 한 가지 고리를 끊어내면 그것이 또 다른 고리를 끌어당깁니다. 그들의 의심은 진흙을 가득 퍼 올리는 준설기 양동이의 체인 같습니다. 그 양동이들은 넘어가면서 안에 있는 것을 비우지만 다시 진흙을 가득 채워 올라옵니다. 이런 사람들은 위로해 줄 길이 없습니다. 그들은 위로받기를 거절합니다. 그들에게 믿으라고 명령하는 하나님의 명령을 거역하는 일에 그들이 사용하는 재주의 십분의 일만 그들에게 믿으라고 하는 내용을 연구하는데 사용한다면 그들은 믿음에 이르고 의심에서 구원받을 것입니다. 여러분은 자신이 저주받아야 하는 이유들을 찾으려고 하는 일이 지혜롭다고 생각하십니까? 나는 사형수의 방에 있는 사람, 모든 불신자가 바로 그 처지에 있는데, 그 사람이 자기가 용서받아서는 안 되는 이유들을 찾으려고 애쓴다는 것은 거의 생각할 수 없습니다. 그 사람 앞에 사면(赦免)이 있는데, 그는 자신의 사면을 반대하는 논거와 자신의 처형을 주장하는 이유들을 찾기 위해 모든 논리를 고집스럽게 찾고 있습니다.

　어리석은 그대여, 그대는 스스로 이론을 만들어 내어 멸망하려고 합니까? 죄인이여, 그대에게 말하겠습니다. 그대의 인위적인 의심과 이론들을 예수께서 죽으신 저 나무에 못 박으십시오. 십자가에 못 박으십시오. 그대는 너무 많이 의심하고, 너무 많은 것을 생각하며, 너무 많은 것에 의문을 품습니다. 자, 어린아이가 아버지의 말을 받아들이듯이 이 말씀을 받아들이십시오. "하나님께서 그리스도 안에 계시사 세상을 자기와 화목하게 하시며 그들의 죄를 그들에게 돌리지 아니하셨느니라"(고후 5:19). "인자가 온 것은 잃어버린 자를 찾아 구원하려 함이니라"(눅 19:10). "그를 믿는 자는 심판을 받지 아니하는 것이요"(요 3:18). "아들이 있는 자에게는 생명이 있느니라"(요일 5:12). "이르되 주 예수를 믿으라 그리하면 네가 구원을 받으리라"(행 16:31). 이는 "믿고 세례를 받는 사람은 구원을 얻을 것이요 믿지 않는 사람은 정죄를 받을"(막 16:16) 것이기 때문입니다. 여기서는 모든 것이 단순합니다. 그것을 불가해하게 만들지 마십시오. 여기서는 모든 것이 대낮처럼 분명합니다. 빛을 가리지 마십시오. 하나님께서 여러분에게 은혜를 베푸셔서 여러분이 이 우상들을 부수고 지금 구주님을 영접하게 해 주시기를 바랍니다. 아멘.

제
18
장

—

히스기야와 사절들,
혹은 허영을 책망 받음

—

"그 때에 발라단의 아들 바벨론의 왕 브로닥발라단이 히스기
야가 병 들었다 함을 듣고 편지와 예물을 그에게 보낸지라 히
스기야가 사자들의 말을 듣고 자기 보물고의 금은과 향품과 보
배로운 기름과 그의 군기고와 창고의 모든 것을 다 사자들에게
보였는데 왕궁과 그의 나라 안에 있는 모든 것 중에서 히스기
야가 그에게 보이지 아니한 것이 없더라." ― 왕하 20:12,13

그러면 그것이 어쨌단 말입니까? 그것은 세상에서 할 수 있는 지극히 자연
스러운 일이 아니었습니까? 우리라면 그런 경우에 손님에게 집과 정원과 서재
를 구경시켜 주고, 우연히 얻게 되었을 작은 보물과 진기한 물건들을 보여주지
않았을 사람이 있겠습니까? 히스기야가 자신의 부를 조금 자랑했다고 한들, 그
게 어쨌다는 것입니까? 그토록 작은 영토의 군주가 절약과 선한 통치로 그토록
많고 다양한 보물을 축적할 수 있었다는 것은 지극히 자연스러운 자랑거리였지
않겠습니까? 이 점은 그가 신중하고 검소하였다는 것을 보여주지 않았습니까?
이런 미덕들이 그에게 무엇을 가져다주었는지를 보여줌으로써 바벨론 사절들
에게 자신을 모범으로 좋은 인상을 주었을 수도 있지 않았겠습니까? 정확히 그
렇습니다. 이것이 바로 사람이 보는 방식입니다. 그러나 하나님은 다른 것을 보

십니다. "사람은 외모를 보거니와 나 여호와는 중심을 보느니라"(삼상 16:7). 하나님께서는 사물을 우리가 보는 것처럼 보시지 않습니다. 겉보기에, 그리고 사람의 판단이 미칠 수 있는 한, 대수롭지 않거나 심지어 칭찬할 만하게 보일 수 있는 행동들이 하나님께는 아주 밉게 보여서 하나님의 불 같은 노여움을 살 수가 있습니다. 바늘을 보면 우리의 육안에는 유리처럼 매끄럽게 보입니다. 그러나 바늘을 현미경에 대고 보면, 바늘은 빨리 대충 만들어진 철 막대기처럼 거칠게 보입니다. 우리의 행동도 이런 식입니다. 우리의 행동들이 우리와 다른 사람들의 판단에는 그 뛰어남으로 인해 바늘처럼 빛나고 매끄럽게 보일 수 있습니다. 그러나 그 행동들을 만물을 내려다보시는 하나님의 조사를 받으면, 온갖 거친 죄로 가득합니다. 우리의 백합이 주님께는 쐐기풀이 될 수 있고, 우리의 정원이 하나님 보시기에는 황무지나 다를 바 없을 수 있습니다.

이 일을 처음에 볼 때 떠오르는 또 한 가지 생각이 있습니다. 그것은 하나님께서는 자기 자녀들의 행동을 판단하실 때는 손님들의 행동에 적용하시는 것과 다른 규칙이 있다는 것입니다. 나는 히스기야가 브로닥발라단에게 자신의 사절들을 보냈다면, 그 이방 군주는 이 유대인 사절들에게 자신의 모든 보물을 보여주었어도 아무 죄가 되지 않았을 것이라고 믿습니다. 하나님께서 화를 내시지 않았을 것이고, 선지자가 그처럼 심하게 항의의 말 혹은 경고의 말을 하지 않았을 것입니다. 그러나 히스기야는 브로닥발라단과 같지 않고, 따라서 바벨론 사람들은 할 수 있지만, 히스기야는 그렇게 해서는 안 됩니다. 발라단은 하나님의 나라에서 노예에 지나지 않고, 히스기야는 왕자입니다. 발라단은 이방인이고, 히스기야는 많은 사랑을 받는 자녀입니다. 우리는 사람들을 대할 때 그들과 우리의 관계에 따라서 각각 다른 방식으로 대합니다. 모르는 사람이 길거리에서 여러분을 욕할지라도 여러분은 대수롭지 않게 생각할 것입니다. 명예훼손이 될 수 있는 말을 하는 경우에라도 여러분은 거의 화를 내지 않을 것입니다. 그런데 욕을 하는 사람이 여러분이 사랑하는 아내라면, 그 말은 여러분의 마음을 찌를 것입니다. 혹은 자녀가 여러분을 비방한다면, 그 말은 여러분의 가슴을 몹시 아프게 할 것입니다. 우리가 사람들을 친밀한 사이로 받아들이고 그들에게 우리 마음을 드러낼 때, 우리는 그들이 낯선 사람에게는 전혀 기대할 수 없는 부드럽고 다정한 태도로 우리를 대해 주기를 바랍니다. 우리는 특별한 기준으로 그들의 행동을 판단합니다. 말하자면 우리는 일반 사람들의 행동은 1온스나 심지어

1파운드에도 눈금이 변하지 않을 아주 일반적인 엉성한 저울로 잽니다. 그러나 친구의 행동은 날벌레 날개에서 떨어진 깃털 하나밖에 없어도 눈금이 변할 그처럼 예민한 저울로 답니다.

하늘의 은총을 받는 사람이 된다는 것은 엄숙한 일입니다. 다른 사람은 죄를 지어도 벌을 받지 않을 수 있는 경우에, 하나님의 사랑하시는 자녀는 범죄하면 고통스러운 징계를 받기 때문입니다. 여러분이 하나님의 품에 있는 사람이라면, 여러분의 영혼이 하나님께 순결하도록 조심해야 합니다. 여러분이 지존하신 하나님의 비밀을 아는 은혜를 받았다면, 여러분은 특별히 하나님을 경외하는 사람들 가운데 있어야 합니다. 그렇게 하지 않는다면, 하나님께서는 그의 은총을 받은 이스라엘에게 말씀하셨듯이 여러분에게 이같이 말씀하실 것입니다. "내가 땅의 모든 족속 가운데 너희만을 알았나니 그러므로 내가 너희 모든 죄악을 너희에게 보응하리라"(암 3:2). 외국인은 안심하고 할 수 있는 말을 신하가 왕에게 하면 반역이 되는 수가 있습니다. 내각에 영입된 사람은 충성에 있어서 과실이 없어야 할 뿐만 아니라 어떤 의심도 있어서는 안 됩니다.

그렇다면 우리는 여기에 기록된 히스기야의 행동이 겉보기에는 죄악적인 행동이 아니라는 것을 압니다. 그 죄는 그 행동 자체에서 찾기보다는 우리는 판단할 수 없지만 하나님께서는 정확히 판단하고 엄격하게 유죄판결을 내리신 그의 동기에서 찾아야 한다는 것을 알게 됩니다. 또 우리는 히스기야의 죄가 다른 사람들에게서는 전혀 죄가 아니었을 수 있으며, 똑같은 동기라도 다른 사람들이 그렇게 했으면 하나님을 그처럼 노엽게 하지 않았을 수도 있다는 것을 압니다. 그러나 히스기야가 성경의 대부분의 성도들보다도 특별한 섭리의 개입을 받고 하나님의 손에서 현저한 명예를 얻는 은총을 받았음을 생각할 때, 그는 더욱 조심했어야 합니다. 그가 하나님께 그처럼 사랑을 받았기 때문에 그의 죄가 다른 사람들에게서는 작은 것일지라도 그에게서는 큰 죄가 되었습니다. 낡고 더러운 옷을 입은 사람은 흰옷을 입은 다른 사람은 지나갈 엄두를 내지 못하는 곳을 마음 놓고 가도 괜찮습니다. 더러운 옷을 입으면 얼룩이 눈에 띄지 않습니다. 그러나 옷이 깨끗하면 할수록 얼룩이 그만큼 더 빨리 눈에 띕니다. 히스기야가 지극히 거룩한 사람이었고, 하나님의 은총을 받은 사람이었다는 바로 그 사실 때문에 그의 죄가 두드러지게 나타났고, 하나님께서 당장에 그 죄에 대해 징계를 내리셨습니다.

1. 히스기야의 죄를 알기 위해서는 당시 그의 환경과 상태를 설명하는 것부터 시작하는 것이 좋을 것입니다.

우리에게는 다소 긴 설명이 필요할 것입니다. 첫째로, 우리는 히스기야가 매우 특별한 은총을 받았다는 점을 언급할 수 있습니다. 산헤립이 무적의 군대를 이끌고 그 땅을 침공하였습니다. 아마도 그의 군대는 그 시대에 알려진 모든 전투 수단을 동원해도 이길 수 없었을 것입니다. 그는 모든 국가를 파괴하였고, 그가 포위공격한 모든 도시를 약탈하였을 뿐 아니라 헤아릴 수 없이 많은 포로들을 데려갔습니다. 그런데 예루살렘 가까이 왔을 때 그는 그 성을 향해 흙무덤을 쌓을 수 없었고 화살을 쏠 수도 없었습니다. 하나님께서 특별히 개입하셔서 산헤립의 군대가 갑작스런 역병이나 치명적인 사막의 모래 열풍에 침해를 받아 평원에 죽어 엎드러졌습니다. 이것은 리워야단에 비견될 만큼 거대한 적으로부터 건지신 잊지 못할 구원이었습니다. 하나님께서 이 리워야단을 입에 갈고리를 꿰어 그가 나왔던 곳으로 다시 데려가신 것입니다. 이 외에도 히스기야 왕은 죽을 것으로 선고된 병에서 회복되었습니다. 그는 죽음의 입구에서 특별히 도망 나오도록 허락을 받았습니다. 다른 사람이라면 틀림없이 죽었을 경우에 그는 삼 일 만에 일어나 하나님의 전으로 올라갈 수 있었습니다. 이 모든 것 외에도, 그가 병에서 회복되는 일과 관련하여 하나님께서는 그를 위해 과거에 딱 한 번 여호수아를 위해서 행하셨던 일, 곧 하나님의 종의 믿음을 돕는 징표로서 하늘의 질서를 중단시키고 해가 아하스의 시계표에서 10도를 뒤로 물러가게 하는 일을 하셨습니다. 이것은 보통 일이 아니었습니다. 이때 아래에서는 죽음이, 위에서는 하늘이 하늘의 은총을 받은 자녀를 위해서 그 진행을 멈추었고, 무덤의 그늘과 태양의 광채가 모두 하나님의 인자를 증명하기 위해 그를 위해 이동하였던 것입니다.

이 모든 것에 더하여 주님께서는 히스기야에게 여느 때와 다른 번영을 계속해서 누리도록 해주셨습니다. 모든 것이 번영하였습니다. 여러분이 역대기와 이사야서에 기록된 진술을 읽어보면, 산헤립이 히스기야의 나라에서 목숨을 잃었다는 사실에 크게 두려움을 느꼈을 주변 국가의 왕들로부터 받은 선물로 부유해졌고, 또 솔로몬이 그에 앞서 행하였던 것처럼 무역으로 부유해졌을 것입니다. 히스기야는 소국의 작은 군주에 불과하였지만 졸지에 부자가 되었고, 게다가 그의 보고에는 다른 어떤 살아 있는 사람들의 부에서는 발견할 수 없는 것을 한 가지 가지고 있었습니다. 그것은 그가 15년을 더 살 것이라는 하늘의 궁정에서 온 칙서였습니다. 어떤 군주들이 살아 있는 동안에 자기가 매일의 위험으로부터 보호를 받을 것이라고 확신할 수 있다면 그 대가로 무엇을 주려고 하겠습니까? 많은 산호와 진주라도 그런 혜택에 대한 대가로 치르기에는 너무 크다고 생각하지 않았을 것입니다. 히스기야는 모든 면에서 성공한 군주였습니다. 만왕의 왕께서 명예를 주기를 기뻐하신 사람이었습니다. 이 큰 성공은 랍사게의 편지보다, 그리고 그 침공이 그 땅에 가져온 모든 재난보다 견디기가 훨씬 더 어려운 큰 시험이었습니다. 친구 여러분, "우리가 부유한 동안에도 내내 선하신 주님께서 우리를 인도하소서" 하고 구하는 것은 절실히 필요한 기도입니다. 많은 뱀들이 번영의 꽃밭으로 몰래 기어들어옵니다. 높은 자리는 위험한 곳입니다. 가득 찬 잔을 흔들리지 않는 손으로 옮기는 것은 쉬운 일이 아닙니다. 짐을 잔뜩 실은 짐마차는 튼튼한 굴대가 필요하고, 살찐 말은 단단한 고삐가 필요합니다.

우리는 히스기야가 이때 매우 눈에 띄는 사람이 되었다는 사실을 잊지 않아야 합니다. 만일 히스기야가 은거하여 지낼 수 있었다면, 그만큼 은총을 받는 것은 견딜 수 있을 만한 일이었을 것입니다. 그런데 주변의 모든 나라들이 산헤립의 군대가 망한 소식을 틀림없이 들었을 것이기 때문에, 히스기야는 뾰족탑 위에 세워지는 것과 같은 처지에 있게 되었습니다. 산헤립은 소국의 모든 군주들의 공동의 적이었습니다. 심지어 애굽 왕처럼 큰 나라 왕들까지도 앗수르의 세력을 몹시 두려워하였습니다. 그러므로 그 폭군의 날개가 유다 땅에서 잘렸다는 사실은 넓고 멀리 알려졌을 것이 틀림없습니다. 또한 해가 뒤로 물러갔다는 사실도 모든 나라를 경악시켰을 것이 틀림없습니다. 바벨론의 사절들이 온 것도 이 놀라운 일에 관해 알아보려고 했던 것으로 보입니다. 바벨론은 하늘의 천체를 관찰하기를 아주 좋아하는 백성들이었기 때문입니다. 온 세상에서 히스기야의 이름이 회자되었습니다. 사람마다 그의 이야기를 들었고, 그에 대해서 말하였습니다. 그의 치유, 승리, 부(富)는 사람들이 모이는 곳은 어디에서나 언급되는 공통의 화제였습니다. 이것은 참으로 무서운 시험입니다! 많은 사람들의 눈이 한 사람에게 집중될 때, 은혜로 보호를 받지 않는 한, 사람들의 그 눈은 먹이를 마력으로 꼼짝못하게 하는, 신화에 나오는 바실리스크(Basilisk: 전설상의 괴사[怪蛇]. 한번 노려보거나, 입김을 쐬면 사람이 죽었다 함 - 역주)의 눈처럼 작용할 수가 있습니다. 산 자들의 땅에서 하나님 앞에서 행하는 것은 행복하고 안전한 생활입니다. 그러나 사람들 앞에서 행하는 것은 위험으로 가득한 일입니다. 박수갈채를 받는 것, 곧 인기를 얻는 것은 항상 위험한 일입니다. 돛을 전부 다 펼 때는 배에 바닥짐이 많이 필요합니다. 그렇지 않으면 배가 뒤집어질 것입니다. 본문의 경우에 많은 은혜가 필요하였습니다. 그런데 히스기야 왕은 마땅히 많은 은혜를 구했어야 하는데 그렇게 하지 않았습니다.

히스기야는 유용하게 사용할 수 있는 남다른 기회들이 있었습니다. 그는 이스라엘의 하나님을 명예롭게 하기 위해 참으로 많은 일을 할 수가 있었습니다! 나는 영감 받은 선지자를 제외하고, 하나님의 크심과 선하심을 선포할 수 있는 그처럼 고귀한 기회를 가진 사람이 또 있었는지 잘 모르겠습니다. 왜냐하면 사람마다 그에 대해 이야기하는 동안, 그것은 하나님께서 행하신 두 가지 기사와 관련이 있었기 때문입니다. 그리고 그 일들로 인해서 큰 기사를 행하신 여호와께 마땅히 찬송을 돌려야 했습니다. 히스기야여, 그대가 정신을 똑똑히 차리고 방심하지 않았다면, 그대는 그대 아래 펼쳐진 죽음과 그대 위에 있는 하늘을 본문으로 삼고, 영원한 능력과 신성을 주제로 삼아 놀라운 설교를 전했을 수 있었습니다! 형제 여러분, 히스기야는 군주들의 궁정에서 여호와의 이름이 울려 퍼지도록 했어야 했습니다. 그는 그 그림에서 자신은 뒤로 물러나고 하나님에 대한 자신의 증언이 세상에 가득 차도록 했어야 했습니다. 그가 승리의 기쁨에 찬 어조로 이렇게 외쳤더라면 얼마나 좋았겠습니까? "하맛과 아르밧의 신들이 어디 있으며 스발와임과 헤나와 아와의 신들이 어디 있느냐?"(왕하 18:34) 이 신들 가운데 누가 열방을 산헤립에게서 구원하였습니까? 이 신들 가운데 누가 자기를 예배하는 자를 죽을 병에서 일으킬 수 있었습니까? 이 신들 가운데 누가 해 그림자에게 아하스의 시계표에서 뒤로 물러가라고 말할 수 있었습니까? 여호와는 만물을 다스리십니다. 그는 위로 하늘과 아래로 땅의 왕이십니다. 형제 여러분, 내가 볼 때, 히스기야가 "자, 와서 여호와께 노래하자. 그가 영광스럽게 승리하셨으니"라는 승리의 외침이 하늘에 닿기까지 울려 퍼지는 동안, 모세처럼 승리의 시를 짓고, 백성들에게 노래를 부르도록 하며 여인들에게 미리암처럼 춤을 추라고 명하였다면, 이 바벨론의 사절들에게 자신의 보물고를 보여주고 사람들 가운데서 자기 이름을 높이는 것보다 훨씬 더 잘하는 일이 되었을 것입니다.

히스기야는 어떤 사람보다도 자기 하나님을 사랑하고 자신을 전적으로 하나님께 바쳐야 할 의무가 있었습니다. 생명은 모두가 생명의 수여자이신 하나님께 신성한 것이고, 따라서 하나님께 바쳐져야 합니다. 그러나 초자연적으로 연장된 생명은 특별히 더 하나님께 바쳤어야 마땅합니다. 그 호흡이 코에 있는 자, 그를 셈할 가치가 어디 있겠습니까? 그가 자랑할 이유가 어디 있습니까? 그렇다면 기적적으로 호흡이 다시 코로 돌아온 사람은 그 호흡을 자신을 자랑하는 일에 사용해서는 안 됩니다. 우리 생명의 영광이 한때 우리에게 주어졌다 할지라도 그 영광은 하나님께 돌려야 합니다. 우리에게 생명을 두 배로 주셨다면, 우리 인생의 모든 영광을 얼마나 더 하나님께 돌려야 마땅하겠습니까! 그런데 역대기를 보면 그에 대해서 "히스기야가 마음이 교만하여 그 받은 은혜를 보답하지 아니하였다"(대하 32:25)고 적고 있습니다. 그는 받은 복을 즐겼지만, 주신 분 앞에 머리를 숙이지 않았습니다. 그는 열매를 기억하면서 나무는 잊어버렸습니다. 그는 시내에서 물을 마시면서 샘에 대해서는 충분히 생각하지 않았습니다. 그의 밭이 이슬로 적셔졌지만, 그는 이슬을 내리는 하늘에 충분히 감사하지 않았습니다. 그는 사랑의 제단에서 연료를 훔쳐다가 교만의 마음 위에 놓고 태웠습니다.

형제 여러분, 하지만 우리는 너무 성급하게 히스기야를 정죄해서는 안 됩니다. 그것은 하나님이 하실 일이지 우리가 할 일이 아닙니다. 이제는 그의 교만함이 어떻게 자라났을지 살펴봅시다. 그는 속으로 이렇게 말했을지도 모릅니다. "내 영토 안에서 가장 막강한 군대가 거꾸러졌고, 군주들 가운데 가장 힘센 자가 콧대가 납작해졌다. 온 나라에서 이름만 들어도 벌벌 떨게 만들던 자가 내 나라에 들어왔다가 해 앞에 눈이 녹듯이 사라져버렸다. 히스기야여, 너는 참으로 위대하다! 네 나라는 위대하다. 네 땅이 산헤립을 삼켰고, 파괴자의 대황폐를 끝장내었으니 말이다." 그가 15년을 살 수 있다는 확실한 보장을 받았다는 이 사실 때문에도 우쭐하게 되었다는 점을 기억하시기 바랍니다. 나는 그런 확실성이 줄 수 있는 위험에 대해서는 이미 언급한 바가 있습니다. 우리는 언제든지 죽을 수 있는 위험에 처한 죽을 인생이지만, 그럼에도 불구하고 우리는 안심하고 삽니다. 그런데 우리에게 15년을 확실히 살 수 있게 보장해 줘 보십시오. 그러면 위로 치솟아 올라가는 우리 머리를 하늘이 감당할 수 있을지, 혹은 교만으로 부푼 우리 마음을 온 세상이 담아낼 수 있을지 모르겠습니다. 죽을 수밖에 없는 운명이라는 변치 않는 사실의 억제 장치가 제거된다면 우리는 갈수록 허영심이 커질 것이 확실합니다. 히스기야는 자기도취의 순간에 속으로 이렇게 말했을지 모릅니다. "나는 이렇게 15년 동안 죽지 않을 뿐만 아니라 하늘들조차도 나를 위해 질서가 흔들렸다. 내가 얼마나 하늘의 은총을 받은 자인지 보라!" 그는 다윗처럼 이렇게 말하지 않았습니다. "주의 손가락으로 만드신 주의 하늘과 주께서 베풀어 두신 달과 별들을 내가 보오니 사람이 무엇이기에 주께서 그를 생각하시나이까?"(시 3,4). 그보다는 그의 영혼 속에 울리는 사탄의 속삭임을 들었습니다. "낮의 빛이요 하늘의 눈인 태양조차도 너를 기쁘게 하기 위해 뒤로 물러가지 않으면 안 되다니, 너는 참으로 위대한 존재다!"

　　목숨을 잃지 않고 생명을 연장 받으면서도 우리가 개인적으로 별로 중요한 존재가 아니라고 생각하는 것은 그리 쉬운 일이 아닙니다. 우리 각 사람이 하나님께 어떤 존재입니까? 하나님은 우리 모두가 없어도 잘 지내실 수 있습니다. 세상에서 가장 위대한 사람들이 창조계에서 깨끗이 사라진다고 할지라도 여러 제국을 소유한 자에게 파리 한 마리가 사라지는 것만큼도 하나님께 손해를 입히지 못할 것입니다. 그런데 죽음을 면하게 되면, 우리는 자신이 하나님의 목적 자체를 이루는데 필요하지는 않다 할지라도 적어도 교회에는 필요한 존재라고 생각하기가 아주 쉽습니다. 그 다음에 축적해 놓은 자신의 부를 조사했을 때 그는 우쭐하게 만드는 것을 많이 보았을 것입니다. 사람들에게 있어서 세상 재산은 풍선에 가스와 같은 것이기 때문입니다. 사랑하는 친구 여러분, 재산에 관해서, 곧 넓은 땅과 금과 은, 예술 작품, 귀금속 등에 대해 조금이라도 아는 사람들은 그런 것들이 그 소유자를 얼마나 우쭐하게 만드는 경향이 있는지 압니다. 그는 자신의 병기고와 향료 저장소, 보물고를 지나갈 때 틀림없이 "나는 위대한 사람이다" 하고 느꼈을 것입니다. 그때 각기 다른 나라들로부터 온갖 사절들이 왔고, 그의 현재 부를 보고 그 앞에 굽실거리며 그에게 경의를 표하였습니다. 그것은 그의 보잘것없는 머리가 감당하기에는 너무나 컸습니다. 그래서 그 마음이 하나님에게서 멀어지고 있었을 때, 히스기야의 마음이 허영심에 사로잡혔다면 그것은 전혀 이상한 일이 아닙니다.

　　그 환경에 대한 설명을 마무리짓자면, 이때 하나님께서는 자신의 종으로 하여금 그 자신이 어떠한 사람인지 알도록 어느 정도 내버려 두셨던 것으로 보입니다. "그러나 바벨론 방백들이 히스기야에게 사신을 보내어 그 땅에서 나타난 이적을 물을 때에 하나님이 히스기야를 떠나시고 그의 심중에 있는 것을 다 알고자 하사 시험하셨더라"(대하 32:31). 히스기야가 교만하게 되므로 하나님의 은혜가 적극적으로 활동하던 것이 잠시 움츠러들었던 것으로 보입니다. 이것은 하나님께서

히스기야가 자신을 더 이상 구원받은 영혼이 아닌 것처럼 여기는 상태에 버려두
셨다는 것이 아닙니다. 그보다는 그를 다소 자기를 시험하는 상태에, 즉 자신이
어떤 사람인지 보도록 하는 상태에 두셨다는 말입니다. 그는 아주 유명한 사람
이 되어가고 있었고 하나님의 은혜에 대해 아주 많이 자랑하고 있었습니다. 그
래서 아마도 자기의가 슬며시 그의 마음속에 들어갔을 것이고, 그러자 속으로
이렇게 말하기 시작했을 것입니다. "나는 다른 사람들과 달라. 나는 하나님 앞에
서 온전한 마음으로 행한 것이 확실해." 그가 얼굴을 벽으로 향하고 드린 기도에
서 자기의가 어느 정도 나타난다고 생각합니다. 그가 병이 들었는데, 이때 그는
두 가지 병, 곧 단지 부풀어 오르는 종기만이 아니라 허영심도 부풀어 올랐던 것
이 아닌가 생각됩니다. 그래서 하나님께서는 그에게 자신이 결국 보잘것없는 어
리석은 죄인인 것을 보게 내버려 두셨던 것입니다.

　사랑하는 친구 여러분, 우리는 그의 어리석음에 대해서는 얼마든지 설명할
수 있을 것입니다. 우리 가운데 아무리 훌륭한 사람이라도 그에게서 하나님의
은혜가 떠난다면, 모든 것을 아시는 하나님만이 우리가 어떻게 할지 예언하실
수 있습니다. 그리스도를 위해 아주 열심을 내는 여러분이 라오디게아 교회처럼
뜨뜻미지근하게 될 것입니다. 믿음이 굳건한 여러분이 잘못된 생각으로 타락하
게 될 것입니다. 하나님 앞에서 성실하고 뛰어나게 행하는 여러분이 아주 연약
해져서 시험을 만나자마자 넘어지고 말 것입니다. 그러면 한때 찬란하게 빛났지
만 이제는 타락한 별에게 이 말을 하였던 것처럼 우리에게도 이 말을 하게 될 것
입니다. "너 아침의 아들 계명성이여 어찌 그리 하늘에서 떨어졌는고"(사 14:12).
은혜가 우리에게 비칠 때는 밝게 빛나지만 주님께서 물러나시면 우리는 어둠일
뿐입니다. 옛날 은유의 시인들이 말하기를, 단단하기 짝이 없는 석류나무에도
언제나 썩은 씨가 있으며, 하얗기 이를 데 없는 백조가 검은 부리를 가지고 있다
고 했습니다. 여기에 우리는 이 말을 덧붙일 수 있을 것입니다. 푸르디푸른 잔디
아래 벌레가 있고 지극히 평온한 바다 밑바닥에 사람들의 시체가 있다고 말입
니다. 아무리 훌륭한 그리스도인에게도 하나님께서 그를 떠나시면 그를 최악의
범죄자로 만들 죄가 충분히 있습니다. 자신에 대해서 생각하기를, 자신은 그리
스도로 아주 충만하여서 마귀가 틈을 탈 여지가 없다고 하는 사람이 있다면, 바
로 그 자랑하는 말에서 악한 본성이 슬쩍 드러났다고 생각합니다. 사랑하는 형
제 여러분, 나는 우리가 히스기야가 배운 것과 똑같은 방식으로 우리의 덧없음

을 배울 필요가 없기를 바랍니다. 나는 내 속 곧 내 육신에 선한 것이 거하지 아니한다는 것을(롬 7:18) 교리상으로 알려고 했지만 또한 나는 성령님의 가르침을 통해서도 알려고 했습니다. 그러나 형제 여러분, 나는 우리가 자신의 타락상을 경험적으로 알게 되는 처지에 떨어지지 않기를 기도합니다. 우리를 마음의 간교한 꾀를 보도록 두는 것만큼 우리 마음의 천함을 철저히 가르칠 수 있는 방법은 없을 것입니다. 바보짓을 하도록 내버려 두지 않는 한, 아마 우리는 자신의 어리석음을 결코 알지 못할 것입니다. 주님, 우리를 그런 데서 지켜주옵소서! 주님의 은혜를 지켜주옵소서! 죄를 지어서 배우기보다는 고통을 통해서 배우는 것이 낫습니다! 마귀의 궁정에서 한껏 즐기는 것보다 하나님의 지하 감옥에서 누워 있는 것이 낫습니다.

여러분은 이제 그 환경을 분명히 알고 있습니다. 여기 성공해서 마음이 교만한 사람이 있습니다. 그 영혼에서 은혜가 점점 줄어들고 있습니다. 이제 그는 언제든지 시험에 넘어질 준비가 되어 있습니다.

2. 이제는 사건 자체와 거기에서 발생한 죄에 대해 생각해봅시다.

앗수르의 한 속주인 바벨론이 앗수르의 멍에를 벗어던졌습니다. 그래서 자연히 브로닥발라단은 자신의 작은 왕국이 앗수르로부터 스스로를 보호할 수 있을 만큼 충분히 강해지기 위해 어떻게 해서든지 동맹국들을 모으려고 하였습니다. 그는 앗수르 군대가 히스기야의 나라에서 멸절된 것을 알고 크게 기뻐하였습니다. 필시 그는 그 기적을 알지 못하고 히스기야가 그 군대를 물리친 것으로 생각하여 그처럼 위대한 군주와 동맹 조약을 맺을 심산으로 사절들을 보냈을 것입니다. 사절들이 도착하였습니다. 이 경우에 히스기야의 의무는 매우 분명하였습니다. 그는 사절들의 직위에 합당한 예절로써 맞이해야 했습니다. 그리고 그들이 오는 것을 우상 숭배를 하는 바벨론 사람들에게 이스라엘의 참 하나님을 증언할 기회로 생각했어야 했습니다. 그는 일어난 그 기사들은 사시고 참되신 한 분 하나님이 행하신 것이라고 그들에게 설명했어야 했습니다. 그랬다면 그는 "그들이 왕궁에서 무엇을 보았나이까"라는 이사야의 질문에 이렇게 대답할 수 있었을 것입니다. "나는 그 사람들에게 여호와의 능하신 행위들을 이야기했고, 하나님의 크신 명성을 널리 선전했습니다. 전능하신 주 하나님께서 통치하신다는 사실을 널리 이야기하도록 그들을 자기 나라로 돌려보냈습니다." 히스기야는 이 사람들에 대해 매우 조심했어야 했습니다. 그들은 우상 숭배자들이었으므로 여호와를 예배하는 사람들과 교제하기에 적합지 않은 사람들이었습니다. 그들이 왔을 때 히스기야는 우리가 역병에 걸린 사람들 사이를 돌아다닌다면 마땅히 그래야 하는 것처럼 "나는 지금 위험한 상황에 있다" 하고 느꼈어야 했습니다. 게다가 지금까지 일어난 그 기사들은 그의 명성을 높이기 위한 것이 아니라 오직 하나님의 영광만을 위한 것이었음이 분명하기 때문에, 자신의 능력을 결코 자랑하지 않도록 조심했어야 합니다. 앗수르 군대를 죽인 것은 그가 아니었습니다. 해가 뒤로 물러가도록 만든 것은 그가 아니었고, 그가 자기 재주로 병에서 회복한 것이 아니었습니다. 그는 모든 명예를 하나님께, 오직 하나님께만 돌려야 했습니다. 그는 자신의 부를 자랑해서는 안 되었습니다. 왜냐하면 이렇게 함으로써 결국 그는 도둑의 무리에게 그들의 수고를 보상해줄 충분한 약탈물이 있는 곳을 보여주게 되었기 때문입니다. 그의 행동 지침은 아주 분명하였습니다. 그는 바벨론 사절들에게 여호와에 대해 이야기했어야 하고, 참 하나님을 그들에게 찬양했어야 하고, 그들을 예의 있게 대하고 나서 떠나보냄으로 그런 시험을 면한 것에 감사했어야 했습니다. 이제 우리는 그의 죄가 어떤 점에 있었는지 알 수 있을 것입니다. 나는 그의 죄가 다음의 다섯 가지 점에 있다고 생각합니다.

첫째로, 이사야서 39장의 구절을 보면, 히스기야가 그들 일행을 매우 기뻐하였던 것이 분명합니다. "히스기야가 사자들로 말미암아 기뻐하였다"고 말합니다. 열왕기하 20장에서는 "히스기야가 사자들의 말을 들었다"고 말합니다. 그는 사절들을 보고 매우 기뻐하였습니다. 그리스도인이 세상 사람과 교제하는데서 큰 위안을 얻을 때, 그것은 나쁜 표시입니다. 그가 불경스러운 사람일 때는 특별히 더 그렇습니다. 이 바벨론 사람들은 악한 우상 숭배자들이었습니다. 여호와를 사랑하는 사람이 그런 자들을 애정을 갖고 맞이하는 것은 나쁜 일이었습니다. 히스기야는 그들에 대해 이렇게 생각했어야 했습니다. '너희 신들을 내가 몹시 싫어하는 것은 내가 천지를 지으신 하나님을 예배하기 때문이다. 내가 당신들을 친밀하게 받아들일 수 없는 것은 당신들은 내 하나님 여호와를 사랑하지 않기 때문이다.' 그리스도인은 모든 사람에게 마땅히 예의바르게 행동해야 합니다. 그러나 신자가 중생하지 않은 사람을 소중한 친구로 받아들여 부정(不淨)한 친밀함을 허락하는 것은 죄입니다. "너희는 믿지 않는 자와 멍에를 함께 메지 말라"(고후 6:14)는 말씀은 결혼에만 적용되는 것이 아니라 함께 멍에를 메게 만드는 그 밖의 모든 친밀한 결합에도 적용이 됩니다. 그리스도인으로서 나는 믿지 않는 사람과 함께 회사를 차리지 않을 것입니다. 그것은 내가 원하든 원치 않든 간에, 내가 아무리 정직하게 할지라도 내 동업자가 이중적인 행동을 하기로 마음을 먹는다면, 내가 하나님과 사람들 앞에서 그의 죄에 대해 어느 정도 책임지지 않을 수 없기 때문입니다. 같이 멍에를 멘 사람들이 같은 방향으로 움직일 때는 좋습니다. 그러나 그리스도가 어떻게 벨리알과 교제합니까? 히스기야의 첫 번째 죄가 이 점에 있었습니다. 그것은 여호사밧이 우상 숭배를 하는 이스라엘 왕과 연합하여 배를 만들어 금을 얻으려고 다시스로 갔을 때 범한 것과 같은 죄였습니다. 그 배들은 에시온게벨에서 파선하였는데, 그렇게 된 것이 아주 당연한 일입니다. 하나님의 종들이 하나님의 적들과 연합하여 갈 때, 그들이 자기 주인에게서 찌푸린 얼굴 외에 무엇을 기대할 수 있겠습니까?

히스기야가 범한 그 다음 죄는 그가 분명히 그들과의 동맹에 마음이 쏠렸다는 것이었습니다. 이때 히스기야는 독일의 한 공국만큼이나 하찮은 작은 영토의 군주였습니다. 그의 참된 힘은 그가 자기 하나님을 의지하고, 군사력을 조금도 자랑하지 않은데 있었을 것입니다. 지금까지 그를 보호하신 분은 하나님이셨으니, 그가 계속해서 보이지 않는 여호와를 의지해야 하지 않겠습니까? 그런데 그렇지 않습니다. 그는 이렇게 생각합니다. '바벨론 사람들은 지금 부상하고 있는 백성들이니까 내가 그들과 제휴할 수 있다면 나에게 좋은 일이 될 것이다.' 이 점에 유의하십시오. 하나님께서는 자기 백성들이 하나님의 팔을 떠나 사람의 팔을 의지할 때 자기 백성들에 대해 통감스럽게 생각하신다는 것입니다. 주 예수님을 사랑하는 여러분, 만일 여러분이 주님의 팔을 떠난다면, 더 이상 주님을 의지하지 않고 자신의 재주나 방책, 혹은 사랑하는 친구를 의지하기 시작한다면, 여러분은 그 때문에 혼이 날 것입니다. "무릇 사람을 믿으며 육신으로 그의 힘을 삼고 마음이 여호와에게서 떠난 그 사람은 저주를 받을 것이라 그는 사막의 떨기나무 같아서 좋은 일이 오는 것을 보지 못하고 광야 간조한 곳, 건건한 땅, 사람이 살지 않는 땅에 살리라 그러나 무릇 여호와를 의지하며 여호와를 의뢰하는 그 사람은 복을 받을 것이라 그는 물가에 심어진 나무가 그 뿌리를 강변에 뻗치고 더위가 올지라도 두려워하지 아니하며 그 잎이 청청하며 가무는 해에도 걱정이 없고 결실이 그치지 아니함 같으리라"(렘 17:5-8). 하나님을 노여우시게 만든 것은 바로 이렇게 하나님을 떠나고, 믿음으로 행하기를 그치며, 육신적인 태도로 바벨론 왕을 의지하고자 한 것이었습니다.

그의 다음 죄는 그가 믿음이 없게도 자기 하나님에 대해 침묵한 것이었습니다. 그는 그들에게 여호와에 대해 한 마디도 하지 않은 것으로 보입니다. 그것이 예의바른 태도였겠습니까? 오늘날 에티켓은 많은 경우에 그리스도인에게 친구에게 신앙 얘기를 꺼내지 말 것을 요구합니다. 그런 에티켓은 치워버리십시오! 그것은 지옥의 에티켓입니다. 친구의 영혼이 위험에 처해 있다고 믿는다면, 친구를 진정으로 예의바르게 대한다면 나는 그에게 이야기할 것입니다. 어떤 사람들이 한 번은 로울랜드 힐(Rowland Hill) 목사님에게 그가 너무 열성적이라고 불평을 하였습니다. 그러자 목사님이 그들에게 답변으로 다음의 이야기를 하였습니다. "나는 워턴 언더 에지(Wootton-under-Edge)에서 걷고 있을 때, 초크(백색 석회암)를 채취하는 백악갱(坑)의 일부가 어떤 사람들 위로 무너져 내리는 것을 보았습니다." 그는 이렇게 말했습니다. "그래서 나는 마을로 달려가서 도와주세요! 도와주세요! 도와주세요! 하고 소리쳤습니다. 그런데 아무도 '아 참, 저 노인 무척 흥분했군. 지나치게 열성적이야'라고 말하지 않았습니다." 이어서 말하기를 "그러면 내가 한 영혼이 죽어가는 것을 볼 때 열성적으로 도와달라고 소리쳐야 하지 않겠습니까? 영혼은 몸보다 훨씬 더 염려해야 하는 것이 확실합니다."

그런데 오늘날 여러분이 유행에 신경을 쓴다면, 모든 사람들 앞에서 입을 다물어야 합니다. 여러분이 유행을 따르는 사람들에게서 좋은 말을 들으려면 말참견을 해서는 안 되고 여러분의 의견을 적극적으로 개진해서도 안 됩니다. 여러분, 병이 나라에 두루 퍼져 있을 때는 의사가 죽어가는 사람들 사이에서 결코 침입자가 아닙니다. 그와 같이 참된 의사이신 그리스도를 모시고 있는 여러분은 조심하지만 담대하게 예수 그리스도의 복음에 관해 이야기한다면 하나님이 보시기에 결코 침입자가 아닐 것입니다. 여러분이 입을 다물고 있는 것을 부끄럽게 알아야 합니다! 여러분이 그리스도에 대해 말하지 않는다면 조용히 있는 여러분의 입을 부끄럽게 생각해야 합니다! 예수께서 십자가에서 나타내신 그 사랑으로 말미암아 여러분은 다른 사람들에게 그 사랑을 증거하십시오. 주님께서 모든 것을 뚫고 나가셨듯이, 주님께서 여러분을 구원하기 위해 삶과 죽음의 속박을 끊고 나가셨듯이, 여러분도 누군가를 구원할 수 있다면 이런 취약한 속박들을 끊어버리고 나가십시오.

그 다음에, 히스기야가 자신에 관해 큰 소리로 자랑하느라 하나님에 관해서는 슬프게도 침묵하고 말았다는 점을 살펴봅시다. 그가 자기 하나님에 대해서는 할 말이 거의 없었을지라도 자신의 향신료, 갑옷과 투구, 금과 은에 대해서는 할 말이 많았습니다. 아마도 그는 사절들을 데리고 가서 많은 샘과 웅덩이를 보여주고, 자신이 실행한 여러 가지 대단한 토목공사들을 보여주었을 것입니다. 형제 여러분, 아, 형제 여러분, 세상 예법대로 하자면 우리는 사람들에 대해서는 말할 수 있지만 우리 하나님에 대해서는 잠잠해야 합니다. 우리가 그런 규칙을 따르는 일은 결코 있어서는 안 됩니다. 히스기야는 그들에게 이 모든 것을 보여주는 동안 사실 이렇게 말한 것이나 다름없습니다. "내가 얼마나 위대한 사람인지 보시오!" 히스기야가 그것을 말로 표현하지 않았을 것입니다. 하지만 그 마음은 자기를 칭송하는 정신이었습니다. 그런 그의 허영심을 이용할 사람들 앞에서 자기를 칭송하는 것이었습니다.

또한 그의 죄는, 그가 스스로 이 바벨론 사람들과 같은 수준에 선 것에 있었습니다. 히스기야가 그들을 만나러 갔다고 생각해 봅시다. 그들은 히스기야에게 무엇을 보여주었겠습니까? 그들은 그에게 자신들의 향신료, 자신들의 무구, 자신들의 금과 은을 보여주었을 것입니다. 지금, 그들이 히스기야를 보러 왔습니다. 히스기야는 보이지 않는 하나님을 예배하는 자입니다. 그런데 히스기야는 그들도 의지하는 것과 같은 보물들을 자랑합니다. 그리스도인이 항상 세상 사람들처럼 행동한다면, 그가 앞으로 바르게 행동할 수 있겠습니까? 두 사람의 행동이 정확히 똑같고 그래서 여러분이 차이를 식별하지 못할 때는 아무런 차이가 없다고 의심할 심각한 이유가 있지 않겠습니까? 열매로 그 나무를 알 수밖에 없기 때문입니다. 두 나무가 정확히 똑같은 열매를 맺는다면, 두 나무가 같은 종류라는 것을 의심할 이유가 있습니까? 친구 여러분, 여러분과 나는 히스기야의 이 죄를 피하기 바라며, 이 현세의 즐거움에 대하여 죄인들과 함께 어울리려고 하지 않기를 바랍니다. 죄인들이 "내 보물 좀 봐라" 하고 말한다면, 우리는 그들에게 "하나님이 계획하시고 지으실 터가 있는 성"(히 11:10)에 관해 이야기하고 "우리의 보물은 하늘에 있다"고 말합시다. 우리는 친구가 자신의 온갖 장신구를 자랑하자 자신의 사랑스러운 두 아이가 학교에서 집으로 돌아올 때까지 기다렸다가 아이들이 들어오자 그들을 가리키며 "이 아이들이 내 보석이에요" 하고 말했다는 한 귀부인을 본받도록 합시다. 여러분은 세상 사람들이 자기들의 행복에 대해 자랑하는 말을 들을 때는 점잖게 이렇게 말하십시오. "내게도 세상적인 위안거리들이 있습니다. 그런 것들에 대해 감사하게 생각합니다. 그러나 나에게 최고의 기쁨을 주는 것들은 여기 있지 않습니다. 그런 것은 곡식이나 포도주, 기름에서 나오지 않고, 향신료나 금, 음악이 내게 그런 기쁨을 가져다주지 못합니다. 내 마음은 하늘에 있고 이 땅에 있지 않습니다. 내 마음은 위에 있는 것들을 사모합니다. 예수님이 나의 기쁨이고 그의 사랑이 나의 즐거움입니다. 당신이 사랑하는 것을 내게 말씀하시니 나도 내가 사랑하는 것을 말씀드리겠습니다. 내가 지금까지 참을성 있게 당신의 말을 들었으니, 이제 시온의 노래들 가운데 하나를 들어보십시오. 내가 지금까지 당신과 함께 당신의 땅을 둘러보았으니, 이제는 내가 당신을 데리고 내 땅을 둘러보겠습니다. 지금까지 당신이 좋아하는 좋은 모든 것들을 말했으니, 잠시 내 말을 들어주십시오. 나의 기업이 되는 훨씬 더 좋은 것들을 말해주겠습니다." 하나님의 백성들이 하나님께서 주시는 복들을 부끄러워한다면 하나님께서 자기 백성들에 대해 괴롭게 생각하십니다. 하나님의 백성들이 그리스도의 십자가를 자랑하지 않는다면, 그들은 자신을 부끄럽게 생각할 이유가 충분합니다.

나는 이것이 그의 죄라고 생각합니다. 요컨대, 그의 죄는 세상 친구들을 기뻐하는 것이었습니다. 그리고 육신의 팔을 의지하기 시작하고 자신에 대해서는 많이 자랑하면서 자기 하나님에 대해서는 거의 말하지 않고, 세상 사람들이 자랑하는 것과 똑같은 것을 자랑함으로써 스스로 세상 사람의 수준으로 낮아진 것이 그의 죄였습니다.

3. 세 번째 문제는 형벌과 용서로서, 아주 간단히 다루겠습니다.

우리는 대체로 사람의 죄가 그의 처벌을 경정하는 것을 봅니다. 우리가 가시나무를 심으면 하나님께서는 우리를 가시나무로 징계하십니다. 사랑하는 형제자매 여러분, 예수님께서 여러분을 사랑하신다면, 세상에 여러분을 예수님에게서 떼어놓는 것이 있다면 주님께서 그것을 가져가 버리실 것입니다. 그것이 여러분의 사랑하는 자녀일 수 있고, 여러분의 건강일 수 있으며, 여러분의 재산일 수도 있습니다. 하나님께서는 우상을 미워하십니다. 그래서 어떤 것도 우리의 사랑과 하나님 사이를 막도록 내버려 두시지 않을 것입니다. 하나님께서 여러분의 우상을 산산이 부수어 여러분에게 그것을 마시게 하는 것이 매우 고통스러울 수 있지만 필요한 일일 것입니다. 그 다음에 하나님께서 히스기야에게 죄

짓는 수단이 되었던 바로 그 사람들을 하나님의 징계의 수단으로 삼겠다고 위협하셨다는 점을 주의할 필요가 있습니다. "네가 이 바벨론 사람들에게 네 보물을 보여주는 동안 아주 기뻐했다만, 바로 이 사람들이 네 보물들을 가져갈 것이다." 형제 여러분, 이와 같이 우리가 신뢰하는 것들이 우리를 낙담시킬 것입니다. 우리가 마음을 하나님에게서 거두어 세상 것들에 준다면, 그 세상 것들이 우리에게 저줏거리가 될 것입니다. 죄는 슬픔을 낳습니다.

심판의 말을 듣고서 히스기야와 백성들은 겸손하였습니다. 여러분과 내가 징계를 면하려면 겸손해야 합니다. 징계를 순순히 받아들이는 자녀는 매를 아주 심하게 맞지 않을 것입니다. 다른 무엇보다 유순한 태도가 하나님으로부터 큰 매를 맞는 것을 면하게 만들어 줄 것입니다. 하나님께서 히스기야에 관해서는 형벌을 면하게 하셨지만 그 결과를 제거하시지는 않았습니다. 여러분도 알다시피, 이 바벨론 사람들에게 보물고를 보여준 결과는 바로 이런 것이었습니다. 틀림없이 그들은 돌아가서 자기 왕에게 이렇게 말했을 것입니다. "그 시시한 군주가 향신료와 갑주와 온갖 보석들을 엄청나게 쌓아두었습니다. 우리가 머지않아 그에게 싸움을 걸어 그의 훌륭한 꿀벌 통을 탈취해야 합니다. 이 귀한 보물들을 바벨론으로 가져와야 합니다. 그것들은 전쟁의 수고에 대한 충분한 보상이 될 것입니다." 이것이 히스기야의 어리석음에 대한 분명한 결과였습니다. 하나님께서 죄를 잊으시고 히스기야에게서 형벌을 치우겠다고 약속하셨지만 다음 세대가 그 결과를 면하도록 하시지는 않았습니다. 그것은 우리에게도 마찬가지입니다. 신자가 범한 많은 죄를 하나님께서 용서하셨습니다. 그럴지라도 그 결과는 옵니다. 우리가 죄책을 용서받을 수 있지만 죄를 원상태로 돌릴 수는 없습니다. 죄의 결과는 그대로 남아서 우리의 자녀와 자녀들의 자녀가 하나님께서 우리에게 용서해 주신 그 죄 때문에 고통을 당해야 할 수도 있습니다. 돈을 헤프게 쓰는 사람은 방탕한 것에 대해서 용서를 받을 수 있지만, 다음 세대에게는 가난을 물려주게 됩니다. 어떤 죄들은 이런 면에서 특별히 더 해롭습니다. 모든 죄는 반드시 죄를 범하는 사람과 그 주위에 있는 모든 사람에게 어느 정도 해악을 끼치고, 그 죄를 용서하시는 하나님께서는 그 결과가 실행되도록 두신다는 것을 나는 의심하지 않습니다. 이것은 문제를 너무 심각하게 보는 것이 아닙니까? 여러분이 강을 풀어놓으면 강물은 영원히 흘러갈 것입니다. 오늘의 행동이 줄곧 영향을 미치고, 오는 모든 시대에 다소간 영향을 미칠 것입니다. 이는 여러분이 다른 사람에게 영향을 미치면 그 사람이 또 다른 사람에게 영향을 미치기 때문이고, 또 아마도 여러분이 생각 없이 살아계신 하나님께 범했을 순간적인 행위가 영원의 방에서까지 그 메아리가 영원히 울릴 것이기 때문입니다. 이 사실을 생각할 때 확실히 우리는 아주 조심스럽게 행해야 합니다.

4. 이제 끝으로, 나는 여러분에게 이 기사의 교훈들을 깊이 생각해 보라고 말씀드리지 않을 수 없습니다.

시간이 없어서 그 교훈들을 넌지시 이야기하고 지나갈 수밖에 없기 때문입니다. 이 이야기는 온통 교훈으로 가득합니다. 이 이야기에 대해서는 한 번이 아니라 여섯 번에 걸쳐서 설교할 필요가 있습니다. 그러나 그 많은 교훈들 가운데 맨 먼저 오는 것은 바로 이런 것들입니다. 그러면 모든 사람의 마음속에 있는 것을 보십시오. 히스기야의 마음속에는 이것이 있었습니다. 즉, 자신은 최고의 사람들 중의 하나라는 것이었습니다. 똑같은 생각이 여러분 마음속에 있습니다. 여러분이 오늘은 겸손합니다. 그러나 하나님의 은혜가 떠나면 내일은 사탄처럼 교만해질 것입니다. 사랑하는 형제 여러분, 여러분은 잘 모릅니다. 비록 여러분이 새로운 피조물이긴 하지만, 여러분의 옛 본성의 비열한 짓을 별로 알지 못합니다. 우리 가운데서 우리가 얼마만큼 죄를 지을 수 있는지에 대해서 완전히 알 수 있는 사람은 아무도 없을 것입니다. 하나님께서 섭리와 은혜의 억제하는 손을 거두기만 해 보십시오. 그러면 우리 가운데 가장 지혜로운 사람들도 사납게 날뛰는 죄로 인해 아주 미친 사람이 되고 말 것입니다. 하나님이여, 우리가 마음이 얼마나 검은지 기억하는 동안 우리 마음을 가르치고 도우셔서 결코 교만하지 않게 하여 주옵소서.

다음에, 여러분 마음에서 이 악을 끄집어낼 수 있는 것은 무엇이든지 두려워하시기 바랍니다. 무엇보다 번영을 두려워하십시오. 감사하되 미친 듯이 기뻐하지 마십시오. 겸손히 하나님과 동행하십시오. 여러분의 마음을 이중으로 감시하십시오. 해적이 짐을 다 비워버리고 가는 배를 공격하는 일은 좀처럼 없습니다. 해적이 탈취하려고 하는 것은 짐을 잔뜩 실은 배입니다. 이것은 여러분에게도 해당됩니다. 하나님께서 여러분에게 자비를 풍성하게 베푸실 때, 마귀는 할 수 있는 대로 여러분을 탈취하려고 합니다. 이중으로 망을 보고, 할 수 있는 대로 여러분의 배가 마귀의 행로에서 벗어나 있도록 하십시오. 여러분이 시험에 들어가서 세상 사람들과 섞일 수밖에 없을 때에는 여러분이 결코 그물에 걸리지 않도록 다른 어떤 때보다 조심하도록 하십시오. 부(富)와 세상 친구들은 경건의 생명을 먹어 들어가는 두 궤양입니다. 그리스도인이여, 그 두 가지를 조심하십시오!

우리가 이 이야기에서 허영심에 떨어지지 않도록 날마다 부르짖기를 배워야 하지 않겠습니까? 그런 위험에 처해 있는 것은 걸출한 사람들만이 아닙니다. 다른 모든 사람도 같은 위험에 처해 있습니다. 나는 단 한 번의 발사로 그 어느 때보다 큰 성공을 거두었던 일이 생각납니다. 어떤 부인이 내가 지나치게 우쭐해지지 않도록 자신이 나를 위해서 간절히 기도하였다는 말을 종종 내게 하였습니다. 그 부인은 내 위험을 볼 수 있었기 때문에 그렇게 한 것입니다. 이 말을 귀에 못이 박이도록 들은 후에야 나는 그 말을 진정으로 알게 되었습니다. 그리고 그 부인이 지나치게 우쭐하게 되지 않도록 그 부인을 위해서도 기도하는 것이 내 의무라고 생각한다고 말하였습니다. 그런데 부인에게서 이런 답변을 들었을 때 아주 재미있다고 생각하였습니다. 그녀는 자신의 대수롭지 않게 하는 말이 이제까지 어느 누구도 할 수 없는 가장 교만한 말이며, 듣는 사람마다 그녀가 사방 20킬로미터 내에서 누구보다도 쓸데없이 아주 간섭하기 좋아하며 교만하기 짝이 없는 사람으로 생각하리라는 것을 모르고서 이렇게 말했습니다. "나는 교만해질 시험거리가 없습니다. 지내보니 나는 우쭐해질 위험이라곤 전혀 없어요." 교만은 신분이 높은 사람들에게 있는 것만큼 누더기를 걸친 사람에게도 많다는 것을 여러분은 믿지 않습니까? 사람은 쓰레기 운반차를 타고 있으면서도 마치 여왕의 마차를 모는 것인 양 교만할 수 있지 않습니까? 사람은 땅 한 뙈기만 가지고도 마치 알렉산더가 자신의 모든 왕국을 가지고 자랑하는 것처럼 교만해질 수 있고, 돈 몇 푼 가지고도 마치 크로이소스(Croesus: 기원전 6세기의 리디아 최후의 왕이며 큰 부자로 유명 - 역주)가 자신의 모든 보물을 가지고 우쭐하듯이 교만해질 수 있습니다. 교만은 왕의 정원에서뿐 아니라 똥 더미에서도 자랄 수 있습니다. 교만과 허영에 빠지지 않도록 기도하십시오. 하나님께서 여러분에게 교만을 억제하는 은혜를 주시기 바랍니다.

그 다음에, 만약 여러분이 교만에 굴복하였다면, 교만이 여러분에게 가져올 슬픔을 생각하십시오. 그리고 그 슬픔을 피하고자 한다면, 히스기야를 생각하고 겸손하도록 하십시오. 자, 내려오십시오! 내려오십시오! "하나님이 교만한 자를 물리치십니다." 여러분이 교만한 한, 하나님은 여러분을 물리치십니다. 그러나 "겸손한 자에게 은혜를 주십니다"(약 4:6).

끝으로, 하나님께 우리를 떠나지 마시라고 부르짖으십시다. "주님, 내게서 성령을 거두지 마소서! 우리에게서 주의 억제하시는 은혜를 거두지 마소서! 주님께서 '나 여호와는 포도원지기가 됨이여 때때로 물을 주며 밤낮으로 간수하여 아무든지 이를 해치지 못하게 하리로다'(사 27:3) 하고 말씀하시지 않았습니까? 주님, 어디서든지 나를 지켜 주소서. 나를 골짜기에서 지켜 주소서. 나는 이 낮은 신분을 불평하지 않습니다. 산 위에서 나를 지켜 주소서. 나는 그처럼 높이 올라간 것에 현혹되어 교만으로 들뜨지 않습니다! 열정이 강한 젊은 때에 나를 지켜 주소서! 내가 자기 지혜에 우쭐해져서 젊은이들보다 더 어리석은 사람이 될 수 있는 노년에 나를 지켜 주소서! 내가 죽을 때, 바로 그 순간에 주님을 부인하지 않도록 나를 지켜 주소서! 살아 있을 때 나를 지켜 주시고, 죽을 때 지켜 주시며, 일할 때 지켜 주시고, 고통 받을 때, 싸울 때, 모든 곳에서 나를 지켜 주소서. 내 하나님이여, 나는 모든 곳에서 주님이 필요하기 때문입니다."

하나님께서 우리가 계속해서 예수님을 바라보고 주님의 완성하신 사역을 의지하게 해 주시기를 바랍니다. 우리가 결코 그리스도를 의지한 적이 없다면, 하나님께서 지금 우리에게 그의 사랑하시는 아들을 의지하도록 해 주시기를 구합니다. 죄인이여! 그대에게 소망의 문은 하나밖에 없고, 그 문은 열려 있습니다. 예수 그리스도를 믿고 사십시오.

— 끝 —